西方保守主义经典译丛
丛书主编 冯克利

保守主义的精神：从柏克到艾略特（上）

（第七版）

【美】罗素·柯克 著 朱慧玲 译

THE CONSERVATIVE MIND
From Burke to Eliot

江西人民出版社
Jiangxi People's Publishing House
全国百佳出版社

总　序

冯克利❶

在中国介绍西方保守主义，于今未必是一件能讨好人的事。首先是因为它引起的联想不佳。对于深受进步主义观念影响的读者来说，一提“保守”二字，往往会想到有碍“进步”的旧道统，想到特权和等级秩序，更直白地说，想到抵制变革的“反动势力”。

其次，还有一个更现实的原因。对于结构已然相对稳固、运转顺畅的社会来说，或许有很多东西值得保守。但是一个亟待转型的国家，如果好的旧事物留存下来的不多，体制依然尚无定式，这时人们便更愿意用变革来换取改进。倡导保守者于此不免自作多情，徒言往圣先贤而无“活着的”旧制可以依傍，会因缺乏所谓“建设性”和“前瞻性”而为人所诟病。与西方不同，中国人大多并不以保守主义者自居。

---

❶冯克利，山东大学政治学与公共管理学院教授、博士生导师，国内著名翻译家。主要译著有《民主新论》《乌合之众——大众心理研究》《致命的自负》《论公民》《宪政经济学》《哈耶克文选》《邓小平时代》等；发表论文有《柏克保守主义思想的法学来源》《政治学的史学转向——马基雅维里的现代意义刍议》等三十余篇；著有《尤利西斯的自缚：政治思想笔记》和《虽败犹荣的先知》。

这种理解可能没有错，但也忽略了保守主义的另一些特点。

首先，保守主义虽然尚古，但它本身并不是古董。就像社会主义、自由主义和民主主义一样，保守主义也是一种典型的现代思想。人们或许能从近代以前的思想家中找到类似保守主义的言论，如柏克之前的胡克（Richard Hooker，1554—1600）和巴特勒（Joseph Butler，1692—1752），但不能据此认为18世纪末之前便已有保守主义，因为那时人们并没有保守主义的自觉。保守主义是与现代世界同步发生的。1789年的法国大革命这一旷世巨变，才使保守主义真正成了一股强大的思想和政治势力。它所面对的不但是一个变化的世界，而且支持变化的观念和推动变化的技术手段，与民族国家的力量相结合，也使其规模与强度与往昔不可同日而语。它既清除陈旧的束缚与压迫，也能斩断一切凝聚社会的纽带。保守主义自觉与之对抗的便是“现代性”充满危险的一面，但它本身也是现代思想体系重要的一环。

其次，另一个常见的误解是，保守主义是一种专属于权贵或既得利益的意识形态。其实，保守主义自其诞生之日起，在西方便有着广泛的社会基础，支持保守主义政治势力的普通民众在欧美遍布各地，可见它并没有特定的阶层归属。厌恶频繁的变化乃人类的天性之一，大变革可以为英雄带来快感，但也能给生活的各个方面造成严重的不适。多数人并不希望自己的生活成为政客施展革新大业的舞台。保守主义所要维护的不是任何特定的利益，而是一种稳定的社会秩序模式。在保守主义看来，这种秩序的存在既是人的基本需求之一，也是文明成长的要件。

再次，保守主义多被喻为政治列车的刹车器，讽其抱残守缺，不知进取，缺少“行动能力”。在很多情况下确实如此。然而，姑不论阻止变革也需勇气和社会动员，即使从革除时弊的角度看，远有英国保守党首相罗伯特·皮尔（Robert Peel）和丘吉尔，近有美国总统里根和英国首相撒切尔夫人，皆表现出强大的行动力，其厉行鼎革的勇气丝毫不让于对手。可见在重新为社会定向的问题上，保守主义思想同样可以提供强大的动力来源。在国际关系领域更不待言，欧美的保守主义者通常比其他政党持更强硬的立场，更加倾向于“行动主义”。

不过，以上所述只涉及保守主义的形式特点。如果观察保守主义的思想内容，则会发现它并不是一个条理清晰的体系，而是有着十分复杂的成分。即以保守主义鼻祖柏克来说，他向不以理论家自居，其思想缺乏严谨一致的外表，法国的迈斯特与他相比，基督教宿命主义的倾向就要清晰得多。英美保守主义因柏克的缘故而与古典自由主义和法治传统结下不解之缘，同样受柏克影响的德国保守主义，则呈现出浪漫主义和民族主义的激情。在19世纪，黑格尔是普鲁士国家主义的辩护士，法国的贡斯当和托克维尔则为现代商业文明和民主趋势提供了理论支持。此后的保守主义思想同样成分复杂，有些甚至相互冲突。例如，同为德语文化圈的哈耶克和卡尔·施米特，大概除了可以共享保守主义之名外，两人的思想甚少相似之处。在英国的保守主义思想家中，奥克肖特的思想很世俗化，克里斯托弗·道森（Christopher Dawson）却是虔诚的天主教信徒。保守主义者在美国通常是小政府和地方主义的支持者，在法国则多是中央集权派。在经济学领域，政治光谱中偏保守的人多为市场至上派，但很多文化保守主义者对经济自由带来的物质主义有很大保留。施特劳斯对现代资本主义嗤之以鼻，可是在安·兰德看来，它是西方文明最珍贵的成果。有些保守主义者常常表现出民族主义甚至种族主义倾向，但也有不少保守主义者依然信守由基督教传统中演化出的普世主义。

所有这些难免给人一种印象，保守主义是一个混乱的概念。就如同哈耶克和亨廷顿所说，对于应当保守者为何，保守主义者并无统一的目标。它缺少清晰稳定的政治取向，因此不能提供一种实质性的理想。但是换一个角度看，思想色彩各不相同的人都愿意用“保守主义”自我或互相标榜，至少说明了它具有强大的工具性价值。保守主义本身可能无力提供一种完备的替代方案，但对于维护社会中某些既有的结构性成分，或避免某些政治方案的恶果，它却能发挥不可替代的作用。从这种工具角度来理解保守主义，使它与其他政治学说相比，拥有更多守护原则的实践技艺。所谓“道不自器，与之圆方”，它可以为变革与连续性之间的平衡提供一定的规范。从这个意义上说，保守主义不是政治哲学，而是一种古典意义上的“政策”理论；它不是无视现实的传统主义或文化原教旨主义，而是现实政治和伦理生活的有机组成部分。

保守主义虽然谈不上是一种严整的思想体系，勉强给出清晰的定义可能是费力不讨好的事，但还是可以为它归纳出一些基本特征。作为一个复杂的思想群体，这些特征不是表现在他们的共同主张上，而更多的是反映在他们的共同反对上。

第一，大体而言，保守主义者对于以现代技术理性为基础的进步主义持怀疑态度，他们不相信进步有无可争议的正面价值，认为眼前的经验并不足以为人的正确行为提供足够信息。无论观念还是技术革新给生活方式造成的改变，其长远后果不是立刻就能看清楚的，所以保守主义者都反对激进变革，对历史和信仰的传统持虔诚的敬畏态度。

第二，在保守主义者看来，社会不是外在于人类活动的客观事实，可以由人对其任意加以改造。社会最可贵之处，是通过特定群体长时间的实践活动而形成的内生秩序，它类似于一个复杂的有机体，其最好的、最自然的变化是演化与生长，这个过程不排除理性的作用，但由于人性天生并不完美，所以理性在引领变革中最重要的作用是审慎。

第三，社会的稳定性在很大程度上是由家庭伦理、风俗习惯和宗教信仰来维系，它们使人们在生活中感到惬意，形成真正的权威认同。如果这些因素受到破坏，恢复起来将极为困难。因此培育和守护这些因素，乃是维持社会健康的必要条件。

第四，保守主义者对政府权力一向保持戒备，不信任基于权利平等的现代民主政体具有至上价值。他们认为贤能政治（meritocracy）更有益于社会整合和道德风气的培养；肯定基于自然原因的不平等的正面意义。

第五，保守主义还有一个并非无关紧要的特点：它严重依靠历史和传统叙事，认为所谓科学思维提供的各种原理不具有道德和社会优势，因此排斥超越时空的理性批判。这使保守主义文献在话语风格上文学叙述多于逻辑分析，引经据典和释义成分多于体系建构，这也是保守主义缺乏系统性理论的一个重要原因。

自保守主义诞生二百多年来，相关文献汗牛充栋，由于产生的时代和区域背景不同，各派思想杂陈，良莠不齐，即或择其一支加以系统介绍，亦恐难以办到。编辑出版这样一套丛书，仅仅是着眼于过去西方保守主义在中国相对而言译介不多，如今反思百年革命者众，而对革命回应最有力的西方保守主义传统，却缺乏足够的文献可资借鉴，不免是一件憾事。在就民族未来亟须重建共识的时代，编者愿借这套丛书的出版，为中国读者提供一个机会，掬他山之水，浇灌我们的智慧。

是为序。

2015 年 8 月 20 日于济南历山雀巢居

目　录

《保守主义的精神》出版记

直到20世纪50年代，随着艾尔伯特·诺克（Albert J. Nock）、T. S. 艾略特（T. S. Eliot）、理查德·韦弗（Richard Weaver）以及伊利斯·维瓦斯（Eliseo Vivas）等人的著作逐步问世，对自由主义的批评蔚然成风；不过却缺少一种观点，或换作一种更好的说法——缺少一种态度，这种态度会将保守主义运动联合起来，并赋予其一致性和独特性。

罗素·柯克（Russell Kirk）于1953年出版了《保守主义的精神》，正是这一伟大成就（有人甚至会说这是历史性的成就），提供了急需的联合性观念。他不仅仅令人信服地证明了保守主义是一种高尚的、在理智上值得尊敬的立场，还证明了它是美国理性传统的一部分。如果说，战后保守主义运动始于柯克这本书的发行，会有些言过其实；但这本书的确赋予了保守主义这个称号，并且更重要的是，赋予其一直所缺少的连贯性。

当罗素·柯克出版这本享有盛名的著作时，他还是密歇根州立学院（Michigan State College）历史系的一名讲师。在此之前他还写过另一本书《罗阿诺克的约翰·伦道夫》(*John Randolph of Roanoke*)以及诸多论文，这些论文有很多都是为英语期刊而作。卡农·伯纳德·伊丁斯·贝尔(Canon Bernard Iddings Bell)曾经跟我提起过柯克，但我是通过一个我们共同的朋友西德尼·盖尔(Sidney Gair)而认识他并成了他的出版商；盖尔过去一直在东部一个大型出版社做教科书的营销人员，退休后才开始与我们公司合作。

盖尔是一个非常讨人喜欢的人，是一位善良的保守主义者；他饱览群书，举止谦逊有礼。他认定自己是一名保守主义者，并非常仰慕保罗·埃尔默·摩尔(Paul Elmer More)和欧文·白璧德(Irving Babbitt)。他经常说，归根结底，一个保守主义者知道2乘以2总是、不变地等于4；而这个生活常识是一个自由主义者所不愿意接受的。正是通过他，我见到了罗素·柯克并出版了《保守主义的精神》，为此我会永远记得他并心存感激。

1952年上半年，盖尔访问了密歇根的一些大学，回来之后他告诉我，他的一个朋友——密歇根州立学院的一名年轻讲师——写了一部书稿，我可能会感兴趣。至今我还非常清楚地记得他当时对这个年轻人的描述："他是一位火车司机的儿子，却是盖世奇才——这是生物学上的一次意外。他不爱说话，似海龟般沉默寡言；然而，一旦他坐在打字机前，他所呈现出的文字往往令人难以忘怀。"

过了一段时间，盖尔让我阅读了一封柯克从苏格兰的圣·安德鲁斯给他写的信。在信中，他描述了一段九十英里的徒步旅程，他一路"越过荒无人烟的拉莫缪尔山、沿着诺森伯兰海岸线，从爱丁堡走到诺森伯兰郡的埃韦克"。在描述了各种冒险经历之后，他表达了想与我在夏天见面的期望；从此，我们之间便频有书信往来。

在我表示对他的书稿很有兴趣之后，柯克回信说，他的书稿已经呈交给克诺夫出版集团（Knopf）了，不过如果被拒的话，他会把书稿寄给我。在这封信中，他评论道：“无论此书有何种缺陷，就其主题所涉及的广度而言，迄今为止还没有一本书能像它这样。它的副标题是‘自由主义观念的说明：从柏克到桑塔亚纳’。”这封信之后，他又从德国的特里尔给我寄来一张明信片，正面是一张罗马黑城门（Roman Porta Negra）的照片，这正是我们出版社的标志。

接着，1952 年 7 月 31 日，柯克从圣·安德鲁斯写信告诉我，克诺夫
ii 出版集团愿意出版他的书稿，但条件是要求他将其缩略至原书的一半左右；所以他要将书稿寄给我。

> 我们一直在努力保存人类文明的精神传统、理性传统和政治传统，我的书稿是对此努力的一种贡献。如果我们要挽救现代心灵，那么我们就必须尽早行事。在任何一种情形中，马太·阿诺德（Matthew Arnold）所说的“一个浓缩的时代”都即将来临。如果我们要使这个即将来临的新纪元成为进步保守主义的时代而并非停滞压抑的时代，那么我们就需要坚定笃行。在新生代的脑海中（在这一代人中，主要是在那些具有理性天赋的少数人中），将会裁定这种斗争。在我看来，我们并不需要过于害怕正在退隐的那一代人所代表的“自由主义”的衰落；正如迪斯雷利（Disraeli）所说过的，“当下所普遍流行的观点，一般都是正在隐去的那一代人的观点”。不过，为了

有利于那些正处于摸索阶段的社会的新主人，我们需要陈述某些确定性。由于你出版了那些书，因而在这方面比任何一个美国人都要做得更多。

8月21日，我接到了上面这封信和这本书的包裹单；听过他的描述之后，我迫不及待地想读这本书了。我对书稿的判断经常出现失误，但这次我知道自己得到了一部重要的，也可能是伟大的书稿；尽管我有些担心它的商业潜力（事实证明这种担心是毫无根据的），但我还是决心要出版它。柯克在回信中力劝我“不要为了东部（the East）而放弃了大湖区（Lake States）”，接着他这样描述了这场我俩都深陷其中的战役：

我们很可能会陷入泥潭，尽管我们所有人都可能会这样，但加图（Cato）战胜了它。在任何事情中，我们只是在完成神意给我们所设定的那部分工作。即便是查尔斯一世的失败，在历史的长河中看来，也是一种伟大的成就。在反对那些似乎是不可避免的事物时，我们经常会发现，它们的力量并非是不可抗拒的；至少我们可以拥有撒克逊人面对罗德里克的船员时所具有的那种英雄气概：

来吧！全都来吧！
像我这样尽早来吧！
岩石即将要从其坚固的基石上
iii 滑落！

这部书稿的结构框架非常精妙，本可以直接将原样交付排字印刷的；就是我们都觉得原来的书名《保守主义的溃败》（*The Conservative Rout*）不是很好。西德尼·盖尔提议用《长久的撤退》（*The Long Retreat*），不过这个更糟糕（盖尔认为"溃败听起来'太草率了'，我在一封信中也对柯克提出了这一点"）。罗素在回信中说，"有一种军乐听起来也像'溃败'"；不过这一回复并没有什么实质性的帮助。我们一直在尝试更好的书名，直到后来有人提议用《保守主义的精神》（*The Conservative Mind*），柯克很乐意地接受了这个书名。

我们非常关心这本书的设计，我希望它能够与这本书庄严的文风及其所讨论内容的重要性相匹配。最后确定，在该书的护封预言，这是一本"会成为当代思想史上一座里程碑"的书；在护封的背面我们表明，《保守主义的精神》并非我们单一的成果，我们还列上了新近出版的其他四本书：戈登·查尔莫斯（Gordon Chalmers）所著的《共和国与个人》（*The Republic and the Person*）、由十三位美国哲学家和黎巴嫩的查尔斯·马里克（Charles Malik）等人写的反对自然主义的论文集《回归理性》（*The Return to Reason*）、艾伦·泰特（Allen Tate）所著的《孤独的恶魔：道德说教与批判论文集》（*The Forlorn Demon*：*Didactic and Critical Essays*）以及温德姆·刘易斯（Wyndham Lewis）所著的《为爱复仇》（*Revenge for Love*）。

1953年的3月或4月，我们寄出去几本样书等待评论，当时心里有几分忐忑与不安，因为这本书代表着我们的一种重要认同。没过多久，我们就等到了回应，并大大超出我们最乐观的预期。

在完成"表明保守主义是一种与当今相关的传统"这一艰巨任务时，柯克具有两个极大的优势：一是将自己所熟知的知识体系组织起来的绝妙本领，一是极好的文风。他阐明：“本书的目的在于回顾保守主义的各种观念，考察它们在当今这个迷惘的时代是否还有效。”他进一步说明：“这不是一本关于保守主义党派的历史……而是一篇加长版的关于定义的论文。英国和美国保守主义的本质是什么？自从法国大革命之后，当英国人和美国人反对激进的理论和社会变革时，是什么样的观念体系支撑了他们保守主义的本能呢？”

iv 他接着论述道：“任何一个有见识的保守主义者，都不愿意将深刻复杂的理性体系浓缩成一些狂妄自大的短语……保守主义并不是固定的、一成不变的教条，保守主义者从柏克那里承袭了一种天赋，以重新表述自己的观点来适应时代的要求。然而，作为一种起作用的前提假设，人们在此处可以看到社会保守主义的本质，就是保存人类那些古老的道德传统。”

柯克在写《保守主义的精神》这本书的时候还很年轻，在他二十多岁还是苏格兰圣·安德鲁斯大学的一名研究生时，便开始致力于此了；当他完成这本书的时候，才刚刚三十出头。这本书蕴含了一个年轻人在感到困惑和令人困惑的年纪，进行初次探究的新鲜刺激和所获得的极大快乐；他发现了一种让自己感到满意的生活观，给他指引方向，并似乎回答了他那些最急迫的问题。

这本书成熟且富有见识，柯克能够在整本书中都保持该探索所具有的这种品质，这在第一章中体现得淋漓尽致；作为一个年轻人，他可能像自己的好友西德尼·盖尔所说的那样“似海龟般沉默寡言”，但他写作的时候却热情洋溢，他发现了真理并希望与他人交流自己所发现的这个真理。正是这种探索的品质以及卓越的见识，给《保守主义的精神》

这本书带来了胜利，并使之成为战后最有影响力的书籍之一。

表明柯克这本书的公众反响可能会是可喜的第一个迹象是，3 月 15 日我们收到来自科克斯书评服务（Kirkus Book Review Service）的一份事先通知，它完全满足了我们的请求，并大大超乎我们的意料：“这本书精细地研究了 1790—1952 年间政治、宗教、哲学和文学领域的保守主义思想。”随后还于 5 月 1 日在《图书馆期刊》（*Library Journal*）上对这本书作了如下推荐：“由于这本书一定会引起激烈的争论……图书馆应当采购几本备用。”

5 月 17 日，在出版的前一天，《纽约时报》周日书评栏目在显眼位置发表了戈登·查尔莫斯为本书写的一篇精彩绝伦、长达半个版面的评
v 论，这极大地提升了我们的期许、鼓舞了我们的士气。

这本书逐渐开始崭露头角。在给柯克的一封信中，我告诉他我们一周能够卖出约一百本。不过，真正使它成为话题中心的，是 7 月 4 日《时代周刊》（*Time*）上所发表的一篇篇幅很长且饱含睿思的评论。整个书评版块都给了这本书——《保守主义的精神》，封面人物是乔治·华盛顿，柯克的书占据了整个书评部分——它在新闻页面也被提及了，该议题可以被看作是美国保守主义传统的延续。

后来我得知这篇评论出自马科斯·怀斯（Max Ways）之手，它不仅仅是讨人喜欢的，更是那种能够引发读者兴趣和好奇心的评论；这并不是随意一篇评论都能做到的，无论它是否讨人喜欢。所有的这些，以及该评论在此次的议题中所表现出来的细节和它所具有的特征，都使《保守主义的精神》这本书的出版成为一个重大事件。该书的销售量急剧增加——达到每周四百本，我写信告诉柯克，在 7 月底之前，我们首次印

刷的已经全部卖光了；8 月份的时候再版了五千本，在年底前已经卖掉了三分之一。罗素·柯克从曾经的一位默默无闻的小讲师，摇身一变成为全国著名人物。

如今我们已经很难想象《保守主义的精神》在 1953 年首次出版时所产生的轰动。自由主义长时间占据着统治地位，它奉承“普通人”，在解决所有人类问题时迷信机械化的政治解决途径，排斥生活之悲惨和英勇的一面，并有一些惯用表达其观念的、毫不鼓舞人心的论调；我反复说道，在所有的这一切之后，这样一些观点的出现，如“生活具有未经贿赂的恩典”，“有一种关于权利和义务的永恒关联，它联系着每一个或生或死、或伟大或平凡的人”，以及一种将政治看作“理解和运用正义的艺术，并且高于自然”等，如同久旱逢甘霖。

奥古斯特·赫克歇尔（August Hekscher）在《纽约先驱论坛报》（*New York Herald-Tribune*）（1953 年 8 月 2 日）上发表评论说：“长久以来，保守主义者被看作是‘落后’，甚至是‘有些另类’的代名词；柯克先生骄傲地对该术语所进行的辩护，是会受到欢迎的。”哈里森·史

vi 密斯（Harrison Smith）在各大报纸（包括《华盛顿邮报》等）上，用以下言词欢迎这本书的到来：“那些深谋远虑的、担心极权主义理论和革命在这个世界上的大部分地区传播过快的美国人，都应当读一读罗素·柯克这本在当代思想中具有重大意义的著作。”

彼得·维莱克（Peter Viereck）在《星期六评论》（*Saturday Review*）上发表了对这本书的评论；《财富》（*Fortune*）杂志上发表了一篇具有高度影响力的书评；《党派评论》（*Partisan Review*）分两期讨论了这本书。约翰·克罗·兰瑟姆（John Crowe Ransom）在《凯尼恩评论》（*Kenyon*

Review）上发表了一篇很长的关于《保守主义的精神》这本书的书评（后来这篇书评被收录进他的一本论文集当中）；此外，布雷纳德·切尼（Brainard Cheney）在《塞沃尼评论》（*Sewanee Review*）中对兰瑟姆的评论作了回应；《伦敦泰晤士报文学增刊》（*London Times Literary Supplement*）也发表了关于这本书的评论；高洛·曼恩（Golo Mann）和威廉·波普克（Wilhelm Roepke）还在德文杂志上为本书写了长篇论文。二战以后，保守主义运动获得了智识上的声望和特性，因而在逐渐发展当中。

关于《时代周刊》上的那篇评论，我们要感激惠特克·钱伯斯（Whittaker Chambers）。我第一次见到他是在 1952 年，当时密尔沃基（Milwaukee）的玛丽山学院（Mount Mary College）正要给他授予荣誉学位。当我得知他在密尔沃基时，便打电话问他能否见上一面。不得不说，我打电话时颇为犹豫，因为我不愿意打扰他；因此，当他告诉我他很愿意见我时，我简直乐坏了，便赶紧去见他了。

我在读《证人》（*Witness*）时便很仰慕他了，这种仰慕很快发展成深情厚谊。我在马里兰农场多次拜访了他。这些会面给我留下了最为愉快的记忆，直到他临终前，我始终都与他保持着通信。能够认识惠特克·钱伯斯，并能将他看作一个朋友，于我而言是一种极大的荣幸。在我读完《保守主义的精神》之后，我把自己对这本书稿的感觉告诉了钱伯斯，并且在收到一些校样之后我就赶紧给他寄了过去。

1953 年 6 月 23 日，他给我回了这样一封信：

> 我最近给《时代周刊》的主编罗伊·亚历山大（Roy Alexander）写了一封信，告诉他我认为罗素·柯克的书是最重要

> vii 的、极有可能在某个时刻凸显的一本书；并建议《时代周刊》用整个图书版面来刊登对此书的评论……我还告诉《时代周刊》为什么我觉得《保守主义的精神》很重要，它是什么，它做了什么。
>
> 昨天，罗伊打电话告诉我《时代周刊》同意将下一期的整个图书版面献给柯克的这本书。它将会在 7 月 4 日发行，封面人物是乔治·华盛顿。这样我至少能以微弱的方式来为你做点什么了——你为我们做了这么多，也能为柯克的书做点事情了——我们俩都认同这本书将会成为一个大事件。顺便说一下，这也表明，如果我们有克服惰性的这种意志的话，只要我们拿起笔来，事情就能够做成。

除了友谊，我不能说自己为惠特克·钱伯斯做过什么，他为我做的要多得多。他是我们这个时代最伟大的人物之一，而且由于他假定“作为一个见证了上帝恩典和信仰所具有的强大力量的”非自愿的存在，他具有不可承受的负担，因此我们所有人都极大地亏欠于他。

至今我依然清晰地记得，当那一期《时代周刊》的样本出来时，我们有多兴奋。第一时间将这本书推荐给我的西德尼·盖尔欣喜若狂。“看!”他一边说一边用手敲打着杂志以示强调：“保罗·埃尔默·摩尔和欧文·白璧德的照片居然刊登在《时代周刊》上！这都是因为你英明地决定要出版这本书。”

无须多言，并不是所有的评论都是持赞同意见的，而且在《哈珀杂志》（*Harper's*）和《大西洋月刊》（*Atlantic*）上，根本就没有关于这本书的评论。学院派的那些顽固的自由主义者，尤其不愿意承认柯克所说的任何事情。例如，哥伦比亚大学的彼得·盖伊（Peter Gay）在1953年12月的《政治学季刊》（*Political Science Quarterly*）中，以这样的一段话为自己的评论做了结尾："柯克试着驳倒莱昂利尔·特里林（Lionel Trilling）的立场（即美国保守主义者没有哲学，而只是'在行为中或以易激怒的行为举止'来表达自己），但他只是证明了这一点。"

1953年10月，在芝加哥大学发行的季刊《伦理学》（*Ethics*）上，斯图亚特·加里·布朗（Stuart Garry Brown）对此书进行了评论，并表示丝毫没有被本书打动。他同时还评论了斯科特·布坎南（Scott
viii Buchanan）的《政治学论文集》（*Essays in Politics*），他说："这本书要好得多。"诺曼·托马斯（Norman Thomas）在1953年8月刊发的《联合国世界杂志》（*United Nations World*）上，发表了一篇冗长的评论，让人感觉他认为这本书是相当有问题的，他这样评论道："他（柯克）给我们所展示的，是一种口若悬河的、特殊的滔滔论辩；部分地来说，它是虚假的，而在总体上来看则是我们当今这个时代的一种非常危险的、不充分的哲学。"

与彼得·盖伊和斯图亚特·加里·布朗的观点相反，克林顿·罗西特（Clinton Rossiter）在1953年9月的《美国政治学评论》（*American Political Science Review*）上肯定地说，柯克的"学识显然具有最高水平"。他还以这样的评论结尾："随着这本书的出版，战后时期所谓的'新保守主义'肯定要呈现新的内容和意义。"柯蒂斯（L. P. Curtis）在1953年秋的《耶鲁评论》（*Yale Review*）上，同时评论了《保守主义的精神》和理查德·佩尔斯（Richard Pares）所著的《乔治二世与政治家》（*King

George II and the Politicians)，并表达了这样一种观点：“这本雄辩而自信的书，应该会使当今的那些保守主义者感到振奋，并打开他们当中很多人的眼界，让他们看到自己道德传统的华丽光彩。它会让那些科学主义的规划者和情感主义者开始深思，他们将莎士比亚笔下尤利西斯的预感当作是陈词滥调而弃之一旁……尽管有些不足，但瑕不掩瑜，柯克完成了历史学家的一个更高的目标：他告诉我们一种生活方式，它已经在经验中试行过，并源于我们的境况。”

人们并不是自发地，或是丝毫没有反对地就将“保守主义”看作是对一种运动的描述，这种运动与自由主义的规则相反，并处于蓬勃发展之中。弗兰克·S. 迈耶（Frank S. Meyer）和哈耶克（F. A. Hayek）两人都曾激烈地反对用保守主义来描述他们的立场——前者最终成为保守主义运动的一位公认的领袖，后者与任何其他人一样给那种反对计划经济的运动指引方向并持有鲜明的立场。

尽管被认定为保守主义运动的开创者之一，哈耶克从来不愿意将自己描述为一个保守主义者；他更喜欢自己被看作是一个“老辉格党人”(an “Old Whig”)，这个标签需要好几页的说明；这样的解释说明大概能使每一个读它的人信服，除了哈耶克自己——在他的内心深处，他是
ix 一位真正的保守主义者。所有的这些都给出了一个“具有不断增多的多样性和神秘性的传统生活”的典范，柯克告诉我们，这是保守主义者尤为珍惜的。

哈耶克对保守主义的拒斥，第一次体现为一篇论文，该论文发表于朝圣山学社（the Mont Pelerin Society）的一次会议，这是全球性自由主义者（传统意义上的）的组织——由经济学家和其他一些共同关心自由

社会的人组成。

该学社的第一次会议于1947年4月在瑞士举行，自此之后，它的年度会议（一般在9月召开）都给人们提供了一个机会以思考当代最重要的那些问题。哈耶克是该学社的创始人，而且当他在1957年的会议上发表《为什么我不是一个保守主义者》这篇文章时，他仍然是该学社的社长。他将这篇文章当成附录，收录在他那本不朽的著作——《自由秩序原理》（*The Constitution of Liberty*，又译《自由宪章》）中，该书于1968年首次出版。

尽管这篇文章并没有具体提到《保守主义的精神》这本书，也没有提到罗素·柯克，但它显然是受到柯克这本书的成功及其阐发的观念所达到的那种影响力的高度的启发；这又被以下这个事实所证实了：在这篇文章发表之后，柯克立即被邀请来维护自己的立场，他当时毫无准备地发表了即兴演讲，没有引用任何材料，但却睿智通达、效果极佳。

一位是在当时久负盛名、备受尊敬，并且在维也纳大学、伦敦大学和芝加哥大学均享有荣誉教授之称的经济学家，一位是来自于密歇根州美科斯塔的年轻作者，他们两人在富丽堂皇的瑞士宾馆，面对一群杰出的国际听众所进行的交锋，成为一次激动人心且令人难忘的盛事。作为一个心存偏见的目击者，我不会说这位来自美科斯塔的年轻人只能屈居第二。

前文提到过，当《保守主义的精神》出版时，罗素·柯克只是密歇根州立学院（后来成为密歇根州立大学）历史系的一名讲师。密歇根州立大学是一所大型的综合性教育大学，由于坚持这样一种被普遍认可的信念，它得到了极大的发展。这种信念是：如果一个大学的教育对某些人是有用的、有益的，那么正义和民主的原则就要求让所有人都能够得到这种教育。正如柯克所说的，学校开设各种课程，内容囊括从中世纪哲学到初高级飞蝇钓技能课程等各种内容，在他看来，这样做的主要功能在于：消除跨进大学门槛的那些人自身所带有的各种偏见和道德原则，将他们送入这个未曾回报过他们任何东西的世界，用各种价值或知识来帮助他们忍受生活的现实。

在《保守主义的精神》出版后不久，柯克辞去了他在密歇根州立学院的职位，并利用这个机会对当时的校长约翰·汉娜（John Hannah）以及像密歇根州立学院这样的机构所持有的整个观念发起激烈的批评——他后来将这位校长描述为：“一个在自己的机构中拥有家畜管理学士学位和法律荣誉博士学位的人。”

当他告诉我打算要这样做的时候，我奉劝他要三思而后行，并指出：与作为一名作家和讲师所具有的不确定性相比较而言，一个相对稳定的、每月能领到薪水的学术性职位具有更多的优势，更何况还能期望从学术上的建树来获得回报。针对这一劝告，他在回信中以一贯特有的风格这样回复我：

> 我从未被贫穷困扰过，如果需要的话，我能够一年只要四百美元。有时间思考、有行动的自由，在此刻对我来说比任何经济上的利益都更加重要。我总是按照自己的方式与这个时代以及那些为我们安排事务的人逆向而行，而不是服从于他们。我并不介意要一直这样走下去。

按照自己的方式而行。人们可以如实地说，罗素·柯克成为我们当今这个时代最有影响力的人物之一：我们听从于他，因为他的话语带着权威；他不是带有税务员或公共官员的那种权威，而是有着一种内在的权威，这种权威是一个对自己所说的话深思熟虑，并愿意为其言论负责的人所具有的权威。

他选择生活在密歇根北部美科斯塔的一个小镇，当他还是个孩子的时候，他与亲戚们在那里度过了很多快乐的暑假。那里有清澈的小湖、沙丘，还有很多很多松木桩——那里曾经覆盖着大片的松树林。柯克在单身时居住在他爷爷留下的房子里，这座房子后来毁于火灾，
xi 什么也没剩下。幸好在这个时候，他那所又新又大又坚固的砖房即将落成，它的屋顶是一个公共建筑物拆迁时保存下来的穹顶。这所房子给他的家庭，他那位迷人的、平易近人且精力充沛的妻子，他们的四个女儿，以及无数拜访者提供了足够的空间。最为相称的是，作为最杰出公民的房子，它在这个村庄里具有非常明显的地位和特色。

距离这所房子大约四分之一英里曾经有一个木材加工店，后来这里变成了一个书房，这个书房里到处都是因多年有条不紊的研究而积累下来的书籍，是他做了这项工作。这里通常会驻有一名学生或门生，假期的时候就会有成队的学生过来学习和参加讨论。美科斯塔这个偏远隐蔽的小村庄成为一个重要的知识分子的乐园，而且毫无疑问的是，它对于世界观念的积极影响要远远大于柯克所摈弃的那些庞大的“大学”。

柯克学术生涯的一个最为卓越的方面就在于其坚定的连贯性。在杂乱无章的年代，他不屈不挠地、雄辩地明确了秩序的重要性及其来源。柯克反对那些虚伪的、宣称所有的价值都是相关的、都来自于意志和欲

望的预言家们，他表明了这些价值的不变性。针对那些认为人类能够做任何事情的人，他教导说，人性和智慧的缘起就是尊重创造和存在的秩序。

尽管罗素·柯克已经离我们而去，但我们仍然可以从他的话语和作品中获得慰藉和力量。在这些作品中，最重要的、里程碑式的著作就是《保守主义的精神》。

——亨利·莱格尼里

于伊利诺伊州芝加哥市

1995 年 6 月

第七次修订版序言

这篇超长的有关观念史的论文大约写于35年前，主要是在圣·安德鲁斯和法夫那个古老的村庄里完成的；对于这类书籍而言，它所获得的影响力在我们这个时代是不同寻常的；此处有必要重复作者的一些简短评论。

《保守主义的精神》这本书首次由莱格尼里出版社于1953年出版，至今它的英文版已然经历了六次修改和再版——包括由T. S. 艾略特所安排的费伯版本（Faber）和费伯的伦敦版本。它也曾被翻译成其他语言，在苏黎世和马德里出版。以这几段话为序言的第七次修订版，可能是本书的最后一版。

这本书是作者的第二本书，当他奋笔疾书此书的时候年方三十岁，他希望自己关于保守主义思想的研究能够改变公众的观念。不过，这本书的成就远远超过了他本人的期望。1953年春夏之际，各大主要书评都热烈地讨论《保守主义的精神》这本书，它广泛地被公众，而不仅仅只有那些认真研究历史和政治理论的人所知晓；它也在一些关键性的季刊、知名期刊和访谈节目上被讨论。它的一些章节被直接地或通过一些人的释义，而被人们所了解——在戴雪（Dicey）看来，这些人是真正的（如果不那么出名的话）公共意见的形塑者：他们是一群有思想的人，籍籍无名，但深刻地影响着自己的邻居和共同体。这本书尤其被一些专
xiii 业人士所奉读。它很快就出现在政治管理者、立法者、政党领导人的书桌上。它开始像一种催化剂，在保守主义政体的再生和复兴中悄然发挥着作用——后来，一些有权势的人，甚至是美国总统也开始谈论这本书。简而言之，公众对这本相当难懂的、关于观念史的研究著作的反响，甚至可以与一个半世纪之前法国出版的夏多勃里昂（Chateaubriand）的《基督教的真谛》（*Genius of Christianity*）所获得的反响相媲美。

这本书的作者并非群众的领导者，他很惊讶地发现自己通过文字的力量影响了美国一场声势浩大的政治运动——这场运动在多年以后，将会排挤掉美国近代自由主义的力量。的确，他这本书最初的书名叫作《保守主义的溃败》，他认为美国和英国的这些保守主义者，在长达两个世纪的进程中被打击得一落千丈。不过这本书的出版社说服了他，让他把书名改成了《保守主义的精神》。这个决定本身似乎就是将溃败变成了重整旗鼓。似乎这种理论信念消除了约翰·斯图亚特·密尔那种自由主义的、将保守主义者看作是“愚蠢的派对”的印象。很快，美国的那些保守主义者开始思考并采取行动。越来越多的学者和文人墨客开始写一些与保守主义信仰相关的书籍，保守主义的周刊和季刊开始创立，大学生们也成立了保守主义研讨俱乐部。

赞同这本新书的人宣称这本书的作者重新召回了那些被遗忘了的保守主义的真谛；另一方面，某些自由主义者和激进的批评者则认为，该

作者播下了争执或毁灭的种子。然而，这本书的作者并不是真的在吹响战斗的号角；相反，他希望转变这种“全副武装”，用科尔里奇（Coleridge）的话来说，就是将剃须刀的边缘变成锯齿。这位年轻的作者呼吁，可能只有借助于一种再度觉醒的道德想象，秩序、正义和自由在我们这个有问题的时代才能得以维系。

这本书在1953年震动了自由主义的巢穴，出乎意料地，它被美国文学批评和政治意见的一些常见权威者所采用；这些领导者通常需要数月甚至数年才能形成统一战线以反对这样的观念，就好似它们是古董一般
xiv 令人惊讶。四面八方的人参与到关于《保守主义的精神》这本书的观念之争当中，以至于本书的作者几乎要以科里奥兰的方式（in Coriolan's fashion）哭喊道：“这是我一个人干的!”最终他被排斥在科里奥利（Corioles）——纽约城的文学堡垒之外，过着一种文学游击队员的生活，惬意地进行着适合自己的探险。

为什么一个隐居者所写的书会引发这么多的争论呢？因为这本书为“那种无依无靠的、被抛弃了的正统观念发声”，借用桑塔亚纳（Santayana）的话来说是“预言了邪恶的到来”。桑塔亚纳评论道，在某种程度上自由主义者无法平息这样一种声音：“使这种声音更加让人感到不安的是，人们再也无法理解它。”这本书的危险就在于相对而言它比较清晰：不难想象，很多读者能够理解它，这种前景使戈登·查尔莫斯这样的人（也就是被称为分崩离析的自由主义者）在那些年感到战栗。

《保守主义的精神》这本书描述了一些或一类珍视人类生活中永久事物的学者所具有的倾向。在一些慎重的问题上和另一些一般性的原则上，保守主义者相互之间可能时不时地会不赞同彼此的观点；因此，这

本书展现了一种观点上的多样性。被称为“保守主义”的这帮人，反对破坏古老的生活节奏，反对破坏公民社会秩序的根基，也反对减少人们对于物质生产和消费的追求。

这本书的特点并不在于给读者提供了一种“保守主义的意识形态”，一系列抽象严密的政治信条是一种意识形态、一种“政治宗教”，给信仰者许诺了一种人间乐园，而这种乐园通常会被暴风雪所摧毁。对于保守主义者而言，这样一种为了人类本性和社会完美性而进行的先验设计是极其令人讨厌的，他们认识到这些是咖啡馆里那些狂热分子的工具和武器。

对于保守主义者而言，习俗、传统、宪法、法规等都是还能忍受的公民社会秩序的源泉。人类并不是天使，一些形而上学的狂热分子并不
xv 能构建起人间天堂；而各式各样的理论家却足以造成一个地狱。这样的事情发生在20世纪的大部分地方。

保守主义者会认可一般性的政治原则，因为这些原则与狂热的意识形态信条截然不同。这些原则的大部分内容来自于传统和妥协，并经过长时间的检验。不过我们也要采取不同方式、谨慎地运用这些一般性的原则，人类的情境会随地点和时间的不同而有所不同。保守主义者拒绝将乌托邦的政治看作是宗教的替代物。用埃里克·沃格林（Eric Voegelin）的话来说，意识形态的拥护者，使超越所具有的宗教特征内在化了。《保守主义的精神》这本书部分地触及了这些一般性的原则，但它并没有将方向指向天国。

因而，这本书就是一本历史性的分析，它分析了一种与公民社会秩序相关的模式；它并不是党派行动指南。根据各种观念和某些重要作者

与公众人物的行为来界定“保守主义者”和“保守主义”，以及理解保守主义者关于道德和社会秩序的原则，都是《保守主义的精神》这本书的有限目的。

不过，尽管并不是出于意识形态的动机，这本书却是从信念开始着手。一位早期的、并非保守主义的评论家这样评论道：“各种格言警句在柯克的笔下像炸弹一样爆炸开来。”可能的确是这样的；本书的作者充满年轻人的乐观自信，甚至是血腥暴力。尽管他大胆地挑衅保守主义的那些被击溃的领域，此处“这个小火苗点燃了整个战役的战火，将他的身影照耀在那些故去的人身上”。他的这些隐喻性的炸弹，意在避开文字上的炸弹——也就是要经受得住对方世界的那种混乱。

正如事情将要表明的，保守主义的民众并没有像激进主义者所期望的、保守主义者（以及某些自由主义者）所害怕的那样，遭到了致命的打击。在20世纪50年代，在苏联强权的威慑之下，并由于大众对政治人道主义成果比较失望，美国与英国的公共意见开始转向保守主义的措施和候选人。

这本书与其他书一起，给保守主义的冲动提供了一种解释和正当性证明。在之后的这些年，公共意见、民意调查和其他指数表明，越来越多的
xvi 美国公众，也有越来越多的英国公众（尽管不那么明显），乐意称自己为保守主义者。至1980年，美国的自由主义和英国的社会主义已成明日黄花。

不过这种选举性的成功可能是具有迷惑性的。很有可能在民意调查获胜的同时，被社会环境所压垮；物质上的繁荣短时间内会掩饰住道德上的崩溃。

我们这个世界现在的一般状态，是处于加速的衰败当中。在这本书首次出版之后悄然流逝的这些年里，整个文化堕落到最深渊。这个世界上最边远的那些很少受到现代科技和意识形态风暴影响的角落，在 20 世纪 50 年代之后也已经被《圣经 · 启示录》中的四个牧马人（the Four Horsemen of the Apocalypse）彻底击垮了，这包括萨尔瓦多、阿富汗、卢旺达、帝汶岛、塞浦路斯等几乎每一个习俗、惯例和传统的古老避难所。当这本书的影响力逐渐散开的时候，“紧急的”非洲变成了被淹没的非洲，沉溺于暴力和经济上的荒诞；只是在少数国家里，代议制政府和法律规定还勉强算是安全的。在这样仍然具有还说得过去的公民社会秩序之框架的国家里，发生了著名的奥尔特加大众的反叛：尤其是自 20 世纪 50 年代起，各种标准被摧毁，公民生活普遍降低到对细枝末节的物质欲望的一般性满足。

雅克塔 · 霍克斯（Jacquetta Hawkes）、罗伯特 · 格雷夫斯（Robert Graves）、阿道司 · 赫胥黎（Aldous Huxley）、乔治 · 奥威尔（George Orwell）等代表的平等主义的反乌托邦则日益丰满。这个世界上的那个转瞬即逝的自由主义时代，实现了桑塔亚纳的预言，日趋灭亡。这个国家的外在秩序陷于残忍的意识形态空想家或卑劣的寡头政治执政者的掌控之中，而灵魂的内在秩序则被时尚新观念的“简约论”和有害欲望的胜利所打破。

然而，限于篇幅，这篇序言并不能对我们这些悲哀的特征进行长篇大论。为了说明那些让当今人类感到不舒服的事物，我们可以听听我们这代人所发出的那些高贵的预言：听听俄罗斯人亚历山大 · 索尔仁尼琴（Alexander Solzhenitsyn）的声音、英国人马尔科姆 · 马格里奇（Malcolm

Muggeridge）的声音、瑞士人马克斯·皮卡德（Max Picard）的声音、法国人古斯塔夫·司邦（Gustave Thibon）的声音，以及那些富有道德想象
xvii 力和生命之悲惨意识的人的声音。例如，此时在我脑海里浮现出瑞典哲学家泰格·李德波姆（Tage Lindbom）所著的有名的《稗子与好粮食》（*The Tares and the Good Grain*）这本书。

李德波姆生动地告诉我们，人类舍弃了上帝的王国而沦落到自己的人类王国，而人类王国将会遭到毁灭。我们被自己的那些容易满足的欲望所奴役，并由于我们自己的那些奇技淫巧而变得昏庸，我们忽视了墙上所写的“弥尼，弥尼，提客勒，乌法珥新”❶。

“只是在第二次世界大战之后，我们才开始进入人类王国大获全胜的时期，”李德波姆这样写道，“我们现在不得不与一代世俗化的人打交道，对他们而言，物质存在就是全部，而灵性的生活则一文不值。对于这一代人而言，所有的象征性的事物都变得更加难以理解了……这一代人正在从自己的意识中将家庭观念逐渐抹去……”

“长久以来我们一直努力保持自己不陷入混乱之中，但现在混乱已然作为一种威胁出现在我们面前。而且这种威胁并不能通过世俗的引导而消除，除非是某种方式：通过专政——一种技术官僚化的专政来加以消除。在现实中，这种专制已经开始一步步逼近了。”

“尽管如此，这种外在的混乱和专政所具有的威胁，并不是根本性的。它们不过是某些事物的映射，这些事物无可比拟地更加严重、更加

---

❶*mene*，*mene*，*tekel*，*upharsin*——出自《圣经·但以理书》第 5 章第 25—28 节，大意为：上帝已经数算你王国的余日，要你的王国就此完结。——译者注

危险——亦即内在的混乱、人们内心深处的那种困惑。现在这代人从整体上来看，都不能辨明真实与谎言、真实与虚假以及好与坏。人类王国的收获季节已经到来。”

李德波姆的看法与两个世纪前的埃德蒙·柏克（Edmund Burke）遥相呼应。有些人强有力地要求反抗法律和自然，他们的确是在自取灭亡。柏克呼吁道：“那些反抗者是非法的，他们脱离了，同时也被流放出这个充满理性、秩序与和平、富有德性并有所忏悔的世界，而进入了一个疯狂、嘈杂、不道德、充满困惑和徒有悲伤的敌对者的世界。”

我们在多大程度上能够保护那个拥有法律和自然的世界呢？在美
xviii 国，至少逐渐地会有一种模糊的呼吁监护权，以及反对损害秩序、正义和自由的冲动。“保守者”这个名词本身就意味着监管者或维护者、保护者。这种冲动有可能是由想象和正当的理由所指引的吗？当人类王国获胜，并被人们发现它是只能用于焚烧的稗子时，为什么我们的文明就一无所剩了呢？难道我们所夸耀的什么都不是吗？

即便是现在，我们也能想象，如果在新生代中具有某种保守的意愿和才能，那么我们的文化当中，有很多值得保存的东西应当受到保护和重建。每一个落入敌对者世界的概念，不可避免地会受到神化历史的裁决。柏克在 1795 年激烈地否认伟大的国家不可避免地要陷入“从繁荣到衰败”的怪圈：

“当某些国家似乎要陷入耻辱和灾难的深渊时，它们会突然从中摆脱。他们开始了新的征程，并开启了一种新的猜想；即便是当它们深陷困苦、国家濒临灭亡时，它们也会为一种强烈而持久的伟大奠定基础。所有的这些在发生时都不会明显地事先改变那种一般性的情境，这种情境导致了它们的危难。当一个人在关键时刻死亡时，他的厌恶、退却以及羞辱，都会给整个国家带来不可估量的灾难。一个普通的士兵、一个孩子、一个小酒馆门口的小女孩，都改变了命运和本性。”

在这后两句话中，柏克涉及了伯里克利（Pericles）、科里奥兰纳斯（Coriolanus）、老皮特（Pitt）以及波旁王朝的康斯特布尔（Constable of Bourbon）等人的失败。他所说的普通士兵指的是温克尔里德的阿诺德（Arnold of Winkelried），阿诺德在森帕赫扑向了澳大利亚人手中的长矛；他的儿子名叫汉尼拔（Hannibal），在十二岁的时候便发誓要终身与罗马为敌。柏克所说的“一个小酒馆门口的小姑娘”指的是来自于阿尔克（Arc）的琼，柏克宣称，机会、天意或更个体性的强烈意志，都会突然改变一个民族或一种文明的整个方向。

那些具有保护倾向、并具有变革能力的人们，需要牢记柏克的这一论断：它可能会在黑暗的日子里激励、鞭策他们。为了提醒这些人想起自
xix 己的那些思想上和感情上的遗产，柯克写了《保守主义的精神》这本书。

这本书的第七版所面对的是新一代的读者。“我见证了这新生的一代！”柏克在众议院的最后一次演讲中如此呼喊道。英国新生代的行为，的确开始符合已故柏克的建议。这有可能会超越这一点，即在20世纪的那些衰落的年代，那些受到教训的、感知到我们的艰难困苦的新生代，将会不遗余力地去保持那些在此处值得保持的东西。

这本书向你们展现了传统智慧的精华。我们这个时代的那些诡辩家、经济学家以及计算者，经常会损毁性地使用“传统智慧”这一词语——好像传统（以及普遍共识）与智慧（以及基于经验的精准判断）是可鄙的。这本书的观点恰好相反，它认同罗伯特·弗罗斯特（Robert

Frost）的以下判断：

> 我们所看见的生活中的大部分变化，
> 都是由于那些被赞同或被摈弃的事实。

如果我们正确理解的话，传统智慧是由弗罗斯特所说的那些“我们不断回忆的事实”所构成。

不断改进的那种冲动与保存的冲动，对于任何一个社会的良序运转而言都是十分必要的。无论我们是投身于进取的一方，还是投身于保持不变的一方，我们都必须依赖于当时的环境。在这个世纪的最后这些年里，无论是积极向上的迅猛发展，还是不好的急剧堕变，我们似乎都经历了太多。那种保守主义的冲动，在现代社会里是否能够足以防止道德秩序和公民秩序不被令人炫目的迅猛变化所瓦解呢？为什么呢？这些问题的答案，取决于如今的保守主义者究竟能多么充分地理解他们的遗产。

——R. K.

密歇根州，米科斯塔，帕尔提山

1986 年 6 月

第一章 保守主义的观念

在每一个国家，都肯定有一种哲学，它或好或坏，但不完全是野蛮的。无论那种（愚蠢而又荒谬的）与实践相对立的、讨论思考与理论的风尚有多疏浅，我们都不难证明，在任何特定的时代，这种思考的精神都是存在的；它会成为我们宗教、立法、道德，甚至是艺术、行为和时尚的精神和腔调。以下这一点也同样是真实的：因为大多数人都像蝙蝠一样生活在昏暗之中，他们只能通过反射和折射才能了解并感知到自己这个时代的哲学。

——科尔里奇，《论文集：论他这个时代》

“愚蠢党”（the Stupid Party）——这是约翰·斯图亚特·密尔对保守主义者的描述。19 世纪的自由主义者认为有些总结性格言是永远正确的，与这些格言一样，密尔的上述判断需要回顾一下我们这个时代那些分崩离析的自由主义的、激进的观念。当然，很多沉闷而浅薄的人都将自己的惰性归之于保守主义：“如果保守主义者什么也不说，而只是坐着思考，甚至只是坐着，那么对于实践性目的而言也足够了。”赫恩肖（F. J. C. Hearnshaw）如此评论道。[1] 当代最伟大的保守主义思想家埃德蒙·柏克并不羞于承认卑微者的忠诚——成见与法规是他们的担保者；柏克带有喜爱地将他们与英国人橡树下的那些牛群联系在一起，认为他们对于激进革命的那些论调充耳不闻。不过，在过去的两个世纪中，一些学识渊博且聪明绝顶的人，一直在为保守主义的原则进行辩护。这本书的目的在于回顾保守主义的各种观念，考察它们在这个迷茫的时代是否具有合法性；它并没有要假装成保守主义政党的一部历史。从定义上来看，这一研究是一篇加长版的论文。英国和美国保守主义的本质是什么呢？自法国大革命开始，对于英格兰和美国而言，是什么样的情感维系了人们的那种保守主义的冲
3 动，以抵制激进的理论和社会变革呢？

沿着都柏林的利菲河往东，走过四法院（the Four Courts）的穹顶，你就会来到一扇嵌在空白墙上的古旧门前。这是一栋没有屋顶的、遭到破坏的18世纪的房子；不久前它还矗立在那里，尽管遭受谴责但仍有人居住在内：在阿兰岛的奎伊12号，以前有一栋三层的砖房小楼，它一开始是一位绅士的居所，后来沦为一家小商铺，后来更加破旧后又被当作政府办公室；在1950年，它终于还是被摧毁了——这历史性地暗示着：爱尔兰社会将要发生自1729年以来最大规模的变革。因为在这一年，埃德蒙·柏克在这里出生了。现代都柏林人的记忆并不会追溯回奥康奈尔的那个时代，柏克的出生地销声匿迹

[1] Hearnshaw, *The Social and Political Ideas of Some Representative Thinkers of the Revolutionary Era*, p. 8.

了，但似乎并没有招致人们的抗议。近来奎伊附近很多其他的老房子也都被拆毁了，实际上 18 世纪的大多数房屋都破败不堪了。物质性的历史萎缩了。在柏克房屋（或是其残垣断壁）的后面、朝向古老的圣·米占教堂（据说柏克就是在这座教堂受洗的）的地方，有一段摇摇欲坠的砖砌陋巷，很多光着脚的孩子常常在那里攀爬那些残垣断壁。如果你转向奥康奈尔街道，那么略走几步你就会来到圣三一学院（Trinity College）的宏伟建筑物以及柏克和戈德史密斯（Goldsmith）的雕塑面前；再往北，在帕内尔广场的附近，你可能会听到一些活着的爱尔兰演说家通过扩音器宣称，他们知道怎样领导小街道对抗大世界。你也可能与柏克一起反思："我们是什么样的影子，我们追求什么样的影子!"

从柏克那时候开始，都柏林就发生了翻天覆地的变化。但在游客看来，爱尔兰有时候似乎就是我们这个变动着的时代中的那些传统的避难所，而都柏林就是一个保守的古城；它们的确是这样。这是一个摈弃传统、抬高平等并呼唤变革的世界；是一个牢牢抓住卢梭、把他整个吞下并要求更激烈的预言家的世界；是一个被工业化生产所污染、由大众制定标准、由政府来巩固的世界；是一个饱受战争摧残、在东西方这两个巨人之间瑟瑟发抖，并盯着一堵被撞碎了的路障而坠入解体之深渊的世界；这就是我们的这个时代，是柏克在 1790 年怀
4 着满腔热情所激烈预言的社会。总的说来，激进的思想家们得胜了。一个半世纪以来，保守主义者不断地退缩，除了偶尔取得一些成功的后卫战斗，这种退缩的方式肯定要被看作是一种溃败。

尽管导致他们这种粉碎性失败的原因尚不是非常明确，但一般有

两种可能的解释：第一，在现代社会中，“事情都处于掌控之中”；而且保守主义的各种观念，无论听起来如何，都无法抵抗工业主义、集权化、世俗主义以及平均主义冲动所具有的那种不理智的力量。第二，保守主义者缺少足够敏锐的洞察力以面对当代社会的各种难题。其他一些解释也有某些合理之处。

本书是对保守主义观念的一种批评，由于篇幅所限，我没有非常深入地讨论那些既是保守主义观念之有力支撑，又是其成果的物质性力量和政治趋势。由于同样的原因，我只是简略地讨论了保守主义的那些激进的对手。不过，自 1790 年以后，出现了一些很精彩的政治历史，自由主义与激进主义的学说在大众的脑海中根深蒂固，而保守主义则受到少数历史学家的关注。法国和德国的保守主义观念与英国、美国的观念相联系，这要归功于梅特斯的柏克（Burke of Maistre）、伯纳德（Bonald）、基佐（Guizot）、根茨（Gentz）、梅特涅（Metternich）以及其他诸多英才。尽管研究这一主题十分有趣，但它过于错综复杂，难以驾驭。在众多欧陆思想家中，本书只是适当地讨论了托克维尔，这主要是由于他对美国人和英国人产生了深远的影响。

因此，《保守主义的精神》这本书仅限于介绍英国和美国的那些坚守传统和古老约定的那些思想家们。在诸多大国中，只有英国和美国躲过了始于 1790 年的革命。这似乎表明：他们的保守主义是一种坚定的生长力，对它进行研究可能是有意义的。如果要进一步对本书的研究领域进行限定的话，那么它主要是分析那些沿着柏克这一脉络
5 的思想家。由于我确信柏克的思想是一种真正的保守主义，因此我没

有考虑最反对民主的自由主义者如罗维（Lowe）、最反对政府的个人主义者如斯宾塞（Spencer）、最反对议会制度的作家如卡莱尔（Carlyle）。以下章节中所讨论到的每一位保守主义思想家——即便是与柏克同时代的那些联邦制的拥护者，也都体会到了伟大的辉格党的影响；尽管柏克的观念有时候会透过一种知识的滤镜而渗透给他们。

直到1790年，随着《法国大革命反思录》（*Reflections on the Revolution in France*）一书的出版，现代意义上的那些自觉的保守主义才逐渐开始显现。那一年，柏克的预言第一次在公众的心目中树立起保守与革新这一两极对立的观念。《卡尔马尼奥拉歌》宣告了我们这个时代的开启，英格兰北部煤炭和蒸汽所带来的烟雾滚滚的能量预示着另一次革命的到来。如果有人要在英国追溯更早的保守主义观念的源泉，那么他很快就会纠缠于辉格党原则、保王党主义以及理论复古主义的研究之中。现代的这些问题尽管早已存在，但却并不明显。在美国，直到西铁城·吉尼特（Citizen Genêt）和汤姆·佩因（Tom Paine）横跨大西洋满怀热情地追求法式自由的时候，保守主义和激进主义之间的斗争才日渐白热化：美国独立战争从本质上来说，在英国政治传统中，就是一种保守主义的、反对皇室革命的反应。如果有人真的要为保守主义寻求一个比柏克更久远的导师，那么博林布鲁克（Bolingbroke）也不能让他满意，此人对宗教的怀疑精神使其丧失了资格；马基雅维利式的霍布斯、守旧的专制主义者菲尔默（Filmer）也都不能让他满意。的确，福克兰（Falkland）、克拉伦敦（Clarendon）、哈利法克斯（Halifax）以及斯特拉福德（Strafford）等人的思想值得我们深入研究；另外，在理查德·胡克（Richard Hooker）那里，人们能够找到深刻的保守主义的观点；胡克部分地吸取了经院哲学家及其权威而形成了这些观点，柏克在英国国教教义的基础上对此进行了继承。然而，如果追溯至此的话，人们已然回到了 16 世纪，甚至是 13 世纪；而这本书主要关涉的是现代问题。因而，从任何实际性的层面而言，柏克是我们保守主义的奠基者。

坎宁（Canning）、科尔里奇（Coleridge）、斯科特（Scott）、索西（Southey）以及沃兹沃斯（Wordsworth）等人的政治原则，都要归功
6 于柏克的想象力。汉密尔顿（Hamilton）和约翰·亚当斯（John Adams）在美国拜读了柏克的著作；伦道夫（Randolph）在南方诸州传播了柏克的各种观念。柏克的那些法国门徒采用了“保守的”这一词语，克罗克（Croker）、坎宁以及皮尔（Peel）等人将这个词语应用于一大党派，一旦皮特（Pitt）和波特兰（Portland）等地的追随者们加入之后，这个党就不再是托利党或辉格党了。托克维尔将柏克的智慧应用于自己那些自由主义的目的；麦考利（Macaulay）则沿袭了他这一模式的那些改革才能；这些人又将柏克的传统传递给了下一代人。有了这样一些学生，人们就很难否认柏克为保守主义天才做辩护的那些主张了。不过，有些出类拔萃的哲学家一直试图将黑格尔确定为柏克的某种助手。塞缪尔·约翰逊（Samuel Johnson）在提到休谟的时候这样说道：“阁下，这位同胞碰巧也是一个托利党。”黑格尔的保守主义具有同样的偶然性，正如托克维尔所评论的：“黑格尔服从于他那个时代所具有的、在古代就已经确立的各种权力，他认为这些不仅仅因其存在而合法，也因其源头而合法。他的学生们希望能够确立另外一些不同的权力……从这个潘多拉的盒子中流出各种道德

上的疑难杂症，人们至今仍深受其害。然而，我察觉到，人们已经开始形成一种普遍性的反应以反对这种世俗的、社会主义的哲学。”[1]法国的施莱格尔（Schlegel）、高瑞斯（Görres）、斯托尔伯格（Stolberg）以及泰纳学派（Taine's school）都既是黑格尔，也同时是柏克的仰慕者，这解释了为什么他们混淆了表面上的相似性与根本上的敌对性。黑格尔的形而上学对于柏克而言可能在风格上是令其厌恶的，而黑格尔本人似乎也并没有读过柏克的东西；那些认为这两个人体现了同一体系之不同侧面的人，则有混淆了（政治意义上）权威主义与保守主义的危险。马克思能从黑格尔那里汲取资源，但他在柏克那里则不能找到任何能够适合自己的东西。

然而，这样的区分放在结尾要比放在序言中更为合适；现在需要的是，对保守主义观念进行初步的定义。

任何一位见多识广的保守主义者，都不愿意将深奥复杂的知识体
7 系归结为一些自命不凡的短语；他会更愿意将这种伎俩留给热情的激进分子们。保守主义并非是固定的、一成不变的教条；保守主义者从柏克那里继承了一种重新表述自己的观念以契合时代要求的才能。然而，人们在这里不难看出，作为一种起作用的前提条件，社会保守主义的本质就在于保护人类古老的道德传统。保守主义者尊重他们祖先的智慧（这一说法在柏克进行说明之前，来自于斯特拉福德和胡克），他们对大规模的变革持有怀疑态度。他们认为社会是一种精神性的现实，它拥有一种永恒的生命和精致的组织：它不能像一架机器

[1] Simpson, *Memoir, Letters, and Remains of Tocqueville*, II. p. 260.

那样被废弃或重塑。“什么是保守主义呢?”亚伯拉罕·林肯（Abraham Lincoln）曾经追问道，“它不是坚守古老的、可靠的，而反对新的、未经尝试的吗?”它是这样的，但又不尽然。赫恩肖（F. J. C. Hearnshaw）在《英格兰的保守主义》（*Conservatism in England*）一书中列举了一系列保守主义的原则，但我们可以更宽泛地来理解这些原则。我认为保守主义的思想具有六大准则：

第一，相信存在一种超验的秩序或自然法则，它既掌管着社会也规范着良知。政治问题说到底是宗教和道德问题。一种狭义的理性，又即科尔里奇所说的“理解力”，它本身并不能满足人类的需求。“每一个托利党人都是一个现实主义者，”基思·菲林（Keith Feiling）这样说道，“他知道在天地间有着伟大的力量，而人类的哲学并不能看破或理解它们”[1]。真正的政治是一门理解和运用正义的艺术，这种正义应该在灵魂之共同体中盛行。

第二，喜爱不断增加的多样性和人类存在的神秘性，反对狭隘化的同一性、平等主义以及大多数激进体系所追求的功利主义的目标；保守主义者抵制罗伯特·格雷夫斯（Robert Graves）所倡导的在社会中实行“逻辑主义”。这一成见被人们称为“保守主义的乐趣”——其意义在于：根据沃尔特·白芝浩（Walter Bagehot）所说的“一种有活力的保守主义的恰当源泉”，生命是值得的。

第三，确信一个文明的社会需要秩序与阶级，反对“无阶级之

---

[1] Feiling, *Toryism*, pp. 37－38.

社会”的那种观念。保守主义者经常被称为“阶级党”（“the party of
8 order”），这是有原因的。如果人类抹去了各种自然差别，那么寡头们就会填补这一空白。保守主义者认可上帝判断具有的终极平等，以及法庭面前的平等；然而，在他们看来，状况的平等意味着奴役和无关紧要的方面的平等。

第四，坚信自由与所有权是紧密相连的：将所有权与私人拥有物分离开来，利维坦成为一切的主人。他们坚持认为，经济上的平均主义并不是经济上的进步。

第五，信任规则。不相信“诡辩家、计算者以及经济学家”，这些人能通过抽象的设计而重新构造社会。习俗、惯例以及古老的规则，既能制止人们的那种无政府主义的冲动，也能抑制变革家们对权力的欲望。

第六，承认改变未必是有益的变革：草率的革命很可能是一场吞噬一切的熊熊烈火，而并非点亮前进道路的火炬。社会必须要改变，因为慎重的变革是社会得以维系的手段；但一位政治家在算计的时候必须要深谋远虑。根据柏拉图和柏克的观点，政治家的首要美德是深谋远虑。

从这种观念体系中又演变出各种不同的观点，也产生了众多依附性的观点。然而，两个世纪以来，保守主义者大体上都一致地坚守这些信念或观点。要列举其反对者的那些原则，反倒是更为困难。自从柏克进入政治领域之后，至少有五大激进的思想流派竞相争得公众的支持：启蒙运动者的理性主义、卢梭及其同盟者的浪漫主义解放运动、边沁的功利主义、孔德学派的实证主义以及马克思和其他社会主义者的集体主义的唯物主义。这一列举还略去了那些科学学说，达尔文主义便是其中最为主要的，它在很大程度上削弱了保守主义秩序的第一个原则。要是用同一个标准来表述这些激进主义，则很可能是专断的，并不符合保守主义的哲学宗旨。尽管如此，人们可能会草率而概括地说，自 1790 年开始，激进主义就开始基于以下几个方面的理
9 由对社会的一些约定俗成的安排进行了攻击：

第一，主张人类的完善性与社会进步的无限性：社会完善论。激进主义者认为，教育、积极的立法以及环境的改变能够使人像神一样完美；他们否认人性具有一种自然地倾向于暴力和罪恶的癖性。

第二，蔑视传统。理性、冲动以及唯物主义决定论分别受到重视，被看作是能够导向社会福利，并比我们祖先的智慧更值得信赖。他们反对正式的宗教，而提出了各种意识形态以作替换。

第三，政治平均主义。秩序与特权要遭受谴责；直接而切实可行的完全民主，是公开的激进理想。一般而言，与这种精神相契合的是，不喜欢古老的议会式安排，而热衷于集权与合并。

第四，经济平均主义。古代的财产权，尤其是土地财产权，几乎遭到所有激进主义者的质疑。集体主义的改革家们猛烈抨击私有财产制度的根源和分支。

第五，人们可能会试图界定一种普遍的、关于国家功能的激进观点；然而，各大主要革新学派之间的分歧过于巨大，以至于无法达成任何一种令人满意的概述。人们只能够评论说，激进主义者一致反对

柏克将国家描述为神定的，也一致反对柏克的这样一种观念，即社会恒定地由那些贯穿生者、死者以及未来者——灵魂共同体——的道德纽带所维系。

这种初步的描绘已经做得够多了。总而言之，激进主义者是创新者，喜欢改变；而保守主义者则像尤伯尔（Joubert）所说的那样：这些古老的政治和宗教制度“是连接每一代人的纽带”；“保守父辈们所看见的”。如果有人要通过更为精确的定义来加以研究的话，那么他很快就会转向一些特定的思想家，他会立足于更加牢靠的根基。在接下来的这些章节中，保守主义者被刻画为政治家、批评家、形而上学者以及文学家。正如拿破仑所知晓的，是那些充满想象力的人，
10 而并非政党领导人，决定了事物的最终进程；相应的，我选择了自己的保守主义者。有一些保守主义思想家，我会着墨更多一些，比如索尔兹伯里勋爵（Lord Salisbury）和斯托里大法官（Justice Story）；而有些有趣的柏克的门徒，如阿诺德（Arnold）、摩莱里（Morley）以及布莱斯（Bryce）等人则被我忽略掉了，因为他们并非寻常的保守主义者。不过我这里还是承继了 1790 年至 1986 年主流的保守主义观念。

在一个革命的时代，人们有时候会尝试各种新奇的事物，接着对它们感到厌烦，然后再回到那些古老的原则；这些原则在很长一段时间内被人们弃之一旁，当它们被重新发现的时候似乎是重获新生。历史有时候就像一个大轮盘，古希腊的轮回观念有其合理之处，轮回过后的数字表征着一种保守主义的秩序。我们在上帝面前加以否认，但对自己的职业所吹嘘的那些激情，可能会突然消除掉我们目前的这种

复杂的解释，就像是福伯格·圣吉曼（Faubourg St. Germain）的警钟突然终止了对自己心生厌倦的时代那样。不过这个轮盘的比喻会让柏克（或约翰·亚当斯）心生不悦，因为他们将历史看作是神定设计的展开。真正的保守主义者将其视为机会或命运的进程，是出自上帝旨意的黑白分明的道德法则的运作。柏克如果能够看到我们这个时代，他怎么也不会承认，一个如此接近于自杀的消费社会，是上帝给人类所准备的终场。如果一种保守主义的秩序的确是要回归的话，那么我们应当知道它所附带的是哪一种传统，以便我们重建社会；如果这种秩序难以恢复的话，那么我们也应当理解保守主义的各种观念，这样我们就能够从灰烬中分辨出，哪些被烤焦了的文明碎片逃离了那场未经抑制的意愿和欲望的熊熊烈火。

第二章 柏克与训诫的政治

当充满奇迹的时代像一种了不起的传统那样逐渐隐去时，甚至那些传统惯例也变成了历史；长久以来，人类的存在不过是依赖于一些准则，这些准则随着时间的推移而日渐空洞。似乎现实已不复存在，有的只是关于现实的幻想；上帝的宇宙主要是这位裁缝匠和装饰工的杰作，而人类则是一些貌似强硬的面具，在那里开始碾轧和做鬼脸——突然，地球张开大口裂成碎片，阴间的那种缭绕的烟雾和炫目的强光，唤醒了更多的口喷焰火的激进主义，并问道："尔等如何看我?"

卡莱尔描述了1789年的革命大爆发；阿克顿勋爵说道："他的《法国大革命》，把英国人的心灵从柏克的囚禁中解救了出来。"顺便说一下，阿克顿可能是把罗伯斯庇尔与柏克放在了同一个绞刑架上，这一判断极其感性地代表了19世纪自由主义对于这一问题的看法，因为其效果可能与自由主义的做法相抵触。[1] 自卡莱尔那个时期以来，有很大一部分重要的公众都认为，如果人们要做出选择的话，那么有关法国大革命的真知灼见肯定是在埃德蒙·柏克和孔多塞（Con-
12 dorcet）二者之间。

在自由主义占据优势的那几百年里，来自自由主义的批评坚持认为，柏克灾难性地弄错了与此次洪流相关的意义；巴克尔（Buckle）充满忧伤地用长达数页的篇幅进一步解释道，柏克在1790年发疯了。[2] 尽管如此，对这次大革命的理性维护，从来都没有从柏克所引发的战火中恢复过来；詹姆斯·麦金托什（James Mackintosh）与柏克是同一辈人，他无条件地臣服于自己这位伟大的对手；浪漫主义者在回应柏克的诉求时，抛开了平等主义的理由，而卡莱尔则发现，我们不可能分享潘恩的那种充满狂喜的幻想。柏克的《法国大革命反思录》捕获了新生代最强有力的想象力，因为他的风格［根据黑兹利特（Hazlitt）的描述］“像闪电那样会分叉且很好玩，又像蟒蛇那样富有斑纹”，折射出在大多数英国年轻人眼中闪耀着的卢梭式的光芒：他的著作不仅仅经受住了潘恩的攻击，而且还反过来使其黯然失色。他为英国保守主义设定了进程，并成为欧洲大陆政治家们的范式；他甚至还非常巧妙地逐渐成为美国的反叛心灵。那些貌似强硬的面具没能躲过这次洪流，柏克自己将这次洪流称为“迄今为止在世界上发生的最令人震惊的”大革命。然而，柏克并没有强硬的面具，他也不属于习俗的时代（the age of Conventionalities）。他相信充满奇

---

[1] 引自 Cobban, *Edmund Burke and the Revolt Against the Eighteenth Century*, p. 85。

[2] 参见 Buckle, *History of Civilization in England*, I, pp. 424 – 425。

迹的时代——古老的奇迹的时代，而并非人类试着去制造各种奇迹的时代。他点燃了一团火，以扼杀法国的熊熊烈火。

1789 年夏末，托马斯·潘恩（柏克曾经将其当作朋友）亲自从巴黎给柏克写了一封信，希望能说服这位伟大的辩论家将“一种更大的自由制度”引入英格兰，并作为公众不满情绪和人民主权的代言人。米拉波（Mirabeau）也曾大段地从柏克的演讲中引用其关于国民大会的内容（有时候赞同，有时候则并不赞同），以此热情地赞赏辉格党的领袖。这些往事如今看起来相当令人吃惊，但在当时则不足为奇，那时候年轻的杜邦都希望乔治三世的对手们能够赞赏法国大革
13 命。保守主义的柏克同样也是自由主义的柏克——是英国、美国、印度那些任意专断权力的仇敌。然而，与他的风格相一致的是，他这次尤其反对法国的大革命以及一般意义上的革命。

柏克这位热爱传统的人是一介平民，也是一位新人。18 世纪的后 30 年主要是新人占据主导地位的时代：在整个西欧以及英格兰的大部分地方，革命后来所强烈要求的那种理性和精神上的平等，在巴士底狱被攻占的前几年就已经大体实现了。“富有进取心的天才们”所具有的那种真实的优势，使本次革命性巨变得以成功，此次巨变被看作是必要的、获得隐晦价值的前奏。在柏克的那个年代，最杰出的那些英国人都是来自于中产阶级或更高阶层的新人，如史密斯、约翰逊、雷诺兹、威尔克斯、戈德史密斯、谢里丹、克拉普、休谟等；启蒙运动者（*philosophes*）也是大致如此。当柏克在圣·斯蒂芬礼堂发表演讲时说，他将国家命运托付给天生贵族时，他指的是自己。

这位新人是都柏林一位律师的儿子，他后来成为一名哲学家和贵族自由主义的发起人。J. G. 鲍德温（J. G. Baldwin）在写到柏克和罗阿诺克的约翰·伦道夫（John Randolph）时发出疑问：为什么柏克不是托利党人而伦道夫不是联邦党人呢？他是这样回答的："他们都是古老意义上的辉格党人，因为他们就像是深深地、无法克服地爱着自己的尊严那样热爱个人自由；也因为他们对等级具有强烈的情感；换言之，他们热爱自己的，以及与他们处于同一阶级的人的权利。"[1]

要界定辉格党主义（Whiggism）并非易事。辉格党人反对任意专断的君主权力，支持政府的内部改革，他们一般对英国在海外的冒险事业持半信半疑的态度。当柏克进入下议院的时候，该党派已经处于第七个任期，几乎与当今保守党的历史差不多了。它与商业利益以及大地主们有所关联，尽管这种关联比较微妙。在辉格党的谋划中，有很多内容能够吸引像柏克这样的年轻人的想象力，如：法律赋予的自由、联邦中各阶层之间的平衡、很大程度上的宗教宽容以及1688
14 年光荣革命的思想遗产等。托利党人也会欢迎这样的新成员，柏克在他们当中也不乏相识者；然而，他们坚持维护顽固的国王所具有的影响力、支持殖民计划以及那种在实践中经常愚不可及的严格的国内管理方式；他们还非常短视地对待那些反对者——曾经目击爱尔兰天主教徒之无能的人们厌恶这些反对者。在这两个党派中并没有激进主义的踪迹，也没有真正的、自觉的保守主义。柏克选择了罗金汉姆辉格

---

[1] J. G. Baldwin, *Party Leaders*, pp. 144 – 145.

党（the Rockingham Whigs），他们需要柏克。

“即便是在辉格党当政时期所处理的政务当中，他们也很少受到枯燥的经济理论或管理实践的困扰；”戴维·塞西尔勋爵这样评论道，“政治对于他们而言首先意味着那些叱咤风云的人物，其次意味着一般性的原则；而一般性的原则对他们而言就是一种表达的机会而并非要阐发思想。他们并没有想要质疑辉格党那些正统的、根本性的准则。所有人都信仰有秩序的自由、较低的税收以及圈地运动；都不相信专制与民主。他们唯一关心的就是以一种新鲜有效的方式去重申这些不容置疑的真理。”❶

辉格党体制所具有的缺陷毋庸赘言，罗金汉勋爵所担保的这位不知疲倦的新成员立马就开始着手去做了，当他们在辉格党乡下的屋子里闲逛时，他便开始攻击那些有害的细微之处了。柏克对政治经济学有着浓厚的兴趣，他也掌握了大量令大多数政治家极度生厌的细节，因此他本人就能够拟定并促成下议院通过他们的经济改革计划；同时他也能够更加清晰而优美地表达他们所支持的那些一般性观念。柏克乐于工作，这是辉格党领导人并不常见的美德；他在盛行演讲的年代是一位杰出的演说家，他也是一位充满深情的作者，他甚至受到了那位尖酸刻薄的评论家约翰逊博士（Dr. Johnson）的赞赏。当柏克在减轻几乎全体同党人的心理负担，并不成比例地过多分担了行政职责时，即便是福克斯广播公司也站在了柏克这一边。正如约翰逊所说，柏克是一位天才，他无所不能——他能够成为一名主教、统治者、诗

---

❶Cecil, *The Young Melbourne*, p. 20.

人、哲学家、律师、教授、士兵，并且都能够获得较大的成功。然
15 而，即便是在柏克那个贵族式的时代，这样的人能够成为一个伟大党派的领袖之一，也是令人惊讶的。柏克聪明绝顶，而天才往往会在政治领域栽跟头。如果柏克在 1832 年之后参加竞选的话，我们很难想象他会享有类似的权力。由于缺少迪斯雷利（Disraeli）的灵活和格莱德斯顿（Gladstone）的那种自以为是的机敏，这个被布里斯托尔的选民们所拒绝的人，不屑于去运用民主管理的艺术。

一、 柏克的一生

柏克的一生可以根据以下四大主题而分为不同的时期：限制皇室权威、美国论战与革命、印度辩论与黑斯廷斯审判（the trial of Hastings）、法国大革命及其后续战争。只有在第一场斗争中，柏克取得了实际性的成就。他和他的同事们无法与美国达成调停协议，黑斯廷斯无罪释放，甚至英格兰反对雅各宾派领导的法国进程也是由皮特和邓达斯（Dundas）所引导，他们的引导方式与柏克所倡导的方式大相径庭。不过，柏克在议会生涯中所进行的另一项重要尝试——经济改革——则取得了不错的成效；这时的他比较幸运，为英国政府赢得了长久的利益。（经济改革对于现在的我们来说是模糊不清的，而在当时则是首要的衡量标准。）基于我们当前的目的，重要的是考察柏克在处理这些棘手的问题时，他的保守主义思想是如何发展的；自他通过法庭内部斗争反对腐败到《弑君式和平》（*Regicide Peace*），他

的保守主义思想获得了稳定性的连续发展。奥古斯丁·比勒尔（Augustine Birrell）曾经这样说道："那种指责柏克晚年背离了所谓的自由主义观念的批评，实在是再肤浅不过了。""柏克终其一生都钟情于维持事物的既定秩序，并痛恨抽象概念和形而上学的政治。他在谩骂法国大革命时所表达出来的那些爆炸性的思想，在他早期的那些相对温和的作品中，就已经初露锋芒了……当柏克看到人类如蜜蜂拥簇着成群地出入蜂房时，他就会扪心自问：该怎么才能把这些人从这种无政府状态中拯救出来呢？"❶

保守主义？这一点是确定无疑的；但保守的是什么呢？柏克坚定
16 地要求保护英国宪法，及其对于权力的传统分配。在柏克的脑海中，胡克（Hooker）、洛克（Locke）以及孟德斯鸠（Montesquieu）等人的论证支撑了这种体制，因为在整个欧洲看来，这种体制最倾向于自由和秩序。此外，柏克还坚持保守更广阔的文明制度。阿拉夏西斯·克劳兹（Anacharsis Cloots）号称是人类的演说家；而柏克则是人类的保守者。柏克的著作和演讲中包含了一种适用于各个文明民族的普遍性制度，这些重要文章列举如下："敬畏社会倾向的神圣起源""对传统的依赖以及关于公共和私人性指导的成见（prejudice）""确信人在上帝的眼中是平等的，但只是在这种意义上是平等的""热爱个人自由与私有财产权"以及"反对教条式的改变"。这些观念在《法国大革命反思录》一书中各自找到了最热切的表述：

❶Birrell, *Obiter Dicta*, Second Series, pp. 188 – 189.

由于这种合作的成果无法在几代人之内获得，因此这种合作便不仅仅存在于生者之间，还存在于生者、死者以及未出生的人之间。每一种特定状态下所存在的每一个契约，都不过是永恒社会的那个伟大原始契约中的一项；它们联系着低级与高级的本性、联系着可见与不可见的世界，并遵守一个一成不变的、由神圣不可侵犯的盟约所制裁的条约，该盟约使所有生理上的和道德上的本性都保持在自己恰当的位置上……

成见是在紧急情况下便于运用的东西，它预先使心灵坚定地踏上智慧与德性之路，并且使人们在做出决断时不至于犹豫不决、陷于怀疑、迷惑和缺乏决断。成见使一个人的德性变成习惯，而非一系列不相关的行为……

你会拥有一群受到保护的、心满意足的、辛勤劳作而又忠实顺从的人；他们学会通过德性在各种情形中寻求并识别幸福；那种真正的人类道德上的平等正是存在于这里，而不是在骇人听闻的小说中——这些小说给那些在艰难生活中摸索前进的人们灌输了一些虚假的观念，从而恶化并加重人们对那种真正不平等的怨恨；这种不平等是无法消除的，公民
17 生活的秩序所确立的这种不平等，给那些必须要处于卑微状态的人所带来的益处，与给那些能够提升到更高生活水平，但并没有更加幸福的人是差不多的……

在这种合作中，所有的人都具有平等的权利，但并非有权享有平等的事物……

> 借助于这一明智的成见，我们学会惊恐地观察这些国家的孩子们，他们毫不犹豫地将自己年迈的父亲砍成碎片，然后放进魔术师的锅里，希望借助于魔术师的那些毒草和疯狂的咒语，可以重建亲子关系并修复父亲的生命。

然而，这是值得期许的。某种道德秩序、良好的古老训诫以及小心谨慎的改革——这些不仅仅是英国的元素，而且是可以普遍运用的；对于柏克而言，这些元素在马德拉斯所具有的正当性与在布里斯托尔是一样的。19 世纪时，他在法国和德国的那些追随者们发现，这些元素可以运用到欧洲大陆的制度体系当中。因而，柏克的思想体系不仅仅是英国政治制度的守护者；如果仅仅是这样的话，那么他对于我们而言所具有的意义至少有一半是文物学意义上的。不过简要地回顾一下柏克所赞赏的那种体制，能够让我们重新关注该体制所赖以建立的社会，而该社会又反过来依赖于这种政治体制。近来有很多怀旧主义者为 18 世纪大唱赞歌，的确有一些有力的理由来解释为什么现代人会仰慕那个年代。

柏克曾经说过，英国宪法的存在是为了保护各行各业的英国人：保证他们的自由、从正义的角度来保证他们的平等、保证他们有机会获得体面的生活。那么，该宪法的源头又是什么呢？——英国人的权利传统、国王所许可的法令以及在 1688 年光荣革命之后所建立的制度安排。在这个国家的政府中，人们通过自己所选出来的议员参与其中——不是代表（*delegates*），而是议员（representatives），这些议员是从这个国家中那些古老的企业团体中，而并非是从那些无组织的乌

合之众中选举出来的。那么，这些人是由什么构成的呢？在柏克看
18 来，公众由约 40 万的自由人组成，他们在一个可靠的社会中拥有闲暇、财产或身份，这使他们能够理解政治的要素。（柏克同意，投票权限的这个问题应当审时度势地加以解决，要随人物的年龄而有所不同。）那些乡村绅士们、农场主们、职员阶层、商人们、制造业者、高校毕业生们，在某些选区还包括店主和富裕的工匠以及那些拥有至少 40 先令不动产所有权的人，他们这些阶层的人那时候都拥有选举权。让不同的、有能力的阶层（如皇室、贵族、地主阶级、中产阶级、年长的城镇居民以及该领域的那些大学生们）去运用政治影响力，是一种恰当的平衡与制约。在这个或那个阶层中，每一个英国人的切实利益都得到了理解。在好的政府中，投票的目的并不在于让每一个人都能表达自我，而是要能够代表他们的利益，无论他是不是亲自、直接地投出自己的那一票。

如今，针对 18 世纪英国选举制度的那些指控已经广为人知。没有人比柏克［他当时是《注册年鉴》（*Annual Register*）的编辑］，能更好地理解这个国家的政府；没有人能够比他更好地理解那些支持改革的理由。然而，柏克认为，改革需要小心谨慎地轻轻触及。腐败堕落的口袋选区、没有被很好地代表的新工业城镇、那些常见的与竞选活动和议会本身相关的腐败，以及辉格党权贵在数量上的优势——这些都是柏克所熟知的。他乐意推动那种修补式的、能够凝聚英国社会结构的改革，但他不会推动那种所谓的要引进新式时装、打破政治发展之连续性的改革；他丝毫不同情里奇满公爵的那种追求普遍选举权和召开年度议会的请求。他一直是个自由主义者，但从来都不是一个

民主主义者。人们要获得选举权就得具备相应的条件，其中有两个是必备的：拥有土地与闲暇，这在当时和现在都是广泛传播的。教育在柏克的那个时代已经开始普及了，但并不是柏克所说的那种一般性教
19 育；随着个人收入日趋平等，柏克所认为的那种收入足以成为选民的那些人的比例，很可能在整个人口数量中并没有激增。柏克会十分害怕现代民主国家。

通常，柏克的那个时代会被人们称为贵族式的。然而，在更严格的意义上来说，它并不是——权力的基础在当时比贵族阶级和绅士阶层更为广泛。柏克本人就从中产阶级那里获得了很多的支持，并且会说："我并不是贵族制的朋友……我宁愿看到它（政府）分解为其他形式，也不愿意看到它成为那种严厉而傲慢的统治。"❶ 托克维尔的研究曾简明扼要地描述了这种自由主义的英国："乍一看，古老的宪法在英国似乎仍然起着作用；但仔细一看的话，这种错觉便荡然无存了。当你忘却那些古老的名字、忽略那些古老的形式时，便会发现，这里的封建制度早在 17 世纪就已基本被废除了：所有的阶层都自由地交错在一起、贵族阶级黯然失色、贵族制对所有人开放、财富被当作最高权力、法律面前人人平等、平等纳税、言论自由并有公共辩论——这些现象对于中世纪社会而言都是闻所未闻的。新鲜的血液巧妙地融入了古老的封建制度之中并使之得以维存，给它输入了新的生命力而同时又没有打破它古老的形态。"❷ 当柏克在考察自由的英国制度时，下列重大事实让他印象深刻：精神上的延续、在习俗框架内保

---

❶Burke, "Thoughts on the Present Discontents," *Works*, I, p. 323.

❷Tocqueville, *The Old Régime*, pp. 33 – 34.

持改变的极端重要性，以及“社会是个不朽存在”的这一认知。某些作家要是对柏克了解得更加深入的话，就会乐于说：柏克将社会看作是一个“有机体”——这是一个有着强烈的实证主义和生物进化论意味的术语。实际上，柏克异常小心地不让这种轻率的类比蒙蔽了自己的双眼。他将社会称作“一个精神的统一体”“一种永恒的合作”“一个总是在腐朽老化而又不断更新的团体——非常类似于教堂的、永恒的团体和统一体”。出于对这种社会观的保护，柏克认为英国制度的成功依赖于——维护一种可以追溯到胡克那里并内嵌于英国思想传统中的观点，而在此之前它从来没有被如此清晰地阐明过。

柏克知道，自由源自一个复杂精细的过程，它的延续依赖于保持
20 这些思维和行动的习惯，这些习惯能够引导未开化的人缓慢地进化为文明的社会人。柏克终其一生都在关注正义与自由，这两者共存亡——法律之中的自由、一种确定的自由，它的界限是由训诫而定的。他维护了英国人民反对国王的自由、美国人民反对国王与议会的自由，以及印度人反对欧洲人的自由。他维护这些自由并不是因为它们是在理性时代被发现的新观念，而是因为它们是由远古惯例所保证的古老特权。柏克因其自己是个保守主义者而成为一个自由主义者，这种心性是托马斯·潘恩完全不能领会的。

由于 18 世纪的政治生活触及了这一点，因而柏克大体上是比较满意的。他并不是社会向善论的信奉者，因此，他更喜欢这个时代的这种和平与稳定，无论它有什么样的缺陷；而不喜欢那个由空想家们改造的社会，它具有不确定的前景。借助于他那强有力的思想，他奋力保护那个时代的主要面貌。为数不多的、能够成功地指责柏克之预

见的一种声音是（这里稍稍岔开一下主题）：他似乎忽略了经济影响对于18世纪周围环境的绝对破坏，就像《社会契约论》否认了18世纪的思想一样。他非常了解政治经济学，根据麦金托什（Mackintosh）的说法，亚当·斯密曾经亲自告诉柏克，“他们在谈论了政治经济学的相关主题之后，他是唯一一个在这些话题上不需要交流就与自己想法完全一致的人。”❶ 那么，我们又该如何看待柏克对英国乡村社会之衰退所保持的沉默呢？（如柏克和杰弗逊所认识到的），革新来自于城市；城市中那些背井离乡的人们希望拼凑起一个新的世界。保守主义的那些最为忠实的拥护者，总是生活在乡村，这里的人们与古老方式的断绝总是要慢一些——这些古老的方式将他与至高无上的上帝以及九泉之下的父辈联系在一起。甚至当柏克在维护英国橡树下那些迟钝的牲口时，大量的圈地运动（这是很多辉格党权贵的
21 权力来源），也正在大量侵害自耕民、农场雇工以及各个生活卑微的乡村居民；当自由农民在数量上减少时，土地所有者的政治影响也势必锐减。柏克这样写道：“到哪一种极端的程度上，我们围占公有地和荒废的土地才是明智的呢？从某些方面来看，这个问题尚有存疑。不过没有人认为自己已经超过限度了。”但他的顾虑并没有进一步深入展开。

然而，这只是一个例外。柏克并不经常搁置一些重要的物质性的影响；他异乎寻常地、几乎众所周知地是讲究实际的。“我必须要看到事情，我必须要看见人。”他将政治性的“权宜之计”从一般的马

---

❶Bissett, *Edmund Burke*, p. 429.

基雅维利式的层面上升为一种德性的尊严层面，即“慎重”。柏克曾经有一次这样论及自己的政治实践：“我小心谨慎地迈出自己的每一步。”

迈步向前并非是使爱尔兰雄辩家们享有盛名的做法；柏克那些雄辩的设想广为人知。当然，在黑斯廷斯审判的时候，曾经发誓要谨慎地追究到底的柏克似乎并没有吓到托利党的那些听众；然而，作为一名议员，柏克的确精确地阐明了自己的一般性政策，因为他将自己每一项重要决定都建立在对特殊性进行严密考察的基础之上。他非常讨厌“抽象性”（abstraction），他没有将这个词理解为“原则”（*principle*），而是意指那种不尊重人性弱点和一个时代或国家之特殊情况的、虚荣自负的“普遍化”。因此，柏克一边信奉英国人的权利和某些自然法的普遍运用，一边鄙视那种被潘恩和法国空谈理论家们宣称为神圣不可侵犯的“人权”。埃德蒙·柏克信奉一种由各个文明民族所构成的宪法；与塞缪尔·约翰逊一样，他忠于一种普遍人性的学说。然而，这些权利的实施和程度都只能依传统训诫和当地环境而定；在这一方面，柏克比那些法国的改革家们都更加忠实地拜读了孟德斯鸠的作品。人都拥有自卫的权利，但他并不是在任何时候和任何地方都有权携带一把出鞘的剑。

当法国这口大锅开始沸腾冒泡的时候，柏克已近花甲之年、两鬓
22 苍苍；他反对政府，并且在整个议会生涯中除了两次短暂的任职之外，他拒绝担任任何公职。在潘恩、米拉波和克罗兹看来，这一切都似乎让柏克成为扫除英国古老政体的最自然的领导者。几十年来，他都一直强烈地公开指责当局者，这在法国是没有人敢去模仿的，即便

是伏尔泰也不敢：柏克曾经将英国国王称为诡计多端的暴君，将印度的占领者称为不道德的掠夺者。但是，潘恩、米拉波和克罗茨都忘了，埃德蒙·柏克也反对乔治三世和沃伦·黑斯廷斯，因为他们都是变革者。他在理性时代就预见到了一种改革的图谋，这种图谋试图将社会翻转过来，他愤恨地公开揭露这种新的、对稳定性的威胁；他当时的憎恶之情超过了他所有的对托利党人和富豪们的憎恨。因为这位讲究实际的辉格党代言人比所有的法国经济学家和文人墨客都更加了解人类的需求。“柏克就像是永恒的政治智慧指南，没有了他，政客们就像是在未知海域航行的水手。”这句话并不是丘吉尔说的，也不是脱夫塔说的，而是后来的哈罗德·拉斯基（Harold Laski）说的。哲学保守主义自身的存在应归功于柏克对革命理论的分析。

二、各种激进学说

1790 年，在柏克与福克斯的辉格党（Fox's Whigs）断绝关系之后，《法国大革命反思录》出版了；1791 年，柏克写了《致一位国民议会成员的信》和《新辉格党致老辉格党的申诉书》；1796 年，他发表了《致一位上院议员的信》和一些早期的信件:《反思弑君和平论》；1797 年，他对晚期作品进行了总结。这位巨人晚期的这些作品，成为保守主义的宪章。由于柏克具有隐秘哲学家（closet-philosophies）的气质，他是不太看得起人的，而且其思想体系构建得非常抽象；因此，他没能将自己的思想形成一种常规的、政治学说的纲

要。然而，他用来评判法国恐怖局面的那些普遍性原则，超越了它们
23 的直接主题。正是历史和传记性细节珍贵材料中所蕴含的柏克观点，使得他的思想远比对手的论著更具可读性。他的那些小册子首先抑制了英国本土对法国大革命的那种热情，不久之后就使皮特的英国爱国主义反对法国的口号能够盛行，并接着激发起一种反对找平原则（levelling principles）的情绪，这些找平原则使英国宪法在 40 年间几乎没有变更过。柏克在世界上至今还有着深刻而广泛的影响。

直到近几年，自由主义者、不赞同柏克质疑“进步”和“民主”的那些人，以及（在第一次世界大战和俄国大革命之前写作的）那些期望在整个社会中寻求一种长远的物质和文化大发展的乐观主义者，撰写了大量严肃批评柏克观念的文章。这些批评者一致认为，柏克肯定是误解了法国革命运动的普遍趋势，因为这次革命是通往普遍平等、自由和繁荣的必经之路，无论它直接的表现形式是多么让人不舒服。然而，事件的进程最终似乎证实了柏克的预言；而且我们如今的这些麻烦，也见证了革命时期那些漫无边际的希望在字面上所具有的分歧：那些口喷火焰、带来屠杀的恶神回来了。他习惯性地从长远的趋势和结果出发而进行思考。柏克下列所有的预言全部得以实现了：国家将消解为个体性的联合、政治机器将重新分配财产、残酷战争的时代即将到来、马背上崛起的人将无政府状态变成了暴政、道德与社会正直感贫瘠之至。柏克在革命思想家们的那些激进的幻觉中发现了这些严重问题的源头。

直到 1914 年，还会有很多评论家批评柏克过分夸大了激进主义对英国所造成的威胁。这些批评者并没有看到马克思主义在俄国的胜

利，这是所有欧洲国家当中显然最不适合进行共产主义实验的国家。24 柏克有可能高估了激进主义在英国的力量。然而，现在的人们除了认可柏克和皮特的政策至关重要以外，已经很难说清楚，保守主义的成功在多大程度上直接源自柏克自己的告诫和皮特的警告。柏克阻挡了那种追逐抽象平等学说的热情与潮流，这种学说到1790年为止已经在英国取得了较大的进展，以至于贝德福德公爵要摆出一种英式菲利普的平等（an English Philip Égalité）姿态；以至于在那一代人中，最为有名的里奇满、达比、诺福克、赛尔扣克和爱芬厄姆等人都是激进的宪法协会的成员；以至于福克斯和谢里丹误解了革命的风向；以至于一些后来成为柏克门徒的年轻人——如科尔里奇、索西、沃兹沃斯等，会因为平均主义的幻想而欣喜若狂；以至于甚至是像索姆·杰宁斯这样的学者、“宇宙的托利党”，都欣然支持“抽签原则”以及其他一些来自于传统民主党的改变。英国那些受圈地运动压迫的农场雇工的生活状态；矿工和北方新工业阶级的悲惨生活；伦敦那些残暴的、以滑稽人物乔治·戈登公爵这类人为领袖的、足以使首都瘫痪的乌合之众；利斯骚乱；爱尔兰这些年可怕的怒视；以及理性主义牧师们所教导的那种情感上的激进主义——他们大多数人似乎从一开始就同情法国的巨变……柏克习惯于列出这些并行的事物。法国当时的物质条件几乎不可能酝酿出革命的火种，革命性的宣传才是导火索。柏克决心扼杀英吉利海峡这一边的革命火苗。如果他没有掐灭导火索，或者是他加入了福克斯而为自由、平等、博爱欢呼的话，那么，很可能就没有人能够扑灭革命的火苗了。柏克的这些批评者在写作的时候，法国大革命还不到一百周年；用一个世纪的时间来评估那些颠覆世界的结果还为时尚早。有一位评论柏克的专家，他本人是一个杰出的民主党人，他要比大多数人更为明智。当他提醒英格兰人提防法国大革命时说道：“柏克代表他自己，他是对的。”❶ 此人正是伍德罗·威尔逊。

柏克的本性不适合构建一个体系以驳斥平等主义的那些设想。即便当他顽强地要求自己这样去做（正如他在《法国大革命反思录》
25 中所做的那样）的时候，他也只是在几个相连的段落中表达了抽象的原则。不过他察觉到了用观念反对观念的必要性，尽管他不喜欢脱离了偶然性的一般性。直到 1793 年，他那种惊人的反抗计划有效地阻挠了英国那些迷恋革命的热心人士。在令人感到恐惧的那一年，柏克在给菲茨威廉公爵的信中写道：“我进入了人生中这样一个阶段，此时的我们已不能再轻视自己的存在。我被抛入这样一个世界当中，它不会由于一些细枝末节的原因而阻碍我进行一些小型运动，或是使我无力承担我注定要承担的责任。我无法前行，似乎事物都是沿着既定的轨道而运行的，正如我对它们的了解已经有半个世纪了。人类的道德状况让我深感错愕与恐惧，地狱的深渊似乎就在我眼前张开。我必须要根据这一强大理由的紧迫性而行动、思考和感受。”❷ 从来没有政治家不愿意变成政治哲学家的，但这种变形很可能从来都没有什么实质性的影响。

---

❶Wilson, “Edmund Burke and the French Revolution,” *The Century Magazine*, LXII, No. 5, p. 792.

❷Burke to Lord Fitzwilliam, November 29, 1793—Wentworth Woodhouse Papers, Book I, 945 (Sheffield Public Library).

柏克曾这样写道："我们想象不出有什么能比训练有素的形而上学者的心更为冷酷坚硬的了；它更加接近邪恶精灵的那种冷酷、恶毒，而远离人类的脆弱和热情。它就像是那种无影无形的、纯粹的、没有杂质的、彻底的邪恶本身的原则。"然而，在1798年，不情愿地表示敬意的黑兹利特告诉索西说："柏克是一位形而上学者，而麦金托什不过是一位逻辑学家。"❶ 柏克在紧要关头被迫进入抽象领域，尽管他对该危险领域的涉足要比实际紧急情况所要求的更加深入。与约翰逊一样，他确信我们通过启示和直觉而获得道德层面的那些首要原则。

埃德蒙·柏克的这种保守主义的论证，是对以下三种独立的激进学说的回应：启蒙运动者的理性主义、卢梭及其追随者的那种浪漫主义的情感主义，以及边沁早期的功利主义。人们很难在这里将伏尔泰、霍尔巴赫、爱尔维修、狄德罗、杜尔哥、孔多塞、西哀士、卢梭、摩莱里、马布利、潘恩、戈德温、普赖斯、普里斯特利以及所有处于理性时代的雄辩的改革家们的那些谋划和理论进行归类，更不用
26 说在它们当中精确地做出区分了。柏克非常清楚伏尔泰同盟的那种理性主义与卢梭之拥护者的那种浪漫主义的理想主义之间的对立。他对双方都进行了攻击，尽管总体说来他重点批评的是卢梭，称他为"疯了的苏格拉底"。柏克在反驳这些不同的学说体系时，拒绝承认民权主义官方代表人物洛克的大多数原则。洛克的理论被诸多不同的人所继承，如日内瓦的卢梭、老犹太区的普赖斯、圣·斯蒂芬学校的

---

❶P. P. Howe, *The Life of William Hazlitt*, p. 60.

福克斯、图书馆中的边沁以及蒙蒂赛洛的杰弗逊等；然而，柏克之后的保守主义除了接受洛克认为政府源于保护财产的需要这一观点之外，几乎没有继承洛克任何的一般性观念。

尽管这些学说之间有所不同，柏克深知自己反对一种革新的精神，这种精神具有可识别的一般性特征。人们可以试着将18世纪末的激进主义原则归为以下几类：

第一，如果宇宙中存在着神圣的权威，那么它在本质上与基督教的上帝观念是截然不同的：对于某些激进主义者而言，它是自然神论者的那个遥远而无意识的存在；对于其他人而言，它则是卢梭的那种模糊而新造的神。

第二，人们不仅仅可以将抽象理性或田园般的想象运用于学习研究，也可以将其运用于引导社会发展的进程。

第三，人在本性上是仁慈的、慷慨的，拥有健康的灵魂，但在这个时代却被直觉给败坏了。

第四，人类的传统大部分都是混乱而令人迷惑的神话，我们从中学不到什么。

第五，人类能够获得无限的进步，也正在朝着极乐世界而奋斗；因此应当总是将目光放在未来。

第六，改革者的那种道德的和政治的目标是解放——从旧的信条中、旧的誓约以及旧环境中解放出来；人类的未来就是要在真正的自
27 由、无限制的民主、自治和自我满足中庆祝与欢呼。政治权力是改革

(或者说，是摧毁现有政治权力）的最有效的工具。

功利主义和集体主义学说后来对上述激进主义作了修改，不过我们目前所关心的是柏克当时所面对的那些革命性的理论。他承认自己的敌人并不都是出于同一个前提，他以宏伟的虔诚设计为基础而开始并终止了自己为保守主义社会所做的斗争；在他虔诚的双眼中，人世间全部的现实就是道德秩序的一种表达。❶ 这使柏克远远地超越于“政治科学”，以至于有些学者承认自己无法理解他的一系列观念；同时，柏克仍然非常关心社会现实，这使某些形而上学者感到异常困惑。因此，在考察柏克的保守主义思想体系时，我们可以从宗教信仰的高度入手。在柏克看来，人类存在所依存的准则从来都不会变得空洞。

三、 圣意与恭敬

“托利党一直坚持认为，如果人们可以培养个体德性，那么社会问题将会自行解决。”格兰维尔·希克斯在写到罗伯特·刘易斯·史蒂文森时曾经这样轻蔑地说道。这种观点有其合理之处，尽管与柏克相比，它对于约翰逊而言更为真实。但这并不是柏克关于社会问题的完整观点，因为没有人比他更清楚地认识到，善恶的力量存在于制度安排之中；不过，柏克倒是的确将政治看作是一种道德实践。保守主

❶约翰·亚当斯总是吹毛求疵地怀疑柏克和约翰逊是不是“政治基督徒”；然而，亚当斯并不了解他们，而且他们传记作者的鉴定也并没有证明亚当斯是对的。

义学说关于这方面的观点，大部分都来自于柏克。柏克认为，要了解国家，我们就必须要了解伦理的人。

“卢梭要么是一个道德学家，要么就什么也不是。”在表达出这
28 一判断之后，柏克开始非常猛烈地批判这名日内瓦人，以至于人们忍不住要加上这样的讥讽：“他不是一个道德学家。”不过柏克并没有看轻《社会契约论》。卢梭的学说是一种虚假而自命不凡的道德，要反对它就必须要设定一种更为高贵的道德。一种新奇怪异的道德不过是丑陋的骗局；柏克在这个问题上与他在大多数问题上一样，转向了训诫和先例等这些真正的改革家们容易得到的古老资料，以弥补一种对立的道德——这种道德可能会治愈由革命性道德学说所造成的伤害。柏克经常夸赞谦逊的品德；至少在他的道德体系中，他已经表明了自己是一个谦卑的人。他蔑视无用地展示新的发明，并重现和完善了亚里士多德、西塞罗、教会神父们、胡克以及弥尔顿等人的观点，他还给这些人的术语增添了新的热情，以至于他们的思想在雅各宾派的火炬上愈燃愈烈。柏克反对那种只受限于骤然冲动和生理欲望的世界观念，并详细解释了那种由强烈而微妙的目的所支配的世界观念。他给这种古老的道德注入了自己爱尔兰式的想象，这一催化剂使得经典思想和新经典主义正统宗教的光芒燃成夺目的火焰。

启示、理性以及超越于感官的确证告诉我们，存在着一位造物主，他是全知全能的，人类和国家都是上帝仁慈的创造物。这种基督教的正统观念是柏克哲学的内核。人类要通过历史的展现来揭示上帝在人当中的目的。我们怎么才能了解上帝的想法与意志呢？——要通过各种成见和传统，几千年来伴有神圣方法和判断的人类生活体验已

经将这些成见和传统植入了人类的心灵当中。那么，我们在这个世界上的目的又是什么呢？——不要沉迷于我们的欲望，而是要服从于神圣的律令。

这种关于事物本质的观点，可能会使功利主义者和实证主义者感到有些迷惑，它对于宗教信徒而言则似乎具有超验的真实性；然而，无论它是否合理，这一信条却没有什么不好理解或模糊不清的。柏克的立场在上文中已经以最简略的术语加以陈述了，柏克则使自己的立场在语言上更为清晰和高贵。千百年来，欧洲几乎没有一位学识渊博的学者对此信条持有不同的意见。20 世纪的那些持“政治现实主义”的学者，满心认为我们可以根据科学的原则来治理社会，他们更进一步将这种对以苏格拉底和使徒保罗为起源的道德传统的维护称为“蒙昧主义”。麦金艾佛（R. M. MacIver）教授曾强烈地、接近恐惧地大声疾呼：“当柏克给政府机构蒙上了神秘的模糊性，并在政治领域再一次反对针对传统和宗教的理性时，他对于我们的理解没有任何益处。”❶

29

然而，难道这一反驳不是仅仅绕过了该问题而已吗？柏克所竭尽全力、雄辩地反对的理性时代，实际上是蒙昧的时代。如果（正如人类有史以来大多数人所认为的）人类幸福是神圣的天意，那么对政治的限制和关于微弱“理性”的伦理，就是一种愚蠢的行为，是一种荒唐想象的回避。柏克的确认为，法国“启蒙运动”的最大错误就是对燃烧的灌木丛所发出的火光视而不见、对西奈山上的闪电充

❶MacIver, *The Modern State*, p. 148.

耳不闻。甚至卢梭还哭喊着要反对这种对人类理性过于自信的想法，这种人类理性尽管自豪地不承认超自然的掌控，却宣称自身是绝对可靠的。关于首要原则的争论几乎从未得到解决，而且柏克本人也很可能同意说，如果关于亚里士多德、塞涅卡以及阿奎那之宇宙目的的论证，并不能使怀疑论者信服，那么除非是上帝的恩惠，否则他是绝不会皈依的。然而，柏克却对当时的一种风尚感到异常愤怒，根据这种风尚，启蒙运动随意用自鸣得意的准则或暗自窃笑的打趣，就废黜了多年来的信念和关于天才的证明。在柏克的高贵心灵里，我们悬搁对于这些事情的判断是不可能令人满意的。要么宇宙存在着真实的秩序，要么一切都处于混沌之中。如果我们只是在混沌中漂浮，那么那些脆弱的平等主义学说和革命家们的那些解放性的谋划，就都失去了
30 意义；因为，在混沌的漩涡中，只有武力和欲望才有意义。

> 如果没有最高统治者的话，那么我承认应当明智地构建并强有力地执行道德法则；任何一个契约（无论它是假想的还是真实的），都不会允许反对普遍权力的意志。基于这一假设，就要允许任何人都足以强壮以藐视自己的义务，并不再肩负任何义务。我们只是在呼吁反对不可抵抗的权力：
>
> 如果你鄙视人类和凡人的权力，那么，就要寄希望于上帝不会忘记何为对错。
>
> 我想当然地认为我并不是在写给巴黎哲学的信徒，并且假设，创造出我们的这位可畏的造物者，也照着存在的顺序而创造了我们的生存之地；他根据自己而并非我们的意志，

> 借助于一种神圣的策略安置了我们；在这种安排当中，并借助于这种安排，他实际上使我们根据那已经指定给我们的部分去行动。一般而言，我们对人类负有义务，但这些义务并不是处于任何特殊的自愿的契约，而是源自人与人之间、人与上帝之间的关系，这些关系又并非是出于选择的……当我们结婚时，我们是自愿选择的，但这些义务和责任却并非是可选择的……那些产生这种神秘的自然过程的本能，并不是我们创造出来的。不过，出于我们所不知道，或不可知的外部原因也会产生出道德责任，我们能够全然理解这些义务并不可缺少地注定要履行这些义务。❶

这是伟大的传道。从来没有人比这更有力地论证了人类理性在上帝奥妙面前的重要性；也没有人更有力地论证了：如果我们要维持“人类这种伟大而神秘的合作”，就有必要欢快地服从于各种道德秩序。柏克说道，我们在简短的一生中根本无法精确地洞悉上帝的各种目标；那些浪费时间努力使超验理性化的哲学家们，最终不过是在一些人的脑海中刺激产生了一种肤浅刻薄的怀疑主义——这些人唯一确信的就在于服从于约定俗成的真理。如果不存在超人类的对道德的认可，那么“理性”“启蒙”以及“怜悯”就不过是诸多梦境的虚幻；因为，在一个没有正义和目的的世界当中，人们也忘记了知识和慈善的
31 观念。J. H. 麦康这样论及柏克的信仰：“照亮以往的那些斗争、美

---

❶“Appeal from the New to the Old Whigs,” *Works*, III, p. 79.

化并强化当前的各种责任、保证未来不会堕落并在混乱的人类意志世界中战胜堕落。这个世界经常受到威胁，似乎在他看来，整个国民生活都应该恭敬地由一种力量组织得井然有序——根据这种力量，过去、现在和将来都是神圣计划当中有机的、紧密相连的不同阶段。这是真实政治信仰的最后手段。”❶ 柏克本人深入到保守主义直觉的根基，并说道：“有一种秩序使得万事万物在自己的位置上得以迅速发展，它是为我们而设计的，我们也是为它而存在的。”

柏克之所以支持宗教并不是因为它是秩序的堡垒，相反，他认为尘世的秩序来源于神圣的秩序，并成为它的一部分。宗教并不仅仅是一种便利的、约束公众欲望的神话，他并不认同波利比乌斯说祖先们创造出宗教将人们从无政府状态中挽救出来的看法；也不同意柏拉图的如下意图，即凭空创造出宗教神话以使人们尊敬幻想中的、从万物发端时就已然被规定好了的既定秩序。在柏克看来，政治与道德从信仰或怀疑主义推断而来；人类从来都没能成功地让自己相信，那些超自然事物的存在只是为了保持事物的自然性。柏克的著作中暗含着亚里士多德、经院神学家们以及英国神学家们关于宇宙中存在神圣目的和神灵掌管的证明。物种不朽的普遍直觉、良心的冲动、不朽的暗示以及存在于人类中的那种深奥的、参与某种伟大延续性和本质的意识等，这些证据自始至终在柏克的著作中熠熠发光，但他并没有提出新的富于幻想的证据，而是将神学领域留给了经院神学家们。柏克总是忙得一塌糊涂，根本没有时间咬文嚼字。他与约翰逊都愤怒地反对质

---

❶MacCunn, *The Political Philosophy of Burke*, p. 127.

疑直觉性的真理——对直觉性知识的确信使约翰逊愤怒地咆哮着说："先生，我们知道意志是自由的，而且它是有目的的！"只有那些骄躁肤浅而又自我陶醉的、拒绝承认存在着任何比自己更伟大之事物的
32 无神论者，才能真正粗鲁放肆地否认这些宗教洞见的起源。因此，柏克谦卑地证明了自己所拥有的广泛才能。他的博学支撑了基督教牧师的裁决，他那种谨慎而实际的变革精神服从于宗教传统的规训。可能这与人类所能获取的任何直接证据一样，都能很好地证明：我们的世界只是伟大圣灵等级安排当中的一小部分。人类的信仰沉浸在基督教和经典智慧之中。当柏克宣称国家是由神意主宰时，他的主张中充满了一种希腊式的、在语调上几乎是柏拉图式的虔诚："他让我们的本性借助于自身的德性而变得完美，他也为这种完美创造了必要的手段——他因此也创造了国家——他使国家与所有完美的源泉和原型都具有了联系。"❶

动情地倡导人们无差别地、慷慨地同情或普遍地怜悯，都不足以挽救一个否认神圣序列的社会。❷ 每一种诚挚的信条都是对宇宙中神圣目的的一种认可；所有尘世间的秩序也都依赖于尊敬人们从父辈们那里继承而来的宗教教义。这一信念加剧了柏克对于黑斯廷斯的憎

---

❶"Reflections on the Revolution in France," *Works*, II, p. 370.

❷"我发现，哲学家们为了将自己那种受到腐蚀的无神论灌输给年轻人，会有计划地吹嘘自己那些自然的或不自然的热情。他们推翻或放弃那些可憎的或卑下的、压抑欲望的德性，它们在德性中至少占到了十分之九。哲学家们用一种称为人道或仁慈的德性来代替这些德性。通过这种方式，他们的道德中就没有约束，也没有任何明确的、既定的原则。当他们的追随者完全自由并只受到当下感觉的支配时，我们就不能再期望他们被称为好人或恶人。他们可能会在今天出于正义而抓住最坏的罪犯，但也可能在明天谋杀最无辜的人。"——柏克致谢瓦利埃骑士，1791（Wentworth Woodhouse Papers, Book I, 623）。

恶：英国殖民总督粗暴地践踏了印度当地的宗教传统和礼仪。

柏克无法想象一个没有虔敬精神的社会能够拥有持久的秩序。政客们与主教们在很大程度上非常相似，都完成了一项神圣的使命："这种神圣性是这样的：所有治理人民的人都代表了上帝本人，他们都应当能够高度地认识自己的作用和命运，并认识到它们的价值；他
33 们的希望应当充满了不朽；他们应当不看重当下的物质财富，也不在意普通民众临时而短暂的赞美，而应当在自己本性的永恒部分寻求一种稳固的、永恒的存在，应当在他们给这个世界留下的宝贵遗产中寻求一种永恒的制度和荣耀。"[1] 民主政府比君主制和贵族制更需要这种神圣性，因为必须使那些共享权力的人理解权力的责任。"必须要强烈地、令人畏惧地使所有掌权的人深谙这样一种观念：他们是一种托管的行为，他们的行为要能够与那位伟大的掌管者、造物主、社会创造者的托管相符。"

20 世纪一直在悄悄潜入语义上的"黑暗时代"，如果在对此进行阐明的时候，将柏克这种生动而睿智的虔敬描述为"蒙昧主义"和"神秘主义"的话，那么就是在滥用哲学术语。柏克的信仰是高尚的，但同时也是一个实用的人的信仰，它与公共荣誉和责任等观念相互融合。一个人如果相信有一位正义之神统治着这个世界、相信历史的进程由上帝的旨意所决定（尽管一般说来是以一些难以了解的方式）、相信人生中的个人身份是由一种"神圣的策略"所指派、相信原罪与对善的期望同是上帝的安排，并认为改革者首先要努力辨明神

[1] "Reflections on the Revolution in France," *Works*, II, pp. 363 – 364.

圣秩序的大概轮廓然后再努力让政治安排符合自然正义的指示；那么怀疑论者可能会认为他是错误的；但如果他们说这个人是一个“神秘主义者”，那么他们就犯糊涂了。这些是一个人的宗教原则，它们与经验世界息息相关。柏克进一步使自己的信条更加成为私人生活和公共生活的一部分。如果我们所处的这个世界的确是根据一种神圣观念而建立秩序，那么我们在修补社会结构时就应当小心翼翼。因为，尽管有可能是上帝的旨意让我们成为他进行改变的工具，但我们也需要首先在这一点上使自己心安。柏克再一次认为，人之间的普遍平等
34 是存在的；然而，这是基督教的平等，更加平等或更精确地说，是上帝终极审判中的平等；我们要是追求任何其他的平等都是愚蠢的、不敬的。最敏锐的人道主义者雷纳德·伍尔夫认识到了基督教和社会保守主义之间的联系：“基督教为人类社会设想了一种框架，在这种框架里，尘世间的痛苦具有了一种公认的、永恒的以及值得尊敬的地位。它们是来自上天的考验和锻炼，要是加以抱怨就是不虔敬的。”❶柏克可能会接受这一指责。

柏克鄙视“人类是完美的”这一观念，并根据基督教这种关于罪恶与苦难的图景而构建了自己的心理学。贫困、残忍和不幸实际上都是事物之永恒秩序的一部分；罪恶是一种可怕的现实和明显的事实，是我们堕落腐败的后果，而并非不良制度的后果；宗教是安抚这些毛病的良方，我们永远不可能通过立法或改革来消除这些毛病。宗教信仰使我们的生存变得能够忍受，没有虔敬约束的野心终将失败，

---

❶Woolf, *After the Deluge*, p. 177.

并会连带破坏那种美妙的敬畏，这种敬畏可以使那些默默无闻且贫困潦倒的普通人感到安慰。

为了给人们灌输这种尊敬，为了使公共职务神圣化，柏克认为教会必须要与国家组织相互交织在一起。他所说的教会是一种理想的圣公会团体，但又不仅仅是圣公会。它包含着一些经典的因素，也包含了天主教的一些因素。因此，一些持有偏见的人（包括老纽卡斯尔公爵）都私下认为柏克一定受教于圣·奥梅尔的天主教神学院。柏克这样写道："在我看来，宗教远不是出自于基督徒担任行政长官的地区；它是但不应当是该长官唯一关心的，而应该是他主要关注的事务，它的对象是最高善、是最终极的目的和人本身的目标。"[1] 然而，这并非完整的中世纪宗教观念。正如阿尔弗雷德·科班对柏克所做的正确评论："他的理想既不是新教的国家万能论，也不是天主教的神学政治论，而更像是尘世间的上帝之国。"[2]

尽管国家与教会永远都不应该是相互分离的实体，但真正的宗教绝不仅仅是国家精神的表达；它超越于尘世间的法律，并且实际上是
35 所有法律的根源。柏克赞同西塞罗和菲洛，并详尽阐明了自然法、普遍法以及圣灵的创造，与它们相对照而言，人类所制定的法律只是它们不完美的表现形式。"恰当地来说，所有人类的法则都只是宣告性的；它们可能会改变模式及其应用，但却无力超越原始正义的本质。"[3] 人类无权将法律改为自己那些精心设计的设想，任何政治共

[1]"Speech on the Petition of the Unitarians," *Works*, VI, p. 115.

[2]Cobban, *Edmund Burke*, p. 93.

[3]"Tracts on the Popery Laws," *Works*, VI, p. 22.

同体都无权改变最高的法律。

柏克认为，我们的政治共同体是一种道德秩序，那么我们的法律便来自于不朽的道德法则；高级的幸福是道德幸福，痛苦来自于道德上的恶。骄傲、野心、贪婪、报复、肉欲、煽动、虚伪、不受约束的激情以及杂乱的欲望等罪恶都是给生活造成困扰的真实原因。对于那些领导革命的多愁善感的人道主义者和心存恶意的煽动者而言，“宗教、道德、法律、君权、特权、自由以及人类权利等都是借口”，这些人认为，既定的制度是我们受苦受难的根源。然而实际上，人心却是恶的源泉。“如果你解析说，不应当有更多的君主（既不要政府的管理者，也不要传播福音的牧师）、不应当有法律的解释者、不应当有一般的公职人员、不应当有公共管理委员会等，这并不会矫正恶行……智者将纠正恶习而非名称。”❶

这一道德秩序并不会被数人头这一过程所改变，也不会通过打破古老秩序而有所提升。“当我们知道最大多数人的观点是检验正确与否的标准时，那么我就认为自己有义务使这些观点成为我良心的掌管者。然而，如果人们可以怀疑全能者本身是否有能力改变对与错的本质性构成时，那么我能肯定地说，这些事物与我一样，都没有这样的权力。”❷ 柏克这里再次赞美了两种重要的美德：慎重与谦逊，它们是让私人领域心满意足而公共领域安享和平的关键。第一种美德在很大程度上是经典哲学的成就，而第二种在很大程度上则是基督教训诫

---

❶“Tracts on the Popery Laws,” *Works*, VI, pp. 32 – 33.

❷*Ibid.*, pp. 21 – 22.

的成果。没有这两种美德，人类注定是痛苦的；缺乏虔敬的人几乎不
36 可能理解这些难得而神圣的品质。

对于那些寻找心灵上安宁的孤独者以及那些寻求永恒秩序的社会而言，上帝的旨意提供了一些手段，借助于这些手段，人类才得以理解这个道德宇宙。传统与规训都是文明社会中人的指路灯，因此柏克高举社会原则的尊严——在 18 世纪以前，大多数人都会凭借一种无须反思的信心去接受这些传统和习俗。

四、 成见与训诫

“我们之所以会仰慕那些伟大的事物和那些历史悠久的事物，是因为前者距神灵最近，后者距上帝的无限延续性最近。”[1] 柏克可能会重述胡克的这句话，它表达出了二者规训式哲学的灵魂。

柏克需要在理性时代重申，在一种持久的生命秩序中拥有信仰的人所要具备的前提。在道德和政治中，权威的基础是什么？人们可以借助于什么样的标准来判断任何一个特定行为谨慎与否以及正义与否？依赖于神灵启示肯定无法满足日常生活：人们不能期待超自然的宇宙来掌管自然宇宙的日常观念。柏克对此回应说：上帝通过几千年的经验和冥想已经教给人类一种集体性的智慧——经过便利调和的传统。人们在做出必要的决定时，应当要体面地尊重人类的各种习俗；

---

[1] Hooker, *Ecclesiastical Polity*, Book V, Chapter 69.

而且还应当谨慎适宜地将这些习俗或原则运用于自己特定的情形当中。柏克尽管藐视抽象性，但一点儿也不反对普遍性的原则和准则。他关于神圣目的的学说，在他的“便利”（expedience）和马基雅维利的权宜之计（expediency）之间画下了一道鸿沟，并因此将他与孟德斯鸠以及自己学生泰纳的那种地理决定论和历史决定论划分开来。
37 个体的人是愚昧的，但人类是聪明的；成见、规训以及假定，都是智慧的人类用以抵御自己激情和欲望的手段。很多时候柏克都非常接近于一种集体性人类智慧的理论、一种半直觉性半有意识的知识，这是每一个人当作与生俱来的权利和保护而继承下来的。柏克对所有有关人类品性的神话都保持一种警觉，并对那些复杂的、联想论者的理论所无法解释的心理冲动非常感兴趣。由此，他便含蓄地驳斥了洛克的“白板说”，并认为这并不足以解释品性的个体化和那些富于想象力的力量，这些将人与动物区分开来。柏克说道，人类参与了自己无数个祖先的那些积累性的经验，被完全遗忘的经验少之又少。但是，这种知识只有一小部分被固定在文学作品和经过深思熟虑的教导之中，大部分都仍然内含于直觉、共同的习俗、成见以及古老的惯例当中。如果忽视了这大量的种族知识，或是冒失地进行修修补补，那么人类就会可怕地漂浮在各种情感和野心的海洋之中，只有少量的正统知识和微不足道的个体理性来使他得以维系。人们经常不能意识到自己古老的成见和习俗所具有的意义——实际上，即便是最明智的人也不能期望去理解传统道德和社会安排的所有奥秘；不过我们能够肯定的是，上帝通过人类的苦难和错误而发生作用，并为了某些重要的目的而形成了每一种古老的习惯。当人类必须要将这种继承而来的众多观念运用于新时期的紧急情况时，就要极为慎重。因为成见并非盲从也并非迷信，尽管有时候它很可能会退化为盲从或迷信。成见是一种预先判断，当一个人没有时间或相关知识来做出一个需要依赖纯粹理性来断定的裁决时，直觉和祖先的一致意见便会给他提供答案。

在20世纪，推理型心理学家开始越来越认真地研究人类和动物的集体心灵观念；柏克在这方面早有先见之明，他强调社会生活中的
38 习俗，强调在人类的日常事务中，习惯性或直觉性的动机支配着理性；他的这些思想早就产生了广泛的影响，这种影响体现在科尔里奇、梅因、白芝浩、格雷厄姆·华莱士、A. N. 怀特海以及其他一些重要的思想家们的思想当中。如今，受过教育的人并不会真的坚持认为人类的本性就像孔狄亚克所说的那样简单。柏克并非一个老派的、为即将消失的迷信观念做辩护的卫道士，相反的，他透过理性时代的面罩看到了人类存在的神秘复杂性。因此，他对思想界一直存有影响，而他的大多数激进的反对者都已经不过是思想史上的一连串名字而已。

浪漫主义在这一点上是追随柏克的，但19世纪的大多数作家都假定“柏克的心理学是建立在对洛克进行简单计算的基础之上的”，而将他称赞为某种功利主义者。这种对柏克之思想前提的理解简直肤浅之极。柏克知道，在现代人的外衣之下活跃着一些野蛮的、残忍的、恶魔般的人。几千年来的痛苦经历，已经教会人们如何将自己的野性控制在不太牢固的限制之中；这种可怕的知识体现在神话、礼仪、惯例、直觉以及成见当中。教会也总是能够感知到这一真理（正如保罗·埃尔默在一篇关于拉夫卡迪奥·赫恩的论文中阴郁地赞

赏了这一点)，并带着怀疑的目光看待科学理性主义的进步，因为它可能会向现代人揭示这样一些可怕的秘密：“现代人其实具有残忍的本性。”

柏克也一直被误解为是经验主义和实用主义的先锋，这主要是因为他表达了自己坚决要讨论各种情境而非抽象性的决心。巴克尔热衷于柏克这一被虚构的特征，并认为柏克拒绝依赖于自己的那种普遍论，而“使自己的观点迎合于事件；他认为政治治理的目标并不是要维系特定的政体，而是广大人民的幸福……柏克孜孜不倦地反对这样一种普遍观点，即因为一个国家在某种特定的习俗下拥有了长久的
39 繁荣，所以这种习俗就一定是好的”❶。

巴克尔此处未免有些不近情理，他将柏克的批评解读成规则。最大多数人的最大幸福这一检测标准，以及根据直接效用来检验每一种习俗的做法，是隐士边沁的典型特征，而并不是政治家埃德蒙·柏克的特征。柏克的哲学强调并凸显原则与训诫；他反对的是抽象与滥用而并非原则与训诫。“我并没有认为抽象观念完全没有问题，因为我深知，在这个名义之下我应当搁置各种原则；而没有原则的话，政治领域以及其他一切领域中的推理，都将只是令人困惑的、杂乱无章的特定事实和细节，而无法得出任何理论和实际的结论。”❷

原则是用固定形式表达出来的正当理性，抽象化则是它的变体；权宜是明智地将一般性知识运用于特定的情境，机会主义则是它的变

---

❶Buckle, *op. cit.*, I, pp. 418 – 419.

❷“Speech on the Petition of the Unitarians,” *Works*, VI, pp. 112 – 113.

体。人们通过理解自然和历史，并将其看作是上帝目的的显现而得出了各种原则，人们需要通过耐心地观察和谨慎地研究而形成慎重的品质，它成为所有德性的引导者、管理者和“标准”。权宜使原则生效，但从来不会取代原则；因为原则表达出了我们对上帝目的的认知。

历史（吉本和休谟都非常尊重柏克的历史知识）就是逐渐揭示上帝的设计——我们的肉眼经常看不清这一设计，但它却是微妙的、不可抗拒的、仁慈的。上帝通过人类来创造历史。柏克这里并没有黑格尔那种绝对命令的决定论色彩，他忠诚于基督教关于自由意志的学说。他认为，历史并不是由任意的、无理性的推动力所引导的，而是由人类的品质与行为所引导。上帝的旨意以一种自然的方式起着作用。如果上帝的这种宏大设计能够被我们清晰地看见的话，那么抵制它就是一种不虔敬的行为；但我们很少能够完全理解上帝的目的。政治家和哲学家必须不仅要了解历史：他们还需要了解本性（nature）。
40 柏克这里所说的“本性”是指人类的本性，是文明人所共有的行为的源泉，而并非浪漫主义者所说的那种类似于泛神论的自然（nature）。“自然状态”这一短语会让柏克稍感不快；卢梭和潘恩所主张的“自然权利”是柏克所否定的，但西塞罗对“自然”（nature）这个词的用法同样也是柏克的用法。在了解了历史和自然之后，人类可能会谦卑地希望能理解神定的制度。

然而，关于历史和人类特征的研究，永远也不可能包括人类智慧中其他更为广阔的部分。人类的经验主要珍藏于传统、成见以及各种规训当中——一般对于大多数人（偶尔对于所有人而言），这些比书籍和思辨性的猜想能更确定地知道人们的行为和良心。习惯与风俗可能是不识字的人的智慧，但它们来自于健全而古老的人类心灵。即便是那些最睿智的人也不能仅仅靠理性而存活，纯粹的、自负的理性否认成见的主张（这一般而言也是良心的主张），并引向一片没有上帝和人类、希望枯萎而极度孤单的荒漠：撒旦引诱基督的荒野，远没有那片广阔的剥离传统与直觉的理智自负的不毛之地可怕，在这里人类被自己的骄傲所引诱。

> 我们不敢让人依据自己所持有的那点理性来生活和交易，因为我们推测每个人所持有的理性很少，也怀疑个体能更好地利用各个国家和时代的智慧结晶与资源。我们有很多善于思考的人不会急于推翻普遍性的成见，而是发挥自己的聪明才智去寻求那些存在于他们当中的潜在性智慧。如果他们发现了自己所寻求的（他们很少会失败），他们就会认为，用那种不断进步的理性来延续这种成见，远比抛弃成见的外衣而只留下赤裸裸的理性要明智得多。因为成见及其理性会有一种动机要赋予理性以行为，也会有一种使之永恒的情感。❶

这种对于习惯和习俗的崇拜，恰好是柏克与浪漫主义者之间最主要的区别之一。浪漫主义（除了那些直接受柏克影响，并有时候不

---

❶“Reflections,” *Works*, II, p. 359.

惜牺牲自身一致性的作家），如欧文·白璧德所说，是“明显憎恨习
41 惯，因为它似乎是要引向一个有陈规旧习的世界，在这个世界里毫无生机和惊喜”。柏克害怕一种消费性的个人主义，习惯和成见诱发出一致性。没有这种一致性，社会便难以维持。为了求新而鼓励一种道德上的奢侈，与人类所能进行的实验同样危险。

“成见”这种半直觉性的知识使人们不需要强大的逻辑推理能力就能应付日常生活中的各种问题；“训诫”这种习惯性的权利来自于许多代人积累下来的各种惯例与协议；“假定”是与人类共同经验相一致的推论。人类借助于这些工具才得以在一起过着某种繁荣而友善的生活。英国宪法是约定俗成的，其“唯一的权威性在于它自古以来就已然存在。你的国王、主人、陪审团等，无论高贵还是卑微，都是约定俗成的”。训诫、假定和成见能够引导个体的良心并向祖先致敬。没有它们，人们便只能通过武力推举一位掌控者才能挽救这个社会免于崩溃。“在某处必须要有一个超越意志和欲望的掌控，在可掌控范围内意志与欲望就越少，没有掌控则会日益增多。”如果这些抑制方式被废除了，那么人们就只剩下一种工具来防止人类坠入原始状态（几千年来，人类一直痛苦地慢慢脱离这种原始状态，这也是柏克所熟知的“贫困、肮脏、粗野和短缺的存在”——尽管他在大多数情况下与霍布斯相冲突）。这种维系性的工具就是理性。在柏克看来，18 世纪自我感觉良好的人所钟爱的理性，最多是一种薄弱的工具并经常不太可靠。柏克暗示说，对于人类而言，在更高的意义上，理性几乎不能、也不会脱离于民间智慧和民间法律，后者就是成见与训诫，它们能做的无非是取悦那些蛊惑民心的政客、使骗子们发迹以

及屈从于暴君。普通人并非无知，但他的知识实际上是一种集体智慧，是逾千代人智慧逐渐累积的结果。这种损失使人们被抛至自己的理性积累之外，并伴随着灭亡的后果。即便是那些最敏锐精明的人，42 如果他们试图让自己理性的成果与数世纪以来所达成的共识相对立，那么他们也会流于自负与虚荣。柏克承认，不同的时代在某个方面很可能会有所改变，特定的过往经验已经不再适用，有所革新是正确的；但一般而言推定则与此相反，并且在任何情况下，延续一种古老的做法（即便看起来会产生错误），也比激进地打破习俗和出于对数学精确性或统一性蓝本的钟爱而冒险毒害社会团体的做法更为明智。“阁下，您看，在这个启蒙的时代，我敢足够大胆地承认：一般而言我们都是持有未受教育之情感的人，我们不会抛弃自己全部已有的成见；相反，我们非常珍视它们并更加为自己感到羞愧，我们之所以珍惜是因为它们是各种成见，它们存在的时间越久，盛行得也更为普遍，我们也应该更加珍惜它们。”

在英国思想史中，柏克对于成见和训诫的偏爱并不是什么新鲜事。切斯特菲尔德曾经这样写道：“成见绝非一种错误，尽管人们一般会这么认为；相反，它有可能是一种最无异议的真理，尽管在那些没有经过任何检验仅凭信任就使用、仅凭习惯就接受的人们看来，它仍然是一种成见……大多数人都没有足够的闲暇和知识来进行正确的推理；为什么他们要被教育得能够进行推理呢？难道诚实本能的促动、健全成见的引导，不比进行半吊子的推理要更好吗？”❶ 这恰恰

---

❶*The World*, No. 112.

就是柏克的意思。（正如卡尔·贝克尔在《十八世纪哲学家们的上帝之城》一书当中所提醒我们的）休谟在警觉自己对于道德起源的考察时，表现出一种强烈的、对于成见及其社会优势的尊重与顺从；他提出这样的疑问："这些观念非常有用吗?"并把自己的见解束之高阁。不过，柏克对于新潮而复杂的理性主义的攻击，与当时流行的、以百科全书派的运动为标志的理性趋势相违背。在发表维护成见的声明时，是需要勇气的；在小人物那里，这种态度会遭到文艺大众的蔑
43 视。然而，他们无法鄙视柏克，究其原因，他们和每一个英国人都心知肚明。正是柏克基督徒式的谦卑所具有的力量，在某种程度上暗示着他凭借自己敏锐而开阔的心灵，能够成为人类本能的一部分而反对天才人物的虚荣与自负。

柏克深知人类的欲望是贪婪而残暴的，它们受制于那种集体性的、古老的智慧，后者被我们称为成见、传统和约定俗成的道德；理性本身永远不可能使这些欲望服从于义务。每当成见与训诫的任何方面受到攻击，火焰就会从底部喷薄而出，可怕的危险预示着裂痕可能会进一步扩大，甚至会彻底毁灭人类文明。如果人类不尊重古老的惯例，那么他们就几乎肯定会将这个世界当作是私人财产以满足自己感官上的快乐，并会为了满足享乐的欲望而破坏未来子孙们的、同代人的财产以及自身的资产：

> 英联邦及其法律的神圣性所依赖的首要的、最具主导性的原则之一就是，防止当前这些不理会自己从祖辈们那里领受到什么，也不顾自己应该给后辈们留下什么的暂时占有者

和终身租赁者，完全像自己是主人那样去行动；他们不应该认为自己有权随意破坏整个社会的原初组织、冒险给后辈留下一片废墟而非居所、不怎么教导后辈尊重自己的发明（就像他们自己也不怎么尊重父辈们的制度那样），以此来削减继承物或浪费遗产。如果像那些漂浮不定的幻想或时尚那样肆无忌惮地、不断地、经常地以及多方位地改变这个国家，那么整个英联邦的延续性和连贯性就会被打断；代与代之间将会没有什么关联，人类将不会好于夏虫。❶

现代社会中，森林逐渐消失、土地被腐蚀、石油被浪费、煤矿被无情地开采、国债大举增长直到他们拒不承担、人们连续地修改实在法……这些都证明了一个失去敬畏心的时代会给自己和后代造成什么样的后果。柏克预见到了未来，而孔多塞和马布利则仅仅看到了自己那些幻想的乐观内核，并误以为这就是神圣的启示。

成见与训诫尽管历时已久（或者说由于它们历时已久），它们是很纤弱的增长物，成长缓慢却易损，而且几乎不可能复活。那些试图净化社会的抽象形而上学家和狂热的改革者会发现，他们已经把这些擦拭得无影无踪了：“一个还没有笨到连时间都不认识的无知者，也会足够自信地认为自己能够安全地、随心所欲地将一种道德机器撕开或拼凑在一起，该道德机器披着另外一层重要而复杂，由众多轮子、弹簧、反作用力与合力所构成的外衣……他们的那种具有迷惑性的善

❶“Reflections,” *Works*, II, pp. 366 – 367.

良意图，并不是进行推定的借口。”[1]

那么，对于成见与训诫的遵守，会不会迫使人类永远沿着自己祖先的脚印前进呢？柏克并没有期望人类可以不受到社会变迁的影响，刻板的形式也并不是值得追求的。他这样说道，变革是不可避免的，也是上帝为了更大程度地保存社会而有意设计的；如果恰当引导的话，改变也是重建的一种过程。不过，我们应该让变革成为依大众需要而产生的结果，而不应该是由那些精细的抽象主义者所激发。我们的任务是修饰和润色事物的古老秩序，并试图区分那种深奥、缓慢而自然的变革与某种对世事变幻的狂热。一般而言，如果是有益的变化，那么它就是一种进程，并独立于有意识的人类行为。如果人们能够心怀敬意地运用理性与推断，并对它们的易错性保持警觉的话，那么它们就能够有助于调整旧的秩序以适应新的事物。即便是古老的成见与训诫，在实证知识的进步面前有时候也必须有所退缩；然而，雅各宾派的心灵并不能区分轻微的不便与实际的老朽。有洞见的改革者会将改革的能力与保护的倾向结合在一起；一个出于欲望而热爱变革
45 的人，完全没有资格成为变革的主体。

在此之前，人类从来没有把传统反对抽象理性的理由陈述得如此清楚明白。不过柏克也没能抑制他那个时代的倾向而让每一个人根据不断变换的环境、不完备的知识以及自己的智慧来形成自己的观点。不断增多的读书人、廉价的书刊报纸以及个人主义学说对大众所具有的天然吸引力，都在很大程度上影响到了柏克的说服力。格雷厄姆·

[1] “Appeal from the New Whigs,” *Works*, III, pp. 111 – 112.

华莱士理解柏克的信念，认为人类并不能出于自身个体性的推理而明智地行为："不过，由柏克所提倡的训诫而来的慎议则有所不同，因为这是选择的结果，它来自于事先未经考虑的、对于历史的忠诚。那些从知识树上获取过知识的人不可能会忘记。"❶ 欧文·白璧德认为，那种为了维护成见和训诫而作的斗争已经不复存在，"那种超越反思的智慧"已经不再引导数以百万计的工业时代的人们。"我们再也不可能把现代主义者当作喧闹一时的昆虫而置之不理，也无法反对知识分子的那种毫无根据的行为，并认为这种行为不可靠不会对思想产生影响——就像牛群在英国的橡树荫凉下反刍着自己的食物。"❷ 这些批评产生了广泛的影响；毕竟，支持当地人各种权利、私人财产权和生活习惯的规训，以及支持古老礼仪、家族和宗教信条的成见，在那些都市化和工业化最为发达的国家当中也仍然是非常强大而有约束力的。人们很容易就能揭示柏克的辩护所具有的弱点，却难以提供某种体系来反对腐蚀性的理性个人主义。在个人判断逐步取代传统意见的过程中，昂贵的国家教育体系并没有成功地修复该过程对个体品质和公共生活所造成的伤害。

然而，柏克的确在某个方面战胜了那种不加选择、随意革新的冲动。他通过减轻变革的后果，并使革新者与遗风相和解而保存传统中最为宝贵的成分，从而使英国的政治家们学会如何勇敢聪敏地应对变革。柏克从政坛退隐之后，英国没有发生过一次难以应对的叛乱——没有比暴乱和阴谋更为糟糕的反抗。柏克给爱尔兰所提出的建议也得

---

❶Wallas, *Human Nature in Politics*, pp. 182 –183.

❷Babbitt, *Democracy and Leadership*, p. 116.

46 以付诸实践，很可能那里的社会也同样值得称赞。如今，英国政府在互存敌意的党派之间相互交替，却并没有出现紊乱；因为英国人知道，如果变革必须要到来的话，那么在进行的同时维持和平就会造成较小的伤害。

> 我们所有人都必须要服从于伟大的变革法则，这是最强有力的自然法则，也是它的保存手段。我们所能做的、人类智慧所能做的，就是使变革悄无声息地进行。这样会拥有变革所带来的所有好处，同时也不会由于变化而产生任何不便。这种模式一方面会防止“一次性解除旧的利益”（the *unfixing old interests at once*），否则容易在那些被立即剥夺影响力和尊敬的人们当中产生一种抵制和愠怒的不满情绪。另一方面，这种循序渐进的过程也会防止那些长期处于压抑状态的人激愤地采用新的力量，他们经常会肆意滥用这些力量。❶

当保守主义为了迎合大众而优雅地接受它所反对的变革时，它更加令人钦佩；在确立这一原则时，威猛的柏克比任何人做得都要多。

---

❶“Letter to Sir Hercules Langrische on the Catholics”（1792），*Works*，III，p. 340.

五、 公民社会中人的权利

18世纪末的激进主义者依据“自然权利”而表达了他们的诉求。自从潘恩出版《人权论》一书之后，大众便以一种模糊而好斗的形式接受了不可剥夺的自然权利观念，并经常把“权利”与欲望混为一谈。这种概念上的混淆给现在的社会造成了很大的麻烦，这显著地体现在联合国起草的《世界人权宣言》当中：该宣言多达30条，其中界定了多种“权利”，包括自由受教育的权利、“欣赏艺术”的权
47 利、著作权、享有国际秩序的权利、“充分发展个性”的权利、同工同酬的权利、结婚的权利等，还有很多实际上根本不是权利而只是期望。保守主义有句格言说，激进主义者所说的“自然权利”实际上不过是宣告了休闲的权利，这体现在《世界人权宣言》的第24条：“每个人都享有休息和闲暇的权利，包括工作时间有合理限制和定期带薪休假的权利。”这冗长的“权利”目录忽视了两个本质性的条件，这两个条件与所有真正的权利紧密相关：第一个条件是个体主张和实现所拥有的各种权利的能力；第二个条件是伴随着每一种权利的相应义务。如果一个男人有结婚的权利，那么某个女人就必须有嫁给他的义务；如果一个人有休息的权利，那么某个人就必须要有支持他的义务。如果权利这样与欲望混为一谈，那么大众肯定总会感觉到某种空旷渺茫而难以理解的阴谋，阻碍着自己实现被告知所拥有的那种不可剥夺的、与生俱来的权利。柏克以及他之后的科尔里奇都觉察到

了这种会让社会囿于怨恨和挫败的危险，因而他们试图界定真正的自然权利和真正的自然法。

曾几何时，当这个世界热衷于制定宪法的时候、当埃贝·西哀耶斯（Abbé Sièyes）大量拟定系统性的公文的时候、当每一家咖啡屋都有一位哲学家能够基于一份理性的计划而改变这个国家状态的时候、当美国人刚刚制定出 14 条新的宪法并想要更多的时候，柏克断言：人类并不能制造法律，他们只是在认可或歪曲上帝之法。他认为人们没有权利享有他们所喜欢的东西：他们的自然权利不过是根据人类本性直接推衍而来。辉格党的改革家们和受到启蒙影响的支持权宜之计的那些人，都告诉英国人说的确存在着一种不变的法则，也的确有一些不可剥夺的权利，但它们的根源和特征与启蒙运动者和平等派们所认为的大相径庭。

柏克与博林布鲁克和休谟不同（尽管他们的外在政治主张在某些方面与他的很类似），他是一名虔诚的基督徒。“柏克从英格兰基
48 督教义出发，回答了那些最重要的、与人类息息相关的问题。”[1] 他信仰一种基督教的宇宙观，根据这种宇宙观，正义的上帝准允了一种道德秩序以拯救人类。上帝已经将法则以及与之相关的权利赐给了人类：这就是柏克在所有与道德和成见相关的问题上所预设的前提。然而，现代人误解了上帝所给定的法则以及从中推衍而来的各种权利。

> 人类的权利，亦即人类的自然权利，实际上是神圣的事

---

[1] Hoffman and Levack, *Burke's Politics*, pp. xiv – xv.

物；如果有任何公共措施被证明会对它们产生有害的影响，那么人们就应当认真地反对这种措施，即便我们根本不可能形成什么纲领来反对它。如果有明确的契约进一步证实和宣告了这些自然权利，如果有书面的法律文件和切实的契约明确地界定并保证它们免受欺骗、强力和权威的影响，那么，它们就仍然处于一种较好的状态当中：它们不仅仅持有受到如此保护的对象所具有的神圣性，而且还持有公共信仰本身的庄严性，这保证了该对象具有这样的重要性……由这些方式所保证的事物，可以毫无疑问地被恰当地称之为“人的特权”。[1]

因此，柏克在论及两次革命之间的福克斯东印度法案时，提出了这些关于自然权利的主张，这些主张震惊了全世界。也许在这次演讲中柏克不太情愿去抓住一般性的问题，但他表明自己质疑那些抽象的、未经界定的权利，而致力于提倡那些受成见与宪章保护的各种特权。此后不久，他便不得不更加清楚地阐明了这些区分。

柏克认为，在历史上，人们觉察到了很多目的，不管它们有多么模糊；因此，存在着永恒的有关神圣权威性的法则，我们通过学习历史和观察人性就可以捕捉到它们。只有当人类服从于上帝的律法时，人类的权利才得以存在，因为权利是法则的产物。柏克这里所有的观点都与洛克所说的“自然权利”截然不同，尽管他有时候会采用洛

---

[1] “Speech on Fox's East - India Bill,” *Works*, II, p. 278.

克的措辞；柏克自然权利观念的来源，显然也不同于卢梭。卢梭从一
49 种虚构的关于自由的原始条件和一种主要来自于洛克的心理状态，而推衍出自然权利。柏克的自然权利是西塞罗式的自然法，基督教的信条和英国的习惯法使之更具说服力。休谟从第三种观点出发，坚持认为自然权利是一种惯例；边沁则从另外一个角度认为自然权利是一种虚无缥缈的标签。柏克痛恨这两种理性主义，认为自然权利是符合上帝意图的人类习俗。

柏克并没有把自然权利看作是适用于政治争论的武器：他太尊敬自然权利的根源了！无论是以改革家的身份还是以保守主义者的身份，他都极少援引自然权利来反对对手的措施或为自己的措施作辩护。他不喜欢非得给自然权利作严格的界定，因为它是神圣的智慧才能够理解的观念；至于它确切地来自哪里并归向何处，我们并不能很好地判定。如果认为上帝的法则必须要经过我们人类立法的认可才能发挥作用，那么就是傲慢和自大。不过，柏克暗示道，由于我们能够描述自然正义的特征，因而人类的经验给我们提供了关于上帝法则的知识；并且，人类的经验不仅仅是通过历史，还通过神话、寓言、习俗以及成见而教给我们。

柏克自始至终都公开指责卢梭所推广的那种田园般的，关于自由、幸福、没有法纪和私人财产之自然状态的幻想。柏克怒喝道，历史和传统都不会支持这种原始的状态。在这种状态中，人们被尘世间的惯例所解放，并根据自然权利的推动而心满意足地生活。自然法只有体现在社会成见或宪章当中，它才能进入我们的认知；我们对于其余部分则仍然一无所知。我们只有通过了解自己的法律（它试图照

搬上帝之法），才能了解上帝的法则；因为上帝没有赐给我们唾手可得的誓约，也没有给我们乌托邦式的宪法。正如西塞罗所阐明的，我们最为确信的是，人类法本身是不自足的；我们的不完美状态仅仅是一种朝着永恒正义秩序的努力。然而，上帝的旨意很少明确地落实成文字。我们缓慢、无力地探索上帝的正义，而逐步脱离我们本性上由
50 来已久的瑕疵。

柏克暗示道，如果认为人们不规定社会法则的力量就可以遵循自然法，那么就是非常愚蠢的；尽管如此，试图在制定法令时界定完整的自然法也仍然是一种自负。启蒙运动者曾经同时犯了这两种错误。上帝和上帝的本性（柏克倒置了杰弗逊的短语）的确能够引导我们获得有关正义的知识，但我们必须要记住：上帝是引导者，而不是追随者。狂妄自大地带着一份抽象而来的图纸进行引导的人，会导致社会的灭亡。最先让柏克引起公众关注的著作是《为自然社会辩护》（*Vindication of Natural Society*），该书嘲弄地模仿了理性主义和田园般的幻想；《弑君式和平》（*Regicide Peace*）闪耀出柏克所具有的天才般的光芒，并充满激情地区分了人类真正的权利和人们号称拥有的权利。柏克一直警惕那种模糊得有些危险的自然法观念和那种精确得危险的观念。

与约翰逊一样，柏克也不喜欢粗俗的自然观念。他写道："艺术是人的本性。"在柏克看来，人类本性存在于人内心的最高处，而非最简陋之处。"不会、绝不会出现那种本性这样说而智慧那样说的情况。他们内心向上的情感也并不是浮夸和不自然的。自然在它最宏大

的时候最能真实地凸显自己……望楼上的阿波罗[1]（如果时光没有侵蚀还仍然让它留在望楼上的话），在本质上与伦勃朗画笔下的人物或特尼斯粗俗狂欢盛宴中的小丑是一样的。”[2]

柏克所挂念的对象并不是“自然的”人，而是文明人。如果社会试图使用假想的野蛮人所拥有的“自然权利”，来表达更加真实可贵的英国人的特权的话；那么这样做的后果就是要冒极大的风险。“这些进入日常生活的形而上的权利，就像是穿透重介质的光线，它们受到自然法则的作用而以直线的方式反射出来。在人类大量而复杂的激情与关心当中，人类的原始权利经历着各种各样的折射与反射，以至于当我们认为它们仍然保持着原初的朴素性而加以讨论时，便会
51 显得有些荒谬。”[3] 人类的本性难以捉摸，而社会又异常复杂：当原始的素朴被用来表达大国的政治关心时，就会导致严重的问题。“当我听到用某种质朴的办法试图或吹嘘要构建新的政治体制时，我就可以断定这些能工巧匠对自己的行业非常无知，或是非常不关心自己的义务。”柏克在《论教皇法》（*Tracts on the Popery Laws*，在他去世后出版）一书中，再次批判了社会尚古主义。文明社会的目的就在于“保守而安全地享受我们的自然权利”，并废除或搁置这些真正的自然权利以符合某种狂热的、要为人类确立虚构权利的计划；或是借口说要更加安全地保护这些权利，“是一种议事程序，它在争论过程中

[1] 望楼上的阿波罗，被誉为古希腊最美丽的雕塑之一，15 世纪文艺复兴时期在意大利中部被重新发现。——译者注

[2] “Letters on a Regicide Peace,” *Works*, II, p. 278.

[3] “Reflections,” *Works*, II, pp. 334 – 335.

荒谬而残忍，在效果上同样也是压抑而残酷”[1]。

平等主义者提议要恢复所谓的平等的“自然权利”，同时废除人为的和自然的等级制度。这种提议揭示了残忍和虚妄的特征。“文明社会肯定要产生这种等级制度，它是一种自然的状态；并且它比一个野蛮的、毫不相干的生活形式能更真实地体现这一点。人在本性上是理性的，因而他永远不满足于自己的自然状态，除非他身处于一个理性得到充分发展并占据主导地位的状态……至少我们处于一种固定的成年人的自然状态之中，就像处于不成熟和无助的婴儿期一样。”[2]在这里以及在其他任何地方，柏克更愿意说自然法则是什么，而不是去分辨它们是什么；他也毫不掩饰自己根本不愿意去进行精确的定义。他这样论及自己的那些平等主义的敌人：

> 这些理论家们所谓的各种权利都非常极端，它们在形而上学的意义上来说部分的是正确的，但在道德上和政治上来看却是错误的。人的权利处于某种中间的状态，不能被精确地定义，但却能够被察觉。由政府所确立的人类权利是一些优势，它们经常在善与恶之间取得平衡，有时候甚至是在恶与恶之间取得平衡……人们对那些不合理的东西没有权利，
52 对那些于自己无益的东西也没有权利。[3]

[1]“Tracts on the Popery Laws,” *Works*, VI, pp. 29 – 30.

[2]“Appeal from the New Whigs,” *Works*, III, pp. 108 – 109.

[3]“Reflections,” *Works*, II, p. 335.

他接着解释道，自然权利与大众权利截然不同；如果它不符合正义的话，它就不再是一种权利。尽管正义本身的起源要高于人类的发明，但它的实施是一种有益的人为之物，是社会传统的产物。社会契约的主要目的就是促进正义的实施。为了获得这一点，“自然的”人在很久之前放弃了（并且暗含着他要持续地放弃）那种无政府式的自由，这种自由与正义不一致。这种社会契约对柏克而言非常真实，它不是一种历史性的契约，也不仅仅是一种股份公司式的协议，甚至不仅仅是一种司法概念；而是一种在每一代人、每一年、每一天、每一个让渡自己权利的人当中都能得到确认的契约。为了共同的利益，我们的祖先、我们自己以及我们的后代都同意放弃一种不值得的、自然的“自由”，以便获得世俗正义所带来的益处。相应地，不存在一种自然权利能够让人不服从于正义。“文明社会的一个首要动机就是：没有人应当根据自己的原因进行评判——这又成为文明社会的根本性规则之一。这样一来，每一个人都立即剥夺了自己未订立契约时所具有的首要权利，亦即：为自己判断，并申诉自己理由的权利。他放弃了掌管自身的权利；并且在很大程度上也内在地放弃了自卫的权利，而后者是自然法的首要原则……他交出了全部的自由，以保护某些自由。”❶

然而，一个让渡了自己部分权利的人需要明了的是：尽管一个人不能同时享有文明的和不文明的权利，但当他放弃无政府的时候，就获得了一种正义的保证。若是破坏了这种让渡，反抗就是正当的；其

---

❶“Reflections,” *Works*, II, pp. 322 –323.

他任何理由都不能证明反抗的正当性。不仅仅是来自正义的支配指令能让人们相互依赖，一般性道德的要求也能如此。无论是野蛮人还是文明人都可能会忍不住要用手肘推挤自己的邻居，无论他什么时候这样做，他的“自然的”自由在某种程度上都必须要受到限制，因为这种自由威胁到了其他人的权利。那种法国式的对“绝对自由”的热爱（柏克之后半个世纪的拉马丁仍然在无条件地要求），就是一种
53 历史性的和社会性的鬼话：“人类那种根据自己喜好、不受任何道德约束的在任何地方随时行动的权利，实际上是根本不存在的。人类从来都没有处于一种互相完全独立的状态。这不是符合我们本性的状态，我们也无法想象一个人如何能够做出一件惊天动地的事情而同时又不对他人产生影响，或不为自己的行为担负某种程度上的责任。”❶

自然权利也不会独立于实际情况而存在。在某个场合对于某个人而言可能是正义之举，对于另一个时空中的另一个人而言可能就是不正义的荒唐之事。审慎是真正权利的试金石。社会可能会否定人们的特权，因为它们不适合实施。“不过这种否定是明智还是愚蠢、是正义还是不正义、是谨慎的还是怯懦的，都完全取决于人类所采用的手段。”❷

在所有的这些事物当中，自然权利却并非如此。那么，自然权利是由什么构成的呢？柏克认为它是由实际的、不可或缺的利益所组成，对于这些利益的保护是世俗秩序的主要目标。柏克对于真正自然

---

❶“Regicide Peace,” *Works*, II, p. 216.

❷“Petition of the Unitarians,” *Works*, VI, p. 124.

权利的最佳描述，体现在《法国大革命反思录》一书当中：

> 我在理论上没有否认人的真正权利，同样我的内心在实际中也没有隐匿人的真正权利（如果我有权力给予或隐匿的话）。在否认那些虚假的权利主张时，我并没有要伤害那些真实的权利主张，也就是那些可能会被各种伪装的权利彻底摧毁的权利。如果我们建立公民社会是为了人类的利益，那么这些利益就变成了权利。这是一种利益制度，法律本身也不过是依照规则行事的利益。人们有权依照这种规则来生活，也有权在同胞当中行正义之事，无论他们的同胞是供职于公务部门还是普通的职位。人们还有权享有各种工业成果，以及那些促进工业繁荣的各种手段。此外，人们还有权享有父辈们的财产以及子孙们提供的滋养和进步成果；有权活得明白，死得安慰。无论每个人分别能做什么，只要没有侵犯他人的边界，那么他就有权为自己去做；而且他也有权利享有一切社会及其所拥有的技能和力量能够为他做的。在
> 54 这种合作关系当中，人人都拥有平等的权利，但并不是人人都有权获得同样的东西。在这种合作关系中，只拥有五先令的人对其财产所享有的权利与拥有五百英镑的人对其更多财产所享有的权利是一样的。然而，他并没有权利平分他们共同事业的成就红利，也没有权利平等地享有每个个体在政府管理中应当拥有的权力、权威以及引导权。我否认的是我所构想的公民社会中的人们拥有这种直接的、原初性的权利，

而不是其他。这是需要由传统来界定的。❶

在柏克所有的著作当中，以上这段话可能是他对政治思想的最重要的贡献。平等的正义的确是一种自然权利，但平等的分红根本就不是权利。自然法则（亦即人类在文明社会中所获得的自然本性），并没有规定人们在分配物品时不要考虑个体的能量或德性；政治权利从本性上来说也并不是平等主义的。“经济上和政治上的平等主义应当走多远?”这是一个依赖慎重才能裁决的问题。免受侵犯是一种自然权利，而侵犯他人则并不是。为了保证正义的主导地位和保护每个人在社会合作中获得正当的分配，人们成立了政府。政府是出于实际的创造，也要根据实际的考量来加以管理。因此柏克做出了这样的区分：“国家”或社会存在是由上帝任命的；而“政府”或政治性的管理机构，则是传统和习俗的产物。政府的基础“并不在于人类的那些假想的权利（它们最多是司法与公民原则相混淆的产物），而在于政治便利和人类本性，无论这种本性是普遍存在的，还是经过当地习惯和社会倾向改变了的。”政府意在满足我们的期望，并使我们承担相应的义务，它并不是根据我们的自负与野心而加以操纵的玩物。❷

55 政府要是在实际考量中迷恋自然权利的话，就肯定会陷入无政府主义和激烈而互不宽容的个人主义。如果自然权利的学说得胜的话，甚至连议会都无法持久存在，因为任何形式的代议制政府在某种程度上都是对“绝对自由”的侵犯。柏克这里批判了卢梭的那种不成熟

---

❶“Reflections,” *Works*, II, pp. 331 – 332.

❷“Appeal from the New Whigs,” *Works*, III, pp. 108 – 109.

的公意观念。在这种观念中，所有的人都参与政治，而不需要议会制度的干预。“那些诉求绝对权利的人，不可能满足于任何缺乏个人代表性的事物，因为所有的自然权利都必须是个体的权利；在本质上并没有政治的或合作性的人格；所有的这些观念都不过是法律的虚构之物，它们都是自愿性制度的产物，人作为人都具个体性，别无他物。”然而，在现代大型国家当中，个人或是派代表参与所有的政府活动则是非常荒谬可笑的。这种狂热地直接参与政府之复杂事务的决心，肯定要毁灭这种热情所号称的“自然权利”。柏克宣称，任何这样做的政府都会滑向无政府状态。在这种无政府状态当中，任何关于权利的描述都不被认可。一旦混淆了假装的权利和真正的权利，这样的灾难就总是会到来。

那么，人类真正的自然权利就是：能获得平等的正义、劳动力和财产能够得到保障、能够享受文明制度的各种便利和有序社会的益处。为了这些目的，上帝设立了国家，而历史也表明这些权利是真正的自然人所欲求的权利。如果没有这些真正的权利，政府就是非法篡位。柏克将这些权利与那些空想的、使人迷惑的“人权”做了对比，后者在跨越英吉利海峡之后变得非常贪婪，它们实际上是正义的对立面。这是因为：如果它们（以一种几乎不可能的偶然性）在绝对的意义上真正地实现了，那么它们就会使人相互侵犯彼此的权利并陷入道德和文明的混乱之中。“绝对的自由”“绝对的平等”以及类似的谋划，都远不是自然权利，它们显然是不自然的条件（在卢梭的意义上用了“自然”这个词）；因为只能存在于，甚至只是暂时地存在于高度文明的国家。启蒙运动者和卢梭的追随者，将社会便利、习俗与微妙而无法定义的、上帝所设立的自然秩序混淆在一起，并威胁社会要解散人为设立的各种制度。

56

基于这些原因，柏克轻蔑地反对形而上学家们（无论是洛克学派还是卢梭学派）的那种专断而抽象的“自然权利”。不过，人们要想免受激情的支配，社会就必须要拥有自然原则。那么，还有什么别的基础以便在社会中实现那种自然的道德秩序呢？伏尔泰可能回答说是“理性”；边沁可能会说是“功利”；60 多年以后的马克思主义者可能会回答说是“满足大众的物质需要”。柏克将理性看作是一种软弱无力的支柱，对大多数人而言它都不够充分；对于柏克而言，功利不过是用来检验手段而非目的的方式，而物质上的满足则又是非常低下的一种期望。另外一种社会原则的基础就是柏克所提出来的：“服从于上帝的设计。”——如此，人们可以意译出他的那种服从于自然秩序的观念了。适当地尊敬训诫与成见，我们就会发现这种恭敬顺从的意义所在。人类的集体智慧与经过时间沉淀的经验，能够帮助我们不陷入“人权”与“理性”推理的混乱当中。

真正地遵从自然的命令，需要我们尊敬过去并关心未来。“自然”并不仅仅是感知过去，它是永恒的，尽管我们短暂的人类只能体验到它的一小部分。我们没有权利胡乱地对待人类的遗产而危及子孙后代的幸福。一个醉心于抽象“自然权利”的人，会阻碍真正自然法则的运行：

> 一个国家并不是一种当地的、个体性转瞬即逝的观念的集合，而是一种连续性的观念，它在时间上、数量上、空间

> 上都无限延伸。它并非是某一天、某一群人的选择，也不是混乱而轻狂的选择；它是多少年来多少代人经过慎议而选择出来的；它是一种由比选择好上多少倍的事物所组成的体制，它由特定的环境、场合、性情、气质以及人们的道德、文明和社会习惯所构成，后者只是在时间的长河里才会显露出来。政府的戒律也并不是基于盲目的、无意义的成见而得以形成，因为人类既是最不明智的，又是最明智的存在。人类个体是愚蠢的。大众不经慎议地行动，也是愚蠢的。但人类这个物种却非常睿智，当获得机会时，这个物种总是能够
> 57 正确地行动。❶

如果脱离了特定的实际问题，柏克就不太情愿去阐明那些一般性的原则。他及时将这些观点运用于当时所进行的平等主义运动。他断言：社会与政治的平等，并不会成为真正的人权；相反，等级制度与贵族制度是自然的、原始的人类生活组织形式。如果我们要改变它们的影响，那也是出自慎重与惯例，而不是为了服从于“自然权利”。这是他褒奖自然贵族制、谴责平均主义的先决条件。

六、 平等制与等级制

是不是任何形式的平等，都是上帝所赐给我们的自然所产生的结

---

❶“Reform of Representation,” *Works*, VI, pp. 145 – 147.

果呢？柏克认为，只有一种平等是的，那就是道德上的平等。上帝在审判我们的时候并不是根据我们尘世上的财产，而是根据我们的善意，而这终究远远地超越了世俗的政治平等。在一篇（他经常会表现出）极度悲伤的、责备法国的文章里，他表达了这种观点：

> 你可能拥有一群受到保护的、勤劳顺从的子民，他们学会去寻找和辨别那种凭借德性在任何情况下都能够找到的幸福；这种幸福而非那种可怕的虚构，包含了人类真正的道德平等——这种虚构给那些注定要辛苦劳作、艰难前行的人灌输虚假的观念和无用的期望，它只能加重并使人们怨恨真正的不平等，而永远不可能消除这种不平等；文明社会秩序所建立的，对于那些必然要处于卑微地位的人，和那些能够上升到更加荣耀的地位但却并不会更加幸福的人而言，好处都是一样的。❶

很显然，人类在本性上是不平等的：他们在思想、身体、精力以及每一种物质条件上，都是不平等的。在文明程度越低、意志与欲望未受抑制地更为盛行的社会，个体就越不平等。平等是人为的产物，
58 而并非自然的产物；如果社会平等主义发展到消灭阶级与阶层并使人“光荣地并列于第 71 棋盘格当中”，那么，人们就是在用人为来丑化上帝给人类所设立的真正的本性。柏克不喜欢被剥夺了多样性与个体

---

❶“Reflections,” *Works*, II, p. 310.

性的社会所具有的那种贫瘠与单调；并且他还预言这样的社会肯定很快就会陷入一种新的不平等，亦即由一个统治者或多个统治者来统治一群奴隶的不平等社会。

多数人统治与平等一样，都不是一种自然权利。当我们在政治上接受多数人统治的这一原则时，我们是出于谨慎和便利，而并非是出于一种抽象的道德命令。拥有选举权、占据职位以及把权力下放给人民等问题，都要根据实际情况而加以解决，要根据时间、环境以及民族性情等而有所不同。根据采用民主制度的国家的不同、时代的不同以及特定条件的不同，民主有可能是糟糕透顶的、有可能是有所保留地可允许的，也有可能是完全值得追求的。柏克在论证这一点时，引用了孟德斯鸠。如果我们诉求于事物的自然秩序，那么我们就会破坏多数人统治的规则；因为这种决议模式是一种高度精细复杂的诡计。"自然对公民社会之外的事物一无所知；即便按照公民秩序来安置人类，他们也不可能完全顺从于它，除非他们经过较长时间的训练……这种决议模式，意志在何处可能会接近平等、少数人在何处能够根据环境而成为更强有力的力量，以及何处显而易见的理性能够占据上风，而鲁莽的欲望在另一处又占据上风？所有的这些都必须是一种非常特殊的习俗的结果，之后要经过长时间服从的习惯和社会规则加以证实；也要经过一种强有力的、由稳定且永恒的权力而来的力量来执行这种建设性的公意并加以证实。"❶

如果理解得恰当的话，柏克作为议会自由最雄辩的卫道士，他是

---

❶"Appeal from the New Whigs," *Works*, III, p. 83.

相信多数人统治这一规则的。然而，权宜之计的理念（expedience）却总是会提出这样一个问题：一个真正的大多数由什么构成？柏克不承认人有行使政治权力的“自然权利”，因为这好像是一个没有历史、物质或道德基础的虚构。他坚持认为，一个恰当的大多数只能从
59 一个有机体中得来，这个有机体因其传统、身份、教育、财产以及道德本性而有权行使政治功能。柏克认为，在英国，这个有机体大约包含了 40 万人。一个合格的有机体应当是这些人中的大多数，而并不是无差别的全体人民中的大多数。享有政治权力并不是一种永恒不变的权利，而是一种根据民众的智商和忠诚程度而得以延伸或签订的特权。“在制定‘大多数人被首领告知自己被看作是人民、他们的意愿也将成为法律’这一原则时，我并没有看到什么政策和功利，也没有看到权利。”❶ 如果自然权利存疑的话，那么，实际上人们的确拥有一种自然权利以免于介入某种他们没有资格获得的政治权威，因为这样只能给他们带来伤害。我们所秉承的本性并不仅仅允许我们去做什么，也会约束我们。并非人类所拥有的真正的自然权利都总是令人愉快的。相反，它们还需要限制我们的本性以便保护我们。德林瓦特的喜剧《手中之鸟》中那位苛刻的老托利党、平民酒馆老板咕哝着说：“国家的目的就是管理那些无法管理自己的人”，这时他就回应了那种古老的保守主义原则。

柏克说：“政府是人类智慧的产物，以满足人类的期望；人类有权要求这种智慧来满足自己的期望。其中一种不可忽视的期望就是出

---

❶“Appeal from the New Whigs,” *Works*, III, p. 85.

于公民社会而充分地限制自身的激情。社会不仅仅要求管理个体的激情，甚至在大众和组织中、在个体中都要抑制人类的各种倾向、掌控他们的意愿并管理他们的激情。这只能通过一种外在于他们的力量而得以实现，并且在执行过程中也不受制于意志和激情，反而要对它们加以约束与克制。在这种意义上来说，人类所受到的约束和他们所享有的自由，都可以被看作是权利。”❶ 这种约束的程度要根据社会的文明程度和宗教信奉程度而有所不同，不能根据抽象的规则来加以
60 解决。

在《法国大革命反思录》较早的一章中，柏克最为激烈地否定了“大多数人是全知全能”的理论（他们没有能力防止权力的过分使用，也没有能力约束自身）。柏克还强烈否定了一人一票的民主观念：“人们说，两千四百万人应当压倒二十万人。如果国家制度只是一种算术问题，那么这样说就是对的。这种论述对于电线杆子而言是非常好的，但对于那些能够冷静地进行推理的人而言，则是非常荒唐的。人们的意愿和利益，在很多时候各不相同；当人们做出一个恶的选择时，差异会非常大。”❷

早在功利主义和平等主义观念在我们这个时代大肆盛行之前，柏克的政治原则就已经给我们奠定了坚实的基础；他对民主式政治权威所具有的自然权利观进行了富有洞见的批评，这种批评战胜了对手们的抽象主义观念。20 世纪那些睿智地支持民主的人，在权宜之计

---

❶“Reflections,” *Works*, II, pp. 332 – 333.

❷*Ibid.*, p. 325.

(expediency)而非关于平等的自然法中，为政治权力的广泛传播找到了基础。大卫·汤姆森表达了这种流行的观点（柏克与迪斯雷利曾经也将其加诸政治思想当中）：“普遍选举权与政治平等的理由，并不是基于‘一旦获得投票权，所有人都会变得同样明智或同样聪明’的这种迷信说法；而是基于历史和哲学上的这样一种观念，即：如果共同体中的一些人被剥夺了投票的能力，那么这个共同体的利益就有可能会被忽略，并随之产生不满与愤恨，从而造成政治有机体的衰败。”❶

因此柏克总结道，从某种意义上来说，政治平等是不自然的，而贵族制度却是自然的。这名辉格党领导人极为保留地对贵族制度进行了赞赏：“我并不喜欢贵族制度，至少是不喜欢人们通常所理解的贵族制度。”❷ 如果不加抑制的话，它就是“一种苛刻而傲慢无礼的支配”。“如果它走到尽头并引起血淋淋的竞争时（但愿这样的事情不要发生），那么我的立场是很清楚的：我会与那些穷苦的人、卑下的
61 人以及身体孱弱的人同呼吸共命运。”❸ 然而，自然在社会中为贵族制度配置了相应的物质基础，一个引导得当的社会会认可并尊崇贵族制度——但也始终会保留一种机制以平衡贵族制的野心。人民大众在行使政治权力这方面很难胜任，这是自然事实；因此在事物的永恒法则中写明了：有那么一小部分人，出于各种各样的原因，在智力上、体力上和精神上都适合成为社会的领导。一个政府要是拒绝任用他们

❶Thomson, *Equality*, p. 68.
❷“Thoughts on the Present Discontents,” *Works*, I, p. 323.
❸“Speech on a Bill for Repeal of the Marriage Act” (1781), *Works*, VI, p. 171.

的话，就注定要停滞不前或趋向毁灭。这些贵族在某种程度上来说“更明智、更专业、更富足”，他们会引领、启蒙并保护那些“孱弱的人、没什么学识的人以及运气不佳的人”[1]。柏克也尊重出身，但他特别提到了牧师、地方法官、教师和商人：是自然而非出身使这些人成为贵族。让这些人比普通公民发挥更大的社会影响力，是明智而正当的，也与真正的自然法相契合。“一种真正的、自然的贵族制度并非国家的单独利益或独立于国家的利益，它是任何一种构建得当的大型有机体所必须具备的必要构件。它基于一种合理的设想而形成，概括地来说，这种设想必须要根据事实而加以确认。”关于这种贵族制度的描述，与每一个文明社会的结构不可分割地相互交织在一起；它是柏克著作中更加值得纪念的段落之一，并在保存英国和美国的宪制政府中也发挥了作用：

> 出身尊贵；从小就不接触卑下与肮脏的东西；学会尊敬自己；习惯于公众的审视；及早了解公众意见；站于高处以便能够将广泛的、各式各样的人群以及大型社会中的各种事情尽收眼底；有闲暇能够阅读、反思和交谈；无论在何处遇见聪明睿智、学富五车的人，都能够引起他们的兴趣和关注；习惯于追求荣誉和责任；高度警觉地、富有预见性且慎重细心地成长于这样一种状态：过错都会受到惩罚、微小的错误都会带来最严重的后果；被引导去做一些谨慎而有所控

[1] “Appeal from the New Whigs,” *Works*, III, p. 85.

62

> 制的行为，好像你被看作是同胞们的引领者，关心他们的最高利益，并作为上帝与人类之间的调停者；被雇来执行法律与正义，并因此成为最早造福人类的人；掌握科学、精通开明质朴的艺术；成为富商，他们通过自己的成功能够拥有敏锐有力的理解力，拥有勤奋、遵守秩序、不屈不挠、有规律等美德，并已经培养出尊重交换正义的习惯——这些都是人类生存的各种环境，我应当将这种形式称为一种自然的贵族等级制度，没有它就没有国家。❶

可能 18 世纪和 19 世纪的英国上层阶级，比历史上的任何阶层都更加配得起这种称赞：他们作为一个有机体，尊贵而睿智、有道德责任感并且充满活力。柏克认为这个阶级的上升切实地符合自然；而由平庸者来统治社会则是违反自然的。政治家的职责之一就是任用这些自然贵族，让他们的能力服务于大众利益，而不是使这些人湮没在人民大众当中，否则他们只会对社会稳定构成威胁。

让有能力的、出身高贵而又富有的人来执政，是文明社会最自然、最有益的一个方面。在文明秩序中，“自然”是一个人最高的品质。人类的权利与义务是紧密结合在一起的，一旦这些权利过分地要求人类的自由、平等以及世俗的扩张（这是人类品质所不能维系的），那么它们就会从权利蜕变为罪恶。上帝眼中人人平等、法律面前人人平等、个人所有物得到保障、能够参与公共活动和社会慰藉

---

❶“Appeal from the New Whigs,” *Works*, III, p. 86.

——这些都是真正的自然权利。卢梭、孔多塞、爱尔维修和潘恩都曾自以为是地要求绝对的自由，这种自由在历史上没有一个国家能够给予；他们的这些要求恰恰走向了自然正义的反面。它们由于毫无敬意而成为不自然的，“是自私禀性和狭隘观点的结果”。在政治领域，
63 这些主张是荒唐的，因为任何一种权利的实施都必须要根据特定的环境而受到限定或加以改变。

只有使社会适应于那种永恒的、物理的和精神的自然给我们所设定的模式——而不是通过要求激进地改变社会尚古主义的那些不切实际的主张，我们才能真正地与自然法相一致。我们是永恒自然秩序的一部分，这种秩序使所有的事物都各安其位。“我们的政治体制与正义相一致，与世界秩序和某种存在模式相称，这种存在模式界定了一种由变幻莫测的不同部分所组成的永恒有机体；此处借助于一种令人惊叹的智慧而将人类的各种甚为神秘的团体熔合在一起；人类整体无所谓衰老、中年或青年，但在一种恒定的状态中，却通过各种不断的衰败而走向衰落、变革和繁荣。因此，由于在国家行为中、在我们所改进的事物中延续了自然的方法，我们从来都不是崭新的。”[1] 政治改革和基于这些原则而来的公平正义，都体现了谦逊与慎重；人类若要遵守一种先验的道德秩序，就必须要培养这种谦逊与慎重。这些关于自然和权利的定义、这些关于永恒与变革的看法，使柏克对于法国大革命的反思远远高于简单的假定和推断，从而达到了一个新的高度，也使柏克的观念在政治变迁中经久不衰。

---

[1] “Reflections,” *Works*, II, p. 307.

七、 秩序的原则

尽管柏克无法使英国宪法和训诫的社会保持不变的状态（假使他曾经试图反对所有的变革，而实际上这从来都不是他的目标），但他的观念对于政治趋势和思考所产生的抑制性影响，却是无法估量的。在1791年末的时候，柏克本人也不再指望能够影响当时的变革潮流，他目睹雅各宾主义横扫一切，甚至席卷了辉格党。他在给菲茨威廉伯爵（此人当时还尚未完全被柏克的预见所折服）的信中这样
64 写道："亲爱的伯爵，您看，我们都不喜欢某种制度的膨胀，虽然对于如何阻止这种膨胀可能有不同最佳方法，但我与您并没有不同，因为我认为没有什么方法可以阻止这种膨胀。恶行已经产生了，此事在理论和实践中都已经完成了；我们必须等待那双比我们更高级的大手在恰当的时候凭美意去成就它。"❶ 他过于谦虚了，真正的雅各宾主义之所以从来没有侵入英国或美国，在很大程度上正是因为埃德蒙·柏克之保守主义思想的影响。他首先成功地调动英国的力量果断地避开了法国大革命的侵袭；1797年，在他去世之前，他创立了一个政治学派，该学派从创立之初就基于尊重和谨慎等观念，而反对其内在的对于变革的欲望。他这样教导新生代们："尊重我们当前所不能理解的那些事物。"柏克尊重前人的智慧，上帝的设计在他们身上发挥

---

❶柏克致菲茨威廉伯爵，1791年11月21日——Wentworth Woodhouse Papers, Book I, p. 712（Sheffield Public Library）。

了作用。这是所有前后一致的保守主义思想所坚守的首要原则。

柏克深知经济学与政治学并非独立的科学：它们不过是体现了一种普遍性的秩序，这种秩序就是道德。他用自己这种伟大的实践智慧来热烈地描绘这种秩序原则，因而他的著作充满了诗人的想象与批评家的敏锐。尽管他非常不喜欢简单地往形而上学靠近，但他认为，现代社会中秩序与革新之间的斗争有一个形而上学和宗教的问题根源：正如巴兹尔·威利给我们所指出的，柏克觉察到，社会中恶的根源"在于那种爱管闲事的本能，它总是冒昧地干预上帝在世间所进行的神秘安排。柏克与另外一些人一样，都一直意识到这个人类无法理解的世界所具有的重要性。他更能觉察到那种复杂的力量，它们包围着我们并限制着我们所有的行为；而较少地关注我们内部所具有的力量，后者使我们做出回应并改变那限制着我们的环境"[1]。柏克确信，人类永远也不会成为神，如果他们要获得真正的人性，就需要意志与德性；同时，（正如亚里士多德所说）一个能够孤独地生存的存在，
65 要么是野兽、要么是神明。激进的变革会使我们与过去断裂，会打碎那些古老的、联结着一代又一代人的各种纽带。它们会使我们远离记忆与期望。一旦如此，我们便会降至野兽的水平："（正如我所想象的）我们仍然能够慷慨而带有尊严地回想十四世纪，也尚未将自己变成野蛮人。"然而，怎样才能将我们从具有魔鬼般力量的强烈嫉妒的狂潮中，也就是所谓的雅各宾主义中解救出来呢？

由于坚守正确的观念，我们渴望获得那种反对理论谬误之后果的

---

[1] Willey, *The Eighteenth-Century Background*, pp. 244 – 245.

安全感。总体而言，柏克的成就在于界定了秩序的原则。本章简要回顾并检验了这一原则。他的理论体系预先地反驳了功利主义、实证主义和实用主义，也抨击了雅各宾主义。柏克所具有的那种几乎是举世无双的社会预见能力告诉他，法国大革命并非简单的政治斗争，也并非启蒙运动的高潮，而是一场道德动乱的开端；直到疾病、背叛神意所引起的混乱走到尽头时，社会才能从这场道德动乱中恢复。为了验证这一点，柏克用社会上一些令人尊敬的观点以及亚里士多德、西塞罗、经验哲学家们、胡克等人的思想，来解答现代社会的那些难题。

一个社会总是必然存在着某种秩序，无论它是善的还是恶的、是公正的还是专制的。我们"经某种圣意安排"而团结在一个国家当中，这个国家认可真正的正义观念。由于尊敬圣意并忠诚于训诫的智慧，人类得以从无政府状态中解救出来；他们实际上是被成见与等级所拯救。只有通读他的著作，才是唯一真正地仰慕柏克的方式。然而，如果将他那些宏大壮丽而深奥的理论简述为一些小段落时，人们就能大概领略柏克所说的"服从于一种神圣的秩序"是什么意思。让我们与柏克这样的作者一起，来更深入地探讨一下，为什么"其他的一切都是浮华、都是罪恶"。

第一，当下的这种秩序只是先验秩序的一部分，而敬畏则是社会保持平稳的基础。一旦缺少尊敬，生活就会变成在篡权和叛乱之间无
66 止境地来回争斗。尽管柏克并没有沿袭约翰逊所鼓吹的认命与服从，但他的确也强调：社会的首要规则是服从——服从于上帝和天命，它们通过自然过程而起作用。"道德义务产生于那些我们不知道的，也可能是无法知道的自然原因。我们完全能够理解这些道德义务，我们

也终归要去履行这些义务。”萨默塞特·毛姆在一篇非常有意思的讨论柏克风格的文章中论述道，我们现代人已经无法领略尊敬的精神。[1] 他是对的，或者说，他几乎是对的。然而，正如柏克所觉察到的，当尊敬远离我们这个社会时，很多东西也会随之沉沦；一种循环往复的过程便开始启动，人们当前肯定要依次经历灾难、恐惧、敬畏，最后尊敬重新再现。尊敬很可能是一种宗法制社会观的产物；当它逐渐被世故所摧毁时，神意会以一种粗鲁的方式让我们回到宗法制。

第二，柏克论述道，精神的秩序和理性的价值紧随上帝的秩序。所有的价值都不尽相同，所有的冲动也都有所不同，人类也都不完全一样。自然的进化教会人们珍视某些情感而轻视另一些情感。追求平等的激进主义试图将所有的情感与感觉都放在同一个平庸的水平线上，因此也就抹杀了那种使人区别于野兽的道德想象。“根据这种事物体系，国王不过就是一个男人，皇后不过就是一个女人；女人不过是一种动物，而且还不是位于最高次序的动物。”柏克曾经论及“学问怎样被扔进泥潭，并被猪群所践踏”，这一言辞比他之前所说过的任何言论所激发的批评（甚至是来自于约翰·亚当斯）都要更加尖锐。其实当他这样说的时候，他当然只是在转述《马太福音》第7章第6节的内容。他意指的是某些杰出社会党的批评家们所要害怕的：一旦缺乏恰当的理性指导以及“所有体面的外衣被粗暴地扯去”，人民大众就会对一切非至亲的事物表现出冷漠甚至可能是

[1] Maugham, “After Reading Burke,” *The Cornhill Magazine*, winter, 1950－1951.

敌意。

第三，社会上所公认的关于义务和特权的区分，防止了自然的和
67 道德的无政府状态的发生。如果人们不认可自然的等级制度，那么，溜须拍马之人和残暴成性者就会以从未露面的“人民”的名义，来行使自己那些被摒弃的功能。如果一个社会尊重高贵的品质、敏锐的智力、良好的出身以及实际的精明，那么，“只要这些东西长期存在，只要贝德福德公爵是安全的，我们就同样安全——上层人士不会被嫉妒所中伤，也不会被强取豪夺；下层人士则不会被铁腕镇压，也不会被轻蔑地践踏和唾弃”。这肯定是一种真实的自然等级制度，而并非是那些野心勃勃的政客和机敏聪慧的改革家们所创造出来的。柏克反对某种“精英”的新观念，出于对党派的狂热和对某种有害信条的恪守，这些精英被招募在一起。柏克在《弑君式和平》的第二封信中这样写道：“对于他们而言，个体的意志、愿望、期望、自由、劳苦和鲜血都不值一提。他们在关于国家的设计中排除了个人，国家就是全部；任何事物都是武力的产物，随后，人们都是根据使用情况而信任各种事物。它在原则上、准则上、精神上以及所有行为上，都是好战的。它为了自己的目的而统治和征服，通过劝诱控制人们的思想，通过武力控制人们的身体。”这些是雅各宾派的行为，这种描述同样适用于纳粹的“精英”规则。此处人们可以瞬间理解，柏克的秩序原则并非如此。人们也可以在此处觉察到那道将柏克与黑格尔区分开来的鸿沟。然而，与那种对狂热的社会计划和全民式投票民主的谴责相比较而言，柏克的建设性想象对20世纪的影响更大；而且，当代人很可能会开始回溯到他关于真正秩序的原则以及那种由

尊敬和训诫所引导的社会。

社会远远不只是一种政治设计。柏克深知这一点，他致力于用存在的复杂多样性和“人类那种神秘的团结合作”，去说服他们那一代人。如果我们仅仅将社会看作是一个简单的、能够基于数学线性地加以管理的装置（就像雅各宾派、功利主义者以及大多数其他激进主义者所认为的那样），那么，人类在那种永久的契约中就会被贬到一
68 种低于参与者的地位——这种契约将死者、生者以及那些尚未出世的人们联合在一起，也是连接上帝与人类的纽带。此岸的秩序取决于彼岸的秩序。

如果你现在去比肯斯菲尔德镇观光，那么你不会找到他的格雷戈里乡村的房子，因为它早已经被烧毁了；不过，你会在一个古老而精致的教堂里发现一块小小的石碑，上面刻着：埃德蒙·柏克葬于这里的某一个地方。没有人确切地知道柏克葬在了哪里，因为他生前害怕那些欢欣鼓舞的英国雅各宾派会玷污他的尸骨，所以留下遗言要秘密地下葬。柏克所担心的这种亵渎之日没有来临，英国社会反而转向了一种保守的方向，他本人是这种走向的首要推动者。似乎是对柏克和迪斯雷利的怀念让比肯斯菲尔德小镇着了魔，这里一点都没有改变：古老宏伟的房子已经矗立了四个世纪，砖木结构的旅馆整洁有序，高大的橡树与安静的小巷相互掩映，这一切都跟柏克那个时候一样；尽管伦敦的别墅和新住房计划的扩展深入影响了白金汉郡，而且轻工业也正在入侵毗邻的小镇。在几英里以外的斯托克波吉斯，一场声势浩大而骇人听闻、正在建得千篇一律的房地产计划，已经压缩了格雷的乡村墓地。但是，比肯斯菲尔德的古镇，是古老英格兰在工业和无产

阶级之人性海洋中的一块岛屿。

柏克的思想不仅仅是在充满激进观念的海洋中奠定了坚实的岛屿，它们还为保守主义提供了辩护，在很大程度上它们在当代仍然成立并且不会衰落。在柏克去世一个半世纪之后，马修·阿诺德所说的“集中的时代”（epoch of concentration）似乎再次光顾了全世界。1917 年俄国革命爆发所带来的那种冲动和社会热情，在保守主义精神面前开始逐渐放弃阵地。阿诺德所说的“集中的时代”中的英格兰，以及斯科特、科尔里奇、索西、沃兹沃斯、皮特、坎宁等人眼中的英格兰，尽管有所觉醒，但在理论上取得了巨大的成就；其中潜在的那种革命性的能力转化成重构性的结果。“集中的时代”在此展现出旺盛有力的道德和理论品质，阿诺德将这归因为柏克所产生的影
69 响。我们的这个时代，似乎也在暗中摸索着某些观念。在柏克的启发下，这些观念形成一种延续和保存社会的模式。一旦脱离了这些或其他一些真正的原则，我们这个“集中的时代”就容易坠入一种冷嘲热讽的淡漠和精疲力竭的镇压。

第三章　约翰·亚当斯和法律下的自由

“各应得其所有，各宜得其所应得”和黄金法则是人类理性和常识支持或辩护的平等……我发表的“为美利坚宪法申辩”和“论达维拉”使我广受诟病，似乎成了压在我身上的西罗亚之塔。阁下坚定地维护民主原则，并始终如一地支持法国大革命，这使您深受人民爱戴。世间的荣耀得以传扬。

一、联邦党人与共和党人

约翰·亚当斯是布雷茵特里一位农场主的儿子，由论敌所促写成了一本书。这本书就是《为美利坚宪法申辩》（*A Defence of the Constitution of Government of the United States of America*），而促成这本书的论敌就是托马斯·杰弗逊——在当时他们还是朋友，后来很多年都一直是对手，而在最后他们又成了朋友。由于对拉斐特、罗什福柯、孔多塞、富兰克林等人的设想深感震惊，这位来自于马萨诸塞州的严厉而直率、丝毫不关心自己支持率的小律师在大半生的时间里都宣称：只有那些清醒的、能够接受人性之本来面目而非确立人性应当如何的人，才能获得并维护自由。他的学识和勇气使他成为一代伟人，并成为美国真正保守主义的奠基者。在亚当斯败选美国总统职位 13 年之后，他写了上面的那段话，对于那个曾经打败他的人，他丝毫没有尖
71 刻讽刺。总的说来，联邦党人都比较悲观，亚当斯也低估了自己的思想和榜样对于美国后来几代人所产生的影响。尽管有诸多缺陷，但美国仍然是当代一个非常强大而繁荣的国家。在这里，繁荣和自由能够勉强得以保证。约翰·亚当斯没有过分夸大人民大众所拥有的智慧和德性，他对美国已有的成就感到相当满意。纵观这么多年，他比任何人都更多地教导善的价值和实际的法律，他也比任何人都更加努力地保证美国政府是法治政府而非人治政府。

大体而言，美国革命并非一场革命性的突变，而是一次保守的殖民地权利的恢复。该殖民地居民从一开始就习惯于自治，并感觉自己通过传承而拥有英国人的各种权利，同时根据传统训诫而拥有诸多特定的权利。当一位诡计多端的国王和遥不可及的议会擅自延续自己对美国人的征税权并实施从未执行过的管理时，这些殖民地居民奋起维护自己所拥有的那些约定俗成的自由；当妥协的时机悄然逝去之后，他们才不情愿而又不安地宣布自己要独立。因此，那些在本质上非常保守的人发现自己成了得意扬扬的反叛者，并且自己的传统观念与独立的必要性必须保持一致，而之前几乎没有人期望过这次独立。这曾经是一个非常严重的问题：作为领袖的共和党人杰弗逊，试图运用一

些“先验的”观念来解决这个问题，并开始同情法国平等主义者的理论。而他们的对手，联邦党人，则诉诸历史的教训、英国自由的遗产以及约定俗成之宪法的保证。

这些联邦党人是独立之后的美国最早的保守主义派别，他们发现自己受到两种激进主义的威胁：一是具有法国的起源，也就是柏克当年所遭遇到的那种社会上和理论上的震动；一是部分在美国本土和部分在英国发展起来的、以杰弗逊为主要代表的主张平均地权的共和主义，它热衷于废除限定继承制、长子继承制、教会机构以及贵族的所
72 有遗风，并反对中央集权、大政府、国债和武装力量。联邦党开始成为城镇居民、商业和制造业以及债权人的党派；而共和党则代表农村、农业以及债务人的利益。谢司起义和后来的威士忌酒反抗事件，都让联邦党人高度不情愿地认识到了对手的力量和热情，并在他们内部激发起一种几乎是孤注一掷的决心，来联合保守主义反对当地的激进主义。

在这些主张平均地权论和民主的共和党人当中，隐约显露出杰弗逊那瘦削的身影，他的学说总是比实践要更加激进，且远没有法国的自由观念那么极端。杰弗逊在每件事上都小试身手，而且经常获得成功。他所具备的才能极其广泛，因而他的性格会显现出古怪或有时候前后不一致的一面。他倡导政治的纯洁性和简单性，可又让默默无闻的格兰杰·吉迪恩广受欢迎，吉迪恩为了得到美国最高法院的职位，“基本上就是在买卖腐败”。这种对宪法的狭义阐释可能得到了刘易斯安那的支持。尽管他钟爱多样性与独创性，但他可能把西北地区标识为“诡辩家与算计家”的模式，这一模式仍然在构建着这个国家。

该国一直成形于那个道路结构单调枯燥、内在规定专制任性的地区。尽管如此、尽管杰弗逊与启蒙运动者相识、尽管他喜欢法国，他仍然将科克、洛克以及凯姆斯当成自己真正的政治导师；而且，与他们一样，他内心有一半是保守主义的——有时候甚至都不只是一半。

然而，如果非要说曾经爆发过一场真正的美国革命，那么这场革命就是伴随着杰弗逊和在1800年达到巅峰的共和党人的成功而来的。这是一场内在的变革，而且几乎没有发生流血冲突。然而，联邦主义的精髓在1800年之后并没有完全消亡，即便到现在也仍然没有灭绝。约翰·亚当斯在这种不朽当中获益良多。

如今已经没有什么人再去读约翰·亚当斯的作品了。我是第一个
73 阅读他的十卷本著作的人，尽管这些著作都发表于一个世纪以前。亚当斯的作品中充满了活力、智慧与令人艳羡的精确性，但人们并不读他的作品。他的思想较多地通过耳濡目染、较少地借助于有意识地同化而渗入美国人民的心中。当美国人寻求一位保守的国父时，他们中的大多数会转向汉密尔顿——这也并不是因为他们阅读了汉密尔顿的作品，因为汉密尔顿是一位个性独特的谦谦君子，而且即便算上《联邦党人文集》中的那部分，他所写的东西也很少能够被看作是社会思想。然而，亚历山大·汉密尔顿这位经济学家、联邦党人的领袖、帝国的建造者，使众多美国人民着迷。在这些人的心目当中，贪得无厌的本能与保守主义的倾向相冲突；而且他们反过来让公众相信这“第一位美国商人”是美国第一位杰出的保守主义者。汉密尔顿其实并非如此，但他当时是美国未来的象征。他与费舍尔·埃姆斯、约翰·马歇尔一起在亚当斯这一章节里出现，因为他们都是反对民

主、尊重财产权、强调中央集权并且相当短视的联邦主义的典型代表人物，亚当斯经常在这些人面前油然升起一种优越感。像汉密尔顿、埃姆斯、皮克林以及德怀特这样的人，似乎信仰某种与古老的保王党主义非常相似的理论。而亚当斯则具备更加宽阔的视野，也能够更加敏锐地辨明未来的发展方向。他代表着另一种路径，试图将自由主义观念与传统规训的智慧相结合，柏克的追随者将这后者称为保守主义。在他所建立的这个卓越的大家庭（它在严格的爱国主义方面与古罗马极为相似）中，约翰·亚当斯的谨慎小心和正直，世世代代地、潜移默化地影响着美国社会。

亚当斯总是严厉冷峻，有时又华而不实，而且几近任性地蔑视公众热情。表面上看来，人们会很惊讶于他为何虽从未获得足够的声望却可以当选美国总统。尽管如此，大多数公众都尊敬这位不会讨好他们的人。他们认为亚当斯绝对诚实、不屈不挠、孜孜不倦，并信奉古老的简朴与忠诚。他们像雅典人当年信任尼西亚斯那样信任亚当斯，
74 不过结果幸运得多。在 1796 年和 1800 年的两次总统大选之前，在汉密尔顿在密谋反对亚当斯时发现，他们能很容易地使该党的领袖们不再效忠于这位尖酸刻薄的、来自于麻省的政客；然而，无论是汉密尔顿还是他的副手，都没能使那些投票给联邦党的人民大众变节。亚当斯曾粗暴地宣称：“民主从未存在过，也无法存在。”正是由于亚当斯的这种大胆鲁莽，他受到农场主们、渔民们以及商人们的广泛欢迎，他们于 1774 年、1777 年以及 1785 年分别将他送至费城、巴黎和伦敦，另外还在 1793 年和 1797 年两次将其送往华盛顿。然而，在考察这位曾经的革命性领导所具有的、坚定的保守主义观念之前，我

们需要更为细致地研究汉密尔顿和埃姆斯的那种更接近于正统的联邦主义。

二、 亚历山大·汉密尔顿

1788 年，亚历山大·汉密尔顿在纽约大会上曾这样说道："革命源自反对专制。革命之初，公众的思想很自然会被一种极端的嫉妒的精神所影响。我们所有公共制度和私人制度的最主要目标，就在于抵制这种影响并使这种嫉妒的精神发扬光大。追求自由的热情开始占据主导地位并甚至有些过分。我们在构建联邦的时候，似乎只有这种热情促动着我们，我们好像没有其他的想法来保护我们不受专制统治……然而，除此之外还有一个同样重要的目标，而我们的热情致使我们很少能关注到它。我这里意指的是我们政府组织中的那种有力度、稳定且在执行中有活力的原则。"

在这一小段话中，我们能看出汉密尔顿作为一名保守主义思想家所具有的优缺点。他的政治原则相当简单：他不信任大众的、地方性的冲动，并认为，要从平均思想的结果中获得救赎，就要确定绝对的国家权威。他可能欣赏过中央集权的政府，但发现这完全不适用于美国，因此他坚定地支持联邦政府，并成为联邦政府最强有力的组织者
75 和创造者。因而，美国宪法的确立要归功于他、麦迪逊和杰伊。这就是汉密尔顿的智慧与成就，它们甚至让当代人在庆祝美国宪法确立 200 周年的时候都会清楚地记得他，尽管该宪法在很多方面非常糟糕

地误解了他。不过，汉密尔顿将军并没有预言的天赋，而这是柏克最为擅长的，亚当斯在这方面的能力也不错。尽管有法国雅各宾派的先例，但汉密尔顿似乎根本不会想到，一个稳固的国家，很可能也会是一个讲究平均主义并不断革新的国家；他也很可能没有反思过，政府的力量除了可以维护传统稳妥的秩序之外，也可以被用作其他目的。即便在政治经济学领域中，他也是一位实干型的经济学家而非经济学的思想家；而且他忽视了这样一种可能性：他自己所筹谋的这种工业国家很可能不仅仅召唤出保守的工业主义者，还有可能会召集激进的工人——后者数量更为庞大，也比所有来自杰弗逊家乡弗吉尼亚州的那些平均地权论者更加有损于汉密尔顿的那种与阶级和秩序有关的老派观点。如今看来，我们应该说，汉密尔顿刺激美国工业的谋划既不狭隘也不自私，他所期冀的利益是真正的大众利益。费伊曾经这样说道："汉密尔顿曾经是呼吁过保护，但他并不是要为工业争取什么特权，也不是要聚敛财富，而是要将一个自由国家中的天然产业——农业——引入文明进步的潮流当中。"❶ 然而，他那种为众人所称赞的实践能力背后却是一系列传统守旧、近乎幼稚的设想；而且他很少思考这样一件事，即自己所坚守的成见与美国工业的那种源源不断的动力会产生什么样的混合物。

弗农·帕林顿在几乎不加任何歧视地使用"托利党"和"自由主义"这两个词语时会不时地感到歉疚，但他非常精准地认为，汉密尔顿内心深处实际上是一个不要国王的托利党，他所追随的是休谟

---

❶Fay, *English Economic History, Mainly since 1700*, p. 48.

与霍布斯。尽管汉密尔顿充满革命热情，但他像英国殖民者一样深爱着英国社会。他所想象和期望的未来美国社会，实际上是另一个更强大、更富有的18世纪的英国。他几乎没有注意到自己的这个梦想会
76 遭遇什么样的困难。美国人反对他设立更强有力的特首的提议，而更喜欢世袭制，这使他深感悲哀和惊讶，因而忍痛放弃自己的计划。在他看来，英国是一个独立的国家，它的主权不容分割，议会掌握大权；美国也应该是这样。他不耐烦地毫不理会那些关于领土边疆、历史起源以及当地特性的考虑，而这些会是柏克首先要认可和接受的。

“众所周知，人的情感会由于对象的距离和扩散范围的加大而减弱，这是人类的本性。”这个来自于尼维斯岛的“苏格兰浑小子”（斯密语）如此写道。他丝毫没有那种有关家族和出身的情感，而正是这种情感使得约西亚·昆西和约翰·伦道夫这样的领袖热切地深爱着自己的祖国。与这种爱相比较而言，爱国主义不过是一种无力的迷恋。“同理，在家庭和一般性的共同体之间，人们总是更加热爱自己的家庭；每个国家的人民往往会感到自己更加偏爱自己的当地政府而不是联合国政府，除非后者的管理明显更好从而打破这一定律。”❶然而，正是汉密尔顿的这种异国情怀，使他的爱国主义忽视了地方性，并很可能使他无法知晓那种潜在于很多政府和地方性情感之中的顽固决心。尽管他作了上述评论，但总的来说，他错误地将这些深层次的冲动当成是转瞬即逝的妄念；并认为可以通过国家政府强有力的方式如联邦法院、国会、关税、银行以及他的整个国有化计划而加以

---

❶*The Federalist*, No. 17.

根除。从长远来看，他的这些手段的确彻底粉碎了特殊主义；然而，
汉密尔顿最真实的愿望却是引发一场内战，这比杰弗逊解散安宁的
18 世纪贵族社会所要做的更多。汉密尔顿错误地判断了那个时代的
发展趋势（它自然地朝向联合的方向而非地方主义的方向发展，这
并不需要得到蓄意筹划的政府政策的过多支持），他也没有认清对手
们所具有的那份不屈不挠的勇气。而顶级的政治思想家一般都会拥有
77 更高超的预知能力。

同样地，汉密尔顿成功推动的美国工业化进程，带来了一系列后果，这是傲慢而强势的新贵族所没有意识到的。他认为，商业和制造业会形成富人群体，他们的利益会与国家共同财富相一致。他很可能是根据英国商人来构想这样的社会核心要素——英国商人们购买国有资产，并形成了一个有闲暇、有才能、会利用各种手段的稳定阶层，从而给国家提供了道德上、政治上以及智识上的领袖。然而事实上，美国的商人一般会成为另外一种人——我们很难根据三千英里海外的模式来复制出同样的社会阶层。现代工业巨头们可能会使汉密尔顿感到惊讶，现代城市可能会使他感到震惊，工人阶级的力量可能会使他感到害怕；因为他从来就没太理解社会变革所具有的变动性特质，这在运作过程中比科学要奇妙得多。汉密尔顿像是浮士德的随从，他能够激发起新兴的因素，然而一旦实现以后，新工业主义就摆脱了 18 世纪那些艺术家们的控制，这些艺术家们与这位掌握大局的财政部长颇为相似。实际上，汉密尔顿并没有像要复制欧洲经济体系那样过多地考虑要建立一种新的工业主义，那个时代的精神已经逐渐远去了：

> 一个国家政策的首要目标应当是为了国家利益而维护贸易平衡。当人们在追求那种打破平衡的流通渠道时，经常能够为自己的贪婪找到理由，而政府会提出很多行之有效的措施来反对打破这种平衡。另一方面，这也有可能开发出一些新资源，尽管刚开始时极为困难，但最初使它们尽善尽美时所遭遇的各种困难和所付出的代价，最终都会获得极大的回报。正在进行的事业往往会超越个体的影响和资本，而且可能会需要国家在财政上和行政上提供不小的帮助。❶

这就是重商主义。汉密尔顿曾经仔细拜读了亚当·斯密的著作，但他的内心却是属于17世纪的。在他看来，政府的影响力可以被合理地用来鼓励和充实特定的阶层和职业；而这自然会有益于整个国家。如果美国当时没有理会汉密尔顿，那么其工业发展可能会更加缓慢，但也不一定；而且结果也很可能明显会没那么粗糙。然而，汉密尔顿对计划性的生产力非常着迷："我们好像不会去反思这一点，人类社会几乎没有任何计划，无论它对于社会整体和任何一个部分而言如何有益；普遍繁荣的时候当然每个人都能分得一杯羹，但也总是会以某种方式对某些人更为有利。如果我们仍然要保持成为一个民族的话，那么，除非我们能够克服这种狭隘的倾向，并且学会根据他们的一般趋势来进行估量，否则我们永远不可能成为一个伟大而幸福的民族。"❷ 虽然柏克也有革新精神，但他会无限期地延迟任何可能会对

---

❶"The Continentalist," No. V, April 18, 1782, *Works of Hamilton*, I, p. 255.
❷*Ibid.*, p. 263.

法定财产和监察员特权产生威胁的变革；他会高度怀疑汉密尔顿的理论在英国是否适用。对于一位保守主义者来说，以某种善意的总体趋势来为当前的不正义寻找借口，是非常狡诈的。这种情况中的争论在于提醒我们，汉密尔顿是更亲近特殊性还是更亲近一般性原则。

除此之外，汉密尔顿还轻微地暗示我们该如何管理商业化的美国，（由于他非常蔑视这个民族）他似乎认为，通过某种程度的政治操纵、通过严格实施法律和国际性联合，富人和出身较好的人就会像那些英国乡绅一样加好辔头带领帝国奋勇前进。这其实是目光短浅之人内心的期望。七年前，目光敏锐的青年约翰·昆西·亚当斯从欧洲给他的父亲写了这样一封信："当欧洲各国人民大众被迫学会去追问，'为什么某个人可以牺牲我们并获得从我们这里剥夺的某种享受'时，就标志着欧洲的社会制度安排要爆发内战了；只有当封建体制完全毁灭之后，这一内战才能得以结束。"[1] 汉密尔顿热切地想
79 把一些权力授予国家，但它们最终都会被转到与汉密尔顿意愿相反的地方去；而且他的政策会刺激城镇人口的增长，这又会成为滋生新型激进主义的强有力的温床。杰弗逊的本性非常复杂，他保守主义的一面并不赞同将人口与职业随意地混合在一起。当时的伦道夫以及后来的卡尔霍恩愤怒而又无力地公开指责新工业时代的到来，在他们的眼中，这比旧殖民状况还要可怕。在很多方面，他们比汉密尔顿更为保守：因为他是典型的城里人，而敬畏会逐渐随风而去。沃尔特·李普曼曾经这样写道："我们很难爱上那个坐落在野生金银花丛中的新型

---

[1] John Quincy Adams to John Adams, July 27, 1795, *Writings of J. Q. Adams*, I, pp. 388 – 389.

加油站。”然而，汉密尔顿从来没有揭开政治的表层而深入去探讨敬畏与傲慢所具有的神秘之处。

尽管如此，我们不应当把汉密尔顿与功利主义混淆在一起，如果他误入歧途，也是因为他跟随了老保守党的脚步，而不是沿袭了哲学激进主义者的风尚。他仍然是一个 18 世纪的基督徒，还曾在著作中提到了法国大革命中的那些愚蠢行为。“热爱自由的那位政客，将会后悔地看到它们如潮水般地吞噬自己所投身的自由事业。他知道，被推翻的道德（而道德一定会与宗教一同堕落），专制统治带来的恐惧本身会限制人类冲动的激情，并使他囿于社会义务的界限当中。”❶柏克的预言在此处唤醒了汉密尔顿，就像它也影响了约翰·亚当斯、J. Q. 亚当斯、伦道夫以及其他很多美国人一样；不过柏克的影响也就到此为止了。汉密尔顿是一个落后于自己所处时代的游荡者，而并非是新时代的预言家。出于一种奇妙的巧合，这位守旧而不可一世的绅士，居然死于边沁的朋友和门徒——亚伦·伯尔——的枪口之下。

三、 费舍尔·埃姆斯的预言

“‘运动着的物体必然要战胜静止的物体’，这的确既是政治学的规律也是物理学的规律。”❷ 埃姆斯认为这是保守主义的永恒缺陷，而且在他看来，保守主义在美国已经玩完了。

---

❶“The Stand,” *Works of Hamilton*, V, p. 410.

❷Fisher Ames, “Dangers of American Liberty,” *Works* (1809), p. 434.

来自于马萨诸塞州戴德海姆市的费舍尔·埃姆斯，被贝弗里奇称之为“讨人喜欢的保守分子”，他垂死挣扎了好多年。可能正是他那站不住脚的制度使他无法实现自己早年在议会所给出的华丽的承诺，当时他在选票上打败了撒母耳·亚当斯，尽管人们并没有考虑到他那先天忧郁的气质和对人性的蔑视，在国家动荡的艰难时期并不能够给他带来成功。作为联邦党最善言辞的人，埃姆斯其实掌握了一种简要的能够引向伟大事物的表达方式，但他仅仅局限于在某些演讲、宣传册和信件中使用，而眼睁睁地看着杰弗逊派取得长期的胜利，并预言自己精神上将趋于平庸、社会将会是无政府状态，从而陷入深深的绝望之中。

联邦党覆亡之后，约翰·昆西·亚当斯将他们的历史和墓志铭缩写成如下一段文字：

> 联邦党的功绩在于它影响了美国宪法的设立——该党支持将权力集中在政府手中。权力的运用是必要的，其主要目的在于保护财产权；于是联邦党就变得与该共同体中的贵族完全相同了。因此在联邦党人的政治体制中，联邦制的原则与贵族制的各种原则混合在一起，而且全美国有大量富人和有知识的人聚集在他们周围。反联邦党人则一直在数量上占据优势，他们的原则是民主制的，因而总是得到大多数人的支持；他们的事业与我们的大革命相契合，所以有机会使自己的对手像托利党人那样招人厌恶。大革命后托利党的残存者逐渐向联邦党人靠拢，并使自己处于双重的不利境地：首

先是给自己的原则灌输了很多与大革命和共和政府相悖的意见；其次是使整个联邦党暴露在这些意见的憎恨与辱骂之中。托利党覆亡以及后来产生诸多错误的主要原因，就是将
81 自己的信条跟联邦党的原则相混合。❶

在小亚当斯所评述的那些具有贵族式倾向的联邦党人里面，埃姆斯是最有能力的代表人物。他是一个严格坚定的道德主义者，传统道德主义者鲜有例外地对普通民众在政治中所具有的德性持一种怀疑态度。而有不祥预感的埃姆斯最令人信服地代表着一种从其立场上退却的悲观情绪，这种悲观情绪在联邦党人开始屈从于共和党人之后盛行。汉密尔顿、马歇尔以及卡伯特一直倡导经济和领土的扩张，倡导一种积极的国家主义；然而，埃姆斯作为该党大多数人意见的代表，却很快就开始害怕国家政府中所存在的变革的可能性——这一路线及时地将他们引向了哈特福德集会。埃姆斯唯一的建议就是坚定地反对任何变革：这与埃尔登、克罗克以及惠灵顿等人所代表的保守主义一样，都是注定要灭亡的，它自产生之日起就带着死神的讥笑；不过埃姆斯却以一种伏尔泰式的反讽和洞察力将其表达了出来。如果我们回想起埃姆斯曾经注意到了杰斐逊式民主所具有的不足——它显然能够威胁要“剥夺贵族的才能”；那么，我们就能够理解埃姆斯的那种夸张的忧郁。如今的美国历史学家和批评家，都惯常地嘲弄埃姆斯对于美国精神的整体分析。不过，由于人们对他这一观点不够敏感，反而

❶J. Q. Adams, “Parties in the United States,” *Selected Writings of John and J. Q. Adams*, pp. 325–326.

恰恰在某种程度上维护了他对民主的责难。“我们的国家太大了，无法联合起来；它太过肮脏以至于无法产生爱国心；太过民主以至于没有自由。它会变成什么样呢？是他使之众人皆知。罪恶将通过各种愚蠢的行为来治理这个国家。对于民主党人而言，这就是宿命。”[1]

埃姆斯有一本生前并未出版的书——《美国自由之危险》（*The Dangers of American Liberty*），这是他对美国理想主义最为理性且焦虑的批评；不过他在戴德海姆市的农舍里苦苦煎熬的时候，就已经年复一年地将这本书的主要思想传播给他的追随者了。他认为，政府的目标在于保护财产权和宁静的生活。而民主在这两个重要方面都失败了；因为民主——纯粹的民主（他认为美国正渐渐堕落为这种民
82 主）——是建立在田园牧歌般幻想的流沙之上的。即便是联邦主义也是基于一种虚妄的前提：“假定存在足够的政治德性，以及公众道德具有永恒性和权威性。”然而，与此相反，有些民族不再遵从“好人、富人、有身份之人”[2] 的领导，而陶醉于自我表达并否认规则，这些民族都具有这样一些典型的特征：热情、被哄骗的情绪，并且消极盼望简洁（这里的简洁意指专制）。“作为有机政体的民族是无法商议的”，因此他们的欲望受到了一些煽动者的鼓动，后者通过展示暴力和不断变化的场面来满足大众要付诸行动的冲动。

> 政客们假设，人真的是他应该的那个样子；他的理性将

---

[1] Ames, letter of October 26, 1803, *Works*, p. 483.

[2] 这一短语经常出现在亚当斯、埃姆斯和汉密尔顿的文字当中，但它并非是约翰·亚当斯发明的，他实际上是采用了这一短语所具有的告诫意义而非褒奖意义。

竭尽所能地行为，而且他的热情和偏见也无所逾越；然而他的理性却不过是个旁观者——当它应当充满热情的时候，却温和克制；当它应当进行谴责的时候，却常常堕落成维护；理性还是懦夫或机会主义者，会为了钱财而保持沉默。大众的理性并不总是知道该怎样正确地行动；即便当它知道的时候也并不总是做对。那些运用政治伎俩的主体，是大众的热情；它们源自事物的真正本性、听从了社会干扰者的蛊惑……鲜有人具备理性，但所有人都能够感知；这样的观点一经提出便得到了证明。

这些话里所包含的17世纪的精髓体现出托马斯·富勒的风采，是联邦主义宣传册作者所具有的典型特征，他们一般读的都是哈林顿、西德尼、霍布斯与洛克的书。随着时间的推移，埃姆斯变得越来越紧张。民主无法持续，因为当前的军事专制让位给了“被称为人民”的那种不堪而强烈的暴政。当财产几经易手、宁静被极度破坏、83 社会懦弱地屈从于掌握武力者的不道德统治时，灭亡至少是更为可取的。“就像那吞噬人身体的流行瘟疫，随着它的扩散，除了歹徒，没什么可以存活。”

民主最为恐怖的地方在于它对道德习惯的破坏。“一个民主的社会，很快就会发现道德是自己民族的累赘，与之相伴而来的必定是荒淫无度的享乐……总而言之，没有正义就没有道德；正义可能会支持民主制，但民主制却可能无法维持正义。”这体现出古老的达尔文主义，该主义在约翰·亚当斯那里表述得更加温和。

就没有什么能够阻止这些过分的事情吗？有些人认为言论自由“像是新造出了另一个太阳，给政治世界带来了新的光明与欢乐”。这其实是愚蠢的。因为实际上，有的出版物无止境地刺激着大众的想象与热情；出版业有时要依靠激情、刺耳的喜剧效果以及无止境的不安情绪才能得以维系。“它带有推测的言论激发了无知，因而那些无法受理性支配的人，就不再畏惧权威。”

同样，无论我们如何巧妙地设计宪法，它们都不足以约束那些接受了完全平等和人民大众拥有不可剥夺之权力学说的人。埃姆斯曾这样说道：“宪法不过是一纸空文；社会是政府的底层。”与塞缪尔·约翰逊一样，这位来自新英格兰地区的悲观主义者在私人道德中找到了政治体面的关键。“有很多人认为，一支装满墨水的钢笔就可以让宪法具有永久的能量；他们也骄傲而欣喜地看到了两三页的羊皮纸文件，像是新增了一层堡垒；这些人将会感到非常震惊……我们现有的自由是在这个刺客的屠刀下生成的，现在从他的暴力中爬出来一个蹩脚者。”软弱无力的性格不足以震慑到腐败。当长者尊重等级制度，而约定俗成的各种权利被吞噬时，只有赤裸裸的武力才算数，宪法在顷刻间就会被撕成碎片。这就是美国的状况，因而最终“我们只能寄希望于缓解暴行”。

埃姆斯对于平等和变革的抨击并没有什么新颖之处。它们的优点
84 就在于具有一种令人畏惧的抨击之美，让人几乎无法辩驳。埃姆斯甚至可能会笑，但这却是来自受诅咒者的笑声：“我们的病灶就是民主。肌肤并没有溃烂，但骨头已经开始溃疡，骨髓由于生了坏疽而变黑。它会变成什么样的流氓已经无关紧要——我们的共和主义必定会

消亡，我对此深表遗憾。然而，为什么我们要关心在自己的葬礼上是由什么样的牧师来执事呢？不过，尽管我不抱任何希望，但我仍然从自由女神家族内的争吵中获得了乐趣。在这么多的自由人士与她共处之后，我认为她已经不再是处女之身，尽管她可能仍然是一位女神。”❶

当埃姆斯的声音逐渐淡去之后，1812 年的战争又给新英格兰投下了阴影。在狂热的保守主义者看来，战争的灾难迫在眉睫、杰斐逊式学说未经检验就占据了优势、拿破仑式的胜利以及联邦党原则的内部衰落一起表明，根基的深处开始断裂，美国社会注定要衰落了。从不远的未来看，埃姆斯错了，因为美国的激进主义已然感受到了一种对抗的力量。那种挽救性的势力一方面来自于杰斐逊所代表的大农场主社会所具有的内在温和性，另一方面来自于亚当斯家族（这对父子将那种注定要失败的努力转变为一种美国传统）的那种清醒的实际性。不过埃姆斯并不能洞察到这一点；1807 年，他耸了耸肩，用一种充满勇气的魅力与他的朋友告别，这种魅力不时地闪现在他那凄凉的一生当中：

> 我的身体极度虚弱。我坐在炉火边烘脚，但我并没有生病。我听说过一位在大学里工作的小伙子所提出的问题，它颇能描述我的情况：“没有生命和生活的赤裸裸的存在，是不是比不存在更好呢？”我无法解答如此深奥的问题；不过

---

❶Ames, letter of March 10, 1806, *Works*, p. 512.

只要你尊敬我，我就会仍然坚持认为生存比“毁灭”要好。

亲爱的先生，

您的朋友，&c.

85 费舍尔·埃姆斯[1]

四、 心理学家约翰·亚当斯

在汉密尔顿集权而又贪婪的原则与埃姆斯的激烈反抗中间，还有约翰·亚当斯，他是一位真正的保守主义者。1800 年，汉密尔顿曾这样描述亚当斯：“他具有纯净而古怪的想象力，既不适合正常地表达合理的判断，也不利于在系统性的行为谋划中保持稳定。”“这一缺点过于明显，且又不幸地被加上了无止境的虚荣和足以使任何对象失色的嫉妒，我开始考虑发生了什么？”[2] 这个评价从汉密尔顿的口中说出来相当有趣却不乏实情。与其他伟大的美国人相比较而言，历史学家们更加了解就任总统期间的亚当斯，因为他存有大量的日记和信件。约翰·亚当斯有着某些天才的缺点，同时也被赋予了天才所经常缺失的品质：勤劳、坚贞、绝对诚实而且虔诚。他是一个非常明智的人，但经常也是失策的；因为有时候政治上的权宜之计需要对事实保持沉默。亚当斯不屑去借助于少许的谨慎而让自己更受欢迎，他的冒失葬送了他的政治生涯；但他的坦率却让美国免尝两种激进幻想的

---

[1] Ames, letter of November 6, 1807, *Works*, p. 519.

[2] Hamilton, *Works*, VI, p. 391.

苦果，这两种激进的幻想是：人是完美的；统一的国家是值得追求的。

为了表明这位高洁的清教徒具有鲁莽的激情，让我们来看看他在1805年写给本雅明·沃特豪斯（Benjamin Waterhouse）的一封信中，是如何表达自己对潘恩的厌恶之情的：

> 我觉得你应该像现在这样称这个时代为“轻浮的时代”；如果你曾经称之为“愚蠢的时代”“罪恶的时代”“暴乱的时代”“愤怒的时代”“残忍的时代”“恶魔的时代”“波拿巴时代”“托马斯·潘恩的时代”或“刻有无底线之皮特的烙印的时代”，以及除了“理性的时代”以外的任何名称；你也不该加以反驳。我认为，在这个世上，还没有人像托马斯·潘恩这样对自己的国民和事务产生了如此深刻的影响。如今没有比这个更为讽刺的了。他是野猪和恶狼的杂种，像猪，又像狗；对他而言，这个世界在历史上从来没有遭受过人类的怯懦而以恶作剧贯穿整个生涯。那么，就让我们称之为“潘恩的时代”吧。与那些在巴黎庙宇中被奉为女神的高级妓女相比较而言，他应该得到更多；托马斯这个名字已被赋予了这个时代。真正的理性能力与这个时代、婊子或托马斯没有任何关系。❶

这是一位苛刻、实际、讽刺而又颇具英雄气概的人所说的话；为

❶*Selected Works of John and J. Q. Adams*, p. 148.

了马萨诸塞州的自由，他不畏被判绞刑的危险；在波士顿惨案之后，他毫不惧怕地为普雷斯顿请愿；他也毫不畏惧地谴责由“公民热内”所引发的那种“亲法式”的热情。亚当斯的本性当中所具有的那种毫不妥协的独立性，促使他在1787年出版了《维护宪法》（*Defence of the Constitutions*）；并因此在柏克公开指责法国式妄念的三年前就已经成了一位公开的保守主义者。

与柏克一样，亚当斯在法国居住期间曾非常憎恶启蒙运动者和卢梭的信徒们所具有的那些奇思妙想；与柏克一样，他一直被人们看作是一个自由主义的改革者；而且与那位现实的政治家一样，他也被法国政治投机活动所具有的那种空想特征吓得目瞪口呆。亚当斯在农场长大，后来当过老师、律师、议员和大使；他洞悉人事，“国家本性”“自然平等”或博爱等言论，既有悖于他的常识，也触犯了他的那种新英格兰式的道德。他觉察到法国的自由观开始在联邦中流传，为了加以反对，他写了那本冗长而博学的论文——《维护宪法》；后来他出版了这篇论文，希望能够影响到制宪会议的代表们。

《维护宪法》旨在反驳杜尔哥和卢梭的民主专制主义理论。三年后，就在柏克猛烈攻击激进主义的时候，亚当斯在报纸上发表了一系列题为《论达维拉》（*Discourses on Davila*）的文章，以反驳孔多塞等人的观念、制度完善论的观念以及某些关于法国大革命的设想。1814年，亚当斯开始逐渐老去并被这个世界遗忘，他开始与杰斐逊通信，讨论贵族制与民主制；第二年，他写了很多信给卡洛琳的约翰·泰
87 勒，讨论了类似的话题。概言之，这种政治思想在体量上和深度上，都超过了其他美国人关于政府的论述。

当亚当斯提到柏克的时候，他的语气通常比较粗鲁。似乎联邦党人迫切地希望人们认为自己代表了英国保守主义和法国雅各宾主义这两个极端的中庸。然而，激进主义者像批评柏克那样猛烈地攻击了亚当斯。的确，我们很难清晰地区分辉格党和联邦党人的一些观念。他们都宣称，宗教信仰是维系社会的必需品；都认为实际的考虑要高于抽象的理论；都用启蒙运动者的那些不切实际的主张来批评人类不完美的真实本性；也都代表一种平衡的政府，它认可人与人之间、阶级与阶级之间以及利益与利益之间存在差别。柏克对于法国大革命的憎恶几乎没有超越约翰·亚当斯，当然也没有超越小亚当斯在《普布利库拉信件集》（*Letters of Publicola*）中所表达出来的憎恶。柏克只是在两个方面与亚当斯的主要观念相左：一是他附带了英国王权（以示对世袭行政官职制的尊重，人们因此广泛地指责亚当斯，然而这种指责是错误的）；二是他维护教堂当权。约翰·亚当斯在逐渐转向功利主义之后，已无法忍受天主教、圣公会或长老制的教会；但他在忠诚于宗教的同时并没有屈服于柏克。相反，亚当斯在《论达维拉》一书中这样写道："这些国家的政府，有可能落入这样一些人的手中吗？他们教导一些最让人沮丧的信条，他们不过是一个个的萤火虫，而且没有圣父。""再次赐给我们希腊诸神吧。"就像《赣第德》[1]

[1]《赣第德》（*Candide*），作者伏尔泰，"赣第德"是书中主人公的名字，意为"老实人"。这部小说的主题思想是批判17世纪德国哲学家莱布尼兹的。莱布尼兹认为世界上的一切现实都是自然的安排，是完全协调的，因而是尽善尽美的。赣第德的老师潘葛洛斯是莱布尼兹的信徒，可是他的学生却对此怀疑，认为这一切都是维护旧政权、旧社会、旧制度、旧礼教的欺骗人民的谎话。伏尔泰通过他创造的故事，辛辣地讽刺并揭露了这些旧政权、旧制度的腐败和不合理。——译者注

(*Candide*) 与《历史王子》❶ (*Rasselas*) 之间所具有的惊人相似之处那样，柏克几乎在同时宣称，这种无神论的前提假设将人贬低为“夏日蝇虫”。

这两位伟大的保守主义者具有相同的立场，但分别用不同的武器各自攻击了激进主义。柏克谈论的是成见、训诫和自然权利；而亚当斯则是攻击了完美性学说和集权制国家的观念。我们这里并没有过多
88 地按照时间发展的顺序来梳理亚当斯的思想，接下来将简要地考察他的两个原则：第一是他对于人类本性的分析；第二是他关于国家的分析。

拿破仑创造出“意识形态”这个词，而波拿巴像亚当斯一样对这个词语所界定的那种精神深恶痛绝。“我们英语中的‘愚蠢’(Idiocy) 或‘白痴’(Idiotism) 一词，所表达的并非是它的意义和力量。人们假定其恰当的定义是愚蠢的知识，而且是一种非常深奥、灰色而神秘的知识。你必须要比《愚人志》(*Dunciad*) 中的水鸟们潜得更深才能有所发现，最终你会发现，这是个无底深渊。这是政府管理中的突降法、理论、艺术以及下潜或下沉的技巧。在愚蠢学校中会教授这样的课程。呜呼哀哉！富兰克林、拉罗什福科以及孔多塞，在托马斯·潘恩的带领下，都是这个愚蠢学院的大师！”❷ 在这些投机者当

---

❶《历史王子》(*Rasselas*)，又名 *The History of Rasselas*, *Prince of Abissinia*，是一部哲理小说，作者塞缪尔·约翰逊，他借助于这童话般的故事，引领读者“游历”各色人生，以哲人的睿智审视世人慕求的种种“幸福”，助人破除臆断，领悟人生与幸福的真义。——译者注

❷John Adams, *Works*, VI, pp. 402 – 403.

中，亚当斯又将孔多塞侯爵当作《论达维拉》一书的特殊攻击目标。人的动机是什么？——亚当斯使用了心理学家式的发言，并在这个苏格拉底意义的术语中表现得相当精明。

某些作家很古怪地大加称赞老约翰·亚当斯的"功利主义"和"唯物主义"，但亚当斯却很可能会反对他们的善意评价。其中最为突出的是他对约翰·泰勒的评价："人第一想要的是美食，第二想要的是女人；每一个民主党人和贵族早在伟大的哲学家马尔萨斯成名之前就已经掌握了这些真理了，他还以为自己的这个发现启蒙了全世界。"[1] 然而，这不过是轻蔑性地稍作让步而已，亚当斯认为人类的本性要比物质需求更为深刻。人是软弱而愚蠢的，尤其是当他们失去了恰当的领导和健全的制度之后。然而，人类也并不仅仅是只具有口腹之欲的生物，他们的天性也并非是自私的。当拉罗什福科认为自爱是人的主要情感时就已经错了，或者他并没有恰当地界定这种渴望。更为具体地来说，它是"一种被同胞们关注、考虑、尊重、褒奖、深爱和敬仰的欲望"[2]。那么，对好名声的渴望，可能会由一种可能
89 性的恶而转变为一种普遍性的利益。然而，人类的软弱与无知会一直诱惑他们热爱金钱和褒奖、会野心勃勃并拥有那些没有"贵族式激情"高尚的冲动。只有依靠宗教信仰、稳定的制度以及坦率地认可自己的缺陷，才能使人免遭这种隐藏在上述欲望之后的精神上的毁灭。

---

[1] John Adams, *Works*, VI, p. 516.

[2] *Ibid.*, VI, p. 232.

“正是这些软弱之处而非邪恶，使我们不能信任人类而赋予其无限的权力。激情是毫不受限的，本性使然。如果它们受到限制的话，就会消亡。毫无疑问，在目前的体系中，它们至关重要。当然，它们像身体一样，会伴随锻炼而有所增加。”人类必须试着受制于理性和良心，而在爱好和欲望之间达到一种平衡。“如果人们在某个时刻受制于某种激情的话，那么最终他们就会看到一种篡夺性的、盛气凌人而又残忍的暴政。人类出于本性而有意一起生活在社会当中，以这种方式来约束彼此。一般而言，他们是很好的生物；但他们深知彼此的愚笨以至于永远都不该让一个人受到诱惑。长期沉溺于激情并不断使之得到满足的话，会使人发疯；这是一个谵妄的物种，我们不应该称其为有罪的，而应该说是疯狂的。”❶

尽管亚当斯的评论只是借鉴了柏拉图的两样东西：一是打嗝可以治疗打喷嚏，二是农夫和工匠也应当服兵役。但我们仍然可以从中察觉到柏拉图式的方法：将个体的情感与社会的情感作比较。社会秩序与人类的心智一样，都依赖于维系一种精细的平衡。一个人如果抛弃了这种平衡的话，就会毁灭自己；同样，任何一个社会如果扔掉天平的一端，就势必会陷入一种支离破碎且凄凉荒废的境地。这种社会天平就是正义；一旦抛弃了平衡，正义也随之消失，其结果就是暴政。

孔多塞相信人性中具有一种天然的仁慈，因而会抛弃所有维系平衡的比重而依赖纯粹理性作为社会的指导。亚当斯对这种愚昧地相信
90 人类理智的想法感到非常愤慨，他认为人类理智并不牢靠，而且容易

❶John Adams, *Works*, VI, pp. 444 – 445.

犯错，并竭尽全力地用历史先例来表明人类是无理性的。当我们站在20世纪这个有利的时刻来看待这一争论时，似乎亚当斯当时选择孔多塞作为对手并与之势不两立是相当精准的：孔多塞认为，所有的制度在身体上、精神上以及道德上都是为了最穷苦阶层人民的益处。他甚至宣称："社会主义的艺术所追求的不仅仅是权利的平等，而且是事实上的平等。"——即便是当他的同伙被囚车送往断头台时，他信念中的这种不可遏制的乐观主义也丝毫没有动摇。这与亚当斯所信奉的道德哲学是断然相悖的。正是基于认识到个体具有不可靠性，由于尊重财产权，由于人与人之间具有天然的、不可避免的差异性，人类才能够达到一种平静的状态。而孔多塞忽视或否认这一点。亚当斯试图在讥讽孔多塞那种欣喜若狂的信念中保持清醒："即便是在极度欣喜的情况下，美国人和法国人都应该记住，所谓人的完满性不过是人类和地球的完满性。寒冷仍然会使大地结冰，烈火也会一直熊熊燃烧，疾病和罪恶仍旧会使我们慌乱，死亡也还是会使人类感到惶恐。自我保存的竞争永远是人类行为的最伟大的源泉，一个有序政府的平衡本身就足以防止它退化成危险的野心、违规的对抗、毁灭性的派系、消耗性的煽动言论以及血淋淋的内战。"❶

亚当斯在晚年曾告诉杰斐逊说自己的确相信"人类事务是有可能获得改进的或已经有所改进，是可以改善的或已经有所改善"；但他永远不能理解有关人类完美性的学说，这对他而言过于荒诞，就像印度苦行僧相信通过重复各种仪式就能够达到全知那样。❷ 相反的，

❶John Adams, *Works*, VI, p. 279.

❷*Ibid.*, X, p. 101.

进步是缓慢而痛苦的，就好比只有一只眼睛的人领着盲人往前摸索，要依赖于保守的制度和上帝的旨意。在特定时期内，真正的进步会被
91 孔多塞、马布里、摩莱利以及卢梭的那种完美性谋划所抹杀掉。因为这些理论要么假定一种普遍性的远见卓识，要么假定一种普遍性的仁慈的冲动。亚当斯在政治事务的管理中摸爬滚打多年，深知这些都是可望而不可即的。

的确，法国革命家们希望在新社会中发现的那种理智与道德，可以通过教育来提升；但亚当斯怀疑人类是否会愿意承担那种给大众进行天才教育所需要的费用。他曾这样告诉撒母尔·亚当斯："由人类的手段所引进的仁慈与知识，永远都无法战胜人类的各种欲望、激情、成见和自爱。"[1] 人们认为，我们这个世界变得越来越开明；也有一些人认为报纸、杂志和巡回图书馆都让人类变得更加聪明，这有一定的道理。然而，点滴新知识的增加会带来骄傲，随之而来的就是大众虚荣所产生的危害；这是所有陈旧观念都会被加以摒弃的危险。"如果要破坏所有的礼仪、条律和等级关系；同时引入普遍性的皮浪主义、无政府主义，并不保护财产权，那么，所有的国家都会想要瞬间烧毁所有的书籍而寻求黑暗、无知、迷信与狂热，并视之为上帝的恩赐；它们还会遵循最疯狂的暴君的标准，后者会带着另一位默罕默德的热情而尽力获取它们。"[2] 亚当斯本人写过多本著作，还曾经担任过校长职务。他嘲笑狄德罗和卢梭对田园式野蛮状态的赞美，嘲笑他们所谓的发现："知识就是腐化；艺术、科学和品位摧毁了美并破

---

[1] John Adams, *Works*, VI, p. 416.

[2] *Ibid.*, VI, p. 275.

坏了人类本性的幸福，后者只是在野蛮状态——孩童的本性当中才是完美的。”❶ 然而，我们并不能指望正规教育能够极大地改变我们内心的那种共同的冲动；只有更为艰难的道德劝导才能够提升人类的道德水平，这才是真正的人性的发展；而道德劝导则来自于历史事件和公正的宪法（而非慎议性立法制体系）的缓慢影响。“知识与美德之间没有必然的联系，理智本身与道德也没有联系。钟表的机械原理与
92 道德上的善良与邪恶、对与错能有什么关系呢？区分正常的善恶、生理上的幸福与穷困亦即快乐与痛苦的那种能力或品质，也被称为良心（人们几乎已经不再使用这个古老的词语了），它对于道德而言至关重要。”❷

我们无法在学校里获得深刻的有关于生活的知识，也无法试着借助于尘世的幸福而加以回避。我们就是上帝所创造的那个样子，如果我们的本性真的能够改变，那也是非常缓慢的；那些承诺要挽救我们免遭正常生活之苦的哲学家们，只会将我们引入更加痛苦的深渊。亚当斯这里显然是在回忆约翰逊。在一段充满强烈美感的文字中，他刻画了那种普遍而无法避免，同时又带有惩戒性和有益性的悲伤之情：

> 沮丧的爱人和失望的亲人们，都受悲伤的驱使而去反思人类各种愿望和期盼所具有的虚荣性、去学习必要的顺从、去对照着往生者而反思自己的行为、去纠正自己日后在对待现存朋友和所有人的行为中所可能具有的任何错误或过失、

---

❶John Adams, *Works*, VI, p. 518.
❷*Ibid.*, VI, pp. 519 – 520.

> 去回忆他们已然失去的那些朋友们身上所具有的美德并决心加以效仿；如果曾经做过蠢事、犯过罪恶的话，他决心加以避免。悲伤促使人们养成了认真思考的习惯，使思想更加尖锐、使人心更加柔软；它促使人们唤醒自己的理性、坚持理性对激情、偏好和成见的掌控，并使自己高于所有的人类事务，让自己相信：幸福的灵魂在于永恒的平静（*felicis animi immotam tranquiltatem*）；简言之，使自己成为斯多亚主义者和基督徒。❶

我们生活中的痛苦与悲伤是必要的，它们能够平衡我们的性格；没有了这些，我们就不会成为人。因此，那些期望人类变得“完美”的人，最终会扭曲和毁灭人性，因为这会剥离我们自然品质，后者又是其他特质所赖以存在的基础。

五、 自然的等级

亚当斯接着论述道，在智慧与冲动这方面，人类并不是法国思想
93 家们（无论是伏尔泰还是卢梭的信徒）所认为的那样。人是愚蠢的，被竞争的激情和其他欲望所腐化；认为人是明智而仁慈的就会将人们诱入混乱状态。另一方面，这些法国理论家犯了一个很严重的道德上

❶John Adams, *Works*, X, p. 218.

和心理上的错误：他们认为，人人生而平等，这种平等的状况要是进入立法体系，那么这个社会就完美了。然而，亚当斯深知这是非常愚蠢的：我们身处的自然都表明，人类从最初形成开始就是不平等的。那些期望依照平等的维度来改造社会的完美主义者，忽视了进步的真正本质。

约翰·亚当斯在写给约翰·泰勒的信中曾这样说道："人生而拥有平等的权利，这一点是肯定的。每一个人都在道德上、宗教上拥有自身的权利，就像其他人所拥有的那样。"（该观点与柏克的一样，其措辞与《法国大革命反思录》中的话语非常接近，以至于人们会倾向于认为，在读了柏克之后，美国人的观点变得更加简明扼要而充满能量了。）"然而，如果教导人们说所有的人天生都具有同等的权利和能力、使人们在社会中具有同等的影响力、在生活中拥有同样的财产和优势，那就类似于欺诈，类似于眼睁睁地看着给人们强加一种轻信，类似于和尚们、德鲁依教士们、婆罗门、信奉永生喇嘛的僧侣们以及法国大革命中的那些自成一派的哲学家们所奉行和实践的那样。泰勒先生，为了荣誉、真理和美德，请让美国的哲学家们和政治家们对此加以鄙视。"❶

人类的确拥有道德上的平等，这种平等来源于上帝；人类还拥有法律上的平等，每个人都有自己的权利，这是正义的本质。不过，"有这么多自然平等的属性，众多原子"这句话其实是在胡说。这与柏克极为相似，然而，我们不应该认为亚当斯所主张的"自然具有

❶John Adams, *Works*, VI, p. 454.

不平等性”的观念来源于柏克，无论柏克曾经如何强调过。早在《维护宪法》一文中，亚当斯就已经以一贯的率真预先表达了自己对杜尔哥如下观点的驳斥，即：共和国是“建立在所有公民人人平等
94 的基础之上的”，“秩序”与“平衡”是不必要的，实际上是有害的。亚当斯在这里反驳杜尔哥时写道：“但是，我们在这里该如何理解平等呢？所有的公民都要是同样的年纪、性别、体格、力量、活跃程度、勇敢程度、创造力、耐心、智商、财富、文化程度、声望、机智程度、节制程度、恒心和智慧吗？”❶ 终其一生，他都是坚持同样的立场。他曾经对妻子阿比盖尔·亚当斯这样声明：“自然的平等仅仅只是指道德上的和政治上的，其意思是说，所有的人都是独立的。但那种最严重的生理上和智力上的不平等，却是已经由天然的造物主所确定，无法改变；社会有权根据自己的断定、为了自身的益处而确立任何其他的不平等。然而，‘己所不欲，勿施于人’这一戒律则暗含着一种平等，这是自然和基督教中的那种真正的平等……”❷ 亚当斯从这种对个体间不可避免的差异的认识中发展了他著名的贵族理论。

亚当斯为人坦率，但饱受误解，他的所有观点都完全被误读和扭曲，并被错误地加以指责；他关于贵族制的观念也遭到了同样的对待。直到他和杰斐逊、泰勒这三位政治家都步入晚年，并启发了这两位友好的敌人之后，美国公众和杰斐逊以及泰勒才开始理解他。的确，这种混乱有着极早的渊源和持久的本性，以至于我们最好分门别类加以消除：

---

❶John Adams, *Works*, IV, p. 389.
❷*Ibid.*, I, p. 462.

一、在亚当斯的定义当中，贵族是指任何一个可以控制两张选票的人——他自己的和另一个人的。这就是政府的雏形，由那些最有资格的人来治理，这些人也就是字面意义上所说的“贵族”。“所谓贵族，我理解的是所有的那些能够控制、影响或获得半数以上的选票；而所谓一个贵族，我则理解为每一个能够并且愿意去影响别人去投自己以外的人的票。很少有人会否认，每个国家、每个党派、每个城市以及每个村庄里，都有着德性和天赋方面的等级和差异。”❶

二、贵族制并不仅仅是社会的创造物，它部分是天然的，部分是人为的；但不可能在哪一个国家被完全根除。伪君子们可能会否认它的存在，但它仍然存在于任何一个可以设想的社会当中；有些人会使
95 用政治影响力来影响同胞们，有些人会跟随之，其他人则会成为领袖；而政治社会中的领袖就是贵族，我们可以随意称呼他们。“假设选一百个你遇到的人，成立一个共和国。每个人都有平等的投票权，然而，一旦开放慎议和讨论的话，就会发现，有 25 个人借助于自己平等的才能与德性，能够掌控 50 张选票。那么这 25 个人中的每一位都是我所说的贵族，无论他是借助于出身、财富、体格、知识、学问、手艺、狡黠，还是自己所具备的好同胞的品质和美食家的称号，而获得了除了自己之外的那一票。”❷

三、最普通的贵族制产生于自然的不平等，这是实在法无法在本质上加以改变的。因为一个贵族就是一个能够掌控两张或两张以上选

---

❶John Adams, *Works*, VI, p. 451 –452.

❷*Selected Writings of John and J. Q. Adams*, p. 169.

票的人，“无论是借助于他的德性、才能、学识、健谈、沉默寡言、坦率、拘谨、容貌、身材、雄辩的口才、优雅、神态、态度、举动、财富、出身、技艺、穿着、阴谋、良好的友谊，还是通过灌醉、荒淫、欺诈、做伪证、暴力、背叛、怀疑论、自然神论或无神论而做到这一点的；因为选票就是借助于以上手段中的任何一种而获得的，也将仍然是这样获得。你们似乎认为贵族制就是一些由国王或社会实在法所规定的人为的头衔、肩章上那些闪亮的星星、勋带、绶带、金鹰、金色的羊毛、十字架、玫瑰、百合、特权、世袭血统等。其实根本没这回事！”❶

四、即便一位世袭的贵族，也并不依赖于实在法的规定。在民主的美国，贵族血统也仍然是不受约束的。由于身为乔纳森·爱德华的后裔，亚伦·伯尔获得了十万张选票；在波士顿，克拉夫茨家族、戈尔家族、道斯家族以及奥斯汀家族就构成了一个贵族阶级；罗阿诺克的约翰·伦道夫由于他的大名，就成为与任何一个蒙莫朗西和霍华德一样的世袭贵族。

五、土地分割和财富充公并不能破坏贵族制。“如果约翰·伦道夫应当解放他的一个黑奴并把农场分给他，那么，这个黑奴就会成为与约翰·伦道夫一样的贵族。”由于权力源自财产，所以贵族头衔可
96 能会被转移，但不会被废除。

六、即便是法律努力要确立平等，最终也只会强化贵族制。“如

❶John Adams, *Works*, VI, p. 457.

果在政府管理中没有平衡的话，越教育，人民和政府就会越赞成贵族制。”因此这个国家就创造出了一个精英集团，他们掌控着受教育程度没那么高的同胞们的选票。

七、没有人曾经废除了贵族制。雅各宾派也不曾成功过，因为他们并没有使所有的男人和女人都一样的聪明、优雅和美丽。他们充其量不过是用新的个体代替了老的；贵族仍然存在，他们可能没有了头衔，但仍然拥有同样的政治权力。

八、亚当斯并不支持贵族制，他只是指出这是一种自然现象，而并不是要理性地加以否认的。就像自然中的大多数事物一样，贵族制有善有恶。贵族们一贯傲慢自大且要求过分；但另一方面，如果在历史上没有贵族们时不时地反抗君主或乌合之众的话，那么“一种如同土耳其那种可怕的专制制度，就会在欧洲各国盛行了”。

通过不断重复和详细说明，亚当斯最终使泰勒和杰斐逊不得不承认，亚当斯所说的贵族制是一个无可辩驳的事实；尽管大众有一种模糊的印象，认为亚当斯是在给美国倡导一种寡头式的政府。实际上，亚当斯只是用力而机智地陈述了一个当代政治学专业的学生们认真点就会观察到的原理。正如 J. C. 格雷在《法的本性与源泉》一书中所说的：“一个政治社会的真正的统治者是无法发觉的，他们支配着同胞们的意愿。”艾尔伯特·杰伊·诺克曾这样评论道：每一个国家都有贵族，美国也有——这是一种不幸的贵族。他当时指的是财阀和政客占据了优势地位，运用着旧制度中贵族的影响力而又不带有一丝伴随贵族责任感而来的强迫。

亚当斯脑海中一直在考虑的一个问题就是，如何使一个民族认可
97 贵族制，审视它的各种缺陷，并利用它的能量来使整个国家获益。“在我们当中盛行一种观点，它似乎暗示说真正有德性的人应当治理这个世界。我们应该根据人的才能、德性以及为社会做出的服务而成比例地给予尊重。然而问题就在于，这种安排如何能够实现呢?”❶如果该问题有答案的话，亚当斯从不断审查和平衡的政府中、从这样一种社会安排获得了答案——该社会将荣誉、土地以及宪政权力赋予那些值得拥有它们的人，并对贵族们膨胀的野心保持警惕，无论这些贵族是天生的还是人为的。对他们的荣誉和优先权必须要加以设计，以使他们能保护人民免受专制的侵蚀。

> 自然在宇宙中确立了一种生物链和普遍秩序，从天使长往下直到细小的微生物；它规定了没有两个物体会完全一样，也没有两个生物是完全平等的。尽管自然赋予所有人以平等的道德法则，在社会中也对自己的政府享有同等法律的权利；但没有两个人在人身、财产、理解能力、活跃程度、德性等方面是绝对平等的；也不可能借助于任何低于那创造出他们的权力，而使他们达到这样的平等。每当两个人或两个家庭之间开始争执谁更优越的时候，就会产生纷争了；这种纷争会扰乱万事万物的秩序，除非它得以解决，并且人人都知道自己在公众眼中的位置。❷

---

❶John Adams, *Works*, VI, p. 249.
❷*Ibid.*, VI, pp. 285 –286.

那么，政府如何消除这种纷争并调解人们回到自然给他们所指定的社会身份呢？亚当斯在反驳杜尔哥的时候曾经尝试着回答这个问题。

六、美国宪法

亚当斯曾这样写道，社会的幸福是政府的目的。边沁亦如是说，柏克在这个问题上也说过同样的话。在战火熊熊燃烧的1776年，亚当斯接着这样写道："如果一种形式的政府能够给最大多数人带来安逸、安慰、安全，或简言之为幸福，那么这种政府就是最好的。"这一论调听起来相当的功利主义，而且人们可以发现，即便是到了1776年，在"益处"那一栏也是省略了"自由"这一项。不过，亚当斯曾经补充说："所有清醒地追求真理的人，无论是古代的还是现代的，也无论是异教徒还是基督徒，都宣称人的幸福和尊严都在于德性。"❶

亚当斯最主要关心的就是私德与公德；他几乎与卢梭一样是一位道德主义者，尽管其遵循的是另外一种风格。与同时代大多数的公众人物相比较而言，亚当斯较少使用"自由"这个词，因为在他思想深处有这样一种信念：人类的软弱会混淆自由与特权。19世纪的法国保守主义者在尤伯尔的带领下，在言论中都强调说，"正

---

❶John Adams, *Works*, IV, p. 193.

义”而非“自由”才是社会的目标；与他们一样，亚当斯在德性与自由这两种观念之间选择了前者。不过他并不认为德性观念会排斥自由的观念；与此相反，持久性的自由正来自于德性。自由并非是通过简单宣告就能获得的，而是由文明和一些勇敢灵魂的英勇努力所产生。撒母尔·亚当斯曾经告诉自己的亲属说，对自由的热爱内在于人类的灵魂当中。他曾这样尖酸刻薄地回应说：“按照拉封丹的说法，它是存在于狼的灵魂之中的，我怀疑对自由的热爱是不是在一个人那里比在另一个人那里更加理性、深厚并且社会化；直到后来人类受到经验、反思、教育、国家制度和政治制度的启蒙，少数人才首先产生了自由的观念并一直加以支持和改进的……各个时代中，有相当多的人在处于竞争状态中的时候，都更喜欢安逸、稳定和快乐，而非自由。因此，我们就不能仅仅依靠人们心中对于自由的热爱来维持自由。”❶

与柏克一样，亚当斯深知，只有少数人才能欣赏真正的自由，大多数人对自由都比较冷漠，除非对它的诉求能够满足他们当下的物质利益。他为新英格兰自身的自由感到忧心忡忡，因为“商业、奢侈和贪婪已经摧毁了每一个共和国的政府”❷；而且新英格兰也犯下了
99 贪婪的罪。他在写给默西·华伦的信中这样说道：“甚至农场主和手艺人也都沉迷于商业，在这里，财产成为获得尊重的普遍标准，这与世界上任何其他地方都一样。”❸（美国历史专业的学生经常忘记亚当

❶John Adams, *Works*, VI, p. 418.

❷*Ibid.*, IX, p. 602.

❸*Selected Writings of John and J. Q. Adams*, pp. 57 – 58.

斯不信任财产所具有的那种未经检验的影响力，正如他不信任人数的影响力一样。）简言之，我们不能抽象地讨论自由，就好像它完全独立于公共德性和制度的框架之外。在亚当斯看来，自由就好比一株纤弱的小花儿，即便我们用殉道者的鲜血来浇灌也仍然不够营养；这种认识促使他在法律下为自由勾勒出一种实用体系。自由必须是法律所赋予的，此外没有别的令人满意的选项；没有法律的自由就像游荡在狼群中的羊，无法存活多久。甚至民法的界限也不足以保护自由：如果没有德性，那么，即便在我们可以想象的最好的法律的保护之下，自由也很有可能被侵犯。“我将自由界定为去做什么的权力，正如我们会受某种权力指使而去做什么那样。”❶ 那么，什么样的政府会促进黄金法则中所理解的公德与私德呢？一般而言，共和政体会在人的本性中产生很多的力量、持久力、活跃力以及一些崇高的品质，尽管“它会毫无疑问地使我和我的孩子一贫如洗；而君主政体则很可能在某种程度上使我很富有……”但在君主制度下，人们“只可能变得邪恶而愚蠢”❷。

那么，是哪一种共和政体呢？贵族制是共和政体，民主制也是；或者，它在纯粹的形式上与自由是相抵触的。正是在这个地方，亚当斯抓住杜尔哥猛烈摇晃，就好像他是猎犬口中的一只小老鼠。1778 年 3 月 22 日，这位法国财政家在写给柏克的对手普赖斯的信中，曾贬低说新生美国的宪法依赖于法国学派的那些崇高而傲慢的原则。杜尔哥宣称，美国人错在同意孟德斯鸠所说的：“自由就在于服从法

---

❶John Adams, *Works*, X, p. 377.

❷*Selected Writings of John and J. Q. Adams*, pp. 208 - 209.

律。”在他看来，自由应当在总体上高于束缚性的法律。那么，为什么美国人没有确立卢梭所提倡的“公意”，而是模仿英国建立了一种分权制衡、两院制立法机构以及类似的阻碍大多数人表达直接意愿的
100 制度呢？为什么在发展要求联合与集中的时候，他们却如此热衷于地方独立呢？（杜尔哥此处只是在竭力呼吁人们接受法国君主制的行政原则，而并非那种像托克维尔在《旧制度与大革命》一书中明确提出进步的民主观念；不过杜尔哥并不知道自己这一灵感的来源。）国家应当形成一个统一的整体，完全融合而成为同质的。为了发展，我们应当完全根除那些法律、惯例和观念上的多样化，而推行统一。杜尔哥的思想清楚地证明了他是一位纯粹的经济规划者，而非政治家。他继续追问：谁应当掌管这些同质的、毫无差别的民主党人呢？为什么人民自己应当将“所有的权威都集中到一个核心、一个国家那里”呢？

作为利穆赞地区的监察官，杜尔哥曾经是民众的管理者，但从来都没有真正成为人民的一员；他的权威由君主所授予和命令，因此他很难用几乎没有想过的“人民”的主权，来替代皇冠。然而，亚当斯曾经是人民中的一员：这个抽象的词指涉一个伟大的、由不同个体和利益构成的有机体，似乎它们有着同样的人格使他实际的本性更加恶化。在杜尔哥表达出这些观点的八年之后，亚当斯在一本长篇巨著中对其加以批评；该书曾在英国迅速盛行以影响费城的那次迫在眉睫的制宪会议；亚当斯后来又以同样的书名在原有的内容上增补了厚厚的两大卷内容。《维护宪法》这本书在亚当斯文集中占据了一千二百多页——这是美国历史上最深刻的一篇关于政治制度的论文，这项任

务之艰巨足以让最勤奋的、研究晦涩问题的学者望而生畏。亚当斯在另外二十个人的协助下完成了这项任务。

就像柏克在四年之后所说的，法国大革命在其反复中所一贯遵循的一个原则就是政治结构的简单性。柏克在《法国大革命反思录》中写道，革命的思想家们憎恨国家中的复杂性，而这实际上是人们反
101 对专断行为和压迫的堡垒。国家中所存在的那些相互对立和冲突的利益，“给所有草率的决议提供了一种有益的检验。它们将慎议看作一种必要而非选择，并将所有的改变都当作一种妥协，这必然要求适度的自我节制；它们会形成一些品质，以防止那些由于残酷、粗鲁以及不合法的变革所产生的恶，并放弃在少数人或多数人那里轻率地使用不切实际的专断权力。”对于这一点，像杜尔哥这样的启蒙运动者是无法觉察到的。对他们而言，绝对的自由和绝对的权力在中央政府那里似乎完全兼容：所有妨碍民主意识形态的观念都必须加以粉碎；所有妨碍中央集权运行的合作性机构和地方特权都必须加以废除。因此，法国大革命从吉伦特党人的掌权到最后的五人执政团，都体现出一种恒定性：即完全热衷于狂热的单一性。一开始是绝对的个人自由观念，要用行动和热情打破所有古老的束缚；最后是集权政府手中要掌握绝对的权力。柏克和亚当斯都对1789年和1797年的法国所体现出来的这种对单一性的热衷感到不寒而栗。从吉伦特党人到五人执政团的进步是自然而然且不可避免的；因为用柏克的话来说，“当我明白单一性这个阴谋在任何一个新的政治制度中所要追求和鼓吹什么之后，就非常清醒明白地断定，这些创制者严重忽视了他们的事业，同时完全无视自己的责任”。人是复杂的，其政府就不可能是单一的。

那些设计出独特的单一性谋划的人文主义理论家们，很快就会给君主专制的单一性加冕。他们从一种放任的个人主义入手，每一个人都免除了古老的惩罚并依赖自己的道德资源；当这个国家变得让人不可忍受的时候——它也必然会变成这样——他们就会被逼入一种沉闷而不容异议的集体主义当中；中央的命令试图去补偿鲁莽的道德和经济原子主义所产生的那些愚蠢的行为。带有这一印记的革命理想主义者只信奉单一性，除此之外无他。他们无法忍受任何一种在绝对自由和绝
102 对联合中达成的调和物。

因此，早在当代自由主义的发轫之初，柏克和亚当斯就看到了自由主义盛开的花朵中所隐藏的溃烂之处。新自由主义在法国、英格兰和美国的前提就是要依赖于古老的真理，而这恰恰是自由主义者自己已经开始加以否认的；依赖于基督教的这样一种设想：所有的人在上帝眼中都是平等的；同时依赖于这样一种观念：一种持久的道德秩序是由上帝的旨意所批准的。自然神论者抛弃了大部分的基督教教义，而柏克和亚当斯都明白，自然神论那些聪明的继承人都会反对宗教信条、热情、根基和派别等。新自由主义不会容忍任何权威。J. H. 哈洛维曾中肯地说道：“自由主义作为个体主义的政治表述，它支持要从所有个人的、任意的权威那里获得个体自由。从绝对价值和人类个体尊严的前提出发，自由主义者必然会从国家和任何一种专断意志那里要求个体自由。只有当自由主义把契约论与客观真理和价值的信念结合起来，从而超越于所有的个体并不带任何承诺地将每个人绑定在一起的时候，才会将从专断权威那里获得的自由与一种有秩序的共和

国观念联系在一起。”[1] 然而，社会契约论需要建立在宗教假设的基础之上；随着宗教信仰在自由主义者当中逐渐弱化，他们对自己的断言不够自信了。更有甚者，他们那种感情用事的个人主义很快就对自己的实际后果感到震惊了：他们在观念上的胜利，产生了经济上的竞争和灵魂上的孤独，这在他们当中产生了一种反应，支持施行强制的强有力的良善政府。1789 年至 1797 年的法国浓缩了这种理论上和政治上的进步，现在看自由主义从 18 世纪向 20 世纪似乎就是沿着这一进程演变的。英国从福克斯到阿斯奎斯的自由主义政治的发展，以及美国从杰斐逊到富兰克林·罗斯福之自由主义观念的发展，也表明了这一定律。

在信仰训诫式自由而非抽象自由的意义上来说，埃德蒙·柏克和
103 约翰·亚当斯都是自由主义者。在信仰个体性——人的品质的多元性和人类行为的多样化——的意义上来说，他们都是个体主义者；尽管他们拒绝将个体主义美化为最高的道德原则。当教条主义的自由主义者否认神圣观念的时候，他们就只剩下一种失去了宗教惩罚的道德观念，进而沦为纯粹的自私。同样的，当教条的自由主义者断开政治自由与保护自由的政治复杂性之间的关联时，他们就不知不觉地切断了“不可剥夺的权利”所依赖的根基。柏克在 1790 年就讨论过这一点，而亚当斯则在《维护宪法》中就有所预料了。

亚当斯曾这样写道，自由实际上是由特殊的地方自由和个人自由所构成，杜尔哥却无视这个真理；杜尔哥也不知道正当的政府要依赖

---

[1] Hallowell, *The Decline of Liberalism as an Ideology*, p. 23.

于一个先决条件，即认可地方性的权利、利益和多样性，以及它们对于国家的保护。杜尔哥要“将所有的权威集中到一个核心，集中到国家这里”。（杜尔哥原话）亚当斯对此评论说：“我们不难理解，在暴君和帝王那里是如何将所有的权威都集中到‘一个核心’的；然而，我们很难理解的是，当这个核心是国家的时候，又如何能做到这种集中呢……如果在我们煞费苦心地‘将所有的权威集中到一个核心’之后，所形成的这个核心是国家的话，那么我们实际上还是在原点，也根本不会有所谓的权威的集中。国家就是权威，权威就是国家；核心就是一个圆圈，圆圈就是核心。当大量的男人、女人和孩子聚集在一起的时候，在他们当中并不存在什么政治权威或自然的权威，有的只是父母对孩子的那种权威。”❶

这种集权要么是一种幻想，权威无处不在；要么是一个事实，并因此是一种暴政，它由实际上构成核心的那些人掌权。亚当斯继而以历史的眼光考察了我们这个时代的这一困境、这一“国民投票式民主”的难题；因为他与柏克一样，将历史看作是所有启蒙的权宜之计的源泉。

正如吉尔伯特·奇纳德所评论的，《维护宪法》是一篇出自律师
104 之手的辩护词，而非哲学论文。但这是怎样的一篇辩护词啊！亚当斯下决心要证明，只有权力达到一种平衡——政府、参议院、众议院都适用你所意愿的同等条款，自由政府才是可能的。他首先考察了现代民主共和国——圣马力诺、比斯坎湾、瑞士的七个州，以及低地国家

---

❶John Adams, *Works*, IV, p. 301.

的联合省；然后他转向了贵族制共和国——九个瑞士的例子、卢卡、热那亚、威尼斯以及前面所提到的联合省。继而他又考察了三个君主共和制的例子：英格兰、波兰以及纳沙泰尔；继而又考察了“哲学家们的主张”：斯威夫特、富兰克林和普赖斯；当前的那些“讨论政府的作者”：马基雅维利、西德尼、孟德斯鸠以及哈林顿；这又引向了“历史学家们的主张”：波利比乌斯（这是亚当斯最喜欢的先人了）、哈利卡纳苏斯的狄奥尼修斯、柏拉图、洛克、弥尔顿和休谟。这篇文章的第七章分析了十二个古代民主共和国；第八章分析了三个古代贵族式共和国；第九章分析了三个古代君主制共和国。我们这里没必要再列举《维护宪法》的第二卷和第三卷的内容以确证亚当斯的博学。他这里所体现出的那种对知识的渴求，即便是与亚里士多德和培根相比较而言，也未必有所不及。他以这样一段话总结了诸多迹象：

我所引用的那些权威和案例，已经足让你们信服，权力的三个分支在自然中具有无法改变的根基；他们存在于每一个自然形成的和人为形成的社会当中；如果任何一个政府的宪制没有接受它们全部的话，那么人们就会发现它是有缺陷的、不稳定的，而且很快就会陷入奴役状态；我也让你们相信，立法权和执行权天然就是不同的，在政府框架中，自由与法律完全依赖于它们之间的这种区分；立法权自然而然地且必然是至高无上的，它要高于行政权；因此，我们必须要使行政权成为立法权的一个重要的分支，即便是带有一点消极意义；否则它就不能维护自己，而且很快会被侵犯、削弱、攻击或被立法权以某种方式完全毁灭或根除。[1]

如果政府权力没有制衡，就不可能有真正的法律；没有了法律，
105 也就没有了自由。亚当斯关于主权（它是政治理论家们最喜爱的）的观点直截了当，让人耳目一新。的确，主权是不可分割的，但它的使用却可以被分为相互制约的几个部分或分支，同时又不破坏它的效力。一种纯粹的主权，如果所有的权力都由同样一小部分人掌握，并缺乏相互制衡的话，那么在本质上它对于共同体中其他利益而言就是不公平的，并因此无法颁布出真正的法律，而只是一些独断的命令。如果主权有所分割但又没有达到平衡——也就是说，在这个主权中，权力分配给不同的利益团体和阶级，但分配得并不平等——的话，那么就会一直陷入战争状态，无法成功地获得平衡，并最终无法拥有真正的法律。“哲学家们并没有太过热情地寻求持久度和他们赖以构建思想的基础，就像从柏拉图到孟德斯鸠等立法者并没有太热情地研究法律的维护者一样；然而，人们发现，除了那种权势均衡的谋划，其他的每一种谋划都不过是要将羔羊托付给恶狼来照顾。”[2] 在任何一个国家当中，主权都是依赖于财产权。美国要突出在持有土地上的平等，“那么，主权在实际上和道德上就必须要存在于全体人民当中”。

在如何达到政治平衡的实际技术方面，亚当斯比较有经验。他曾经主导了一次会议，该会议形成了马萨诸塞州最早的自由宪法。此外，他的早期著作还影响了其他州的宪法制定者。他主张要有一个强

[1] John Adams, *Works*, IV, p. 579.

[2] *Ibid.*, IV, p. 431.

有力的执行官，能否决其他两个立法分支（因为地方法官尽管享有立法权，但也有独立的权威）；参议院或上院，主要代表富人和有地位的人；众议院或下院，主要依赖于人数。这种划分并不主要是为了保护富人和出身较好的人并与人民大众相对立，而是为了保护人民大众不受制于贵族的野心，无论这些贵族是天然的还是后天形成的。在马萨诸塞州，参议院的席位是根据各个地方直接上缴到国库的税收比例来加以分配的；我们还能够用其他的一些方法来甄别那些选择上院
106 和选择下院的选区。“富人、出身高贵的人、有能力的人，在人群中获得了影响力，这种影响力对于众议院中简单直率和直截了当的人而言很快就会显得过多了。因此，他们当中的那些最杰出者，就必须要与大众隔离开来，并自己就成为一个参议院；对于所有诚实而有用的意图而言，这是一种陶片放逐法（ostracism）[1] ……参议院成为野心勃勃者的宏伟目标，最有钱的人和最睿智的人，希望通过在议院中给公众提供服务而对其有所裨益。”[2]

执行官应当代表人民大众，应当具有威严和独立的品质，毫无偏差地看待政府其他两个分支的要求。帕林顿对此反驳说，亚当斯并没有提出切实的办法来选出一名能够真正代表人民大众的执行官，也没有提供能够支配整个社会的贵族式元素。美国的总统制不是已经发展

---

[1] 也被翻译为“陶片放逐制”“陶片流放法”“贝壳放逐法”或“贝壳放逐制”等。陶片放逐法是古希腊雅典等城邦实施的一项政治制度，由雅典政治家克里斯提尼（Cleisthenes）于公元前510年前后创立，公元前487年前后首次付诸实施。雅典公民可以在陶片上写上那些不受欢迎以及极具社会威望、广受欢迎、最可能成为僭主的人的名字，并通过投票表决将企图威胁雅典民主制度的政治人物予以政治放逐。——译者注

[2] John Adams, *Works*, IV, p. 290.

到非常接近亚当斯所描述的那种制度，正如地球上的人总是在接近自己的观念？

因此，权力要在社会主要利益团体当中正当地加以分配；亚当斯在他的政治著作中花了大量篇幅分析了根深蒂固的自然贵族制，后者得到了参议院制度的认可，并在某种程度上被塑造成一个独立的有机体；宪法上的设置能够考察当时的情绪和全能的立法团体的暴行。很多年以前，亚当斯就猛烈抨击了单一立法机构所具有的缺陷：它容易受到个体缺陷的影响，追求永恒的权力并贪得无厌；它不适合行使执行权，它在法律方面毫无经验以至于无法行使司法权，而且它倾向于根据自己的偏好来裁决所有的争论。[1] 杜尔哥的提议会将这些不好的方面归咎于国家不够幸运，权势制衡本身就能够对其加以抑制。

亚当斯害怕民主，正如他害怕任何其他的政府形式一样：“我无法说民主在总体上要比其他的形式更为有害。它的凶残是转瞬即逝
107 的，而其他形式的恶则是永久性的……民主必须是主权的一个重要而完整的部分，并能够控制整个政府；否则道德自由和其他自由就不可能存在。我总是为人们粗俗地滥用这个值得尊敬的词语感到悲哀。”[2] 然而，如果民主不受其他社会利益团体约束的话，那么道德自由也无法存活；基于这个原因，纯粹民主会摧毁自身，因为它期望智慧与自我节制，并最终沦为专制。“当民众有意见又缺乏制衡的时候，就会有永久性的波动、革命与恐惧；除非是出现一支有将军指挥的常备军

---

[1] John Adams, *Works*, IV, p. 290.
[2] *Ibid.*, VI, pp. 477 –478.

队，他做出要求和平的命令；或者是让所有人都明白权势均衡的必要性并加以接受。”❶ 柏克曾奋力警告法国和文明世界（正如拉斯基非常精准地评论的）注意防范“他所令人惊奇地预见到的军队独裁”，而在此三年之前，亚当斯就已经提出了这一富有远见的告诫。

亚当斯在原则上并不反对普遍选举权，不过他怀疑它的功效；因为等级制度肯定在每个社会都普遍盛行，无论人们是否认可或是否忽视，它会成为普遍选举权背后的真正主人；它们也可能还是一个掠夺性的等级制度，由于教育和经验而不适于被授予经济权力，这种经济权力不可避免地与政治权威相绑定。“我们很难说，人人不具有平等的权利；然而，一旦承认这种平等的权利和权力，革命就会接踵而至。在所有的欧洲国家，身无分文的穷人的数量是有钱人的两倍；如果要承认所有的这些人都拥有平等的权利，那么你将很快就会看到富人会如何被划分开来。”❷ 在美国，他倾向于支持一种广泛的选举权；不过他深知这种安排的智慧依赖于一种连续性的、广泛的财产分配，因为没有人比亚当斯更清楚地认识到财产与权力之间存在着永恒的纽带。亚当斯没有埃姆斯的畏惧，也没有汉密尔顿的热切盼望，他曾这样预言：在几代人之后，美国的人口会超过一亿。“如果现有的国家
108 在未来变成了大国，富有、强大、奢华而庞大，那么他们自身的情感和善意就会知道该如何去做；他们有可能会通过一次全新的会议而转向一种类似于英国宪法的制度，同时丝毫不侵犯自由。然而，除非大

❶John Adams, *Works*, IV, p. 588.

❷*Ibid.*, X, p. 267.

量的财产集中于少数人的手中，否则就永远没有必要这样去做。”❶在这篇文章当中，亚当斯表现出他对未来人的智慧更有信心，认为会比他所处的那个时代的人们更加明智。正如托克维尔所指出的，压缩选举权是很难执行的，丝毫不亚于激水逆流。

在所有的这些论文和小册子，以及所有的信件和证据中，约翰·亚当斯都在竭力支撑自己的那个保守主义的前提：“我的观点是，而且一直是，绝对的权力使暴君、帝王、贵族、民主党人、雅各宾派以及无裤党人❷感到欣喜不已。”他主张权力的适当划分，美国人对他的这种主张已经耳熟能详，以至于觉得它们好像是令人生厌的老生常谈了。然而，正是亚当斯使这个主张变成了老生常谈：在几乎没有声援的情况下，他的学识和坦率抵制了那种同情法国理论的论调在美国泛滥，后者主张田园般的仁慈、全能的人民大会以及整体论的国家。亚当斯牺牲了自己的支持率以反对这些革命性的观点；然而，从长远来看，他和他的同盟们胜出了；在他的眼中，现代美国政府任意地援用“直接民主”的手段因而有所缺陷，但他也很可能认为这给他的政治斗争作了充分的辩护。他是联邦党人当中最为真实的，汉密尔顿只是将联邦制度看作是一个可以忍受的、中央政府的替代品；而对于皮克林和德怀特以及其他哈特福德集会的成员来说，只有当联邦观念与新英格兰的利益相符时，他们才给予支持。美国比世界上任何一个其他国家都要更加热爱政治平衡的观念；在很大程度上来说，这是亚

---

❶John Adams, *Works*, IV, p. 359.

❷无裤党（*sans culottes*），又称无套裤汉（法语作 *sans-culotte*）。原指法国大革命初期衣着褴褛、装备低劣的革命军志愿兵，后来泛指大革命的极端分子、激进主义者。——译者注

当斯实用性保守主义的胜利果实。

他一直是一个保守主义者。1811 年，他在写给约西亚·昆西的
109 信中曾这样写道："在对未来的想象中，我是不是应该松懈一些？我可以想象我预见了一些变化和变革，这些是我们见所未见、闻所未闻的……目前我没有看到任何比'尽可能地少变革'更好的原则；维持万事万物的发展，我们才能在当前的列车上前进。"❶ 美国的变化无论有多大，这趟列车都是在正轨上行使——这是亚当斯及其助手们的遗产。

七、 马歇尔与联邦制的变体

在关于联邦党人的这一章里，鲜有提及他们的卓越成果，那就是：美国的宪法。这是世界历史上最成功的、保守主义的策略。然而，无论亚当斯在这件事上起了多大的作用、产生了多大的影响，都完全是间接性的；因为这次制宪会议召开的时候，亚当斯身在伦敦。杰斐逊也在国外，所以这两位在当时身为领袖人物的美国政治思想家，并没有参与他们自己那个时代的那次变革性的政治成果——这对于任何一位试图论述"观念对事件的影响"的作者来说，都是一种具有矫正性的反省。不过，他的文献最初是美国两大党之间的妥协，该宪法的应用和实施使它成为联邦制的利剑。此处，这种观念不仅仅

---

❶John Adams, *Works*, IV, pp. 630 – 631.

在产生它的那个学派之外存活了下来，而且在联邦党销声匿迹之后比在它掌权的时候更有活力地发展了起来。

美国最高法院的大法官约翰·马歇尔是一个影响力巨大、不拘小节又精明能干、守旧可爱的人，他喜欢体面的生活、贴心的伴侣以及良好的秩序。他并非哲学家，给他写传记的那位有趣的作家认为他只有一个思想，那就是国家统一的原则。作为一名前后一致的联邦党人，马歇尔曾经是亚当斯的国务卿，而且正是亚当斯任命他担任庄严的大法官；然而，他的联邦主义却更多地具有汉密尔顿的味道，并不像是亚当斯的。在一种实际而直接的意义上来说，马歇尔比这两位政治家取得了更大的成就：他使最高法院成为宪法的最终仲裁者，同时
110 又使宪法成为联邦式保守主义的化身。在 1803 年的马伯里诉麦迪逊一案中，他的观点明确了最高法院有权裁决国会所通过的符合宪法的法案；在 1810 年的弗莱彻诉佩克一案中，他判定联邦政府有权阻止各州拒不履行自己的法律义务；在 1819 年的斯特奇斯诉克劳宁希尔德一案中，他同样判决国家有权干涉个体之间所订立的契约；在 1819 年的达特茅斯学院诉伍德沃德一案中，他判定各种联合体具有永久性的权利；在 1819 年的麦卡洛克诉马里兰州一案中，他裁决了宪法的“自由主义的”结构；在 1820 年的科恩斯诉弗吉尼亚州一案中，他判定至高无上的宪法要高于土地法；在 1824 年的吉本斯诉奥格登一案中，他判定政府权力高于州际商业。马歇尔在这些案件当中所体现出来的观念与他的其他一些著名的观点，确保美国实现联邦党人关于一个不断扩张而又统一的商业化国家的愿景，这个国家保护财产权并坚持权力的划分。这些在部分上来看有保守主义的倾向，不过

在另一种意义上来说，它们为工业化和联合所带来的无限变革打开了便利之门；同时它们也极大地伤害了另一派保守主义——南方保守主义和农业的利益。

约翰·马歇尔的很多判决都毫无先例可循（在一个全新的国度中可能有的先例）；而且不可否认的是，这些判决有意将他的各种观念都渗透到美国的社会结构当中。他的这些判决有一个令人惊奇的事实，那就是：除了有一次例外，他的这些裁决当即成为法律并且得到了迅速而惯常的执行。马歇尔是政治生活中最后一位天才式的联邦党人，几乎在他整个的大法官任期当中，掌权的总统都憎恨他；而且他的政治哲学与那些主导着参议院、下议院和公众的信念并不相容。如果政府像某些人所认为的那样，具有潜在的权力（如果这在别处是真实的，那么在新生的美国也是如此，尽管在这里训诫和习惯性的服从并没有很好地起作用）；那么，一个大胆的个体（无论其职位如何
111 高贵），在没有军事力量支持的情况下，是如何将美国经济和政治的洪流引入他所选择的渠道上去的呢？

决心成就奇迹，但并不能成就那些孤立无援的人。一方面，马歇尔顺应了当时美国的发展趋势，因为日益明显的是，马歇尔的那些裁决所促进的物质上的发展，有利于这个国家的相当一部分人——很可能是大多数人的利益；再者，一种稳定增长的、赢得了联邦主义支持的观念，给马歇尔提供了支撑。那位充满活力的老民主党人、卡洛琳的约翰·泰勒，曾经极为警觉地评论说这种反应与平等主义和国家权力相左；他说，很多明智而善良的人“对卢梭和戈德金的幻想以及法国革命的暴行感到警觉，他们真诚地认为这些学说是有牙有爪的，宜

进宜退，而无论它们与宪法有多么契合。无须多加考虑，这种运作会将慷慨大方的狮子拱手交给诡计多端的狐狸”[1]。尽管他们的党派已经分崩离析了，但亚当斯和已故的汉密尔顿却从曾经的那些激愤的反对者当中赢得了很多支持；尽管这些人的加入并不是要复兴联邦党，但这一趋势也影响着掌握主导地位的共和党，直到这一派系发生了转变。

这种保守主义的思想实际上渗透进了共和主义领袖的思想当中，因为他们当权；人们一旦掌权就会发现，要反对额外的权威是十分困难的，无论这种权威来自于哪里。罗阿诺克的伦道夫曾经被盟友抛弃，他后来带着一腔愤怒控诉杰斐逊、麦迪逊和门罗都热爱权力并偏爱一些手段，而这些手段在萧条时期被他们自己认为是具有危害的。伦道夫说得没错。联邦主义的保守主义悄悄地潜入了政府和公众的思想当中，并迅速掌控了国民意识——尽管联邦主义被冲淡了，而且在表面上仍然遭人蔑视，但却依然无处不在。在此之后，美国人开始默认马歇尔的各种裁决，甚至有时候还为之叫好。

由于这一影响的不断延伸，联邦主义的那种保守主义精神得以延
112 续至现代美国社会。如果说它曾经支撑着亚当斯所憎恶的国家性贪婪；那么它也是维护亚当斯的政治权力制衡原则和法律之下的自由等观念的手段。联邦主义在很大程度上使美国成为世界上在权力方面最为保守的国家，因此，在20世纪中叶，亚当斯的保守主义所产生的影响与他那些法国对手们所散布的激进社会原则所产生的影响，几乎是一样大的。这是外表浮华、内在谦逊的约翰·亚当斯不曾预料到的。

---

[1] Taylor, *Construction Construed and Constitutions Vindicated*, p. 77.

第四章 浪漫主义者与功利主义者

人们永远只是在考虑适用于当下的权宜之计，这种权宜之计远离所有的原则或延伸出来的各种行为制度；从来不聆听我们好的本性所发出的那种真实而可靠的憧憬。正是这种恶行导致了那些冷血的人们去研究政治经济学，它让我们的议会变成一个真正的关于公共安全的委员会。在该委员会中，所有的权力都是既定的，几年之后我们就可能受一个贵族统治；或者更有可能受一个卑贱的民主式寡头集团统治，它由肤浅的经济学家所构成；与后者相比较而言，最糟糕的贵族制也是一种福祉。

——摘自科尔里奇的《席间漫谈》

一、 边沁主义与沃尔特·斯科特

1806 年，沃尔特·斯科特参与了倡导苏格兰司法改革的成员之间的一场辩论；在此之后，他被自己的死对头辉格党人、来自《爱丁堡评论》的杰弗里以及自己的革命盟友取笑为是在穿越爱丁堡的山丘。“不过他的感情达到了一种其他人无法理解的程度：他大声疾呼，‘不，不……’这不是在开玩笑，无论你的愿望是什么，你都会渐渐地破坏它、毁灭它，直到使苏格兰成为苏格兰的那一切都消失殆
114 尽。”说完他转向山丘，掩面而泣。[1] 与科尔里奇、索西以及沃兹沃斯一样，斯科特在功利主义的观念当中觉察到了生活之多样性的对立面，以及过往历史的刽子手；这位伟大的浪漫主义者很快就宣称，边沁所具有的那种无趣的物质主义，像雅各宾派的愤怒一样，对美和尊敬怀有敌意。已经知晓柏克是卢梭的天然对手；浪漫主义者（柏克在政治上的追随者，不过在某种程度上带有卢梭主义的色彩）反对边沁成为不容异议的、工业世俗主义的预言家。

克兰·布林顿曾经这样写道：“柏克所竭力反抗的那些革命性的原则，通过边沁又进入到英国的政治当中。”[2] 尽管边沁本人公然藐视卢梭的多愁善感，但他在英格兰所确立的平等主义比潘恩、普利斯特利、普赖斯以及戈德温所加起来的还要多；他在憎恨卢梭的情感主义时，丝毫不带有柏克的那种高度宗教性的愤恨。边沁的观念使现代思想容易受到一种压倒性的、系列性激进变革的冲击，这顿时反映并肯定工业生产的先进性以及人民大众掌握更多的政治权力。这些变化部分地源自功利主义的特性，但更多地源自马克思主义，功利主义将其与黑格尔调和在一起并转化成无产阶级革命的工具。J. S. 密尔曾这

---

[1] Lockhart, *Scott*, II, p. 111.

[2] Brinton, *English Political Thought in the Nineteenth Century*, p. 15.

样写道："边沁是英国在理论和制度这两个方面的革命之父；他是伟大的颠覆分子。"❶ 他的那种分析方法，"在试图解决问题之前将每个问题逐个击破"；它集合了培根、霍布斯以及洛克的方法论，鄙视微妙脆弱的本质，并确信整体不过是部分的集合；这是任何一种真正的现代激进主义哲学的基础。

边沁对美德、功利的衡量（在每种情形中取决于审慎地对痛苦与快乐进行权衡），对于新时代的那些积极进取的工业主义者而言具有极大的吸引力，这些人像边沁本人一样，不喜欢"正确的理性""自然的正义"以及"良好的品位"等词语。边沁完全没有更高层次的想象力，也无法抓住爱或恨的本质；他忽视了人内心所具有的那种精神上的期望；而且似乎是为了平衡，他从来不谈论罪恶。他在自己
115 的学说中避而不谈国民性、人类动机的广泛多样性以及热情在人类事务中所具有的力量等；他体现出一种对理性的绝对信任。边沁将自己的人格当作是人性的典型化身，并认为，人类只要表现出如何解决快乐与痛苦之间的平衡，那就是善的；他们的利益将会引导他们通往合作、勤勉与和平。他是最狭隘的道德哲学家，也是最自鸣得意的政治理论家。政治与人类本性一样，对他而言毫无神秘之处：解决所有政治难题的方法仅仅就在于让大多数人来裁决每一个问题；这种绝对的民主就是卢梭的那种被剥去了精神性内容的公意。

社会的目标是为最大多数人谋取最大利益：柏克曾经也这样说过，但他的意思是完全不同的。这位保守主义的奠基人理解人类利益

---

❶Leavis, *Mill on Bentham and Coleridge*, p. 42.

的复杂性和善的敏感性。柏克声明，大多数人的最大利益并不可能依赖于政治上的平等，也不在于免受成见和训诫的约束，更不在于经济物质。他说，大多数人的最大善源自对宇宙神定秩序的遵从，在于虔诚、义务和长久的爱。然而边沁轻蔑地去除了柏克那种充满灵性与想象的世界；他从来不谈论我们的造物主；宗教于他而言不过是一种道德框架。在政治上，他认为严格地按照理性规则、一种社会性的棋盘格（checkerboard）而平等地重构社会，就能够达到最大多数人的最大善。普遍性的选举权、议会改革、强有力的行政官、大众教育以及他在理论和法律程序中所谋划的改革，都是一些具体的方面（很快成为自由主义的信条），它们能够保证普遍的自由和进步。他认为我们无须分权，也没有必要建立宪制；没有什么会妨碍大多数人运用权
116 力去裁决自己的利益，这种利益不会受阻于往生者或保守分子的轻微反驳。J. S. 密尔说，通过将大多数人尊为主宰，“他殚精竭虑地精心设计了一些方法将大众观点越来越紧地缠绕在公职人员的脖颈之上，并排除了任何一种这样的可能性，即：通过少数人或官员自己的权利观念而行使最轻微的、最短暂的影响”。我们这个时代清楚地知道恶俗的庸人对少数人施行暴政所付出的惨痛代价；但边沁确信，理性一旦经由法律条文确定，就不会被推翻，并能清除少数人的观念。

正如19世纪自由主义的信条所表达出来的，边沁的道德观念盛行了长达一个半世纪之久；在此之后，约翰·梅纳德·凯恩斯在《两段回忆》（*Two Memoirs*）一书中描述了，根据功利主义理论，什么可能会成为历史的裁决。他这样说道：“我现在的确将边沁主义看作是一条腐蚀现代文明内核的毒虫，它对于现在的道德滑坡负有责

任。我们曾经将基督徒看作是敌人，因为他们看起来是代表了传统、惯例和哄骗。但实际上，我们的敌人是边沁式的计算，它依赖于对经济标准的高估；这种计算毁坏了大众理想的品质。”凯恩斯接着指出，众所周知，边沁主义最终的反证就是马克思主义；由于被功利主义者的总体目标剥离了灵性与想象，所以在这个残忍的边沁之博爱思想的继承者面前，我们毫无防卫能力。[1]

然而，尽管我们现在能很放心地批评边沁的道德和政治学说所具有的贫瘠之处，但他的法律改革却广受褒奖。小密尔曾经宣称，边沁将神秘主义从法哲学中排除了出去、明晰了与整体法律观念相关的一些困惑、阐明了法律汇编的必要性、用功利的标准来衡量物质利益并肃清了司法程序。由此，边沁对社会做出了巨大的贡献。边沁认为，人类应当根据功利的原则来制定和废除法律；我们应当像看待数学或物理学那样来看待法律，并使之成为一种便利的工具；在工业时代的效率利益面前，我们应当抛弃那种古老的想象，即法律具有一种超自然的约束力、它的起源要高于人类，也要摈弃那种西塞罗式的和经院
117 式的观念，即认为法律是人类在神法之下的摸索。20 世纪的政治和司法层面的“现实主义”和实用主义、当代美国以及几乎全世界最高法院的胜利，都源自边沁。然而，人们很可能会认为，边沁的法哲学（与法律程序直接的行政性改革有所不同，后者由于他的著作才得以完成）孕育了社会的腐化。正如一些思想家们认为他的道德观念造成了社会腐化一样。自然法学说，至少在柏克所理解的那种历史

---

[1] Keynes, *Two Memoirs*, pp. 96 – 97.

的和权宜之计的层面，似乎正在复兴。沃尔特·斯科特正是在这个司法改革的问题上，对边沁的学生提出了直接的异议。在此过程中，他表现出对柏克保守主义思想的同情性理解。柏克曾说，法律具有两个基础：平等和功利。平等源自最初的正义；功利，如果我们恰当地加以理解的话，是一种崇高的关于总体和永恒利益的见解，而且不应当被人们援引来证明压制个人权利或少数人权利是正当的。大多数人“无权制定一种对整个共同体有所偏见的法律，即便制定该法案的那些失职者自己会成为它的主要受害者。因为它会违背最高法律的原则，后者并不是任何一个共同体或整个人类有权力去改变的——我这里指上帝的意志，它赐予我们以本性，并同时根据这种本性而赐给我们不变的法律。‘任何人都有权制定自己所满意的法律，法律从制度那里就能获得权威并与该主题的品质无关’；我们很难再从所有的秩序与美、和平与幸福以及人类社会中指出任何一个比这一立场更具颠覆性的错误了”❶。这期待着“人民法庭”时代的到来，以及合法地消除少数人群体；斯科特与柏克都认为，政府的生硬联合和基于功利主义原则的法律，会毁灭所有古老的自由和习俗；因此他运用自己作为小说家和诗人所具有的惊人天赋阻止了这场运动。

在1792年的危机中，斯科特这样写道：“柏克现身了，当这位命
118 定的骑士吹响号角时，所有关于法国最高立法机构的鬼话就像一座被施了魔咒的城堡，瞬间坍塌了。”❷ 正如莱斯利·斯蒂芬爵士所评论的（D. C. 萨默维尔亦附和道），沃尔特爵士成功地使柏克的那种骄傲

---

❶Burke, “Tracts on the Popery Laws,” *Works*, VI. p. 22.

❷Lockhart, *Scott*, X, p. 32.

而敏感的学说大众化了。在18世纪90年代，《法国大革命反思录》卖了好几万本；但韦弗利小说却将柏克的思想传播到人民大众当中，这是小册子无法做到的。“斯科特后来所做的，就是通过最为生动地加以描述的一些具体事例来表明，一种自然的、由传统构成的有机体所具有的价值和益处。和很多与他同时代的最能干的人一样，他始终带有警觉地观察这场声势浩大的运动，法国大革命是其最显著的体现；它扫除了所有当地传统并威胁要吞没这个小小的社会，后者在苏格兰仍然保有其明确的特征……激进主义者公开指责他们不过是一些多愁善感的人；那些幻想这次大革命永远不会超过英国1832年法案改革的顽固的辉格党人，则嘲笑他们不过是一些有意作梗的人；而我们，无论持有什么样的观点，都要依据后来的经验而必须承认，这种保守主义有其正当性；那些善良而富有远见的人可能也会带有警觉地观察那些长远后果还无法预料的变革。”❶

在韦弗利这部历史小说当中，斯科特将柏克的保守主义描绘成生动而温和的事物：在伊迪·奥基尔特里（Edie Ochiltree）那里，他表明了等级社会的好处和尊严是如何拓展到乞丐当中的；在伯利的巴尔弗（Balfour of Burley）当中，他描述了革命狂热所具有的那种毁灭性的精神；在宗族中的蒙特罗斯（Montrose among the clans）一文中，他刻画了“生命中那些并非经过买卖而得来的恩惠”；在蒙克巴恩斯（Monkbarns）或布拉德沃丁男爵（the Baron of Bradwardine）那里，他描绘了因循守旧的领主身上所具有的那种家庭般的善良。斯科特似

❶Leslie Stephen, *Hours in a Library*, I, pp. 163 – 164.

乎是要在他所有的浪漫小说当中表明，文明的道德秩序的根基在于对先人的尊敬，并服从于那些来自于各种规训的义务；历史是所有世俗智慧的源泉，满足则来自于虔诚。与所有的浪漫主义者一样，斯科特热爱多样性，憎恶粗糙的“快乐—痛苦”的行为原则；他清楚地认识到功利主义中包含了一种会抹去民族性、个体性以及所有过往之美

119 的学说，认为功利主义要为贪婪可怕的工业主义买单。与其他浪漫主义诗人不同，他从来没有感受过任何有关“革命信念”的冲动；他深知住在城堡里的人与住在农舍里的人的幸福是不可分割的，如果我们忠诚于传统的话，就会知道，“我们在一起都安全”。因此，斯科特憎恨功利主义提议要改革法律和法庭所依赖的那些原则。他在《论司法改革》一文当中，提出了一个足以让所有人信服的理由来支持司法规训：

> 一些标准能准确无误地运用于新的理论，但我们并不能用它们来测试一种稳定的体制。一个文明的国家早就掌握了一整套法律准则，在这种准则之下，尽管有诸多麻烦，但它们也找到了发展的途径；因此，我们不能将这个国家看作是一个新生的婴儿；无须危险地揣测，在这里进行司法实验都是非常冒险的。哲学家无权用那些自己脑海中认为是卓越之标准的观念来研究这样一种制度；每一种旧制度唯一可靠的衡量标准，就是它实际所产生的效果；人们一定认为这就是好的，这就是善的来源。人们逐渐根据法律的要求而形塑自己的各种习惯。在一些不完美的地方加以纠正，并与他人进

行和解；直到最后，他们从各行各业中达到了既定目标，该目标是最乐观的空想家依据自己完美的、非具体化（*unembodied*）的学说而给自己许下的承诺。❶

柏克激发了这种风格和情感。这就是世界上像柏克和斯科特这样的人（以及法学专家）对边沁这样的隐士所提出的各种抽象概念所作出的评判，后者认为生活就是数学题。（令人感到好奇的是，很多保守主义的作者如保罗·埃尔默·摩尔，都责备柏克"不切实际"；而他应该是这些人当中更了解柏克的。——那时候，现代革命哲学背后的冲动，源自两位比辉格党领导更不切实际的哲学家：卢梭和边沁。）法律不是被制造出来的，是慢慢发展而来的；社会会在一种自然而又充满上帝旨意的进程中，治愈自身的弊病或自行调整；那种莽120撞的理论上的变革者，几乎肯定会阻碍这一进程，同时又提不出一种还说得过去的、任意的替代方式。对于斯科特来说，社会中这种声势浩大的自愈行为并没有什么壮丽和可爱之处；大刀阔斧地变革法律以迎合一种暂时性的、似是而非的功利，是非常可怕的。他看到，即便是 1826 年在名义上趋向保守的政府，也受到了这种同一性和功利思想的感染，"（它）逐渐地破坏了那些仍然具有民族性的事物，并使整个国家成为一块白板，以接受大胆的革命学说。它们疏远和磨碎所有标志着我们是苏格兰人的特征，这种做法会使整个国家陷入一种状态；在这种状态中，国家一般都会转向民主制，它们会有一个非常危

❶Lockhart, *Scott*, III, pp. 305 – 306.

险的英国北部的邻居，而不是精明的桑德斯”[1]。如果将苏格兰的法律变得与英格兰的法律一样，那么你就会破坏一个民族的特征，因为法律是其社会存在的表达；你这样做就是播下了不和的种子。这种政策是头脑简单者的功利，抑或是闭塞的哲学家所倡导的功利。斯科特了解自己的同胞，任何一个熟悉现代格拉斯哥市或洛锡安矿区以及苏格兰西南部艾尔郡和苏格兰爱丁堡法夫半岛的人，都会理解斯科特所说的“英国北部一个非常危险的邻居”所预言的是什么。

在柏克和斯科特这样的人看来，为了保障自由与财产（它们在任何一种尊崇速度和整齐有序的法律体系中都得不到保证），我们至少在进行逐步调整之前，都必须要容忍旧法的迟缓和愚笨。法律和法庭的确需要不断地、小心翼翼地进行检查和谨慎地加以革新或提升，尽管有时候它们甚至需要整体性的变革；但在变革的时机到来之时，我们也应当在柏克所说的经济改革之后再进行这种变革，要温和地对待那些古老的天赋特权，并非常小心地确保，不会以公共利益的名义而让一些人或一些阶层遭受某种特殊的不公正。边沁及其学派丝毫没有耐心去考虑这种对古老方式和个体权利的关心。边沁要确立那种不受习俗性正义规则所检验的行政法和行政特别法庭，这种欲望足以表
121 明功利主义者并不考虑要保护个体的安全，以免遭国家和大多数人的压制。即便是那些称颂边沁立法改革的人，也会对此感到犹豫：因为现代英美法律的最使人惊慌的问题就在于行政法如雨后春笋般涌现，在这些行政法面前，公民们几乎孤立无援；苏联刑事立法中的那种令

[1] Lockhart, *Scott*, VIII, p. 290.

人害怕的一成不变产生了一个短语："苏联的刑事立法基于法院判决或行政机构。"边沁可能忽略了行政特别法庭所具有的潜在威胁，他对一种潜在的恶视而不见，而这种恶要比所有他成功地加以清除的司法上的落伍之物更值得我们注意。

以上论述只触及了边沁学说的一个方面，也只触及了浪漫主义者所憎恶的一个方面。不过边沁的法理学功利主义与斯科特随后而来的愤慨，的确代表了整个哲学激进主义与浪漫主义的保守主义之间的斗争。在一个功利主义占据主导地位的社会，浪漫主义者所害怕的是以吞灭一切的工业主义和腓力斯人的那种物质主义，不加分别地毁灭多样性、美好以及各种古老的权利。他们痛恨边沁、詹姆斯·密尔及其盟友，因为功利主义代表着机械时代、藏污纳垢的城市以及开明道德的缺失。现代世界转变为一个人口密集的工业社区，边沁主义者对此欢呼庆祝。现代世界迷恋感官享受，是一个标准的庸人社会。1828年，斯科特在日记中这样写道："目前社会状态导致了这样一种人类的聚集，我们无法猜想它是会动荡还是会像一个粪堆那样散发恶臭。""自然本来是要根据土地的容纳程度而分散人类；而我们现在聚集在大城市和令人窒息的工厂中，这些人本来应该分布全国；如果他们被腐蚀的话，又有什么奇怪呢?"❶ 他认为，这些新的改革者所提倡的那种虚假的平等主义，实际上屈服于最邪恶的不平等，亦即精神上的不平等。斯科特带着一种强烈的情感向玛丽亚·埃奇沃斯宣称："我们所达到的这种高度文明的状态，很可能并不是一件国家幸

❶Lockhart, *Scott*, IX, p. 218.

事。因为，当少数人被提升到最高点的时候，还有相当比例的人遭受折磨并被贬低；同一个国家在同一时刻同时展现出最好的状态和最差的状态，在这样的状态中，人们能够凭借智慧而生存……随着人数的不断增加，我们的期望也越来越多样化——由于那种不断革新的压力，我们现在就正与各种不断增加的难题做斗争。我们最终会不会像以前那样吃掉对方呢？或者，这个地球会不会先撞到彗星的尾巴呢？除了尊敬的欧文先生，谁会冒险发表自己的看法呢？”❶

斯科特的晚年时期，在他当行政官的地方，一群激进的工匠试图掀翻他的马车并攻击他。这件事带给他的震惊，超越了他之前生命中所发生的任何一件事：野蛮人在未来的追求平等倾向、在边沁这样人文主义者的幻想当中所潜藏的事务，都像撒旦一样开始行动。“这些不清洁的工匠从此开始选择我们的立法者。”他在稍早时期曾经这样写道：“除了选出一个蠢笨的俗人和举止轻浮、受一时兴致所支配的莽汉，我们还能够期待什么呢？”❷ 斯科特深爱着人民，并与一些改革者做斗争；他认为这些人意图毁灭人民，并用即将到来的功利主义社会机制来取代高效率的人类物质财富。斯科特具有热烈的情感，如果他没有承袭那种扭曲的苏格兰式斯多葛主义的话，他几乎无法承受他那个时代所具有的致命的冲动。他会说：“耐心点，兄弟，洗洗牌吧。”

斯科特不止一次地指出，功利主义者与新辉格党人尽管具有充分

---

❶Lockhart, *Scott*, IX, p. 298.
❷*Ibid.*, X, p. 50.

的尘世智慧，但对自己所引发的麻烦毫无所知，也不知道怎样去支配那些解放了的个体所形成的工业劳动阶级，后者是他们所颂赞的。1825年的11月，杰弗里给技工们写了一篇演讲，警告他们注意防范限制联合交易中所具有的那种不公正的经济后果。斯科特评价说，杰弗里说得极好，但收效甚微。“它只是用小矮人的手点燃了火焰，但却需要格列弗的力量来熄灭它。辉格党人会在这样一种异端邪说中或
123 生或死，该学说就是：这个世界是由一些小册子和演讲来统治的，如果能够充分表明一种行为准则最符合人类的利益，那么你就因此同时表明，他们在聆听了与这一主题相关的一些演讲之后，会立马充分地加以接受。在这种情况下，我们就不需要法律或教堂了。”❶

作为一名小说家和诗人，或某种程度上的一位小册子作者，斯科特对英语世界中托利党和保守主义冲动所产生的影响是不可估量的。然而，我们却能从坎宁这个人及其成就当中，更好地研究斯科特这种保守主义情感在实际政治中的表达；而在浪漫主义这一代人当中，真正的保守主义哲学家却是科尔里奇。斯科特发自内心地对功利主义进行了回应，科尔里奇从精神上加以应对，而坎宁则是运用机智和政治智慧等武器加以回击。这三个人都反对哲学上的激进主义分子，因为他们的浪漫主义想象告诉他们，边沁主义是一种非常残忍的现代思想的附体；它热烈地想要根据一些规则重塑社会，而这些规则一旦明确的话是非常残忍的。功利主义者希望能够改变活生生的社会本质，以使之符合他们那种追求数学之精确性和行政之便利性的观念。边沁主

---

❶Lockhart, *Scott*, VIII, p. 124.

义者从来不会自己承认，这种扭曲——甚至是科学地加以设计的扭曲的后果——会是一头怪兽。与启蒙运动者一样，边沁主义者鄙视哥特式不规则的事物和多样性；他们向往功利主义式的调整和进行社会规划。功利主义者谋划了长远而代价昂贵的场景，但在每一条道路的尽头，浪漫主义者都觉察到了恐怖的气息。

二、 坎宁和开明保守主义

布鲁厄姆勋爵曾经将乔治·坎宁视为开明的托利党人；而有些人则怀疑坎宁到底是不是一个托利党人。严格意义上来说，他并不是；他创立了保守党，并使“保守主义”成为英国政治词汇中的一部分。
124 当然，是他的对手兼继任者皮尔抛弃了旧的“托利”这个名字而选择了“保守”；但的确是坎宁使这种转变成为可能，他比皮尔更清楚地明白保守主义的真正含义。坎宁的意外死亡终止了他简短的首相生涯，但他的任期却标志着旧托利党的终结。他将惠灵顿和埃尔登以及托利党的权贵都清除了出去；尽管在他去世之后，这些人又回到原来的职务，但他们很快便被革命的热情所碾压。坎宁埋葬了旧的托利党，从而使保守主义的观念得以存活。

将坎宁的名字与浪漫主义者相提并论可能有一点牵强附会。这个在现实中有趣、极具野心和机智，而又不成天幻想的人，会是一个浪漫主义者吗？然而，浪漫主义诗人们自己接受他的这种归属：认为他是斯科特与科尔里奇的结合；他还赢得了拜伦的敬仰；戈德温甚至试图说服坎宁来领导法国的（Gallophilic）激进主义，就像潘恩曾经力邀柏克来阻止英国的雅各宾主义一样。迪斯雷利的那种浪漫主义的视角，觉察到坎宁代表着托利党真实路线的延续。柏克曾经是一名浪漫主义者，因为他理解复杂性、多样性，以及宇宙和人类本性的神秘性；在这个意义上，坎宁也算作是浪漫主义者。他认为历史支配现在；人的各种动机和欲望不能被贬低为僵化的规则；认为“所有简单的管理模式都是不好的”，人类特性中有很多东西要超越于世俗的法则。坎宁的那种浪漫主义天赋使他远远超过了利物浦、阿丁顿、埃尔登、惠灵顿以及所有的老托利党人；这些人追求简单的事实、寻求安全，并因此被卷入1832年的漩涡之中。作为一个年轻人，坎宁在担任《反雅各宾报》的编辑时，就揭露雅各宾派愚蠢地运用抽象的概念，全然不顾具体的情境。作为世上最成功的外交部部长，坎宁断然拒绝正统主义者试图通过镇压的方式在各个国家中运用政治一统化理论的愚蠢行为；作为一名英国政治家，他试图避免功利主义改革家们对待政治的愚笨方式，在他们那里，我们好像可以通过几何学和算术规则来统治人类。他宣称：“忽视自然情感是毫无意义和非常迂腐的。”❶
125 皮特（尽管他拥有各种非凡的才能，但并没有很好地享用最高的想象力）知道年轻的坎宁是新生代们最具想象力和能量的领导，因此他竭尽全力在托利党内部将坎宁提到一个很高的位置。坎宁从柏克和皮特那里学到了政治智慧；克罗克、埃尔登以及其他老托利党人，也都从柏克和皮特这里获取了灵感；但坎宁明白如何去运用保守

---

❶Quoted by Feiling, *Sketches in Nineteenth Century Biography*, p. 39.

主义的原则来应对他那个变革的时代，老托利党人却不明白。坎宁一开始是一名辉格党人，他并不亏欠博林布鲁克或骑士派传统什么；他的政治思想源于法国大革命。而且由于他没有被托利党权贵的那种古老的怨恨和忠诚观念所束缚，因此，他更好地武装了自己，用保守主义的智慧来应对纯粹民主制的威胁以及新工业主义的贪欲。

正是坎宁所表现出来的这种精明，让很多有影响力的托利党人对他有所猜忌，这些人自从 1785 年开始就已然近乎恐慌了；他们不想要“这些天才的糊涂虫”，毫无疑问，这有时候意指卡隆尼（Calonne）、内克尔和杜尔哥等人。即便是不畏艰难的皮特，他曾经那么认真地研究过冷静的改革，他的社会观念是那么的包容；但他从 1793 年开始，也会为每一次运动感到战栗。他将柏克的《法国大革命反思录》奉为圣经，并且（用科尔里奇的话来说）“接着没完没了地重复同样的问候语……如果要逼他具体描述一种战争带来的好处的话，他会回答：安全！要让他特别指出一种犯罪的话，他会高呼雅各宾主义！”坎宁必须赢得一个党派对他的信任，而这个党又一直由充满恐惧的一代人所驾驭。这是一项复杂的任务，他也从来都没有完成。高高在上的托利党领导人，认为坎宁出身卑微且好高骛远，所以怀疑自己是否敢将他们的防御交给一个冒险家，抑或雇佣兵。工业生产和贸易给坎宁和他的朋友赫斯基森所带来的利益，也让他不敢冒失。正如科尔里奇在《席间漫谈》一文中所说到的，“证券交易和物质利益在这个国家是强有力的，以至于它曾经不止一次地在我们的外
126 事机构中超越了国家荣誉和民主正义。坎宁非常敏锐地感受到了这一点，并感慨自己无力与这趟城市列车相抗衡。”

尽管面对这样的敌意，坎宁在外交事务领域也表现得令人惊奇；不过就英国人所关心的国内政策而言，他并没有什么直接的成就。他只当了四个月的首相，而且还只是出于辉格党人的宽容；在这简短的胜利时刻，他自己唯一的实在法《谷物法》也由于惠灵顿的影响而被上议院否决。并不是他作为一个保守主义者所做的事情，而是他为后来的保守主义政治家们所树立的榜样，使他在任何一部保守党的历史上留名。在坎宁组建政府的时候，顽固的托利党市政官员就已经开始擅离职守了；他大胆地试图拖着自己的党派前行，这使他身体状况急剧恶化，也成为他过早离世的原因之一。

很可能没有哪一位政治家像坎宁这样被同时代的人如此糟糕地误解。当他本可以将老托利党人从停滞僵化的状态中拯救出来的时候，老托利党人却辜负了他，因为他们心存一种模糊的恐惧感，害怕他可能会滑向自由主义，与激进分子妥协，抑或逐渐让步直至托利主义被清除殆尽。他们不了解坎宁。没有哪一位政治家比他更不愿意接受去与令人不安的庸人妥协，或是对胆小怯懦的动荡做出让步。坎宁提议要保留所有英国宪制原有的框架，不过要通过有活力的政府来赢得每一份强有力的利益，以表明他们如何能从英国传统当中获得满足。他反对议会改革，认为完全没有必要拓展选举权；他也会保留《测试与确立法案》（Test and Establishment Acts）；他蔑视一切抽象权利理论，以及所有基于原子式个人主义观念之上的功利主义式算计。坎宁要构建高效率的政府；当各个阶级和利益主体的影响力大到需要引起特别的关注时，他也允许赋予他们以各种权利；他还修补和改善整个

127 国家的结构；通过这些，他试图维持柏克所热爱的英国。[1]

为什么老托利党人会怀疑坎宁的忠诚呢？主要有以下两个原因：一是他在爱尔兰倡导解放天主教；二是由于他反对梅特涅和卡斯尔雷从而很受自由主义阵营的欢迎。在第一种情形中，他不过是遵循了柏克和皮特所举荐，但被乔治三世挫败的政策；从其长远效果来看，解放天主教会成为衡量保守主义者是否健全的标准；如果 1827 年它被采用的话，那么爱尔兰和英格兰接下来的历史会截然不同。至于所谓的引入新世界来缓和与平衡旧世界，坎宁的行为也是与柏克的保守主义学说相一致。他并没有认同南美、希腊或葡萄牙的革命精神；但他知道，这种真正的国家独立精神一旦显现并表明了自己的力量，那么我们就必须接受这个现实；试图镇压是不可能成功的，这对保守主义事业所造成的伤害比那些适时做出的温和的安排更严重。这不过就是柏克运用在美国革命中的保守主义原则。的确，坎宁对待解放天主教运动和四国同盟的态度，证明了他保守主义思想的深度。然而，基于这些理由，老托利党人抛弃了他，他去世之后，他们又蜷缩在皮尔的身后，后者对自由主义者的屈服远远超过了坎宁所要承认的程度。

1827 年，托利党人失去了这个在天才的领导下进行自我救赎的机会。格雷维尔深知这一点，他在三年后写下了这样一段话："如果坎宁还活着，我们可能有希望渡过这些难关；但如果他真的活着，我们很可能就不会身陷如此的困境。他是唯一一个具备远见卓识能进入时代并理解时代的精神，同时将自己作为运动首领的政治家，而这些

---

[1] 参见 Petrie，*Life of Canning*，pp. 136 – 137。

运动已经不会再被制止了。所谓的自由主义的游行不会遭到制止，他知道这一点，因此他决心去掌管和领导它，而不是加以反对。当这一卓越思想被清除之后，一些白痴欢欣鼓舞（该思想本来可以挽救他们免遭自己蠢笨行为的恶果），并想要遏制住它，而它已经征服了他
128 们。"❶ 保守主义者在政治中遇到的一个阻碍就是，他们有很大一部分支持者虽然表现得像是依赖于成见与训诫，但都会倾向于回避大胆的观念和精力充沛的天才。坎宁在这种令人同情的懦弱面前失败了。他曾经宣称，这个国家已经濒于财产和人口之间的激烈争斗，只有通过温和而开明的立法才能加以扭转，他知道这一点，但他病逝了。在此之后，《改革法案》的通过和功利主义观念的胜利就无法避免了。

不过，假设坎宁没死，并及时地通过华丽的辞藻和聪明的计谋俘获了那些支持皮尔、惠灵顿、纽卡斯尔的人以及诺森伯兰郡居民，那么事情的进展会有所不同吗？《改革法案》不会通过吗？可能 1832 年不会，但 1839 年或 1842 年呢？如果农业利润没有被激增的工业利润超越，坎宁又会做些什么呢？朝着纯粹民主制（坎宁将其描述为"暴政与无政府的结合"）方向发展的英国社会，就不会排挤掉托利党（无论是谁在领导它们）、不会朝着边沁式平等的理想发展吗？在整个 19 世纪，保守主义都在奋力阻止工业主义和民主这两种力量的前进，它们要比世界更强大。当 18 世纪贸易的发展以及医学和公共卫生的改善带来欧洲人口激增时，高效的、能够养活新兴人民大众的工业主义难道不是一种必然的后果吗？当识文断字、个人判断以及自

❶*The Greville Diary*, I, pp. 317 – 318.

由契约的特权变得司空见惯时，难道民主不必然要代替那个崇尚尊敬和身份的社会吗？如果这些前提是肯定的，那么，保守主义不就是在命运的外衣下做无用的挣扎吗？

然而，这些问题并不仅仅是修辞性的。1740 年到 1820 年，英国人口翻了一倍，这意味着必须要运用新的生产力，主要是机器生产力；而经济社会中各种观念的普及和契约精神的拓展，也必然需要接
129 受新的利益主体分享行使一定的权力。不过，这并不意味着，在英国全面开花的那些具体形式的变革都是不可避免的；保守主义者在自己的权力范围之内，尽量保持这些变革是在传统生活的结构内部进行，他们很好地完成了这一任务。如果没有保守主义的强烈反对，现代社会工业化和平等主义的状态可能已经成为人们需要时刻关注的恐怖事物。柏克及其有见识的追随者，明白社会变革是自然而然的、不可避免的并且也是有益的；政治家不应该徒劳地阻止整个变革的潮流，因为那样就是在违背上帝的旨意；相反，他的责任在于融合变革和训诫性的真理，从而将革命新潮引入习俗的渠道。柏克做到了，即便他认为自己好像失败了；这位保守主义者在神秘无比的人类团体中完成了自己的使命；如果说，他没有完好无缺地保存自己所热爱的旧的方式，那么他也在很大程度上修正了新兴方式的丑陋的一面。

坎宁可能也会以这种方式来调整工业和民主精神的力量与发展方向，这在当时已然迫在眉睫；迪斯雷利从他那里学会了如何运用这种审慎的能力。坎宁当时所面临的民主的直接问题就是议会改革、工业主义的迫切问题以及《谷物法》。在每一种情形中，他都是按照柏克

的方法提出相应的路线。

坎宁曾经这样说道，英国的政体是“世界上曾经有过的最务实的政府”；而且他决心去竭尽全力防止它被各种关于绝对平等和绝对权力的抽象观念所颠覆。财富、能力、知识和地位，是人们担任公职的条件；他们所要掌管的这个国家是一个伟大的共同体，它团结起来以便相互帮助和相互保护，“它尊重和维系各种不同的秩序和等级，不但允许公平而正当的社会等级，而且还完全建立在这些等级基础之上”。英国政体的智慧在于合作的精神，并依赖于一种邻里的观念：城市、教区、城镇、行业协会、同行以及贸易等都是构成国家的不同
130 有机部分。只要一些人和阶级具备做出正确判断的资格，并且是他们那个特定团体当中的富有阶层，那么就应该将选举权分配给他们；如果选举权变成一种普遍的、任意的权利，公民们就会变成政治原子，而不是值得尊敬的团体成员；那么，这种匿名的选民大众就会堕落成一种纯粹的民主，以为自己“身穿贵族长袍、头戴王冠”，但实际上却不过是谣言和庸人掌控局面而已。

人们真正要寻求的，或者应该要寻求的，并不是管理自己的权利，而是被妥善管理的权利。英国的那种反贵族式的宪制，能够有效而公正地治理社会，并密切关注、补救人们对经济和政治的那些现实的抱怨，因此可能会一直存在。坎宁也可能会补充说，假如整个政府都像赫斯基森那样管理、假如他竞选商务部和管理委员会的话，那么，可能就不会有那么多人支持激进主义者要求扩展选举权的主张。社会的变革肯定会时不时地使“承认新的人群参与政治权力”这样的主张有可取之处；不过我们应当基于这些人的集体主张所具有的特

定价值来考量他们，而不是将他们仅仅看作是个体，试图宣称某种自然中并不存在的“权利”。

只要坎宁在托利党委员会中处于支配地位，那么，激进主义者就很难煽动多大的革命热情。最后，无论有没有坎宁，某种程度上的议会改革都会到来；不过，假如他和他的学说在 19 世纪 30 年代掌管了议会的话，那么《改革法案》就很可能是一种复杂的聪明方法，它会对宪法进行修修补补，而不是基于随意的经济考虑就贸然接受大量的民众参与选举，也不会全然不顾历史关联和真实功利就废除古老的自治市镇和各种权利。坎宁以及柏克和汉普登等前辈们所任职的那些精致而古老的城镇——白金汉郡的文多夫——在 1832 年功利主义改革的时候都消失殆尽了；随之灰飞烟灭的是一些更重要的东西——代
131 表团体利益的整个观念，后者与个体观以及诸多人性缺点相对立。迪斯雷利试图复兴如下观念，即：议会代表制是一种表达各种期望、城镇精神、欲望以及经济地位的机制；然而他并没有成功，因为 1867 年的时候，自由主义的个体性学说就已经深深地植入到了英国的政治意识当中。

在接踵而至的农业与机械工业之间的斗争方面，坎宁的《谷物法》于 1827 年被否决了，这预示着在土地和工厂之间即将展开一场持久而富有远见的争斗。假使坎宁和赫斯基森关于政治经济的观点是宽泛而有耐心的，那么托利党人很可能就会这样说服大部分政敌：繁荣的农业、精神饱满的乡绅以及大量的农业人口，与曼彻斯特、利兹、伯明翰以及谢菲尔德等城市里的烟囱一样，都是至关重要的；那么，人们就有可能会认同适度保护关税背后的智慧，英国的田园生活

在那个世纪可能也只是会遭受轻微的动荡。[1] 相反，惠灵顿和大地主在1828年所获的那一点点胜利，让他们那种近乎垄断的方式只是得以延续了短短几年的时光；接着，没有什么思想的皮尔，潜移默化地接受了自由主义者自由贸易的理论；科布登和布赖特则将眼前的一切全部清除；因而英国成为世界上最彻底的工业国家，人口过剩从而危机四伏，并在品位和审美方面急剧下降；中部的黑区和不断膨胀的海港城市，而非乡村教区和密集的小城镇，越来越多地设定了这个国家的基调；而后者曾经滋养了英国的政治稳定、英国文学以及英国的成就。19世纪40年代开始，英国大量人口滑向了无产阶级的状况。迪斯雷利的强烈反对也没能扭转这一趋势；不过在坎宁那个时代，可能还是可以成就一些事情的。英国本可以维持法国、德国或美国那种相
132 对平衡的经济。这对于保守主义者来说，可能会是一个意义非凡的成就，然而他们已经错失良机了。没有人知道，英国的工业群众如何在20世纪的最后十年维持生存，他们的天然优势不断遭到削弱而对手又显露出前所未有的竞争力。

已然覆水难收，就到此为止吧。如果说坎宁没有更大的成就的话，至少他也为保守主义者指明了最有见识、最聪明的反抗策略。他给保守主义灌输了灵活的思想和广泛的目的，这使英国保守主义者的事业顽强而合理持久地发展了145年，这比历史上任何一个政

---

[1] C. R. 费伊假设赫斯基森没有死于“火箭号”列车上，并想象他于1845年在下议院中的地位逐步上升并提出固定的玉米税：每0.25盎收取5先令；而该税收将会被用于解决各种帝国纠纷——也就是假设每一种挽救英国农业的方式都会被用来缓解制造业当时忍受并使之恶化的人口过剩的问题。（Fay，*Huskisson and His Age*，I，31.）

党都要更加长久。

三、 科尔里奇与保守主义观念

“大众哲学和对哲学的拥护所产生的那种良好的判断力成就了我们!”科尔里奇在他的《平信徒讲道集》（*Lay Sermons*）中曾经写下了这句话。这个内向的人并不喜欢循环流通的图书馆和期刊出版社，因为有意传播的各种观念成为1789年点燃欧洲革命之火的意识形态。当成千上万的人发出同一个声音的时候，那么这个声音就真的表达出一种精神；不过它是上帝的旨意还是恶魔的尖叫呢？这是牧师和哲学家们必须要解决的问题。撒母尔·泰勒·科尔里奇深知这一点，因此他从未立志要成为人民领袖。他断断续续、杂乱无章地表达出自己的哲学思想，其雄辩性更容易让人联想起17世纪的圣人们，而并非19世纪的改革家们；因而，即便他的哲学思想逐渐流行开来，也不会有什么危险。尽管他熟练地掌握了英语，但他在哲学和政治学方面的读者却远远少于边沁，后者写得越多，越以令人沮丧的速度沦为迂腐而不连贯的长篇累牍。科尔里奇所谈论的是不可估量的事物和观念；而边沁所谈论的则是问题和统计学。那个时代的工业主义者和企业家们，只能理解后一种论证模式。

然而，这个志存高远的人，最终证明了自己比那位创立伦敦大学
133 的怪人要优秀得多。J. S. 密尔曾经宣称，自己认为科尔里奇和边沁都是19世纪两位影响深远的思想家；尽管继承了边沁和詹姆斯·密尔

功利主义的衣钵，但这位小密尔在很大程度上却被科尔里奇所俘获。如今，随着哲学激进主义的潮流迅速陷入集体主义的窘境，浪漫主义形而上学者的那些理想主义的前提和诗意的直觉，成功地存活于那种有争议的基础当中，而两种学说在整个19世纪都是基于这一基础不断辩论。边沁将自己的学说建立在洛克和哈特利的机械理性主义和启蒙运动者那种冷嘲热讽的怀疑主义的基础之上；而科尔里奇所追随的则是教父和柏拉图，并宣称，尽管18世纪满是各种启蒙者，但极度匮乏真正的启蒙。前一种学说基于否定，后一种则基于希望；而且，无论一种破坏性的哲学在当下可能有多流行，一种肯定性的哲学在长远来看一定会战胜它，除非文明自身的组织结构首先瓦解。

作为一个哲学家，科尔里奇替代了那种令人敬畏的英式基督教思想：他继承了胡克、弥尔顿、剑桥柏拉图学派、巴特勒以及柏克等人以各种方式追随的传统。康德和施莱格尔的著作对他产生了不好的影响，约翰·斯图亚特·密尔曾错误地假设科尔里奇的形而上学理论来自于德国。这里我们没有足够的篇幅来充分讨论他的形而上学，不过洞悉世事的巴兹尔·威利曾经非常出色地简短评价了科尔里奇的思想。❶ 用约翰·斯图亚特·密尔的话来说，每当边沁思考一种被公认的观点时，他都会询问："这是真的吗?"而科尔里奇在面对同样的观点时则会询问："这是什么意思?"这是柏克的遗风——从来不因为成见是成见而加以谴责，却是将它们作为人类集体性的意见来加以检验，并努力明确其中所具有的潜在意义。边沁认为，科学分析和统

❶Willey, *Nineteenth Century Studies*, pp. 1 – 44.

计学方法能够保证准确性。科尔里奇则坚持认为，我们永远没有办法
134 在抽象层面来回答一种观念到底是不是“真的”，就好像我们可以将它与人类环境剥离开来似的；所有古老的观念都包含真理；因此我们应当试着去理解和解释它们。因为，缺乏信仰和直觉的理解力，永远都不足以使人类变得明智。科尔里奇将“理解力”和“理性”作了区分，他认为，“理解力”不过是一种反思能力，依赖于容易出错的感官，是一种生理知觉；而“理性”则是一种更好的能力，它运用我们的直觉能力，是超感觉的部分；理解力考虑手段，而理性则考虑目的。哲学上的激进分子们将整个超越肉体的、冷冰冰的知识王国都排除在各种计算之外，因而会使人类接受一种无神论和死亡的哲学，并抹掉生命的精髓，而正是这种精髓使生命有机体得以长久存活。这种抹去人类更高直觉的做法始于笛卡尔和洛克，边沁主义者则试图将它运用到一种不信神的、无意义的、宿命论的终极结论当中去。

柏拉图比所有最认真的统计学家都懂得更多，后者只会将科学贬低为一种没有想象力的、记录观感现象的学科。人类不会推动自己，不会通过哈特利那种可笑的联合的方式，朝着道德存在的方向去努力。并非如此。人类受到一种外在于自身的力量的驱动，这种力量通过观念而起作用。一种观念就是一种不可改变的精神事实，它通过直觉能力而与人类密切相关：宗教信仰的教义、道德原则、数学定理以及纯粹科学的各种定律，都是通过直觉（不同的人具有不同的直觉能力）来理解的；而且这种知识是无法通过其他方式获得的。我们不能仅仅通过理解力就获得各种观念；观念能够统治世界，无论人们是否很好地理解了它们。边沁主义的思想、政治经济学家们的思想，

并没有超越有用但有限的理解力，因此永远不会达到一般的真理，而只是获得一些具体的手段和方法罢了。如果没有信念（信念是真正理性的产物）来约束理解力，那么人类首先就会在精神上枯萎，接
135 着就是身体上的死亡。科尔里奇在第二本《平信徒讲道集》的前言中将功利主义者讽刺比喻成一个老眼昏花的哲学家，“絮絮叨叨，热烈地关注那种无限的因果链”；而这不过是一连串的瞎子，一个接一个，牢牢地抓住前面那个人的衣襟，满怀信心地大踏步向前。“谁在前面引导着他们呢?”科尔里奇如此问道；那位充满鄙夷的圣人告诉他：“没有人；这一连串的瞎子会一直这样走下去，而且没有人引导；因为即便有一个瞎子跌跌撞撞，也会有无数个瞎子来弥补视觉上的期望。”❶

科尔里奇主张，这一理论只是双面兽的另一面而已。各种形式的生命由于一种力量而生机勃勃，这种力量又并非来自于它们；这些生命通过教育而不断进步。“广阔而神秘的生物链的最底层，有着一种极为隐秘的个性化尝试，但这种尝试在纯粹自然界几乎消失了。在更高一点的层面，个体更为显眼且独立，但从属于人当中的任何事物。最终，动物进化到与人类本性之最低力量大致相当的水平。我们的一些自然欲望，只有当作为最高力量运作的手段时，才能存在于我们在世界上的最佳状态当中。”❷ 目的与旨意，来自于上帝；这个旨意创造了人类，并在当下以各种我们无法理解的方式指引我们奔向各种目的，尽管我们的理性都不能清楚地理解这些目的。上帝的旨意通过我

---

❶Coleridge, *Lay Sermons*, pp. 149 - 150.

❷*Table Talk*, p. 52; see also *Aids to Reflection*, p. 105.

们虚弱肉体的各种本能和直觉而发生作用。因此，那个将物质主义者、机械主义者以及功利主义者作为自己人生目的之导师的人，就是一个孤立无援的傻瓜。

前文所提及的科尔里奇的形而上学摘要当中，并没有充分地体现他所具有的这种明确的信仰和富有洞见的智慧；后者在英国宗教信条的复兴当中成为主力，又在被 18 世纪理性主义打击之后变得极其荒凉无力（除了卫斯理主义的那种反理智浪潮）。科尔里奇预示了基布尔和纽曼后来的生涯；他从休谟那里将虔诚、敬畏以及超验的形而上学拯救了回来；他还引导牧师从站不住脚的《圣经》崇拜，转向保
136 卫理想主义。他甚至走得更远：甚至比柏克做得更好，他表明宗教和政治是不可分割的，其中一个的衰败必然要导致另一个的衰败。要保护道德秩序就必须同时保护我们的政治秩序。教会（基督教教会抑或“一次幸运的意外”，是其中一种形式，与教会观念本身并不完全一致）不仅仅与国家休戚与共，而且与国家一起共同构成了一个整体。基于权宜和便利的考虑，我们可以将实际的政府运作与宗教权威分离开来；但在最根基处，教会与国家永远结合在一起。

这就将我们带到了科尔里奇的社会保守主义理论。他不仅仅是一个“政治基督徒”，他还反对原子式的个人主义和边沁学派的那种统计学的物质主义；因为他深知，如果功利主义者成功地败坏了国家所具有的宗教性意义，那么他们就会抹去秩序的观念；而且如果他们成功地说服人们相信我们不过是各种感觉的复合体，那么，他们就会蒙蔽人类，使之无法看见自己那些超自然的、永恒的希望和目的。一个追求纯粹民主的人，是一个实际的无神论者，他忽视了法律的神圣本

质以及神圣的精神等级制度；他无意识地成为恶魔摧毁人类所使用的工具。如果将严肃的神秘性与各种各样的人类生活，贬低为最大多数人之最大幸福的虚伪的数学原则，那么你就在世上建立了自命不凡者的暴政，精神世界成为一个寂寞空虚的地狱。"你的幸福模式使我无比悲惨。给尽可能多的人创造尽可能多的利益，的确是一个人给自己提出的绝佳目标；然而接下来，为了不因为你的特定观点（它们可能与别人截然不同）而牺牲他人真正的利益和幸福，你就必须要对其他人也这样做，这样做的理由对所有人适用并听起来是为了所有人的利益。从这个意义上来说，你精致的利益最大化理论就不过是一种老生常谈。"❶ 当哲学上的激进主义否认直觉理性的存在时，他们就失去了评判什么是好、什么是坏的标准，并因此不可能知道怎样为人
137 民谋取利益，以及怎样寻求自己的利益。人类的政治，尤其是爱管闲事的改革家们的政治，都是视自己的宗教而定的。

《援助法国革命论》（1825 年）（*Aids to Reflection*）是科尔里奇对神学和形而上学最重要的贡献，《教会与国家的宪法》（*The Constitution of Church and State*）（1830 年）是他主要的宗教—政治著作；从前一本著作到后一本著作的转变是自然且容易的。在科尔里奇的脑海里，宗教与社会从来就不是独立的实体；即便他在年轻时代热切追求法式自由的时候也不这么认为；直到 1817 年和 1818 年，他出版了《平信徒讲道集》，他的确意识到：只有通过求助于宗教情感，国家才能得以维系；同时，只有维持一个能够意识到自身道德实质的国

---

❶*Table Talk*, p. 135.

家，教会也才能得以维系。H. N. 科尔里奇这样说道："基于如下两个方面的原因，他将自己观念分成了托利党和保守党：首先，概括地说，是由于他深信自由和真理的事业，已经受到了民主精神的严重威胁，这种民主精神日益迅猛地发展，并毫无疑问地预示着暴政的到来。其次，具体而言，对他来说，国家教会是自己热爱的国家的最后避难所；而且他看到辉格党人就要与另外一些人联手了，而这些人所公开承认的原则会让自己放手掠夺这个国家。"[1]

克兰·布林顿机灵地区分了三种保守主义者：一是字典式的保守主义者，他们按照事物本来的样子加以接受；二是嫡亲的保守主义者，他们嘲笑时代的变迁，将历史完美化；三是哲学上的保守主义者，"他们构建出一种连贯而不受时间影响的结论，并将之应用于政治中人的行为"[2]。作为柏克的门徒，科尔里奇是第三类保守主义的高贵代表，他在《平信徒讲道集》中就开始系统性概述那种基于各种思想的保守主义。

这本讲道集写于拿破仑战争后的经济大萧条时期，它号召上层人士和中层阶级要奋起超越边沁式的激进主义。如果秩序自身没有思
138 想，那么它就不能持久；在当前的不满中，那些社会领袖必须强化那些有原则的权宜之计。"历史本身不过是一头迷恋过往、往后倒退的独眼兽：如果这种狭隘的经验没有诱使它的崇拜者在实际上坠入时代错误，那么，我们就该感激自己拥有一种幸运的、外部环境与偶然性

[1] Preface to *Table Talk*, p. 10.

[2] Brinton, *op. cit.*, pp. 74 – 75.

的巧合了；至少我们像现在这样将所有的事物都计算在内了。”[1] 科尔里奇在寻求原则的时候，可能比柏克要走得更远；他怀疑历史是否足够作为一种引导，人们不能完全依赖于历史知识，而是必须要寻求政治的目的、神意给国家所设定的目的；这可能只有在社会思想中才能得以明确，而我们的直觉让我们能够隐约地瞥见这些社会思想。一种虚假的关于政治思想的观念，是导致法国大革命的一个重要原因；只有一种真实的观念才能挽救英国免遭同样的谬误：“对于大多数人来说，即便是在文明国家，思辨哲学都是，也必须一直是未知的领域。同样真实的是，基督教世界所有的塑造时代的革命、宗教改革以及相应的文化、社会和国民习惯的变革，都与形而上学理论的起起落落相一致。能够真正驾驭社会机器的思想少之又少；而事物的间接后果比可预见的直接后果要更复杂更重要。”然而，在我们试图理解各种思想的时候，我们必须要慎之又慎，因为混淆实际考量与抽象概念正是雅各宾派所犯下的严重错误；“他们把抽象理性应用于那些完全属于经验和理解力层面的对象”。

科尔里奇继续论证道，审慎地考察当前的这些不满表明，国家陷入困境的根源在于“与商业精神相平衡的东西有所缺失或比较微弱，因而使商业精神占据了更多的比重”。如果加以恰当引导的话，商业本身对于整个国家来说是必不可少的；然而功利主义的精神已经堕落为不可控制的贪婪；“人们普遍忽视了艰深严肃的研究，长期且不利
139 地遮蔽了哲学，生理上和心理上的经验主义窜改了那个值得尊敬的名

[1] *Lay Sermons*, pp. 46－47.

字，并且不存在有见识和哲学思想的公共领域（这可能是唯一一种无害的‘国中之国’）”，这些都影响了我们对商业进行道德上的检验。反对贪婪思维的那种古老的贵族式成见衰落了，（禁止贪欲的）基督教正统信条被诸多激进的异端逐渐削弱，出现了高地清理运动❶，农业堕落为粗俗的挣钱的考量。所有这些方面，都体现出那种广泛而贪婪的对利润的关注，它们多方面阐明我们错误地混淆了各种价值观。一位政治经济学家曾这样告诉科尔里奇：“这次革命一个结果就是生产出了更多的粮食，羊总是要被吃的，在什么地方被吃有什么差别吗？如果是在曼彻斯特养三只羊还是在格伦科或特罗萨克斯养两只羊之间做出选择，那么，人类出自享用的平衡会支持前一种。”科尔里奇看到了“体力劳动者”在工厂之间来来回回，他不同意这位有见识的人所提出的观点。“我仍然认为，我们应当去衡量人，而不是去计算人数；他们的价值应当是其身价的最终估算标准。”

农业行为与国家行为一样，都需要因果知识。农业原则与贸易原则并不完全相同，地主所拥有的各种权利与各自的义务是相平衡的。农业的终极原因与国家的终极原因是相同的。国家有两种否定性的目的：自身的安全、保护人和财产；与之相应，国家也有三种积极性的目的：使每个人都能更容易地获得生存手段、保证每个成员都有望改善自己或子女的生活状况，以及发展人之为人亦即成为理性和道德的

❶高地清理运动是指英国18世纪到19世纪伴随着农业革命而来的运动，大量的人被迫从苏格兰高地转移，土地被圈禁用来养羊。这场声势浩大的系列运动进行了上百年，由于缺少准备所以造成了极其残忍的后果，而且变化极其急剧以至于与传统断裂，并严重破坏了盖尔文化。——译者注

存在所必须具备的那些能力。一旦明确了这些目的，我们就必须改革自己的路线，改正我们的方法，并使自己成为更好的人。“让我们减轻那些不能治愈的痛苦，安慰我们无法释怀的悲伤，然后就依赖万王之王经由先知之口而给我们的应许，‘你们在各水边撒种的有福了’。”

莫斯里和金斯利的那种基督教社会主义的种子被播在了这里，尽
140 管科尔里奇本人并不认同索西所表达出的那种朝充满仁爱的福利国家发展的期望。他认为，制造业必须要加以规制；否则改革的希望就寄托在社会各阶级自身道德水平的提高之上；寄托于基督教教育和他们能从物质主义的理论中自我救赎。这种道德觉醒所应当假设的雏形，在《教会与国家的宪法》和《依据每个人的观念》（*According to the Idea of Each*）这两本书中都有描绘。

我们应当注意该书名的修饰性定语，科尔里奇并不是在写他所处那个时代的宪法，也不是英国历史上任何一个特定时期的宪法；他是在写教会与国家之关系的那种思想，是“凭着对其各自终极目的的知识或感觉而生成的”应然建制。思想是存在的，没有人能够清楚地加以表达，甚至没有人能够有意识地觉察到它们的存在。只有少数人掌握了思想，大多数人都是被思想所掌握。上帝的旨意从一开始就规定了宪法的发展，我们很难隐约地从国家的起源与发展中洞悉它的目的，但这个发展过程会给我们提供线索。因此，思想在本质上就是一种预言。卢梭混淆了各种理论与事实相关的思想，从而错以为社会契约论曾经在历史上发生过。类似于这样的事情从来都没有发生过，柏克将社会契约论理解为上帝和人以及诸多社会元素之间所订立的一

种“原生的”契约，这种灵性的事实只能通过灵性的知觉才能感知得到。从这个意义上来说，社会契约论真是一种天才的想法。

国家的观念就是“一个谨慎而有策略的、自身包含统一原则的有机体”；而且它的统一是“各种对立利益之间相互平衡与依赖……及其永恒和发展”的结果。永恒根源于那些拥有大量土地的人的利益，而发展则根源于那些商业、制造业的阶层以及负责分配的人和专业人士。大大小小的贵族们——受封的爵士、骑士或富兰克林们——构成了英国的永恒利益；而市民阶级则构成了英国的发展性利益；这两者对于国家利益而言都至关重要。这些阶层都已经包含在议会的两
141 院当中，国王起到平衡的作用。（然而，国王所做的远远不止这些：他是国家教会和知识分子的首领，是这个国家的保卫者和最高受托人，还是整个民族的领袖和君主。）

除了以上所说的两种财产，还有第三种：知识分子或文员，他们服务于一个国家的教会。他们的职责就是维系和促进道德教化。有一部分国家财富被预留来给他们作为基金，科尔里奇称之为国家财产（the Nationalty），以便与私人财产或私人拥有物区分开来。知识分子的部分职责在于为神学服务，另一部分是促进国民教育。这一阶层中的某些成员应当参与学习和冥想，最重要的是给民众普及各种知识。尽管基督教教会具有这些功能，但这些功能并不仅仅属于基督教教会，它们是任何一个国家的、信仰任何一种宗教的知识分子们所应当担负的责任。知识分子是教化的主体，他们获得养料的手段——国家财产，不能正当地与教会相分离。国王和宗教改革中的贵族掠夺了大量的国家财产，这一天平需要加以纠正，以使国民道德和品性的培养

能够进行。(在谴责都铎王朝的没收行为时，科尔里奇——与作为助手的科贝特——是第一序列的思想家：在他之后是迪斯雷利，迪斯雷利之后是贝洛克。）这就是宪法的思想，英国现有的事物状态不过是一种近似的理想，有着大量的瑕疵和很多不和谐的地方；明智的改革家的任务并不是颠覆现有的秩序，而是对其加以改进以使它能够更加接近于教会与国家的理念。

科尔里奇所希冀的是这样一个国家：它由绅士和学者根据较高的道德原则来掌管事务；在这个国家中，有财产的人认识到那些与土地相关的义务以及自己随之而来的那些权利。这会是一个贵族式的，甚至等级式的社会；然而正义与智慧在这个国家当中会比现在占有更多
142 的比重。各个阶层在这个国家的政府当中会被更加谨慎地代表，而当前拥有土地的人占据优势的局面会得以改变。国家将会收回很大一部分已经被私人牢牢占有的财产；道德和人性的规则也会归还给人民大众；英国的教会也会接受国家教会的这种思想，目前它们被贬低得只允许成为一个教派而已。这一谋划在一个世纪之后成为迪斯雷利和保守主义改革家们的灵感源泉。

科尔里奇知道，现代性的浪潮与这种复原的谋划以及保守主义的发展都是背道而驰的。教育脱离了牧师的掌控，并在培根式的格言——知识就是力量——下经历变革，被人们根据经验和功利主义的原则而改变，被贬低为机械艺术和材料学；伦理学退化为刑法汇编和关于公共环境的长篇大论。目前的这种被贪欲所支配的国民经济，已经被迫成为一种同质化的工业主义；接下来要出现的就是国家财产的掠夺，这种财产的大部分（由地主和股票经纪人所拨付）仍然被用来

支持公共教化。古老的真理正被“那种上升到机械论哲学高度的机械粒子理论”、“国家本质、抑或替代《创世纪》前十章内容的那种解释人类起源的黑猩猩进化神学（Oran Outang theology）”所取代。轧棉机成为穷人的特权，犯罪率翻了两番，政府受到成群结队的熟练工人们的威胁，他们依据抽象的、与义务相脱离的、不可剥夺之权利的理论而行为。议会中的那些自由主义和功利主义的领导们，没能理解“国家知识分子或教会”的宏大观念，这是“正当建构的国家所具有的本质性要素”，它想要不带这种观念而最佳地保障其永久性和不断发展。于是他们寄希望于拥有大量土地的社会、兰开斯特城学说
143 以及“从胡乱命名的大学而来的各种长篇大论”。这个国家正在不断堕落，臣服于全知全能的议会、挑衅宪法的约束、蔑视国家中其他成员的特权，并用数量上占据大多数人的那种冲动的念头代替正义的观念。科尔里奇责备边沁主义者说，你们公开支持那种普及知识的热情，而你们却没有理解知识这一观念：

> 然而，你们渴求普遍的启发；你们会加快社会脚步，想要启发上层阶级。因此，你会试着从普及科学开始：但你只会使它平民化。如果想要使所有的或很多的哲学家们，甚至是很多人具备科学和系统性的知识，那是非常愚蠢的。不过，使尽可能多的人保持清醒和笃信宗教，则是一种义务和智慧了；国家为了自身的安宁和不朽典范的缘故（与公民们作为个体在精神上的兴趣无关），需要其公民具备相应的道德；而这种道德只有当人们信仰某种宗教时才得以存在。

> 然而，有一种真正的哲学、沉思的个体（国家统治者和教师们）在统一体和观念的原初镜像中所拥有的权力与习惯，对于维系各阶级的宗教稳定状态而言是必不可少的。总而言之，宗教无论真假，都是也一直会是一个国家的逆重力，所有其他的事物都必须也必然会使自己与它相适应。❶

这就是这个时代的精神。尽管真正的思想只是被传达给少数能够真正理解的人，但最终也是渗入了人民大众当中，并在这些人当中变成了有力的成见；如果宪法、教堂以及国家的思想形成于社会领袖的理性当中，那么他们就大概能成功地破坏功利主义者对于公共行为和个体精神的腐蚀。我们并不寄希望于这一代人，而是下一代人或下下代人。

《教会与国家的宪法》对于当时的事业进程并没有产生多大的影响。在它出版两年之后，议会屈服于革命暴徒以及格兰伯爵和约翰·罗素勋爵的竭力坚持；这表明，1832 年的《改革法案》彻底忽视了
144 英国宪法的思想。科尔里奇说，改革者忘记了，如果恰当地理解的话，一个国家的观念就是一种贵族制的观念；民主就像一股健康的血脉，它在静脉系统中不断循环，但它不应该显露在外表。当时的确迫切地需要改革议会代表，但 1832 年的改革只是创造了新的恶魔：“现在，我们知道了不好的东西，也了解了我们的期望。我们要做的就是抛弃那些既定席位——事情本身就证明了这样做的必要性，并重新开

---

❶*The Constitution of Church and State*, p. 79.

始执行一种严格的区域代表制。”这会忽略议会改革的真正需要，那就是认可新英国的帝国利益，这种利益形成于过去的那个世纪。“所有人具有的那种卑鄙倾向就是要毁灭我们的民族性——它在很大程度上存在于我们的代议制政府当中，并要将其转变为一种贬低性的、人民大众的代表。只有当代表体现国家利益时，才会有民族统一性；如果仅仅是代表个体本身的各种激情或期望，那么，这种代表不过是条由细沙做成的绳索，一碰就碎。”1832 年的改革剥夺了绅士们的权利和那种真正的爱国热情，从而将政治权力的平衡交给了杂货店老板们，任何一个阶级中的那些最不爱国的、最不保守的人。改革者借助于各种手段来威胁上议院，并破坏了重要秩序的独立性和宪法的和谐。“如果只是扩展选举权本身，那并不是什么罪恶：我会很高兴地看到它得到极大的拓展——这本身并没有危害，祸害在于要将选举权在名义上加以扩展，要以这样一种方式拓展到这样的阶层当中，以至于不可避免地导致了这样的一些后果：上层人的公民权利在实际中被剥夺，下层人并不满意，同时产生了特权阶层。”多年以后的结果就是，民主脱离了宗教的神圣指导而变得粗暴残忍；紧接着，“直接性的个人专制统治就会一步步逼近；之后，人民大众就会一直满足于毁灭和损坏这个国家的那些古老的制度”。

科尔里奇抱怨道，英格兰的那些古老典范屈服于股票经纪人和现
145 代政治经济学家们；屈服于那些意图使社会私有化的人，以及那些将以弗所神庙的基木挖出来当作蒸汽机燃料的人。（120 年之后，国家煤炭局真的对汉密尔顿宫、文特沃斯林屋以及其他一些名门望族的历史遗址做过这样的事情。）在颠覆国家之后，他们接下来就是要颠覆

教会——“我们国家最后的残留物”；知识分子们，无论是牧师还是教师，在功利主义社会当中都会一文不名。然而，自由主义者和功利主义者会得到比自己要求的更多：

> 你们是否记得，内克尔曾经请求人民来帮助他反对贵族制。人民奉他之命迅速赶来；然而，在完成使命之后他们却不怎么愿意离开了。我希望格雷勋爵和他的朋友们不会陷入魔法师们的悲惨境地——魔法师们点燃了激情与痛苦，召集魔鬼为他服务。魔鬼们奉召而来，拥簇着他，大笑着、号叫着、飞舞着、随着魔鬼的音乐摆动着自己的尾巴；然而，当魔鬼们问他想从他们这里得到什么的时候，这个可怜虫被吓得不知所措，只能结结巴巴地说：“我亲爱的朋友们，我恳求你们下去吧！”魔鬼们异口同声地回答道：
>
> “会的！会的！我们会下去！我们会下去！但是，我们会带着你一起游下去或淹死！”❶

边沁和改革者所主张的那种沉闷的原子式个人主义，依赖于人们差劲的判断力，依赖于这样一种假设，即受到启蒙的自我利益会取代任何一种老朽的虔诚，并只会为了自身的目的之故。它所引发的反应是冷冰冰的集体主义，与功利主义学说一样缺乏理想。边沁和曼彻斯特学派所主张的那种激进自由主义，已是明日黄花；但保守主义的思

---

❶*Table Talk*, p. 118.

想体系却得以存活，这部分地是因为科尔里奇洞察到理想的现实、想象力的作用以及宪法的神圣性。

四、 抽象概念的获胜

如果说，边沁和詹姆斯·密尔是1832年改革的最直接的灵感来
146 源；那么，法国大革命的胜利和工人阶级的乌合之众焚烧诺丁汉姆城堡和布里斯托尔宫殿教堂的暴行，则是通过《改革法案》的直接原因。“我只听说了两种有分量的支持通过该法案的论证，”科尔里奇在3月份曾这样说道：“实际上就是以下两点：一、如果你们不通过，我们就打爆你的脑袋；二、如果你们不通过，我们就拖着你蹚过饮马池。这两种理由都是强有力的。”边沁和斯科特在改革的当年就死去了，科尔里奇两年后逝世。柏克为了传统而进行的充满激情的辩护，让英国的宪法保持了近半个世纪没有发生改变；如今，这道大坝已经决堤，平等主义的洪流开始淹没英国社会。

“为人民代表提供一条法案”，这种抽象的“人民”概念因此第一次进入了英国宪法。在此之前，人民并没有被认为是同质化的大众，他们可以基于一种数学的基础、按同等的区域而被代表。这是一种功利主义的、工业化的概念，它混乱地接受了新生无产阶级的存在。在此之前，人们是以他们的团体身份获得代表权的：如作为城镇的自由民、地主佃户、大学毕业生，或某种贸易或职业的成员等等。以前的议会都是体现统治区域内的不同利益，此后它就要代表“人

民”了，据说这个“人民”的意愿是至高无上的，然而并没有真正共同的、能让坦率的政治家们认识到的思想或目的。卢梭、边沁以及黑格尔他们所说的那些抽象概念，已经成为英国法律的一部分。此前的政府一直被认为是一种有关国家重大利益的安排，它是为了相互的利益，由人们自愿贡献亦即交税而资助；此后的政府就会越来越倾向于一种抽象的制度，披着奥斯汀式“主权”的抽象外衣而引导社会，仿佛这个国家就是一个巨大的重新组成的圆形监狱。

历史学家们已经相当严肃地考察了《改革法案》。一个世纪之后
147 的赫恩肖在讨论影响深远的学说时，曾这样说道，1832 年的法案并没有改革旧的宪法，而是创造了新的。它的某些条款是有益的，比如重新调整议院席位以与新城镇不断增长和旧城镇不断衰落的局面相适应、削减自治市镇的既得利益，以及赋予某些值得享有充分代表权的阶层以选举权。然而，它的前提和方法并不适合于一个庞大的、具有政治经验的国家。[1]

充满想象力的科尔里奇要比格雷和罗素好得多，他理解了议会改革的合理实质。——J. S. 密尔在多年之后这样写道。科尔里奇当时就已经看到，那次改革并没有什么原则；同时他也知道，没有原则的手段就是不道德的手段。他意识到，那次改革几乎形成了革命，而它本身并没有什么能够纠正那些推动它的原因。如今，好像各方都同意科尔里奇当时的观点是精准的。密尔继续说道：“《改革法案》并没有经过物质上的计算，以改善法律的一般结构。它所成就的巨大好处主

---

[1] Hearnshaw, *Conservatism in England*, pp. 190 – 191.

要在于，作为如此巨大的变革，它消除了人们对大变革所具有的那种非理性的情感。”[1]

从20世纪的视角来看，这似乎是表达了某种令人奇怪的对1832年的歉意。密尔列举了《济贫法修正法案》和《一便士邮费法案》（Penny Postage Acts），以证明大众热心于巨大社会变革会带来的好处。自由主义相信人类发展永无止境，它认为1832年之后的伟大变革会限于促进人道主义的立法。如果科尔里奇知道自己受到一位哲学家的崇拜——该哲学家认为《一便士邮费法案》几乎足以弥补对宪法理念所造成的破坏，他自己会感到非常可笑。在所有的西方国家，功利主义蚕食了各种理念，而民主则吞噬了古老的宪制；紧接着，欧洲各国举杯庆祝重大进步；然而从宗教战争开始，它们就陷入了一种空前的、撕裂对方的狂乱当中。“古老的宪制轻而易举地衰落了，”斯科特在日记中写道：“米拉波没有恐吓要袭击，莫里没有雄辩地为之辩护；它就像一个孩子的破旧玩具，直接被扔掉了。唉，算了，我
148 们要信任人民具备良好的感知能力；我们要看看它会给我们带来什么。克伦威尔对那些自负者的诅咒，将我们带回了这段历史。都过去了，哀悼那些无法矫正的事物是徒劳无功的。”[2]

---

[1] Leavis, *op. cit.*, p. 152.

[2] *Journal of Sir Walter Scott*, *1829 – 1832*, pp. 154 – 155.

第五章 南方保守主义：伦道夫与卡尔霍恩

如果想要在未来进行变革的话，“那些热衷变革、喜爱混乱以及想要点燃热情并使之沸腾的人，都可能会投票赞成。然而，你们要通过什么样的魔法和准则来联合所有的人奔向未来呢？谁来守护这些守卫者呢？”

一、南方人的冲动

罗阿诺克的约翰·伦道夫是美国历史上最非凡卓越的伟人，他在1829年弗吉尼亚州的宪法会议上曾经说出了上面那段话。克莱顿夫人（Madame de Châtenay）对朱伯特的描述也适用于伦道夫：“他就像一个精灵，偶然找到了一个身体，并想方设法使之成为最好的。”那次宪法会议上的他，身材颀长，形容枯槁；却双目炯炯有神，像天使又像魔鬼；用骨瘦如柴的手指打断了近30年前对蔡司大法官的指控；他那饱经沧桑的面孔，一半似孩童、一半似僵尸，又黑又直的头发勾勒出整张脸的轮廓，这都让人回忆起他的祖先波卡洪塔斯；他那脱口而出的雄辩口才像预言家一样激励了整整一代人；国会和整个美 150 国都关注着这位政治上的被遗弃者、有钱的贵族式代言人、蓄奴的黑人朋友、老派的大农场主、不切实际的决斗者、反对腐败的狂热者以及毫不妥协的圣米迦勒；他不偏不倚地痛恨和公开指责亚当斯、杰斐逊、麦迪逊、门罗、克莱、韦伯斯特和卡尔霍恩。终其一生，伦道夫都用白兰地来缓解病痛，后来又转向了鸦片；然而疾病还是在他六十岁的时候就夺走了他的生命。他经常能看见魔鬼靠近；还曾经对一个前往罗阿诺克那所孤零零的小木屋拜访他的游客说："隔壁房间有一个人正坐在书桌前，用死人的手写着死人的遗嘱。"同时，他也是一个天才，是南方民族主义的预言家和南方保守主义的缔造者。

南方各州中的保守主义政治政策，可以从制宪会议上的乔治·梅森一直追溯到这一代的南方国会议员，它深深扎根于四种情绪：一是讨厌改变的那种惰性；二是维护农业社会的决心；三是对地方权利的热爱；四是对黑人问题——内战之前的"旧时美国南部的黑奴制度"和此后的种族分界线的敏感。在早期共和国中，前三个问题远远超过了最后一个；然而，到了 1806 年，黑人奴隶的困境逐渐上升至国家政治中最突出的问题；再到 1824 年，约翰·伦道夫指出，奴隶制问题不可避免地关系到我们的宪法结构、国家权力以及内在发展是松散的还是严谨的。因而在此之后的那一年，关于奴隶制的争论便搅乱和模糊了各种关于南方政治原则的分析：例如，历史学家们就很难辨别，对于国家主权的那种热爱止于何处，而那种与利益相关的、要将奴隶当成财产的请愿又从何处开始。伦道夫和卡尔霍恩故意让与关税有关的争论（其背后的问题是：究竟是工业利益还是农业利益应该在美国占据主导地位），和关于地方自由的争论，以及奴隶制的争论缠绕在一起；因此他们能够将大量奴隶主聚集到自己的阵营里，而这些奴隶主本来很可能对上述重要的问题漠不关心。阿波马托克斯投降
151 多年以后，在退伍军人联盟大会上，那位高尚而质朴的骑兵将领内森·贝德福德·福里斯特从他的老部下那里听了很多高谈阔论，算作是为失败的原因作辩护；却很少提及奴隶制。接着福里斯特站起身来，满脸不悦地宣布说，如果不是考虑到自己是在为了保持自己和亲人手中的那些黑人奴隶而战，他无论如何也不会在一开始参加战争。人类的奴役制度对于保守主义者而言是一个非常糟糕的立足点，不过我们也要记住，废奴主义者的那些疯狂的要求和期望，也不足以成为政治体面的牢靠基础。对于整个残忍的奴隶制问题来说，并不可能有令人满意的答案；在19世纪六七十年代早期，这个问题在争论的每一方都扭曲并污染了美国的政治精神。如有可能，我将在此处搁置这个有倾向性的关于奴隶制的争论，转而去深入考察：在废奴主义者高谈阔论和南方咄咄逼人的口水战背后，伦道夫和卡尔霍恩阐明了什么样的保守主义观念。

弗吉尼亚人和南卡罗莱纳州的人，一开始（追随一种时尚）都是民主主义和激进主义者。议员约翰·伦道夫在不满30岁的时候就成为美国国会的精神领袖；1800年联邦党在大选中分崩离析之后，他与杰斐逊一同欢庆，并决心去打破联邦司法制度中的那种保守主义力量。10年以后，议员约翰·卡尔霍恩差不多也是在这个年纪成为

一个好战分子、一个民族主义者、一个要牺牲联邦以谋求国家进步的倡导者、一个完全的革新者。然而，伦道夫成为柏克在美国的门徒；卡尔霍恩则被他早期的那些对手变成了一个意志坚定的人，坚定不移地反对“进步”、中央集权以及抽象的人道主义。他们之所以成为保守主义者是因为他们觉察到，强劲的世界潮流并不是朝向自己所热爱的那种宁静的、农业的、老派的生活而涌动；相反，它是要通往一种统一的、工业化的新秩序。他们聚集在南方种植社会；从 1860 年到
152 1865 年，整个南方都全力支持伦道夫和卡尔霍恩的各种观念。

在联邦主义的保守主义（尤其是汉密尔顿所倡导的那种）与梅森和迪克逊在南方所发起的那种保守主义之间，有一道不可逾越的鸿沟。联邦党人认为，某些古老的社会价值，如财产安全、稳定的政府、对宗教信仰的尊重、对人与人之间的有益差别的认可等，最好是由一个强有力的共同政府来加以保护，这样的政府拥有广泛的权力，并在实际中能够无限地扩展。而南方人则深信，无论是政治上的还是经济上的联合，都会破坏传统并将在美国确立一个独断专行、全权的一统国家，会为了占据主导地位的大多数人的利益进行操控，并在这个大多数人中为了新工业主体的利益而听从首领的吩咐。（马歇尔和平克尼所领导的南方联邦主义，在 1800 年以后逐渐瓦解或萎缩成一种模糊的辉格党主义。）在现代美国（我们可以说保守主义在哲学层面上仍然存在于政治家的脑海当中），以上两种保守主义的冲动无论被怎样扭曲，都仍然相互竞争，同时并肩反对他们共同的敌人。

除了伦道夫、卡尔霍恩以及近些年的某些南方作家，少有人能够很好地为南方的思想进行辩护。边远社会几乎总是饱受这一缺陷之

苦；而城市则又盛产诡辩家和狂热者。然而，在来自南方的那些演说家们充满暴力的话语背后，以及个体市民们所表现出来的懒散背后，我们可以依稀辨认出一系列设想和特征，尽管它们被表达得非常隐晦却不乏真实；尽管人们早就暗示过这些了，但可能我们仍然需要进一步的考察：

一、偏向于缓慢的自然变化过程，与人为的变革相区别——也就是一种“慢慢来”的精神；我们会经常在温暖的土地上遇到、在边远地区的人们当中感受到这种冲动，它又由于野蛮的北方人的猜疑而被强化；这种猜疑始于 17 世纪，至今仍然存在。

二、深沉地热爱农业生活、轻视商业贸易和制造业。这种观点有
153 着有趣而复杂的根源，它与旧时南方煤炭资源的匮乏一起，造就了一种普遍的南方式的决心：既不为北方的那些狂热者所动而实现工业化，同时也不屈服于那种通过关税来补贴北方工业的税收政策。

三、一种坚定的社会的和政治的个人主义，在有些方面甚至比新英格兰的个人主义更加强烈。那位南方白人❶引以为傲的独立性，使他从各个方面憎恨那种比自己所属县郡法院更加遥远的政府；与此同时，由于南方缺乏新英格兰地区的那种城镇会议，因而使得南方公民无法像通常意义上那样去自愿同意政府的各种法案，这些法案有时候可能会修正那种麻木不仁的个体主义。这种倾向使南方人能够最连贯地倡导地方自由和国家权力。

---

❶指罗伯特·爱德华·李（Robert Edward Lee，1807 年 1 月 19 日—1870 年 10 月 12 日），出生于弗吉尼亚，在美国南北战争中，他是美国南方联盟的总司令。——译者注

四、一种对重大问题（当两个民族占据同一领地时，就必然会存在这些重大问题）感到不安的那种警觉性：这种警觉性有时候突发表现为反抗，有时候则演变为梦想。南方人需要与黑人共同生活，他们的数量必须要增加而不是要被削减；每一个南方白种人都必须一直铭记那些被贬低被忽视、极度贫困并且不受法律保护（除非是奴隶），甚至本质上不受教会教规约束的人所具有的威胁。再加上奴隶制所体现出来的经济上的问题，我们无法在此处充分展开。不过奴隶阶级的难题，潜在地对整个既定社会组织感到不满，这一定会在掌权者的心里产生一种要保护现存结构之每个细微之处的焦虑，并非常警惕地怀疑变革。

南方政治保守主义正是在这样的土壤中不断滋生，这种政治主张仅仅被清晰明白地表达了两次，但却雄辩有力。为了获得南方人的支持，以下两位代言人都牺牲了远大的政治前途：伦道夫丧失了众议院的领导职位，卡尔霍恩则失去了当总统的希望。无论对错，这两位都是十分勇敢的人，而且自此以后，他们两人都无与伦比地清晰阐释了
154 一种特定的保守主义学说。伦道夫满腔热情地公开指责那种试图扩大实在法之范围的民主倾向；卡尔霍恩则维护了少数民族的权利。

二、伦道夫论实在法之危害

我以前曾在一个场合说过，如果我是菲利普，我就雇一个人每天高声宣读："这个国家的人民如果牺牲某些政府的

重要原则而听从于转瞬即逝的热情，那么他们就会失去自己的自由。”肯定存在着一些重大的原则，如果它们不是无时无刻地坚如磐石，那么我们的自由就不复存在了。如果我们放弃了这些原则，那么，我们的主权具有什么样的特征就完全不重要了；他是国王也好，总统也罢；是选举产生的还是世袭而来——他具备什么样的品质都无关紧要；我们将成为奴隶，这不是一个能够维系我们的、由选举而产生的政府。[1]

1813年，当约翰·伦道夫表达这些观点时，他成为美国最不受欢迎的人，甚至在南方也是如此；因为当与英国的战争在所难免时，他大声疾呼地反对；在此次战争爆发之后，他还是公开指责战争的行为。多年以后，早前那种使他平步青云至国会领袖的高人气又回来了，除了简短的间隔，他在自己的那些直接选民中所散发出来的魅力从未失败过。正如他那同母异父的弟弟贝弗利·塔克所说，有些农场主在夏洛特法院聚集在了伦道夫的身边，在他们的眼里，他的怪异举止恰恰使他成为那种具备超常智慧的苦行僧。而且当时的弗吉尼亚并不民主，只有自由民才能投票。就像托克维尔所评论的，民主通常表现出一种对怪异行为的反感，抑或憎恶任何一种大胆而奇特的表现；因此，像伦道夫这样一位同时具备诗人般的想象力和野性的候选人，在当代几乎是不可能当选的。他活得就像是一位侠客，并且他在晚年

[1] *Annals of Congress*, Twelfth Congress, Second Session, pp. 184 – 185.

跟一位密友坦承自己曾经是一位堂吉诃德式的人物。当时在夏洛特法
155 院，在南方的政治中心，年轻气盛的他压倒了年长的帕特里克·亨利；1832 年，已入垂暮之年的伦道夫甚至还逼迫人们公开指责安德鲁·杰克逊。“我天生就无法忍受主人，”他曾这样写道：“而且，我就像是一个没有皮肤的人。”

尽管有各种诱惑引诱着我们去探索伦道夫的本性，但我们此处的目的是要考察他的各种观念；与柏克一样，伦道夫的思想纷繁复杂。他的政治生涯尽管前后一致，但也总是错综曲折的。因为他热爱自由，所以他不能忍受联邦主义的那种集权化的意图；但由于他也痛恨民主式信条的虚伪言辞和腐化堕落，所以他也无法忍受杰斐逊主义。他挥舞手中的长矛，以对抗这两个风力强劲的风车。他竭力遏制最高法院（即对蔡司大法官的弹劾与审判中）所呈现出来的联邦主义的苗头，但以失败告终；他那位友好的敌人约翰·马歇尔，曾经深受伦道夫的尊敬与爱戴，后者疾步前行以推进自己的联合大业。不久之后，亚祖县系列丑闻❶使伦道夫对杰斐逊政府的不满达到了一触即发的程度，大量共和党人站在总统那一边，因为总统可颁赐奖赏和提供保护。给伦道夫剩下的只是少数执拗而无望的老共和党人，这些人发誓要保证政治纯粹性、严格的结构、政府中实行极端的经济政策、硬货币、无债务、与整个世界维持和平以及过一种农业的生活等。不

❶Yazoo scandals，又称 Yazoo land scandals，Yazoo land fraud，是 18 世纪 90 年代发生在佐治亚的系列土地买卖丑闻。1794 年，佐治亚的政客们将亚祖县的大量土地以特别低廉的价格出售；很快这些土地又被转卖给第三方，从而使相关的诉讼变得更为复杂。尽管 1795 年改革家们推翻了允许该买卖的法律，但有关该法律权限的讨论还是上诉到了美国最高法院。这是最早的美国最高法院推翻州立法律的案例。——译者注

过，伦道夫是那样一种人，他承受不了成功（伦道夫本人是否喜欢掌握权力这一点的确令人怀疑），但在逆境中却会成为英雄：他有30多年都是与每个人相悖的，但直到生命的尽头，他才看到南方人转向他的立场。

“已然被击溃，战乱不断”，这是伦道夫自己关于国家的论述，在杰斐逊的贸易禁令之后，老共和党人和宪法共和党人团体（the Tertium Quids）[1] 便沉迷于伦道夫这样的论述当中。南方的经济曾经一度受到不来往政策、贸易禁令、1812年战争以及保护性关税的严重影响；这是一个以牺牲联邦利益、西部扩张、合众国银行、松散的宪政结构以及增加联邦优势地位为代价而获得内部发展的时代。一个雄辩有力的声音维持着国家权力的精神实质，并在公共意识当中维系了那些古老的方式；直到后来在密苏里辩论之后，南方各州开始恢复他们早前的一些政策，副总统卡尔霍恩从参议院的高度认真思索了参议员伦道夫的演讲中所蕴含的那些持久的闪光点；卡尔霍恩后来从一位扩张主义者变成了一位保守主义者。“他非常有才华、有雄辩口才、严肃而古怪，”——这就是卡尔霍恩对这位来自罗阿诺克的伦道夫的评价，“他时常跑题，但也时常会表达出有如培根一样的智慧以及与谢里登相媲美的机智；每一位议长都能让他自由地纵情发挥那种特殊的风格，而同时不让他负责任和受到谴责。”[2]

156

[1] The Tertium Quids，最早于1804年在宾夕法尼亚州用来指涉杰斐逊的那个民主—共和党的支派，亦即“宪法共和党人团体”。该术语意味着这些人倾向于接受真正的共和主义和联邦党的那种保守主义，尤其在外交政策方面更是如此。——译者注

[2] “Onslow to Patrick Henry,” *Works of Calhoun*, VI, p. 347.

伦道夫大部分的智慧和机敏都源自柏克：“这些小狗：布兰奇、脱雷、史威塔，瞧，它们都在向我狂吠。”❶ 约翰·伦道夫如此轻蔑地反驳各位议员。当然，这句话出自李尔王之口，但柏克曾在同样的情况下引用过。伦道夫毫不掩饰自己对柏克的沿袭，而他同时代的人却经常不能辨识出伦道夫的灵感来自何处——为什么呢？伦道夫自己评论说，他本人是唯一敢对国会议员引用莎士比亚和弥尔顿的人。贝弗利·塔克曾这样描述自己同母异父的哥哥：“我们高度怀疑，如果他转而信奉柏克的观点，那么，杰斐逊政府最后四年所发生的那些事情就会让他发现，享受自由与某些事物有关，这些事物会很快让一个民族无法自治，而自治又是自由的另一说法。”❷ 然而，自 1805 年以后，伦道夫就开始将保守主义者所提出的这些有关政治之首要原则的问题，应用于美国人当中。

伦道夫的演讲和信件从未被收集起来，后人必须在尘封的《国会年鉴》（*Annals of Congress*）中探索、在零碎的《里士满报》当中费力寻找，才能捕获他那种傲慢而华丽的修辞，它们曾经震惊了整个国家。与伦道夫的这种热情洋溢相比较而言，韦伯斯特和克莱的演讲
157 是多么浮夸而肤浅啊！那些希望发现南方政治信念之源泉的读者，应当去研究伦道夫的下列演讲和言论：1806 年发表的关于格雷格决议（Gregg's Resolution）的演讲，在这篇演讲中，他赞扬自由贸易并谴责“自由主义”的宪制构建；同年他所表达的对某提议的攻击，该提议倡导政府控制奴隶在州际之间穿行；1811 年他发表的关于外交关系

❶原是莎士比亚四大悲剧之一《李尔王》中的台词，见第三幕第六场。——译者注

❷Tucker, “Garland's Life of Randolph,” *Southern Quarterly Review*, July, 1851.

的演讲，在该演讲中，他反对种族平等的学说；1822 年他在关于国会议员席位分配问题的辩论中，对立法代表制的激烈批评；1824 年他在关于关税的争论中所表达出的对平均主义、债券担保和合并的激烈谴责；1826 年他在巴拿马布道演讲中对“自然权利”的谬论以及政治抽象论的揭露；以及他于 1829—1830 年在弗吉尼亚大会中所扮演的角色，当时他宣布：“改变并非革命。”然而，我们无法在此处考察上述内容，与此相反，我们当前的目的是考察伦道夫的以下信念：民主式的立法热情，对于自由而言是一种威胁。

1816 年，伦道夫对众议院曾经这样说道：“我们看到，在开始有晨雾缭绕的 11 月份，很多人会集结在各种各样的联邦立法机关或各州的立法机关，并形成一个团体。接着，这条立法的长尾蛆就开始蠕动叮咬，于是便产生了要创立新法、废除旧法的怒火。在我看来，如果不是联邦立法机关或州的立法机关早在十年前或十二年前就已经通过了一般性的自然法，那么我们根本就无法发现自己越来越糟糕。与杰斐逊一样，我反对管制太多的规定，反对将宪法这剂良药变成我们的日常饮食。”❶ 伦道夫终其一生不停地回到这一主题；于他而言，训诫性的权利、普遍法则以及习俗足以切实地保证正义和自由。一旦人们开始胡乱地修补政府机构、随意删减、加以刺激或重新塑造，那么他们就会危害到那些古老的特权和豁免权，而这些是多少代人不断积累的果实。的确，随着时代的变迁，法律会发生改变；但如果在此过程中随意加以干涉、根据法国的那种抽象概念加以粗鲁改变的话，

---

❶*Annals of Congress*, Fourteenth Congress, First Session, p. 1132.

158 就会造成急剧而严重的社会衰落。当一个民族开始认为他们能够通过不断地修改实在法而无限地改善社会时，那么最终将什么都不会得到解决：每一种权利、每一处财产以及每一份对于家族、家庭以及国家之持久性的那种亲切的依恋，都会处于危险之中。这样的民族很快就会认为自身拥有全部的权力，他们的各种事务越混乱，他们就越醉心于将立法当作医治百病的良方，该药方允诺可以解开一切戈耳狄俄斯之结（Gordian fashion）❶。“对我来说，我希望除了高谈阔论，我们别的什么都没做，除非我们真的停下来沉睡了多年；与此同时，那位来自纽约的绅士在自己所产生的情绪感染中，给我做了五十次的演讲，而我并不关心这些演讲有多愚蠢和无聊，即便如此我也不要在法律文书中看到一条法律。”❷

伦道夫曾经这样说道：“我们是一个难以取悦且含糊搪塞的民族。”美国尤其受到诅咒而有这种现代的迫切欲望，想要通过法律上许可来改变、破坏和麻痹；使美国人产生这一妄念的原因是人们胡乱而不切实际地阐释了自然平等学说。伦道夫赞同斯密、塞伊和李嘉图的观念，并认为，当经济人可以按自己意愿行事时，他是最能产生经济效益的；因此，他憎恶管制商业的法律。伦道夫支持古老的英式观念，认为议会机构实际上是批评者的集合体；他宣称国会和国家立法机构的日常功能并非是创造法律，而是监管法律能够得以正当执行。

---

❶相传戈耳狄俄斯之结由一个巫师所造，在绳结外面没有绳头，难以解开。亚历山大大帝来到弗里吉亚首都戈尔迪乌姆见到这个绳结之后，拿出剑将其劈为两半，解开了这个结。后人一般用它比喻使用非常规方法解决不可解的问题。——译者注

❷*Annals of Congress*, Fourteenth Congress, First Session, II, pp. 820－821.

然而，平民的虚荣并不会满足于这种对实际主权的限制，而试图去干涉各种各样的私人利益。蛊惑民心的政客们和聪明伶俐的投机倒把者将公共的名利转向了个人的和阶级的有利条件，因此政府变成了一种从一部分人那里攫取钱财和权力以满足掌控该体制的那部分人的利益的工具。好的政体本身并不足以抵制这种法律上的长尾蛆：首先，国家能够管理所有事物的这一妄念必须要加以推翻；其次必须要以衡制
159 衡，因为一纸条文并不能保证可以反对压制。

“你们必须要让我说，在人（指腐化堕落的人，因为头生的那一位是一个谋杀者）的本性当中，从一开始、从最初的源头就有一种逃避自身义务，而承担某些人或他人之义务的倾向。”❶ 一个民族如果沉溺于这种倾向的话，很快就会像是水手舱里的海上律师，他们悲惨而真实的状态与他们假意说出来的豪言壮语形成了鲜明的对比。伦道夫曾这样说道：在从华盛顿到罗阿诺克的路上，这个胸怀大志的乞丐在沿途的每一家旅馆都表现得肮脏不堪，就如同西班牙的旅馆：“我们用污秽的外套裹住自己，又嚼了口烟草，令人生厌地在房间里游荡，或者捣坏炉栅和火钩——这里的这些东西刚好没有腐蚀生锈，并试图得出关于宪政之意义的结论。”❷ 对于一个意图不断改动法律的国家来说，拉格多学院是一个非常契合的模式。法律本质而言是自然的，由上帝所创立，尽管大多数人并没有恰当地理解这层含义；然而，总有人笨拙地试图根据一种拙劣的关于自然平等的构想来重塑法律，这是最为武断的人类行为，戕害自由，同时也无力达到真正的境

---

❶*Register of Debates*, Nineteenth Congress, Second Session, II, pp. 125 – 129.

❷Garland, *Randolph of Roanoke*, II, p. 345.

况上的平等。

伦道夫给民主共和主义者的实践泼了一瓢冷水，这又引导他考察美国平均主义观念所赖以形成的基础；他发现这些基础非常危险、毫无安全可言。来自于罗阿诺克的约翰·伦道夫完全否认日常的对独立宣言的解读，他谴责杰斐逊是一个善于开空头支票的政客，并拒斥政治抽象主义，在训诫和那种持续性的对个人和地方政府之权利的警觉中寻求安全。柏克选择卢梭和普赖斯作为自己的对手；亚当斯鞭笞杜尔哥和孔多塞；伦道夫则选择托马斯·杰斐逊——他的“珠宝都是布里斯托尔的石头”——当作自己的天然劲敌。“土耳其人遵从自己的神圣标准——也就是穆罕默德的那条绿色马裤，而我们则由坎特伯雷圣徒托马斯、普罗杰克特王子那条古老的大红色裤子引导；当然，
160 贝克特陵墓上的朝拜者肯定没有蒙蒂塞洛的多。”[1]

伦道夫说，人并非天生自由而平等；他们在身体上、道德上和智力上的差异显而易见，更别说出身和财富上的差异。要是认为一种神秘的“平等”使得人民大众有权随意对这个社会修修补补，将社会当作玩具、将自己的那点小聪明运用于社会当中，那就使人类囿于唯一的生活状态——其中任何与境况平等相似的事物在实际上都能够得以盛行——亦即蛮荒状态。杰斐逊式的平等主义学说，如果从字面上加以理解的话，就是无政府主义，是专制的蛹壳。

先生，我唯一反对的是，这些原则被推到了极致而成为

---

[1] Garland, *Randolph of Roanoke*, II, p. 347.

“人人天生自由而平等”，我永远都不会同意这一点，因为最好的理由就是：它并不是事实；我也不会同意国会这个词所具有的内在含义，尽管它获得了美国宪法的认可；因此，我也无法认同谎言，尤其是极为致命的谎言，即便我是在《独立宣言》中发现的也无法认同——《独立宣言》在密苏里和其他问题上被尊奉得高于宪法。当我论及极为致命的谎言时，如果是真实的，它一定会自证；因为它无法表明，而且有成千上万的谎言误导着人民大众……所有的这些伟大的态度：人人生而平等以及那些没有加以详尽论证的信念，在某种不曾被大众接受的意义上而言，是真实的；然而，在另一种意义上来说，它们是虚假而有害的，20 个人当中几乎总会有 19 个人接受这种意义……如果这个世界上有一个动物不适用于“人生而自由和平等”这个原则，那它并不是生而自由；他又是一个人——他在最卑劣下贱的期望中出生，并处于完全无助和被忽视的状态，而这又是婚姻纽带得以维系的基础……那么，如果有人根据肯塔基州和苏格兰高地的上等土地表面上的农作物是一样的，就说这个世界上的所有土壤都是同样富饶的，那么他可能是正确的；正如他基于出生而坚持认为人人具有绝对的平等一样正确。一个佝偻而堕落的、在教养院或妓院初次看到灯光，并在一息尚存之际感受到酒精作用的小可怜虫，在任何方面与诚恳的自由民的健康子孙们都无法对等。此外，我将更进一步地说，如果一个王子的出身并没有成为皇室血脉应该成为的那样，那

161 么，他也无法与一个农民的健康的儿子相对等。[1]

在这段话中，伦道夫的观点与约翰·亚当斯的观点如出一辙，而后者正是伦道夫第一个试图在政治上推翻的人。伦道夫继续描述了人类的不可靠性、轻信、自大、懒惰且具有暴力；当他说话时，就像是一个虔诚的基督教徒，是“英格兰教会”的成员，而不仅仅是美国圣公会教徒。人是腐败的，因此，人类达到正义和自由的最佳机会就在于让那些野心勃勃的人无法染指权力，因为权力导致腐败。“人们给自己锻造了枷锁；取悦人们、用永远不会实现的承诺来哄骗他们，是蛊惑人心的政客们和私生活中的骗子们所一贯使用的伎俩并屡试不爽。”[2] 由于人是软弱的，所以我们或许能相信他们会珍重自己的自由，但不能相信他们会尊重他人的自由；除非训诫和尊敬所具有的强力给他的支配范围划定了界限。最近短暂的国会和其他大众机构所通过的实在法，则缺少传统和成见所具有的这种支撑性和划界性；因此公众应当只是在紧急情况下才能实施新的实在法。统治者将通过新的法律来获得自由，他们永远不敢去侵犯旧法。即便是美国宪法，它也并不是庄严得足以限制野心勃勃的那些人和阶级所具有的欲望；它的条款中暗含着一些增加权力的可能性，这对于美国未来的自由并不是一个好的兆头。一旦人们养成了那种通过胡乱立法来满足直接目的和特殊利益的恶习，那么，最后只有武力能够抵抗“法律”的那种戴着面具的专断力量，后者比勒索好不到哪里去。

---

[1] *Register of Debates*, *op. cit.*

[2] Richmond *Enquirer*, April 1, 1815.

> 在所有关于人类权利的那些狂热而荒谬可笑的理论（我这里说的是理论，而并非权利本身）中，只有权力能够约束权力……查塔姆勋爵曾这样说道，在法律条文中，你可以将自己武装到牙齿，但刀剑会自己找到宪法的要害。阁下，我不相信法律条文、不相信宪法的无稽之谈，就是不相信它……普天之下并不存在一部这样的宪法，其中政府滥用权力，人们也不会被逼至武力反抗的绝境……如果通过权力来管制贸易，那么你就滴尽了最后一滴血；如果你照例丢掉了口袋里的最后一分钱，那么宪法会给我们什么呢？不要再考虑宪法了！当蝎子的毒刺就要刺中我们的要害了，难道我们还要停下来诡辩一番？我们要不要找一些学富五车且狡诈的文员来判断这样做的权力是否被写进了宪法呢？而且，如果他不管出于何种动机而非常肯定，我们该像这个法案的主要盘剥对象那样，安静地躺下来让人剪羊毛吗？❶

赤裸裸的各种力量相互交战的那片阴沉之地，就是天涯海角；所有的人都必然要集结到这里，他们完全无视政治中存在武力，就像他们无视大多数其他政治现实一样；正是这个社会祭坛试图将人当作是神圣的具有理性的，有能力依据抽象的理论进行立法。那种不动脑筋

---

❶Richmond *Enquirer*, June 4, 1824.

的、假设我们能够安全地给予一些人以更多权力的想法，产生了关税、国内发展计划以及奇特的外交政策，这些共同导致了该国家的一部分从另一部分的收益当中获利。抽象的多愁善感最终都会变成真实的野蛮残暴。孔多塞、布里索和米拉波都是心怀善意、学富五车，甚至是天才式的人物，但他们在形而上学的意义上来说是疯狂的；他们居然相信法律条文和政治伎俩，却忽视了以下几点：人类理性是脆弱的、人类的品质容易腐败，而且公共生活的利益具有极强的主导性。他们坚持要求绝对的自由，否则就什么也没有；最终他们的确什么也没得到。“不停地和不可侵犯的抽象人权谈判，会导致什么样的结果呢？那就是：他们如今有充分的时间来策划国王具体拥有哪些不可剥夺的权利……我见过一些没有能力写出长篇巨著，甚至不能好好演讲的人，他们甚至不能正确地拼写出国会这个家喻户晓的单词（他们会以字母 K 开头）。然而，他们拥有更好的实践感知能力；当他们作为政治家或将军时，要比世界上任何一个数学家、自然主义者、学者都更加值得信任。”[1]

如果我们不能依靠宪法作为防御欲望和强力的屏障，如果最广阔
163 的人类理智都无法参透治理社会的方式；那么，我们该从何处寻得保障来抵御权力呢？对此，伦道夫回答说，为什么要习惯性地将政府的职责限制在狭隘的范围之内，并且以实际的考量而非启蒙运动者和杰斐逊的幻想作为所有政府以及参与治理的基础呢？我们要让政府的对象尽量少，并且要明确地加以界定；要让美国社会中所有的重大权力

[1] *Register of Debates*, *op. cit.*

都保留在各个州的手中，而不在联邦政府的职权范围之内（就像美国宪法试图去构架的那样）。那些有头脑的爱好自由的人总是会维护各州的权力，这样个人自由和地方自由才能得以维系；政府这个单位越小，夺权的可能性就越小，规训才能发挥更加直接和有力的影响力。1816 年 1 月 31 日，伦道夫在答复卡尔霍恩时谈论到了各个州，“举例来说，我紧挨着他们；由于我紧紧挨着他们，我也就与我的国家紧紧相依；由于我热爱祖国，所以我努力维系这种紧密的纽带；因此对祖国的热爱不过是每一个人对自己妻子、孩子或朋友的爱。我并不支持一项必然要破坏以及加速摧毁州政府整体的政策”[1]。卡尔霍恩从来没有忘记那场辩论，多年以后，他牺牲了自己的勃勃野心，来维护那些主张贵族制的对手们所阐明的各种权利。

“有关各州权利的学说本身就是一种明了的、真实的学说，”亨利·亚当斯曾这样写道，他是联邦主义传统的继承者，并对伦道夫具有一种可以原谅的、家族式的憎恶；“这是美国历史和宪法的一个起点。除此之外，没有任何一种学说能够经得起检验。”[2] 尽管在各时期都有权力集中的倾向，美国各州的很多权力如今在很大程度上仍然有所保留，这部分是伦道夫极力劝诫的成果。他是特殊主义的、地方主义的保守主义者。没有特殊主义的精神、地方联盟以及地方权利，可能保守主义就是完全不切实际的。

伦道夫维护正义和自由的第二道保障在于构建常识性政府。“主

---

[1] *Annals of Congress*, Seventeenth Congress, First Session, pp. 844 – 845.
[2] Adams, *John Randolph*, p. 273.

164 席，我赞成稳固的安全。”我们可以信任大多数人都能够选出自己的代表，同时我们也可以相信有些人在政治上能够做得更好：直接民主的幻想会导致直接的暴政。选举权应当是属于这样一些公民：他们的重大利益存在于公共福利当中，而且他们的道德品质在某种程度上让他们能够超越对权力的欲望——容易腐化的人类本性非常容易受到权力欲的影响。自由民应当只持有选票，财产权必须要有专门的代表和保护，因为财产权与权力如影随形——“你可以使它们易主”；如果权力被转移到没有财产的人手上，那么他们很快就会使自己富裕起来。政府管理并非是简单地数人头：“不是的，阁下，如果一个黑人男孩手上有刀和计票器的话，那么他在这个学校完全就是一个政客。”国王来计数、由一群首脑来裁决重大问题（那些真正的、要借助于深奥的道德原则和启蒙的权宜之计才能加以解决的事务）的原则，是现代的铁血暴政。如果将“民主的方法”任意使用在任何论辩当中，而不顾及特殊的情形和错综复杂的事物，那就是无比愚蠢的。“这并不是咒语，不是护身符，不是巫术，更不是要麻痹我们的电鳐。”[1] 伦道夫曾宣称自己要逃离老的弗吉尼亚州，如果这个时机到来的话，那么这一观念也就会得到充分的应用。没有经过代表讨论的征税当然就是一种专政，而这正是民主党人所沿用的，他们将权力交给没有财产的那些阶级：有财产的人和国家守卫者被抛弃，沦至被暴民政治随意掠夺的境地。

“我跨入政治领域以来，讨论了很多奇怪的观念，其中一个近来

---

[1] *Proceedings and Debates of the Virginia State Convention*, p. 317.

吸引了人们的注意，那就是：政府必须要为人们处理所有的事情，而他们无须为自己做任何事情：政府不仅仅要关注重大利益，这是它的职责；它还要进一步地减少个体的自然义务和道德义务。没有哪个流行观念比这个更具危害性了。让我们看看那个衣衫褴褛、从酒馆摇摇晃晃走出来的同胞，再看看那个去找他的邋遢女人；他们的孩子在哪里呢？在外面乱跑，穿着破破烂烂的衣服，懒惰无所事事，无知，迟
165 早会进监狱。为什么会这样呢？去问那个男人吧，他会告诉你说：'哦，政府承担了为我们教育子女的责任。'"[1] 当把无限的立法权交给人民大众时，随之而来的必然是听命于一种抽象的平等主义，比如将私人责任转变成公共负担。

然而，杰斐逊式的政治学说并不会走下坡路；伦道夫知道，这些学说会使他深爱着的这个"国家"——老弗吉尼亚——黯然失色；直到1829—1830年弗吉尼亚大会召开的时候，这些学说在老自治州即将迎来全面胜利。马歇尔参加了这次大会，麦迪逊、门罗、所有的老人以及所有为这次横扫沿海各州的修宪浪潮深感担忧的人都参加了这次大会。后来，伦道夫那尖锐的声音刺穿了杂乱的讨论，全体参会人员在紧张不安的寂静中听他严厉警告说，民主的倾向会导致无休止的变更。"改变不是革命"，他一遍遍地重复道；并像柏克维护古老的英国生活方式那样，称颂弗吉尼亚的旧的宪法。他放声大胆地为更富裕的西方国家在数量上占据优势作辩护、为贵族式国家法庭作辩护、为自由民的选举权作辩护、为英式政体的遗产作辩护。所有的这

[1] *Proceedings and Debates of the Virginia State Convention*, p. 319.

些在1830年都被一扫而光，但伦道夫的这些话比产生它们的社会本身存活得更为长久。在美国政治思想史上，鲜有演讲或论文能够像伦道夫在这次大会上所发表的开幕演说那样，富含激动人心的真理并闪耀着深刻洞见的火花。

> 主席阁下，这个机构所能做的最明智的事情就是回到人群当中，这些人从他们当中来，并尚未完成使命。我非常愿意帮助任何轻微的、温和的变革，只要你们可以让我相信这是我们这个古老的政府所需要的。然而，更好的却是，它们从未形成，而且我们的宪法就像莱格古士[1]的法律那样一成不变；这远比我们打破这座大厦的顶梁柱要好得多……
>
> 已经有人说过（比我说得要好），革命的欲望——它就是一种欲望，这是用来表述不正当欲求的恰当术语——这种革命的欲望、这种追求革命性变革的力比多（*rerum novarum lubido*）——导致了所有的共和国走向灭亡……让我们回想一下，改变并不总是修改；要记住你们将不得不屈从于新的
> 166 制度，整个人民大众会满足于自己所拥有的并不寻求改变——除此之外，还要忍受对另一个阶级的不满……[2]

1829年12月30日，伦道夫反对在新宪法中加入任何修正条款、任何可能会引发“变革的幻想”，以及任何可能诱使后十年或下一代

---

[1]传说中公元前8世纪斯巴达的国王，著名的立法者。——译者注

[2]*Proceedings and Debates of the Virginia State Convention*, p. 492.

人修改宪法的意见。变革通常在我们还没准备好的时候就突然来临。“阁下，人民政府最大的耻辱是不稳定。正是这一点使我们盎格鲁－撒克逊人执拗地坚持一种独立的司法制度，这是他们能找到的唯一能够抵御人民政府之恶行的手段……一个民族可能会拥有一个最好的、人类聪明才智从未设计出来的政府形式；然而，仅仅是由于其不稳定这一点，人民在实际上可能就是生活在世界上最差的政府掌控之中。”[1]

伦道夫在这次大会上的最后发言中，提到了“他在进入公共生活之前所学到的，并支配他整个政治生涯的原则，那就是：扰乱一个正在安息的事物总是不明智的，而且是极其不明智”[2]。这反射出这个狂热而勇敢的人所具有的政治智慧。他一开始是一个“雅各宾派的愤青”，后来他认识到，我们不可能躺在普洛克鲁斯特的床上来改造社会。他看到老弗吉尼亚在他身边慢慢消失，他听到奴隶问题的“警铃响彻夜空”，并且越来越响；在他晚年的时候，《厌恶关税法》（Tariff of Abominations）和《武力法案》（Force Act）都威胁着南方，并要使之成为一个附属的省份。伦道夫曾经希望自己最终能像“一只斗鸡在自己的窝里死去”；当违宪使整个美国陷入气馁时，来自罗阿诺克的约翰·伦道夫与世长辞了，结束了他这高尚的一生。

他给我们留下了一个继承者，他本人一直怀疑这个人的野心，而此人在当时也差点就毁了，这就是考德威尔·卡尔霍恩。首先，伦道夫使卡尔霍恩转而接受严格的国家主权观念，不久后又接受了这样一

---

[1] *Proceedings and Debates of the Virginia State Convention*, pp. 789－791.

[2] *Ibid.*, p. 802.

种观念，即在美国人民大众情绪中所存在的那种政治抽象主义的基
167 础，是不可信的。多年以后，卡尔霍恩（一位严苛的民主党先驱之子）著书立言批评说杰斐逊式平等理论极为致命：

> 我们现在要开始体验那种承认我们的《独立宣言》中存在重大错误的危险。一直以来，该错误处于休眠期；但随着时间的推移，它开始萌动并结出有毒的果实……那些人主张自己都是生而自由且平等，人人都拥有同样的自由和平等权利；与此相反，自由是一种尊贵而崇高的对精神上和道德上进化的奖励，它与有利条件紧密相伴。[1]

南方农业社会曾经一度戴上了平等主义的面具，现在终于开始觉察到它们当中固有的保守主义。

三、 少数人的权利

在伦道夫那里像希腊之火一样闪耀的热情，在卡尔霍恩的内心也激烈地熊熊燃烧；它内在于这位像在熔炉里锻造出来般的钢铁人的心里。卡尔霍恩的热情只会通过炯炯有神的双目放射出来。没有人能像他那样庄重、矜持而持续性地服从于一种坚定不移的意志。加尔文主

[1] Calhoun, "Discourse on the Constitution," *Works*, I, pp. 511 - 512.

义塑造了约翰 · C. 卡尔霍恩的性格，也形塑了他的演讲和著作；它后来在卡尔霍恩那里销声匿迹了，在亚当斯家族那里也有所衰落——这就是为什么卡尔霍恩会像约翰 · 亚当斯那样倾向于功利主义。不过他这里仍然保存着那种对逻辑的坚定接受，保存着那种刻板的道德以及对义务的服从；这些使他在目标上是前后一致的，并且具有惊人的能量。

由于承袭古老的家族，伦道夫在弗吉尼亚拥有一个藏书丰富的图书馆，与他不一样，卡尔霍恩终其一生都只有可怜的几本书，他都依赖于独立沉思。尽管生活状况要比林肯这个“穷人中的小个子和出身低微的传奇式人物”好上很多，但卡尔霍恩一家仍然是生活艰苦的卡罗莱纳州人；他们试图并且清除了边境印第安人带来的恐慌，并积极拥护边疆民主的体制。当少年伦道夫读着英国小说和戏剧、欣赏
168 着《堂吉诃德》和《吉尔 · 布拉斯》时，年轻的卡尔霍恩则正在背诵《人类权利》一书中的章节。正是他在社会上的体验与自己早期的行为准则相违背，才使得他成为一名保守主义者。当他还是耶鲁的一名学生时，他就敢驳斥趾高气扬的联邦主义者德怀特 · 蒂莫西教授；当他踏入政治领域时，他是一个杰斐逊主义者、国家主义者和扩张主义者，主张国内发展，而且像是一只好战的鹰。一开始他就给自己设定了远大的目标；后来他的目标是坐上美国总统的宝座。然而，卡尔霍恩的心中有一个感人的信念，它支配并影响着卡尔霍恩的其他观念，甚至主宰着他那熊熊燃烧的野心；它最终将卡尔霍恩变成国家合并统一的最坚定的敌人，也是手握重权的民主党派的最大劲敌；这个信念就是：他对于自由的热爱。这个原则把作为政治家的他给毁

了，但却让他成了思想家并在历史上留下了强劲的一笔。

卡尔霍恩曾这样说道：“如果有一个普遍真实的政治主张——它直接源自人类本性并不受外在环境的影响，那就是：没有责任心的权力与自由是相抵触的，而且必然会腐蚀掌握这种权力的人们。我们的政体就是建立在这一伟大的原则之上。”[1] 卡尔霍恩热爱美国宪法，在他的心目中并不存在伦道夫的那种对于联邦机构的疑虑，后者认为联邦机构从一开始就是“一只美丽的、翅膀下藏着剧毒的蝴蝶”。由于热爱美国宪法，卡尔霍恩在1832年差点毁灭了它；由于热爱，他认为人们可以修改它——强化它，以保护部分少数群体的权利。卡尔霍恩认为，如果不这样做的话，内战就可能会动摇这个国家的根基；而无论内战的结果是什么，美国都不可能再成为遵守同样法律体系的同一个民族。他是一个完全正确的预言家。

此处我们无意深入探讨卡尔霍恩在成为政治家最初十年间所体验到的那种死气沉沉的政治和各种受挫的期望。在这些年里，卡尔霍恩听从于伦道夫那种讥讽式的热情，一开始带有高度的敌意，后来慢慢信任，直到1824年关税政策开启，就像是地球突然在卡尔霍恩面前
169 裂开了一道大缝；他这才知道，自己早年曾经非常遗憾地误解了政治的本质和这个国家的发展趋势。他曾相信这个共和国是由仁爱的大众理性所支配的；然而，如果新的关税法是有理性指导的话，那么此处的理性也是一种恶毒的理性，它算计着要掠夺一部分人来满足这个国家中另一个阶级的人的利益。卡尔霍恩并不是狭隘的特殊主义者，他

---

[1]“The South Carolina Exposition and Protest,” *Works*, VI. p. 29.

曾经认同 1812 年的那种国家野心；但他在这里发现了无耻的征收和对南方人权利的蔑视，因为立法只是为了满足国会大多数选民的利益。卡尔霍恩曾经相信宪法是保护人民不受小部分人或阶级压迫的屏障。然而，现在看来，如果给予自私的利益以足够多的权力的话，大多数人都会裹挟宪法来满足自己的目的。卡尔霍恩曾经还认为，诉诸平民所具有的正义感能够矫正偶然出现的立法中的不正义；然而，现在不可否认的是，那些投票赞成 1824 年税收法案的国会议员，不过是为了满足他们所代表的那些人的贪欲。

卡尔霍恩这样的人总是肃穆而沉重地思考问题。他并没有即刻转向伦道夫并加以反抗；而是在多年以后，他毅然决然地抛弃了乐观主义、平等主义、社会向善论以及杰斐逊式的民主。后来的卡尔霍恩甚至超越了伦道夫，他热情地追求支持率和重要官职，但他内心深处并不在意这些：因此他才会放弃自己的全国性名声来保护他自己所在的那个州、他所代表的那一小部分、他所赞成的秩序以及美国乡村社会的各种传统。“我所理解和接受的民主，要求我为了人民大众而牺牲自己，而不是要求他们为我牺牲。谁知道是不是你想拯救一些人就必须要经常反对他们呢?”❶ 卡尔霍恩还认为自己大概还可以拯救其他一些东西：这个国家。不可否认，他的这些希望全都落了空；但他成功地给沉寂无声和迷茫无望的南方保守主义引入了政治哲学，并清楚明白地阐明了那个令人生畏的个体权利和少部分人权利的问题，后者受到了专横傲慢的大多数人的威胁。

❶Coit, *Calhoun*, p. 335.

卡尔霍恩简明扼要而又不屈不挠地宣称：“如果剥去所有的外衣，那么赤裸裸的问题就是：我们的政府是联邦式的还是一统式的？是宪政的还是专权的？是建立在各州主权这个稳固的基础之上的还是依赖于不受约束的大多数人意志的？是不是一个像所有其他不受限制的政府那样，不正义、暴力和武力最终必将盛行。”[1] 卡尔霍恩所说的并不仅仅指南卡罗莱纳州，甚至不仅仅指涉南方各州；他说，如果人们能够接受大多数人运用绝对的权力来任意对待少数人，那么没有哪部分人或阶级的自由是安全可靠的。那些通过《厌恶关税法》和《武力法案》迫使南卡罗莱纳州屈从的利益集团，还会接着征服其他。卡尔霍恩预言，在北方城市中也会出现同样的对产业工人的剥削：“在我们筋疲力尽之后，资本家和工人之间将产生激烈的斗争，它最终将撕开这个社会。我们这里所进行的斗争，将与欧洲所发生的斗争一模一样。在这种制度的运转下，工资水平必然会比生活必需品的价格下降得更快，最终他们的劳作给自己剩下的物品，不足以维系基本的生存。就目前而言，压力主要是在我们这里。”[2] 这段话写于1828年，比《共产党宣言》的出版要早上20年；而且这些话出自一位来自福特山的保守主义的农场主；他提醒古老的农业利益持有者和新兴的工业利益所有者以及尚未成熟的工业劳苦大众，当法律被用来压制任何一个阶级或任何一部分人时，宪制很快就会终结并代之以残暴的强权。约翰·C. 卡尔霍恩这位农业保守主义者，以这种方式邀请伟大的北方工业利益的代表亚历山大·汉密尔顿共同窥探未来。

---

[1] Calhoun, *Works*, VI, p. 75.
[2] *Ibid.*, VI, p. 26.

卡尔霍恩试图寻求一种切实的解决办法，因而他转向了违宪（这源自杰斐逊将老弗吉尼亚和肯塔基州分离开来）：一个州可以违抗任何一个明显与宪法相违背的国会法案，可以拒绝接受这种措施在
171 本州范围内发挥作用，并可以向其他各州寻求援助和安慰；如此一来，那些肆无忌惮的、已经开始实施压制性法律的大多数人，就可能会注意到法律的力量并被迫收回自己的主张。显而易见，违宪是一种严重威胁国家存在的学说，约翰·伦道夫对自己的选民曾这样说道："违宪根本就是废话"——一个州不可能同时既在联邦外又在联邦之内。杰克逊总统的那种刚毅的脾气差点使事态发展成武力试探，当时（卡尔霍恩不太情愿地接受了）亨利·克莱的妥协，忽略了一些重大的原则，并在很多年内通过降低关税而掩盖一些极其严重的问题。

卡尔霍恩知道自己失败了，在他生命的最后 18 年里，他苦苦寻求那些能够将大多数人的诉求与少数人的权利在法治中结合起来的途径。违宪就只是获得了这一点成就，但它表明，强权只有通过强权才能加以抵制。不过，文明的政府并非依赖于权力，而是依赖于认同。少数人的权利能够适应这个宽泛的认同原则吗？如果不能的话，那么政府就是一种强制。因为人们创立政府本质上就是为了保护少数人——数量上的、经济上的、地区的、宗教的或政治上的少数人，卡尔霍恩如是说。占据优势的大多数人不需要保护，而且即便没有好的政府他们也能以一种粗鲁的方式存在：他们拥有赤裸裸的武力来维系自身。那些构建宪法的人已经认识到，政府就是少数人的避难所，并竭尽全力通过严格地限制联邦的权力、额外地保障权利法案来提供保护。然而，这些仍然不够：

> 我们曾满怀期望地做事，就好像美国政府有权力解释自己的权力，不需要限制和监管；尽管很多时候偏向我们，并在这种体制的运行中极大地妨碍了事件的自然发展过程；但我们已经看到，无论我们朝哪个方向看去，动乱和腐化的征兆已经开始凸显——内讧、贪婪以及腐败不断滋生；爱国主义、诚实、公正无私等品质不断衰退。在年轻人那里，我们
> 172 能看到绯红的面颊、听到急促的呼吸，这标志着致命时刻的到来；它会来的，除非发生急剧的变革——亦即回到伟大的保守主义的原则，这些原则曾经使共和党当权；然而，当它掌握了权力和成功之后，已然忘却了这一点。❶

早在1832年，卡尔霍恩这里所说的“保守主义的原则”就已经开始觉察到一种比“自由主义”“进步”以及“平等”更加重要的需要。这些保守主义的原则，如果有效的话，那也肯定是激进的——他们必然要深入到事物的根部；不过它们的目标就是要保护自由、秩序以及人们所热爱的古老的生活方式。在英国通过《权利法案》的那一年，卡尔霍恩谈论美国的“保守主义”，尽管美国通常总是依赖于大不列颠在哲学上的发现。人们在这里可以瞥见那孤独、强大、忧郁的头脑所具有的先见之明，它洞穿了那转瞬即逝的、会带来社会动荡和道德败坏的政治乌云。

---

❶Calhoun, *Works*, VI, p. 192.

在接下来的18年里，卡尔霍恩那冷静的苏格兰－爱尔兰血统的脑海里，都一直在思考如何解决这些难题；在他逝世后的第二年，有两篇公开发表的论文将他关于这些问题的沉思概括成有说服力并富有逻辑的形式，就如同加尔文的《基督教原理》那样。1843年7月3日，在一封给威廉姆·史密斯的回信中，卡尔霍恩连贯地表达出他这种论证的思想萌芽："事实就是——由不受控制的大多数人所组成的政府，不过是专权又暴虐的人民政府——如同不受控制的一个人或少数人的意志就是君主制或贵族制；退一步说，它与其他两种政体形式一样，都很容易趋向于压迫并滥用权力。"[1] 民主政府如何才能符合正义呢？《论政府》（*A Disquisition on Government*）这本书试图就这一问题给出一个一般性的回答；《论美国的宪法和政府》（*A Discourse on the Constitution and Government of the United States*）这本论著则是将前一本书中提出的各种原则运用到美国在19世纪中叶所遇到的那些危急事件。

"人们不管走哪条路都能遇到严厉的卡尔霍恩，他在指挥着南方
173 人的每一条道路，"帕林顿曾经这样评价道（他经常能够如此生动），"他让哲学之父们服从于批判性的分析，指出他认为有问题的地方；他还抛弃了很多最具宗教性质的学说，并为自己所信奉的民主信念提供了另外一种基础。当他完成了伟大的重建工作之后，原本满足弗吉尼亚人的老杰斐逊主义便支离破碎了；他的追随者认为它就是一种错误的哲学，受到了浪漫理想主义的蒙蔽并被法国人文主义引入了迷

[1] Calhoun, *Works*, VI, p. 229.

途。”[1] 因此，卡尔霍恩完成了伦道夫的工作，推翻了杰斐逊的抽象平等和自由理论，而这在杰斐逊看来是互补的；卡尔霍恩接受了伦道夫关于暴政倾向的警告，冷酷的大多数人在操纵实在法的过程当中会存在这种倾向；他还努力设计一种有效的机制以监督那些在数量上占据优势的人。

这位来自南卡罗莱纳州的老参议员意识到自己已经时日无多，因而奋笔疾书；他没有试图遵循约翰·亚当斯的历史方法来研究那些有效的、监督专政权力的方式。“我所提议的要更具限制性：要解释我们必须要基于什么样的原则来构建政府，以通过自身的内在结构——或简化为‘有机体’（*organism*）——来抵抗那种滥用权力的趋势。这种结构或‘有机体’在其严格和通常的意义上来说，就是宪法。”[2] 于是，卡尔霍恩便开始沿用“有机体”这个术语，自此以后该术语在关于国家的讨论中具有重大的意义；他也遵循着现代的基调往前进发。卡尔霍恩像柏克（柏克在形而上学的意义上适用于这个术语，这另当别论）和约翰·亚当斯一样，都否认政府契约论的根基和流派；他认为，政府与我们的呼吸一样，都不是我们选择的产物，而是必需品。从来没有人独立于自己的同类而生活在所谓的“自然状态”当中，也没有人可以。“人的自然状态就是社会的和政治的——也就是造物者给他创造的，也是唯一一个他能够得以存活并繁荣自己种族的地方。”然而，宪法并非是必需品，它必须是人们精心雕琢的产
174 物；没有这种谨慎的构架，政府最终在很大程度上必然会陷入迷茫之

[1] Parrington, *Main Currents In American Thought*, II, pp. 71 – 72.
[2] “Disquisition on Government,” *Works*, I, p. 7.

中。“宪法是人类发明的产物，而政府是神定的规则。上帝要人类来使那由至高无上的智慧所规定的事物更加完美。”

真正的宪法总是基于保守主义的原则：它们是一个国家不断斗争的产物，必然要产生于共同体的内部；人类的聪明才智远远不足以在抽象层面上构建它们。它们自然地发展演变，在某种意义上来说，它们是上帝通过人类所发出的声音；然而，自然和上帝的作用会贯穿整个历史进程；所有健全的宪法都有效地体现了妥协。它们协调共同体内不同的利益和财产份额以避免出现无政府状态。“所有的宪政政府，无论它们是什么阶级，都根据共同体的各个组成部分来了解共同体——都通过共同体的恰当元件来理解它；并将这所有的部分都理解为政体……因此，不同政府之间最重要、最广泛的区别并不在于它们是一个人、一部分人还是很多人的政府，而在于它们是宪政的还是专权的。”❶

因此，我们不应当以其公民具有的那种抽象的平等去评判一个国家是否公正自由。真正的问题在于，是否有一个建立在妥协的基础之上的宪法，保护个体和团体的自身利益不受君主或大多数人的侵犯。例如，如果政府通过不平等的财政政策，将共同体划分为两大主要阶级：一是纳税人，一是受益者；那么这就是暴政，无论它在理论上如何宣扬平等。因此，卡尔霍恩形成了“一致多数”的学说，这是他对政治思想所作出的最重要贡献。真正的大多数（用最简明的术语来表述这个概念），并不是简单地数人头；相反，它涉及平衡和妥协

❶“Disquisition on Government,” *Works*, I, pp. 36 – 37.

各种利益；在此过程中，所有重要的民众群体达成共识，从而感觉自己的权利得到了尊重：

> 有两种不同的理解共同体的模式：一是借助于独立的选举权；另一种就是借助于那种来自于正当有机体的权利。这
> 175 两种模式都包含了“大多数”的意思。但前一个只考虑数目，将整个共同体看作是一个单元，自始至终只有一种共同利益；并将这个整体中的大多数看作是共同体。与此相反，另一种模式则既考虑利益也考虑数目——政府将这个共同体看作是由不同的、相互冲突的利益构成的；并通过大多数或恰当的机构，以及所有集合的意义，而将每一个人的意义看作是整个共同体的意义。我将前一种模式称为数量上的或绝对的大多数，而将后一种称作是共识性的、宪政上的大多数。❶

卡尔霍恩轻蔑地反对煽动者口中那种被称为“人民”的抽象名词。没有哪个“人民”是以一个拥有完全一样的利益的有机体而存在的：这是形而上学家们的幻想；现实中存在着不同的个体和团体。对数量上占据大多数的人进行民意调查，是在试着判定人民的意义；但这并不可能弄明白“真正的大多数人”的含义：因为很多重要团体的权利会被这种制度安排所忽视。卡尔霍恩在《论宪法》一书中

---

❶“Disquisition on Government,” *Works*, I, p. 29.

援引了一个事例来表明，质朴的数量上占据多数的人会不正义地倾向于将所有的权力都交到城镇人口的手中，从而在实际上剥夺了农村地区人民的选举权。“人口的比重在很大程度上取决于环境，就像它在很大程度上取决于数量一样。例如，城市里的人口更加集中，那么，在这种分配政策下，他们就会在政府中比人烟稀少的农村占据更多的分量，尽管他们的人口数量一样多。聚集在 2 平方英里的城市中的 10 万人，要比分散在 200 平方英里的农村的同样数量的人，拥有更多的影响力……那么，要根据人口比例来分配权力的话，那么实际上最终就是将掌控政府的权力交到城里人的手中，并使农村和农业人口服从于那通常聚集在他们当中的这部分人——并最终服从于这些人渣。”❶

总而言之，卡尔霍恩的观点类似于迪斯雷利，即主张：我们既要
176 清点投票总数，也要加以权衡；不过卡尔霍恩认为我们不仅仅要权衡每一个人的独立选票，也要权衡全国那些重大团体所拥有的各种意愿。他提议要考虑不同的经济原则、地区抑或其他不同的利益；可以通过相互否定或通常能得到的否定，来保护上述利益不被他人侵占。“这种否定之权力——防止或制止政府行为的权力——的叫法依其字面意义而来就是：否决、提出异议、违宪、监督或制衡权力等；正是这种权力形成了宪法。以上都是否定之权力的别名。”❷ 可能这种安排会引发波兰的那种自由否决权的僵局；但卡尔霍恩认为，日常的便利能够劝阻这些主要的利益或团体不一点点地干涉事务的安排。的

---

❶“Discourse on the Constitution,” *Works*, I, pp. 397 - 398.

❷“Disquisition on Government,” *Works*, I, p. 35.

确，行动会不再那么迅速，但我们会得到道德权力上的补偿，从而有利于和谐、一致同意以及不会遭受压迫的信心，这些使得一个国家变得伟大。卡尔霍恩从来没有在自己的论文中，尝试着基于这些原则而勾勒一个精密的美国政府的组织机构；尽管他认为一个多元的行政机构可能会是达到这种设计的途径之一，即每一个行政官员代表一个特定的派别，并管理特定的行政事务，如外交事务或国内事务；但需要国会法案正式批准这两个行政官的职务。卡尔霍恩声明，落实有益重组的真正责任落在北方人的肩上，压迫性的关税政策和反对奴隶制的煽动之情就是发源于这里；北方引发了这一系列事情，那么他们就应该提供一个解决方案。

卡尔霍恩接着表明，在一个已经接受了一致多数原则的国家中，民主机构会更有保障；而且在这种情况下，选举权的扩展范围可能会比审慎（prudence）所能允许的要更多。“但如果它在数量上占据优势的大多数人当中过多地扩展，最终就会使他们受制于这个共同体当
177 中那些更加无知、更具依赖性的人。”在一致多数这一理论盛行的地方，富人和穷人就不会蜷缩在对立的阵营当中，而会在各自部门或利益的旗帜之下聚集在一起，建立一个占据优势的共同体，使阶级斗争消失。

在这里，卡尔霍恩岔开话题而开始讨论绝对自由与真正自由。他认为，如果运用一致多数的原则，就可以允许每一个部分或地区根据自身特殊的需要来塑造自己的各种制度；数量上占据大多数的全体会倾向于给整个国家强加一种标准化的、任意的模式，这是一种反对社会自由的暴行。政府有两个目的：一是保护社会，二是完善社会。历

史渊源、人口特质、生理构造以及其他各种环境，都自然而然地将各地区之间区分开来；因而保护和完善这些不同的社会，就必须要相应地采取不同的方法。这是多样性学说，与一体化学说背道而驰；卡尔霍恩在这一点上与孟德斯鸠和柏克遥相呼应。

自由与安全对于人类发展而言至关重要，而任何一个社会中自由和安全的程度和规则必须要由地方来裁定；每个人都最清楚地了解自己的需求。“自由尽管是最好的福音之一，但实际上并没有安全保障那么重要；因为自由的结果是民族的进步和发展，而安全保障的结果则是该民族的维系与存活。因此，当这两者发生冲突时，自由就必须也应该服从于安全保障；民族的维系要比发展更为紧迫。”❶ 卡尔霍恩在这里实际上间接地指涉南方奴隶制的威胁，但他礼貌而笼统地表达了自己的观点。有些共同体要比其他共同体需要更大的权力来自保；一致多数的理念和相互否决权，能够认可这些地方性的需求。

自由本身此刻成为卡尔霍恩所讨论的话题，而且他使自己与杰斐逊式的理论完全区分开来。在他看来，将自由强加于一个不适用它的民族就是一种诅咒，会使这个民族陷入无政府状态。并不是所有的人
178 都平等地享有自由，自由“是我们的道德能力和理智能力发展所获得的最高贵、最高的奖励”。如果完全的平等意味着条件上的平等，那么自由和完全的平等并不是不可分割，反而是不相容的。因为道德上和物质上的进步，都源自条件上的不平等；而没有进步，自由就会衰落：

---

❶“Disquisition on Government,” *Works*, I, p. 55.

> 既然人们在智力水平、认知水平、精力、韧性、技能、生产和理财习惯、体力、地位和机会等方面截然不同，那么，让他们完全自由地去改善自己生存条件的必然后果，就是相应的不平等：那些拥有较好的品质和优势的人与那些在这些方面不足的人，会是不平等的。要防止产生这一结果，就必须：要么限制那些拥有较好品质和优势的人运用它们，以使这些人与那些没有这些品质和优势的人处于平等的水平；要么就剥夺拥有较好品质和优势的人在运用它们之后所获得的成果。然而，如果给这些人强加这些限制，那就是对自由的破坏；而剥夺他们的成果也将会打消他们改善自身生存条件的积极性。实际上，正是在进步的过程中存在着不平等的条件上优劣之分，才使得具有优势的人有强烈的冲动去维持自己的地位，而使条件上不那么好的人有同样强烈的欲望去使自己跻身前列。这给发展提供了最大的动力。要通过政府的介入而使前排的人往后退，或是试图将后排的人推进前列，那就会使这种冲动消失，最终也会不再发展、停滞不前。❶

这段话表述得如此生动，就像是政治学文献灵巧地控诉了平等集体主义中所潜伏的社会性厌倦。卡尔霍恩接着补充道："这些重大而危险的错误源于这样一种流行的观念，即人人生而自由且平等；没有

❶ "Disquisition on Government," *Works*, I, pp. 56 – 57.

什么比这个更加没有根据、更加虚妄了。”他意指自己的评论只是适用于黑人奴隶制；但人们会加以提炼使这些评论不单单具有短暂的意义，并使它们符合当代的保守主义信条。

自由与安全应当根据实际性的、地方性的考量而非抽象的关于普
179 遍人权的主张来加以衡量和运用。真正的自由最好是通过一致多数来加以保障，在和谐共生之下，那种伴随并丰富着自由的发展动力才最为强劲。那么，政府中有没有可能做此安排呢？难道对于一致多数来说，重大利益不会太多种多样了吗？政府不是都太拖沓以至于无法形成一致意见来有效地行动吗？卡尔霍恩认为自己可以回应这些反驳意见。需要会产生足够的动因。难道组成陪审团的那十二个人不能共同发生作用吗？相互调和的需要难道不会促进产生一种共同善的情感吗？在众多历史性的事例中，难道这种否决权不是罗马共和国所具有的本质性特征吗？卡尔霍恩坦承，没有什么障碍是实践和忍耐不能克服的。

卡尔霍恩认为，有些人可能会反对说，他期待通过一致多数而获得的所有的善，都能够通过言论自由而获得。如此高度赞扬新闻媒体之功能的观点在20世纪看起来有些可笑，当时的媒体并没有发展到19世纪时乐观主义者所设定的那个高度；但卡尔霍恩却非常清醒地回应了这种建议。他的以下论证算是一个不错的、对自己合并理论的总结：

所谓的公共意见（并非整个共同体的联合意见），通常不过是代表了最重大的利益或利益的结合；而且也常常代表

> 了人数较少，但精力充沛且积极主动的那部分人的利益。公共意见与政府及其政策密切相关，它与共同体的利益一样，是分散而多样化的；媒体并不是全体人的喉舌，通常只是那些不同的、各种各样的利益的喉舌；抑或是这些利益中生长出来的各个党派的喉舌。他们将媒体当作是控制和塑造公共意见的手段，以促进自己的特定利益并帮助党派之间交战。
> 180 然而作为党派管理在数量上占据优势的大多数人的喉舌和工具，媒体与选举权本身一样，都不足以抵制压迫和滥用权力的倾向，而只会推迟一致多数的必要性。[1]

这些都是大胆而想象力丰富的观点。卡尔霍恩的《论政府》一书受到了多方批评，这些批评多适用于具体的政治改革方案。他机敏地回避了这些难以对付的反驳，也没有非常精确地描述该原则如何运用；他真的有点期待这些观念所产生的直接的实际后果。然而，这些裂隙在我们这个时代的那些广为流行的改革方案——马克思主义、费边社会主义、分产主义、工会组织主义以及计划生产——当中，断裂得更加明显。卡尔霍恩并不是在假装吕库古，他是在描述一种哲学原则，而这是美国保守主义所给出的最具远见卓识、最富有活力的提议之一。一致多数、通过部分和利益而不是纯粹的数字来代表公民、认为自由是文明的产物和美德的回馈而并非是一种抽象的权利、在道德平等和条件上的平等之间做出严格的区分、将自由与进步联系起来、

---

[1] "Disquisition on Government," *Works*, I, p. 75.

强烈反对阶级或地区以数量上大多数的名义进行统治——所有的这些观念，都颇具挑战性并能够运用到现代社会，这使得卡尔霍恩与约翰·亚当斯并肩成为美国最杰出的政治作家。卡尔霍恩表明，保守主义并非只会抱怨，也会谋划。

四、 南方人的英勇

贝弗利·塔克在《党派领袖》一书中，继承了伦道夫的那种阴郁的热忱；而卡尔霍恩的那种严苛的逻辑则带来了十多年咄咄逼人的战火，并最终引发爆炸。在寻求维系的老南方人看来，他们的保守主义是虚弱无力的——的确，它加快了南方各州加入内战的步伐；这在五年之后对南方所造成的毁灭性打击远远要比北方对南方一代人的统
181 治所产生的影响大得多。违宪之后南方的那种压抑的紧张气氛，完全不能让人进行严肃的思考；伴随着重建家园而来的那种精神上和身体上的贫瘠（就像海上老人一样），足以妨碍任何一种值得尊敬且睿智的保守主义。在1865年以后，只有模糊而谨慎的冲动引导着南方社会；另外，对黑奴的普遍不信任以及物质资源的匮乏，都延缓了社会变革的步伐。我们很难说，现代南方社会服从于某种清醒的保守主义的观念——只是一些保守主义的直觉，容易受到各种腐蚀（这是未受原则支配的本能在教育普及的时代会遭遇到的情形）。伦道夫和卡尔霍恩所赞美的那种对州主权的热爱、绅士的责任以及社会传统，在李将军那里得到了完美的体现；不过，这些观念与李将军一起，在阿

波马托克斯向更强的武力投降了。这些原则在政治上的代表人物，在某些方面要稍逊色于李将军，但具有非凡的胆识和尊严，他就是杰斐逊·戴维斯。80 年以后，南方人的这些直觉逐渐世俗化，才让西奥多·比尔博这样的人进入密西西比的参议院，而这曾经就是戴维斯的职位。

伦道夫和卡尔霍恩都没有真正能与之比肩的传人，他们也没能挽救种植园社会。南方人的这些恐惧和成见——被伦道夫那种飘忽不定的才华升华为贵族式的自由至上主义，被卡尔霍恩那种更为严苛的智慧概括成一种法律上的诉求——挣脱了薄弱的锁链，而这两颗孤独的灵魂曾经凭借这一锁链控制这些恐惧和成见所具有的强劲能量。南方大众的热情所具有的力量，被年轻的北方工业主义和国家主义的暴力一扫而光；此后很长一段时间内，南方人都是在现代社会的丛林中茫然地摸索出路，他们非常不满地猜忌这个并不适合他们的机械时代。

事实上，大多数南方人都不曾有多理解伦道夫和卡尔霍恩的理论，也不理解他们对于奴隶制的辩护，以及援用州的权力对奴隶制进行维护。这两位政治家所支持的那种精细而持久的保守主义的具体主张——他们对平民妄念的不信任、对制度之延续性的盼望以及对那种
182 高贵自由的忠诚——在普通南方人的脑海里已经消失殆尽。当南方的那些演说家在口头上敷衍弗吉尼亚的演说家和卡罗莱纳的预言家的时候，在美国社会到处占据支配地位的那种平均主义和革新的冲动，也残酷地影响着南方社会。一连串的各州宪法大会（1829 年至 1830 年弗吉尼亚州召开的大会只是第一个而已），将伦道夫和卡尔霍恩所赞

赏的那些保护财产权、精心地制衡权力以及促进相互妥协的法律都一扫而光了；新的宪法体现了教条主义变革的胜利。1835 年北卡罗莱纳州召开宪法大会、马里兰州于 1836 年召开、佐治亚州于 1839 年召开；19 世纪 50 年代，随着马里兰州在 1850 年至 1851 年发生变革，各州又掀起第二波浪潮：弗吉尼亚州在 1850 年召开第二次会议，佐治亚州则以修正宪法的方式，在这些年间大规模地修改了本州的宪法。这些盛行的胜利带来了更大的、抽象政治权利上的平等，但几乎没有带来更多的自由。人民大众对于平等和简明性的要求，在南方各州——亚拉巴马州、密西西比州、刘易斯安那州、田纳西州、肯塔基州以及佛罗里达州等——并没有遇到明显的反对。因此，这为激进的重建宪法的时代扫清了障碍，随之而来的是耻辱与反动，以及南方政治生活的那种永恒的衰落。

当然，政府的民主化和简明化并非是南方社会特有的，而是整个国家的发展趋势在地方上的一个缩影；纽约的肯特法官像弗吉尼亚的伦道夫一样，都非常痛心地加以反对。南方的种植园贵族无法抵抗这种潮流，北方的联邦主义者及其继承者辉格党人，也无法抵抗得住。托克维尔比任何人都更好地分析了美国人的这种改变宪法和使社会平等化的热情。这是一个民族所具有的那种扩展性的冲动，他们与传统社会之间的链接几乎断裂；而且新土地在这些人当中的广泛分配，削弱了他们对于地方法官和法律法规的敬畏。卢梭、潘恩甚至是杰斐逊，都不过是提供了华而不实的理论，这种不断膨胀的社会热情才得以削减。在不断动荡的 19 世纪，美国的大部分事物都处于掌控之中。
183 伦道夫和卡尔霍恩能够将南方拧成一股绳，可以召集南方人团结起来维护自己的经济利益，还能够给大众强加一种印象以意识到特定体制所具有的集权化的威胁；尽管如此，即便是在如此向往传统生活方式的南方各州，他们的才能也并不足以复兴更深层的保守主义的观念。他们并没有过多地阻止那些追求一统化、世俗化、工业主义以及平均主义的冲动，这些是19世纪无处不在的社会变革的典型特征。

伦道夫和卡尔霍恩都非常敏锐地觉察到了这对传统的威胁，他们可以更加激烈地反对这些革命精神，而不仅仅是预言或是在南方人民大众当中激发一种粗糙且令人费解的特殊主义精神。这远远不够。尽管身心都有缺陷，（孤立于19世纪文明共同体之中的）南方非常勇敢地呼吁反对残酷的新秩序；朦胧的直觉告诉南方人，这种新秩序对他们所熟知的人性是有害的。格兰特和谢尔曼将自己的勇猛变成了火药，黑奴的解放与重建运动一起摧毁了旧社会的松散结构，经济上的征服将他们碾压成现代社会的生产机器。没有哪一种政治哲学，比伦道夫和卡尔霍恩的政治哲学所取得的胜利更为短暂。

然而，这些忠诚的南方领导人值得被我们纪念——纪念伦道夫关于平等的设想，纪念卡尔霍恩那严苛的逻辑。他们表明了这样一个真理：保守主义并不只是为了维护份额和红利，它要更为深刻；也不只是惧怕新事物，它要高尚得多。他们的论证，甚至他们的失败都揭示了经济变革、国家政策以及脆弱的社会安宁是如何错综复杂地交织在一起。可能伦道夫、卡尔霍恩以及其他南方政治家们，都没有充分利用柏克经常要求的那种至高无上的保守主义的美德：审慎。他们的怒火相当激烈，而且难逃一死的南方保守主义以训诫性的权利所发动的战争的回音，仍然在烟雾笼罩的现代美国的上空回荡。

第六章 自由主义的保守主义：麦考利、库珀、托克维尔

阁下致力于维护那些保守主义的原则，正是基于这些原则，我们欧洲的那些古老的社会制度才得以建立，随之产生了自由和个体责任；您尤其维护财产制度。您是对的，您无法构想一个没有这些根本性法则的社会，我也无法想象。

尽管如此，对于我本人来说，这个旧的世界（除此之外我们没人能够看见别的）已然破旧不堪了；这个庞大而令人敬畏的机器似乎每天都会出问题；尽管我无法期待，但我的确开始怀疑现在的这个世界是否还能维系……然而，如果还没有看见更好的，那么，正直的人就有义务站起来维护自己所能理解的制度，甚至为之牺牲。

——托克维尔致格罗特夫人，1850 年 7 月 24 日

一、 柏克对自由主义的影响

现在，让我们将目光转向外邦。英国和美国的自由主义在19世纪末开始与集体主义眉目传情；（这作为一种运动）从那时候开始便毫无保留地拜倒在一种理论的石榴裙下，该理论被赫伯特·斯宾塞称之为“新托利主义”。我们很危险地忘记了老自由主义者是如何紧密
185 地与自由相联系的。19世纪前半叶的政治自由主义（无论它是不是也被称为经济自由主义），在某种程度上是一种保守主义：它试图维护自由。伟大的自由主义者都是那些心怀柏克精神的人。他们在当时的平均主义理念当中、在使政府掌握全权的那种趋势当中，预见到了对个人自由——甚至是对人类本性——的危害。麦考利给我们提供了一种可能是最有意思的、关于英国自由主义—保守主义精神的研究；费尼莫尔·库珀将美国的这些元素结合了起来；而亚历西斯·德·托克维尔则比本章所提及的另外几个人重要得多，甚至可能是19世纪末以来唯一一个顶级的社会思想家；他试图将不可避免的社会趋势与柏克所竭力维护的那些残存的、古老的道德观念与规则融合在一起。

这三位自由主义的保守主义者都受到了柏克的影响：麦考利一直精力充沛地称颂柏克；托克维尔的著作也都贯穿了柏克的思想。在很长的一段时间里，埃德蒙·柏克对19世纪的自由主义精神也产生了很大的影响，就像他极大地影响了保守主义精神那样。个人与地方自由、限制政府的职责范围，并进行理论上的革命，这些对于自由主义

者而言都极为重要；柏克则将这些观念都确立为各种原则。格莱德斯顿与迪斯雷利一样，都急切地阅读了柏克的著作；人们很多年都无法确定这两个人当中谁将会是未来的托利党领导人。麦考利判定，年轻的格莱德斯顿是托利主义的一颗冉冉升起的新星，并因此在《爱丁堡评论》中狠狠地抨击了他；格莱德斯顿本人也从未否认柏克对他所产生的影响。（格莱德斯顿曾指出，柏克在他自己所讨论的五个重大问题上答对了四个——除了法国大革命。）❶ 这是自由主义者对于伟大辉格党的喜爱之情，这种喜爱之情在白芝浩、摩莱里、比勒尔、伍德罗·威尔逊的文章中也曾反复出现；这也是阿克顿所无法抑制的，同时也在拉斯基这样的集体主义者当中不断累积和发酵。柏克曾告诉自由主义者，自由并不是一个需要被创造的新生事物，而是一种需要被维护的遗产。麦考利也曾在他最后一次重要的演讲中对众议院议员们这样说道："我曾经既是一个自由主义的，也是一个保守主义的政治家。"

186

柏克教给他们更多的东西，他强化了他们内心对财产权的敏感，并让他们怀疑任何一种并非是建立在财产利益基础之上的政治权力。柏克提醒他们注意，一个"民族"并不仅仅是一种听从于首领的众多个体的集合。柏克对于政府的疑虑几乎要与他对于国家的尊敬一样醒目，自由主义者继承了他的政府观，即政府要慎重地尽量少管、几乎不要运用手中所保留的权力。他们试图运用这些政治智慧来解决19世纪的那些难题、来对抗民主和工业主义所带来的巨大张力、来

---

❶参见 Morley, *Life of Gladstone*, II, p. 530。

面对这样一个时代，即神职人员和地方法官们都服从于诡辩家和计算家们。

有时候麦考利和库珀非常乐意以保守主义的身份出现，就像本章开篇引文中的托克维尔和格罗特夫人那样。一般而言，自由主义者都惧怕未来。纳索·西尼尔、格罗特家族、约翰·斯图亚特·密尔以及所有托克维尔的朋友们，都想知道民主能否与自由相融合。在随后的下一代人中（我们可以在阿诺德·马修那里看到这种趋势），自由主义者开始更加倾向于平等，而不是自由。本章所讨论的这三位伟大的自由主义者，都曾经害怕社会构想的完满性；这种威胁曾诱使托克维尔写成了最富智慧的、关于民主制度的考察，它极有可能是出于这个原因才得以完成的。我们之所以在这里选择麦考利作为英国自由主义中的保守主义精神的代表，既因为他具备惊人的才华，也因为他没能阐明一些困惑，而这些困惑如今几乎摧毁了自由党。库珀是美国最为率真的思想家，他赞成自下而上的民主，反对自上而下的民主。托克维尔是我们这本书里所讨论的唯一一个既不是英国人也不是美国人的思想家，本书之所以将他囊括进来，既因为他非常了解英美传统、他对这两个国家产生了广泛的影响，还因为在柏克之后并没有能与之相匹敌的社会批评家。与一般社会辩证法的命运相反，这几个人的思想在20世纪获得了比当时
187 更为深刻的意义。

二、 麦考利论民主

我一直都深信，纯粹民主的制度早晚一定会摧毁自由或文明，或同时摧毁两者。在欧洲，由于人口分布密集，这些制度的影响几乎是瞬间性的……要么是穷人抢劫富人，从而文明消亡；要么就是一个强有力的武力政府挽救秩序和发展，从而自由消失殆尽。

——麦考利致 H. S. 兰德尔，1857 年 5 月 23 日

富兰克林·罗斯福总统在选代笔人这方面的运气不太好，他曾经公开指责上面这段文字是在诽谤美国民主的好名声，并嘲笑“那个托利党人、麦考利勋爵”所作出的虚假的预言。托马斯·巴宾顿·麦考利（尽管并没有什么幽默感），很可能会偷偷笑话这种无意识的、对自己为民主制度下文明的未来感到担忧的辩驳：一个美国总统居然会错误地将一个辉格党人当作是一个托利党人；一个总统竟然没有注意到民主制度在全世界范围内的衰落；一个总统居然会煽动性地强调“麦考利勋爵”这几个字——一个明显不再是贵族的男爵，而只是一个 57 岁的平民，他总共也只活了 59 岁。麦考利的确犯过错误，但并不是罗斯福总统所自以为是地披露出的那些。

人人都会在麦考利和柏克之间作比较。当然，很有意思的是，他们的才能和职业生涯都非常相似。他们还有其他的一些共同点：他们

都与印度密切相关，都是改革家——但分属不同的方向。柏克的改革试图使在印度的那些英国人远离权力的滥用和对权力的贪婪，并保障印度人有自己的本土法律、惯例和宗教。对他而言，训诫对他会起作用，无论是在马德拉斯，还是在比肯斯菲尔德。而麦考利则并不主张宗教宽容；他带有那种经常会在自由主义者当中感受到的急躁，并假定，我们很容易将适用于一个国家的各种制度和观念嫁接或强加给另
188 一个明显不同的国家。1835 年，麦考利受命担任英国政府在印度的公共教育委员会主席，该委员会在此之前曾经 5∶5 分裂成两派，争论英国政府是应该继续鼓励支持印度式教育，还是应该在“印度当地人当中普及欧洲的文学和科学”。麦考利在这个问题上的表现，立刻标示出 19 世纪的自由主义所具有的那种口若悬河，但空洞肤浅的特征。[1] 柏克在类似的情况下会心怀敬意、谨慎小心地加以考察研究并尊重公共权利；而麦考利则对此嗤之以鼻。在他的大力举荐之下，威廉姆·本廷克公爵下令，西方化应当完全摧毁印度的传统文明。如果我们追溯印度人自此在精神上和理论上所遭遇的困惑，那将会冗长乏味且令人沮丧。E. M. 福斯特已经为我们完成了这份工作。麦考利似乎认为他能够不费吹灰之力就将印度人转变成英国人，而且最好是辉格党的英国人。麦考利所犯的错误不过是 19 世纪殖民者和征服者都会犯的错误，少有殖民政府能够免此责难；然而，它还是这样一个人所犯下的错误：他内心的保守主义直觉被误导、摇摆不定，并对自己

---

[1] 特里威概述了麦考利的论证，参见 Trevelyan，*Life and Letters of Lord Macaulay*，I，353－354。不过詹姆斯·密尔则是该印度政策的设计者，参见 Duncan Forbes，“James Mill and India，” *The Cambridge Journal*，October，1951。

所要引入的这个世界感到恐慌。这是一个与柏克相距甚远的世界。

麦考利关于黑暗时代英格兰之社会因果关系的理解，也同样目光短浅。终其一生，他都对工业人口的膨胀越来越感到不安，他恐惧这些人所可能具有的政治影响力和道德状况；但他同时又比任何人都更加热情地赞扬工业化、城市发展、机械化以及各种类型的合并。这种自相矛盾完全是自由主义的，曼彻斯特只提出了一种补救方案，那就是：模糊地信任公共教育和更多的以毒攻毒办法——也即更加高效的工业生产。麦考利在《爱丁堡评论》中，对索西在《关于社会的谈话》（*Colloquies on Society*）里所体现出的家长式制度嗤之以鼻；然而，讥讽并不能治愈无产阶级的癌症。两代人和索西的那种托利党的
189 提议都将变成社会主义者的提议。即便是被迫在公立学校里打瞌睡、即便是玉米的价格一季度跌了五先令，无产阶级仍然还是无产阶级。“如果我们预言：‘1930 年这些岛上将会有五亿人口，他们比我们现在的英国人要吃得更好、穿得更好、住得更好；苏塞克斯和亨廷顿郡会比现在约克郡西区最富的地区还要更加富有；他们那硕果累累如花园般的收成，会堆得像本尼维斯山和赫尔韦林山那么高；家家户户都有各种机器（这些机器的构造原理在当时尚未发明）；只有铁路，没有公路，人们都是乘着蒸汽火车去旅行；目前的债务在我们眼里是巨大的，但在我们孙子们那里不过是小累赘而已，在一两年之内就可以还完……’那么，很多人会觉得我们疯了。”❶ 就人口和债务而言，麦考利的预言相当准确，但就其他大部分内容来说，他没有目睹

---

❶“Southey's Colloquies on Society,” *Miscellaneous Works of Macaulay*, I, pp. 433 – 434.

1930年毫无辉格党特色的英格兰，是件好事。

麦考利认为索西的方法就是："站在山冈上俯瞰农舍和工厂，看看哪个更好看，并以此来判断社会。"❶ 可能这并非一种非常切实的方法，但对于边沁式的计算来说可能更为可取；尽管麦考利与边沁主义者经常争执，但他一直都坚定不移地偏向于它。弗朗西斯·培根是麦考利的哲学标杆："培根学说的两个关键词就是：功利与进步。"❷ 麦考利在这篇文章中对唯物主义大加褒奖，这是唯物主义在别处极少获得的。他相信应用科学和制造业的发展是无极限的、不可阻挡的；他完全鄙视塞涅卡的道德说教，并将其与培根的实用主义相对比。"鞋子让数以百万人免受赤脚潮湿之苦，但我怀疑塞涅卡是否曾经让人不再生气。"❸ 这是辩证唯物主义的先驱。麦考利对工业主义的满意甚至延伸为热情地支持"华丽的大别墅"（gay villas），而它们开始丑化英国的风景。❹

尽管他的《古罗马之歌》尽显尊贵、他的《英国史》才华横溢，
190 但麦考利在这些时刻都是相当愚钝的，拉斯金曾以此指控维多利亚时代的英格兰。这就是中产阶级的愚蠢。假设更底层的阶级变得同样愚蠢、同样只追求自己的物质利益，那么，从塞涅卡、圣·保罗到托马斯·巴宾顿·麦考利等人该怎样劝说他们温顺一些呢？麦考利经常思考这个问题，他唯一的补救办法就是严防死守，不让穷人掌握政治权

---

❶"Southey's Colloquies on Society," *Miscellaneous Works of Macaulay*, I, pp. 405–406.

❷"Lord Bacon," *Miscellaneous Works*, II, p. 410.

❸*Ibid.*, p. 411.

❹参见 Cotter Morison, *Macaulay*, p. 170。

力。如果人民大众掌握了权力，那么所有安宁的、进步的、高效的繁荣发展都会终结。麦考利非常确信这一点。他没有想要保护索西所说的英格兰，但一心想要维持曼彻斯特式的英格兰。很多 20 世纪英国保守主义的弹药，都是来自于这种受到戕害的自由主义的补给站。

麦考利在他的政治生涯早期就意识到了这种危险。1831 年，他在谈论改革法案的时候就断言，普遍性的受苦受难会导致一场毁灭性的革命，因为“令人不高兴的是，英国和所有古老国家的劳工阶级偶尔会处于极大的痛苦之中”❶。由于身陷苦难，他们会破坏法律并徒劳地试图提高自己的物质收入。他大声疾呼道：“在英国宪章运动者最活跃的时候，我坚信，在我们国家当中，普遍性的受苦受难并不是与这种或那种形式的政府相冲突，而是与所有的政府都冲突，也与所有为了维系某种形式的政府存在的事物相冲突；它与财产权也不能相容，最终与文明相冲突。”❷ 这是洛克的遗产。物质条件上的不平等是无法解决的，它会让人们永远无法切实地赋予那些没有财产的人民大众以政治权力：因为当一个国家变得更加富裕时，人口也随之增长，于是收入的不平等也跟着增加而不是消失。“好的、节约型的政府会加速人口的增长；因此，政府越好，物质条件的不平等就越会加剧，那么促使人们进行掠夺的动机也就更加强烈。至于美国，我们寄希望于 20 世纪吧。”❸ 1829 年 3 月，麦考利在回答詹姆斯·密尔时曾
191 这样写道。

❶*Miscellaneous Works*, V, p. 19.
❷*Ibid.*, V, p. 258.
❸“Mill's Essay on Government,” *Miscellaneous Works*, I, p. 316.

从表面上看来，工业社会永远伴随着大量的人口，这些人肯定没有财产，并因此必然被排除在政治影响力之外。这一结论与其他结论一起，促使“最后的杰克”（Finality Jack）——罗素的辉格党人在谈论1832年的改革法案时候就好像它像米堤亚人和波斯人的法律那样是不可改变的；这些结论也使得1866年新的改革法案即将实行时，罗伯特·洛威和那些因议会改革问题而退出自由党的议员们，强烈地抵制迪斯雷利和格莱德斯顿。麦考利和他的支持者谋划了一项重大而恒久的不予考虑选举权的策略——将真正的、清醒的利益集团排除在外；柏克尽管不支持大范围地开展议会改革，但早在半个世纪之前就已经呼吁说，英国制定宪法并不是为了忍受这些排除；要么终止这种排除，要么终止宪法。迪斯雷利在1866年至1867年间选择了前者，并在这种需要变得不可忍受之前就已经开始执行；因此，改革对那些新获得选举权的人而言似乎是一种馈赠，而并非是勉强地来自于社会主宰者的妥协和让步；在这一点上，就像在别处一样，他听从了柏克的具体建议。麦考利和洛威认为这种排除是不可避免的，但这在现代的议会制政府下是无法忍受的，除非社会从一种契约条件转变为身份条件。即便在现代自由社会，无产阶级不应当获得政治特权；但如果国家结构不发生革命性改变的话，是无法很好地把他们排除在外的。尽管麦考利的立场站不住脚，但他在尽力维护这种立场的时候可敬地大大裨益了保守主义。他害怕没有财产的人民群众，这使他攻击功利主义的政治理论。他在《爱丁堡评论》上发表的《密尔论政府》《威斯米利斯特评论者对于密尔的维护》以及《功利主义的政府理论》等文章中，精准地炮轰了功利主义者，这种精准性超越了柏克的才能，其精神也会受到柏克的赞许。（然而，由于悔恨自己年轻时对密尔过于傲慢，麦考利在《批判性的与历史性的论文集》中省去了这些文章。）功利主义者受到了这样一位与他们在很多方面并不是截然不同的人的猛烈攻击，因而遭受重挫。尽管边沁和密尔仍然享有极大的威望，但他们被自己那种特殊的周期性宣传策略大大伤害了。麦考利指出，他们“当中有些人被看作是世界之光，有些人则被看作是魔鬼的化身；但实际上都是理解能力有限并没有什么知识的普通人”❶。麦考利将他们的那种“在先”的方法归为天生的荒谬，无情地揭露他们在实际知识方面的匮乏，并将他们的那些僵硬的抽象理论插在自己的长矛上。“密尔先生并不是在为英格兰或美国立法，而是在为整个人类立法。那么，一个土耳其人的利益与他后宫嫔妃们的利益是一样的吗？一个中国人的利益与那个受他控制、为他耕作的女人的利益是一样的吗？一个意大利人的利益与那被他献给上帝的女儿的利益是一样的吗？人们能够得体地说，一位受人尊敬的英国人的利益与他妻子的利益是完全一致的。然而，为什么会这样呢？因为人的本性并不是密尔先生所想象的那样；因为那些在社会状态中追求各自幸福的、有教养的人，并不是争食腐肉的野蛮人；因为被人惧怕、被人卑躬屈膝地服从是快乐的，而受人爱戴和尊敬也是快乐的。”❷

192

麦考利继续驳斥功利主义者有关民主的基本原则。密尔曾经争论道，人毫无疑问地会追求自己的利益；那么，他的这一论点就必须要适用于他乌托邦式民主安排中的那些穷苦的人民大众，并倡导普遍的

---

❶“Mill's Essay on Government,” *Miscellaneous Works*, I, p. 280.

❷*Ibid.*, pp. 310 – 311.

选举权；那么，掠夺勤劳者就会成为穷人的利益。当然，这可能不会是他们的长远利益，但如果君主们都很少考虑长远利益的话，那么，我们又怎么能期待一群卑微的穷苦百姓为了繁荣发展而推迟满足自己呢？

> 任何一个坚持密尔先生的学说的人，怎么可能会怀疑说，富人们在他所提倡的那种民主国家中与在土耳其巴夏统治下一样，都会遭受无情的掠夺？毫无疑问，为了下一代人的利益，也有可能是为了当代人的长远利益，我们应当将财
> 193 产权奉为神圣的。同样毫无疑问的是，为了下一位巴夏的利益，甚至是为了当代巴夏的利益（如果他在位时间长的话），因此要鼓励巴夏辖区的那些居民积累财富……然而，我们看到，暴君的确会掠夺自己的国民；尽管历史和经验告诉他们，由于过早地大量挥霍，他们实际上是在吞噬谷种，而这些谷种将来是要成为财政收入的。那么，为什么我们会认为，由于惧怕遥远的灾难——可能直到孙子辈才能完全感受到这些灾难——人们就不去获取即时的安慰与享乐呢？[1]

麦考利并没有贸然进入巨大的有关功利主义争论的盐土荒漠当中，但这里仍然值得我们注意的是：他在去除普遍选举权这一支持功利主义庙宇的基柱的同时，也瓦解了一部分屋顶，其中某些碎片砸到

---

[1] “Mill's Essay on Government,” *Miscellaneous Works*, I, p. 315.

了他自己的头上。他质疑功利主义者的所有逻辑要点和有关人性的看法，从而给功利主义者造成了极大的伤害；正是这一点，使他应当获得政治保守主义者和精神保守主义者的感激。由于功利主义是“科学”社会主义的祖先，所以边沁的原则在本质上是自由主义的。边沁向往一种“计划”的社会，唯物主义的麦考利带着某种诗人般的直觉，而不是从任何逻辑的动机，对边沁加以抨击。作为一名自由主义的侠士，麦考利选了正确的妖魔进行攻击。现代社会主义的另一位祖先就是黑格尔，从他的学说当中发展出制度所具有的极权主义的一面；托克维尔觉察到左翼分子们（Continental Left）的那种带有危险倾向的起源。❶ 马克思对自己两位理论前辈的批判，与唯心主义和功利主义的两大对立阵营一起，形成了一个令人畏惧的混合体；与此同时，在威廉·莫里斯（William Morris）那里达到顶点的英国情感主义协会式社会主义，则是一个不足挂齿的婴孩。麦考利在很早的时候就有胆量去质疑这种强有力的学说，他的批评在当时可能比浪漫主义托利党人的抗议要更具有毁灭性。

这就是麦考利对保守主义事业所作出的主要贡献。不过，人们更为熟知的是他在晚年成为肯辛顿的一名贵族之后所写的另一篇截然不同的文章。杰斐逊的传记作者 H. S. 兰德尔（H. S. Randall），曾经惊
194 讶地说，麦考利竟然不崇拜自己的英雄；而这位令人敬畏的辉格党人也回应说，自己几乎不赞赏美国的民主。只要有土地自由，那么，“杰斐逊式的政治可能会一直存在，而且不会导致任何致命性的灾

---

❶有一种积极的对黑格尔集体主义所进行的辩护，参见 C. E. Vaughan，*Studies in the History of Political Philosophy before and after Rousseau*，II，p. 163。

难”。然而，一旦新英格兰地区的人口与旧英格兰一样稠密、一旦工资较低而且不断波动、一旦巨大的工业城市主宰了整个国家，那么，民主政府就会无法阻止穷人抢劫富人。“这一天终将到来！到时候，大量人群聚集在纽约州，他们当中没有人能够吃到半饱的早餐，也无法期望能吃到近半饱的晚餐；而他们将要来选择议会。我们是不是能够怀疑，他们会选出什么样的议会呢？……没有什么能够阻挡你们。你们的宪政已经全线起航，而且没有带锚。正如我以前所说过的，当一个社会走上这样的下坡路时，要么文明枯萎，要么自由衰落……由于你们自己的制度，在你们的国家内部，将会产生匈奴人和破坏者。”❶

这一点表达得强劲而有力；麦考利预言说，尽管美国还没有完全体会到那句要么消除文明、要么消除自由的箴言；但在他看来，20世纪还没有走完呢。麦考利低沉而坚定地警告现代社会要警惕民主的不自由倾向。然而，他又做了什么来阻止这一威胁呢？他认为，教育是一种缓解性措施：我们可以迫使穷人“在运用自己理智的过程中寻求快乐，教会他们敬畏自己的创造者、尊敬合法的权威，同时也教会他们通过和平的、符合宪法的方式来纠正真正的错误”❷。如果我们期望教育能够治疗和抵消社会绝症的话，那就对教育要求太高了。麦考利谴责无知暴力的后果，他的一个主要理由既可怜、可笑，又具有启发性，那就是：“近来在约克郡，有很多漂亮而昂贵的机器被打

---

❶这封信的完整版参见 H. M. Lydenberg（ed.），*What Did Macaulay Say about America*?（New York，New York Public Library，1925）。

❷*Miscellaneous Works*，V，p. 450.

碎了。”而且这位先生在书信里也做了明确的区分！其中一封信曾试图拙劣地模仿约翰·济慈。麦考利尽自己的本分去确立现代社会对机器之神的崇拜。然而，不出所料，他高估了国家教育的力量，杰斐逊、洛威、格莱德斯顿以及迪斯雷利也都是如此。约翰·亚当斯曾经
195 有所怀疑，但在19世纪前半叶，很少有其他人能预见到正规教育的局限性。阿里斯托芬更懂得人性，他曾经高度怀疑德性是否可教。在一个义务教育最为充分的国家，孩子们接受训练来运用理性、尊重权威并寻求和平的纠错方式（如德国），20世纪的社会爆炸将会最为凶猛。

麦考利的另一种缓解性措施就是运用严格的、将无产阶级排除在选举权之外的政治制度所具有的力量。事实证明，这一原则没能阻止人们通过1867年改革法案、1911年国会法案、累进税、遗产税；也没能阻止劳工阶级的上升以及整个西方社会的平衡发展。与麦考利的期望相左，英国宪法没能像美国宪法那样成功地阻止这些变革。只要一个现代国家在理论上仍然是自由的、只要这个国家的大部分国民都主要是无产阶级，那么，经济上的平均主义就会是一种持续性的压力。如果人们从麦考利以来的西方政治发展历程来加以评判的话，那么，只有非自由的政治制度获得胜利，只有将财产权、目的和尊严还给国民大众，这种压力才能得以缓解。麦考利并没有为这两种路线留下任何准备；他既不是激进的也不是真正的保守主义者。因此，他曾经隶属的辉格党已经灭绝了，而他之后的自由主义者也已经奄奄一息。

这篇简短的论文对麦考利而言真的并不公平，其中没有提到他那

本无与伦比的《詹姆斯二世即位以来的英格兰历史》（*The History of England from the Accession of James the Second*），也没有提到他那本纪念古罗马高尚美德的《古罗马叙事诗》（*Lays of Ancient Rome*）。任何一个学生都应当熟悉这两本书，任何一个学生都应当如此，但是麦考利自己却并不：因为他所颂赞的培根式哲学、他所鼓励的标准化的“实用教育”制度，都妨碍人们去学习可读性历史和纯粹文学。1867年，洛威曾经这样说道：“我们必须教育我们学校的主人。”每一个时代都获得了它所要求的教育，而这个时代则一直坚持唯物主义的、平等主义的教育，以至于有一半人忘记了麦考利；在当代，如果不是有一些弥补性的力量随时对抗现代学校的混乱，麦考利就会毫无疑问
196 地被完全忘却。一种保守主义的教育运动可能会使麦考利复兴。麦考利所拥护的这种保守主义注定是要失败的，但他心不在焉地为保守主义事业做出了贡献；因此，除去他那些伟大的天赋不说，他也值得被人们纪念。

三、 费尼莫尔·库珀与绅士的美国

> 民主社会中一个令人困扰的倾向就是会使公共意见比法律更强有力。这是一种特定的形式，其中暴行会从人民政府中显露出来；因为哪里有权力，哪里就会呈现出滥用权力的倾向。无论谁反对公众的利益或意愿，也不管这种反对在理论上多么正确、在当时情境下多么正当，也都很难得到同

> 情；因为，在他那种奇怪的想法中，在民主国家，抵抗多数人的意愿就是抵抗主权。每一个好公民都不要使自己这种私人性的情感影响他的公共义务，并且，我们要留意的是，由于他追求最大多数人的利益，因此在假装追求自由的同时，他并没有对专制主义有所裨益。最含沙射影的、最危险的就是受人民大众支配的形式，其中压制会给共同体蒙上阴影。
>
> ——库珀，《美国的民主党人》

任何一位致力于追溯欧洲和美国观念之平行性发展的人，都一定会偶尔感觉到自己是在应对一些肤浅的类似性，会觉得美国精神不过是一种特殊社会环境的镜像，而欧洲文明这个苍白的幽灵无力去改变美国思想的立场，就像是合唱团也并不能阻止索福克勒斯戏剧中的一幕。然而，奥尔特加·伊·加塞特这位温文尔雅而敏锐的欧洲文化捍卫者，会（在《大众的反叛》中）评论说，如果文明在欧洲消亡，那么当代文明也无法在美国存活。在 19 世纪的前半叶，那时候美国还更为原始，欧洲观念的重要性相应地就更大。这些观念渗透进美国，经常与傲慢的美国公众的抗议之声相对立；有些美国人曾经试图
197 调和民主的自负和旧社会的谨慎，但他们在那个时代并没有获得感激，而在我们这一代人当中则应当得到相应的感激。这种最大胆的思想家就是费尼莫尔·库珀，他是一位好斗的美国人，毫不留情地批评美国精神。

库珀是一位民主人士，但他也是一位持有保守主义观点的、持有大片土地的地主的儿子，他自己本人也是哈德逊河流的大庄园主。这

位不屈不挠的好争论者和小说家竭力在资本主义的集中制和南方的分离主义之间寻求一条道路；他同样很努力地将绅士精神与政治平等融合起来。他像尤蒂卡的加图一样倔强和诚实，从来不曾对公众妄想有丝毫的退让，也丝毫不曾容忍对他的个体权利有所侵犯。因此，正是在这个他不太明智地正直地既进行辩护又指责的民主社会中，他很快使自己悲苦地受到公众舆论的憎恨。然而，不管这种顽固的正直在当时多么令人恼火，但回想起来却会觉得可爱。库珀相信进步、自由、财产权以及高贵的地位，他在麦考利的自由主义与托克维尔的自由主义之间构建起一种链接。

库珀深知，美国的民主如果要加以维系，就必须清除其中那些无知和粗糙的地方。他在《带着锁链的人》（*The Chainbearer*）这本小说中通过那位坐拥上千亩土地（old Thousandacres）的农场主❶的不安描绘了美国农业的贪婪；在《大草原》（*The Prairie*）这个故事中借以实玛利·布什描绘了先锋精神所具有的那种残酷的个体主义；在《发现家园》（*Home as Found*）这个故事中通过阿里斯塔布鲁斯·布拉格描绘了美国那些白手起家的人有多粗鲁；在《回家》（*Homeward Bound*）这个故事中借斯戴法斯特·道奇刻画了无处不在的专业民主人士。他在诸多书籍当中都表达出自己不信任美国那种无秩序的性情，不信任她那种无视规范的欲望，不信任她的不宽容。这种不宽容在背后怒视着那种对绝对自由的宽泛认可。库珀在任何一方面都是个保守主义者，他像同时代的那些伟大的法学界的肯特首席法官和贾斯

---

❶指小说中的主人公 Aaron，他代表了旧社会的文明。——译者注

汀大法官一样，热切地关心着传统、制度和财产权。然而，在他看来，除非首先确保政治民主安全且公正，否则保守主义在美国是不可能的。美国没有政治上的备选项：她只能在排除了公众妄想的民主与被热情腐蚀的民主之间做出选择。库珀的文学作品都旨在试着表明：一个社会，如果要实现文明化，必须怎样服从于道德规则、永久性的制度以及财产权的那些仁慈性主张。只有当一个社会愿意服从于绅士的领导时，这种欲望对理性的普遍服从才可能实现。这种观念非常具有英国特色，但对美国而言至关重要，这种重要性可能比我们现在想象的要更大。

198

在国外的时候，库珀热烈地为自己的国家感到骄傲；当他回国后，他同样激烈地批判美国。他曾经在国外待了很多年，在此期间，他写成了三本历史性的、具有政治转向的小说，意在警示美国人各种令人尊敬的制度可能会怎样被腐蚀。这三本小说分别是：《亡命徒》（*The Bravo*）、《海登墙》（*The Heidenmauer*）、《刀斧手》（*The Headsman*）。库珀像伦道夫以及老共和党人一样害怕特权、合并以及对宪法进行修修补补。在《海登墙》这本小说中，有一个充满活力的章节，它从浪漫的角度来看过于迂腐，而作为政治实践来看又非常有意思：

> 无论一种社会制度或宗教如何纯粹，在它发挥作用之初，由于占据着毋庸置疑的优势，因而会将所有类似的都引向暴行，从而对一致性、正义和真理产生戕害。这就是人类意志独自运作的后果，人类意志似乎与人类的弱点几乎不可

能分开。我们逐渐开始用倾向和利益来代替权利，直到心灵的道德基础被各种嗜好所破坏；那种错误地使无知者兴奋，并曾经被看作是背离的东西，现在变得不仅仅为人们所熟知，而且被便利和功用证明是正当的。即便是为了维持我们并不完美的德性标准，也不需要某些有关原则之退化的症状，就像在为任何一种脱离监管作辩护时并不强求请愿一样；因为，这是在寻求用创造力来帮助激情，这种联合几乎一定会让原本摇摇欲坠的道德的脆弱防护进一步坍塌。❶

在这样的一般性真理面前，美国也并不例外。她的疆域的确是防止腐败的某种保护；在孟德斯鸠和亚里士多德看来，共和国建立在更大的疆域上要比建立在小的疆域上更好。“因为所有大众政府的危险
199 都是来自于大众的谬误，而一个具有不同利益和辽阔领土的民族屈从于危险激情的可能性，要比一个小镇或乡村的居民更小。”❷ 由于集中制会使美国陷入一个中央集权的共和国状态，从而完全暴露在暴徒们的各种欲望和特权的操纵当中；因此库珀一直都倡导各州拥有权力。❸

1833年年底，库珀和家人在结束一次漫长的游学旅行之后回到了美国；不到四年，他就发现自己陷入了两个令人苦恼的争论当中的前一个，这摧毁了他的声望和功绩。这两种争论都是库珀所不能接受

---

❶Cooper, *The Heidenmauer*, pp. 65 – 66.
❷*The Bravo*, pp, iii – iv.
❸See “On the Republick of the United States,” in *the American Democrat.*

的大众平等主义的设想所产生的结果。第一个争论最初是微不足道的，只是与他所在社区的民众起了争执；库珀斯敦的人在没有获得库珀本人许可的情况下，将他所拥有的一小块土地当作公园来使用了，并且造成了严重的损害；于是，库珀驱散了这些民众。因此，库珀被当地报纸编辑捕风捉影地横加谩骂，这些人后来被马克·吐温诅咒为将要遗臭万年。库珀状告这些人对他恶意诽谤并最终赢了这场官司，但他为此付出的代价是脾气变得暴躁，并招惹了很多的诉讼。在诉讼过程中，库珀出版了《美国的民主党人》（*The American Democrat*），这本书清晰明了、富含勇气、论证有力而又尊贵庄严。很可能这本小书写于库珀和那些编辑进行长期斗争之前，之后的抗租之战（the Anti-Rent War）更加激怒了他。

《美国的民主党人》试图通过划定民主的天然界限而强化民主。这本书在很大程度上预见了后来托克维尔关于美国社会的分析。民主党人偏重于死死守住一些适当的界限，将政治平等转变为经济上的平均主义，坚持认为平等的机会将变成庸碌无为，并侵犯每个人的个体权利和隐私；他们将自己置于法律之上，并用大众意见来替代正义。当然也有着一些弥补这些恶习（或朝恶习发展的趋势）的方面。民主能够提升大众的品质，能减少军事机构，能促进国家繁荣，并鼓励自然正义的实现；它还偏重服务于整个共同体而并非少数人；它是最
200 省钱的政府管理形式，很少受到公共情绪的支配，选票代替了火枪；除非是受到刺激，否则相对于贵族制和君主制而言，它更尊重抽象的

正义。[1] 因此，我们珍惜民主，但我们并不珍惜不受限制的、目无法纪的民主。

在一系列重要书信中，他这样写道："在高层人物的书信中，'应该让每个人的脑海里都留下这样的印象：在民主社会中，公众并不拥有制度所没有明确承认的权力；而且这种权力只能以宪法所规定的形式加以运用。所有超过这些的（当它付诸行动或经常局限于各种意见时），都是压迫。'"[2] 我们如何能够说服公众认同接受这些限制是必要的呢？——通过揭示人民大众的那些与平等和政府相关的妄念、通过绅士对于民主社会的影响来实现。"在美国不可或缺的是，每一个真诚渴望真正自由的人都应当明白，暴政行为只能产生于公众。那么，公众就需要被监视……尽管这个国家的政治自由几乎比任何一个其他文明国家都要更多，但它的个人自由却被认为是更少的。"[3]

库珀着手分析了人民大众所具有的那些威胁个体自由的错误观念：平等并非是绝对的；我们不能只是从字面上，甚至是道德意义上来理解《独立宣言》；政府的存在恰恰暗示着不平等。"自由与平等这个词一样，人民用得多而理解得少。完美且绝对的自由，像条件平等一样，与社会存在是不相容的。"我们之所以接受人民政体并不是因为它是完美的，而是因为它比任何其他政体都更不容易扰乱社会。自由从属于自然正义是恰当的，而且必须要受到限制。各种虚假的代

[1] *The American Democrat*, pp. 54 – 61.
[2] *Ibid.*, pp. 139 – 140.
[3] *Ibid.*, p. 141.

理理论将代理人贬低为代表，它们对美国人的自由而言是一种危害；合并也是如此，在像我们这样的体制中会导致分离。腐败而恶毒的媒体会危及体面的生活："如果说报纸在推翻暴政方面有用的话，那也只是为了确立自身的暴政。"倡导民主的那些民族所具有的那种侵犯私人生活之安全性的倾向，是一种令人震惊的对自由民主的歪曲，因为"个体是政治自由的目标"：幸福和品质的深度取决于它。库珀用
201 这些以及与此类似的观点（它们经常被保守主义者引用，但在这里却用一种很少达到的力量和准确度表达了出来），试图唤醒美国公众意识到自己的各种恶习。为此他得罪了很多人，遭人厌恶，并从来都没有让自己的书籍得到应有的阅读量。

除了需要唤醒人们认识到在使用自己各种权力时需要对其加以限制，库珀还认为，民主的希望依赖于绅士阶层的存在，他们作为自己共同体的领袖，超越了普通百姓的冲动，并能够经受得住大多数司法的或司法以外的恫吓。"社会身份是人们在日常交往中所拥有的，依赖于出身、教育、个人品质、财产、品位、习惯，在某些情况下还依赖于任性的想法或风尚。"❶ 社会身份是财产的产物，因此在一个文明社会中无法加以消除；只要文明存在，财产就是它的支撑。我们那些革新者应当这样来安排各种事务，以使具有较高社会身份的人拥有一种责任感。即便是在上帝的宏大的道德体系当中，也没有谁能跟另一个人一样出色。"美国的这种社会不平等是制度的必然产物，尽管在这些制度中并没有在什么地方声明这些，不同的宪法在这个问题上

❶*The American Democrat*, p. 71.

也都是保持着一种寓意深刻的沉默；但那些构建这些宪制的人极有可能都知道，这是文明社会的产物，就像呼吸是动物的一项重要功能一样。”[1] 身份有其私人性和公共性两方面的责任。我们应当明白，这些责任都是由绅士来完成的。

“民主意味着，参与权是平等的、切实的；假设社会平等是大众制度的一个条件，就是在假设后者会毁灭文明。因为，再明显不过的是：我们不可能提升所有人，以使之具备最高的品位和风度；其结果反而会使整个共同体降到最低。”[2] 绅士的存在与民主并不冲突，因为“贵族”与“绅士”的意思不尽相同。“‘绅士’一词具有积极而
202 有限的意义。它意味着一个人由于自己的出身、行为、成就、品质以及社会状况而优越于社会大众。由于任何一个文明社会都不可能没有这些社会差异，因而否认使用这个词语并不能得到任何东西。”[3] 自由主义的成就使绅士与其他人区分开来，仅仅是具有绅士般的直觉并不够。然而，财富并不是绅士精神的标准。如果绅士和淑女从社会中消失了，那么他们也随之带走了有教养的学识、行为所具有的教化作用、高尚行为的榜样作用，以及身份所具有的深刻意义（这种身份使私人性和公共性的责任比挣工资要更加高尚）。如果他们离开了，文明最终也会随之消失。

在这本书中，有人应当为绅士观念写点什么，库珀的相关评论应当值得我们称赞，尽管这些评论并没有产生广泛的影响。绅士在美国

---

[1] *The American Democrat*, p. 76.
[2] *Ibid.*, p. 89.
[3] *Ibid.*, p. 112.

并没有完全灭绝，但社会条件和经济条件却一直并不有利于他们的生存，甚至正在变得更加危险。在《美国的民主党人》出版后不过两年，纽约所发生的那场几乎要使库珀狂怒的抗租之战，就表明了美国绅士所处的艰难境地。绅士的存在以能够继承土地为前提，而抗租运动中的那些激进主义者则坚定地认为，纽约中心那些拥有大量土地的地主们应当让位给农民和那些擅自占有土地的人；没有什么训诫或法定权利应当反对大多数人要求拥有自己土地的意愿。长远来看，由于地主们受到胁迫并且法院在大众的热情面前犹豫不决，农民和那些擅自占有土地的人获得了胜利。哈德逊的那些大地主们从历史上消失了。对于财产权的侵犯，以及这种侵犯得以成功所借助的手段，都让库珀感到无比的气馁和绝望。如果民主社会一心要根除绅士阶层，那么，它如何为自身提供领导者呢？它又如何达到一种更高的格调呢？美国人从来没有令人满意地回答过这个问题，而且美国人的性格当中很明显地对持有大量土地抱有敌意。《土地改革》是美国征服日本后所颁布的第一条法规，它剥除了日本社会中那种保守、温和的因素；
203 美国也曾呼吁意大利和萨尔瓦多进行“农业改革”。曼彻斯特人对英国那些拥有大量土地的地主们，也都持有同样的敌意；美国的工业社会非常厌恶土地产权的存在。

库珀最有名的批评者曾经这样写道：“库珀在其后半生将美国人生活中的不稳定性和非永久性看作是威胁绅士财产权的因素，甚至在最后一本小说中将其看作是对字面意义上的生命权本身的威胁；这种不稳定性和非永久性在他那不受困扰的最初几年成为他关切的主题之一……他从来都不曾找到一个完全恰当的符号以凝聚他的那种悲情，可能这是因为，在其本性深处，他的内心是乐观的，悲苦只是停留在他思想的表层，是为了让全世界看见。”❶ 一种坚定的乐观主义从来不会丢弃费尼莫尔·库珀，他的身上大胆地呈现出太多的优秀的美国品质。然而，他并没有成功地为这样一种民主做辩护，即那种聚集各种出身良好、遵守高尚道德标准的人的民主。大多数具有反思精神的美国人都肯定会不时地冷静地思考这种缺陷有多严重。可能在乡下地区、小城镇以及西部那些空旷的各州，绅士的匮乏最为明显；但在更老的城市中，由于缺乏领导和格调，社会似乎坠入一种倦怠之中，只具有衰老人群的典型特征。可能没有了绅士，社会就会无聊至死。在这样一个民族中，毫无多样性的影响可言。英奇教士曾这样写道：“无聊在历史中所产生的广泛影响一直为人们所低估。”❷ 如今这似乎成为一种我们必须要加以考虑的力量。借助于这种转变，我们接下来考察亚历克斯·德·托克维尔。

四、 托克维尔论民主的暴政

> 有人认为，现代社会将不断改变它的样子；于我而言，我害怕它最终太过一成不变地囿于同样的制度、同样的成见以及同样的行为方式之中，以至于认为会停滞不前并受到限
> 204 制；我也害怕人们的思想永远处于来回摇摆不定的状态中，

❶Grossman, *James Fenimore Cooper*, pp. 263－264.

❷Inge, *The End of an Age*, p. 216.

> 而无法产生新的观念；我还害怕人们在无益而单个的琐事上浪费精力。因此，尽管人们在行为上具有连续性，但也会止步不前。
>
> ——托克维尔，《论美国的民主》

法国人追求普遍化的能力颠覆了整个世界，这在亚历克斯·德·托克维尔那里达到了顶峰。他在启蒙运动者和百科全书派兴起半个世纪之后，援用他们的方法和风格，来削弱他们的书籍所产生的影响。在某些方面，学生托克维尔超越了他的哲学导师——柏克：当然，他的《论美国的民主》这本书对新秩序进行了不偏不倚的考察，而柏克则从来没有时间或耐心去进行这项工作。托克维尔是一位作家，我们应当完整地而不是有所删减地阅读他的书籍；因为他的每一句话都有意义，每一个观察都是精明练达的。他的《论美国的民主》两卷本中到处都是格言警句，《旧制度与大革命》是上百本书的源泉，《托克维尔回忆录》一书饱含才华横溢的精美叙述，这是大多数回忆录所没有的。如今，除了教授们，仍然有人阅读托克维尔的书；他们应当如此，因为他是民主所拥有过的最好的朋友，也是民主最率真且明智的批评者。

尽管托克维尔曾经担任法官、立法者和外交部部长，在文学领域也享有盛誉，但他认为自己几乎是一个失败者。在麦考利论马基雅维利的论文当中，有一段文字击中了约翰·伦道夫这位阅读兴趣广泛的读者的想象，尽管他在《爱丁堡评论》中读到这篇文章时并不知道作者的名字；伦道夫将其中的描述运用到自己的情景当中，托克维尔的情感当然也与此相似。“我们很难去想象一个比以下情景更令人痛苦的情形了：其中一位伟人注定要看着一个精疲力竭的国家垂死挣扎，要在它麻木和胡言乱语（这种麻木和胡言乱语又加速了它的解体）期间照料它，还要眼睁睁地看着它的活力一点点消失殆尽，最后只剩下冷漠、黑暗和腐败。”托克维尔认为绅士精神和卓越个体所
205 具备的较高天赋，都滑进了那种具有吞噬性的庸人当中，而社会也面临着一副死气沉沉的景象。冲着那种可怕的、又聋又哑的社会潮流大喊大叫是徒劳的，这让托克维尔痛苦地意识到自己微不足道而且无足轻重。然而，他并不只是在斥责环境；他从来没有放弃希望去改善由社会平均主义倾向所导致的各种问题；他对子孙后代产生的影响要比自己所希望的大得多。

托克维尔用“民主的暴政”这个短语来描述现代社会的难题，他在用这个短语的时候是有一丝疑虑的，之所以采用它只是因为没有找到更好的表述方式。作为一个政治理论家、社会学家、自由主义者和保守主义者，他对于民主暴政的分析是他的最高成就。“我并不反对民主政体，”他在1857年写给M. 富莱斯龙（M. Freslon）的信中这样说道：“如果它们是自由的，那么它们可能是极好的、符合上帝的旨意。使我感到伤心的并不是我们处于一个民主社会，而是我们所承继和积累的各种恶行，使我们难以获得或维持井然有序的自由。我深深知道，没有什么比不带自由的民主更加悲惨的了。”[1] 哈罗德·拉斯基评论说托克维尔在本质上是一个贵族，他“无法毫无痛苦地接

---

[1] Simpson, *Memoir, Letters, and Remains of Tocqueville*, II, p. 384.

受集体主义的约束”，而中央集权化的民主政体会无情地趋向于这种约束。立法权一旦完全掌握在人民大众的手中，那么就会被用来服务于经济和文化平等主义的目的。[1] 的确如此，对于托克维尔以及任何一位无论何种起源的自由主义者或保守主义者而言，集体主义约束比最愚蠢的古老政体都更加令人反感。与亚里士多德一样（一些有声望的作家宣称托克维尔是自亚里士多德之后最伟大的政治思想家，尽管托克维尔自己认为亚里士多德的《政治学》一书当中，并没有多少能够应用于解决现代问题的资源），托克维尔一直在寻求目的。对于托克维尔来说，一种忘记了目的而崇尚平均的政治体制、一种“集体主义的约束机制”，是比古老的奴隶制还要糟糕的奴役。社会应当被设计得能够鼓励和激发人类的最高道德品质和理智品质，新民主政体所具有的最大威胁是，它不仅仅会鼓励平庸，还会推行平庸。
206 托克维尔害怕人类社会蜕化成类似于昆虫式的组合，温德姆·刘易斯在《丧尸岭》（*Rotting Hill*）系列故事当中、C. E. M. 乔德在《堕落》（*Decadence*）一书中描绘了这种趋向于上述情形的引力。[2] 多样性、个体性、进步，这些都是托克维尔竭力要保存的。

> 只要社会条件达到平等状态，公共意见就会对每一个个体的心理产生巨大的压力；它包裹、引导并压抑着个体；这更多的是源自社会制度而非政治性的法律。当人们变得越来

---

[1] Laski, “Tocqueville,” in Hearnshaw, *Social and Political Ideas of some Representative Thinkers of the Victorian Age*, pp. 111 – 112.

[2] Joad, *Decadence*, p. 393.

> 越相似时，每个人都会感觉自己比其他人更加软弱；因为他看不到自己有什么高于其他人或区别于其他人的地方，当其他人指责他的时候，他也怀疑自己。他不仅仅会怀疑自己的力量，甚至还会怀疑自己的权利；而且当他的大多数同胞都断言他犯错的时候，他也会非常容易接受自己的确是错的。大众并不需要去强迫他，他们使他信服。一个民主共同体无论以什么样的方式组织和制衡各种权力，人们都总是非常难以去相信大部分人所反对的或者去信奉他们所谴责的。❶

这样一些概论，尽管与启蒙运动者的言论一样大胆，但却是更好地基于一些特定的知识而不是一些关于先验假设的思考，后者是18世纪社会思想的特征。托克维尔对美国社会进行了广泛而深入的研究，他对英格兰也非常熟悉，这些加上他的政治生涯和谦逊的学识，使他能足够权威地就人类和社会的本性发表看法。为了公正，他在写作的时候小心翼翼而又充满热情。“在所有的作者当中，他是最被人广泛接受的，也是最难发现错误的。他总是明智、正确，而且像阿里斯蒂德一样公正。”❷ 这是来自于阿克顿勋爵的评价。为了获得心灵上的平静，托克维尔不惜一切代价坚定地避免自欺欺人。他与柏克一样都相信，上帝的旨意为世界上的重大变革铺平了道路，如果人们在这些变革的方向已经显露的时候还加以反对的话，那就会导致不虔敬
207 的行为；所以他很愿意接受新的民主——甚至在很大程度上愿意接受

---

❶*Democracy in America*, II, p. 261.

❷Acton, *Lectures on the French Revolution*, p. 357.

心灵的提升。勇敢的天才罗耶·科勒德曾经对托克维尔这样说道："在这个让你感到无比骄傲的民主社会，完全领会你这本书所倡导的精神状态的人不会超过十个。"❶ 不过，托克维尔并不愿意让民主变成一种同类相残的体制；他会竭尽所能地在改变民主之欲望的时候，不牺牲民主的德性。

托克维尔觉察到，民主所潜在的恶就是：民主会折磨自身，而且当前只存在着腐败、丑陋，却可能同时保存着根本特征的平等；但又没有任何追求自由和进步的期望，而正是这种期望激发了民主最初的胜利。大多数民主的批评者都宣称，政治平等主义一定会以无政府状态或暴政而告终。亚历克斯·德·托克维尔并没有受缚于过去，尽管他非常尊重历史知识；他曾经这样写道：未来并不一定总是要像过去那样；这些古老的备选项都不可能使现代平等主义实现。在这个时代对民主社会构成威胁的不仅仅是秩序的坍塌，也不是某一个手握强权的人篡权夺位，而是一种庸人的暴政，是由集权政府推行一种标准化的思维、精神和条件，这正是拉斯基所说的"集体主义的约束"。他预见到"社会福利国家"的到来，它应允给成员提供一切，同时要求严格的一致性。民主的名义尚存，但就像在旧制度当中那样，政府是自上而下发挥作用的，并非由人民大众而来。这是一个设计者的社会，由一个中产阶级的精英集团所主导；但政府官员并没有形成一种贵族阶层，因为贵族所珍视的那些旧式的自由、特权和个体性都被完全根除了，以便给社会管理者所认可的那种单调的平等让路。

---

❶Simpson, *Memoir*, II, p. 64.

因而我认为，对民主国家构成威胁的那种压迫，以前在
208 世界上不可能存在过；我们同辈人在记忆中不会找到与之对应的原型。我曾试图找到一种说法来精准地表达出我形成的关于它的整个观念，但没有成功；“专制”和“暴政”这样的陈旧词语并不贴切；该事物本身是全新的，因此我无法称呼它，我必须尝试定义它。

我试图追寻那些使专制在世上得以出现的新颖特征。首先引起我注意的就是大量的人口，他们都是平等的，而且都是在不间断地努力去获得微不足道且粗陋可鄙的快乐，并用这种快乐充斥着自己的生活。他们每一个人在独自生活的时候，对于其他人的命运而言都是陌生人；他的子女和私密朋友构成了他这个世界中的整个人类。至于其他的那些同胞，他与之亲近，却看不见他们；他能够触碰到他们，却并不能感觉到他们；他只存在于自身当中也只为了自身而存在；即便他还有血缘宗亲，我们也可以说他已经丧失了祖国。

在这类人之上存在着一种巨大而具有保护性的力量，它认为自身的使命就是使他们满意并守护他们的命运。这种力量是绝对的、细致入微的、深谋远虑而又体贴温和的。它可能会像是父母的权威，如果的确是像这种权威的话，那么它的目标就是帮助人成长为人类；但与此相对的是，它试图在使人类永久性地处于童年时代；如果人类开心，而且除了开心别的什么都不想的话，那么它将会感到十分满意。这样的

> 政府愿意提供这种幸福，但它选择成为唯一的机构和人们各种需要的唯一仲裁者，促进他们的快乐、掌管他们的主要利益、引导他们的工业、控制他们的财产不至于下跌并细分他们的遗产。那么，当人们不需要思考、不需要考虑生活的各种麻烦之后，还能做点什么呢？
>
> 因此，它每天都在使人类自由主体性的发挥越来越没有用，并且使用频率越来越低；它将人们的意志局限在一个很小的范围之内，并逐渐剥夺人们对自身的运用。平等原则使人们为这些做好了准备，使人们容易忍受它们并经常将其视为好处。[1]

我们在这里描述了一种人道主义的、埃及或秘鲁的社会，也正是当代英美集体主义改革家的那种谋划。的确，大多数计划经济的倡导者都很难理解托克维尔为什么会憎恨这样的事物。一个全权的、家长
209 制的、掌管人类所有事物并满足所有人期望的政府，恰恰是20世纪社会设计者的理想。这种制度安排旨在满足人类的物质需求；20世纪的社会期望饱含边沁和马克思的观念，因而几乎不会考虑那些非物质性的期望。对于适应了义务教育、强制保险、义务兵役制甚至义务投票的这一代思想家而言，“人们被维持在一种永久的童年状态”“他们在精神上永远不会成为完整的人”等状况，似乎并不是一种很严重的损失。统一的、强制的世界会使人类的精神丧失多样性和生命

[1] *Democracy in America*, II, p. 318.

力，托克维尔深知这一点同时感觉到，民主所鼓励的物质主义很可能会使公共意识着迷，以至于扼杀人们心中有关自由与多样性的观念(少数具有独立思想的人除外)。

“美国人会紧紧抓住这个世上的东西，就好像确信自己永远不会死去一样；他也会非常匆忙鲁莽地攫取手边的一切，以至于人们会认为他常常担心自己时日无多从而无法很好地享用它们。他试图抓住一切，很快挥霍殆尽；又松开自己的双手去追求新的愉悦之物。”❶ 托克维尔解释说，这种贪婪的激情并不只是美国人所特有的毛病，它是民主时代的普遍产物。一个给社会奠定基调的贵族，很可能会藐视财富，认为英勇、荣誉和家族的骄傲是更加强烈的驱动力；然而，一旦商业主义使一个民族中那个最有影响力的阶层着迷的话，那么，这种利益就几乎会将所有其他人都排除在外。比如说，中产阶级让人民大众相信不断增强是生存的目标；一旦人民大众接受了这一信念，那么，只有通过重组政府使他们得到物质上的满足，他们才能保持稳定。在美国，这种物质主义已经开始变成一种品质的标准：“这使他们的各种激情具有某种家族相似性，并很快就使它们看起来枯燥无味。”❷ 当那些古老的民族都服从于民主的冲动时，它们也就相应地屈从于物质主义。

物质主义作为社会中的一种掌管性的力量，它会受到两种压倒性
210 的反对意见：首先，它弱化了人类所具有的更加高级的能力；其次，

---

❶*Democracy in America*, II, p. 136.
❷*Ibid.*, II, pp. 228 – 229.

它也败坏了自身。物质主义可能是一种负面的而非正面的缺陷："我对平等原则的谴责并不在于它引导人们去追寻那些遭到禁止的享乐，而在于它吸引着人们全身心地去追求那些可允许的事物。借助于这些手段，一种道德的物质主义最终得以确立；它不会腐蚀心灵，但会使心灵失去活力并悄无声息地使行动力变得松懈。"❶（这比麦考利对"美丽而昂贵的机械"所表现出的那种天真的愉悦要深刻得多了!）很快，这种对于有限事物的专注就会极大地销蚀无限事物的实现；人类在遗忘了各种神明力量或上帝的存在之后，也不再是真正的人了。"民主会鼓励那种追求物质性满足的风气，如果这种风气变得过度的话，那么，它很快就会使人们相信所有的一切都不过是物质；而物质主义反过来又促使人们疯狂地急切追求这些快乐；民主国家都是在这样一个致命的怪圈当中循环往复。如果他们能够看到这种危险并停止脚步，那该有多好。"❷

一段时间以后，这种对于攫取和消费的专注会破坏社会结构，而这种社会结构使物质积累成为可能。"如果人们满足于物质目标，那么他们很可能会逐渐失去生产它们的技艺；并最终像野蛮人那样不加辨别和改进地享受它们。"❸ 任何能够拓展心灵的事物，都会在这个过程中使心灵更加适合于实际能力。道德上的腐化一开始会妨碍，接下来会扼杀诚实的政府、常规的商业乃至那种真正享受世上各种物品的能力。当底层的自律开始松懈时，便开始了自上而下的强制；最终

---

❶*Democracy in America*, II, p. 133.

❷*Ibid.*, II, p. 145.

❸*Ibid.*, II, p. 148.

在统一政府的重压之下，自由逐渐消亡。一旦某个社会开始堕落得这么厉害时，便几乎没有什么屏障来对抗专制主义了。“由于宗教失去了对人类灵魂的掌控权，因此，最为显著的、区分善恶的边界就被颠覆了；君主与国家都是受机会的支配，而且没有人能说明专制的天然限度和许可权的界限在哪里。”[1] 国家擅用权力来侵害私人生活的每
211 一处细节；这种篡夺也被那些心存厌恶的人所认可，这就是不加辨别的民主向个体差异所显示出来的。最终，首先发动这种因果链的商业驱动力和工业驱动力，都被超级政府的强力干涉和让人无法忍受的负担所破坏。

民主式专制的这种胜利是不可避免的吗？托克维尔对此回应道，民主制度在整个世界的拓展无疑是不可避免的，而且似乎这是上帝旨意所做的功，我们应当将其看作是上帝所规定的过程而加以接受。然而并非不可避免的是，民主社会可能会堕落成为无个性特征之存在、剥离了真正的家庭、自由和目的之社会分子的聚集之地；尽管这种可能性非常糟糕。为了反对这一点，聪明的人应当像狂热的宗教徒那样奋起斗争；边沁主义者梦想一种社会组织，其中孤独的、无依无靠的、自私的、不抱希望的人们与利维坦式的国家相抗衡；其中古老的情感和团体都被铲除了，物质主义替代了传统的责任——这都可以借助于观念的力量来加以避免，或者我们应当这样希望。尽管如此，如果我们想要阻止民主制国家滑向那种虽生犹死的沉闷或拜占庭式的沉寂，那么我们就需要保持一种恒久的警惕并不断地加以批判。那些推

---

[1] *Democracy in America*, I, p. 327.

动人类进入民主式专制的力量不容小觑。托克维尔详尽地分析了这些力量，最为著名的是《论美国的民主》第二卷中的第四章。在这些原因当中，除了上文已经评论过的物质主义，主要还有民主式追求概念和结构之简明性的倾向，以及追求集中制和标准化的倾向。

首先，民主制国家根深蒂固地讨厌等级制度、各种调解性的秩序、特权以及任何类型的特殊社团。复杂性和多样性对于普通人的心智而言，实在是让人懊恼得难以理解，而这种懊恼又变成对原则的憎恶，甚至是超自然的存在、那些半神半人的存在，也开始在民主制社会中逐渐隐退；普通人更喜欢个体与神直接面对的这种简单关系。如果民主人士不能容忍天使和魔鬼，那么他们也不太可能会忍受遗留贵族制、有限制选举权、特权人士以及其他在政府和公民私人利益之间设置屏障的各种制度。因此，这种民主式的简化倾向，逐渐抹去了那些使自由至上主义式民主成为可能的保障措施。托克维尔一再描述了贵族制在保护自由方面所具有的作用。“在这个世上，没有什么在观点上能像贵族制那样保守。人民大众很可能被无知或激情引入歧途；君王的头脑可能会持有偏见，因而在做决定时摇摆不定，另外君王也并非永垂不朽。一个贵族群体则由于数量众多而不会被引入歧途，同时他们的数量也不会大到足以轻而易举地陶醉于浅薄的激情。贵族制是一个坚定而开明的团体，它永远不会死去。”[1] 然而，这种可以抑制专断权力并保障文明之延续性的工具，也同样被得胜的民主制所摧毁。

---

[1] *Democracy in America*, I, p. 236.

其次，民主制国家很容易在中央政府中将所有真正的权力集中起来，这很快会在根本上毒害真正的民主，真正的民主来自于地方性的各种制度和自给自足。托克维尔比联邦党人和很多托利党人更加清楚明白，他像伦道夫和卡尔霍恩一样意识到，自由与特殊主义紧密相关。集中化是变革和专制统治的工具，法国旧制度就错在将集中化看作是一种保守主义的机制：相反，借助于一股革命暴力浪潮，集中化就可能推翻多种古老的利害关系。波旁王朝所建立起来的政府集权机制即刻转向服从于激进的雅各宾式目的。

> 不仅仅是民主党人会受自己品位的支配而使自己的政府集中化，而且所有掌权人的热情也都会朝同样的方向推进。我们不难预见，一个民主共同体中，几乎所有有能力的、有野心的人都会持续不断地拓展政府的权力，因为他们都希望自己能掌控这些权力。如果要向他们证明，过度集中化可能会给国家带来伤害，那不过是在浪费时间，因为他们是为了
> 213 自己的利益而使之集中化。在民主社会的大众当中，几乎没有鹤立鸡群之人或极度平庸之人会反对政府的集中化，前者人数极少，而后者没有权力。❶

如今美国联合政府的景象尽管令人厌恶，而且如同乞丐一般害怕权力集中；但同时又贪得无厌地要从政府那里获得资助；托克维尔详

---

❶*Democracy in America*, II, pp. 367 – 368.

尽地描述了这一景象。他说，从革命当中只能得到一样安全的东西，那就是权力集中化；法国只能建立起一样东西，那就是自由政府；只有一样东西不会被摧毁，那就是权力集中化原则。即便人们能够意识到它的危险本质，“但它给人们所带来的那种能干涉每个人并将一切都掌握在自己手中的快感，抵消了它的危险”❶。权力集中化承诺要给各种利益予以特别的支持，这种可能性所具有的诱惑对于那些简单的民主主义者来说，简直是无法抵挡的。然而，权力集中对于民主而言完全是有害的，它将权力转移到政府机器的操作者那里。“我持有这样一种观点：在我们所面临的这样一个民主时代，个体独立和地方性自由将永远是艺术的产物，权力集中化将成为自然政府。”❷

最后，民主国家迷恋一致性和标准化，痛恨怪人、伟人、性格内向的人和神秘的人。他们要求法律要是综合性的、有弹性的。“由于每个人都知道，自己与别人之间的区别微乎其微，所以不能理解，为什么适用于一个人的规则不能同样适用于其他人。因此，即便是最轻微的特权也与他们的理性相矛盾；同一民族政治制度中所具有的最细微的不同，也会冒犯到他们；立法的一致性对于他们而言，是好政府的首要条件。”❸

一旦阶级和种姓消失，那种要求成为不同的人、成为独特个体的品位也会立即衰弱；人们会对个性感到羞愧。在贵族时代，人们试图
214 创造出虚假的差异，尽管并没有真正的不同；而在民主时代，所有的

❶Tocqueville, *Recollections*, p. 202.

❷*Democracy in America*, II, p. 296.

❸*Ibid.*, II, p. 289.

事物都朝着平庸的方向滑去。“人大多是类似的，如果有什么让他们背离这种类似，那么他们就会感到恼怒；他们不去寻求如何保存自己的独特个性，而是努力丢掉这些个性，让自己与普通人民大众成为一样的；在他们眼中，只有这样才代表正当和权力。”❶ 结果，领袖人物逐渐变少，由不同对比而产生的那种生机勃勃的活力在该民族中消失，人们变得几乎没有特色，不过是社会体系中毫无价值的、没有区别的、可以相互替换的事物。聪明才智也成比例地萎缩。当各种晋升的候选人都表现得越来越相似时，民主人士就会倾向于通过那些令人厌烦的规章制度和惯例来物色人选，而不是出于对他们特殊才能的认可。“由于憎恶特权和选择所带来的窘迫，所有人最终都被迫经历同样的磨难，无论他们的标准是什么。每个人都同等地要遭受大量小题大做的早期训练，在这些训练中，他们浪费了青春，他们的想象力也被扼杀；于是他们对能够触手可及的东西彻底感到绝望；当他们最终要做出一些超乎寻常的行为时，对那些事物的品位却会败坏这些行为。”❷ 任何一个熟悉美国教育趋势或熟悉美国行政机关工作方法的人，都会很清楚地知道托克维尔意指什么。当野心被这种风尚蓄意扼杀之后，那么集体生活的基调就必然要遭殃。

总之，这种对于民主式愚行的分析，展现了一幅令人很气馁的图景，即社会是如何跌跌撞撞地沦为一种奴役状态的，这种状态被称为民主，但实际上却是一种新的专制主义。这幅轮廓在我们这个时代变得更为清晰。托克维尔在《论美国的民主》一书的开头就极为简明

---

❶*Democracy in America*, II, p. 282.

❷*Ibid.*, II, pp. 245 – 246.

地描述了这种沉闷的危害：

> 我觉察到，我们已经摧毁了个体所拥有的权力，这些权力能够独自应对暴政；家庭、行会以及个人都被剥夺了各种特权，但只有政府自身继承了这些特权；对于少部分人来说，它们时而具有压迫性时而又非常保守，承继了整个共同
>
> 215 体的弱点。
>
> 财产的分化缩小了贫富差距；但似乎他们之间的距离越近，他们就越相互憎恨和嫉妒；对对方获得权力的阻拦也更为可怕；对他们双方而言，权利的观念都不存在，武力既是当下也是未来的唯一保障。❶

那该怎么办呢？正是在这些年里，马克思充满幻想地构思了一个完全肃清了各种旧秩序的世界，无产阶级的崛起解决了所有的问题，社会从上到下得到了重建——或者，所有底层之上的社会都被消除了。托克维尔具有一颗平静、复杂且善于分析的心，他意识到，亚历山大用来解开戈耳狄俄斯之结的方法，并没有解开任何死结；于是他转而强调那种了无生趣、毫不浪漫、要把古老的价值与新兴的信念结合起来的必要性——这种保守主义的功能，遭受了太多的嘲弄而且也非常难以得到执行，但对于文明的存活而言却是必不可少的。

---

❶*Democracy in America*, I, p. 10.

五、 民主式的审慎

“我总是在想，在革命当中，尤其是民主革命中，正是那些疯子（并非那些被谦逊有礼之人称为疯子的人，而是那些真正的疯子），起到了非常重要的政治作用。至少有一件事是毋庸置疑的，那就是：那种半癫狂的状态在这样的时刻并非不合时宜，甚至有时候能获得成功。”[1] 这是托克维尔关于 1848 年那些可怕时刻的描写——那时候（就像 1893 年的那些幽灵一样），像布朗基[2]、巴贝斯这样精神错乱的人闯入《众议院论坛报》并呼吁一种新的恐怖统治。托克维尔亲历了首位激烈的社会主义者夺取权力时所发生的巷战；不久之后他又成为刘易斯·拿破仑政府的外交官。1851 年的政变终结了这位民主批评人士的政治生涯，他不会屈从于一个由平民投票选举出来的独裁
216 者，也不会屈从于巴黎的乌合之众。托克维尔能够在见证革命钟摆的不停摇摆时，仍然对社会的未来寄予厚望；这一点表明他具有强大的精神力量。

在托克维尔看来，人和社会都具有自由意志。他深深地鄙视黑格尔及其学说，对历史决定论以及宿命论链条嗤之以鼻，并说明了历史

---

[1] *Recollections*, p. 143.

[2] 指路易·奥古斯特·布朗基（Louis - Auguste Blanqui, 1805. 2. 1—1881. 1. 1）法国早期工人运动活动家、革命家、空想社会主义者、巴黎公社的传奇人物、巴黎公社议会主席。——译者注

运动当中所具有的偶然因素和未知的因果性——“偶然性，或毋宁说那些我们称之为偶然性的第二序列之原因之间的纷争”。他对上帝旨意的信仰像柏克那样真诚且无处不在，这种信仰完全反对那些狂妄的宿命论和国家命运等论调。“这种必然性论调对于那些在民主时代阅读历史的人来说非常有吸引力，如果这种论调从作者那里传给读者、最终感染人民大众并占据公众的头脑；那么它很快就会使现代社会的活动瘫痪并将基督徒贬低为土耳其人。”❶ 19 世纪肯定有一些伟大而神秘的运动在起作用，但各种观念和政治制度可以修正和形塑这些趋势所带来的行为。如果稍稍有点耐心和有益的指引，即便是旧制度也可以免遭任意的破坏而得以保存和变革：“革命并非始于邪恶盛行之时，而是源于改革之初。为了尽快落地，我们刚走到楼梯的一半，就自己跳出了窗外。实际上，事情一般就是这样的一个历程。”❷对，这是一般性的历程，但并不是不可避免的历程；坚定的立场仍然可以避免民主式专制主义的到来。

的确，不成熟的新式民主所呈现出来的困难是极其可怕的。焦躁与无知是民主时代的典型特征；粗鄙的、野心勃勃的人一般都处于国家的领导地位；人们的各种行为，都是傲慢有余而体面不足。尤其是在美国，家族衰落为普通家庭，这就消除了一支古老的、维系社会稳定的力量。人们的各种观念像尘土一样四散开来，无法黏合；而且我
217 们很难将公众的观念与任何一种理智的、有协调性的行为结合起来；文学品位趋于肤浅，阅读也都鲁莽而草率；贵族更加喜欢平静，智性

❶*Democracy in America*, II, p. 88.

❷Tocqueville to Freslon, September 28, 1853 (Simpson, *Memoir*, II, pp. 234 – 235).

上的孤独感染了整个共同体的心灵；而且，可能最危险的是，思想和讨论的自由受到了严重的束缚。

> 在美国，大多数人对有关自由的观念设置了很多可怕的屏障；在这些屏障之内，思想家可以论及他喜欢什么，可一旦越过这些屏障，他就要遭受不幸了。这并不是说他会面临被审判行刑的危险，而是说他会遭到长期的辱骂和迫害。他的政治生涯会就此终结，因为他冒犯了那唯一能够开启政治生涯的威权。他不会获得任何补偿，也不会获得任何声誉。在此之前，他在公开宣扬自己的观点时，认为自己会有支持者；现在不会再有了，因为他暴露在所有人的面前；谴责他的人大声地批评他，与他想法一致的人会没有胆量地保持沉默或走开。最终他会屈服，被自己的终日劳作所淹没并陷入沉寂，就好像他为自己道出了真理而感到懊悔。[1]

尽管如此，观念的力量也许能够阻止民主堕落为专制主义。只有通过观念的影响（而不是通过暴力），社会中的那些古老的方式才能得以保存。如果没有一系列观念支撑的话，英国贵族所具有的英勇气概并不能拯救他们这个阶层。托克维尔曾经在给格罗特夫人的信中这样写道："兵役并不足以维系贵族，否则我们这个世界如今也不会坠入尘埃。因为在每个时代中，上至达官显贵、下至贩夫走卒，有谁能

---

[1] *Democracy in America*, I, p. 264.

够比法国的贵族更加毫无保留地挥霍生命呢？……那保护图拉维尔古老庄园的最后一杆枪，已经有一半埋入了黄土之中，成为拴牲口的桩头；庄园本身沦为农场……这就是贵族的命运，它知道如何消亡，却不知道如何掌管。”❶

在民主社会中，宗教是首要的、维系秩序的支撑；托克维尔在对美国社会的观察当中发现了一些能够再次确认这一点的事物。民主国
218 家当然会简化宗教，但它会一直作为一种持久的力量与他们共存，帮助他们抵挡物质主义，这种物质主义会导致民主式专制主义。伴随着法国民主斗争的反教权主义并不一定会带来平等主义。在美国的那些罗马天主教牧师曾经告诉托克维尔，政教分离为宗教划定了一个和平的领域。“如果一种宗教仅仅是以那些安慰一切苦难的情感为依托，那么它就能够赢得所有人类的喜爱。”自爱是一种尤其会威胁到民主的恶，在美国它会被宗教所极力灌输的那种对非尘世目标的奉献所抑制。美国人本来无法抵抗对于变革的偏爱，却被迫去尊重宗教信仰的指令，这是一项至关重要的限制，因为它无法容忍那种主张国家全能的理论。托克维尔这样论述道：“美国的那些激进主义者不得不宣称要在表面上尊重基督教道德和平等，后者不允许他们肆意触犯那些反对他们各种设计的法则；同样，他们也会发现，即便他们能克服自己的焦虑，他们也很难克服自己党派支持者的那些焦虑。迄今为止，美国还没有人敢将‘为了社会一切皆可允许’的准则再往前推进一步；在自由的时代，人们似乎创立了一种不虔诚的格言来庇护暴君。因

❶Tocqueville to Mrs. Grote, February 24, 1855 (Simpson, *Memoir*, II, p. 279).

此，法律允许美国人去做自己所喜爱之事，但宗教却阻碍他们去想象，并禁止他们去做鲁莽或不正当之事。”❶ 托克维尔对上帝的虔敬既明智又长久，他深知一个怀有宗教信仰的民主国家，要远比一个以追求物质上的成功为目标的民主国家，更能虔诚地尊重个体权利和子孙后代的财产。

如果法律和习俗的创立受到人们的拥戴，那么，它们也能够防止民主腐蚀自身。任何能够防止权力集中的事物，都能够保护自由和传统生活。在美国，联邦机构、乡政府以及能自治的司法权等都是能够保证这种分离的手段；总体而言，权力分散使暴政的工具远离大多数
219 人之手，这大多数人会想要成为一个暴君。只要单凭纯粹的人数无法获得权力，只要政府不去影响人类活动的诸多领域，只要各种制度能够限制立法的范围——只要这些事物得以维系，民主式的专制就能够被遏制。如果我们能够使民主习惯性地接受这种对主权的限制，能够出于理性和成见而接受它们的话；那么，自由也许就能够与平等在同一个世界当中共存。最能够支撑这些限制的（事实上是唯一持久存在的），就是一个民族的习俗和他们的集体习惯；但宪法却能够让国家度过激情或愚蠢的时期。“大众机构的最大好处就在于，能够在人类被别的事物冲昏头脑的时候保存自由，并让它有某种缓慢的增长；这会让自由在这些不受关注的时期得以存活。自由政府的各种形式让人们暂时对自己的自由感到厌倦但同时又不会失去它。”❷ 不过，人们不会试图让宪法一成不变，因为那样他们就会招致不满，驾驭的缰

❶*Democracy in America*, I, p. 305.

❷“France before the Revolution,” Simpson, *Memoir*, I, p. 256.

绳应该轻握在手中。“很久以前我就认为，我们应该偏重于使政府成为能够轻易地、以常规方式而加以改变的事物，而并不是使之成为永恒。全面地来看，我认为这样比较安全；而且我还认为我们最好是把法国人当作疯子加以对待，人们应当谨慎地不要联合他们，以免他们由于受到限制而大发雷霆。”❶ 既然人民大众能够直接地对公共事务的行为施加影响，那么，防止他们滥用权力的首要保障就是，借助于情感与训诫的完美结合，以使他们与正义和自由联系在一起，训诫比实在法要有力得多。

在人们仍然能够感受到贵族遗风的地方，可以利用这种遗风来调和大多数人的那种受领袖指使要对整个社会实行专制的冲动。在美国，由于他们所接受的专业训练和利益影响，律师阶层成了保守主义者，他们构成了一种人为的、有才能和影响力的贵族。托克维尔深知，无论贵族具备什么样的美德，大众意见都总是憎恨他们的：“我220们想象不出来有什么比这种顺从更加违反自然和人内心那些隐秘本性；其余那些随心所欲的人，在君主的专权和常规的贵族统治之间，总是会更加偏向于前者。贵族制度的存在必然要将人的不平等设定为根本性的原则，事先就要使之合法化并将其引入家族和社会当中。”❷那么，长远来看，世界各地的贵族终将销声匿迹。由于贵族成员与那些依赖他们的人及其属下都失去了直接的联系，因此他们也丧失了作为保护者和地方法官所具有的功能；地租上涨，权力通常也会随之减少；而且随着贵族手中权力的逐渐丧失，租金也很快就会被拿走。这

---

❶*Recollections*, p. 216.

❷*Democracy in America*, I, pp. 420 – 421.

种趋势时而充满暴力，时而让人几乎无法觉察，人们很难与之相抗衡。贵族从这样的社会中消失了，这个社会再也无法崛起了，变成一种容易通往专制的文明社会；而暴政一旦在此得以确立，就会通过迎合社会中的各种恶而维系自身。贵族们所持有的那种对个人自由的艳羡消失了，全能的君主与手无寸铁的国民相视而立。“你只有保留了贵族，才能维护你的自由，”托克维尔在1854年改革法案之际对西尼尔·纳索这样说道，“如果这样发展下去的话，你就会有陷入最糟糕的专制之中的危险，这种专制的暴君由一群乌合之众任命并掌控（如果能控制的话）。”[1] 法国当时正是被首批这种现代“平民投票决议式的民主政体”所掌控；20世纪的世界对这种政体的每一个特征都了如指掌。对此，托克维尔的建议是，如果可以的话，牢牢抓住任何贵族所遗留下来的骄傲和格调；即便是微弱的、对贵族式号召的回应，也能够唤起某种对政治专制主义的抵抗。

另一种改善民主制之缺陷的途径就是公共教育。在美国，通识教育让公众知晓自己所拥有的那些直接权利和义务；尽管美国的教育大多时候比较肤浅，很多课程都过于草率而缺乏细致与洞察力；不过大量的课程让美国人的确远离了那种愚昧的不切实际，这种不切实际导
221 致了法国1789年的事件。“不是期望，而是观念导致了大革命；有关劳动力与资本之间关系的那些观念、那些过度夸张的理论（其夸张程度关系到政府可能会对工人和雇主进行干涉）、那些超集权的理论（这些理论最终要说服大多数人相信，不仅仅要依赖国家满足他们的

[1] Simpson, *Memoir*, II, p. 251.

各种期望，也要依赖国家给他们提供悠闲、舒适的环境）。”[1] 不过托克维尔并没有像当时的诸多政客那样，对教育的作用抱有过分的信心。识字和读书的作用非常有限，除非它们能与“改变心灵的道德教育”结合在一起。

总而言之，这位现代社会的好心人不遗余力地鼓励和保护个体差异和性格的多样性。同一性消灭了高度的人类活力。“民主时代的最大危险就是，你完全可以相信，社会的组成部分会为了社会整体的利益而被毁灭或被极大地削弱。”黑格尔学派便草率地落入了这一陷阱。“我们这个时代当中所有能提升个体的事物都是有用的；所有倾向于夸大种群和赋予它独立存在地位的东西，都是危险的。这是目前公众心目中所存在的那种自然倾向。那种被引入政治的现实主义理论，导致了过分民主；它会助长专制主义、集权、对个体权利的蔑视以及需要理论；简言之，也就是每一种允许社会将人踩在脚下的制度和学说，都视国家为全部而视民众为草芥。”[2] 现代社会发疯一般地急于实现 18 世纪经济学家们的梦想，他们认为政府应该做的不仅仅是管理国家，更应该塑造国家。“它必须改变和变革国民，甚至如果它觉得合适的话，还要创造新的国民。”[3] 托克维尔竭尽全力地将人当作人加以维护，维护传统人性，它有着可爱的古老的优缺点；他对
222 那种“计划”人类的想法深感恐惧。

托克维尔公开地呼吁人们要持续关注那些能矫正民主的事物；不

---

[1] Tocqueville, *The Old Régime*, p. viii.

[2] Simpson, *Memoir*, II, p. 251.

[3] Tocqueville to Senior, April 10, 1848 (Simpson, *Memoir*, II, p. 91.)

过，他有时候在私下里对那些改革的尝试感到绝望，怀疑在一个流动的、充满欲望的时代，文字能够具有多大的效力。“我并不相信，在这样的时代，我的这些作品，甚至是任何人的作品，能够产生什么影响；除非是那些劣质小说，它们试图使我们比现在更加不道德、更加病态。”❶ 个体经历了一个冗长、同质化的阴暗历程，受到严格的限制与束缚，完全被政体所淹没，一丝不挂地在他眼前伸展。“社会通常对于那些像我们这样思考的人而言，很可能是足够阴郁了——这是我们要在很大程度上与他人共同生活的另一个原因所在；”1854 年，他在给 M. 德 · 科赛尔的信中这样写道：“随着时间的推移，我很高兴地发现自己不像别人那样，会自然地在成功面前卑躬屈膝；相反，一项事业越是看起来要遭到遗弃，我就越是会对它抱有同情。”❷

即便如此，托克维尔的这种自由主义的保守主义也并非是一项没有希望的事业。面对不可避免要到来的民主，他接受了严厉的批评并计划做出变革。A. J. P. 泰勒认为托克维尔的行动和他对 1848 年所发生的那些事件的分析是失败的。泰勒这样说道：“1848 年最伟大的发明就是社会民主，而这被托克维尔否定了。其实这是挽救文明的唯一途径……最重要的是，热爱自由的人就必须要相信人民群众。”❸ 这好像是摩莱里或马布里被从坟墓里挖出来批评亚历克斯 · 德 · 托克维尔。因为托克维尔对“社会民主”的本性太过了解，这个术语被杜撰出来描述那种中央集权化的、平等主义的国家，这样的国家倒并不

---

❶Simpson, *Memoir*, II, pp. 410 – 411.

❷*Ibid.*, II, p. 271.

❸Taylor, *From Napoleon to Stalin*, p. 66.

会扼杀自由，因为它直接忽视自由。作为柏克的学生，托克维尔从来都不能接受这样一种妄念，即“人民群众”是一种抽象的存在，是可以替代上帝被信任、害怕、憎恶或敬畏的。没有人比柏克和托克维尔更理解国家观念和所有人类永久结合的观念；但人民或群众并不是
223 独立于各种党派、激情以及正常人类缺陷而生活在一个神秘的、充满仁爱的环境之中。人民群众的思维和行动不可能不受到各种观念和领导人物的影响。就这一点而言，如果没有观念和领导，我们就很难说一个民族真的存在；如果没有这样一种潜移默化的影响，人民群众就只是作为一种无组织的、松散的原子无定形状态存在，国家也就像一个奶油大粒西米布丁，政策制定者身处其中并平静地加以注视。人民大众在崇高原则的影响之下，有时候能够被提升到庄严的高度；但他们同样也可能会为希特勒或任何一个想烧死巫婆的人欢呼。如果没有托克维尔所勾勒的那些具有德性的习俗和法律，人民群众就会成为汉密尔顿口中的“巨兽”；要抽象地相信他们也就是一种鲁莽的行为，远比中世纪时期的遗物崇拜更加轻信。托克维尔写《论美国的民主》这本书就是为了责备这种盲目追随大众的行为。

第七章　过渡性的保守主义：新英格兰地区概述

自打欧洲国家的民众学会询问为什么某人能以牺牲我们为代价而享有什么（我们却被剥夺了相应的权利和机会）时，在欧洲的社会制度安排中就已然有了内战的前兆，这种内战必然要完全摧毁封建制度才能得以完成。它最终还必然会摧毁那仍然存留着的封建贵族的遗风。问题在于，欧洲各种各样的艺术、科学和文明是否会全部随之毁灭？我们将不得而知…… 艺术和科学本身……天才、才华和学问都处于人类历史上最为开明进步的时期，也很容易成为政治狂热所禁锢的对象。

——约翰·昆西·亚当斯致约翰·亚当斯，1795 年 7 月 27 日

一、 作为平均主义的工业主义

公众对于社会制度、财产以及西方思想传统的厌恶始于 1789 年，

并断断续续持续到了20世纪中叶。约翰·昆西·亚当斯从他关于法
225 国的前景判断得出，这可能意味着人类要回归到野蛮状态；因为大众对于历史的憎恶一旦被唤醒，就不会仅仅限于要消灭政府和经济：如果艺术与科学看起来是少数人的特权，或者妨碍大众口味的满足，那么它们就会卷入普遍性的灾难。人们找不到更好的可能性来激发新英格兰的人民反对激进的变革。新英格兰的人民严厉、勤劳且信奉加尔文主义，他们同时还表现出一种对知识的敬畏；这里的学校教育和阅读比世界上任何地方，甚至苏格兰，都要更加普遍；而且自打法国大革命发生的那一刻起，就有一种明智的公共意见反对这些法式的观念。亨利·亚当斯在《亨利·亚当斯的教育》这本书里曾这样写道："对某些事物的抵制是新英格兰的本性。"不过，尽管新英格兰人有着改革之痒，但他们内心深处却与祖辈们的各种制度紧密相依，并且对那些将他们的细微文明扫入19世纪改革急流中的、没有人情味的力量保持高度的警觉。即便是加里森及其同僚那般的激进狂热，也不过是新英格兰人的一个侧面而已：加里森对黑奴有多温柔同情，对新工业群众就有多仇视、对他们所潜在具有的力量就有多害怕。从以下三位新英格兰人从恐怖时期到蛮荒时代的思想和生涯当中，我们可以看出新英格兰对保守主义原则的探索；他们分别是：孜孜不倦的实践型政治家约翰·昆西·亚当斯，作为阿伽门农之子的、不断进取的布朗森·奥雷斯蒂斯，以及探索灵魂奥秘的纳撒尼尔·霍桑。在他们这里，保守主义的直觉艰难地得以成功表达。

随着民主和工业主义的到来，保守主义支持者的身心都受到了重创。如果要维系文明，那么，这些支持者要么必须再次找到扎根之

处，要么就得设计出全新的社会制度。然而新英格兰一开始就陷于分歧，没有能力完成其中任何一项，他们既对乡绅和教区牧师报以同情，又对雅各宾派和诡辩家们加以蔑视。不过，我们也应该抱有歉意
226 地说，对于新英格兰来说，这项任务的确无比艰巨。

英国、美国以及大多数西欧国家的现代工业主义，摧毁了经济上对保守主义社会的防御。财富越来越快地从远郊农场主的手里，转到工业家和资本家的手里，从最早的那种商业利润变成了大的新型制造业的利润。原本农村人口在数量上占据优势，后来也逐渐转变为城市人口在数量上占据主导。这些新的财富拥有者和人口要么蔑视传统，要么几乎忽视传统。新兴的企业家意识到自己出身卑微，会想要蔑视既有的社会结构：他目前的优势在于改变、扩大和联合——这些力量都对传统抱有敌意。大萧条时期新兴的无产阶级漂泊不定、傲慢自大且偶尔饥寒交迫，他们对古老的价值观毫无所知；他们非常无聊，变革不过是一种作秀，而且他们的欲望又相当的物质。因此，信奉工业主义的人们，要么在一个极端上加入自由主义，要么在另一个极端上加入激进主义——在 19 世纪的前几十年，几乎从来没有人加入保守主义的阵营。保守主义精神在理解重大社会变革时是有些滞后，在很长一段时间内他们由于这种逆向思维而深感困惑。迪斯雷利和本廷克跟随大众反对“肥牛”趋势，农场主们则躲在罗阿诺克的伦道夫身后，北方的商人和农场主让约翰·亚当斯感到兴奋——这些人仍然会喜欢一种规训的社会，但金钱和选票也仍然从他们的掌控中不断流失。工业社会里没有敬畏。

纽曼曾经说，托利主义忠诚于人；而工业社会是没有人情味的。

以前，即便是在美国，社会结构也都是由个人化、地方化的等级所构成——从平民到统治者、从学徒到导师、从户主到教区或城镇、从选民到议员、从教徒到教会。大多数有钱人都曾经当过地方法官、立法者并成为邻居眼中的楷模。从某种程度上来说，绅士们曾经在英国是什么样，李将军们、伯兹们以及伦道夫们在弗吉尼亚就是什么样，范·伦塞勒们、思凯勒们以及库珀们在纽约就是什么样，甚至老英格兰家族在他们的海港和陡峭的城镇里也就是什么样。税收曾经真的是
227 为了公共目的而做出的自愿性奉献；政府也曾经很朴素地、直接地关切联邦共和国的大部分利益；此外，当社会亲近度是治理法则时，社会良心就能够有力地发挥作用，因此大体而言这是一个正当的社会：这是个由不同小共同体（它们有力量来维系这种古老的、权力分散的社会）聚集而成的地方，因此腐败和疏忽在这里会太过显眼而无法扩散。人与人双目对视，良心与良心直接对话。相对而言，这是一个比较和谐的生存状态，因为鲜有严重的恶习能够被隐匿。人人都了解七世纪和八世纪的生活所具有的缺陷，但人就是不完美的生物，这个社会也像历史上其他任何一个社会一样，适合于人的本性——至少最好地适应了亚里士多德式观念中的人类本性，后者认为真正的自然状态是培养人性中最高尚的部分。

人际关系与地方性的礼仪标准，都被蒸汽机、纺纱机、轧棉机、高速交通以及其他一些学童们需要记住的那一类进步扫除干净了。工业革命似乎成为人类对人口膨胀带来的挑战所进行的一种回应：“资本主义给了这个世界所需要的，”路德维希·冯·米塞斯在《人的行为》这本著作中坚定地写道：“资本主义为持续稳定增长的人口提供

了更好的生活标准。”然而，它却让整个世界翻天覆地。个人忠诚让位于经济关系。富人不再是地方法官和保护人，也不再是穷人的邻居；而变成了一个追求规模的人，他的人生中除了扩大再生产就没有了别的目的；他不再是保守主义者，因为他不再能理解保守主义的规则——我们不能仅仅通过逻辑来给人们灌输这些规则，人们必须要沉浸于其中。穷人则不再能感受到自己在这个共同体中拥有一种体面的地位，他变成了一个社会原子，除了嫉妒和无聊，感受不到大多数的情感；他脱离了真正的家族生活（family-life），只囿于一种家庭生活（household-life）；他那些古老的里程碑被埋葬了，古老的信念也消散了。工业主义对保守主义所造成的冲击比法国那些平等主义者所写的
228 著作要更严重。为了完全击溃传统主义者，美国社会开始形成这样一种印象：新工业主义的、贪得无厌式的利益就是保守主义的利益，保守主义不过是一种政治主张，为私人财产的大规模累积作辩护；扩张、集权以及财富积累是保守主义者的信条。美国社会中的传统力量从来没有真正摆脱这种混淆与迷惑；人们也一直认为“汉密尔顿是美国保守主义奠基人”。

各种盘根错节的原因所造成的部分结果就形成了这样的一种观念：“民主突如其来的胜利应当与工业主义的兴起相一致”；然而，尽管不可避免，但总体而言它是一种灾难性的结合。杰斐逊式的民主本来是为简朴的平均地权论者所设计，却被推到了一群贪得无厌的、没有耐心的并且经常市民化了的人身上。19 世纪的世界好比一块冷冰冰的土壤，人们播下了平等的种子，收获的却是成堆野草。无论民主发展得有多繁盛，保守主义者都意识到自己无法弃莠存良。缩小选

举权的举动一旦扩大，就不可能实现；要组织新兴阶级获得选举权，也是一场冒险。潘恩和卢梭不怀好意地、自信地认为，立法能够保证普遍性的幸福；城市乌合之众所具有的那种暴力在19世纪的大多时候都显而易见；由古老的等级秩序而确立的社会优势丧失殆尽；个体主义代替了共同感……所有的这些影响加在一起让保守主义者几乎是无能为力。他们害怕做出让步，又不敢加以拒绝，所以只能做一些修修补补的工作。在美国，国家宪法得以迅速修订、选举权得以不断拓展、国家资本从东部城市转移到了西部城市——这些彰显人民主权的事件，都是迷恋单纯的名义上的民主的表现。保守派的利益被搞糊涂了；联邦党垮台了。他们发现没有比辉格党更好的工具了，尽管辉格党鼓吹韦伯斯特和克莱的才能，但也缺乏一贯的原则。约翰逊曾经称柏克为“一个没有底线的辉格党人”；然而其实只有美国的辉格党人
229 才更加配得上这一称号。尽管如此，也许是时候我们要更加同情地（比他们自1861年以来所获得的同情要更多地）看待他们了。

工业主义和民主对保守主义的堡垒进行了狂轰滥炸，理性主义和功利主义则对旧制度的思想根基进行了摧毁。莱斯利·斯蒂芬认为，辉格党人对教区牧师的质疑是最为强烈的。这种18世纪对僧侣政治怀疑在19世纪转变为对信念的彻底否认。针对休谟和伏尔泰之灵感的怀疑主义，曾经在英国和美国广为流行；杰斐逊式的自然神论在美国的平等主义者当中几乎成为一种官方的信条；甚至于约翰·亚当斯和卡尔霍恩这样的保守主义者也摒弃了他们加尔文主义的遗产，而转向了某种类似于功利主义的理论；在约翰·昆西·亚当斯的晚年时期，对上帝存在的质疑深深地折磨着他。“上帝的意志建立了国家”，

胡克和柏克的信念，曾经给保守主义的原则提供了极大的支撑：如今，保守主义者的直觉受到格兰维尔所谓的“观念倾向”（climate of opinion）的影响，已经逐渐丧失了自己的坚定信念；随之也丧失了对法国和边沁式理性主义的抵抗力。保守主义在该如何回应诡辩家和算计者的时候变得迟疑不定；浪漫主义者所具有的诗性激情抛弃了他们；而且他们也还没有掌握维多利亚时代的保守主义者所拥有的法律的、历史的方法。

那么，如果19世纪新英格兰的保守主义没能有效抑制变革的洪灾，新英格兰仍然有着一些有力量并掌握特殊才能的人。在老英格兰这样一个更加保守的国度，曾经有一段时间，罗伯特·皮尔爵士在1832年的政治动乱之后将保守主义的残存人士聚集到一起并再次成立一个党派。皮尔合乎情理地与我们新英格兰的这些保守主义者持有差不多相同的观点——由于直觉和本能而依附于旧的方式，但理性又让他对对手的理论半信半疑；因此他相当认真地不断让步，直到他回到托利党那里并取得自信，他为自己曾经背弃了托利党而感到震惊。随着内战的前景越来越可怕，美国的保守主义者几乎没有一个能够加
230 以领导或驳斥的党派。

二、 约翰·昆西·亚当斯和进步：他的期望与失败

近些年来，一些自由主义或激进主义的作者都好心地建议要在美国成立一个真正的保守党。例如，哈罗德·拉斯基就宣称这将会使美

国政治更加强健；亚瑟·施莱辛格也持同样的观点。毋庸置疑，他们是对的。不过，这些绅士们并不期望保守主义会赢：他们之所以接受它只不过是为了武装那种忠实的反对变革的立场——这种反对除了给出一些温文尔雅的批评，别的一无所成。施莱辛格认可约翰·昆西·亚当斯是20世纪保守主义的典型。那些倡导保守主义重组的左翼希望能够看到一个像20世纪英国自由党那样的保守党，他们会成为将现存社会转变为一个新的集体主义国家的中介、一个临时的党派。他们接受一种不信任自己基本原理的保守主义。约翰·昆西·亚当斯是这种保守主义观点的杰出代表。

在美国政治史上，可能没有人比约翰·昆西·亚当斯更加诚实和勤勉，也没有人比他更能坚守自己的直接目标。然而，作为约翰·伦道夫口中的"美国的斯图亚特家族"（the American house of Stuart）中的第二个重要成员，亚当斯有些犹豫不决。他曾经见证了联邦主义的衰亡，也像托克维尔那样相信，民主的发展是符合上帝旨意的；他在组织美国事务的过程中感受到了一种对于保守主义原则的迫切需要，但他从来都没有很好地探究明白该如何加以确立。他的孙子布鲁克斯·亚当斯（他可以说几乎是美国保守主义的半部历史，一定是亚当斯家族某种写照）曾经宣称："约翰·昆西·亚当斯似乎是19世纪早期最有意思、最能让人产生联想的名人"；而且在某些方面来说，这位美国第六任总统的确是这样。他写下的大量日记是我们了解他那个时代美国思想的最佳窗口，他严谨细致的勤奋促进了美国学术界的发展，他对发展民族特质的期望也非常高尚。但作为一个保守主义的思想家，他做得并不够；作为一个保守主义的领导者，他又是非

231

常的不幸。他对于人类动机的怀疑超过了伦道夫，他对同志们的态度非常傲慢自大；而且他个人又非常严厉，因此实际上不可能维持大众对他的追随。利特尔顿爵士知道亚当斯曾经出任俄国和伦敦的外交官，他曾经这样写道："在所有与我讨价还价、客套周旋的人当中，小亚当斯是最顽固、最按部就班的令人讨厌的家伙。他有着尖酸刻薄的一面，耳朵里塞着棉花，心里揣着对英格兰的痛恨，坐在彼得堡的轻浮集会中，就好像是一只哈巴狗混在西班牙猎犬当中；而且很多时候我注意到他少言寡语并冷酷地充满恶意。"❶

在某次不太能见得人的夺取佛罗里达的谈判中，约翰·伦道夫愤怒地对麦迪逊大声喊道："我明白了，阁下，我不适合当一名政客。"约翰·昆西·亚当斯也不太能胜任这个不太光彩的职位；甚至当他成为总统之后，他也对那些曾经保障他赢得选举的密谋一无所知。1828年他惨败给约翰逊，这让他深为震惊，并进一步败坏了他的本性，也扰乱了他有关上帝和人的一些观念。

亚当斯出版了《普布利库拉信件集》（*Letters of Publicola*）对托马斯·潘恩进行了批评；在此之后他第一次卷入了政治争论当中。他长久的政治生涯在他谴责奴隶制和南方农场主利益的时候走向了尽头。长达半个世纪的公共生活引导他从维护传统和财产权，转向了人道主义地攻击某种特殊的制度，该制度加剧了那种注定要以燃烧般的激情消耗保守主义和真正变革的冲突。亚当斯最终在痛苦中与世长辞，他意识到无法为自己终其一生所竭力拓展的美国国民性，实现任

---

❶Bagot, *George Canning and His Friends*, II, p. 362.

何一个较高的期望。我们很难因为理想的坍塌而去责备这位严厉而激励人心的政治家；不过事实是，他对人的期待过高，超过任何一个真正的保守主义所应当期待的；同时他从同胞那里得到的要少于一个在道德上远远低劣于他的领导人所能获得的。

尽管亚当斯蔑视法国大革命的各种学说，并且对任何不是建立在
232 坚实道德基础上的政治谋划怀有敌意；但他本人也追随某种革命性的信念，这些信念使他困惑并削弱了他的那些保守主义的成见。他与柏克一样，都相信社会连贯性原则和成见，但他在这些信念中掺入了很多不同的，甚至是相对的意向。例如，他相信发展进步这一观念，但这与相信上帝旨意并不是一回事；他相信人类能够达到完美。他相信集权是国家改良的工具，相信政府要深思熟虑地引导公民的生活。至于民主，他则从来不确定自己该相信什么：就像托克维尔，他害怕大多数人统治下的自由和财产权；尽管他会经常只是暗示性地赞赏民主精神。“民主，完全民主，至少扎根于有关人权的丰厚理论。它奠基于人类的天然平等。这是基督教基石；是地球上所有合法政府的第一要素。民主就是共同体通过联合大多数人的意志进行自治。”[1] 从开始到最后，他都非常危险地倾向于通过自己个人的判断来甄别德性、通过自己的政治运气来辨别神圣的正义。

不过，他倒并没有高傲自大。与大多数亚当斯主义者一样，他的行为似乎徒劳无功且华而不实；与他们所有人一样，他的心里深存谨

[1] 亚当斯在1842年9月17日给选民的演讲，见 Quincy, *Memoir of the Life of John Quincy Adams*, pp. 382 – 383。

慎，内心有一种不断的、清教徒式的对良心的追问，也轻蔑地对自己的过错进行自我谴责。他总是受这样一种想法的折磨，那就是：他应该是什么样的？因此，在最后他写道："如果我的智力能够像造物主有时候赋予某些人的那样，那么我的日记就会接近于圣经的经文，会是出自人类之手的最珍贵、最有价值的书；而我也本可以成为对我们国家和人类贡献最大的人之一。我会借助于横溢的才华、压抑不住的意志力以及万能上帝的帮助，将战争和奴隶制从地球上永久性地消
233 除。然而，我的造物主并没有赋予我这种构思力，我也没能像我能够并且应该去做的那样，好好地发展造物主赐给我的这原本不多的能力。"[1] 他感觉自己的职责就是要保存美国的道德价值，他也知道自己处于一个转型的时代；但他从来都没能找到一条与这种变化莫测相抗争的正确道路。

尽管如此，他做出了痛苦的、克己献身的努力，通过踏上华盛顿所开启的道路来引导美国。他的政治支柱就是国家主义，这是一种集权性的联邦主义，它由于一些上帝的目的而无比尊贵，然而他大多数的国民同胞几乎无法理解这些目的；他的国家主义蔑视汉密尔顿和皮克林所代表的物质主义的联邦主义，也公开指责南方的特殊主义。他在 1808 年关于禁运的争论中退出了联邦党，后来他惊讶地发现自己竟然成了一名共和党人。在弗吉尼亚王朝，共和党大幅度改变了它的形式以至于约翰·亚当斯之子看起来是詹姆斯·门罗的最合法的继任者，因此，小亚当斯在 1825 年当上了总统，他认为上帝将美国的复

---

[1] *The Degradation of the Democratic Dogma*, pp. 34 – 35.

兴大业交到了他的手中。亚当斯借助于上帝的支持而信心满满，在各个方面立即变得明显精于算计同时又令人同情的天真幼稚；因此，四年之后，当民主像击垮他那勇敢的父亲那样彻底把他击垮时，他深感茫然；惊慌失措的约翰·昆西·亚当斯开始疑惑到底有没有上帝。

他认为，集权能够让美国成为历史上最高贵的国家。他在1816年曾经这样写道："我的政治体制越来越倾向于增强这种联合及其政府。这与约翰·伦道夫先生所宣称的理论针锋相对，也与那种主要依赖于州政府的理论相背离。每一个州政府的工作都会左右整个联合体来服务于自己当地的利益。因此，该学说对于联合体中最强的州的公民而言足够周全谨慎，但对于弱一些的州来说则毫无好处，甚至对于全体而言是有害的。"❶ 相互间的憎恶使亚当斯和伦道夫分道扬镳，这两个人是那一代人当中最为诚实可靠的；他们分别所代表的保守主义观点上的分歧至今都没能得以调解。
234
托克维尔对于权力集中的警告在亚当斯那里丢失了。他认为，通过合理利用财政和一般政府所拥有的道德领导力，他可以在美国将人的本性擢升至完美境界；这种狂热的幻想，几乎是一个19世纪清教徒式的绅士内心所存有的那种中世纪的神秘主义，诱使着他无视地方性的自由问题和所直接面临的困难。1843年，他在辛辛那提重申了自己坚持一生的梦想：

> 现在，我要引起你们认真而急迫地斟酌的立场是：那种建立在人类自然平等原则之上的、以个体权利不可剥夺为基

❶*Writings of John Quincy Adams*, VI, p. 60.

> 石的政府，是最适合追求个人幸福和共同体幸福的政府。它是唯一一个自爱和社会之爱在其中能够实现同一的人类政府；而且我完全有理由进一步说，现存政府对这一标准的接近程度和背离程度，与隶属于该政府的共同体和个人对于幸福的追求程度是相当的，或是被促进，或是被阻碍，或是达成，或是被摧毁。这是真正的孟德斯鸠的共和国——对于该政府来说，德性是重要原则，它包括生活在共同体怀抱中的每一个成员的爱。❶

在某些方面，这比杰斐逊还要杰斐逊。这是一个理想主义的道德家关于社会的看法。在这里我们可以看到亚当斯所具有的革新的一面：他是一个坚定的、支持社会契约观念的人，是一个热爱普遍正义的人，也是一个倡导不断改进的人。然而，他所具有的那些保守主义的倾向和经历限制了他的乐观。亚当斯曾经与边沁交谈过，边沁的那种不人道的精确的社会算计、物质主义以及有可能挑起英格兰爆发内战时的自鸣得意，都让亚当斯感到恐惧。这位贤明的改革家所借助的手段因时代而神圣，并获得了上帝圣意的许可。对于这样一种改革，
235 美国的经验创造了联邦政府，这是上帝旨意和人类妥协的产物。现在是时候使这种政治制度成为道德和物质进步的工具了。各州所具有的那些混乱动荡而又显著不同的因素应当能够用来提升民主；社会不和谐应当得到调停，地方性的敌意应当加以消除。

---

❶*Selected Writings of John Adams and John Quincy Adams*, pp. 400 – 401.

牺牲联邦来促进内务发展、鼓励制造业发展、保护西部那块辽阔而珍贵的公共土地、推动科学发展、对世界范围内的自由理念报以同情……这些都构成了亚当斯之谋划的具体内容。约翰·伦道夫在这些提议里所看到的，不过是牺牲别人来获得财富、惊人的假公济私，抑或只是拉加多学院❶的各种谋划而已。就很多支持这些谋划的人的动机而言，伦道夫是对的。然而，对于约翰·昆西·亚当斯而言，无论对错与否，他的这些谋划是为了实现华盛顿的统一理念。道路、运河、海港，都会使这个国家借助于普遍利益而成为真正的一体；保护性关税从长远来看会对所有人有利；公共土地如果不分给投机者和占地者，那将给未来的一代代人提供滋养以获得更大的全国性发展；一种新的衡量和计算体系、一个国家性的天文观望台、科学造林术以及类似的项目都会增加全国人民的知识并促进经济繁荣；美国将会接受那些新的州、希腊或南美国家作为更大共同体的成员，它们在共和主义那里达到了一种更高的社会进步状态。这会是一种保守主义的繁荣和期冀，是由一群绅士所领导的自由而仁爱的共和国。这样的预期是基于一种比家长制更高一级的观念，那就是正义："一种持续性的、永久性的、保护每个人权利的意愿。"这基本上是不可能的。

对于亚当斯总统来说，旧英格兰的艰苦朴素逐渐转变为一种伟大的仁慈，同时不依赖于美国人心里那种对来自政府指令的根深蒂固的

❶原文 the Academy of Lagado，源自乔纳森·斯威夫特讽刺小说《格列弗游记》。拉加多是小说中一个虚构的地名。这里非常贫困，但国王仍然下令花费大量钱财建立拉加多学院，希望通过各种研究来促进国家进步。斯威夫特通过格列弗描述了这个学院所进行的各种匪夷所思、不可能成功也毫无用处的科学试验，借以讽刺他那个时代所进行的科学研究是毫无意义的。——译者注

敌意。不仅仅是针对亚当斯和亨利·克莱之间“腐败交易”的弹劾，
236 也不仅仅是行政管理上所遇到的政治困难，导致了美国人民转而支持杰克逊将军，并给予杰克逊以两倍于亚当斯的选票；美国的民主也堕落为受中央权威支配。安德鲁·杰克逊是一位天生的贵族（实际上是一名独裁者），他接任了作为科学家和文人的亚当斯；因为杰克逊将军并没有打算约束民主，而是要让民主在国家昂首阔步前进。在杰克逊执政期间，公共土地被公开直接地安置，也开始了对密西西比的疯狂剥削——至今美国都没有从这种剥削的后果当中恢复过来。内部发展遭到蔑视和丢弃、保护型关税由于妥协而被削减、科学实验也被搁置、外交政策也有所收缩。亚当斯曾经感觉自己与上帝立下了盟约。新英格兰人从来没有完全忘记这样一种观念，即，与全知全能上帝之间的关系是一种契约；新英格兰的护教学说中有大量内容有关上帝与他的选民之间的虔诚的“神祇交易”。难道上帝舍弃了约翰·昆西·亚当斯吗？难道这就是他孜孜不倦地付出所获得的回报？难道这就是小亚当斯曾经满怀信心的、不可阻挡的人类进步？亚当斯在信仰上要比约伯软弱，他没有足够的虔敬来忍受这样的苦难。他当然也从来没有原谅南方在1828年大选的时候让他失败，也几乎没有原谅自己的上帝。

亚当斯感到，即便是科学精神也抛弃了他并被曲解而遭到低级的应用。并不是像亚当斯这样高贵而古老的家族就注定要掌控这种新英格兰的力量；相反，北方的伐木工人和一些自命不凡的蠢货、实业发明家以及商业者，绑架了科学并约束它来服务于私人的贪欲。应用科学并没有使大众的灵魂更加高贵，也没有团结社会，反而快速沦为粗

俗个人主义的主要武器（对于勤俭朴素、富有正义的亚当斯来说，这种粗俗个人主义非常可憎），成为不负责任的巨额财产、不择手段的野心与贪婪物质主义的源头。很快，它就开始在亚当斯曾经热爱的国度留下伤痕，成为自他那个时代开始的一个不间断的、持续破坏的
237 过程。亚当斯曾经误认为应用科学是保守主义的工具，但它其实是一种革命性的力量。如果这种败坏是上帝旨意所允许的，那么世界上还会有进步吗？还会有上帝吗？约翰·昆西·亚当斯带着这种心灵上的侮辱离开了华盛顿，满心苦涩、几近绝望。尽管他在行为举止上表现得相当冷酷，但他从来没有真正地遵守马可·奥勒留对于社会管理者所给出的那条孤独凄凉的禁令："像在山顶一样生活。"亚当斯经常毫不勉强地屈从于那些旧的积怨。当约翰·昆西·亚当斯的朋友们簇拥着这位前总统回到众议院时，他开始复仇，公开将"南方黑暗天才"当作奴役力量而加以蔑视。

约翰·昆西·亚当斯对于奴隶制的反抗早在他 1828 年大选失败之前就已经显露了出来；本文此处无意暗示说，他是出于积怨才对特定的制度进行猛烈的抨击。1816 年他就与卡尔霍恩争论了有关奴隶制的问题："正是奴隶制中的那些恶魔，玷污了道德原则的源头。奴隶制为罪恶确立了一种错误的德性评价标准：它使最初的、最神圣的人类权利取决于肤色，没有什么能够比这种理论更为虚妄和没有良心的了。它扭曲了人类的理性，并使富有逻辑思维能力的人坚持认为：奴隶制是受到基督教允许的、奴隶们非常幸福并满于现状、在奴隶主与奴隶之间存在着相互的依恋和情感纽带、借助于奴隶们的退化，奴隶主们的德性将会得到改善与提升。与此同时，他们又表达出对买卖

奴隶的憎恶、诅咒英国人给了他们奴隶、将定了罪的黑奴绑在柱子上烧死以儆效尤，并在每次提到人权也适用于有肤色人种的时候内心都会挣扎和恐惧。”❶ 然而，人们几乎不会怀疑，对于南方——杰克逊的南方——的那种怨恨，实际上直接地刺激了亚当斯无所畏惧地、年复一年地在国会表达自己的废奴请愿。

亚当斯发起了这种请愿，公然向愤怒的南方国会议员提出挑战；他竭尽全力表明自己并不接受请愿者的具体主张，他只是捍卫他们请
238 愿的权利。约翰·昆西·亚当斯知道，奴隶制与所有其他重要的恶一样，不可能通过颁布法律条文就可以可靠地加以消除。他对奴隶制的憎恶当然是对的——弗吉尼亚州的那些大地主也是；他努力防止奴隶制的危害拓展到新的疆域当然也是对的。然而，由于他给自己披上了勇敢的、改革者的外衣，因此忘记了保守主义的审慎。这位在年轻时反对变革的人，由于颠倒了正常的自然进程，因而在晚年时期变成了激进变革的护卫者。加里森已然开始狂热地声援亚当斯；在亚当斯逝世之后，新英格兰的领导权落入像萨姆纳、菲利普斯等心胸狭隘、缺乏宽容的人道主义者之手；这些人如果能够摧毁旧恶的话，也随时敢造成新的瘟疫。

内战和对南方的镇压严重地伤害了美国的保守主义理论，以至于保守主义观念直到近些年都没能获得真正有效的恢复——即便是现在，在大众的心里，它们也没有得到令人满意的恢复。霍桑令人尊敬地忠诚于所有人，他感受到了废奴主义所具有的威胁。他曾经在

---

❶*Memoirs of John Quincy Adams*, V, pp. 10 – 11.

《富兰克林·皮尔斯的一生》中这样写道："人类意志和智力借助于相应的手段来完善重大的道德改革，这在历史上还没有发生过。"奴隶制不是通过法律设计就能够加以矫正的。然而，终其一生都相信"一个虔诚而精力充沛的政治家能够移动山峦"的约翰·昆西·亚当斯，对废奴主义者请愿背后偷偷探出来的魔鬼嘴脸毫无觉察。他知道废奴并不足以解决南方和整个国家所存在的问题，他也深切地爱着联邦，人人都是蛊惑者。然而，舆论倾向温暖了这位冷酷且不易腐蚀的新英格兰人，使他心神不宁地介入了情绪化的、激进的运动当中。在亚当斯之后，各种运动泛滥成灾。这样的灾害席卷了共和国所具有的那种高贵的、神圣的尊严，而他曾经想象着要在这个共和国中构建一
239 种壮丽而宁静的未来。

三、超验主义的幻象

约翰·亚当斯在《维护宪法》一书中曾经这样写道："民主，只有民主，从来没有获得文人的青睐。人们总是希望有些人免费为他们服务，并以这种服务为荣；对他们的褒奖和喜爱大多是因为他们的诡计和把戏、虚伪与迷信；因为他们会阿谀奉承、贿赂和赠予。"几乎每个时代都会在文人们那里找到自己所需要的赞颂者；甚至是在19世纪中叶以前，美国的民主就开始在文人当中塑造出了赞颂者。当时的惠特曼就开始真诚地歌颂民主，这在历史上是没有见过的，而且在后辈们那里也几乎不可能复兴这种幻想。不仅仅是民主，伴随民主而

出现的那些理论学说，也都对传统秩序抱有敌意——物质无限发展、完满性以及为了革新而做出改变等观念——都在新英格兰地区的英才们那里得到了认同。在这些乐天派文人当中，最为出名的就是爱默生了。

尽管保守主义精神在美国北部地区较为盛行，但新英格兰的知识分子们却由于持续性笨拙的小修小补而感到困惑。科顿·马瑟总是忍不住要躲在教堂门后指手画脚，与他不同，新英格兰人总是要不断地改造和净化——尤其是要改造和净化其他人。尽管清教徒主义传统由于超验主义和一神论的冲击而大为淡化，但这种清教徒式的、乐观地胡乱干预的遗风，却一直强而有力。这种冲动在很大程度上导致了内战的爆发和重建的惨败。美国北方人喜欢挑剔的后果是如此的经久不衰，以至于南方人的那种斯陀式的生活自此在北方民众的脑海中留下了难以磨灭的印象；人们也可以在北方人梅森和迪克逊的台词中发现那种顽固的博爱主义，以确保每一出赞美南方人之腐朽堕落的戏剧，
240 都能够让它的后台老板有所回报；确保几乎任何一段揭露南方白人之邪恶的罗曼史，都不会成为出版商的滞销物。新英格兰的这种外在而泛化的良知〔这种自由土地运动（Free Soil Movement）在道德和文学中的对应物〕，一方面体现在加里森、帕克、洛威尔以及查尔斯·弗朗西斯·亚当斯以及萨姆纳等人对奴隶制和南方精神的坚决反对当中；另一方面也体现在爱默生、雷普利、奥尔科特、玛格丽特·富勒以及其他超验主义和康科德先觉者的那些朦朦胧胧的乐观主义、社会试验以及形而上学构建当中。

正如在某些超验主义者及其一神论先驱们那里一样，移植来的德

国理想主义启发了他们的学说，并似乎保持了某种保守主义；但这只是出于偶然，而并非是出于逻辑推演。黑格尔本人之所以是一位保守主义者只是出于偶然和权宜之计。他们在哲学中所体现出来的整个社会向善论的、抽象的、个人主义的倾向，对于保守主义价值观而言都是有害的。爱默生的思想包含了以下特质：对私人判断和个人情感的依赖、对成见和种群经验的蔑视、一种令人迷惑的时而以自我为中心时而包容一切的社会道德（我们会经常在卢梭那里看到这种矛盾），这些特质迎合了美国大众的渴望，并契合了爱默生式的“自立”“体验”“自然”以及其他个人主义的宣言。如果不是由于这种跟美国知识分子的亲近，爱默生可能不会被人记住，因为他的文章比较难读——打动人心的句子或段落隐藏在杂乱无章的结构中闪现火花、关于思想的表述跟他的朋友卡莱尔一样不成体系。然而，爱默生的思考太符合美国人的脾性了，以至于他的这些思考对美国思想产生了不可估量的影响：人们甚至发现，在打字手册里有一段最受欢迎的练习就是来自于爱默生；爱默生也偷偷潜入了一些保守主义者如欧文·白璧德他们的灵魂当中，并时常在那里发挥一些不太和谐的影响。

爱默生呼吁各种平等主义和美国人通行的那种革命性的冲动；托
241 克维尔早就对此进行过评论：酷爱简朴、憎恶等级、对纪律和限制感到不耐烦、喜欢总结性的补救措施。当爱默生将上帝贬低为超灵、诉诸个体判断、颂扬发展、变革和生成，并赞赏那种不受妥协方案和书面文字所约束的自由时，他就比爱幻想的超验主义者获得了更多的追随者。他成了反叛权威的预言家。尽管他是一位坚定的个人主义者，但他也不时地攻击物质主义和预兆着社会主义的“现行占有财产”

制度。这并不是自相矛盾。真正的保守主义、没有受到边沁主义思想和斯宾塞哲学感染的保守主义，正是从个人主义的对立面产生的。个人主义是社会原子主义，而保守主义则是精神共同体。正如亚里士多德所深知的，人不能离开特定的共同体而存在；当他们否认了精神共同体时，也就非理性地转向了物质的共同体。尽管爱默生谈论“永恒上帝”和“超灵”，尽管他公开反对原子主义，但在这表象背后却有着一种哲学上的人与人之间的孤立。爱默生可能是出于一种本能而对自己的精神个人主义感到厌恶，这使他转向了社会集体主义——转向了那种冷冰冰的、自由和谐的替代物以及令人感到安慰的一致性，后者又被托克维尔称为民主专制主义。

爱默生的那些具体的政治观念几乎是令人震惊的：这些观念之所以吓人首先是因为它们危险地过于天真；其次是因为它们容易轻视一些令人不安的事实。他将宪法保障机制、权力制衡机制、保障自由机制以及训诫性权威都抛弃在一旁，而宣称我们对政府的要求只是善良的意志。我们必须基于“绝对权利”而建立政治制度，然后我们就可以无所畏惧。这居然是出自一位声称仰慕孟德斯鸠和柏克的人之口！即便是启蒙运动中最乐观的人在治国方略方面也没有这样愚蠢幼稚。爱默生的政治理念与梭罗的一样不切实际，但他还没有像梭罗那样坚定地要找到一个理由来加以证明。卢梭和黑格尔被他们这些过分自信的新英格兰信徒贬低为荒谬的理论。当面对“绝对权利如何确
242 立”这个问题时，爱默生便堕落到对于暴力英雄——“智者”的谄媚；这在卡莱尔那里更为明显，也是20世纪更具灾难性的妄念之一。爱默生进行了多年的超验博爱主义的传教，他告知世人，奥萨沃托

米·布朗是命定的、绝对权利的工具：约翰·布朗，那位沾满鲜血的老狂热分子、在堪萨斯州和哈普斯渡口屠杀无辜的凶手、恐怖分子的原型——这些恐怖分子过去百年来致力于使政治学堕落为谋杀。布朗“使绞刑架像十字架一样光彩夺目”。在最好的时候，他是一个偏执狂；在最差的时候，他嗜杀成性。人们可以根据这样的表现看出，在超验主义和虚无主义之间的那片可争论的灰色地带有多危险。

“经验表明，教育和宗教、贵族、民主制与君主制，无论是单个还是全部加起来，都不足以约束人类的激情，也不足以维系一个稳定的政府或保护人们的生命、自由和财产。”约翰·亚当斯的这种责备对爱默生来说什么都不是。亚当斯曾经说，只有通过平衡各种对立的激情、利益和权力，才能使一个国家公正且安宁。他认为罪恶的存在是一个毋庸置疑的事实；而爱默生则以加尔文主义的形式摒弃了该信条中的这一本质，在他的学说中从来不承认罪恶观念的存在。查尔斯·艾略特·诺顿曾经这样评价自己的朋友爱默生：“这种惰性的、顽固的乐观主义尽管可能展示爱默生这类人内心可爱的一面，但对于整个民族来说却是非常危险的。它会堕落为一种致命的、对道德考量和个人责任的漠视；它是我们美国政治当中非理性情感主义产生的根源。”

对罪恶所具有的这种由来已久的力量的认可，是保守主义的基本原则之一。昆廷·霍格在他那本充满活力的小书《为保守主义一辩》(*The Case for Conservatism*) 中再次强调了这一原则的必要性。由于保守主义思想家们认为人是腐坏的，因此需要限制人的贪欲；因而也就
243 需要习俗、权威、法律、政府以及道德戒律的力量来抑制人类的恶。

从亚当斯到加尔文主义教徒和奥古斯丁，或者从柏克到胡克和经院哲学家，以及回过头来到圣·奥古斯丁这里，甚至可能（像亨利·亚当斯那样）越过奥古斯丁到马可·奥勒留和他那些斯多葛学派导师们，以及圣·保罗和希伯来人那里，人们都可以追溯这一原则。但爱默生对传统毫无耐心，他把这些令人不安的理论搁置一旁。他曾经在自己五十八岁生日那天说道："我过去一直无法非常现实地看待邪恶和痛苦的问题。"既然邪恶和痛苦是基督教思想中极为可怕的问题，那么，一个无法"非常现实地看待"可怕而冷酷的事实的人，对于现代思想而言也就不是一个可靠的引导者。爱默生主义的整个社会倾向要么是倡导某种激进的、粗略的措施——一种所罗门式判断（却没有可取的机智）；要么就是（在该措施不足以解决问题的时候）假装根本没有问题。很少有民族像内战至今的美国人那样，对他们当中所存在的恶感如此自鸣得意；也没有哪个民族这么急于否认恶的存在。20世纪的美国所展现出来的是这样一幅国家景象：它饱受犯罪、城市疾病、政治腐败、家庭堕落以及无产阶级化不断加剧之苦；而在这幅景象当中发号施令的并不是萨沃纳罗拉式的，却是社会学家、心理学家以及神职人员中的新实证主义者所演奏的合唱，宣称根本就不存在恶，"调整"就能够治愈每一种社会癌症。虽然爱默生并没有在美国公共领域中引领这种逃避式的倾向，但他却是最强有力的卫道士。如果一种罪恶从地理上来说非常遥远，或者是属于特定部位和阶层的（如奴隶制），那么，哪怕是不打麻药也都要做手术加以去除；但如果它离自己很近、在人的心里，那么，我们肯定是搞错了；可是，为什么？

如果说，愚蠢的连贯性是小人物心里的妖怪，那么昏庸的乐观主义通常就是对心胸豁达之人的诅咒。作为一个无视罪恶存在这一事实的社会乐观主义者，爱默生是一个激进的思想家，他可能是所有美国激进主义者当中最有影响力的。与卢梭一样，他相信仁爱本能具有至高无上性，也很容易抛弃古老的社会方式，从而为构建新的情感结构扫清障碍。在所有对他提出警示的声音之中，霍桑和奥雷斯蒂斯·布
244 朗森是最为雄辩有力的。

四、 布朗森论天主教教义中的保守主义力量

直到爱默生及其小圈子在美国文人中确立康科德学派霸权地位以后，美国的大部分文人都通过显著的保守主义精神、对民主的怀疑以及对古老方式的钟爱，而为约翰·亚当斯的格言作辩护。欧文、库珀和坡（Poe）也都曾参与其中；爱默生同时代的一些杰出人士则驳斥了超验主义的思想，并提出了富有新意的批评，这在美国思想史上留下了经久不衰的印记。

奥雷斯蒂斯·布朗森是佛蒙特州人，他内心躁动不安地几乎取样了每一位超验主义时期的反对者，最后带着那种终于找到庇护所的人所具有的热情接受了正统教义。会众制、长老制、宇宙神教、社会主义、无神论、唯一神论以及那些革命性的谋划，都拐弯抹角地导致了那种反对个人判断的剧变，布朗森 1844 年皈依了罗马天主教。布朗

森早就熟识布鲁克农场[1]和新哈莫尼，如今他已经成为比这个国家还要古老的团体成员之一。近些年来，人们对奥雷斯蒂斯·布朗森的关注要比他在上个世纪获得的要多（帕林顿没有提到过布朗森：这好像是某种默无声息的阴谋，要让他在美国思想史中销声匿迹；因为他对新教在教会和社会组织中所享有的地位的抨击，不太容易被归类到传统思想研究当中）[2]。不过，他倒是天主教作为一种保守主义精神在美国获得发展的最有趣的案例；如果美国的天主教徒没有实现布朗森的希望，那么他们不断扩大的影响力也在某种程度上抑制了流行的世俗主义。北美至今没有对天主教的历史进行详尽而细微的描述，这种历史阐释应当全面深入地讨论布朗森和他的《评论季刊》。

柏克曾经不止一次地评论说，天主教作为一种天然的保守主义理
245 论而发挥着积极的影响；托克维尔曾描述了它在美国生活当中的保守主义倾向，并预测了它的发展；在同一个世纪，欧文·白璧德也曾这样写道：（他并不是十分热爱的）罗马天主教或许可能成为维系文明的唯一有效的手段。布朗森先前是非常激进地加以推断，现在则将其一扫而光，并在建立宗教原则的同时承担起了保护的责任。

“我们已经听够了人类的自由与权利，现在该是我们听听有关人类义务和权威者之权利的时候了。”[3] 服从、对上帝谦卑，是社会正

---

[1]原文 Brook Farm，布鲁克农场，1841—1847 年曾在此进行过乌托邦式公社生活的实验，正式名称为农业和教育社。——译者注

[2]这里有个例外，见 R. H. Gabriel's chapter on “Democracy and Catholicism,” in *The Course of American Democratic Thought*。

[3]Brownson, *Essays and Reviews*, p. 352.

义和生命安宁的秘诀所在，它们对于永恒救赎而言同样不可或缺。将美国人从宗派主义中解救出来，既是有智慧的社会变革者的责任，也是牧师的职责；因为只有当人们的心中充满了宗教虔敬时，自由的政治制度才能得以保障。与其他任何一种形式的政府不同，民主以某种道德法则为基础，而这种道德法则是由高于人类智慧的权威者所设定的。然而，在新教教义和超验主义那里，道德法则是否得到了充分的界定呢？或者说，关于道德法则的阐释是否得到了推进呢？康科德的那种“道德法则”难道不仅仅是理想化的情感和个人冲动吗？超验主义者亵渎神灵，将神圣之爱与人类之爱相混淆，宗教也沦为一种脆弱的多愁善感。

新教教义的衰落经历了三个阶段：第一，宗教服从于公民政府的掌管；第二，对世俗政府之权威的拒斥以及宗教服从于信徒的掌控；第三，个人主义——它“使得宗教完全由个体掌控，个体选择自己的信条或创立信条来迎合自己，抑或是设计自己的敬拜和戒律，并且除了那些自己愿意的否则不受任何约束。”❶ 当达到最后一个阶段时，距离宗教精神的瓦解也就近在咫尺了；因为人对于自我而言是不自足的，单凭理性无法维系信仰；我们需要上帝的权威来维系基督教，使其不至于堕落为狂热宗派和利己主义行业的乌合之众。在新教教义当中，教派掌管宗教，而不是服从于掌管；会众欺侮牧师并坚持那些合乎他们胃口的、满足他们虚荣心的布道；新教主义无法维系大众自由，这是因为“它自身受控于大众，并必须在所有的事情上都服从

---

❶Brownson, *Essays and Reviews*, pp. 374 – 375.

于大众的意志、热情、兴趣、偏见或畅想”[1]。作为现代精神的一种表达，新教主义痛恨忠诚的观念，而现世以及来世的整个等级都是建立在这种忠诚观之上：“它所痛恨的并非是这种或那种形式的政府，而是合法性；如果民主被断定是基于合法性的话，那么它会像反对绝对君主制那样迅速地反对民主。现代精神在方方面面都直接地否定实践理性……它宣扬人具有普遍而绝对的至上性，宣扬人拥有不受限制的权利来使宗教、道德以及政治服从于自身的意志、热情或畅想。”[2]这对于民主而言是致命的，因为它会激发不顺服和混乱，使一切都漂浮不定；而且那使政府像民主一样脆弱的道德凝聚力被打破了。人们可以相信，在君主制或贵族制中并没有大众宗教情感，这也没有破坏社会结构；但它对于民主而言却是不可或缺的。

善良意志不足以保障自由与正义：这种妄念使煽动者和暴君得以成功；同样，再多外在的理想主义都无法弥补缺乏宗教惩罚所带来的后果。人类的激情只能通过上帝的愤怒和虔诚的温柔才能够加以牵制。上帝至高无上的权力，远远不会压制自由（liberty），相反，它确立和保障自由（freedom）；上帝的权威并非是自由的对立面，反而是其维护者。天主教应该超越于其他教派，成为保守主义；尽管很多信仰天主教的美国人陷入了这样一种错误认知，即既定的秩序是他们的敌人，他们来自于一些当地政府无法宽容他们宗教的国家。“人民中的大多数人能够保护自己，而少数人则没有保护，只有法律的神圣不可侵犯性和至高无上性。法律总是如其所是的正确，我们必须学着

---

[1] Brownson, *Essays and Reviews*, p. 379.
[2] *Ibid.*, pp. 307 – 308.

怎么使它一直正确；如果我们这样做的话，我们就会一直将自己的影
247 响施加于保守的那一面而非激进的那一面。”❶ 布朗森接着预测了极端新教徒与反神职作家们在20世纪反对罗马天主教的时候所采用的论证，并加以反驳。教会无心掺和政府的各种事务，它只不过是要努力解释公正政府应该要服从的那些道德法则。

布朗森赞同德·迈斯特的观点，认为宪法是不能被制定的：它们是逐渐发展的产物，表征了一个国家的历史经验，否则它们不过就是一纸空文而已。“所有政治宪制的生成性原则……就是神圣的上帝旨意，绝不会是人类审慎的智慧或意志。”宪法必定根据生活于其中的人的经验的不同而有所不同；无论一个国家所长期建立的是什么形式的政府，它都必定是最适合其国民团体生活的最佳永久性制度框架。在欧洲，君主制和贵族制应当得以维系，因为当地整个存在的基调都是与各种制度相互绑定在一起的。然而，美国本土从来没有形成忠诚与高贵的观念，国王与贵族也不曾移驾至此；只有普通民众移民到美国，因此我们的宪法被构建来适合一个以普通民众为唯一秩序的国家。因此，对于美国而言，共和主义是最佳政府，真正的美国保守主义会力争维持共和国的纯洁性，严格遵守它的法律，并迫切坚持它的成文宪法。没有哪一种人类设计的制度是不可改变的，宪法必须不停地加以调整和修复；然而，社会改革者并没有创造宪法：他只是发展、只是使之恢复健康状态；他也知道自己无法基于原始的人性而开辟出新的宪法。

---

❶Brownson, *Essays and Reviews*, p. 320.

“我们更大的危险存在于这样一种激进的倾向：它在美国人当中变得如此宽泛、深刻而积极。”我们不再将某些事物看作是可怕的、值得尊敬的，对旧事物嗤之以鼻，伤害既定的事物，并使所有宗教制度、家庭制度以及社会制度都处于动荡状态；我们不去借鉴过往并忽视历史经验。我们甚至试图否认语言具有明确的含义。大多数美国人并不会赞同这种激进的倾向，但是他们在野心勃勃的狂热分子和相互
248 冲突的政治家面前保持了沉默。除非我们能认可以上帝为权威的原则，否则我们就无法逃离变革的泛滥和具有危害的试验。如果没有教会，我们也无法理解这一点。当新教主义及其笨拙的衍生物在我们眼前衰落的时候，异议者所形成的山丘必将超过正统信仰的堡垒，没有这种正统信仰，人类的罪恶和缺点就不知界限，秩序与正义也行将就木。

“人类很少被纯粹的推理打动，无论这种推理是多么清晰有力。”布朗森曾经在《美利坚共和国》一书中这样写道。尽管这是一篇更富洞见的有关美国政治理论的论文之一，但几乎无人知晓。“在他们那里，常规要比逻辑更强有力。有一些贪图创新的人，总是致力于新的尝试；但各个国家的大部分人都会有一种无法战胜的、反对为了未知事物而抛弃已知事物的情绪……不要改革，也不能修改政府和社会的构成方式；如果引入的话，也是不会成功的，无论会带来什么样的好处，除非在以往有历史根源或萌芽。人从来都不是创造者，只是加以发展和延续，因为他本身就是被创造的，只是第二因。”❶ 这种关

❶*The American Republic*, p. 54.

于肉身的保守主义，本身就是一种出于上帝旨意的策略，它约束了野心勃勃的人们所具有那种追逐变革的强烈欲望。所谓上帝旨意，在本质上就是不断延续着的创造；一个没有信仰的民族会否认上帝旨意的现实性，并使自身陷于停滞不前的境地。

罗马天主教的变节过程可能要比布朗森所期望的要慢，但它是持续性的。取得胜利的天主教在美国可能会是什么样子的呢？会不会像托克维尔所暗示的，以及伊芙林·沃所揣测的那样，是一种被美国物质主义和民主改变和冲淡很多的天主教呢？这可能是后人要开始研究的。如果他们能复兴奥雷斯蒂斯·布朗森的这种充满活力的思想来调和正统教义与美国主义，那么就是极其幸运的了。

卡莱布·韦瑟比这位塞勒姆的天主教跛脚怪人，曾经在桑塔亚那的那本《最后的清教徒》一书中令人动容地说道："我也是生活在未来的，想象着在我们身后即将要来到这个熙熙攘攘的美国的那些人，他们（幸运地）不是我生理上的后裔，但在某种程度上我确信，他
249 们会是我思想的维护者。我们曾一直是经过净化的民族，顺从于更高的期望。可是，期望什么呢？没有人知道。不过我相信，上帝向我显现了他的旨意的某些方向。感谢上帝让我有所缺陷，因为没有这个缺陷我很有可能就被带着轻率地往前了——我自己有什么力量呢？——在繁荣盛世与日常琐事的潮流当中，我们本不应该设想，身处美国的我们不会追逐名利和某些华丽的、普遍掌控我们名声与行为的事物；而应该设想：即便不知道这一点，我们也会忏悔，会追求人性和怜悯的新生活。"新英格兰地区严苛的、对虔敬持有不同意见的潮流，说不定可以像在布朗森那里那样与正统教义汇合，并通过忏悔而涤荡美

国人的品格；这也不是完全没有可能。几乎没有人知道，对广岛和长崎的打击能够引领我们进入一种人性的和怜悯的新生活；无论新的国际审判会给社会结构带来什么样的影响，都极有可能加速新英格兰这种良知的转变。

五、 纳撒尼尔·霍桑：社会与原罪

然而，在新英格兰转型时期，最有影响力的保守主义思想家却是纳撒尼尔·霍桑。这是一位“血骨海盗”、讥讽大师，也是一位沉迷于良知问题的忧虑者。他既敏感脆弱、心情糟糕又滑稽可笑；他既是一个积极活跃的政治家，又是一位梦想家。霍桑将原罪学说重新放回到美国人的心灵当中，而这正是爱默生及其学派处心积虑要加以忽视的。

近些年来，在这个动荡不安的时代，有些作家借助于这位学者所掌握的各种手段来支持大众主权；他们一直非常荒唐地急于表明：霍桑曾经是一个民主党人，那么他肯定一直是一个民主党人。他曾经的确是，但费尼莫尔·库珀曾经也是。霍桑不喜欢辉格党人的势利、虚伪及其对商业的喜爱；他希望能够为美国感到骄傲；他对于已逝过往
250 的迷恋，经常诱使他惴惴不安地表达出一种对于当下和未来的期冀。不过，鲜有其他美国人像霍桑这样天生就是一位保守主义者，也少有人像他这样沉浸于传统之中并质疑变革。他的民主实际上是他朋友富兰克林·皮尔斯总统的民主；后者是一位理智的、温和诚实的、拥有

多种才能的绅士，但受到了政治党派和历史学家们的残酷对待。与皮尔斯一样，霍桑深深地知道，南方奴隶制的祸根不可能通过惩罚性的立法或北方的胁迫就能够加以消除。他痛恨奴隶制，但同时也知道，奴隶制的存在与世界范围的经济发展趋势和道德信念都是相违背的，随着时间的推移它会自行消失，不需要我们通过联邦政府来加以干涉。政府性的干预和私人性的狂热，都会危及整个国家，而不能解决像奴隶制这样的重大社会问题。约翰·布朗被绞死是再公正不过的了，他曾经公然蔑视爱默生、梭罗和洛威尔。如果霍桑的中庸适度在北方和南方都被普遍效仿的话，那么美国很可能就会一直在传统的道路上前进；霍桑知道，这就是英国政治保持稳定的秘诀。不过，这对于现在的我们而言已经微不足道了：霍桑特有的政治观对于当今而言不太重要，但他背后的社会和道德原则却具有恒久的意义。他对于过往的保持及其对于原罪观念的表述，都对美国思想产生了影响。

如果对已故者没有敬意，那么保守主义就无以存在。美国生活中的那些经久不息的运动和变革、家族延续性的缺失，甚至是美国建筑的那些容易腐烂的建材，都合起来诱使美国忽略历史。斯科特的所有才能都是要提醒19世纪的英国人：每一代人都不过是永恒链条上的一环；促使美国人回顾自己祖先的这个问题仍然更为严重。欧文、库珀以及霍桑（与历史学家们如帕克曼一起）都成功地唤醒了美国人的想象力；他们从简陋的、碎片化的材料当中创建了一种有关美国遗
251 产的视觉，这种视觉仍然有助于引导无组织的美国人民形成一种国家理想，这种国家理想源自大西洋沿岸一些说英语的民族。这三位作家的著作都表达了一种保守主义的力量，霍桑的作品则具有最持久的理

论力量。他在塞勒姆小镇上的那个孤寂幽闭的内室里终于明白了：如果没有古人的神秘力量和对他们的敬畏，现实中的虚幻小说家所肩负的任务会有多么艰巨；他也学会了去召唤新英格兰地区那些故去的鬼魂，他的这种通灵术对于美国思想和文学的影响依然清晰可见。伊沃·温特斯有点令人费解地将这种影响描述成莫尔的诅咒，或者是美国的愚民政策。他似乎并不是意指日常意义上所理解的政治愚民政策；不过，在美国文学史上，霍桑的确是比别人都要更加尖刻地戳破了“启蒙”的幻影，后者正是爱默生学派一直努力要进一步鼓吹的。霍桑并没有将历史偶像化，他知道历史经常是黑暗而残忍的；然而，正是由于这个原因，理解历史应当成为谋划社会变革的根本性基础。只有通过考察历史、社会才能看清人类本性所具有的缺陷。

美国人是有史以来最不关心自己历史的民族。霍桑曾经在《玉石雕像》（*The Marble Faun*）中这样评论道：美国人是出于好奇才花钱做半身雕像的：“我们的家族成为世袭家庭的历史极为简短，这几乎形成了这样一种确信：曾孙们不会知道自己父亲的爷爷是谁；最多半个世纪以后，拍卖商就会一锤定音，击破他的愚蠢，并按照这块石头的重量定价卖掉。”在柏克所处的英格兰，对长辈们的尊敬仍然是一种天然的社会冲动，对古老方式的蔑视是一种人为的革新。然而，在霍桑所处的美国，对于变革的期望要大于对于延续性的期望，未来所具有的吸引力要大于对过往的忠诚。尽管某种程度上的尊敬，像一直以来的那样，对于社会而言仍然至关重要；但它也变成了人为的创造。我们有必要开创出一种人为的尊敬，使得人们珍视自己的祖先并进而展望自己的后裔。有些作家给美国人引入了某种对旧事物的尊

252 重，而霍桑是他们当中做得最好的。

美国历史中的那一段，以及霍桑所在的那个特殊的省份——清教徒聚集的新英格兰地区，长远而深刻地影响了保守主义。尽管美国的清教主义源自某种坚决的反抗，但它很快就根据自己的准则而显示出一种比与之对应的、宽厚的英国国教（圣公宗）更加严苛的教义。在《红字》中、在《七角阁楼》中（回顾性地）、在《重讲一遍的故事》中的很多故事当中以及在《古宅青苔》当中，都无比清晰和坦荡地表露出这位清教徒所具有的精神：激烈严苛、勇敢无畏、坚决刚毅、勤勉刻苦、认同自由的政治制度、具有内省意识、会压抑情感、能够热情地追求虔敬同时又不放弃自爱、自怜，甚至是追逐名利的野心。有很多害怕、有某些憎恨，也对很多事物抱以敬畏。这种清教徒的品质，通过那些温和的新英格兰地区的后人们，经久不衰地影响着美国人的心灵，并与现代美国生活中普通大众的各种期望和冲动相对立。清教主义主张行为谨慎、对改变和扩张心存疑虑、压抑自我并配备极为严苛的神学理论，它痛恨那种在当代美国盛行的物质主义和享乐主义的欲望；而且它也被当代精神所痛恨。清教主义就其极端形式而言，是道德保守主义；当代社会所遭受的各种各样的变动中，道德革命是最为剧烈的。然而，因为霍桑，美国人从来没有忘记清教徒们，罪恶也好，德性也罢，都不曾被忘记。直到美国当今社会，清教主义的记忆仍然发挥着某种约束作用，只要它能抵抗住冷酷无情的另一端；只要有人阅读美国文学，古老的新英格兰地区的这种保守主义信仰遗产就会因霍桑一直存留。

如果在一个不那么重要的人那里，霍桑所取得的成就简直是一大壮举；但与他本人的主要成就相比较而言，这种成就不过是附属性的，他的主要成就是：使一个想要忘记原罪观念的国家铭记它。霍桑在本质上来说从来都不是一个历史浪漫主义者：他最热切的兴趣点在
253 于道德；自班扬之后没有人再写道德寓言故事，霍桑接着写，他借助于自己的想象力具有的所有力量来抑制美国人的盲目乐观。他宣称：原罪，在质和量上都是恒久存在的；变革的谋划必须要源自人心并终于人心；人类真正的敌人不是社会制度而是内心的恶魔；那个试图通过人为的变革来提升人类的狂热的改进者，通常实际上是灵魂的摧毁者。

几乎在每一个重要的保守主义思想家的学说中，如在柏克那种高尚的基督教式的顺从、亚当斯那种头脑清晰的悲观主义、伦道夫的忧郁情绪以及纽曼的“加尔文主义的天主教义”当中，都非常显著地突出了对原罪教义的信仰。然而，霍桑几乎全都是在思考原罪、原罪的现实性、本质和后果；他的沉思、职业及其生活，几乎都是在思忖原罪。这里，他成了保守主义的主要导师。波德莱尔曾经在日记中写道：“真正的文明不在于发展、蒸汽或转台当中；而在于逐渐减弱原罪的印记。”尽管在思想上和心灵上存在巨大差异，但霍桑或波德莱尔在这方面的观点却非常接近。霍桑认为，通过英雄式的努力，人类可以在尘世减少原罪的影响；但人们需要全神贯注地进行这种抗争。每当人们试图忽视原罪的时候，一些复仇天使就会出来干涉，物质上和精神上的进步也随之坍塌；由于恐惧和受苦，恶的现实性在人们的脑海中进一步强化。只有一种变革是真正值得尝试的，那就是：心灵的变革。

霍桑并非一位真正的清教徒，甚至都不是一个严格意义上的基督徒。他的小说都不短，并无比好奇甚至残忍地对原罪进行了剖析。在《红字》和《玉石雕像》中，他暗示说，尽管原罪说造成很多后果，但对于某些生物来说却具有某种启蒙的作用——实际上是使他们更高贵：尽管它让人痛心，但也能让人觉醒。我们仍然不知道原罪的所有秘密；也许没有它的作用，我们就不可能获得重生。他在《玉石雕像》的结尾处让凯尼恩战战兢兢地推测说："那么，原罪——这样一种被我们看作是可怕的宇宙黑暗的东西……是不是像悲伤一样，不过
254 是人类教育中的一个要素？通过它我们能够挣扎着到一个比我们本可以达到的更高尚、更纯真的状态？是不是亚当堕落了，我们最终可以上升到一个比他更高尚的天堂去呢？"然而，无论原罪的影响是什么，我们都必须把它看作是最强有力的鼓动社会的力量。那些趋向于残忍、破坏以及冷酷自残的冲动，一直挣扎着要掌控我们的内在本性——在心理上忽视这些的人，就会腐蚀社会和自己。霍桑与爱默生截然不同。他在《福谷传奇》及其他六本短篇小说中，描述了那些对道德睁一只眼闭一只眼的人们之间所弥漫的人道主义灾难。纳撒尼尔·霍桑并没有要说服美国人必须将原罪观念带入每一种社会计划当中：对于20世纪的人来说，原罪仍然是最让人不自在的理论；而且这个时代已经眼看着人们在布痕瓦尔德火炉中燃成灰烬，抑或是像西伯利亚北极圈的老马那样劳作至死；它仍然假装认为，原罪不过是一种神学的幌子。即便是像丘吉尔这样的聪慧机敏又继承了历史悠久的英国自由传统的批评家，在提及原罪的时候也会将其描述为："一种

野蛮的、前文明的观念。”[1] 不，霍桑并没有让原罪学说更受欢迎，但他的确使很多人意识到这可能是真的，并感到不安和憎恨；自此，美国文人便具有了一种潜在的原罪意识。

霍桑在《老托利党》的草稿中曾这样写道：“一场革命，或任何扰乱社会秩序的事物，都可能会给个体提供展示卓越德性的机会；但它对普遍道德的影响是有害的。大多数人都被认为是只有在固定的日常中才能具有德性。”这是彻彻底底的柏克的思想。霍桑通过自己的作品回到了道德保守主义这一主题。不过在《福谷传奇》中，他最深思熟虑地分析了，一旦革命性的道德戒律被付诸实践，那些恶的冲动会具有怎样的毁灭性力量；在《古宅青苔》的三个小故事“幻想大厅”“天国铁路”“地球的浩劫”当中，他做了最为简明扼要的
255 分析。

> 像我们这样地位的人，不可能接受如下的一些观念：自然界和人类经验中的一切事物都是流动的、快速变化的；很多地方的地壳都裂开了，它的整个表面都非常可怕地隆起了；这是充满危机的一天，我们自身都处于关键性的漩涡当中。我们伟大的地球悬浮在无限空间的大气层当中，就像是一个没有实质性内容的泡泡。如果一位聪敏的人只是生活在改革者和进步分子当中，并且不经常回到稳定的事物秩序当中，借助于新的视角来纠正自己的旧立场的话；那么他不能

[1] R. C. Churchill, *Disagreements*, p. 197.

> 够长久地保持睿智。
>
> 因此，是时候轮到我来跟以下这些人展开对话了：保守主义者、《北美评论》的作者、商人、政治家、剑桥分子以及所有令人尊敬的老笨蛋们，他们在这些不可捉摸的模糊事务中，仍然僵硬地坚守着一两种观念，而这些观念从昨天早晨开始就一直没进入我们的风尚。

带着这种温和的蔑视，霍桑对布鲁克农场的那些理想主义者和激进主义者不予理睬，也对爱默生、奥尔科特、雷普利、玛格丽特·富勒以及所有的“梦想家之结”都置之不理。因为他们忘却了人的原罪，随之也忘却了道德和社会行为所具有的恰当功能和限制。《福谷传奇》是一部关于狂热变革分子霍林斯沃斯的历史，他决心要通过诉诸更高的本能来救赎罪人；当一切都得以完成的时候，他非常可怕地开始试图只改造一个罪人：他自己。霍桑借科弗代尔之口说：“在我看来，那困扰慈善家的罪就更可能是一种道德上的倾斜。他的崇高感不再是其他高尚的人的荣誉感。在他生命中的某些时刻——我并不知道确切地是在什么时候或在哪里——他试图稀里糊涂地与正义为伍，并几乎忍不住说服自己相信，公共目的的重要性允许自己抛开私人良知。”霍林斯沃斯为了自己的梦想，帮忙摧毁了自己曾经加入的社会主义共同体（尽管由于傅立叶主义本身不切实际，因而在任何情况下它都注定要解体）；他致使那位解放了的并深爱着他的女人走向了自杀；他还为了筹集资金为罪人建立避难所而短暂地抛弃了一位无辜的、身处危险的姑娘；在谋划更加普遍地提升“更高本能”时，他丧失了自己的那种更高的本能。这样一个人，像废奴主义者和集体主义者一样，忘记了大多数人只会在特定的日常情况下才会具有德性。道德戒律被打破了，社会也就会重新堕落到最初混乱的罪恶之中。道德是最为脆弱的人造之物。

“幻想大厅”是一个与霍桑那个时代所盛行的革命热情相关的寓言，霍桑在这个寓言中带着某种惋惜式的同情描述了：“充斥在这个避难所里的自诩为改革家的那些人；他们代表了一个不安分的时期，这个时候的人类正在试图摆脱那一整套破衣烂衫式的古老习俗……在这里，人们的信仰以土豆的形式表现出来；其他人的长胡子则具有深刻的精神意义。这里的废奴主义者把自己的观念当作铁鞭子一样四处炫耀。”这些都是在尘世经过美化的探索者；不过在“幻想大厅”里还有另一个居民——神父米勒，他预言人类即将会遭到毁灭，“他们的梦想会像枯叶一样随风而散”。霍桑暗示，只有在另一个不同的世界中，才能找到完美。

就像 C. S. 刘易斯在《梦幻巴士》里所做的那样，霍桑的“天国铁路”模仿了《天路历程》（该著作对欧文和霍桑产生了极大的影响），他描述了从毁灭之城到天国之城的一段旅程。“畅捷先生”（Mr. Smooth-it-away）是新开通的、往返于这两个目的地之间的铁路的向导，他负责护送乘客并解释现代性的进步和物质上的改善是如何驱除了罪的后果并压制了良心的折磨。大片的土地搭建起了跨越“沮丧的泥沼”（the Slough of Despond）的桥梁；福音传道士们的书卷被简易便捷的用纸板做的票据所代替；路途上的那些虔诚的对话让位于礼貌性的闲谈；罪的心理负担被抛到了行李车上；魔鬼别西卜与看门人之间的争执也得到了妥协。好心先生的首席工程师地位被恶魔所接任；人性之谷被来自于困难之山的各种物质所填满；托非特❶被
257 解释为是一个半休眠的火山的喷火口；巨人超验主义者继承了主教和异教徒的洞穴；名利场上充斥着口才雄辩的牧师；绝望的城堡变成了娱乐场所。然而，实际上，天国之城的主人曾经拒绝了一项与这条引人瞩目的便利铁路合作的条款；那些从火车上下来换乘轮渡抵达该城市的人会困惑地发现，自己是卡隆（冥府渡神）的乘客，来到了一个完全不同的目的地。这些都是现代社会对道德绝对者的无知。

“地球的浩劫”是通过革新现代人类而毁灭过去的故事，将旧时代西部大草原上所崇尚的一切都付之一炬。血统、贵族纹章、骑士勋章以及所有贵族装饰都被扔进了大火之中；一位绝望的绅士哭喊道：“这场大火烧光了你们比野蛮人更先进的所有标识和那些本可以防止你们再倒退回去的东西。”接下来的就是紫色长袍和王室拐杖；然后就是烈酒、香烟、战争武器以及绞刑架——如今是结婚证书、金钱以及要将财产契据和宪法文本都烧掉的呼声。这场大火很快就波及几百万册书籍以及各个时代的文学著作：“事实是，人类已经达到了一个发展阶段，这个阶段远远超越了以前时代那些最有智慧、最机智的人所能够想象得到的，因此，如果让这个世界仍然受文化低成就的拖累就非常荒唐了。”为了给这场大火补充燃料，人们很快就将教士的白色长袍、主教的法冠和拐杖、十字架、圣水盂、圣餐杯、圣餐桌、圣坛以及《圣经》都搬了过来。“那些让听众颤抖的真理，不过是这个

❶Tophet，《圣经》中的地名，在耶路撒冷的附近。这个地方常烧垃圾，冒黑烟，因此又是地狱的象征。——译者注

世界在婴儿时期的无稽之谈”——因此要奉上帝指令扔进火炉。

似乎人类历史遗迹的方方面面都在这场举世瞩目的改革中被毁灭了，人类尽情享受原始的无知。然而“一位深肤色的名人”打消了那些感到绝望的反对派们的疑虑。“这些自作聪明的人忘记将一样东西扔进大火中了，如果没有烧掉这件东西，那么这场大火根本就一无
258 是处”——这样东西就是人心。“除非他们能够偶然找到一些方法来清洁这个污秽的洞穴，否则从此以后它都会重新产生各种各样的邪恶和苦难——与以前一样的，甚至是更糟糕的——那些自以为是的人耗费了巨大力气才将这些邪恶和苦难付之一炬。我在这漫漫长夜静静伫立，看着这一切，暗自偷笑。相信我的话吧，这还是那个旧世界!”

这就是霍桑的主张的根本主旨：只有道德上的变革才是真正的变革；原罪总是会败坏狂热分子们的谋划，他们不考虑原罪；除非良心不断地慢慢改进，否则进步不过是一种幻想。不过，霍桑和皮尔斯一样，都在狂热的旋风中身受重创。南方人和北方人都哀号着向萨姆特进发，又得意扬扬地咆哮着从马纳萨斯到阿波马托克斯。“这当下的、直接的、真实的一切，于我而言都太强了。”纳撒尼尔·霍桑在他生命的最后一年（也就是葛底斯堡战役那年）曾经这样写道：“它不仅仅夺走了我仅有的能力，还拿走了我凭想象写作的欲望；让我只能悲伤地满足于去散播一千多个平静的关于那场飓风的幻想，它把我们扫进了地狱的边缘；在这里，我们的国家和政体可能会像是一场破碎的梦的碎片，就像我那未写出的浪漫史一样。”[1]

---

[1] Hawthorne, dedicatory preface to *Our Old Home* (1863).

那场受到飓风助力的、充满革命狂热和罪欲的大火后来演变成内战和重建，美国的道德保守主义和政治保守主义从来都没有从中恢复，可能再也不会恢复。“地球的浩劫”中那个旁观者嘟哝道：“相信我，如果没有额外的、使很多伸出援助之手的人们感到震惊的燃料，这场大火不会熄灭的。”因此，当战争爆发的时候，新英格兰的那些理想主义者目瞪口呆地发现，战争的灰烬中还缠绕着腐败、残暴以及有害的无知，而这些本应该是在原罪学说的外衣下被拷问的。

西方保守主义经典译丛
丛书主编 冯克利

保守主义的精神：从柏克到艾略特（下）

（第七版）

【美】罗素·柯克 著 朱慧玲 译

THE CONSERVATIVE MIND

From Burke to Eliot

江西人民出版社
Jiangxi People's Publishing House
全国百佳出版社

第八章　有想象力的保守主义：迪斯雷利和纽曼

那些伟大成就是人类行为和人类进步的里程碑，但我们并不将它们归功于人的理性。并不是理性围攻了特洛伊城，也不是理性将来自沙漠的撒拉逊送到前线去征服世界；激发十字军东征的不是理性；将僧侣等级制度化的不是理性；耶稣会会士的产生也不是出于理性；而且，并不是理性导致了法国大革命。人类只有在出于激情而行为的时候才是真正伟大的；只有当他诉诸想象力的时候才能战无不克。即便是摩门教，也比边沁的信徒更多。

——本杰明·迪斯雷利，《康宁斯比》

一、马克思的唯物主义与自由主义的成果

两位犹太人分别引进了新保守主义和新激进主义：迪斯雷利和马

克思。尽管他们在社会中呈两极对立了 30 年，但他们其实都主宰着伦敦。一位是来自休恩顿的引人瞩目的地主，喜欢嘲讽、具有迷惑性并震惊了众议院；一位是大英博物馆里满身汗臭的劳作者（正如坎宁安·格雷厄姆所言，各个民族的那些有学识的人都在大英博物馆里渴求一份微薄的、连码头工人都嗤之以鼻的收入）；这两位以色列的后裔，其中一个人的父亲是脱离了旧的正统教义的犹太人，并认识到
260 19 世纪的自由社会注定要自取灭亡。马克思提议要铲除整个现有的社会秩序，并用一种基于彻底唯物主义的集体生活来代替。迪斯雷利则决心恢复一种更古老的秩序所具有的德性。

如果人们认为李嘉图是最伟大的自由主义经济学家，那么我们就有理由说，从维多利亚就任起至今，英国社会思想中的三大运动都是由浸染希伯来传统的人所领导；他们当中没有人完全摆脱了犹太人的身份。至少迪斯雷利就从来没试图隔断这一纽带；尽管他公开承认自己是一位圣公会信徒，但他以自己的祖先为荣；也为那曾经征服欧洲的“伟大的亚洲之谜”感到荣耀。他认为，基督教是希伯来思想的集大成者；保守主义的社会是希伯来道德原则在世俗中的体现。

不过，如果我们说，维多利亚时代保守主义观念之所以得以维系，完全是由于迪斯雷利所具有的那种热情而奇特的想象力，那么也有点言过其实了。他的确使托利主义重新成为一种政治运动，使它没有与那种持功利立场的自由主义相糅合。他为保守主义赢得了大众的认可，以至于在他提出改革法案一百五十年之后，保守主义仍然能够在众议院中赢得大多数的支持。他的小说和演讲在英国人的心中注入了一种有关托利遗产的神话（神话在本质上是真实的，但在细微之

处是虚幻的），并且给保守主义注入了大量浪漫主义的热情，后者在法国和德国则燃烧成一种革命的力量。然而，尽管迪斯雷利是一位绝顶聪明的小说家、卓越而足智多谋的政党领袖、优秀而老谋深算的外交官，但是他并不能算作是一个哲学家。他的天才体现出一种惊人的、有时候难以预测的想象力。柏克带着某种不太情愿的恭敬之情转向了形而上学第一原则，科尔里奇懵懂而饶有乐趣地将自己的各种才能运用于这第一原则，但迪斯雷利的书和演讲当中除了把形而上学第一原则当成诙谐短句或宏大的东方神话故事一闪而过之外，再也没有深入地讨论过，它们在迪斯雷利这里就像是后宫里遮着面纱的嫔妃。261 维多利亚时代在哲学上的保守主义大师是纽曼，他与《西比尔》和《康塔里尼·弗莱明》的作者并列在本章内容里。无论他们在性格上有多么格格不入，但两人都是他们那个时代传承、维系英国传统观念和表现形式的主要代表人物。不过，迪斯雷利在某种意义上是托利主义的破坏者，他决心要补救一些人的事业却长期得不到他们的信任。在大多数同时代的人看来，纽曼是英国传统的背叛者，忘记了坎特伯雷，却去拥抱罗马。有时候需要一个不完全属于保守主义团体的人，使他们从天然的倦怠当中清醒过来。托利党人曾经对罗伯斯·庇尔的信任要远远超过坎宁，但罗伯斯·庇尔却不知不觉地将他们引到了毁灭的边缘。

1848 年马克思和恩格斯发表了《共产党宣言》，迪斯雷利被任命为托利党的领导人，纽曼则在伯明翰演讲中声明自己正努力在都柏林建立一所天主教大学。1867 年《资本论》第一卷出版之后，迪斯雷利发动了变革，纽曼则处于《为吾生辩》和《赞同的基本原理》这两本书之间的思想状态。尽管这三种事业互不相容，但它们都反对自由主义。马克思、迪斯雷利和纽曼都认为，尽管自由主义自认为会永垂不朽，但它其实不会长久，只不过是世上的一种过渡性学说，昙花一现而已；尽管自由主义自认为是美丽的新花品种，但这些批评者认为，它不过是寄生在衰落的旧秩序身上的一条寄生虫：自由主义从传统土壤那里吸取了道德与政治，但它却否认这个土壤，如果这种秩序灭亡了，那么以它为土壤的道德与政治也一定会枯萎。边沁主义者和曼彻斯特的人们只有在一个仍然主要由正统教义支配的社会中，才能获得勃勃生机；自由主义的议会制要靠旧英格兰的贵族式皇室才能得以维系。正统教义和传统政治制度消亡的话，自由主义就必定会随之灭亡。马克思以欣喜的心情期待这种联姻和中产阶级优势地位的终结。迪斯雷利和纽曼试图通过重建功利主义所推翻的平衡，来挽救虔
262 诚、秩序和自由。

无论是在像边沁、密尔以及格罗特这样的学者那里，还是在像科布登、布莱特以及查德威克等掌管事务的人那里，自由主义者最稀缺的品质显然是更高的想象力。他们追求事实、崇尚特殊的事物（无论它们有多遥远），甚至全然漠视摩西十诫。培根和洛克的这种倾情专注于事实的遗风，对英国人和美国人的心灵产生了令人沮丧的影响。邓肯·福布斯曾经这样评论道：“我们很难不感觉到，对于某些英国历史学家而言，与鲱鱼洄游或议会法案相比较而言，科尔里奇的思想仍然不怎么‘真实’，不是一种坚定的‘事实’。英国人从来没

有像别的地方的人那样热情地追求观念史。”❶ 迪斯雷利和纽曼超越了英国的经验主义，他们都不惧怕观念；他们懂得想象力所具有的力量及其在历史中的地位；在一种较为普遍的意义上而言，马克思也是如此。尽管马克思正式地沿用了功利主义的观念及其证明，尽管他咄咄逼人地号称要更加科学；但是他对于世人的影响却是一个充满想象力的人所产生的影响——这是一种缩手缩脚的、真实的想象力，但仍然在观念世界发挥着作用，而且比具体事实的肆虐要更好。亚历山大·格雷教授认为：“要考察马克思是对还是错、要清理《资本论》第一卷和第三卷当中的不连贯之处或逻辑错误，以及要反驳马克思主义学说，都不过是在浪费时间而已。因为一旦我们与马克思打交道，我们就不再处于理性或逻辑的世界当中。他看到的都是幻象——关于所有已逝事物幻象都是清晰的、关于所有可能新造事物的幻象都是模糊的。他的这些幻象（或其中的某些幻象），在很多人那里都唤起了某种共鸣。”❷ 尽管他宣称自己是唯物主义者，实际上他却是一个理想主义者，被黑格尔洗脑了。他曾努力使自己与这种特质脱离开来，就好像它是内萨斯的外衣；但也正是这种特质表明他超越了自己在方法上所效仿的那些功利主义者。不管怎么不对，他都在讨论目的、自由主义者、手段、特殊事物以及那些更多地受想象力（而非理性）支配的人民大众；在这样的斗争中，幻想派获胜的概率
263 更大。

对于马克思来说，人类奋斗的目的是为了获得绝对平等的境况。

---

❶Duncan Forbes, “*Historismus* in England,” *The Cambridge Journal*, April, 1951, p. 391.

❷Alexander Gray, *The Socialist Tradition*, p. 331.

他并不幻想假想的自然状态中的平等：他知道这种平等从未在社会中存在过，他也嘲讽所有的自然权利观。平等不是要恢复原貌，而是一种创造。人并不生而平等，因此社会主义者必须要通过立法和经济制度来使人们获得平等。“为了达到平等，我们必须首先确立不平等。”——难道这不是《资本论》里最具深意的一句话吗？那些聪明强壮、勤勉有德性的人，被迫要服务于软弱、愚蠢、懈怠而邪恶的人；自然必须要服从于社会主义者的设计，这样才能维护某种理想。“马克思信仰这种未经教育的、有关伦理知识的直觉，这体现为他毫无疑虑地坚持社会主义的目标、体现在他的历史哲学当中，也表现为他断言革命方法是社会发展过程中最独特有效的……这都说明了一种先验论，而这种先验论是理想主义的本质。”❶ J. L. 格雷曾经这样写道。尽管这种伦理目标——平等——是任意的，但这仍然比那个被不断重申的“最大多数人的最大幸福”原则具有更多的想象力。因此，自由主义者曾经所采用的那种激进的冲动，使他们抛弃了边沁主义而转向了马克思主义。嫉妒原则隐藏于各种措辞之中，并战胜了赤裸裸的自利诉求。

迪斯雷利和纽曼的那种想象力和目的，则属于另外一种。他们憎恶平等，而以追求“秩序”为目的：精神领域的秩序、社会领域的秩序。在宗教领域，信仰确立教会的神圣性，这是一种独立于国家的永久性合作；在政治当中，制度认可社会多样性以及权利和义务的等级。迪斯雷利给托利党的民主进行了施洗，以贵族制原则为核心形塑

---

❶J. L. Gary, “Karl Marx and Social Philosophy,” in Hearnshaw, *Social and Political Ideas… of the Victorian Age*, pp. 130 – 131.

了他关于英国社会的理念；纽曼则做出了巨大努力以避免教堂沦为纯粹的政治权威的工具，他将精神生活看作是对真理的向往，将教育看作是通往这种超验智慧的阶梯。他们两个人都深深地知道，“法律与秩序”这个短语并不是同义反复：无论是神定的法律还是世俗的法
264 律，都依赖于秩序、精神与理想的层级，以及社会的等级。

这些富有想象力的保守主义者及其阴险对手们的事业（尽管他们极少注意到这些对手们的存在），延伸了半个世纪，纵贯30年代至80年代保守主义的复兴；自1832年《改革法案》被采用，到1867年的变革使之产生实效，这是自由主义的时代。从政治上来说，这是中产阶级当中较低者的时代，杂货商们在1832年获得了选举权，形成了“杂货商统治”；从经济上来看，这是曼彻斯特主义、自由贸易、自由企业，以及竞争性个人主义获得胜利的时代；从理论上来说，这是功利主义盛行的时代；从宗教的角度来看，这是基督教使命和福音派教义、法利赛克拉珀姆教派、特罗洛普牧师斯洛普先生的时代。在人民大众的生活中，这是地狱般梦魇的时代，圣西门和恩格斯描述了城市工业人口的生存状况；狄更斯的《艰难时世》和《荒凉山庄》，以及梅休的《伦敦工人与伦敦贫民》和吉辛的《黎明的工人》当中，都描述了英国的呻吟和散发着恶臭的状况。在迪斯雷利与皮尔进行斗争以及纽曼前往罗马的那些年，人民宪章主义表明了这一点；不过人民宪章主义也只是伴随着所有社会阶层之可怕事物的一个症状而已。[1] 这就是《西比尔》（或《两个国度》）中所描述的英

---

[1] A succinct description of these conditions is to be found in R. H. Mottram's chapter "Town Life and London," in Young, *Early Victorian England*, I, p. 167.

格兰。

19 世纪 40 年代的大饥荒事实上并不是真正特殊的饥荒：那时候的人们比 30 年代、20 年代都要吃得更好；50 年代的人们仍然吃得更好，这是渗入社会底层的一种普遍的繁荣——同时延缓了旧托利党人曾经确信的、伴随着《玉米法案》的废除而到来的农业大萧条。《西比尔》所描述的混乱状态，就像人民宪章主义本身的精神一样，与廉价面包和高工资是绑定在一起的。马克思尽管在很多事情上有先见之明，但自他预言工人阶级将会一直陷入极度贫困状态之后，他就无法走得更远了；因为自 1848 年以后，除了战争或经济紊乱的简短影响之外，西方国家工业人口的物质条件其实得到了改善。然而，尽管迪斯雷利和纽曼有点令人惋惜，但他们知道新无产阶级的物质条件会
265 是什么状况；他们明白，生理上的贫困，并不是维多利亚时期社会的主要问题。这种罪恶延伸到了更深处：它是那些断离了人类延续性、被剥夺了宗教安慰、政治传统、生存的体面、真正的家庭、教育以及道德进步之可能性的人们所具有的通病。大多数人都总是处于贫困之中的，但自从基督教胜利之后，他们也许从来没有感到如此无聊和无望，注定要在可怕的、肮脏杂乱又到处扬尘的城镇里、在一种哲学上致力于物质成功和道德个体主义的环境中，枯燥无聊地辛苦劳作。

迪斯雷利和纽曼在以各自不同的方式亲历了自由主义的成果之后，变成了托利主义的改革家。马克思尽管一向对资产阶级占据优势地位非常反感，他也会用该体制所具有的各种灵性的或反灵性的特质来替代一个社会，但却以劳力为主导。作为政客的迪斯雷利和作为哲学家的纽曼，在这种激进主义当中看到的不过是人类基于功利主义原

则在未来的腐败。信仰、忠诚以及传统是他们政治思想的基础，他们想要把贪婪的工业主义和腐蚀性的边沁主义哲学所损伤的东西归还给人类。他们所要借助的就是想象的力量。

二、迪斯雷利与托利党的忠诚

在四散开来的托利党人的藏尸屋里，基斯·菲林曾经这样发问道："1832 年《改革法案》通过之后，原来的那些托利党原则还有什么地位吗？"他还作了以下回答：

> 有很多；如果他们意识到，自从革命以后，他们就一直在殚精竭虑地捍卫 18 世纪辉格党人的垄断权；在这里，拥有土地的贵族应当拥有全部的政治权力，而且这种权力还应当得到特定宗教的加持。如果他们去掉这层硬壳；如果他们对照身边的新世界来检验自己这种原初的、与生俱来的力量，那么他们就会找到一些该做的事情和一些不朽的价值。会有一个教会，它对于一个历史社会而言，具有一种灵性的诚实和制裁；会有一顶皇冠，它已然暗淡无光、遭人憎恨并有所偏袒，但它仍然发挥着作用；另外民众还在。当前民众被忽视、充满纠纷且几乎要闹革命了。不过，正如人们可能证明的那样，它能够获得新生，并且在各种古老的约束和长久的情感中寻得新的幸福。它可能不会回应激烈的革命方案

或充满情感的理想，但会回应那种平稳的衡量生活的事物和秩序中的自由，后者由胡克、柏克以及科尔里奇等人所奠定，并在最近由皮特、利物浦、赫斯基森以及坎宁所证明，无论它们具有什么样的缺点。❶

这一段恰当地具有迪斯雷利的特征，因为本杰明·迪斯雷利将坠落转变成保守主义迎难而上的勇气。

《康宁斯比》中的辛多妮娅认为，犹太人在本质上都是托利党人。“托利主义实际上不过是复制了那风靡欧洲的强有力的原型范本。对于那个不欢迎它们的社会而言，它们的每一代人都必须变得更加强大和危险。”由于被剥夺了完整的公民权，犹太人被迫参与各种激进的运动和秘密组织；但他们作为一个民族的本能直觉却一直是保守的。就像迪斯雷利在《乔治·本廷克勋爵》一书中所写的：“他们是托管传统的人，是宗教元素的保守者。他们是活生生的、最有力的证据以表明现代社会的各种有害学说、主张人生而平等的学说，都是虚假的……他们还具有另一种特质，那就是积累的能力……因此，人们会看到，犹太民族的所有倾向都是保守的。他们对宗教、财产权以及天然贵族制都有所偏倚；一个伟大民族的这种偏倚应当于政客们有益，也应当被鼓励，而且他们的能量和创造力也应当被运用到现存社会的发展大业当中。”❷

---

❶Feiling, *The Second Tory Party*, p. 396.
❷Disraeli, *Lord George Bentinck*, pp. 498 – 499.

犹太人的激进是一种反常现象：犹太民族和宗教的各种传统、他们对家庭的投入、他们那些古老的用法以及精神上的延续性，都使犹太人偏向于保守主义。[1] 被社会排斥促使犹太人进行社会革命。卡267 尔·马克思从不曾将自己从这种复杂的不满当中解放出来，因而变得憎恨犹太人和资本主义；迪斯雷利则无视人们在竞选活动中嘲讽他为“犹太男孩”，并宣称西奈山和希伯来先知会拯救西方社会不至于被边沁主义的各种观念碾成粉末。迪斯雷利认为，梅特涅的朋友、柏克的翻译弗里德里希·甘茨代表了犹太社会思想的真正趋势；而且更为显著的是，迪斯雷利本人就表明了现代犹太人是如何带着一种强烈的喜爱之情而使自己依附于那种曾经被称为基督教王国的制度体系。

在迪斯雷利熠熠发光的想象力当中，贯穿着一条绚烂的、东方的也或者是犹太人的印记，这甚至比他当年那身艳丽浮夸的衣服的特征更加明显。然而，尽管他的想象力可能是一种被放纵和自负玷污了的幻想，但它仍然闪现出一种创新性和革命性的能力，用鲜艳的色彩和谆谆劝诫消耗着功利主义的嶙峋干骨。这几乎类似于1867年的改革和得胜的帝国主义打败了自由主义者那种僵硬的理性主义。“虚假的英国贵族及其犹太人”不仅仅终止了底层中产阶级的上升：他们还击碎了自由主义者的这样一个幻想，即：政治会逐步由清醒理性的公民所掌握，并在各种物质利益之间进行权衡。

在迪斯雷利的早期生涯中，他的想象力形成了一种有关英国宪政

[1] 一位政治上比较激进的作者描述了这种温和持久的特质。见《康希尔杂志》（*The Cornhill Magazine*）中亚瑟·米勒的短篇小说《圣·天使山》（1951年夏季刊）。

的理论，这种理论（尽管后来被政治上的权宜之计和令人厌烦的责任修正了一些）主导了他的整个事业，直到 1881 年他与世长辞。这种成长的种子最初是由科尔里奇播下的，迪斯雷利和托利激进分子们为了年轻的英格兰而将它们培养成了一项事业，即便到如今，它们也仍然在滋养着托利党人的心灵，尽管该党派从自由主义那里获取了大量的内容。要是将迪斯雷利的这种想象力与卡尔·马克思那种充满怒火的想象力进行对比的话，会非常有意思。他们都提出了一种阶级理论。马克思坚持认为，阶级之间的斗争是不可避免的，迟早会成为灾难性的，最终结局就是将所有阶级都合并进无产阶级，并建立一个无
268 阶级的社会。迪斯雷利则宣称，各个阶级的真正利益并非是相互抵触的，它们紧密结合于国家福利当中；因此他的政治目标就是在各个阶级之间达成和解，重新将 19 世纪的两个阶层的国民——穷人和富人联合到一个国家当中——不过这种联合是一种对阶级的澄清和修复，而不是要废除阶级。阶级就是秩序，没有秩序，法律就会分崩离析。聪明绝顶的托利党人援引了古老的秩序感和责任感，他们也必然要努力将贵族精神注入现代工业生活当中，从而复兴那种对人和地方的忠诚，这种忠诚是每一种强烈的保守主义冲动的萌芽。英国的民主依赖于一种真正意义上的阶级意识的持续存在。

迪斯雷利认为，自从金雀花王朝执政起，英国宪政所呈现的形式就包含了一种公认的有关国家中存在秩序与阶级的学说，每个阶级都拥有相应的特权；这些特权得到了广泛的认可和平衡，因此能在现实事务层面的联邦中体现出每一种重要的利益。在多铎王朝时期，革命的暴力打破了这种平衡，使教会在国家中只是作为一种独立的秩序，

废除了穷人的教育基金，并使高层贵族掌握大量的土地所有权——这项措施自此使得一些权贵集结成一个党派，后来变成了辉格党，并借助于不正当的数量上的优势来欺凌王权与民众。王室曾经试图抵抗他们的这种优势地位，却使内战提前爆发；那些使用极端措施的、围绕在国王身边的国会议员们是真正的托利党。革命脱离了权贵的控制，这些权贵发现自己被联邦所拖累。辉格党人对这种修修补补感到不满，因此带来了威廉三世，希望能使他按照威尼斯寡头政治的样式成为一名总督；然而，威廉三世挫败了他们的如意算盘。但他们的失败只是暂时的；因为他们迫使安妮承认汉诺威的继承权，由此确立了外国国王，这些国王必须要接受被当作总督来对待。乔治三世曾经奋起反抗，他们几乎就要废除他了，但当时法国大革命突然爆发了，柏克
269 也给皮特引入了大量的辉格党人的力量。直到那时，辉格党仍然极具野心地企图建立自己的专断权力，无论这会在多大程度上以牺牲联邦的秩序为代价。在贝德福德公爵这样的贵族当中，潜藏着对英国自由与传统的极大威胁。

托利党人忠诚于王权、教会以及国家特权，他们有义务抵抗辉格党人和自由主义者所倡导的这种威尼斯式的宪制。迪斯雷利继续说道，1832 年的《改革法案》进一步无情地破坏了民族传统和特质：除了其他的邪恶举措，该法案还废除了像普雷斯顿这些城镇所具有历史悠久的大众选举权，它们曾经代表了这个国家当中的底层秩序；因此，改革家们让那些贫穷且真正悲苦的人噤声了。辉格党的政策就是将政治权力收缩限制到特定阶级当中；托利党的原则是认定所有阶级的权利都要得以表达。这些观念体现在《为英国宪政一辩》（1835）、《兰尼米

德的来信》(1836)、《康宁斯比》(1844)、《西比尔》(1845)以及迪斯雷利的早期演讲当中。

在皮尔的领导下，托利党在1832年之后所取得的复兴其实不过是一种假象：罗伯特爵士牺牲了原则才获得了职位。除了不得不与未来周旋，皮尔作为一位伟大的政客，他苦于缺乏那种在结果上比雅各宾的宣传文本更具革命性的想象力。他的《塔姆沃思宣言》(Tamworth Manifesto)在本质上对辉格党的主要诉求让步了；而且当皮尔在《玉米法》问题上屈服的时候，老托利党的经济堡垒也坍塌了；随之而来的是，作为英国社会最有用之阶级的乡村绅士们的保障也瓦解了。迪斯雷利、本廷克以及众议院的那些乡绅们（白芝浩称之为“守旧者团体”）深感愤怒，并在托利党不再掌权的时候拒绝与皮尔来往并重组了托利党。[1] 过了一段时间以后，这支由德比和迪斯雷利
270 领导的、复活了的党派才得以壮大并颤颤巍巍地获得执政权；1873年以后，保守党们在数量上获得了优势，这（在简短的间隔之后）使得他们获得了长达30年的掌管英国的机会。

那么，在迪斯雷利的观念当中，是什么给保守主义者提供了足够的精神力量以至于他们能够从皮尔主义当中解脱出来，并主宰一个世界上工业化程度最高的国家呢？是什么使得即便乡绅们自认为在1845年无法补救地被摧毁之后，到了20世纪仍然还能很好地执政呢？迪斯雷利关于英国历史的理论是如何成为一种政治哲学的？迪斯

---

[1] 大约有250名托利党乡绅，在《玉米法》争执中加入了本廷克和迪斯雷利的阵营。到了1951年，全党只有15名众议院成员承认自己是“地主”。

雷利的人格魅力以及他长期反抗格莱德斯顿的斗争细节，经常模糊了人们对他所取得的成就的估量。当比肯斯菲尔德勋爵的仰慕者试图总结他的成就时，经常会遇到一些五花八门的新变革：1867 年改革法、工厂法案、对学校的援助、公共住房项目的实施……就好像这些变革本身就是保守主义的措施。实际上，迪斯雷利的实在法经常与他的理论相冲突，甚至有时候还比不上他的理论。作为一名政治领袖，他真正重要的成就在于，他给公共想象力注入了一种托利主义的理想，这种理想对于使英国人忠诚于自己的宪政传统而言具有不可估量的价值。樱草会联盟要比苏伊士更加重要。如果一个外国人要旅行穿越西区，比如从利兹到谢菲尔德、抑或是穿越其他任何一个人口稠密的工业地区的话，那么他就会为保守主义政府在英国居然能够存在而感到震惊。尽管有很多住在这种阴冷的砖排房中，或地方当局提供的单调的简易住房中的劳动人民投票支持保守主义候选人，但在全国范围内，托利党人声称他们在正式的工会会员当中获得了几百万名支持者，另外还有更多来自工人阶级的支持者。圣西门曾经认为大不列颠在利物浦政府时期就已经可以开展无产阶级革命了，但直到 1951 年，托利党仍然足够强大，强大到足以让丘吉尔成为首相，并在 1986 年将一位托利党的女领袖送上该职位。在现代世界版图中的任何一个其他地方，都没有哪一个统一的保守党能够享有这种目的上的一致性和
271 人民大众的长久支持。在很大程度上来说，这是迪斯雷利的胜利。

迪斯雷利笔下的坦克雷德曾经这样说道：“这个国家的人民已经不再是一个民族了。他们是一群乌合之众，仅仅保持着被他们日益破坏的旧制度残留所确立的某种粗野的、暂时的戒律。”国家观念是迪

斯雷利社会理论的核心内容。他否定边沁主义者的社会原子主义，蔑视新兴社会主义者对阶级的仇视；他提醒英国人认识到自己并不仅仅是经济单元的集合，不仅仅是阶级斗争中的斗士：他们构成了一个国家、一个王权国家和贵族，教会是他们的守卫者。英国的民族性被严重地撕裂了，他们必须要加以修补。英式自由曾构成了秩序之间的平衡，但这被辉格党和功利主义者严重腐蚀了；这些人不明白，或在实际中憎恶民族性的原则——在该原则中，没有哪个阶级会被遗忘。英国的下议院几乎变得至高无上了，主要由一个排外性的、经济阶级所掌控，被“十英镑选举权”所严格界定；而上议院则由于1832年所遭受的撕裂而极大地退化了，以至于变成了一个登记法庭；王权又被高举成一个象征，而不是保护这片领土的盾牌；教会更是被仅仅当作是道德戒律的主体，被国会支配和掠夺。英国的人民大众、农民阶级和那些被遗忘的城镇劳动力，都非常可怕地被人忽视了，被丢弃在无知、罪恶、单调乏味和贫困当中。与中世纪相比，他们在国家事务中更少地发表意见。这个国家正在一步步地腐烂。这个时期还不是政治腐败的问题，而是另有更糟糕的问题；“这个时期社会组织解体了，这在结果上更加危险，因为影响更加广泛。”[1] 在一个社会麻木的时期，功利主义学说（尽管现在逐渐消亡了）想要唤起什么样的回应呢？“受膏君王变成了首席治安官，并因此获得了过高的报酬；王国的各个等级变成了议会的实质性代表，并因此需要真正的变革；神圣的教会沦为国家机构，并因此被那些不支持它的国家所抱怨。这真是

---

[1] Disraeli, *Coningsby*, Book IV, Chapter III.

272 煽动叛乱、激进主义和无信仰所带来的不可避免的结果!”[1]

老辉格党人偏爱威尼斯式的寡头政治，自由主义者所代表的是自命不凡的庸人阶级，而激进主义者则沉迷于有关政治统一性和曼彻斯特经济学的理论——这三个党派都无法给英格兰带来希望。如果改革会来的话，那必定是复兴后的托利党所发挥的作用。托利党必须要拯救这个国家真正的下院。迪斯雷利与激进主义者一样，对“人民”这个抽象的术语深表蔑视；这个令人困惑的名词实际上是“自然哲学而非政治学的术语”[2]。在《兰尼米德的来信》当中，迪斯雷利再次宣称：“‘人民’这个短语就是废话。它并不是一个政治术语，而是一个自然历史的术语。人民不是一个物种，一个开化了的共同体才是一个国家。”[3] 多愁善感又未经界定的“人民”并不是迪斯雷利所关心的对象：他只会将英国社会的那些被剥夺了公民权和继承权的底层阶级从苦难中解救出来。

迪斯雷利在《西比尔》当中描述了这些阶级后来的状况，政府蓝皮书证明他是对的。农民沦为“农业苦工”，相当于贫民，受行政区的资助并保持较低的工资；工业工人则是伍德盖特或地狱屋场的居民，任由面包店主随意摆布，成千上万地拥挤在一起，“住在这个世界上最丑陋的国家里最可怕的自治市当中的一个最糟糕不堪的公寓当中”。他们坦率地无视宗教，或者最多相信“我们的上帝、救世主本丢·彼拉多被钉在十字架上以拯救我们的罪；相信摩西、歌利亚以及

[1] Disraeli, *Coningsby*, Book VII, Chapter II.

[2] *Ibid.*, Book I, Chapter VII.

[3] Disraeli, *Letters of Runnymede*, p. 270.

其他信徒”。这种乌合之众的人数还在不断增加。社会主义者杰拉德曾这样说道：“我认为这个岛上每年都有超过30万的新人加入进来。”“你怎么养活他们呢？怎么让他们穿好呢？怎么安排他们的住房呢？他们已经放弃了屠夫手中的肉，难道他们还必须要放弃面包吗？说到穿衣住宿，这个国家已然捉襟见肘，下水道和酒窖已经被挤得满满当当像兔子窝了。”私生子们被灌了鸦片，如果他们能够存活下来，他们也会被扔到大街上自寻生路；人们一周之内有四天在工
273 作，另外三天都是烂醉。这个社会还有什么要保存的呢？

仍然还有很多东西要保存或修复的。在这番控诉之后，迪斯雷利仍然是一名托利党人。“忠诚不是一个说法，信仰也并非是妄念，大众自由要比政治阶级亵渎行使君主的神圣权利要更加广泛和重要。”给社会点把火并不能改善它：人们必须要找出它所拥有的古老德性，使之重见光明。英格兰高度稳定，能够获得重生；但如果落入那些教条主义的革命者手中，她必定会消亡。迪斯雷利在《西比尔》出版之后的20年曾这样说道：

> 你拥有古老的、强有力的、得天独厚的教会和高度的宗教自由。你拥有不可打破的秩序和绝对的自由。你像罗马人那样拥有大量的土地财产，还有迦太基和威尼斯加在一起都无法比肩的商业企业。你必须要记住，这个特殊的、拥有各种强烈反差的国家，并不是由武力所掌管的；它不是由常备军所掌管，而是由一系列传奇的传统势力所掌管，一代代人珍惜这些传统势力，因为他们知道这些势力能够保存习俗并

代表法律。这些强有力的产物与这个国家的那些根本性的成分要素和资源相比较而言根本不成比例。如果你要摧毁这个社会状态，那么请记住这一点：英格兰无法东山再起。❶

那么解决良方是什么呢？首先存在于一种民族国家和共同体感的复兴当中，并拒斥功利主义式的自私和个体主义。在伍德盖特地狱中受苦受难的那些人，与城市中那些英国银行家们一样是英国人。随之而来的必然是一种真正的宗教感的复兴；对于迪斯雷利来说，尽管他并不是一位神学家，却非常虔诚；西奈山的天使像对坦克雷德说话那样给迪斯雷利下达指令（如果不那么戏剧性的话）。接下来肯定会有一系列政治的和经济上的修整：重塑对王权的敬畏、振兴教会、保存地方性政府、建立能够了解农业利益的商业条例、公正地对待爱尔
274 兰、"通过确立劳动力所要求的类似于财产权的条例"来改善劳动人民的生存状况。这必须是修复，而非革命。年轻的英格兰想要的很多，也获得了一些成就——获得了比人们第一反应感觉到的要多。保守主义者在迪斯雷利的引导下，继续维系那些神圣的制度，而边沁曾自信地认为这些制度在19世纪中叶就会消亡。在迪斯雷利领导托利党一百年之后，王权获得了史无前例的喜爱，无论它的政治功能是不是减少了；尽管有1911年议会法案，贵族还是得以存活，而且他们同辈中有15人成为劳工政府的部长；英格兰的教会虽然只在名义上是大多数英国人的教会，却一直存在并得到资助；郡并没有代替行政

❶Monypenny and Buckle, *Disraeli*, V, p. 410.

区，宪卫队也没有代替警察；劳工阶级的生存状况反而比以前更好了，这违背了马克思的预测。在世间各种强力的冲击下，只有英国在整个19世纪和20世纪没有经历革命或内战。这是保守主义所获得的惊人成就，是迪斯雷利的成果，他让一个混乱不清的、几乎要毁灭的党派学会了博林布鲁克、柏克以及科尔里奇的那些原则。

迪斯雷利的托利主义让英国人相信，底层阶级并没有被遗忘，英国民族确实仍然存活，而且社会的统治者与社会大众拥有共同的利益。这些与沙夫茨伯里及其同僚们的人道主义立法都有关系；但仅仅靠实在法并不能让一个国家满足；社会的宁静稳定并不是期望的问题。沃尔特·白芝浩曾经这样写道："没有哪个演说家通过诉诸人们最浅显的生理欲望而被人们记住，除非它能够宣称这些欲望是由某些人的暴政所导致的。"❶ 迪斯雷利证明了保守主义并非暴政，它比自由主义更受人们欢迎。

然而，托利主义获得了大众同情（这是德比和迪斯雷利认为需
275 要提供的）的证据，从长远来看，很可能却是保守主义的死刑执行令。这当然就是《1867年改革法案》，它承认城市劳工阶级的选举权。"这不仅仅是政治策略的问题，"尼格尔·伯奇曾这样写道："迪斯雷利曾深切地相信民主就是合乎托利党的主义，目前各种事件并没有证明他是错的。"❷ 这是相当乐观的说法，它也没有明确说迪斯雷利对民主有坚定不移的信心。得以通过的改革方案并不是迪斯雷利所

❶Bagehot, "The English Constitution," *Works*, V, p. 164.
❷Birch, *The Conservative Party*, p. 20.

起草的法案，在争论的那段时间，他非常抑郁沮丧；事情发展得过快，甚至让温顺的迪斯雷利在看到的时候都深感错愕。30 年前，他的确曾经描述英国宪政是“一种贵族式的宪政，它以平等的公民权为基础”，而由于其特殊的政府，它在“实际上是一种贵族民主”❶。在《为英国宪政一辩》一书中他曾经这样评论道：“如果我们不仅仅考察政治宪政，还考察这个国家的政治状况，那么我们就会真正发现，我们这个社会的状况是一种彻底民主的状况，世袭的首领带领着我们，行政职能与立法职能由共同体内的两个特权阶级所掌握；但整个国家（如果恰当胜任的话），都要参与行使这些职能，并经常参与其中。”❷ 不过这是有限且传统的民主；他几乎和索尔兹伯里勋爵一样害怕绝对民主和教条主义的民主。1865 年，迪斯雷利曾经希望议院“不要批准那种趋向民主的措施，而要许可那些能够维系我们生活在其中的、自由的英格兰所具有的等级状态的措施。”他在 1867 年的辩论当中曾这样说道：“劳工阶级的确需要获得特权，但并不是那些绝对权利。大众的特权与社会状况相一致，在这种社会中存在状况上的重大差异。与之相反，民主权利则要求状况上的平等以作为他们所管理的那个社会的根本性基础。”❸ 迪斯雷利知道，民主一旦获得胜利，就会强行推进状况上的平等，一百年以后的英国后来确证了他的不祥预感。

迪斯雷利曾经希望不给予任何一个阶级在数量上的优势：选举权

---

❶Disraeli, “The Spirit of Whiggism,” in *Letters of Runnymede*, p. 283.

❷Disraeli, *Vindication of the English Constitution*, pp. 203 –204.

❸Kebbel, *Selected Speeches of the Earl of Beaconsfield*, I, p. 546.

276 的广泛扩展会使工匠们获得危险的、数量上的优势地位。不过他也认识到有必要在某些基础之上来解决议会改革的问题，消除那种危险的、煽动整体变革的声音。他希望《1867 年改革法案》是最终的版本，当然并不是：1884—1885 年的第三次改革，赋予农业劳动力、矿工以及各个郡里的那些房主以选举权，清除了那些由小农业自治市镇所掌握的席位，并给予古老贵族和国防义勇军士兵利益以最后一击。众议院里的数量优势最终转给了工业城镇。妇女和其他人当时仍然被排除在外，他们通过后来（1918 年和 1928 年）的法律才获得了选举权；直到迪斯雷利发动改革 80 年之后，社会主义者废除了大学席位，才实现了边沁主义者和宪章运动者的“一人一票”主张。托利党人的确是孤注一掷了，但除此之外，他们还能做什么呢？沃尔特·白芝浩是民主党人里面最为睿智机敏的了，他深知 1867 年的改革不过是 1832 年的余波，尽管他憎恶辉格党的安排：“1832 年的改革者实际上大大击垮了很多知识分子选民，但又没有塑造新的知识分子选民，甚至都没有说过，也没有想过要重新塑造一些。因此，他们通过行动（这是最有影响力的政治教育模式）昭告天下说，掌握权力的人数的增加是英格兰最想要的变革。人民大众当然只会迫不及待地认同这一点。”[1] 1832 年改革法案将选举权仅仅限定于那些在经济能力上符合一定条件的人；在此之后，大众肯定是要求减少条件限制直到实现选举权的普遍化。

在一代人之后，莱基曾这样说道：“在我们的现代政治史中，很

[1] Bagehot, “Lord Althorp and the Reform Act of 1832,” *Works*, VII, p. 62.

少有某些时刻会比保守主义的《1867 年改革法案》的事件更加丢人。”这样的评论当然非常苛刻，但该法案的条目的确是可以规定得更好。在与自由主义者、托利党人以及激进主义者的混战中，“华丽的选举权”——亦即那些受过教育的人、节俭的人、有财产的人以及领导者拥有多票选举权，以保证选票既有数量又有质量——被丢失
277 了，并试图开始在那些即将获得选举权的人身上争相表现得更加慷慨大方。托利党人在众议院缺乏绝对的大多数，最终通过了一项模糊的与最初议案相类似的法案，而该法案又受到各种限定和限制。格莱德斯顿曾经在 1864 年宣称：“恕我冒昧，我认为，任何一个没有因为身体状况和政治危险而丧失行为能力的人，在道德上都有资格被纳入宪政的范围。”因此它获得了通过；选举也不再被看作是一种特权，而变成了一种“道德权利”。人们仍然不确定的是，在绝对民主之下，私人财产、个体性以及政府的尊严能够维系多久。但经过迪斯雷利重组之后的保守主义党所拥有的智慧和活力，的确使它具备领导一种新型民主的能力，而这种新型民主使它在摆脱束缚后的头几年一直保持清醒和诚实。

1874 年，迪斯雷利曾经在市政厅说，工人并非天生的激进主义者；他拒绝像其他人一样担心劳动人民永远不会回过头来支持保守主义政府。“一直有人不断告诉我们，工人不会是保守主义者，因为他们没有什么可保守的——他没有土地也没有资本；说得好像除了土地和资本，就没有其他珍贵的东西了！”工人们拥有自由、正义、人身安全和家庭保障、平等的行政执法以及不受约束的工业产业。“当然还要一些特权值得被保存！……如果是这样的话，那么工人阶级成为

保守主义者会不会很棒呢？”[1] 150 年以后，他们当中的一些人仍然是保守主义者，但他们很可能早就已经忘记了是什么党通过了 1867 年的改革法案；1866 年因议会改革问题而退出自由党的议员们最担心的事情并没有发生。迪斯雷利关于政府的理论的确是全民性的，而不是占据优势地位的阶级的政府；尽管社会主义上升成为一个议会党之后严重打击了迪斯雷利的理论，但该理论并没有消亡。

五年之后，迪斯雷利说，1867 年的改革法案是基于这样一种确信，即：大多数英国人都是保守主义者。他这样解释道：托利主义的目标是要维持这个国家的那些旧的体制、维系帝国并改善人民的生活状况。[2] 迪斯雷利所领导的党没有理由为自己在这些事务上的表现感
278 到惭愧；这些问题自 1833 年起就已经出现了，而人们认为这个党在当时几乎不存在，“除了少数年老消瘦干瘪的办公室女人，蜷缩在该派系的余烬旁，不停地给它扇风并窃窃私语地嘀咕着‘反动派’”。另外，自从 1845 年皮尔背离了乡绅，上述问题就已经存在了。他们存活了下来并在 20 世纪末成为一个强大而有主见的党派，这可能主要是因为“那位藐视混乱的、年长的犹太绅士”所拥有的想象力。迪斯雷利在有些地方可能失败了，但总的来说，他成功地将进步的激流引入了“传统”这条运河当中。

---

❶Monypenny and Buckle, *Disraeli*, X, pp. 351 - 352.

❷Kebbel, *Selected Speeches*, II, pp. 530 - 533.

三、纽曼：知识来源于教育理念

有人跟我说，要期望基督教能够在人类社会重新获得它曾经拥有的那种组织能力，不过是做梦罢了。对此我无能为力，我也从来没有说过它可以。我不是一位政客，我也不是在提议什么方法，我只是在披露一种谬误并抵制一种虚幻。如果人们没有期望，那么就让边沁主义当政吧；但请别告诉他们要浪漫，用荣耀而非哲学来安慰他们（人们曾经试过用宗教）。信仰占据优势地位可能是不切实际的，但由知识来主导的话也是无法理解的。这个时代的政客们所面临的问题是如何教育大众，而文学和科学都无法给出解决方案。

——约翰·亨利·纽曼，“塔姆沃思阅览室”（1841）

纽曼的确不是一位政客，他唯一一篇直接涉及政治的重要论文就是《谁该受到责备?》（Who's to Blame? 1855）；英国人在克里米亚半岛所遭受的灾难启发他写了这篇论文；除此之外，政治在他的作品中不过是神学和知识理论所投下的暗淡阴影罢了。然而，真正的保守主义也会超越于政治。纽曼是一位坚定的托利党人，坚守贵族统治和忠诚于人民的观念；不过这并不是他对保守主义思想的重要贡献。他充分认识到世俗之物的空虚浮华，这是伟大保守主义者的典型特征，因
279 此他之所以讨论社会问题，只是因为边沁主义者和其他激进主义者似

乎一心想强迫他和他的同僚陷入政治争论当中。“那么，从上帝存在开始吧（我曾经说过，上帝确定存在，就像我自己真实存在一样；尽管当我试图将这种确信引进逻辑形式时感到非常困难，并且身心都不太满意）；我从自己出发去观察世人，我看到一幅充满了无以描述的悲惨景象。这个世界似乎对我满心认可的那个伟大真理撒谎了……我所看到的世界就是先知所描绘的景象：到处都是‘哀悼、痛哭哀号之声’”[1]。然而，这位敏感细腻的人生活的时代却被恺撒称为“万事万物都是上帝”的；因此，纽曼终其一生都生活在争论与斗争当中，这是他那种喜欢沉思的本性所极其厌恶的。

基布尔、蒲赛、纽曼、赫雷尔·弗劳德以及特拉克特主义（又称“牛津运动”）的所有成员，在1833年开始反抗功利主义措施对教会的侵犯。在改革法案之后，出现了一种自由主义立法浪潮，试图重塑英格兰的教会；制定该政策的主要是那些选举第一届改革议会的政见持有者，亦即那些不信奉国教的中产阶级，只要议会一直是圣公会的信徒、只要《检验法》（Test Acts）和《地方公职法》（Corporation Acts）禁止异教徒、罗马教徒和犹太人获得席位，那么英格兰的教会就会心满意足地臣服于两院；然而，现在这些都被一扫而光了。从此之后，众议院似乎要被那些不信奉国教的人和世俗理性主义者所支配，或者往好里说是受到他们的严重影响；这些人仇视权威，经常下决心要在法规中表达对边沁和詹姆斯·密尔所认可的那种教会的仇恨与蔑视。对这种教会的攻击变得迅猛，尽管这种攻击在当时被

---

[1] *Apologia pro Vita Sua*, Chapter V.

“牛津运动”这股力量所削弱，也被福音派甚至不信奉国教的人所发出的警告所削弱，但英格兰的教会自此之后还是惧怕政府了。特拉克
280 特主义者知道，传教委员会的成立、对普通信众谎称掌控了教会财政、主教们尤其是达勒姆主教越过传统特权而横行霸道、1836 年削减了对教区税的划拨、教会专员在 1852 年至 1868 年攫取了天主教奉献款、在基布尔发表布道令[1]之前政府镇压了十个爱尔兰天主教辖区……这些都只是世俗化进程的开始，如果不加以阻止的话，就会沦为功利主义者所倡导的人道主义伪宗教。事情从来都没有发展到边沁和密尔所期望的程度。特拉克特主义者得益于没有过分亲密地、公开依附于教会，他们扭转了一种浪潮，该浪潮自 1830 年以后席卷了整个欧洲甚至延伸至意大利、西班牙和葡萄牙等东正教大本营，要求废除国教制、夺走教会捐赠的资金并侵吞教会财产。

这是一项伟大的保守主义的成就，不过我们在此处无须加以详细论述。当《守门人》（*The Warden*）中的哈丁先生将海勒姆医院交到教会专员（他们受到了《木星》中汤姆·塔沃斯的蛊惑）的手上时，人们就能够明白在孤立无援的教会与欢欣鼓舞的自由主义者之间的这场斗争及其所表达出来的本质；特罗洛普借助于那些孱弱乞丐之间的争论论述了这件事的正当性，也通过刻画他们被职业煽动者所征服的结果，而描绘了功利主义观念（以及那些自私的冲动，这些冲动是功利主义者创立学说的根基）对惯例性约定的胜利。然而，对于斯洛普牧师大人和普劳迪夫人甚至是《木星》中的汤姆·塔沃斯来说，

---

[1] 1833 年 7 月 14 日，基布尔发表了题为“国家背教”（National Apostasy）的布道，该布道被看作是英国高层圣公会发动“牛津运动”的开始。——译者注

竞争并没有就此结束。到1950年，正如G. M. 杨所写到的，科尔里奇（及其领导“牛津运动”的孙子）最终打败了边沁。教会不只是一种道德警察的力量，社会也不仅仅是个体的集合。特拉克特主义者确保“教会要重新体现社团联合和神圣性的一面，也确信宗教能够有空间来容纳美感、古迹以及神秘感，而这些被现在占据统治地位的神学当作世俗的、没有好处的或渎神的而加以丢弃或忽视了”❶。尽管后来圣公会内高教会派与激进的集体主义之间有一些勾搭，但“牛津运动”仍然是一种具有长久重要性的英国保守主义现象。直到
281 纽曼成为特拉克特主义的领导人，他帮助在英国人的信仰中复兴各种传统元素；当他转向罗马天主教后，他也对一些长期对英国政府抱有敌意的人产生了保守主义的影响，并永久性地给这个不断壮大的宗教团体确立了理论标准；以至于一个世纪以后，英国天主教中的那些主要思想家都是与纽曼大主教同一支脉的保守主义者。

然而，对于研究保守主义一般观念的人来说，与纽曼离开牛津奔赴伯明翰时在圣菲利普·内里发表的演讲里所体现出来的哲学理论相比较而言，上述特例并没有那么有趣，尽管它们在现代英国思想的形成中非常重要。他关于知识的理论及其教育理念，透过有关现代英国和现代美国之社会争论而熠熠生辉。任何一个观察敏锐的人都会很快发现，政治会延伸至伦理问题；而伦理问题反过来又会被宗教信仰问题所掩盖。纽曼继承了胡克和柏克的哲学路线，这些人都深知社会依赖宗教。这一信念在纽曼早期的布道和论文当中表达得非常清楚，在

---

❶Young, *Early Victorian England*, II, p. 472.

他 1845 年的《论基督教教义的发展》(*An Essay on the Development of Christian Doctrine*)、1853 年的《大学的理念》(*The Idea of a University*)、1858 年的《认同的基本原理》(*A Grammar of Assent*) 以及 1864 年的《为我的一生而辩》(*Apologia pro Vita Sua*) 等著作中趋于成熟。也许最有说服力的是，它在 1841 年 2 月的《泰晤士报》发表的“塔姆沃思阅览室”这篇文章中得到阐述，并在《讨论与辩论》(1872) 中重印。作为阐释纽曼保守主义观念的框架，“塔姆沃思阅览室”做得很好。

罗伯特·皮尔先生曾经在 1832 年以后竭尽全力挽救保守党免于灭亡，自己却受到了维多利亚时代两位最伟大的保守主义者的谴责。“皮尔是这种错误的典型代表，即：假定即便在没有哲学洞见的情况下，最高实践能力也能够使政治家免于严重的错误；”休·塞西尔勋爵曾经这样写道，“实践思维的弱点在于，尽管它能够清楚地看到事实的各种真实的现存状况，但它的预见性很小。”[1] 迪斯雷利曾经说，
282
在 1834 年的《塔姆沃思宣言》当中，强势的塔姆沃思事业制造商们调和了政治托利主义的所有真实原则；纽曼则认为，皮尔在 1841 年所发表的塔姆沃思阅览室开放致辞当中，将古老的英格兰的理论前提交到了功利主义者手中。科布登是精明敏锐的，他“并没有对皮尔感到完全绝望”：就像罗伯特先生逐步被自由贸易者所说服一样，这位宗教权威的维护者也让自己的心灵被功利主义的形而上学原则、教育原则以及边沁和布鲁厄姆的观念所俘虏。政治上的和宗教上的保守

[1] Lord Hugh Cecil, *Conservatism*, p. 68.

主义都需要这样一位被引诱的保护者才能加以拯救。迪斯雷利将托利主义从皮尔派保守党中解救了出来并重新在各党之间划定了分界线；纽曼则重申了庄严的宗教性对于培根式“知识就是力量”这一观念的反对，以及对于功利主义者“教育能够扩充物质财富”这种野心的反对。

在塔姆沃思图书馆开馆仪式上，皮尔（以他惯用的说教式口吻）宣称：人必须要接受教育，否则就会变得邪恶，有用的知识是人们自我救赎的工具；自然科学和道德科学能够唤醒、传送、提升、扩展心灵，并使之安宁和满足；科学是一块中立的基石，人们在这块基石上可以忽视政治和宗教而相聚在一起。这也是布鲁厄姆在伦敦大学就职典礼上所阐释的观点。自然科学在人们的弥留之际甚至能够提供某种安慰和快乐。边沁的信徒们（尽管他们用一种既是迷恋的又是传教式的比喻来粉饰导师无趣的讨论）、布鲁厄姆以及皮尔，在讨论知识时，都是将其作为一种工具以掌控自然并在道德上改善人类；在论及教育时，都是将其作为实践训练以在这些方面获得成功。然而，他们的谋划当中完全忽略了宗教及神学。在他们看来，宗教充满争议，因此在公共教育中没有地位——甚至英格兰教会的捍卫者罗伯特先生也
283 是这样认为。他们关于知识和教育的观念充满了谬误。

纽曼曾经说，世俗知识并不是道德进步的原则，也不是道德进步的直接工具，更不是道德进步的前提条件。世俗知识不是社会功利的原则，也不是行为准则。如果没有个人宗教，世俗知识通常就是不信上帝的工具。信念不是由语词逻辑所产生，也不是由各种事实的积累而产生。自然科学并不能带来确信，因为即便是最合理的科学理论也

只不过是可能性比较大的猜想而已，它们只是基于我们人类笨手笨脚费劲凑出来的少数事实。人类不可能由于被教授了各种各样的事实，或被教会如何怀疑，就变得善良。真正的知识并不是有条理的理性的产物，也不是边沁式逻辑的产物，更不是各种经过仔细权衡的数据的产物；没有人会以这些抽象的理论作为他们行动的基础。边沁和密尔尽管宣称一种严格遵守科学的学说体系，但在实际生活中，他们却将逻辑语言建立在一些很可能自己都没有意识到的假定前提和经验基础之上。不，知识绝不是教导自然科学和道德科学所获得的产物。与德性一样，知识实际上来自于一种非常微妙的过程，人类对这一过程最多只能理解一点点：这也就是纽曼后来所说的“推论意识”(Illative Sense)。

> 在道德领域，就像自然界一样，河流都无法高过它的源头。基督教能够使人升天，因为它来自天上；但人类的道德在地平线上或蹒跚爬行或昂首阔步或焦躁踱步，没有能够飞上天的翅膀。知识学派并不考虑要擢升人类，它仅仅旨在解决自己已有的那些权力和偏好，因为这是最方便的，抑或是已有条件下最切实可行的。它使人们感觉自己就像是法国暴君的受害者，被弯腰关在笼子里，不能躺、不能站、不能坐也不能跪；它最大的愿望就是找到一种态度，在这种态度中，人们的不安感是最低的。[1]

[1] Newman, *Discussions and Arguments*, p. 272.

因此，实践知识使人痛苦。通过理性并不能触及心灵；对未看见
284 的事物的惧怕是唯一已知的害怕道德之恶的理由，但这几乎不在功利主义教育者的考虑范围之内。科学事实并没有减轻现代人的无趣，也没有给他们提供一种能够超越于人类虚幻的期冀的希望。“如果我们在教育中先从自然而不是恩惠、从证据而不是信念、从科学而不是良心、从诗歌而不是行为开始，那么我们就好像是要沉溺于各种欲望和激情，对理性毫不理睬。”❶ 不确立第一原则，科学本身毫无价值——不过是一些毫无联系的事实的累积。我们并不能通过堆积数据或用培根的方法进行推理而获得第一原则。“生活就要行动。如果我们坚持要证明每件事的话，那么我们就永远也无法行动：要行动就必须要设想，这种设想就是信念。”理性并不能推动我们的感觉和行为，而只是顺服于它们。

如果我们并不是根据语词逻辑或各种样品的集合来构建我们的生活甚至科学，那么，我们的第一原则和支配性的动机，到底来源于什么呢？纽曼所说的“推论意识”到底是什么呢？他在《认同的基本原理》中给出了这样简明的界定：“它就是那种进行推理、掌控自身推理过程的意识，而并非任何技术性的语词和命题的组合。这种判断和推论的能力，当其比较完善的时候，我称之为推论意识。”这里的“意识”（sense）与“判断力强”（good sense）、常识（common sense）以及美感（a sense of beauty）的用法相类似；它是一种一贯的能力，尽管我们可能会以不同的方式来运用它，它可以被附加到特

---

❶Newman, *Discussions and Arguments*, pp. 274 – 275.

定的主题上，运用一种超越于逻辑（类似于现在数学的计算原则）的推理方式；它是我们推理当中检验真理与谬误的最终标准。这种意识在不同的人那里所具有的力度和纯度会有所不同，真正智识上的提升就在于“推论意识”的增强和完善。[1] 正如推论意识这个词语所暗示的，它由一些内在于我们的印象所构成，来自比我们的意识和形式理性更深层的地方。它是直觉、本能、想象力以及长久而错综复杂的经验的综合。不过，推论意识并非在任何人那里都万无一失：推论意
285 识的一个行为就是假象，它可能会基于错误的思想元素而导致错误。我们必须对照权威来纠正我们自身特有的推论意识，因为权威是一种过滤后的集体性推论意识，它能够清楚个体性的错误。正如纽曼一篇讨论约翰·基布尔的论文（1846）中所写的：“良心是一种权威；《圣经》是一种权威；教会、古老的风俗习惯、智者的话语、世袭的课程、伦理真理、历史性的记忆、律法格言和国家准则、谚语、各种情绪、预感以及先入为主的偏好等都是权威。”

在自然科学中，可能性的一般检验标准的确是自然事实，服从于各种生理感官并接受它们的检验。但历史、伦理以及类似的研究则必须由推论意识和权威来承担并进行检验。“在这些科学中，我们并不能仅仅依赖于事实，因为我们没有事实。我们只能充分利用那些已经给予我们的，并向别人寻求援助；那么在这种情况下，他人的意见、历来的传统、来自权威的训诫、古人的占卜、类似的情形等诸如此类，如果不是胡乱地加以采用而是被当作是经过筛选和审查的感官的

---

[1] Newman, *A Grammar of Assent*, p. 353.

证据，那么它们就非常重要。”❶

如果推论意识是信念和行为的最终裁定，那么，我们该如何看待功利主义的知识观念呢？由于看不见推论意识的存在，边沁的门徒们在他们的计算中省略了最重要的获得智慧的方法，也同样忽略了宗教信仰。功利主义者模糊地认识到，我们不能通过他们的任何一种方法来理解宗教真理；也轻蔑大胆地确信，基于他们的检验，神学不可能是科学——他们故意忽略信仰。然而，即便是基于功利主义的那些原则，宗教也是社会的坚强支柱、是孤单的人的慰藉、是正义的制裁，也是对邪恶的威慑。在这些方面，除了宗教，没有别的可以做到。因此，功利主义者和罗伯特·皮尔（在他还信奉功利主义的时候），破
286 坏了功利主义秩序的基础。“一个受到很多人拥戴的人应当像今天这样早就提前想到，政客的功绩在于保护现有手段，而不在于志存高远；保证安全是他们的首要德性，点燃热情是他最愚蠢的错误！这是多么令人悲伤！这样的人一定没有明白，没有灵魂的躯体没有生命，没有理想的政党不会有团结；这是多么可怜！”❷

功利主义是一种死的哲学：它的病态是边沁主义强调怀疑的后果。与笛卡尔一样，功利主义者怀疑一切；这简直不能更蠢了。因为怀疑是一种不友好的、充满嫉妒的、自负的情感；除了悲哀的自我，它愤愤地否认任何事物；人们通过怀疑无法学到任何东西。我们在很多事情中都无法减弱怀疑，但尽管有怀疑（这是我们不完美的短暂

❶Newman, *The Development of Christian Doctrine*, p. 180.
❷*Discussions and Arguments*, p. 305.

本性的状况），我们也必须要设法生活。“如果我们要了解事物的话，我们就必须要坚定自己的信念去忽视很多。我们必须要在冒科学之险和冒宗教之险之间做出选择。”❶一个人如果获得了实际训练而忽视了自己的推论意识，那就是做了一场糟糕的交易。否认了推论意识，怀疑就不可避免了；承认推论意识，人们就能够超越怀疑在某些事情上获得确信。“怀疑本身是一种积极的状态，暗示了一种明确的心智状态，因此必然会自行产生一种关于原则和学说的理论。再者，如果没有什么是可以确信的，那么，除了想象，我们的推理方法还能是什么呢？我们的本性又是什么呢？……我宁愿坚持认为，我们应当开始相信那些供我们接受的事物；而不认为怀疑一切是我们的义务。前者实际上似乎是我们进行学习的真正方式。”❷ 信仰源自行动，科尔里奇曾经也说过类似的话。但纽曼在大多数情况下并没有暗示说，知识分子能够凭直觉感知真理。推论意识能够消解怀疑，它并不只是直觉。“我们并非是直截了当地、一眼瞥见就知道；而是通过各种碎片和积累，借助于一种思维过程，通过观察对象、对比和相互纠正并不断调
287 整很多偏袒性的观念，借助于实践的运用、集中、合作和多种能力，才能够知晓。”❸ 这种整合与调整就是训练；因此纽曼在表明功利主义教育原则并非是获得真知的方法之后，开始描述真正的教育过程。

自由主义的反对者是自由主义教育最高贵的典范，这并不自相矛盾。如果“自由主义”对于罗伯特·皮尔而言是一个令人作呕的词

❶*Discussions and Arguments*, p. 280.

❷*A Grammar of Assent*, p. 377.

❸*The Idea of a University*, Discourse VII, Part I.

语，那么对纽曼来说则是十分讨厌的事物；他曾经说，他第一次听到这个名词时，是与拜伦及其仰慕者的观念联系在一起的。“随后，自由主义成为一种神学学派的象征，枯燥无味、令人生厌；尽管它会危险地给自己并不期望也不理解的邪恶留有可乘之机，但它本身并不是非常危险。目前它只是一种深层次的、合理的怀疑主义……人类理性的发展，就像是自然人所实际运用的那样。”[1] 在宗教和政治当中，自由主义的本质就是私人性判断；对于敬畏权威的纽曼来说，根据人类自身的那种微不足道的理解力所给出的莽撞而容易犯错的指令来判断重大问题，就是一种明目张胆的不虔敬，几乎是着魔了，是灵性骄傲之恶。自由主义者假定人类理性（也就是边沁所例证的那种枯燥的逻辑理性）是至高无上的，蔑视基督教的谦逊；他们愚蠢地相信人性本善，并且可以得到无限提升。

但自由主义的教育则是另一回事：它在更加久远和纯粹的意义上理解“自由主义”，亦即在上帝指令的约束范围内自由地生活，而非自由地怀疑或摧毁。自由主义的教育是对自由的人进行理智上的训练。没有哪个维多利亚时代的人比纽曼更能适合于界定自由主义的教育，他是传统自由主义学习的最佳典范，是牛津之光。纽曼拥有令人惊奇的广阔而乐于探究的心灵，尽管他在宏大的思想传统内（这是优势）运作；他“可能是唯一一位（班托克如此评论道）质疑当代
288 ‘文明’之全部基础的人，并且他还提出了一些有关个体性自我与外

[1]*Apologia pro Vita Sua*, Chapter V.

在世界之间关系的深层次问题”[1]。

布林顿在讨论纽曼对于科学方法和假设的批评时，有点过激地说他是20世纪意义上的实用主义者。[2] 但布林顿混淆了这一点：威廉·詹姆斯认为只有特定的事实是可知的，而纽曼则是认为科学理论本身并不能带来确定性。如果要说纽曼在某种意义上是实用主义者，那也只是适用于这个词的古老含义——恰当地加以理解的话，它所表达出来的是“圣公会的天才”，保罗·埃尔默·莫尔曾这样说道：“如果正当地理解的话，人们可以说，在所有的哲学家当中，柏拉图是最实用主义的，因为他表明精神性的直觉要比喧闹的生理性感觉更广、更深、更积极、更值得信赖也更贴近真正的科学；并借此试图证明他的这样一种观念：事物的理念要比自然界的物体更加真实。”[3] 纽曼具有一颗爱揣测的、天主教的、自由主义的心灵，他意识到“这个时代政客们所面临的问题是如何教育大众”，并转而考虑那种能够既让人们侍奉上帝同时也能掌控自己的训练。

“如果美德是对自己思想的掌控，如果它的目的在于行动，如果它的完美形式就是内心的秩序、和谐与宁静；那么我们就必须要在那些比图书馆和阅览室更为庄严神圣的地方来寻求它。”[4] 教育在本质上就是一种训练，而并非快乐或慰藉，也不是替代懒散。教育本身并

---

[1] G. H. Bantock, “Newman and Education,” *The Cambridge Journal*, August, 1951; also see Chapter V of Bantock's *Freedom and Authority in Education*.

[2] Brinton, *English Political Thought in the Nineteenth Century*, pp. 163 – 164.

[3] Paul Elmer More, “The Spirit of Anglicanism,” in More and Cross, *Anglicanism*, p. xxxii.

[4] *Discussions and Arguments*, p. 268.

不能教授美德，但伴随着真正教育的训练，与美德所要求的训练是一样的。同时，教育的根基是关于神学、美德和宗教信仰的研究。《大学的理念》一书的前四章内容，都是致力于证明神学的确是一门科学，它对于任何健全的知识体系而言都是不可或缺的；接着纽曼考虑了这样一个普遍性的问题：高等教育应该是什么样的。他在此处的那种直接努力——在都柏林创立一所天主教大学——并没有如愿；但最终却深深地影响了很多教育家。❶

这个时代的问题的确是大众的教育问题，但纽曼并没有直接处理

289 这个问题。当他论及教育时，认为它就是社会领导力量的训练。作为一名托利党人，他深知领袖必须要先行于任何民众运动；有了领袖，就解决了三分之二的问题。然而，无论是领袖还是民众，都需要接受一种以宗教原则为基础的教育，要接受一种智识上的训练，这种训练认可功利主义书呆子们所不认可的，即：“这展开在我们眼前的繁华世界的确是自然的，但也不只是自然的；当我想象的这样一位教授，在使这个世界的真实体系与他的科学分析完全一样时，他就背离了对哲学深度的诉求，也不知道大学教育应该是什么样的。他也就不再是教授自由知识的教师，而是一个思维狭隘的偏执的人。”❷ 那些爱丁堡评论者，想要基于功利主义效用所制定的思维狭隘的安排来重塑大学；他们其实是最不开明的人。他们没有意识到，“宗教真理不仅仅是一般知识的一小部分，更是一般知识的前提条件之一。抹杀这一点无异于撕裂大学教育之网，如果我可以这么说的话”。

---

❶See Fergal McGrath's *Newman's University*: *Idea and Reality*.

❷*The Idea of a University*, Discourse III, Part 6.

描述一个大学比充分界定什么是自由主义教育要简单得多。[1] 纽曼在第五部分的论述中这样说道，借助于一种自由主义的训练，“人们会形成一种维系一生的思维习惯，那就是自由、公正、平静、适度、智慧，以及我在前一章当中冒昧所说的哲学习惯”。自由主义的研究尤其具备大学和绅士的特征——与一味顺从相反，在这种研究中并没有涉及多少心灵的运用。如果我们为这种训练要求过多的话，那么我们就做错了：“它最直接的任务并不是要使心灵强大以对抗诱惑，也并非是要在其痛苦的时候加以安慰，只不过是起到发动螺旋桨或引导蒸汽车厢的作用；即便它是物质上和道德上得以领先的手段或条件，但大体上来说，它既不能修复我们的心灵也无法改善我们当前
290 的环境。”它不能直接给人灌输德性：“就好比如果能用剃刀挖出花岗岩，或是用一缕蚕丝系住巨轮，你才会希望要用人类知识和理性这种热切又娇弱的工具，来对抗人类的那些巨兽以及人类的激情与骄傲。”当处于最佳状态的时候，它仍然是一种方法、训练，被用来教会心灵什么是正确的理性和智识上的谦逊。“一个具有敏锐而积极的理解力，但没有得到其他训练的年轻人，除了会有一堆观念胡乱塞进他的脑子之外，他所获甚微。”[2] 自由主义的教育会给一位积极的知识分子灌输秩序，大学几乎不能指望可以做得更多。

> 如果在训练的过程中，知识分子并没有被迫形成或服从

---

[1] 纽曼最动人的描述可能就是在《大学的职责与工作》（*The Office and Work of Universities*）一书的结尾“何为大学？”中所做的表述。

[2] *Lectures and Essays on University Subjects*, p. 359.

于某些特定的、偶然的目的，某些具体的行业、职业抑或是研究或科学；而是为了训练本身的目的，为了感知自身恰当的目标，也为了自身最高层次的文化；那么这种训练过程就被称为自由主义教育。尽管在可想象的范围内，这还没有在哪个人身上得以实现过，也没有哪个人的理解力是知识分子应当得以形成的范式；但是，几乎没有人能知道真正的训练到底是什么，哪怕只是趋向于它，并使自己的卓越标准成为它真正的范围和结果，而非其他。[1]

智识训练的目的不是为了学习或积累，而是为了获得由运用知识而来的思想或理性；至于知识，则是它自身的目的。教育的真正目的是“能够清晰、冷静、精确地看待和理解所有事物，只要有限的心灵能够在原本的位置、带着自身的特质去接受他们”。

也许，这种有关大学和教育目的的理念，与英语世界所假定的训练知识分子的模式相去甚远。纽曼自己的天主教大学夭折了，牛津大学、剑桥大学以及苏格兰大学都逐渐接受了很多功利主义的变革，英格兰那些新型的、坐落在工业迅速发展的小镇的省级大学，也都开始
291 模仿伦敦大学的模式，这种模式在1827年和1828年分别受到了布鲁厄姆和勒辛顿的赞许。至于那不断发展的国立公共教育制度（1842年获得了第一笔资助），则坚定地趋向于接受一种世俗的和功利主义的特征。边沁主义者坚定地认为，政府必须要成为普遍的教育者；他

[1] *The Idea of a University*, Discourse VII, Part I.

们在很大程度上成功了。圣公会权威和不信奉国教的新教徒之间的争论，将对教育的监管越来越多地交到了政府的手中；在国立学校那里（除了只教《圣经》的学校），教学完全脱离了教会。罗伯特·洛威在1862年担任教育部部长的时候，开始提升不好的学校，同时打压好的学校；与他同辈的自由主义者相比较而言，他是最坚定的自由主义者，与纽曼没有什么共同之处。当洛威在1867年谈论说我们迫切需要“教育我们的主人”时，他在精神上更接近于布鲁厄姆而不是纽曼或迪斯雷利；紧接着，基于福斯特提出“我们的工业繁荣依赖于基础性教育提供快速的支撑”的依据，1870年国会通过了教育法案。“技术教育”曾经是自由主义英国的谋划。一位有影响力的诺丁汉制造商说，英国急需用实践指导来武装自己以应对德国竞争，这必须是强制性的：“如果我们要继续与现有的自愿制度做斗争，那么我们一定会被打败。”❶ 边沁的理想是，由国家设立世俗的、统一的、普遍性的、自由而又强制性的教育（此处他运用了一系列容易让人联想到民主专制的词汇，这是哲学激进主义者不会用的），这一理想在1870年开始得以实现。学校迅速地朝着这个方向发展，1902年教育法案又大大加速了这一进程，并使之进一步衍生到初中教育，甚至进一步使该教育体制集中化和标准化。亚瑟·贝尔福所倡议的1902年教育法案，在本质上是一种社会主义的政策，西德尼·韦伯曾经在《费边主义手册》第106条当中竭力呼吁过。此处与其他很多方面一样，这种新型的合并性的社会主义巧妙地深入到这个党派当中，而这

---

❶Quoted in Jarman, *Landmarks in the History of Education*, pp. 264 - 268.

292 个党在几年前一直掌握在大贵族索尔兹伯里勋爵的手中。

“根据他们的国家教育制度，所有人都要被扔进同样的塑造厂，出来的时候都带着同样的印记和标号。”迪斯雷利曾经在1839年这样说道：“他们可以挣钱，可以造铁路；但当激情的时代来临时，当这些利益发生变动以及当各种情感开始骚动时（这会在本质上引起社会动荡），那么……他们就会明白，人们是否接受了威廉姆的怀克姆所倡导和支持的那种同等教育。”❶ 格雷因的观念混合了卢梭式的多愁善感，开始在英国和美国主导国立教育；既然激情的时代已经来临，那么部分善于思考的公众似乎得到了警告，要注意这种与宗教学说分离开来的准教育所具有的威胁。❷

尽管如此，我们不应该仅仅根据保守主义思想家们没能改变的来评判他们，而更应该根据他们已经保存的事物来加以评判。纽曼在无数教授、老师以及受过教育的人的心里，保留下了一种教育理念；这种教育理念代表着真正的人性化的学习，而一直反对使学习降为技术培训，反对大学和学校的那种心胸狭隘的世俗化。在一个被纠缠不休的城市无产阶级所动摇的时代，学校有时候几乎跟监狱没有什么差

---

❶Monypenny and Buckle, *Disraeli*, II, pp. 62 – 63.

❷20 世纪的教育家彻底忘记或废除了纽曼的教育理念，这可以从以下几点零散的评论当中看出来：

1）在纽曼前往都柏林的一百年之后，牛津大学的教育系主任 M. L. 杰克是卢梭和约翰·杜伟的忠实门徒；他热心于用“整合性”的教育根据快乐原则来主导孩子。顺便说一下，杰克是纽曼最厌恶的那些自由主义者之一。

2）在《明日》月刊中，一位评论者批评了卡农·伯纳德·伊丁斯·贝尔延续纽曼传统而写的《教育危机》，理由是贝尔博士似乎认为教育应该是为了塑造基督教绅士——似乎在这位评论者的眼里，纽曼和阿诺德博士在美国没有合法性，基督徒和绅士在美国都是落伍过时了的。

293 别，它们把孩子们关起来，直到法律允许他们去工作；纽曼的书籍维系了那种为自由主义绅士而设计的教育理念，没有了这些绅士，任何一个社会都会窒息而亡。在美国，至少那些教区学校和受宗教组织资助的大学，都仍然保持着某种影响力；无论它们知不知道，大多数这样的基础都体现在纽曼关于教育理论的详细论述当中。

1858 年，纽曼曾这样写道，19 世纪关于首要原则的最激烈的冲突就是，政府和议会是否应当具备宗教性质；“国家是否具有良知，基督教是不是这个国家的律法；当地方法官在惩罚罪犯时，他是在行使惩罚职能还是矫正职能；整个社会结合是不是以世俗权宜之计为基础；宗教、科学与神学之间的关系成了一个问题。那古老的受尊敬已久的神学在过去的 40 年当中，受到了新神学的强烈冲击，并且这种新神学占据了支配性地位。”❶ 115 年以后，新神学仍然占据主导地位，不过那种功利主义的权宜之计继续受到古老宗教社会观的抨击——这是纽曼留给英格兰（他热爱并丰富了这里的精神和文学传统）的遗产，这份遗产要比某些观念史学家们所认可的要大得多。

四、讨论的时代：白芝浩

1859 年，布威·利顿宣称，没有最终的改革方案。“民主就像是坟茔，它一直在哀号着：‘给我，给我’；而且从来不会把它拿过去

---

❶*A Grammar of Assent*, p. 379.

的还回来。但是，你们生活在君主立宪制当中，它拥有全部的健康活力和运动力。不要屈从于那种还没有成熟到能走进这个坟茔的民主。”戴雪在《英格兰的法律与观念》一书当中说，边沁主义时期始于1825年，在1865年到1870年走向终结；随之而来的就是集体主义时期。如果说德比和迪斯雷利引领了集体主义时代，那是因为他们比自由主义者更早地觉察到，边沁主义正如纽曼所说的，是贫瘠的东
294 西，是一根干枯、萎缩的树枝，叶子已然开始纷纷掉落了。约翰·斯图亚特·密尔晚年开始亲近社会主义、老约翰·布莱特转而呼吁为了整体福利而增加公共经费——这些都表征着舆论风向的转变。功利主义的动机是为英格兰的工业扩张而道歉，当功利主义像一种有意识的社会力量走向衰落时，这个过程也就完成了；不过它给费边主义、社会计划以及工业企业时代留下了前提。

1875年，保守主义者通过修改那些有关互助团体和阴谋的法律，对工人阶级进行了安抚；此后不久，沃尔特·白芝浩这样写道：“如果将保守主义政策放置一边的话，留给保守主义者的选择就只有两个，要么是无知的、人民大众的那种民主式保守主义，要么是那种坚定支持两党中最清醒的那些人出于受过教育的谨慎而举荐的温和政策的民主式保守主义。”❶ 总的来说，保守主义自此开始朝第二种路线倾斜。伦道夫·丘吉尔勋爵的脱离激进主义及其野心勃勃的口号——“我们相信人民!”——从来都不曾俘获该党的大部分成员；与此相反，由于与自由主义者分离开来，保守主义者获得了力量并稳定地提

❶Bagehot, “Lord Salisbury on Moderation,” *Works*, IX, p. 174.

升了自己的级别，约瑟夫·张伯伦的忠诚坚守便是此处最重要的收获。不过，值得怀疑的是，保守主义观念的公正度和清晰度有没有得到相应的提升呢？白芝浩曾经倡导一种资本主义的保守主义，这种倡导得以实现了；不过这种成功倒好像是皮尔的鬼魂爬起来破坏了迪斯雷利的成就。

正是这位和蔼可亲又有人文关怀的自由主义者白芝浩——他是那个时代最出色的批评家，也是纽曼的仰慕者，尽管他不仰慕迪斯雷利——认识到与其说各种事物的旧秩序是被民主的行使者自己抹杀了，还不如说是被一种巨大的社会力量抹除了，这种社会力量将现代国家转变为组织结构紧密并对新事物非常敏感的政府（就像雅典和佛罗伦萨），亦即 19 世纪通过讨论而获胜的政府。正是讨论打破了基督教
295 王国的风俗习惯、吞没了柏克的成见与训诫、推翻了一直以来人们那种不情愿丢弃祖先们各种生活方式的心理。迪斯雷利和格拉斯顿的时代，是演讲、布道和议会制比较盛行的时代，这些构成了一种革命现象——受到大众意见和争论的直接影响，社会发生了急剧改变。民主是公共讨论的成果，而不是它的种子。“自从路德那时候开始，就有了这样一种信念，即：人可以通过理智过程而为自己构想出一种宗教；并且出于最高义务，他应该这么去做。政治争论的影响与宗教争论的影响长期紧密地结合叠加在一起并相互强化，以至于中世纪所存在的那些古老的忠实、忠诚以及权威观念，如今在那些最聪明的人当中几乎不再有影响。”❶ 这就是纽曼所强烈抨击的“私人判断”。白芝

---

❶Bagehot, “Physics and Politics,” *Works*, VIII, p. 114.

浩在谈到布威·利顿将民主比作坟茔时，认为这种类比同样适合讨论。“一旦你让一个主体最终服从于这种严峻的考验，那么就再也撤不出来了；你再也无法用神话来遮蔽它、无法用献祭仪式来给它设定边界；它从此就会一直对自由选择开放，并暴露在不敬神的讨论当中。”[1]

在19世纪，廉价的出版业（很快就变得既廉价又下流）、快速的沟通以及城镇人口的集中，使私人性判断、自由讨论以及自由主义的那些必不可少的前提条件和主要支撑得以实现；因此欧洲主要国家都获得了古老城邦的优势，也暴露在公共意见的危险之中，因为这种危险就是在这些城邦里酝酿而生的。迪斯雷利与纽曼逆流而上，竭力维护传统、权威和古老的忠诚；他们成功地激发起人民大众对训诫性真理（将这种力量纳入到考量当中）的同情，这种成功是具有英雄气概的。曾经，就像是5世纪的希腊时期，在这种深层的泉水源头被打破的时候，迪斯雷利巧妙地将保守主义之政治本能的零星碎片凝聚
296 成一个强健有力的政党；纽曼机智地武装起基督教的心灵，使之免受功利主义和唯物主义的冲击。1867年的英国是孤注一掷的；但这股激流真的应该被称为“讨论”，而不是“民主”；经过迪斯雷利和纽曼这两位具有创造想象力的人更新后的保守主义，并不足以应对这场震动。

讨论与私人判断，而非马克思所预测的身体上的受苦，给之前一个半世纪那些持续不断的试验和变革提供了动力。很多人之所以接受

---

[1] Bagehot, “Physics and Politics,” *Works*, VIII, p. 104.

马克思主义并不是因为他们受苦，而是因为这是一个新的、进行抗议和私人性判断的领域。对于讨论的贪婪，难道真的与坟茔的欲求是一样无法满足的吗？如果是，那么现代社会是不是不可能有永恒与延续性？似乎可能有三个方面能检验这种不受约束的讨论：慎重地复兴传统智慧的观念、公众逐渐厌烦谈话和变革本身、即将有灾难降临并教会人们不信任自己的观点。这后两种偶然性似乎在我们这一代人当中非常紧迫，不过它们都不是冷酷无情的清规戒律；那些希望使社会免遭时代之苦的保守主义者，必须要努力复兴一种不仅仅关乎个人利益的政治信念，还要复兴一种超越用同意取代怀疑的自然事实的智慧——也就是迪斯雷利和纽曼的学说。

第九章　律法与历史的保守主义：有着不祥之兆的时代

如果有人问我，你用什么来代替普遍选举权呢？在实际中你有什么可推荐的呢？我会立马回答：没有。整个思想和情感的潮流以及整个人类事务的趋势，都不可抗拒地朝着那个方向迈进。那些古老的生活方式在整个欧洲逐渐被打破，像草堆在洪流中那样随波逐流；这些生活方式有很多在当时是非常糟糕的，就像我们这个时代的很多机制一样糟糕。我不太明白为什么会有明智的人费尽心思、不遗余力地试图挽救它们不致毁灭。没人能够扭转历史洪流，我也不懂为什么当我们随波逐流的时候要给河神唱赞歌。

——詹姆斯·菲茨詹姆斯·斯蒂芬爵士，《自由·平等·博爱》

一、 自由主义与集体主义：约翰·斯图亚特·密尔、孔德以及实证主义

1867年以后，英国社会的那些保守主义理念在老自由主义、辉格党以及功利主义阵营中的新成员那里，得到了持续性的巩固与提升。中产阶级（他们一直是自由主义的驱动力）对格莱德斯顿式的
298 自由主义感到警觉，也对给新选民支付过高的报酬感到警觉，他们转而开始忠诚于托利党。白芝浩觉察到，自19世纪50年代起直到70年代中期，真正的保守主义和自由主义的兴趣点在于获得身份；在“保守主义的自由主义者”与“自由主义的保守主义者”之间并没有多大的区别。他们都有责任为贪婪的民主和笨拙的国家扩张设定界线。托利党人从19世纪初开始就一直坚定地反对功利主义的社会原子主义，而赞同国家应当是一个道德主体；如今他们发现钟摆却偏向了另一边：英国社会的宪政受到了世俗集体主义的威胁，后者成为尚未获得选举权的穷人发动政治运动的工具。这种新的、更难对付的、对个人主义的危害，激怒了赫伯特·斯宾塞的激进主义，他于1884年出版了《个人与国家》（*Man versus the State*），成为保守主义的某种同盟；随后并没有像上升期的集体主义人道主义者那样讨厌政治个人主义。“是托利党发生了改变，或者看起来改变了；它从捍卫反对各种不同意见的家长制，转而捍卫反对各种社会主义者的个人主

义”，欧内斯特·巴克尔曾经这样评论道。[1] 然而，人们并没有在《个人与国家》这本书中发现维多利亚时代晚期那些真正的保守主义的观念；另外三位法律和历史方面的伟大学者保有了真正的保守主义的冲动，他们分别是：J. F. 斯蒂芬，著有《自由·平等·博爱》（1873）；亨利·梅因，著有《大众政府》（1885）以及 W. E. H. 莱基，著有《民主与自由》（1896）。

白芝浩认为，保守主义的力量并不主要源自思想信念；相反，恰恰是以下两种长久的情感维系了大多数保守主义者的依恋：一是久远而傲慢的忠诚感，一是（使欧洲大陆的“秩序党”拥有勃勃生机的）恐惧感，“害怕他们的商店、房屋、生活——与其说是他们生理层面的生活，还不如说是整个生存模式和来源——被摧毁和抛弃”。（白芝浩在 1856 年写道，）现代英国保守主义者表现出一种真挚之情，这使他们摆脱了纯粹享乐的托利主义和畏畏缩缩、充满恐惧的卑鄙保守
299 主义。然而，反思性的保守主义在英国仍然没有普及：“在充满疑问的各个阶级面前，每一个不假思索的保守主义者都会危及他所维护的东西——对于自由主义者而言，他很惹人烦；对于国家而言，他是一种不幸。”[2] 英国保守主义思想所需要的那种慎重而清醒的护教学，在 1867 年以后，仍然更加迫切地产生于一种积极发展了良知的、功利主义的变种，产生于一位从自由主义那里招募而来的制度史学家，还产生于一位沉浸于柏克思想中的英裔爱尔兰学者。

---

[1] Sir Ernest Barker, *Political Thought in England from Herbert Spencer to the Present Day*, p. 128.

[2] Bagehot, “Intellectual Conservatism,” *Works*, IX, pp. 255 – 258.

19 世纪 70 年代社会主义作为一种显要的政治运动开始出现，它威胁到整个英国现存社会，给曼彻斯特人的老一套提出了警示，同时也使托利党沉寂无声。不过工党在当然还尚未产生（尽管工党代表联盟在 1873 年的普选中已经在它 13 个候选人当中推选出了两位候选人），社会主义者只能通过改变占主导地位的那些党派中的人，使他们接受社会主义的观念，才得以影响议会的整个方向。由于激进主义早在 1832 年以前就渗入了辉格党人当中，因此社会主义现在开始在自由主义者——甚至保守主义者当中进行渗透。这种传播与结合在约翰·斯图亚特·密尔的后期思想当中表现得甚为明显，保守主义作者们曾经精准地洞察到他是带动这种观念转变的核心人物；这位继承功利主义的大祭司也是无休止地煽动世俗主义和实验创新的领导人物，早在 50 年前，哲学上的激进主义者就曾成功地利用这种煽动达到了自己的目的，当时的密尔正从极端的个人主义转向了集体主义，却丝毫没有觉察到前后不一致。“这位理性主义的圣徒”（格莱德斯顿对密尔的描述），他本人与如今那些获得解放的、他所害怕和鄙视的工人阶级一样，都脱离了旧英格兰的生活；不过他倒是提供了社会理论。“《圣经》、英格兰的教会、古老的大学和语法学校、牧师公馆以及乡间邸宅等等，在形成和体现民族传统的过程中都起到了巨大的作用（R. J. 怀特曾如此评论道）；而他曾经很多年都没有看到这些。”❶密尔和其他几位杰出的功利主义者都未曾与《圣经》平起平坐，这
300 对于那些批评保守主义社会的、不信奉国教的新教徒而言至关重要。

❶R. J. White, “John Stuart Mill,” *The Cambridge Journal*, November, 1951, p. 93.

与很多人一样，约翰·斯图亚特·密尔是一位纯真无邪又缺乏幽默感的知识分子，他嫌恶肉体享乐、怀疑神灵。维多利亚时代英格兰的那些城市无产阶级在这一点上与密尔一样，过着一种没有《圣经》、教会、大学、语法学校、教区以及乡绅的生活；尽管他们在气质和品位上与密尔完全不同。

密尔为政治激进主义感到担忧。在《论自由》中，他附和了托克维尔对民主专制主义的恐惧；在《代议制政府》中，他提议构建一系列精细的制度，以人为地约束迪斯雷利式繁复选举权的普遍投票权。正是密尔的这种极端世俗主义，而非他那种特定的政治观念，使他成为所有富有洞察力的保守主义者的敌人。他迫切地要将敬畏驱逐出社会生活之外，代之以“人性的宗教”；在这种人性的宗教当中，人类崇拜自己，基于功利主义的理由建立道德学说，并将人类的每一种训诫性习俗仅仅看作是一种“生活实验”。人类可以接近内心的欲望来塑造自己的世界。贫困、疾病、命运的兴衰变迁以及人类所遭受的其他疾病，都可以被新社会的理性计划者从根本上加以去除。密尔在《功利主义》一书当中这样写道：“简而言之，人类受苦的所有重要源泉，在很大程度上，甚至有很多完全能够被人类的关心和努力所克服。”这些高级的人类在追求物质上的满足时，会不再需要孩子气的宗教安慰。当现有的各种苦难被清除之后，他们会朝着永恒的生命前景耸耸肩膀。密尔预告了20世纪社会主义者对于物质慰藉的奢望——例如，约翰·斯特雷奇预言生命本身可以通过福利国家而得以无限延长。他和孔德的这种社会向善论受到了反宗教、反传统的通俗作

301 家的直接影响。❶

尽管斯蒂芬、梅因、莱基在信仰上都不是纯正的东正教，但他们也都认识到，在这种致命的世俗主义以及人类的仁慈和精明当中所包含的过分自信，会威胁到社会中那些古老的、既定的、高尚的事物。保守主义者预言说，如果密尔的那种集体主义的功利主义及其实证主义同盟捕捉到这种大众的幻想，那么随之而来的就会是文明的贬损——生活会失去原则，自查理曼大帝以来那些支配西方社会运转的、促进社会整合的日常动机，都会被普遍性的自私所消解。每个国家都必须要有主人，未被道德原则启蒙的、大众政治的混乱会产生新的暴君，这些暴君自身从旧传统里挣脱出来，结果变得更加冷酷无情。在约翰·斯图亚特·密尔所影射的那个冷冰冰的平等主义社会中、在孔德那个无神的社会仪式主义及其“科学家—独裁—牧师”那里，维多利亚时代后期的保守主义者辨认出不值得过的生活所具有的那些特征。他们开始用一种保守主义的理性主义来驳斥密尔的那种有腐蚀性的理性主义；但他们甚至自己也是违背潮流的。

19 世纪七八十年代开始，孔德的观念开始在英国传播，尤其深刻地影响了历史学家和科学家；这强化了密尔的这种本质上属于英国本土的唯物主义。乔治·艾略特、弗雷德里克·哈里森、约翰·摩莱里、赫胥黎以及一批阐释者开始传播实证主义；实证主义之所以在英

❶例如温伍德·雷德的《人的殉难》（1872）就这样总结道：“饥荒、瘟疫和战争，已经不再是促进人类竞争的核心要素。但精神痛苦的时代即将来临，我们必须要经历这样的痛苦以便我们的后裔能够增加。我们必须要牺牲灵魂，必须要泯灭对不朽的期望。我们必须要破除人类竞争中那种甜美而富有魅力的假象，因为青春和美丽会一去不复返。”

国受到欢迎主要是因为它声称要冲刷掉那些旧神学和形而上学的生活观念，并基于严格的科学基础重新确立思想。❶ 像摩莱里这样的自由
302 主义者都会接受这种新道德，而不太能注意到那种过分敬畏社会和绝对国家的异端，而孔德则恰恰是以它为前提创立了自己的学说。然而，人类的自我崇拜是孔德哲学中不可或缺的一部分：人必须要崇拜什么，而且当上帝被推翻之后，人类就会在比天使地位低很多的地方发现自己要崇拜的神明。计划国家由工业主义者和科学家所主导，交给一些银行家来管理，并得到广大整齐划一的无产阶级的支持；它没有给个人期望留有任何余地，拒斥民主的根基和分支；自由屈从于掌控的理念——这自然地来自于奥古斯丁·孔德的基本学说。对于人类而言，由于被故意教导说道德行为并没有超自然的惩罚，因而就要么通过纯粹的武力、要么通过复杂精细的社会机器来使他们服从和劳作。那些解放了的、崇拜孔德的英国人并没有认识到，作为一种社会学说，实证主义所意味的恰恰是解放的反面、自由主义的对立面。人类应当能够有权驳倒神学，但他们在其他方面也都没有自由了——孔德本人相当诚实地做了这一宣告，维多利亚时代的保守主义者比他自己的学徒要更了解他。

密尔的人道主义理性主义和孔德的集体主义实证主义，都鄙视和抛弃传统；它们基于功利主义的幸福原则给人类许诺了一个充满人世欢乐的、纯真的未来。然而，与柏克一样，英国的历史和司法学派的

❶长久地来看，孔德不加任何批判地接受了高尔的颅相学理论，欲表明他的学说究竟有多科学——他宣称，该颅相学理论在每个大脑中都探测到了“仁慈的结构”，因而证明那种有关人类罪恶的神学理论是错误的。

思想家们知道，历史不会被抛弃，因为它代表了所有人类智慧。当历史被嘲弄之后，它会实行报复。对法律、社会制度和道德学说史所进行的研究，使斯蒂芬、梅因和莱基都认识到，那些被突然剥夺了虔诚和日常用语的人，根本无法觉察到未来；他们只能理解当下，随着不可知的感官冲动和混乱的欲望之流漂泊不定，搁浅在战栗的冷冰冰的
303 沙砾之上。

二、 斯蒂芬论生活和政治的目的

比肯斯菲尔德伯爵在晚年写给利顿的信中曾这样说道："J. F. 斯蒂芬当法官真的是太可惜了！他要是未来保守党的领袖的话，那会成就一切。"这句话写于 1881 年，也就是斯蒂芬出版《自由 · 平等 · 博爱》之后的第八年。这本书一经出版，菲茨詹姆斯 · 斯蒂芬就作为自由党参加邓迪地区的竞选，却被一位新集体主义的自由主义者盖过风头，从而也开始意识到自己骨子里是一位保守主义者。然而，作为一名务实的政客，斯蒂芬在 1873 年就走到了尽头。他曾经被培养成一位严格的功利主义者和克拉彭人；并成为印度的"功利主义的吕库古"，他在印度认识到，使社会联结在一起的，是武力而不是讨论。在政界摸爬滚打多年之后，他回到了司法领域，并写成了使他名垂青史的民法史。可能他由于过于严厉、直率和清教徒式的严格，所以无法在 19 世纪成为一位成功的政党领袖（尽管迪斯雷利大力举荐），但这位刚毅而具有男子气概的维多利亚人，是欧内斯特 · 巴克

尔所说的“最精致地阐述了19世纪下半叶保守主义思想”[1] 的作者。

霍布斯、洛克、边沁以及约翰·奥斯丁训练了斯蒂芬的头脑，他也从来没有否定这些老师；但在实际中他拒绝这些老师们所具有的那种好革新和爱怀疑的一面。这些世俗的变革者的一个重大失误，使J. F. 斯蒂芬成了一名保守主义者；那就是，他们忽略了人的腐化堕落。与约翰·亚当斯一样，那种清教徒式的关于人类本性的观念，使斯蒂芬反对情感主义的人道主义者；反对密尔的那种无根基的自由以及孔德的那种“仁慈的结构”。他本能地不信任软弱而容易犯错的人性，这种不信任使他和他的朋友卡莱尔都相信，政治制度不过是武力的面纱。菲茨詹姆斯·斯蒂芬的那位好猜疑的兄弟莱斯利在1873年曾经告诉年轻的奥利弗·温德尔·霍姆斯说，菲茨詹姆斯“极大地被老卡莱尔腐蚀了”[2]；他最终成为一位宗教学说的传道人。不过，
304 斯蒂芬所传播的宗教教义并不总是东正教的。他会维护彼拉多；还会说：“如果基督教真的差不多是我们经常听到的那些言论所暗示的，那么它就是虚假的、有害的；”如果《登山宝训》真的意味着禁止人们维护国家的荣誉，那么我们应当丢弃它。[3] 他的上帝是先知和清教徒们的上帝，权力无边，“无论他自己的本性是什么样的，他都如此这般地安排我所生活的这个世界或诸多世界，以便让我知道，美德是他给我和别人所设定的法则”[4]。

---

[1]Barker, *op*, *cit*., p. 172.

[2]Quoted in Annan, *Leslie Stephen*, p. 205.

[3]*Liberty*, *Equality*, *Fraternity*, pp. 317 – 318.

[4]*Ibid*., p. 311.

“爱”并不适用于这样一位存在，人类对他的感觉必定是敬畏，这是理性的、有力的思考他的方式。密尔和孔德的学生下定决心要将敬畏从世间铲除；然而，一旦没有了敬畏，那么人类所有的对于美德的认可和全部的斗争动机，也都会被夺走；因此生活会首先变得没有意义，然后是无法忍受。英国和法国实证主义者所信奉的那种人性的宗教，在本质上就是如此：

> “人类就是一个巨大的泡沫团，这些泡沫一直在爆破和消亡。没有人创造它，也没有人知道任何值得了解的有关于它的东西。热切地爱它吧，啊！泡泡。”毫无疑问，这也是一种宗教，但在我看来是一种非常愚蠢的宗教。[1]

约翰·斯图亚特·密尔是斯蒂芬重点打击的目标，他驳斥斯蒂芬的书“更可能是要击退读者而不是要吸引读者”[2]。密尔在他那个时代当然是对的。《自由·平等·博爱》并没有立即产生广泛的影响；它与维多利亚式的自信和大众集体主义的承诺都背道而驰，这种承诺曾经打败了来自邓迪的斯蒂芬。然而，斯蒂芬的那篇坚定而忧郁的论文（亦即他作为一名务实的、熟读《旧约》与弥尔顿的法理学家的研究成果），则超越了维多利亚式繁荣所带来的短暂乐观。他这样说道，自由是否定；平等仅仅意味着关联；博爱作为一种普遍性的社会情感，则从未存在过。共和党人的箴言变成了一种宗教信条，而且还

---

[1] *Liberty*, *Equality*, *Fraternity*, p. 291.

[2] Quoted in Leslie Stephen, *Life of Sir James Fitzjames Stephen*, p. 339.

305 是一种有害的宗教异端。斯蒂芬将自己的这本书看作是基于功利主义原则而对这种新信条所进行的反驳，是新功利主义者对旧功利主义者的一种呼吁。然而，斯蒂芬本人实际上不只是功利主义者，他与柏克很相像，都不只是一名辉格党人。菲茨詹姆斯·斯蒂芬（稍稍改动地）接受边沁、里卡多以及詹姆斯·密尔等人的那些经济学和法学观念：他轻而易举地证明密尔是这种学说的背叛者。

1870 年以后，旧的功利主义的确开始分裂，人们至少可以辨识出三种由边沁主义这一主干分流出来的学说：一是斯蒂芬接受了早期功利主义者的经济和法学原则，但他同时意识到边沁主义的形而上学和道德基础是不充分的。二是约翰·斯图亚特·密尔对于功利主义怀疑论和人道主义的拓展，但他抛弃了自己导师的那种经济、政治个人主义。三是格林、布拉德利、博桑基特及其伙伴们所发展的理想主义，它把黑格尔与边沁混同在一起，保留了功利主义者的民主和革新倾向；但用从德国哲学中推衍而来的国家理想代替了边沁主义的那种社会幸福原则。斯蒂芬关于国家及其起源的观念与格林不同，它与柏克在这方面的观念极为相似：这一点，同时与他（仍然像柏克那样）所接受的、亚当·斯密所界定的经济原则以及关于人类本性的严苛观念，都让斯蒂芬投向了保守主义。他给保守主义政治思想增加了有关讨论和力量之间关系的分析，而这在此之前从未有人加以清晰地表述过。

当然，一方面小密尔仍然是功利主义的纯正血统，斯蒂芬是反边沁主义的：与他的父亲詹姆斯爵士一样，斯蒂芬坚持认为，社会中的任何事物都来自于宗教真理。斯蒂芬不同意纽曼和沃德的观念，而且对“自由主义的”神学家们抱有更多的敌意；他宣称实证主义者和自由主义者在自己的学说中都没有为道德提供令人满意的认可；他的兄弟曾这样说道：“但是他也同样反对假意的许可和虚假的权威。”
306 无论维多利亚时代神学家和达尔文主义者之间的争论如何收尾，人们都需要宗教上的许可来保存社会。那些迷恋抽象的自由、平等和博爱的人，由于缺乏敬畏和尊敬，从而沉重地拖着脚步毫无感觉地走向了阿谀奉承、奴役和野蛮。斯蒂芬的那种阴冷可怕的虔诚与赫西奥德的很像：

> 宙斯掌管宇宙，不可抗拒地来回摇摆；他今天所赐予的，明天又会收回。

国家不能将宗教留在认知范围之外，因为国家就是一种宗教权威，法律是进行社会报复的手段，人们创造它就是为了实施道德。

斯蒂芬在描述加尔文教义时曾这样说道：“人都有一种可怕的疾病，但他最初的本质是卓越的。救赎不在于杀死他，而在于治愈他的本性。”人类的罪彰显了我们的乖张与败坏，这使人类服从于痛苦的奴役——上帝正是从这种奴役中拯救出那些被拣选的人。“你可能认为有没有谈论上帝都是对的，但人类在深层次上受权力、智慧以及善好等观念所促动，在超越人类的层面上他们宁愿对此加以理解而不是了解；这一事实是确定无疑的。无论你是否讨论原罪，但每个人在某些方面、在某些时候都是软弱和邪恶的，他们会做一些不愿意去做的恶、会回避自己所愿意追寻的善；这一事实也是确定无疑的。将这种状况描述成‘痛苦的奴役’，至少是一种清楚明白的诉说方式。加尔文的理论就是，为了从这种奴役状态中逃脱出来，人类就必须要真诚地忠诚于自己本性中较好的一面，恰当地控制邪恶的方面，并仰望上帝、将其看作是自由——成为善良而明智之人的自由——唯一宝贵的源泉。”[1] 这是斯蒂芬政治学的基础；从约翰·亚当斯到欧文·白璧德，人们可以看出他们与新英格兰清教徒传统具有极大的相似性。斯蒂芬曾经写道，密尔认为，如果人类摆脱了束缚并获得了平等，那么他们就会像兄弟一样相处；然而，“在我看来，很多人都很坏，大多
307 数人都是冷漠无情的，有一些人很好，大多数冷漠的群众都会随环境而左右摇摆，其中最重要的是哪一种环境对于成为好人或坏人而言是具有主导性作用的？”[2] 普遍选举权以及所有的平等观念，都认为让有德之人来领导是没有必要的；平等主义者试图将道德从政治当中抹去——这是不可能的。“我认为明智且善良的人应当去统治那些愚蠢且邪恶的人。”

尽管在孔德那里，政治和道德并没有分属不同的领域；政府的存在是要实施道德理论，要将人从肉体的冲动和无知当中救赎出来。反过来，道德必须要得到宗教信仰的许可加以支撑，否则它就无法立足。“人类生活的全部管理和引导都取决于‘上帝是否存在以及人类是否有未来状态’这个问题。如果上帝存在但人类并没有未来状态，那么上帝对我们而言就毫无意义。如果人类有未来但上帝并不存在，

[1] *Liberty*, *Equality*, *Fraternity*, pp. 45 – 46.
[2] *Ibid.*, pp. 263 – 264.

那么我们就无法形成关于未来状态的猜想。”❶ 如果没有上帝和未来，人类就必定会要么听从冲动而行为，要么服从于“共同的功利主义”，亦即那种“在世人当中流行的那种日常的、当下的道德”；然而，即便是这后一种粗糙的行为理论，如果没有少数人所持有的那种高贵的信仰做支撑，它最终也会坍塌。然而，如果上帝和未来都存在，那么理性的人就会根据“一种更宽泛的功利主义”来行事。由于相信上帝旨意，他们猜想自己会“超越他们所处的物质世界，那加诸他们身上的法则就是——美德，也就是说，根据那种能够促进人类总体幸福（尤其是那些与人类永恒要素相关联的幸福）的原则而行事的习惯，都关联着，并且从长远来看会促进那些践行这种习惯的人的个体幸福。恶也是如此”❷。斯蒂芬的这种信念可能是功利主义的，但它无疑与边沁的那种对大多数人的最大幸福原则相去甚远，同样与莱斯利·斯蒂芬的那种基于理性和物质证据而确立道德科学的尝
308 试也大相径庭。

尽管如此，无论人们遵循什么样的原则，倡导“自由、平等、博爱”的宗教都是有害的；“因为无论我们运用哪一条准则，都会有大量有关人类不应当获得自由的事实；人类在根本上是不平等的，他们也根本就不是兄弟，或者只在特定的、博爱主张不那么重要的情况下才是。”❸ 至于自由、平等、博爱在现代社会是否存在或具有什么样的意义，都是植根于基督教道德；如果实证主义者和理性主义者成

---

❶*Liberty*, *Equality*, *Fraternity*, p. 319.

❷*Ibid.*, pp. 303 – 304.

❸*Ibid.*, p. 319.

功地摧毁了社会宗教信条的话，那么，他们也要将密尔学说所信奉和依附的那种自由主义社会原则一同埋葬。一旦信仰的许可被抹除之后，那么1789年的虚假宗教也将无法存活。那些无法祈求救赎或害怕遭天谴的人，会给自己的世界捏造一个罗马焰火筒。

因此，密尔的《论自由》所依赖的哲学假设本身就已经彻底腐化了；然而，斯蒂芬这样说道，即便我们将对密尔学说的批评局限于他的理性主义方法，他的立场也仍然是站不住脚的，它实际上根据一些模糊的情感而得以形塑，而密尔本人几乎都不承认这种情感的起源；而且它们也并不是真的依据密尔自认所代表的那种功利主义标准而产生。密尔政治学的根本性内在错误在于：他认为我们可以通过讨论来统治社会。但在所有社会中，最可怕的推动力其实是武力。

在斯蒂芬的定义当中，武力不仅仅是生理上的强迫，对地狱的恐惧也是一种武力；对公共意见的顺从在本质上也是一种武力；甚至讨论本身就是一种体面的、对武力的遮掩，是人们在讨论自己凶残敌人的时候所采用的一种惯常做法，并且最终很可能是数人头而不是砍人头——但只有当各种冲突的利益差不多势均力敌的时候，以及要解决的问题对于竞争各方并不是那么重要的时候，社会才能容忍这种遮
309 掩。斯蒂芬并没有谈及白芝浩在《物理学与政治学》一书中关于“讨论”的评论，因为这本书只是发表于斯蒂芬从印度回国的前一年，当时的斯蒂芬正在写一些论文，这些论文后来结集成为《自由·平等·博爱》。白芝浩认为维多利亚时期的英格兰社会是通过讨论来掌管的，这与斯蒂芬本人的观念倒不是完全不相容。然而，观念无论对错，都只能通过武力或武力的威胁才能产生行动；例如，如果

《论自由》一文通过讨论而改变了大众观念，并最终改变了社会自身的某些方面；那这也是因为有一群意志坚定的人明确地表态说，他们在不得已的情况下会使用武力来支持自己的观点。并不是边沁的《政府片论》一书促动了 1832 年的改革，政府官员和权威人士的利益都没有屈从于纯粹的辩证法；真正要求 1832 年做出让步的是诺丁汉和布里斯托尔的那些民众。《政府片论》及其所代表的各种观念当然渗透进了这些民众当中，但说到底，还是赤裸裸的武力促成了变革。

密尔曾经写道，只有当“人类变得能够借助于自由、平等的讨论而得以提升时”，社会中的强制才是正当的。对此斯蒂芬质疑道：有没有什么时候人们是不通过讨论而获得提升的？难道不是即便野蛮人都能够通过讨论而得到提升，但他们就是不用吗？不过，我们先前的每一个社会都发现有必要借助于武力来加强讨论；所以我们这个时代也不能丢弃这种秩序的支撑物。“至今没有什么社会达到了这样的阶段，而且在既定的时间内，也无法预见哪里会达到这样的一个阶段。”让我们坦率地说：总之，武力（或潜在的武力）在我们这个时代要比在其他时代都更有影响力。林肯使用了武力，它能易如反掌地摧毁查理曼大帝及其同辈。“因为它已然被日常地、无人反对地并能获利地加以使用，要说该丢弃武力法则，就等于是在说，黑夜和白天现在已经是定律，所以太阳和月亮都多余了。”[1] 借助于军队、警察
310 以及快速的沟通方式，现代国家在需要的时候得到了比以前更加及时

[1] *Liberty*, *Equality*, *Fraternity*, p. 231.

有效的潜在武力的支撑。我们现在这个社会之所以拥有较好秩序，并不是咬文嚼字和各种诱骗说服的成果，而是由于保留使用武力。

像密尔那样无视武力的作用，就是使社会暴露于烧杀抢掠之恶。因为人民大众需要被约束，他们无法限制自己的激情和懒散，因而必须要被迫接受法律的主宰，而法律是需要武力来加以支撑的。“让我们来估测一下那些自私、淫荡、不务正业、懒散、极其平庸并被各种日常琐事缠身的那些人所占的比例；也考虑一下，最自由的自由讨论到底有多大的可能性可以提升他们。那唯一能够切实地对他们产生影响的方式就是借助于强迫和约束……这就好比我们自作聪明地对一潭死水说：‘为什么你就是不流向大海呢？你是完全自由的！’”[1] 根本就不是。憎恶真空的大自然总是用武力来填补社会中的空洞；如果政府放弃自身那种神圣的、将社会武力转变为沿用法律的话，那么，新的社会群体和行为者就会抓住机会为了一己之利使用武力，从而颠覆法律和政府——实际上可能是在先前那个忘记了自身职能的政府的废墟之上，建立一个新的、由自己来掌管的政府。如果政府避免使用武力并消极被动地接受那种“它只能通过讨论来维护自己”这样一种观念的话；那么，工会和持异见者会将自己的特定意志强加给其他人。

武力也并非像一般人所认为的那样是一种恶，相反，它能够支撑那种允许好人去行善的准则。我们必须要使用武力来防止人们建造巴别塔，它是对我们恶行的一种纠正。有时候宽容会变成一种恶，因为

[1] *Liberty*, *Equality*, *Fraternity*, p. 31.

它越过了自身恰当的温和斗争的领域，而过分地要完全压制住那些给生活提供动力的竞争。这个时候，我们就可以使用武力来正当地抑制
311 这种过分的宽容。还有一些时候，自由（至少是消极自由）也会威胁到所有的尊贵人士，因而也必须要用武力加以平复；现代自由理论正朝着这个方向发展："简言之，对自由的呼吁，是对过往的普遍性谴责；是对当下的服从，因为它与过往不同；也是对未来的顺从，因为它的特性可以从当下的特性当中推断出来。"❶ 因此当过分的自由变得开始破坏我们的文明遗产时，我们就必须要废止它；迄今为止，只有武力能够对付众人的傲慢，他们对于革新的欲望毫无止境。现代"道德"已然粉碎了大多数旧的形式并创造了一些新的来替代它们，而在这些旧的形式中，戒律是一种被认可和承认的善。"自由"继续美化着当下，它变得与"那种认为宽泛意义上的服从和戒律的美德非常重要的正当感觉"毫不相容——也就是说，与真正的文明毫不相容。无论是生理上的还是道德上的武力，都是上帝赐予的，以便将我们从这种无政府的冲动当中拯救出来。

因而，我们并不是生活在一个讨论的时代，这很显然是一个武力的时代；强迫的存在主要是为了保护我们的秩序与文化。然而，即便密尔和孔德能够丢弃物理性武力和道德敬畏的制裁；即便他们能够（其实不可能）用一种人性的宗教来代替一种超自然的、有关敬畏和恐惧的信念——那么，孔德那种"仪式性的社会科学联合"或密尔为理性主义者而设的懦夫天堂，为什么会，以及会给什么样的生活强

---

❶*Liberty*, *Equality*, *Fraternity*, p. 173.

加一种被滥用的人性？他们似乎想要这样一个世界，它“像斯蒂尔顿奶酪一样会慢慢被自己所携带的螨虫所蚕食”；被人们用大量的人口，抑或是庞大的教育来加以衡量。“于我而言，那些热心于进步的人是非常奇怪的。‘这是一种荣耀，荣耀，这样的时刻要来临了！我们将会有6亿的中国人、5亿的印度人、4亿的欧洲人，只有上天才知道还有多少亿颜色深浅不一的黑人’，我们还会有两个大英博物馆，每个都附带一个图书馆！‘还未到来的时代，不要来挤占我的灵魂！（Ye unborn ages，crowd not on my soul）’”❶ 实证主义者所欢欣鼓
312 舞的进步是什么呢？这似乎是一种不断增加的娇柔之气，是一种生命的软弱，人类“不再热切地追求他们想要的事物，比以前更加害怕自己或他人所可能遭受的痛苦。如果是这样的话，在我看来，所有其他方面的，无论是在财富、知识或人数上的收获，都无法与之相对等”❷。未来的那些海航者可能会借助于某种精巧的装置而不惧怕海浪的翻滚，但他们也不会明白以前那些航海家的狂喜。实证主义者能够界定他们所说的“进步”，抑或任何其他人都能够界定那种转瞬即逝的幻象，进步似乎是一根逐渐衰退的纤维；那个想要加速它到来的人，肯定已然从他的家族中堕落了。

那么，什么是幸福呢？密尔认为他能够加以测试并规划一个幸福的社会。这是怎样的一种自负！“我们到哪里去找到凭经验就能辨别这些人谁是更幸福的人呢？是埃尔顿勋爵那样的人更幸福，还是雪莱那样的人更幸福？是阿诺德博士那样的人更幸福，还是赫特福德勋爵

❶*Liberty*, *Equality*, *Fraternity*, p. 178.
❷*Ibid.*, p. 221.

那样的人更幸福？是一个非常愚蠢但很富足、一生健康、高寿的农民更幸福，还是一位非常有成就的、孱弱的、敏感热情又极富才华，但在先后经历狂喜和极大痛苦之后英年早逝的女子更幸福？”[1]

从来没有人能回答这些问题，它们就像是在问“从一点钟到伦敦大桥有多远？”立法者和道德家从来都不曾真的要试图让每个人都获得幸福：它们只是试图要说服或强制人们接受自己的那种生活观念。实证主义者想要完成一种设计使人类幸福，并且——但更加自以为是地——要安排得让每个人的幸福都对其他人的幸福而言有意义；他们的这种期望是极其荒谬的。斯蒂芬在此把对手们打得落花流水，在摧毁他们的同时，他也消灭了那位微不足道的导师——边沁——的主要原则。上帝的宏大计划深不可测，生活的目标是德性而非快乐；
313 服从，并非自由，是达到这种目标的手段。

然而，即便是将进步和幸福——实证主义的目标——这样的名利搁置一边，孔德和密尔的学说在本质上也是不一致的。真正的平等会排除自由（这里斯蒂芬重申了柏克、托克维尔等人的论证）；真正的平等是无法达到的，而且只有那些认为自己在洗牌的时候能够让手中的牌一样大的人，才能慎重地思考它；平等是名不副实的。看看美国，再自问平等是不是人的目的——快速生产“大量庸俗、自满但本质上又微不足道的庞大的人群，是不是一种全世界都需要为之倾倒和崇拜的功绩？”

---

[1] *Liberty*, *Equality*, *Fraternity*, p. 271.

至于博爱——有谁真的相信它吗？“人们想从人类那里获得的并不是爱，而是尊重和正义。”我们真的是兄弟吗？“我们都是第五十代表亲吗？”尽管我们应该是这样，可是这种关系对于尘世中我们的实际行为来说，难道不是太过抽象、带来更多紧迫的问题了吗？声称任何人都是自己的弟兄，也就是要否认有哪位特别的人跟你有血缘关系。“人类只是放大了的我，对人类的爱通常也就意味着对我的一些观念非常热心，这些观念涉及人应该成为什么、他们该如何生活。”❶密尔和卢梭鄙视自己所处的时代和大多数真实的人，他们似乎不太寻常地倡导无差别的人类之爱。所声称的那种对于无组织的人类大众的喜爱，实际上通常不过是自我的过度膨胀，是骗子的掩饰，他一心要毁掉社会中的既定事物，并在新世界的红蜡上刻上自己的印章。假如这样的人成功地实现了自己的目的，那么，他们会满足谁呢？当然不会是他们自己。在他们那样一个分裂成一个个原子的社会，每个人都是在一个完全平等和自由的孤独状态中艰难度日；人们就像是被诅咒了，死气沉沉，“完全无法吸引想象力和感情”。

斯蒂芬曾在一旁这样评论说，文字是人们手中的工具，较弱的思想家在论证中如果使用强硬的语气，就会获得比较强的思想家更多的
314 优势。“那些无法充分地由文字来呈现的事物，要比那些能以文字描述的事物更加重要。”这是一种功利主义的说法吗？或者，斯蒂芬是不是只在表面上采用了功利主义方法？——他在本性、学术和成长经历上都不是一名保守主义者，而是内在地受到圣公会和清教徒传统的

---

❶*Liberty*, *Equality*, *Fraternity*, p. 283.

交互影响。“在我看来，我们是被囚禁的灵魂，”他继续说道，“只能相互传递讯息，但由于这花花世界满是需要思考和诉说的东西，我们的讯息根本就无法全部加以描述。”[1] 他这里大胆地道出了敬畏与谦虚，柏克正是带着这种敬畏和谦逊来看待人类这种伟大而神秘的结合；也正是在这里，边沁那种自鸣得意的唯物主义变得没有意义。

尽管斯蒂芬擅长论证，但他的书作为一种工具，的确在某种程度上让他失败了；密尔后来的那种被斯蒂芬谴责为表征人类活力之衰退的、情感主义的平等主义，却赢得了比《自由·平等·博爱》多十倍、二十倍的读者。《论自由》迎合了大众关于自给自足的想象，斯蒂芬就像是庸人里的参孙（Samson）一样鞭打着人群。然而，几乎没有人会怀疑，是谁的书在 20 世纪有关“武力—辩论”的争论当中，做出了相应的辩护；也没有人会怀疑，谁关于那支配人类行为之戒律的分析，是更加敏锐的，并被全世界证明为最大的灾难？

三、梅因：身份与契约

1882 年初，阿克顿勋爵与亨利·梅因爵士进行了交谈，他反对梅因在最近一次的演讲中对长子继承制的辩护；阿克顿说，这是在合法地给整份文件赋予一种托利党的腔调。对此梅因回应说：“你似乎是将‘托利党’一词看作是一种耻辱。”这让阿克顿感到吃惊：他的

---

[1] *Liberty*, *Equality*, *Fraternity*, pp. 297 – 298.

朋友，名义上的自由主义者，难道能够容忍托利主义？“他的这个回答让我非常震惊——我非常震惊地发现，一位完全独立于各种政治党派的哲学家，居然并不认为托利主义是一种耻辱。”[1] 三年后，梅因写了一本非常保守的书：《大众政府》。他刚成年就开始鄙视迪斯雷利；最终他陷入了深深的悲观厌世情绪当中，并被社会的盲目发展趋势吓得目瞪口呆，而这个社会则跌跌撞撞地走向衰落。与斯宾塞
315 （梅因接受了他的《个人与国家》）、斯蒂芬以及其他诸多杰出的、最初拥护自由主义或激进主义的维多利亚时代的人一样，亨利·梅因爵士改变了自己的政治立场，却没有改变自己的观点。是自由主义和时代发生了改变：自由主义抛弃了一贯以来对个人自由的忠诚，转而开始促进大众的物质福利。对此，那些头脑清醒的有识之士，开始转而投奔迪斯雷利的那种由瞬息万变的想象力来保持活力的事业；不久之后，他们就惊讶地发现，对阿克顿而言，甚至不可能找到一位尊重托利主义的哲学家。

在1885年改革之后，阿克顿本人也无法忽视自由主义的那种集体主义倾向；但他原谅了他们——至少原谅了大陆思想家们的那种“学术型社会主义”，他让步说，格莱德斯顿成为英国的代表，这仿佛在某种程度上是当时的理论潮流。“我非常赞同张伯伦的观点，他认为在格莱德斯顿的哲学中存在着一种潜在的社会主义。让我感到不自在的是，他没有注意到这些事物中正悄然发生的变化……然而，大众行动并不重要，真正应该引起我们高度注意的，是坐在亚当·斯密

[1] *Letters of Lord Acton to Mary Gladstone*, p. 119.

那个位子上的那些人在想些什么。”[1] 尽管这种说法是忠诚于格莱德斯顿的，但它忠诚于阿克顿自己的自由原则吗？或者说，忠诚于发展进步原则吗？梅因更加敏锐地觉察到了科学家、政治经济学家与集体主义之间早已暗结连理，他认为这种私通既背叛了自由也背叛了进步；因为进步是根据自由来衡量的。

梅因曾说，进步在历史进程中比较少见，但却是真实的。因此，尽管他从来没有在英国实际政坛中活跃过，但他开始作为沿袭柏克传统的温和自由主义者出现，试图推动谨慎的改革、调和各种古老利益和新能量之间的关系、使社会做好必要变革的准备，并保存古老秩序中那些最好的事物。他在印度的事业反映出柏克对他的影响，反映出对当地风俗与文化的尊重，还反映出那种对社会的从容忠诚——这是
316 一个充满灵性的或活生生的社会，而并非只是一种机械设置。那些暗示说柏克及其学派反对变革的政治理论家们，犯了根本性的错误。柏克说过，有益的改变是一种神圣的保存社会的手段，是一种保守主义的力量；但我们必须不能陷入一种困惑，认为所有的改变都是变革。这个世界既在改善也在堕落，堕落是更容易的，尽管最终的后果是毁灭性的；政治家们必须要训练自己和国民以便能够区分良性的改变和崩溃的过程。当梅因确信西方社会的变革潮流是倒退性的时候，他已然变成了一位保守主义者。

对社会历史的集中研究使梅因成为一个悲观主义者，欧内斯特·巴克尔爵士曾这样写道：“历史让梅因，也会让我们当中的很多人，

---

[1] *Letters of Lord Acton to Mary Gladstone*, p. 212.

在情感上变得麻木不仁。一切事物都已然发生了，此前它们没有产生出什么，现在我们也无法从中期望得到什么。”[1] 这是一个巧妙的判断。但这对梅因来说是公正的吗？作为现代比较社会学的奠基人、一位天赋异禀的历史学家，以及一名可能是最富洞见的、印度社会的观察者，梅因深知，人类进步——哪怕这样的期望——都是一种经不起考验的想象；但他并没有为此感到绝望。相反，梅因将“进步”主要看作是理论成果和法律下的自由达到了更高的层面，而这种进步在西方社会曾经活跃了几个世纪。衡量这种成就的指数就是人们当中有了一种从身份向契约的转变趋势，其主要工具就是私人财产和契约自由。心灵和人的自由，在一个多样化的、经济上个人主义的、以多种财产权（区别于各种形式的共有制）为特征的社会得到了繁荣发展。一个人们能够为了经济目的而自由地与人签订契约的社会，是会获得发展进步的；那么，现代集体主义就是僵化的。

梅因研究制度史所获得的一般性论点并不令人沮丧：假定有慎重和远见卓识，人类就会获得进步——假定有这些和希腊的遗产，那就是进步。因为进步就是一种来自希腊的创造，一旦希腊观念过气了，
317 社会也就静止不动了：

> 对于一个小国寡民来说，巴掌大的地方就能覆盖原有的领地，它被用来创造出进步的原则、向前运动（而不是后退或下降）的原则以及以破为立的原则。这个国家就是希

[1] Barker, *op. cit.*, p. 167.

> 腊。除了自然的不可知因素，在这里所运行的一切没有什么不是源自希腊的。从这里散发出去的那种酵素激发了人类所有的伟大进步，它从一处渗透到另一处，产生出与它那种神秘而潜在的才能相匹配的成就；而且这些成就当然往往比希腊本身所体现出来的要更伟大。我们英国人现在给印度所传播的正是这种进步原则……如果有时间的话，它没有理由不像在其他人类社会那样，在印度发挥作用。❶

尽管人类总是更容易停滞不前：他们更偏爱风俗、习惯而不是革新；历史的手掌沉重地压在他们的头上。梅因的思想中没有任何反动的成分，他知道社会智慧源自过往时代的知识；然而，可怕地模仿那些曾经存在过的事物，会使大多数有天赋的人变得僵化。被写入法律的法理学经常被看作是永恒不变的（甚至边沁和奥斯汀都是这样认为）；但无论它如何持久，都必须要随着时代的变迁而有所改变。❷印度本地人，包括那些裹着西方观念的年轻知识分子，都与过往有着沉重的联结；即便是对欧洲人来说："也有可能是，太多被历史丢弃的外衣笼罩着我们，妨碍并扰乱我们的行为……尽管在当下和历史之间存在着很多共同之处，但这些共同点从来都不曾多到使当下的人的生活更加容易忍受（如果他们能够退回历史的话）。我们这里没有一个人能说，如果再过一遍一百年前的生活，他不会感觉那么痛苦。"❸

---

❶Maine, *Village Communities*, pp. 238 –239.

❷Maine, *Early Law and Custom*, p. 361.

❸Maine, *Village Communities*, pp. 290 –291.

一个在理智上热爱自己历史的民族，会思考自己国家的未来；如果我们渴望繁荣的话，就必须要研究进步和动力的历史性原因。梅因是萨维尼的学生，而萨维尼又更多的是柏克而非黑格尔的学生。“历史是
318 唯一真实的、获得有关我们自身状况之知识的途径。”萨维尼在1815年曾这样写道。他曾运用历史法理学来反对那些激进的、由虚构的人权而来的激进观念；梅因在制度史当中发现了一些元素以矫正那种横扫一切的、促进社会发展的策略。

梅因相信，这种研究要想取得成果就必须要采用真正科学的方法。他那才华横溢的有关社会研究的五卷本，构成了这种科学历史的基础；现代法律思想、社会学、政治投机活动以及历史方法，都深深地感激梅因。他做出了相应的矫正和修改，他本人并没有期望要从中得到什么；但他的著作在精确性和前瞻性方面都产生了巨大的影响。梅因宣称，历史必须要“教会我们其他任何科学要教的东西：连绵不断的序列、坚定不移的秩序以及永恒不变的法则”。历史真理必须要像宇航员和心理学家的真理一样。这是一种高瞻远瞩的要求，梅因开了一个好头。他的《古代法》实际上与他的其他著作一样，目的都是要基于这种坚实的基础而重新确立历史性的判断。历史并不是用事例来教导的哲学：那支配18世纪法国学派的先验假设，以及那折磨功利主义思想家们（尽管他们具备科学现实主义的专业背景）的假设，都必须要让步于繁重而谨慎的历史性研究。

我们迫切需要获得这种历史研究方法，否则边沁主义（尽管该学说创立者的名字并不是太受欢迎）就会在立法领域占尽先机。边沁主义在有关人类本性的理论方面存在着可悲的缺陷，运用比较的方

法来研究各种习俗、动机和观念，能够减轻功利主义的狭隘。政治经济学家像一般的边沁主义者那样，“严重低估了各种习俗和遗留下来的观念所具有的价值、力量和好处；照他们从机械师那里所借用的隐喻来说，他们将这些习俗和观念当作摩擦力而搁置一旁。对这种倾向的最好的矫正就是证明，能够对这种‘摩擦力’进行科学分析和科
319 学估算”❶。边沁主义那种严格的计算缺乏制约，这让历史学家和法理学家受蒙骗而犯错误，这些错误对社会造成的伤害大概怎么说都不为过。例如，功利主义的信条使巴克尔告诉公众说，由于印度当地人以大米为生，“当地人的高级食物是一种含氧食物，而不是碳水化合物；按照某种必然规律，这些就顺理成章了：种姓制度盛行、压迫越来越普遍、租金飞速高涨，而且风俗习惯和法律变得千篇一律”。所有这一切的唯一问题就是，事实上印度人的日常食物并不是大米。❷同样地，奥斯汀式关于主权的学说（对自由制度具有严重的、潜在性威胁），也是基于这样的抽象观念和先验推理。分析法理学家忽视或排斥特定的历史性先例、民族差别以及“各种意见、情感、信念、怀疑、偏见以及观念的庞杂集合，这些意见、情感、信念、怀疑、偏见以及观念要么是继承而来，要么是集结而来；有些产生于各种制度，有些则是人类本性的产物”❸。有良心的历史学家必须要将现代思想从这种盲目性当中拯救出来。如果他失败了，而边沁主义又与立法产生了关联，那么社会就会被当作是一种机械装置而加以对待。作

❶Maine, *Village Communities*, pp. 232 – 233.
❷*Ibid.*, pp. 214 – 215.
❸Maine, *Early Institutions*, pp. 360 – 361.

为灵性之物的自由与进步，在这样的制度中也不会长久存在。“我们会在自然界中忘记摩擦力的存在、在社会中忘记‘变富’这一欲望之外的其他动机的现实性；同样，奥斯汀的学生可能不由自主地了忘记在实际主权中不仅仅只有武力，除了作为主权命令的法律，另外还有一些从这种受到规制的强力而衍生出的法律。”梅因的话在英格兰产生了影响，但美国法理学思想的实用主义学派（梅因的同辈人霍姆斯是其中的佼佼者），则抛弃了他的这种训谕。

此处我们无法深入探讨梅因本人在广度上和深度上，对有关这种科学计划的保守主义史所作出的贡献。他久负盛名。阿克顿曾这样说道：“纯粹理性和无穷知识所能做到的，梅因都能够泰然自若地比任何一个英国人都做得更好。”❶ 这位心平气和的、法律和风俗习惯方
320 面的历史学家，确立了一个影响深远的研究和思考学派。他从自己所考察的那些令人印象深刻的人民大众那里所得出的直接结论，从社会角度来说无疑是保守主义的。

在人类早期而野蛮的社会状态中，人是以身份状态而存在的：个体人格只是体现于具体的形式当中，集体财产的所有权、生存之道、希望的愉悦感、婚姻以及生命本身完全依赖于共同体。进步在于脱离这种束缚，文明人在契约状态中生存，拥有各种才能，能够充分地发展自己的个体性才能。

进取型社会的运动在某个方面是一样的。在整个过程

---

❶*Letters of Acton to Mary Gladstone*, p. 31.

> 中，它的特征就是逐渐消除家族依赖、个体责任得以增加。当公民法以个人为考量单位时，个体就会逐步取代家庭……我们也不难看出，人与人之间的纽带也会逐渐替代那些源自于家庭权利和义务的互惠。这就是契约。我们从一种社会状态开始（就像是从历史的终点开始），在这种社会中，所有的人际关系都被概括为家庭关系；那么我们似乎就逐渐地走入一种社会秩序的阶段，在该阶段，所有的关系都源自个体的自由协定。❶

私人财产权和契约使人格的多样化成为可能，财富、闲暇以及创新能力，维系了文明。审慎的政治家感受到了在契约和高尚文化之间所存在的隐约神秘的联系（1862 年梅因在加尔各答曾这样说过），他"会避免用这样强大的文明的工具加以篡改"。表面上的权宜之计或通常的许可所带来的即时便利，不会比那种长久的、尊重契约制度的必要性更加重要。实际上，契约是更有效的道德教育方式，通过精确的行为需要来告诉人们忠诚有多重要。❷ 梅因对契约和个体经济责任的褒奖，尽管在某些方面与自由主义经济学家有些雷同，但实际上超越了功利主义的思想（他痛恨曼彻斯特人，认为是他们造成了印度
321 的损失），并达到了柏克和斯密的高度。

文明社会是竞争型社会，他们在经济和民生方面都会竞争；生活在身份状态下的那些野蛮人当中甚至还可以发现另一种竞争，不过是

---

❶Maine, *Ancient Law*, Chapter V.

❷Duff, *Memoir and Speeches of Maine*, pp. 90 – 91.

一种非常糟糕的竞争。有关原始社会的研究，驳斥了“我们都是兄弟、所有人都是平等”的观念。“摆在我们眼前的状况，相当于动物世界在那些有智慧的人眼前所呈现的；这些人有勇气将事实带回去以回应著名的自然选择理论。每一个激烈的小团体都会一直与邻居处于敌对状态，比如部落与部落之间、村庄与村庄之间。”[1]清醒的历史学家击碎了卢梭的那种田园般的幻想。如果文明人抛弃了文明竞争，那么，在经历一段持续性的退化之后，他们就会发现自己被迫退回到那种残忍的自然选择竞争当中。的确，共同体或家族的那种共有制，要比土地私有制更早；但这只表明私有制是进步的一部分。在原始生活状态中，尽管部落之间的竞争非常残忍，但在他们的内部交易中，竞争却是比较微弱的。在交换和获取财产时的经济竞争产生于晚近时期；而且就其全部形式而言，它显然是西方的。这是一种巨大的利益，对于更进一步的繁荣而言至关重要。

社会主义者试图从这些事实中推出以下结论：人类的原初经济安排应当是人类当前的经济状况；为了支持新兴的共同所有制，我们应该废除多重财产权。然而，体制内的现代性并没有证明不正义；相反，它初步诊断了更高层次的发展。应当在大多数情况下保持不偏不倚科学观的历史学家，可能会在研究作为制度的财产权时得出这样的结论：

> 没人能够在随意地攻击多重财产权的同时说自己珍视文

---

[1] *Village Communities*, pp. 225 – 226.

> 明。这两者的历史是无法被分开的。“文明”不过是雅利安人社会中古老秩序的另一种名称而已；在各种各样具有瓦解
> 322 作用的影响力下（其中最强有力的就是那些在世界上的某些不那么完美的角落里，逐渐用集体所有权代替了多重财产权），文明被消解但又不断地重构自身。[1]

早在1884年和1885年人们激烈地争论权利法案之前，亨利·梅因就已经有了上述观念；当时上议院的生存似乎再次受到威胁，张伯伦的激进主义克服了格拉斯通的那种不愿意扩大选举权的想法，而且自由主义趋向于一种新型集体主义的态势变得日益明显。因而，梅因的那本“托利主义”的著作《大众政府》并没有标志着他在理论上发展到了一个新的阶段；他将自己的卓越学识所得出的历史判断，运用于那贯穿西方社会的政府潮流。这项事业听起来沉闷无趣，但与他的朋友斯蒂芬相比较而言，已经不那么阴郁悲观了，同时也没有那么有力。梅因的仰慕者们偶尔会对《大众政府》感到失望。尽管这本书清楚明白且富有胆识，但它并没有总是能深入到第一原则；可能梅因由于受义务感所迫，不得不从科学史转向当代政治学，所以有些不开心；他有时候似乎更加关注民主的特质而不是社会的根基。不过，《大众政府》至今仍然值得一读。

现代大众政府自产生时就带着一个谎言，即：卢梭所教导的关于自然状态的假设。“民主体制通常被描述得内在地优于任何其他形式

---

[1] *Village Communities*, p. 230.

的政府；它的前进过程中应当伴随着一种不可抵抗的、注定的运动。人们认为它满含对人类的祝福性许诺；然而，如果它没有带来这些祝福，抑或甚至被证明是充满了各种灾难，那么人们也不应当加以谴责。这些是某种理论所具有的为人所熟知的标志，该理论号称独立于经验和观察，其借口是它持有通往一个非历史的、不可证实的黄金时代的通行证。”❶ 可是，民主的表现与借口之间的反差是多么的强烈?! 那些清醒的、学习历史的人会注意到这样一个事实：“自从罗
323 马皇帝任由行政军官摆布的那个世纪开始，政府就已然没有世人所看到的那种不安全感了；因为统治者成了共同体的代表。”梅因引述了民主在德国、意大利、西班牙以及拉丁美洲的失败；引用了它在法国所产生的可怕的骚乱；还引证了它如何刺激产生了民族主义的邪恶精神。我们还能期望什么呢？实际上，普遍选举权容易成为暴政（至少是被操纵的政府）的天然基础。❷

不过，这并不是在指责说，民主倾向于理论变革；相反，它通常为死气沉沉的、过于保守主义的思想深感罪恶。他们憎恨达尔文主义的理论和马尔萨斯所说的残忍的事实；他们反对真正的进步：“似乎我能很确定地说，如果在这四个世纪当中，选举权得以广泛拓展，这个国家拥有庞大的选举机构；那么就不会有宗教改革、不会有朝代的更迭、不会有对不信奉国教徒的宽容，甚至都没有个确切的时间

---

❶Maine, *Popular Government*, pp. vii – viii.

❷拉尔夫·亚当斯·克拉姆（Ralph Adams Cram）在《民主的终结》（*The End of Democracy*, 1937）一书中以最近的一些实例重申了这一系列灾难。

表。”❶ 相反，他们一直乐于被含糊地恭维说自己具备相应的德性和可靠性。他们无法得出一种真正的、共同的决定（公意这样的东西在本质上根本就不存在）；因而他们任由政府被那些职业操纵者以及掠夺性的小集团所掌控。绝大多数人天生厌烦现实政治，就像他们天生就厌烦进步和启蒙一样；因此单凭“腐败”这一种影响力，就能够说服他们去投谁的票或懒洋洋地支持某个政党。有两种公共贿赂：一是利用公职掠夺；二是“引导立法过程，将一个阶级的财产转给另一个阶级。正是这后一种极有可能成为日后的腐败”❷。

我们能做什么以便将这种民主从自身（亦即大众政府）中解救出来吗？——这种大众政府的致命性危害在于它简直无法无天、无情地压榨个人和少数群体。梅因对此抱有几分希望。他给出的第一种挽救方法就是更加清晰地界定“民主”一词。必须要让人们明白，民
324 主仅仅是意味着一种政府形式而已：它本身不是目的，而是一种达到正义、自由和进步的手段；我们必须要清除“民主就是上帝的声音”这样一种妄念。现在我们当然应该知道，聆听那嘶哑的民主的声音，跟询问希腊神谕一样有害。“人们都会同意说，神谕就是上帝的声音；但每个人也都承认，当他开口说话时，他可能没有自己所期望的那样清楚明白。没有人能非常确切地知道，求助于‘德尔菲’或‘多多那’❸ 是不是更加保险一些？”民主必须首先要认识到自己的功

❶Maine, *Popular Government*, p. 98.

❷*Ibid.*, p. 106.

❸希腊神话中，雅典娜女神在多多那地区的一棵神圣的橡树上取下树干做成雕像，成为女神指点帮助众英雄的媒介。——译者注

能是有限的；不仅如此，我们能够在精确而令人敬畏的宪法（比如美国的宪法）当中，找到大众政府的首要保障。

每当斯蒂芬强调法律具有普遍性道德威严时，梅因都盼望着要给宪法文本附加一种神圣不可侵犯性。民主只有在美国才表现出巨大的成功，而这种成就在很大程度上源自联邦宪法当中的那种睿智的保守主义思想。美国国父们试图避免单一立法机构所具有的危害（英国正朝着这种趋势奔去）、认识到各州拥有权利并且有必要限制实证法的力度、将最高法院当作一种庄重的约束而覆盖整个制度体系（尽管几乎不是故意的）；空前地设计出一种政府管理方式，作为一种保守主义的力量来维护上帝给定的自由。从其灵感源头来说，美国宪法是英式的；但英国如今该向自己的孩子学习了。梅因像基佐一样，高度赞扬《联邦党人文集》，认为它是史上最成功的、将政府管理的根本性原则运用到实际行政的典范。“一部明智的宪法似乎会认为，我们能够将民主设计得像人工湖的水面一样平静；不过，如果说该结构体系中有什么弱点的话，那就是，它所掌控的强大力量会从内部爆破，并在四面八方造成危害。”❶

有些人会期望不同的拯救途径。例如他们（雷南也是其中一员）预见到后来会形成一种知识分子式贵族，即精英。“社会即将变成一
325 种政治达尔文主义的教会，其中上帝的选民（the Elect）是那些天赋异禀的人。”不过，这种贵族（而非那种很可能会获得支配地位的贵族），真的会是仁爱的吗？社会从“一群经过不懈训练而趋于完善的

---

❶Maine, *Popular Government*, p. 111.

知识分子、高度自信并对自己的结论有绝对信心的科学精英所构成的苦行僧式贵族”那里，能得到什么样的心灵上和精神上的对待呢？[1]梅因出于真正保守主义的直觉，害怕这种新特权秩序的期望；但如果民主和科学会发生冲突的话，那么，“民主由于早已对敌人保持了高度的警惕，必定会赢”。因为，民主憎恨文化上的发展或任何彰显优越性的事物。

正如马基雅维利所说，这个世界是由庸人组成的。边沁主义将不受限的政治权力交到了他们的手中；他们立即毫不迟疑地清除边沁的其他工作。边沁所揭示的“无政府主义”从法国传到了英国；人们可以在高阶自由主义（Advanced Liberalism）和议会妄论（Parliamentary Fallacies）（他在托利党众议院的辩论对其进行了嘲讽）的文本中，读到这种无政府主义。[2] 从身份到契约的发展，是精英思想发挥了作用；但一种民主式的自鸣得意则可能会造成从契约到身份的倒退。

1877年，恩格斯所说的“否定之否定”躲在民主身后畏畏缩缩地向前：私人财产、契约的达成都受到了社会化或回归原始状态的威胁。如果这种反应应当得到改善的话，那么文明就必须相应地要深入身份所描述的野蛮状态当中。堕落并非是无法避免的，它仅仅是一种可能。“毫无疑问，如果有足够的原因起作用，那么后果就会随之而来；然而，在政治中，所有原因当中最强有力的就是怯懦、倦怠、肤

[1] Maine, *Popular Government*, pp. 180 – 190.
[2] *Ibid.*, p. 85.

浅以及思想的概括性。假设有这样一批英国人，当他们奋发努力的时候，他们所属的阶级就会变得强大；那么，如果他们坚持对自己和他人说：民主是不可阻挡的，它一定会到来；那么，毫无疑问，民主就
326 会到来。”❶ 梅因曾这样写道。然而，1884 年和 1885 年的改革打破了梅因所提及的这些最活跃的阶级（以及大地主们）的影响；英国如今认同党派为了一些人的选举权相竞争，这些人很少能理解多重财产权的意义，也几乎没有尝到这种财产权的滋味。

四、 莱基：狭隘的民主

在任何一个像样的二手书店的书架上，人们都可以发现厚厚的两卷本《民主与自由》。莱基的《十八世纪英国史》仍然十分畅销，可能会一直受欢迎，也有人会读他的《欧洲道德史》；但他的政治论著却没有获得应有的关注。尽管《民主与自由》明显有些离题，并且在某种程度上关心那些现在看来是没有结果的争论；但它仍然是形成于 19 世纪的、最透彻的保守主义政治指南。

莱斯利·斯蒂芬曾这样说道：“新教主义在某个方面不过是顶着外壳的理性主义在继续乱窜。”❷ 如果把这句打趣用到莱基身上的话，倒是有几分道理。他曾经既是热心的清教徒，也是理性主义的历史学家；他在嘲讽迷信和祭司制度的时候，仍然坚信仁慈上帝的存在。他

---

❶Maine, *Popular Government*, pp. 73 – 74.

❷Leslie Stephen, *Life of J. F. Stephen*, pp. 309 – 310.

深信，罗马天主教不过是一个行将灭亡的异端在苟延残喘而已——这是他的错误预言之一，尽管这在70年代似乎得到了证明；基督教要在科学和工业时代得以维系，就必须要清除掉寓言和轻信的遗毒。正统教义中的地狱在菲茨詹姆斯·斯蒂芬那里是最真实的、必不可少的基督教元素；但在莱基看来则是令人讨厌的、想象出来的、恐怖的虚构与捏造，是从野蛮时代而来的荒诞不经的残留，有理性的人不可能将其纳入自己的道德学说当中。然而，莱基并没有接受人道主义的宗教。《欧洲道德史》的第一章是为直觉性道德观念作辩护，以反对归纳派或功利主义学派的道德家；这一部分在当代学说当中大概无人能与之比肩，也反映出莱基对慈爱上帝所具有的那种经久不变而又感人至深的信心：“我猜测很多道德家，将有德性之人所感到的自足与有
327 宗教信仰之人获上帝保护和恩惠所体验到的欣喜混为一谈。”❶

尽管如此，读者们会发现，无论天意的观念对于柏克哲学而言有多重要，它在《理性主义的兴起与影响》或《生活地图》中却并没有出现。它没有被否认，但也没有被确证。除了直觉性道德、对基督的效仿以及黄金法则，莱基的理性宗教几乎删除了所有传统的基督教内容。但莱基本人认为，基督教的精神仍然存活：

> 如果基督教真的要饱含真诚的慈爱投身于痛苦与罪恶的幽暗深渊，要用无尽仁慈的溪流来浇灌地球上的每一寸土地，要用一种强烈而有效的同情心来囊括所有的人性；如果

❶Lecky, *History of European Morals from Augustus to Charlemagne*, I, p. 67, note.

> 基督教真的要摧毁和削弱那些将不同阶级和不同国家隔离开来的藩篱，使争斗远离那些最残忍的人，并让一种根本性平等的意识和真正博爱的意识支配和主导所有偶然性的差异；总而言之，如果基督教真的要为了自身的目的而培养对真理的热爱、培养公正精神和宽容精神以对待那些与我们不同的人（如果这些是一种真正的、健全的基督教的标志）；那么，自使徒时代起，它就未曾像当代这样活跃强劲；教条学说和教权主义影响的衰落，即便不是它前进的动因，也是一种衡量标准。❶

这些是不是一种真正的、健全的基督教的标志呢？或者说，它们会不会是莱基所憎恶的那种情感人道主义的标志呢？无论如何，莱基（作为一名彻底的老辉格党人）一直毫不动摇地质疑教区牧师，坚信牧师必须要让位于理性的道德主义者；“正统教义是我的”这一信念，亦即约翰逊、柏克、科尔里奇、纽曼以及其他人赖以构建保守主义的基石，在莱基那里也有所退步，他还宽容地接受登山宝训，后者在菲茨詹姆斯·斯蒂芬看来不足以成为任何实践性社会学说的基础。“无所顾虑的世界自会评判。”这种精神是一种前提条件，没有这一
328 前提，大多数人的保守主义在面对各种问题的时候都会被动摇；而这种精神在莱基那里却并不存在。

因此，尽管莱基基于功利的理由而维护教会制度，但在他的保守

---

❶Lecky, *The Rise and Influence of Rationalism in Europe*, I, pp. 186 - 187.

主义手册中，却少有宗教敬畏的一席之地。此外，尽管他有着渊博的道德哲学方面的知识，但《民主与自由》一书却几乎没有道德方面的考量。这本书出版于1896年（同年，在经历了长期的文学生涯之后，莱基在众议院中获得了席位）；在这本书中，我们能够看到19世纪是如何与20世纪相融合的：有关信仰与道德的争论，曾经使19世纪的思想家们只关注经济和政治技术等问题。边沁主义尽管被当作一种连贯的学说而被摒弃，但它几乎悄悄征服了所有人：政治经济学家们的蓝皮书取代了布道与演讲。这是公然让宗教论争与道德论争相分离，莱基实际上就是柏克在20世纪的代言人。莱基在1855年进入都柏林圣三一学院之后，他接触到了《法国大革命反思录》；在这之后的四十年里，当他孤独地在爱尔兰和瑞士散步时，他都会将那本带注释的旧版放在贴身口袋里。[1] 出于对激进变革的痛恨，柏克的基本政治原则成了《民主与自由》的主题。

在梅因的《大众政府》与莱基的《民主与自由》这两本书陆续出版的十几年间，一些系统的变化似乎形塑了英国社会的连续性。这位年迈的犹太人绅士已经不再位于混乱的顶端，即便是那些强烈痛恨他的人（这其中便包括莱基），也都不情愿地希望迪斯雷利能够复活，用他那种不同寻常的手段来抑制人民大众的冲动；在他们看来，正是这位犹太人绅士曾经解放了这种冲动的精灵。格莱德斯顿式的自由主义曾经于1867年被呈现出来并因此感到愤怒，它试图牺牲托利党的利益来取悦新选民；索尔兹伯里的保守主义者被迫进入这场竞争

---

[1] See Lecky's address at Dublin University on the centenary of Burke's death, in Elizabeth Lecky's *Memoir of Lecky*, pp. 305 – 306.

当中。就其直接后果而言，1884—1885 年的第三次革命似乎要比 1832 年和 1867 年的革命更具有革命性。莱基曾这样写道：从根本上
329 来说，新激进主义者的信念是："在民主的掌控下，税收应当是表明财富、能力或工业不平等的方式；占有优势地位的阶级在投票和花钱，而另一个阶级则被迫买单。"❶各种训诫性的权力都被动摇了；而且正如柏克所预料的："当财产权大到足以引起穷人的贪恋时，那么没有哪一种财产权会是牢固的。"1885 年以后，穷人开始入驻众议院并占据一席之地。

费边社成立于 1884 年：西德尼·韦伯、伯纳德·肖恩和朋友们开始从根基处破坏知识分子们对维多利亚时代英格兰的辩护；几乎是在同时，激进的政府摧毁了议会给地主们所提供的堡垒。没有哪个旧的阶级能够真正地交出权力，除非它的精神崩溃了——也就是对自己的德性和正当性失去了信心；强有力的秩序会让王权与兵权从他们的手中逐渐滑落，不过是以被迷惑的方式而不是被征服。这一过程好多年前在英国就已然开始，如今作为知识分子的社会主义者使之接近高潮。莱基曾说，社会主义变成了某种比政治谋划更加伟大的东西："它的学说显然渗入了大量拥有武力的人群当中，并呈现出某种宗教特质，涌进那些旧观念和旧传统已经开始腐化的领域。"❷

费边社的文学社会主义蓄意专门吸引那些受教育程度不高的年轻人群体，他们在公立学校中接受了训练；这些学校遵照《1870 年教

---

❶Lecky, "Old-Age Pensions," *Historical and Political Essays*, p. 300.

❷Lecky, *Democracy and Liberty*, II, p. 353.

育法案》而建立起来、由于《1876 年法案》中新增的义务性而有所扩充，并且由于1891 年开始施行的免费教育而得以圆满。工业主义者曾经要求公立学校提供技术训练，他们很快就发现，这些学校所培养的职员和野心勃勃的技工们可能想的不是高效率的生产，而是其他东西。正如丹尼斯 · W. 布罗根在评论印度那些接受西式教育的文员
330 阶层时所说的："记账的人仍然可以阅读约翰 · 斯图亚特 · 密尔、麦考利和马克思。"[1]直到 1892 年，英格兰和威尔士的校董会每年都要花费七百多万英镑。仅这一项就使人们有必要较大程度地修改税务制度，并大幅度增加税收。莱基觉察到，人们高估了教育的政治价值："更危险的愤恨和争议并未因为教育的影响而有所减少，反而经常被激化了。大量的人学会了阅读，但从来都不广泛涉猎，而只是阅读一类报纸——极有可能是一类专门激怒和误导他们的报纸；而且这些受教育程度不高的人尤其容易接受政治乌托邦和各种狂热。"[2]他们当中有一些人（基辛在《阴间》这本书当中有所描述），会阅读无神论的宣传册，还有一些人会阅读《费边论丛》。

伴随着教育完全世俗化和现代化而来的，是地方性政府和托利党的政治精神堡垒变得民主化。迪斯雷利曾经说过，教会制度比国家制度要更为重要，如今这一切都被改变了。在（保守主义政府通过的）《1888 年地方性政府法案》确立郡县政务会以后，乡绅和教区牧师就丧失了对郡县司法机构的掌控；1894 年，自由主义者建立了教区政务会和城乡政务会。因此，历史悠久的任命观念和边远地区的服从观

---

[1] D. W. Brogan, *The Price of Revolution*, p. 139.

[2] *Democracy and Liberty*, I, pp. 319 – 320.

念，都被政府否决了，取而代之的是大众选举学说。《1894 法案》则走得更远：它废除了对于教区委员和穷人监护者的财产要求，清除了选举的等级限制。因此，以失去地方性政府为代价的阶级，迷失在那些可能从这类消耗中获益的人民大众当中。没有代表的税收不止有一种形式。莱基曾这样论述旧制度：“那些主要管理县政府的乡绅们，至少极为真诚地完成了自己的任务，并且他们对自己所在辖区具有非常广泛而直接的认识。他们当然也有瑕疵，但他们更多的是消极的而非积极的。”[1]现在那些熟悉县郡和地方性政务会的人，会认同他的
331 这种说法。

伴随着这些的是大量的社会立法：给工人阶级提供住房、改善公共卫生、制定工厂法和工人补偿法、大幅度拓展公民服务等等；这些都是要花钱的，而且陆军和海军的预算也在稳步增长。从 1870 年到 1895 年，国家公共开支从七千万英镑增长到一亿英镑；1874 年，税收只是每磅两便士；1885 年之后达到了有史以来的最高点——每磅八便士；1894 年以后开始涨得更高。很多自由主义者自己也害怕收入税的逐年递增；格莱德斯顿曾经要彻底废除收入税，并且不同意针对不动产征收遗产税。然而，威廉姆·哈考特爵士在 1894 年的财政预算中所引入的遗产税最终获得胜利，因为曼彻斯特人不喜欢不动产，这使遗产税得以通过。第二年，保守主义者重新掌握政权，但他们也不敢废除遗产税：保守党里中产阶级成员的分量已经超过了地主的利益群体，而且当时财政需求非常紧迫。莱基这样写道：“很少能有

[1] *Democracy and Liberty*, pp. 301 – 302.

比威廉姆·哈考特爵士提出的遗产税，更加远离我们所说的正统政治经济了。对于先前的经济学家们来说，税收的第一原则是它应当依据收入而不是依据资本。在英格兰，每年征收的最大的两项直接税之一，是增幅巨大的、依据资本的税收……它最苛刻的地方在于，这是没有时间限制的；因此，在并非不可能发生的两三个甚至四个人共同拥有一份巨额财产，但短时间内所有人相继去世的情况下，就会有完全被税务征收的后果；而且它没有区分能够产生收入并且很容易实现的财产，和那些只能产生极少或根本不能带来收益，而且很难或几乎不可能实现的财产。”❶因此，那些被废弃的乡村房屋便蒙上阴影：更高的遗产税、屠杀乡村家庭子孙们的两次大战、更高的收入税、对“不劳而获”的收入征收额外税——于是，1894 年，英国乡村的整个结构开
332 始形成。

莱基说，从土地而来的不劳而获的收入，一般而言是各种财富中对社会最为有益的一种：“社会就是一种契约，主要是为了保障每个人都能和平地拥有自己的财产；而且只要每个人都能履行契约给他带来的义务，那么他就有权拥有从父辈那里继承来的财产，正如他有权拥有他自己挣得的财产一样。”迄今为止，那些靠继承财产而生活的人，对英格兰的贡献比通过自我奋斗致富的那一群人要大得多。威廉姆·威尔伯福斯、约翰·霍华德以及沙夫茨伯里公爵等人都是属于这个阶层——莱基可能认为自己也是位列其中的，还有那些知名学者，他们从私人财产中获得了大量的闲暇和学识，从而推动了文明。还远

---

❶*Democracy and Liberty*, pp. xviii – xix.

远不只是这些人。“巨额遗产通常也会给他们带来繁重且有用的行政义务；总体而言，英格兰没有什么阶层比乡绅们过得更加幸福，并对真正的共同体福利有更大的贡献；这些乡绅们拥有较少的财产，满足于由继承而来的中等收入、依赖自己的不动产而生活、掌管着县郡的各种事务并以各种方式改善佃户和邻居的生活状况。”[1]在莱基作此评论一个世纪之后，英国有大量仍然持有土地的家族，历经各种艰难都一直在履行这些职责；这种意识在别的国家是无从找到的。

1893年，英国成立了独立劳工党。三年之后，莱基仍然能够评论说，新工联主义和社会主义者在1895年的大选中被击垮了，保守主义倾向在工人阶级中占据了主导地位；而公开发表声明，并在欧洲大陆势头强劲的社会主义党，在英国议会中则几乎不存在。不过，这会维持多久呢？像20世纪美国的欧文·白璧德一样，莱基惧怕财阀统治，就像害怕海因德曼和莫里斯的谋划一样：

> 遗产的存在，即便是数额巨大，也不可能会严重地损害
333 到对财产权的尊重；相反，会造成损害的是这样一些情况：现代社会所拥有的巨额财富是通过卑鄙的手段获得的、为了满足令人不齿的目的而加以使用，并在社会和国家中产生过分的影响。一旦富人之间成功地实现了相互抢夺，那么在穷人之间就会产生一种颠覆性的理论。一旦民主变成腐败的财阀统治（它经常会蜕变成这样），那么接踵而来的就会是国

[1] *Democracy and Liberty*, II, pp. 500－501.

家衰败和社会变革。追求现代社会主义学说的人、关注大城镇中民众情绪动向的人，都会觉察到自己内心那种深层次的、不断增长的，而且不是没道理的、来自于生活的那种深深的不正义感。❶

这像是科尔里奇在《平信徒讲道集》和迪斯雷利在《西比尔》当中所说的话；不过这距财富与社会责任相分离的时代巅峰还有50—70年。

在这些以及相类似的事务当中，莱基是维多利亚时代后期地主和上层中产阶级的最佳代表。他大胆地反对那种打破共同体内部利益平衡的民主，正是基于这种平衡才得以建立宪政；他警示人们防范那种钟爱掌管与限制的民主，并预见说（伊利·哈勒维曾这样写道），在不远的将来，英国的雇主与工人在失去自身的活力之后，会形成一种“无意识的联盟以反抗工作的欲望和生产的热情，而英国工业正是通过这些征服了世界市场”❷。莱基认为，趋向于民主“并不意味着趋向于议会政府，甚至也不意味着趋向于更大的自由”。恰好相反，民主在英国所采取的形式，似乎是发育不健全的社会主义。

现代生活的急躁与喧哗、新鲜感觉和观念的不断更迭、延续性的断裂、对迟钝政治口味的追求以及家庭情感的衰落等等，相互交融到一起，强化了那种“我们可以称之为愚蠢的英国激进主义的保守主

❶*Democracy and Liberty*, pp. 501 – 502.

❷Halévy, *History of the English People in the Nineteenth Century*, V, p. x.

义”。自1789年或更早以来，各种破坏性的力量一直在尝试着瓦解英
334 国社会生活，阶级之间的贿赂成为最新出现的手段之一。这种激进主义尽管自身厌恶延续性，却保持了一种延续性的特征，并墨守一些陈旧破败的成规。

> 一般激进主义者都自然会朝以下方向前进：从少数人的手中夺回对各种事务的掌控（这些人通过竞争，在财富和社会结构方面都上升了一个层次）；选举权连续性地下滑到智识上越来越低的人手中；不停地攻击各种制度；对拥有土地的地主抱有惯常的敌意；并且无论具体情况和特征，倾向于赋予整个帝国以同样的代议制……在激进者的宪政政策当中，摧毁某种制度或伤害某个阶级，非常自然地是他首要的和最终的想法。❶

新集体主义者接手了英国这种悠久的激进倾向；他们还增加了强迫和永久管制，这使它比以前愈发令人心惊肉跳。在平均主义民主中，我们不难发现大规模的军事训练、国家可能加在人民头上的那种更加沉重的负担，以及对健康人性的最糟糕的诅咒——人们的精神高度紧绷、敏感且紧张。武装起来的人群伴随着平等主义和国家计划同时出现，这是任何一个摒弃所有古老的、习惯性的和内在的规训就会出现的一种自然反应；因此它（像柏克所预言的）必然要依赖于任

❶*Democracy and Liberty*, I, p. 155.

意性的外在规训。

不过，社会主义真的会掌管英国吗？它在本质上反对自由贸易、国际贸易和英式生活。毫无疑问，工业状况在将来会被极大地改变。不一样的税收、新的继承法、合作项目、政府主导的工业以及社会福利立法等，这些改变很可能都会随之而来。"但是，从长远来看，那
335 些与根本性法则和人类本性相冲突的、可能的变化，永远不会得逞。对正确与谬误的感知，是尊重财产权和契约义务的基础；社会的延续性依赖于家庭的亲情感，并由此衍生出继承制；人们在资质、能力、品性等方面的本质差别永远不可能改变；忽视这一点的所有谋划和政策最终注定都会失败。"❶1896 年，人们批评莱基过于悲观。

由于在 19 世纪后 30 年受到了新集体主义的威胁，柏克的自由主义观念的继承者与保守主义者达成了和解。斯蒂芬、梅因和莱基都曾经维护契约而反对身份。他们深知，多愁善感的集体主义会无情地摧毁奴役状况。因此，那些不太激进的作家实际上看到了这种潮流。在 20 世纪 20 年代和 30 年代流行的那种家长式中央集权制的经济管制，接受了身份的回归。甚至连罗斯科 · 庞德院长在 1926 年都解释说，整个 20 世纪的法律进程似乎都是在反驳梅因的理论：如今的社会成功地从契约转向了"关系"（亦即一种现代化的、经过改变的身份），因此关系—身份必然会在社会进程中代表一种更高的阶段——除非我们一直处于倒退之中。❷

---

❶*Democracy and Liberty*, II, p. 369.

❷Pound, *Interpretations of Legal History*, pp. 54 – 55.

正是如此——除非我们一直处于倒退之中。现代性身份的复归在社会中可能会与它的其他几个核心要素共同发展：契约人、配给队列、大型企业、大型联合会、劳工营、民兵役以及警察主体。然而，如果这种没有固定房产、任由电视对大众进行催眠的生活是一种进步的话。那么，为什么人们只能认同林肯总统所说的，“对于那些喜欢这类事物的人来说，这就是他们所喜欢的事物”。

第十章　保守主义的失败：美国，1865—1918

无论此次震动的后果是什么，尽管人们已经开始感觉到了，但仍然有足够的活动空间；不过，这种由记忆和希望、直觉与传统所构成的不可言喻的情感，充斥着每个人的心灵并形成了每个人的思想；尽管人们可能从未意识到它，但它会转身离开，只留下日常现实。人们大概会从中有所收获，但不会再收获到那种理想的、无价的联想。那种无处不在的勇气和安全的美德，会无法挽回地消逝。我们将不可逆转地与过往断裂，并被迫根据偶然性机会留给我们的各种新情况而将我们各不相同的命运联结在一起。

——詹姆斯·罗素·洛威尔，“亚伯拉罕·林肯”

一、镀金时代

合并不同的目的：在阿波马托克斯之战以后，那些倾向于保守主义的人被迫接受这种悲伤的占领。被摧毁的南方几乎无法承受任何一种奢望——在那里，人们在几十年间每一根神经都高度紧绷，以匆忙
337 应对各种危机、在某种程度上还要促使分崩离析的经济体系再度运转，并以某种方式在解放黑奴的同时维持社会稳定。因此，在1865年之后的很长一段时间内，南方没再出过哲学家；那些被剥夺了选举权的领导们，近乎失魂落魄地撰写辩解文书（其中以斯蒂芬斯和达维斯最为有名），或是顺从地与李将军一起修补文明。

因此，维系保守主义的责任落到了北方胜利者的头上；但北方知识分子实际上就是新英格兰的知识分子，他们在这项艰巨的任务面前踌躇犹豫，毫无准备。那种伤害了新英格兰人品质的、易怒的，并在霍桑那里体现得淋漓尽致的保守主义，在本质上是一种否定的保守主义；如今，由于迫切需要肯定和重建，新英格兰的思想家们畏缩不前、满腹牢骚并咒骂这种混乱局面。此外，新英格兰地区的主人——并非州府的人，而是像查尔斯·弗朗西斯·亚当斯、萨姆纳、艾弗雷特、帕克和爱默生等思想家和研究治国方略的人，在好几十年间都一直与激进主义、政治抽象以及加里森所代表的那种狂热平等主义，保持着某种危险却自以为是的暧昧关系。他们的保守主义本能，被这种道德战争和超验主义的影响所迷惑；他们几乎已经想不起来，该去何处寻找保守主义秩序的基石；因此，当我们谈论那种存在于镀金时代的保守主义思想时，我们实际上意指一系列与英国自由主义非常相仿的原则，诚实和糊涂的人一直试图将它应用于保守主义的目的。我们可以从詹姆斯·罗素·洛威尔、E. L. 戈德金、亨利·亚当斯以及布鲁克斯·亚当斯等人的思想中（半个世纪的挫败，从南方重建开始

到一战即将爆发)，明显地追溯到这种保守主义的渴望。

在新英格兰的改革家看来，当他们粉碎了南方的天才赛布尔时，就已经击垮了恶的化身；另外，当他们明白了自己以前是多么天真幼
338 稚之后，他们对于镀金时代腐败和混乱的恐惧，也相应地被强化了。他们曾经害怕杰斐逊·戴维斯的时代，但如今却身处撒迪厄斯·斯蒂文斯，甚至比斯蒂文斯更糟糕的时代。对康克林、莫顿、巴特勒、兰德尔、钱德勒、布莱恩、鲍特韦尔等在一个精神上比生理上更加颓丧的国家当中摸爬滚打的家族来说，残忍粗鲁的钢厂厂主看起来的确非常令人钦佩。改革者很快意识到，大将军格兰特是一个在黑暗中摸索的盲从者。他们曾经坚持要抽象的德性，如今清醒过来发现他们的共和党同仁、自己所属党派的那些寡头政治家，想要的是切实的掠夺。山岳派让位给了督政府。在面对这种大规模的国家腐败时，他们无助地凝望了片刻，他们也尽其所能去维护基本的体面。但在他们能做出根本性的改进之前，南方已然陷入了一种经济和精神上的困顿之中，至今没有恢复；整个国家也变成一种追逐私利的制度，并在美国人的性格中烙下了深深的印记。南方得到了一种政治上的伪善，宪法修正案赋予黑人名义上的平等，实际上却剥夺了他们的选举权；北方人则饮下了贪婪的毒药。把破碎的残片拼接起来是一件让人痛苦的事情，即便能够粗陋笨拙地完成，最终也只有那些天赋异禀的人才能够做到。

甚至在内战和重建的极致伤痛开始痊愈时，这个国家也让人感到气馁。这就是剥削资本家的时代，是战无不胜的城市老板及特威德等前辈们的时代；全国到处都是贪婪的机会主义者，这些人是美国个人

主义的反面。布赖斯在《美国联邦制》的章节中描述了这种现象。这也是经济不断集中、呆滞的标准化、自然资源被极度毁坏的时代。感到不公的公众因极度怨恨而开始骚动，接着发展成积极的抗议；他们决心通过引进更大程度的民主来治愈民主之病。如果政府腐败了
339 ——这是为什么呢？使它成为全民的吧：因此，美国在19世纪后30年，体会到了直接民主制的成功游说。选举法官和行政长官、废除特例以普及全民选举权、修改宪法、直接候选人提拔会、由大众选举美国议员以及当前的全民创制和全民公决等极致民主手段，被人们提出来并备受褒奖，而且逐渐被落实。人们设计这些是为了净化政府；更加粗俗地说，它们使好政府变得无望。真正的党派责任几乎被毁之殆尽，以致各团体集体施压强行要求立法机构和议员日渐堕落为代表的状态。这种民主，无论在名义上是多么直接，都是赝品：特殊利益代表、狡黠的组织者和游说议员的团体，攫取了真正的权力（除了那些稀稀拉拉的改革运动）。这与新英格兰对美国未来的愿景相去甚远。

当公众对欺骗和剥削日益感到愤怒时，煽动者和狂热者，以及各种经济和社会的空想家，都惧怕仍然存在的真正的保守主义观念。像蒂尔曼等野蛮政治人物在南方各州的崛起、民粹主义者如布莱恩和弗里·席尔瓦的威胁，在那个时代唯一强大而有智慧的总统克利夫兰就任期间爆发了很多可怕的大罢工。这些征兆表明，抵制伤害的还是伤害，以及如洛威尔所说的："从农业人口向无产阶级的致命性转变（在我看来是非常可悲的）"。杰斐逊的美国像约翰·亚当斯的美国一样黯淡无光失去了颜色，如果要保留自由、尊严和秩序，思想家们就

必须要与整个工业社会盲目而粗鲁的趋势做斗争。

再加上达尔文理论的逐渐普及、实证主义和比实用主义更古老的实用主义精神的影响逐渐加大、廉价且毫无节操的新闻报纸的胜利，从道德上维系美国标准（或任何标准）的问题变得日益尖锐。美国人所具有的那种个人主义的、贪婪的、蔑视限制的品性，一直是维系
340 传统的人用来形塑文明的黏土；如今却有变成无政府状态、滑入精神原子主义的危险。我们能做些什么呢？洛威尔忐忑不安地发问，戈德金在《国家》一书中鞭笞这个时代；查尔斯·弗朗西斯·亚当斯的四个儿子试图在纷繁复杂的实际事物中谋求出路，但都惨遭击退；而亨利和布鲁克斯·亚当斯则痛苦地探寻社会命运的各种可能性。

二、 詹姆斯·罗素·洛威尔的困惑

轻视詹姆斯·罗素·洛威尔开始变成一种风尚。帕林顿是这样，拉斯基的《美国的民主》一书成为这种傲慢的评价更加新近的代表。[1] 洛威尔并不具有独创的天赋。但他非常有教养、多才多艺！任何一个读过洛威尔书信的人，都不可能会轻率地忽略他，连敏锐博学的莱斯利·斯蒂芬都对他尊重有加。洛威尔确立了美国主要的文学批评学派，他是一位拥有绝世才华的诗人，体现了婆罗门文化的精髓。初入社会时，他曾经为重大的矛盾和动摇深感愧疚。不过，从弗吉尼

---

[1] Parrington, *The Romantic Revolution in America*, pp. 466 – 468; Laski, *The American Democracy*, pp. 419 – 420.

亚王朝到紫色时代（the Mauve Decade）这段艰难的岁月，拓展了他的生命。如果说，他没有提供经久不衰的政治准则的话，那么他对民主、个人主义和美国人民未来的怀疑，仍然最好地体现了保守主义在他那个时代的衰败。

与迪斯雷利一样但比他更加严重一点是，洛威尔在刚开始的时候也与激进主义有所混同；他早期的诗歌尤为激进："我认为，这个时代没有什么诗歌能够描述好的东西，除非诗人本人与时代同流合污。激进主义如今首次具有了独特且被人广为接受的形式；正如此前几十年的诗歌（和某些它们无法达到的纯粹形式）中所触及的：激进主义的精神源自本能而非理性；直到如今人们才将其看作是承载着整个宇宙的两个伟大羽翼之一。"❶ 在20世纪30年代，这是非常有趣的、让人想起的马克思主义"无产阶级诗歌"。不过，这种激进主义的某些方面是痛楚的：他变成一位坚定不移的废奴主义者，而且尽管他从
341 来没有加入最激进的支派，他对南方一切事物的怨恨是无法平息的。与很多敏感的新英格兰人一样，他为墨西哥战争和促使这场战争的南方人的欲望感到震惊；这激发他创作了《毕格罗论文集》，从此声名鹊起；他谴责奴隶制和南方的政治原则；带有恶意地谴责杰斐逊·戴维斯以至于这段文字如今读起来有些尴尬；他还使自己与加里森联盟，尽管他深知那种对"恶棍"的狂热，就像"每一个改革领袖"一样。有良知的北方人有理由对发生在梅森—迪克森线以南的很多事情感到震惊，南方人则有理由憎恨新英格兰人傲慢自大的不宽容；而

❶*Letters of James Russell Lowell*, I, pp. 78 – 79.

洛威尔的那种盲目的、持续到重建时期的憎恶，在柏克的学生那里则并没有被接受。

洛威尔一直是一位富有洞见的、柏克的仰慕者，他也坦诚了自己那种根本性的保守主义。1875 年，他在给托马斯·休斯的一封信中，以一种开玩笑的口吻写道："我天生是一名托利党人，在英国我会是一名坚定的托利党人。我不会放弃一件有根基的事物，尽管它可能会从垃圾堆里获取养分。"❶ 洛威尔出生于麻省剑桥市托利街上的一座公寓里，并在新英格兰地区婆罗门的正统教育中长大；他自始至终都坚定地维护道德传统和社会传统，尽管这像他的废奴主义一样前后矛盾。"保守主义"一词对于洛威尔来说通常是一种褒奖。在以下这段文字中，人们可以看出他有多热爱柏克的哲学和风格：

> 就"流行"一词的最确切含义而言，没有哪一个伟大的诗人能够被称为"流行的"；因为最好的诗都是表达思想和情感的，它们像海苔一样，藏在我们不变的人性和波动的人性之间的领域，根源于一端，却存活在另一端；它们很少会赤裸裸地呈现出来，而只是在绝对平静和清晰的特殊时刻才能被人们看见。❷

342 洛威尔对林肯的赞美（该赞美并没有在人民大众中给总统形成一种经久不衰的敬畏），是对保守主义民主者、追随柏克意愿的政治

❶*Letters of James Russell Lowell*, II, p. 153.

❷Lowell, *Among My Books*, II, p. 251.

家的赞美，他有能力促进改革，同时也能有所保守。洛威尔来自于天主教的对人性的理解，偶然超越了狭隘婆罗门主义时常对他产生的影响；这证明他会爱上——几乎是崇拜——这位对剑桥人非常陌生的、来自于伊利诺伊的政治家。任何一个读完查尔斯·弗朗西斯·亚当斯对林肯总统的首次采访报道的人，都会意识到，马萨诸塞州海湾和伊利诺伊州的斯普林菲尔德在风俗习惯和教育方面存在着巨大的鸿沟。“在法国大革命给我们带来的教训当中，没有什么比这个更加令人悲伤和震惊的了，那就是：除了要运转的政治体制，你可以将一切都从人们的热情中驱逐出去；也没有什么能像真诚变成教条那样无情而麻木的残忍。将情感领域拓展至没有合法管辖范围的做法，总是令人泄气的；可能林肯先生最大的压力就是，在对抗支持者们那些与自己私欲相一致的旨趣的同时，彻底反对自己对‘宽泛政策’的信念。”[1]关于这一点，麦考利做出了最佳阐释。

尽管洛威尔本人从来都不曾是一名激进的共和党，但直到约翰逊总统弹劾案表明共和党堕落到何种恶意和任性虚荣的境地之前，他都一直裹挟着共和主义那些图谋报复的、恶毒的元素。于是，洛威尔相当羞愧地（因为他曾经憎恨约翰逊和苏厄德）转向了共和党人当中的那些革命性力量，如戈德金花费数年的时间反对城市管理和政府分赃制，并时常表现出令人惊叹的勇气。海耶斯总统曾让洛威尔出任西班牙大使，之后又去了英格兰，他出色地完成了任务；而且他在海外的这些经历，促成了日后他很多有意思的反思。不过，人们看不到洛

[1] Lowell, “Abraham Lincoln,” *Political Essays*, p. 186.

威尔曾经表达过任何前后一致的保守主义观念。他那个时代有很多东西让他感到害怕：行为的败坏、道德的腐化、无产阶级的不满、大众的思想（这是理论卑俗化和交流加速的后果），以及受到移民浪潮冲击的美国生活。对此他给出的应对方案是支支吾吾的，而且比较模
343 糊；但他的批评却经常闪烁着保守主义的锐利和谨慎之光。

他在一封写给朋友的信中这样说道："我一直在想，在民主制度中，惯例是唯一能有效对抗猎刀的武器，是唯一能够将我们从野蛮当中解救出来的东西。"[1] 内战之后，洛威尔对政治的主要贡献就在于，他努力维系绅士传统的残留，无视镀金时代的潮流。他在 1876 年写给乔尔·本顿的信，大概最好地诠释了他的社会保守主义；当时他一直是暴力新闻和大众讨伐的对象，因为他竟敢在美国建国百年庆时谴责吉姆·菲斯克、波斯·特威德以及他们的功绩。《毕格罗论文集》的作者洛威尔似乎认为，只有韦伯斯特议员、库欣将军还有其他保守主义者被遏制了，并且由南方来治愈新英格兰人的心灵，美国才会迎来道德上的不断进步。这些前提条件得到了满足，洛威尔却被它们的后果吓坏了：

> 道德基调的退化让我满心疑惑和焦虑。这是不是民主的后果呢？我们的政府是一个"由为人民谋求利益的人们所掌控的人民政府"，还是一种牺牲傻瓜、专为恶棍牟利的恶人政治？民主不过是一种实验，我知道只有一种方式可以评

[1] Lowell to Miss Norton, March 4, 1873, *Letters*, II, p. 103.

判它——那就是，通过它的结果来加以评判。民主本身并不比君主制更加神圣。神圣的是人；如今需要强化的是人的义务和机会，而非权利。荣誉、正义和文化，使自由无比珍贵；如果它只是意味着自由是低贱而残忍的，那么将一文不值……只要我活着，我就不会为岱摩斯国王唱生日赞歌，也不会为罗格国王唱生日赞歌，更不会认为我们的虚伪言辞比其他的更加高贵。让我们一起努力（这项任务需要我们所有人），来实现民主。它自身当然不是一项创新，不过是一种永恒的运动。[1]

可是，如何才能一起努力呢？洛威尔部分地意指戈德金、希金森等人所意图实施的那些行政和净化手段，如可行的公民服务、经过改
344 进的教育以及被唤醒的公共良知等等。然而，他有时候又会走得更远。他在给托马斯·休斯的信中提到了他在辛辛那提的旅行；铁路沿线的那些安静的田野使他备受鼓舞："这里收获了大量的人类幸福，至少无论如何，它与那些使国家更加宜居的、更高尚的事物并存。它们会及时到来吗？民主是不是因其本性而注定成为一种死气沉沉的平庸呢？我们结合自由的试验，就是要在基督教世界实现它，而最明智的人都无法预测其后果。它只会确保安全免受更加危险的原初性疾病的侵扰吗？"[2]

"原初性"，这种对新颖性和理智实验的狂热，在洛威尔这里变

[1] *Letters*, II, p. 179.
[2] *Ibid.*, II, pp. 194 – 195.

得更加自相矛盾。他害怕达尔文式观念的影响，反对那些要对全能上帝进行物理学和生物学研究的主张。与柏克一样，他信任各个时代的那些智力资本。“我认为进化论主义者不久就会造出一个原生质的崇拜偶像。在我看来，这种糊状物是可怜的要替代磐石的东西——这里我所说的磐石，是指特定的一些更高级的本能；人们发现，这些本能是使他们得以立足于各种状况的坚实基础。无论如何，我在蓝胡子故事当中看到了有用的道德。我们手中有了钥匙，但有一扇门我们最好是不要打开。”❶ 仅此而已，但大多数人都不顾洛威尔的话，都弯下腰走进了那间致命的房间；他们开了锁，所有曾经蒙着面纱的秘密都被曝光。对于社会中的所有元素来说，伟大的地球本身似乎开始变得不那么实在。甚至自然秩序都遭到了质疑，我们能够期望人们远离那种由纯粹规训所支配的自然秩序吗？洛威尔深知一种普遍的、对社会延续性的赞同，对于文明而言有多重要：

> 社会最强有力的黏合剂之一就是这样一种信念，即：事物生来具有的状态，就是宇宙秩序的一部分；我们可以说，就像太阳绕着地球转一样自然。除非遭到强迫，否则人们不会放弃这样一种信念；一个明智的社会应当留意不要施加这种强迫。对于个体的人来说，在人性之外没有根本性的治愈
> 345 方式，因为人性继承了恶。❷

---

❶Lowell to Miss Norton, *Letters*, II, p. 276.

❷Lowell, *Political and Literary Addresses*, p. 36.

洛威尔在他那篇著名的英文演讲“论民主”中如是说。近期一位撰写洛威尔传记的作家表明，他的前后矛盾和犹豫不决玷污了此次演讲；[1] 不过这篇演讲体现了他的诸多思考（包括他对教育的评论），这些思考值得我们牢记。现代世界饱受随意性好奇心的困扰，教育本身会实现什么保存文明秩序的东西吗？舍布鲁克勋爵曾经告诫英国人要教育他们未来的统治者。不过，这就够了吗？“教育聪明人就是扩大他们的欲求和期望。本该如此；但这项事业必须要更加前进一步，要预备满足这些欲求和期望的途径，只要它们是合理的。”[2]

因此，我们便回到了那个令人不舒服的疑问：“怎么才能做到呢？”洛威尔在这个问题上再次闪烁其词。他在提到迪斯雷利的时候的确说，“民主就其最好的意义而言，不过是让空气和光透进来”；他曾经还以类似的口吻说道：“惯常的安慰是保守主义和名望的主要堡垒，保守主义和名望是两种老式的品质，对于它们而言，世界上所有微妙的感受都不过是空谈的替代品。”[3] 他会在社会中给自己既怜惜又惧怕的无产者以相应的利益。“真正能威胁到既定事物秩序的并不是民主（如果我们恰当地理解民主的话，它是一种保守主义的力量），而是新集体主义，它会找到一个支点。如果我们做不到使人们的智力一样（一位智者曾经说过，如果两个人同骑一匹马的话，就必然要有一个人坐后面），也无法使各种条件和财富平等的话；那么，或许我们能做点什么来纠正那些导致严重不平等的方式和影响，

---

[1] R. C. Beatty, *James Russell Lowell*, pp. 275 – 278.

[2] *Political and Literary Addresses*, pp. 34 – 35.

[3] Lowell to Godkin, October 10, 1874, *Letters*, II, p. 150.

并防止它们产生更大的不平等。”

然而，他对采取什么样的手段始终保持沉默。他憎恶工会，谴责八小时工作制；他深知“国家社会主义会切断个人品质的根基”。总的来说，洛威尔作为实践政治家的能力并不强（这在一个老婆罗门
346 绅士那里再自然不过，从新英格兰到新爱尔兰的这种转变，切断了他与自己所出生的那个社会之间的联系），这种把握政治现实能力上的不足也是他最后一篇社会讲话《政治独立的重要性》（1888）的缺陷。在这里，他又回到了那种惯常的对党派的憎恶，并宣称：“我认为，事实已经证明，旧的党派并不是从内部进行改革的。”然而，这不过是退回到华盛顿的那种对没有派系的政府的淳朴希望，但忽视了柏克给每一位政客所教导的，即：如果没有真正的党派，那么任何政府都会被小团体或煽动者所俘获。如果政党无法从内部进行变革，那么，民主很可能根本就无法得到变革。当洛威尔阐明文学和一般性真理时，他所立足的根基是非常牢靠的；在这里他这样评论作为政治哲学家的柏克：

> 自亚里士多德时代以来，有很多伟大而敏锐的人对政治进行了评论；但柏克是第一个用令人激动的想象之光，点亮了自己所观察和思考的对象。他将这束具有穿透性的光线，投向了看起来杂乱动荡的人类本性和经验，并在这里发现了神圣秩序的暗示（如果不是谋划的话）。于是，他的著作中充满了预言，其中有一些已经实现了，有一些正在实现，因为它们是具有智慧的。这是因为，对他来说，人类本性始终

是文本和历史的注释。❶

尽管从小范围来看，这些资质有些是洛威尔本人；因此相应地，他对于研究保守主义观念的人来说仍然是有价值的。E. L. 戈德金曾经说过，没有什么比拥有大学教育经历更不适合一个取悦选民的人了，而且他以自己的朋友洛威尔为例。洛威尔是“一名爱国的美国人”，彻底的民主党；但他与民众步调不一致。西方人从来没有喜欢过他；《纽约论坛》甚至否认他是一个“好的美国人”；共和党还在
347 他身上写下“伊卡博德”❷ 的字样。“导致这一切的真正原因是，洛威尔的政治标准与他们不一样。他生活在更早的精神共和国，在这里，立法是由一等公民来完成的，他们由人民选举出来，人们也听从于他们。当他身处一个由民众来教导立法者该做什么的共和国当中时，他从来都不曾真正地感到自在。”❸ 弗吉尼亚精神对美国政治的影响，在内战中消失了；洛威尔所代表的新英格兰精神，在镀金时代也枯萎了。

三、 戈德金论民主观念

新闻出版业的兴起，给每个人提供了素材以形成某种关

❶*Political and Literary Addresses*, p. 197.
❷小说《睡谷的传说》中的人物。——译者注
❸Godkin, *Problems of Modern Democracy*, p. 201.

于政治事务的观点，也给他们提供了表达观点的机会，而无论它们被如何评价；这自然地会对贵族式政策产生一种麻痹性的影响，也会导致贵族式国家的衰落，即便法国大革命不发生也会如此……当国家中的每个人都知道，或者自认为知道，应该去做什么的时候；那么，由少数经受过训练的人来进行治理的时代就已经过去了。

——E. L. 戈德金，《未曾预见的民主趋势》

埃德温·劳伦斯·戈德金是一位杰出的编辑，他终身与“广泛民主的最大困难，难以向大众传递日常观念和冲动”做斗争。在他年轻的时候，他就是英国自由主义者当中一颗冉冉升起的新星；后来他将自己的一身本领都贡献给了美国：使《国家》在这片土地上成为一种强大的力量，影响了洛威尔，并使他的敌人与查尔斯·弗朗西斯·亚当斯、希金森、诺顿以及保守主义改革者——他们尽全力羞辱那些腐蚀民主理想的人——结成了联盟。戈德金是一名赞同麦考利那种辉格党路线的思想家。他作为批评者要比作为预言家更加敏锐，并轻蔑地反对保护性关税和社会主义，以及所有其他不尊重曼彻斯特式政治经济的事物；他希望自己能够有助于救赎他所移居的国家和经过
348 启蒙的民主理想；他所借用的工具就是用一种“庄重、有教养、成熟”的、像英国那样的出版业，来对抗美国大众报纸的无知和轻浮。镀金时代的新闻出版已经足够糟糕了，但还是可以更糟糕的；正如H. S. 康马杰在评论戈德金时所说：“他生前看到了‘轻浮新闻’的到来，他认为这在任何一个基督教国家都是去往地狱的最便捷途径；他

也看到了‘一个手持几百万美元的恶棍男孩’冒昧地要支配国家政策。然而，他太骄傲了，所以没有遵循普利策和赫斯特所指引的方向。他在世纪之交时退休了，尽管满心挫败感但还算安宁；他看到新闻业变得庸俗化，曾经被他嘲笑的‘染色体’文明获得了胜利，他所移居的国家踏上了征服之路，这在他看来是灾难性的。他喜欢的再也不曾出现。”❶

亨利·亚当斯曾经希望要使大众传媒转而服务于古老的高雅风尚和理想的保守主义目的，但惨遭失败。他的主要期望是当上《纽约日报》的编辑，但未曾实现；于是他退缩了回去并认为自己彻底失败了，显然他没有意识到，他的实际任务对社会各阶级所造成的终极影响，会比他那种失败了的、短暂的对大众的影响要深远得多。健全的（尽管偶尔有点古怪的）社会保守主义者如戈德金、亚当斯、柯蒂斯以及西奥多·罗斯福等人，无论是哪一种立场，都屈从于普利策和赫斯特的那种计算性的癔症、微不足道的政治保守主义，以及诺斯克利夫和罗瑟米尔所带来的真实的社会道德败坏。然而，在大众情绪高涨的年代，仍然有一些高雅的报纸存活了下来；出版业偶尔仍然能够教导和引导大众意见；这部分地来自于戈德金的批评和他所确立的标准。他所创办的《国家》，在换了一系列有意思的编辑之后，仍然存活了下来；尽管目前刺耳地传播一种戈德金曾经非常讨厌的情绪化集体主义。戈德金几乎是渴望地希望未来的民主体制，是由大学毕业生来掌控；他经常谈论老式的“民主中那些接受过教育的人”——

---

❶Commager, *The American Mind*, p. 68.

这些在现在不过是一些幽灵魅影，这部分地是因为戈德金的同盟好
349 友、哈佛校长艾略特和认同他那种功利主义的人所进行的教育改革。尽管美国一路跌跌撞撞不断犯错，尽管公共腐败的程度令人气馁，但并不见得就比戈德金那个时代更加糟糕；而且公共立法机构的裁决也不一定就比19世纪后30年的更加危险。没有人能知道，戈德金及其同僚与公共意识的觉醒（这种觉醒使犯罪和欺骗维持在可控范围之内），有多大的关系；但他们肯定是参与推动了。

在《未曾预见的民主趋势》一书得以出版重印时，戈德金的那篇《公共意见的增长与表达》得以重新发表；这很可能是戈德金对现代社会所做出的最富洞见的分析。这位具有革命精神的编辑，将民主看作是自然的、无法避免的而加以接受——此处他自信民主是永恒存在的，但本世纪的事实证明这是没有根据的；他经常尖锐地回应一些批评，这些批评针对托克维尔、梅因和莱基等人所推动的大众政府。他太不谨慎了，所以才会预言说："很可能这个世界在以后几个世纪都不会再看到另一个被选出来的独裁者了。"❶ 他不害怕民主的崩溃，害怕的是民主的退化，以及思想上和品质上的平庸在市民社会中迷失了方向所造成的后果。"与民主的发展绑定在一起的、真正值得警觉的是，它似乎并没有为这个新世界的政府做好准备。"

现代社会的公众，在阅读时越来越无法保持持久的专注；同样，那些长期讨厌政治的人，只是偶尔付诸行动；然后，基本上都会忽视行动。如果让那些不足以胜任的人来掌管政府，那么老板和机器、罪

❶Godkin, *Unforeseen Tendencies of Democracy*, p. 138.

犯和众多的寄生虫都会蜂拥而至；尽管人们会模糊地讨厌这样的恶政并与之保持距离，但他们的憎恨一般不会累积到“荡起钟摆”的程度——也就是只允许一个党派有一个任期，然后用另一群类似的人加以替换。民主似乎往往会憎恨或嫉妒特别合适的人，因此会将他们天
350 生的领袖驱逐出去；而美国尤其缺乏一个庞大的阶级以选出好的领导：“我们社会中所缺乏的是，财富和文化没有整合在同样的人和大型城市当中（可能波士顿除外），这是我们这个时代最显著的、最引人注目的特征之一。”❶ 在人民大众看来，政府之所以丧失了理性和尊严，是因为政府缺少仪式和敬畏，这在柏克看来是维持秩序必不可少的。“在众人的眼中，政府完全失去了它曾经拥有的道德权威和理论权威。它不再是上帝在尘世的代表。在民主国家，它所代表的是在最终选举中获得票数最高的党派；在大多数情况下，它由这样一些人管理，他们不会使子女或信托的监护人成为自己的财产。一些历史学派的年轻名流给我们说明了璀璨的未来，只要我们为了大众的利益而接受政府干涉私人利益，并记住，在纽约，‘政府’包含黑尔州长引导下的奥尔巴尼立法会，在纽约市还包含被人们称为‘四大社团’的塔蒙集团；那么，这个璀璨的未来就会在不远处等着我们。当我读到这些的时候，我承认，我惊讶得不知所措。”❷

甚至这样一个被掠夺、撕裂和脱光了道德盔甲的政府，都是可容忍的，只要政府在古老的约束范围之内活动。然而，大众媒体给现代人灌输了一种没有知识性的假设，他们决心要极大地扩展政府职能使

❶*Problems of Modern Democracy*, p. 325.

❷*Ibid.*, pp. 173 - 174.

之超越其古老的职责：防御和维护国内秩序。由于公众目前沉醉地认为可以通过政府行为来获得必需品和慰藉，甚至排除那些曾经引起共鸣的、作为战斗口号的自由。各种经济欲望如今主宰着所有的阶级，它们使公众要求一种家长式制度；它们鼓励各种低劣的乌托邦幻想，这些幻想令人恶心又非常流行；它们还几乎总是要使政府控制货币价
351 值，随之而来的就是通货膨胀和动荡不安；它们是挥霍公共开支的借口；使劳动力问题更加危险。此外，那种认为繁荣发展必须要依靠政府行为的妄念，已经令人感到气馁了；但如果得以完全实现的话，就必然会导向一种身体上和灵魂上的共同贫困，而这又被掩饰成一种共同满足。“多数人的统治必定总是相对比较穷的那些人的统治，在这个时代，穷人不再安于贫困。他们追求财富；在财富迅速增长的时候，他们非常急切地加以追求。我们无法改变这种状况，而必须要面对如此呈现在我们面前的问题。我毫不犹豫地说，这个问题是每一个文明国家政府所面临的重大问题：如何使财富服从于法律，如何防止它影响选举、防止它的爪牙伸向司法官或使用各种伎俩将高利贷推向更高水平。”❶ 当腐败且愚蠢的政府的行为可以被规训局限在小范围和特定领域的时候，那么，人们还是可以容忍它们的；然而，在这个增长扩张的时代，腐败且愚蠢的政府会猛然地将我们送至阶级斗争和国际性无政府主义。

我们能做点什么来限制这些欲望并肃清社会中的这些问题呢？戈德金给出的药方与他的诊断一样，都局限于他在狭义的经济和政治问

---

❶*Problems of Modern Democracy*, pp. 109 – 110.

题上的偏见，就像所有哲学学派、像麦考利和密尔；他只能偶然摆脱理性传统的狭隘影响；他经常将社会想象成一架机器，或高效或低效，可以借助于某些技术手段来加以破坏或修复。不过，他也并没有忽略这些问题的复杂性，他并没有抱有那种在美国非常普遍的、取悦性的幻想：如果人们能够用心，每个问题都会有其简单的解决办法；或者，每一个问题都是可以解决的。例如，“‘劳动力问题’本质上是使体力劳动者满足于自己的劳动所获。在我看来，这是一个无法获得解决的问题。只要人口继续与人类工业所产生的可分配成果之间存
352 在张力，那么，就不会有什么发明或革新能够解决这个问题。随着时代的不同，造成大众对现状不满的因素也有所不同；但这种不满会一直持续；他们也一直会谴责那些比别人得到更多的人。”❶ 戈德金倡导某些实际的补救措施，如今看来几乎是无力得有些荒唐可笑；但他偶尔表明自己的意识，即：所有这些补救措施的有效性都取决于当代欲望所面临的那种道德状况；如果人们要检验这种道德状况，可以借助于政论家、教授和党派领导当中那种接近于宗教神圣的责任感来加以检验。

戈德金那些直接的补救方案和治标措施就是：内务改革、全民公投、倡议、经常性的宪政会议；政府在管理经济时极有可能会失败，这会引发放任主义的回归。

在任何温和阶段，我都不寻求民主立法机关获得更多的

---

❶*Problems of Modern Democracy*, p. 193.

平等。为了改善自己的政府、为了更好地维护财产权和维持秩序，我认为民主社会要做的是，限制这些议会的权力并缩短其任期，还要更加自如地使用全民公投以保护那些真正重要的法律。我毫不怀疑，在不久的将来，美国人民会更多地在立宪会议中确立政府，会使立法机关限制在很小的范围之内，并使之经常举行会议……过不了几年，货币问题就会转变为大众选举权的问题（如今这种转变已经开始了）；法定货币质量问题现在隐匿在整体性的问题背后，它会被废除，政府的职责将会仅仅局限于权衡和盖章。❶

唉，这是要将利维坦勾引出来，戈德金虽然阅读过柏克和托克维尔，但从来都不曾具有预言家的眼力。不过这似乎是他那个时代的趋
353 势：倡议、全民公投、召回等一系列用更大的民主来纠正民主的措施，在全美国传播开来——并自此开始由于被滥用和它们停滞不前的疏忽而引人瞩目。这些措施能更好地服务于无道德原则的操控者而非改革家，让人们签请愿书仍然要比主导党派会议更加容易；即便是信奉实用主义的美国人，也会对用立宪会议这个极端方式来治理日常政治问题的想法感到不满。增加内务检验并不能触及政府的权力与职能；人民没有将权威从政府拿回自己的手中，相反地，他们允许行政分支当中各种新权力的集中，只是偶尔有所抱怨。可控的货币成功地消解了任何货币定价；它们没有与黄金挂钩，反而控制住了黄金。如

---

❶*Problems of Modern Democracy*, pp. 297 – 298.

果我们要进一步考察戈德金那些提议的失败之处，那将是沉闷冗长而且有点吹毛求疵。私下里他自己也不相信这些提议，他在1895年跟查尔斯·艾略特坦言："您看，我对民主的未来并不乐观。我认为我们将会面临一个长期的衰落，就像是罗马帝国衰落那样；接着，是在某种其他形式的社会中再次发生。当前我们国家的巨大进步，掩盖了这种趋势。"[1]

戈德金的局限，是整个19世纪"经典"自由主义者的局限。每当他们试图扭转保守主义并制约变革潮流（这种潮流稍早一点就将他们冲刷至理论制高点）时，都会显露出来。就像约翰·罗素勋爵，他们都向往定局；但工业主义、民主以及当前复杂的大众欲望，都借助于选举资格的诡计和灵巧的政治手段而爆发出来。自由主义源自一种诚实的"合理性"，即一种设想（我们可以诱导社会遵守严格的逻辑进程和实践进程），尽管时而有点短视；如果人民大众一直处于非理智状态的话，自由主义者就会溺亡在狂浪之中，而他们之前错认为
354 这只是一个小水池。从理智脉络来看，戈德金根本就不能算作是保守主义者，他应当是镀金时代革新派的最值得尊敬的对手。这足以说明美国保守主义在这些艰难时期所忍受的低落阴郁与困顿疲乏。

不过，如果说这意味着戈德金失败了，那也是不对的。他觉察到了现代公众意见的真正本质，即：庞大的笨拙的群体渴求某些东西来满足欲求，而这些欲求是由戈德金名义上的才识所促动的。戈德金带着极大的勇气和毅力，试着使媒体成为政治净化的工具和高尚情操的

---

[1] Ogden, *Life and Letters of Godkin*, II, p. 199.

传播者；还试着在媒体帝国确立道德原则。然而，在他去世的四个月之前，他在写给诺顿的信中这样说道："我们曾经承诺要在这个世上占据的广阔领地，似乎完全看不见……最糟糕的是，低劣的媒体却助纣为虐。它从来都没有像我们所期待的那样，成为更好行为规则和更纯粹律法的教授者。"❶ 如果新闻业总的来说已经成为阿瑟·梅琴口中"恶劣卑鄙的行业"，那么还会有记者记得戈德金以及那些和他一样的人。没有他们，我们该做些什么呢？

尽管如此，为了更加敏锐地考察现代社会——为了认识到政治不过是社会存在的外衣，人们需要从"《国家》的新耶路撒冷"转向亨利和亚当斯这两位忧郁沮丧的兄弟。他们的朋友戈德金自始至终都希望着，通过打开某些闸门、借助于一些水泵，而使他们那个时代的洪灾泄散到民主式的观念沼泽当中。第四代亚当斯家族，在简短地体验生活之后判定，理性和仁慈不能支配人性；于是进而探究那些加速文明毁灭的力量法则。"人们逐年变成权势的附庸，聚集在中枢权力机构的四周。"年迈孤独地生活在华盛顿的亨利·亚当斯曾经这样写道，约瑟夫·德·迈斯特曾经（带着比他那些贬低者所觉察到的要多一些事实地）断言，华盛顿永远都不会成为一个真正的共同体。戈德金试图给这个朦胧不清，也可能是愚蠢的社会带来一种清晰的展
355 望。几千名戈德金《国家》的读者、几百名洛威尔和亚当斯《北美评论》的读者，都不再形成公共意见，甚至也不可能在任何直接的意义上形塑公共意见。亚当斯在回顾黑色星期五的时候说道："社会

---

❶Ogden, *Life and Letters of Godkin*, II, p. 253.

笑对那种茫然且毫无意义的对自己失败的嘲弄。”在亨利和布鲁克斯·亚当斯那里，保守主义的本能放弃了掌控社会的期望，而只寻求理解。

四、亨利·亚当斯论民主信条的堕落

> 根据我的理解，我们这个社会已经结束了银本位时代，并给予它最后一击。现在我们必须为了黄金而奋战。除非你们完全错了，否则这种争夺就不得不打破很多陈旧的东西，并为那些社会、政治以及经济方面的新人提供一个打扫干净的领域。我最近才在这里看到那种强迫感，它仍然抑制着个体并使社会更加集中和无意识；不过，好玩的是过程而不是结果。这一过程似乎足够长了，能让我们终生都乐在其中。
>
> ——亨利·亚当斯致布鲁克斯·亚当斯，1897 年 10 月 23 日

我们会很容易就讨厌亨利·亚当斯。他完全继承伟大祖先们所具有的那种突出的吹毛求疵的特质，在评价他人的时候毫不留情的坦率；他甚至还经常嘲笑自己曾经所热爱的，并完全确信他的曾祖父、祖父和父亲是一脉相承的正确；他们的对手则是沉浸在妄念和伪善当中。然而，这个悲观阴郁但又充满幽默、被艾尔伯特·杰伊·诺克认定是亚当斯家族当中最有成就的人，是美国文学史上最具煽动性的

人，是最具挑衅性的作家、最优秀的历史学家，也是更富洞察力的思想批评家。要克服对亨利·亚当斯的厌恶，我们最好去读他那些贬低者的作品。为了反对他那种奥林匹亚式的、对一个岌岌可危的世界的嘲笑以及他真实内心的那种谦卑，贬低者的低声怒吼和斤斤计较让我们松了口气，这折射出亚当斯的学识和智慧——反倒是谄媚无法体
356 现的。

有一个事例可以表明亨利·亚当斯代表了美国文明的顶峰。作为一位不会出错且好战的美国人、品行端正且智力超群的、延续了四代的家族最后一位继承者、极有可能（不要管他的自传）是美国社会中受过最好教育的人，亚当斯既十分熟悉杰斐逊政府，也熟读中世纪欧洲历史；他既理解新英格兰的特质，也了解日本和南海；他还洞察到了现代科学可能会对20世纪的思想和社会所造成的灾难性影响，这是他的同辈没有看到的。然而，这些伟大天赋所产生的却是像叔本华那样深层且毫不留情的悲观厌世情绪；而且亚当斯的那种漫长考验和对美国大众期望的排斥，又强化了这种情绪。亨利·亚当斯的保守主义，是一个眼前横着陡峭可怕、没有回头路的斜坡的人的保守主义：人们也许会高兴地重拾以往的高贵，也许会不时地、短暂地延缓人类的堕落，但结果最终是无处可逃。

在任何有关美国保守主义的论述当中，亚当斯家族和哈佛大学所占据的篇幅在表面上来看都是不太成比例的。然而，人们可以毫不夸张地说，这个家族和哈佛大学就是保守主义的化身，至少在北方是这样。亨利和布鲁克斯·亚当斯正当地将英勇无畏而具先见之明的、约翰·亚当斯在波士顿大屠杀时期所确立的保守主义传统，引入了

1918年得胜的美国。19世纪末20世纪初的哈佛大学，在亨利·亚当斯、查尔斯·艾略特·诺顿、巴雷特·温德尔、乔治·桑塔亚纳以及欧文·白璧德等人那里体现出保守主义的共和主义，这曾经是新英格兰英才们的态度。作为哈佛大学的历史学教授和几年《北美评论》的编辑，亚当斯给美国人的思想所产生的影响仍然清晰可见，从像亨利·奥斯本·泰勒、亨利·卡伯特·洛奇以及拉尔夫·亚当斯·克拉
357 姆这样的学生和门徒，到现在某种程度上可以拓展至每一个有声望的大学和学院当中；不过亚当斯本人并不在意这种影响。他最初希望借助于法律而成为一个政治团体的领袖，后来他则寄希望于媒体；在这两方面均以失败告终之后，他转向了沙特尔和13世纪以寻求慰藉。1858年，亚当斯于柏林在给查尔斯·弗朗西斯·亚当斯的信中写道："似乎有两样东西是我们宪政的基石：一是连续不断的、对政治的向往，二是家族骄傲；我很好奇这两种感觉是如何在我们所有人当中运行的呢？"53年之后，亚当斯非常清晰地认识到，政治成就和家族骄傲是如何挫败了他们家族的第四代人。"我一直认为，格兰特毁了我的生活，也是将社会高举回至理性高度的最后一线希望。在我看来，格兰特政府划分了什么是我们所希望的和什么是我们所得到的。"[1]镀金时代及之后，亚当斯无法成功地进行领导，也无法骄傲地任职。

是什么导致了现代社会的严重腐败呢？亚当斯在英格兰、欧洲大陆以及相对无辜的美国文明中所检测到的病症是什么呢？他大半生都在追问这个问题。当亚当斯还是一位非常年轻的、美国驻伦敦使馆人

---

[1] *Letters of Henry Adams*, I, 5; II, pp. 575 –576.

员时，他就阅读了约翰·斯图亚特·密尔、托克维尔和其他自由主义者的著作，后来又读了孔德和马克思；然而，尽管这些作者都对亚当斯产生了某种影响，但他仍然带着一丝轻蔑地将自由主义者抛至一旁，只保留了孔德的那种阶段论，并对马克思进行了评论："我觉得我从来没有读过这样一本教给我这么多，但我却严重不同意其结论的书。"[1] 他的观念是继承而来的，大多数是约翰·亚当斯和约翰·昆西·亚当斯的观念。他那本《杰斐逊和麦迪逊当政时期美国史》，是美国人所写出的在风格和方法上最为精细的历史著作，它带着不偏不倚的憎恨评判了这段决定性的历史，这与亚当斯的祖父、曾祖父在评论杰斐逊式和汉密尔顿式联邦党人时的态度一样。他的小说《民主》表达了亚当斯家族对布雷恩斯和康克林所领导的国家的高度蔑视，他
358 们生活在错综复杂的谎言之中。这个社会出了什么问题？是谁的天赋腐化了从而歪曲了罗斯福和塔夫脱的品质，并贬损了他的亲密战友哈耶？亚当斯排斥大众对这个问题的回答，正如他拒斥大众的特性；他像祖先们一样，转向科学和历史以获得启示。他在现代看到了一种可怕的、没有人情味的堕落达到了巅峰；这种堕落过程自几个世纪前就已经开始，在他这个时代由于黄金取代银币成为货币本位而更加凸显，还将不可抵抗地继续通往进一步的集权化和中央集权化，直到新集体主义在各地占据优势地位；接着，文明就会腐烂。

他在《亨利·亚当斯的教育》一书中曾经写道："现代政治于其根基处而言，并不是人与人之间的斗争，而是各种力量的角逐。"

---

[1] *Letters of Adams*, II, p. 49.

“冲突并不在于人与人之间，而是在驱动人们的各种力量之间，而且人们容易服从于自己的驱动力。”[1] 多少世纪以来，社会都在疯狂地寻求集中、低廉以及不可估量的物质力量；如今这些东西几乎都获得了，而它们也意味着文明生活的终结。一旦人们从追求精神性力量（童贞女玛利亚），转向了追求物质力量（发电机）；那么，他们的命运也就注定了。这位清教徒的后裔宣称，13 世纪的信仰和美，使那个时代成为人类最高贵的时期；他只能想象出一个比 19 世纪资本家统治更糟糕的社会状态，那就是即将到来的、20 世纪的由贸易联合会进行的统治。

亚当斯对于13 世纪思想与心灵的热爱，让他受到了暴风骤雨般的批评，其中有些比较敏锐，有些则非常肤浅。某些美国思想史家宣扬一种幼稚的想法，即：亚当斯要么忽略、要么不了解那个时代的混乱和物质上的可怕状态；这种想法会被亚当斯嗤之以鼻：还没有人能给亨利・亚当斯上历史课；他对中世纪的危险和不安了如指掌，也深知，与物质环境相比较而言，幸福更加取决于思想和心灵上的安宁。
359 “他借助于某种微妙的弄虚作假，而将中世纪转变为自己那个时代的新英格兰所追求的符号。”[2]伊沃・温特斯曾这样写道。不过，如果说这一指控要比之前的更有把握，那它也是模糊不清的。保罗・埃尔默・摩尔在评论《蒙特・圣米歇尔与莎特尔》时给出了一种更加严重的抨击：“不理智所具有的蛮力和不理智之爱所具有的不负责任性，非常相似；尼采的上帝与托尔斯泰的上帝，不过是同一个上帝的

---

[1] *The Education of Henry Adams*, pp. 421 – 422.
[2] Winters, *In Defense of Reason*, p. 173.

不同侧面。如果可以不失礼地改变这一隐喻，天主教中莎特尔的形象，看起来非常危险地像穿着裙子的古代偶像狄奥尼索斯。”❶ 是不是亚当斯最终，甚至在 13 世纪的莎特尔那里，也只觉察到了混乱?亚当斯曾经告诉布鲁克斯说：“我是稀释了的凯文勋爵和圣·托马斯·阿奎那的混合体。”他的祖父曾经令人苦恼地怀疑上帝旨意和目的的存在，这似乎使接下来亚当斯家族的几代人都承袭了一种不情愿的怀疑主义、一种比《带七个尖角阁的房子》里所描述的更加恶毒的、莫尔的诅咒。（奇妙的是，汉密尔顿将军是将他们击败的始作俑者，杰克逊将军是使他们幻想破灭的主体，格兰特将军则显而易见地确证了他们的怀疑主义。）亨利·亚当斯曾经这样暗示道：如果说，即便在阿奎那时代，信念也不过是一种迷人的妄念，那它也是一种有益的欺骗。随后而来的是一种更加错误的、对武力的崇拜，到 1900 年具体体现在巴黎会展上的发电机当中。他在 1902 年写给布鲁克斯的信中说道：“我认为科学会毁灭我们，而我们则像猴子一样拿着装了子弹的弹壳在胡闹。”❷

宗教信仰及其所维系的基督教世界衰落了，这导向了一个“犹太人和经纪人的社会”；信托成为将亚当斯家族所维护的、古老而自由的共同体的残余，转变为一个庞大国家的完整联合；专制君主、无政府主义者以及金本位游说者，都是该信托的合伙人。社会的下一个阶段将会是“经济上的俄罗斯化”；人们已经不再信任思想，已经带着集中化最终必然胜利的想法来看待思想，个体性会被完全压制。新

❶P. E. More, *Shelburne Essays*, XI, p. 140.
❷*Henry Adams and His Friends*, p. 529.

360 集体主义不可避免地、完全是令人作呕的；它之所以能够战胜资本主义是因为它更加廉价，而现代生活则总是会奖励低廉。从遗产税当中可以觉察到政府征用的苗头，它不过是短短的几代人之后便会完成。劳动力很快就掌控了资本家，并开始勒索社会，直到旧制度被完全抹去。“我坚持认为，我们已然位于各种原则的根基处，也就是处于大海的位置，已经不能走得更远了。我用这样一个事实来加以证明：我住在巴黎或华盛顿，任由可憎的新集体主义者国会议员或评税员的处置；如果我要进入纽约港，就不要在甲板上走来走去、被拳打脚踢、被一个肮脏的雇员吐唾沫，他的老板则是一个更脏的犹太骗子；这个骗子自称是收集者，所有的美国人民大众在他面前都要自愿下跪。”现代人性的那种统治冲动，事实上也是自然现象的基本法则，使这一后果更加确定。亚当斯自称是一名“保守的基督教无政府主义者”，他反抗这种潮流，尤其是在 1893 年的银本位问题上，他表现得尤为激烈。“他认为这很可能是他的最后一次机会，来维护 18 世纪的那些原则、严谨的阐释、受到限制的权力，以及乔治·华盛顿和约翰·亚当斯等人的立场。”❶

金本位取代了银本位，信托和新集体主义者（其实是顶着不同名称的同一批人）取代了个体性人格。“机械力量的吸引力，已经将美国人的心灵扭曲得像螃蟹那样……机械理论大部分被科学所接受，似乎要求这样的一种法则：人民大众应当进行统治。”❷ 资本主义者在他们得胜之时便开始失势，反而要服从于更大的力量。“新集体主

❶*The Education of Henry Adams*, p. 335.

❷*Ibid.*, p. 501.

义者，而非资本主义者即将吞噬我们，在这两者之间，我更偏向于犹太人。”❶ 简言之，社会服从于（艾尔伯特·杰伊·诺克后来提出的）格雷沙姆法则：廉价的会驱逐贵重的；长远来看，文明本身会太娇贵而无法存活。

堕落的进程已经走得太远，行使任何意志都已经无法阻碍这一进程。两千五百多年的进化，将我们带到了一切的终点；1899 年，他
361 在给布鲁克斯·亚当斯的信中写道：“我认为还要经历两代人，它就会分崩离析，或开始分崩离析。也就是说，这两代人会使人口数量达到饱和，会用尽矿产。当那个时刻来临时，经济的衰败或经济文明的衰败，就会来临。”❷自然资源，就像精神资源一样，都在逐渐被耗尽；有良心的人所能期望成为的，就是一个名义上的保守主义者，囤积起文化和自然遗留下的财富，与现代社会的强烈欲望相对抗。整个进步观念，无论是约翰·亚当斯的老对手孔多塞感兴趣的理论还是达尔文主义的血缘关系理论，都毫无意义。“在亚历山大大帝和恺撒大帝之后的两千年，像格兰特这样的人应当被我们称为——也应当真正地、真诚地是——最高级进化的最高成品，这使得进化听起来非常荒唐可笑。人们得要像格兰特一样迂腐才能坚守这种荒唐。从华盛顿总统到格兰特总统，这一进化过程本身，就足以让达尔文感到生气。”❸

正是人们所掌握的科学知识，成为破坏自身道德和身体的工具。1900 年，镭元素的发现意味着一场革命的开始，它最终必然导致裂

---

❶*Henry Adams and His Friends*, p. 438.

❷*Ibid.*, p. 463.

❸*The Education of Henry Adams*, p. 266.

变。“电力从每一个原子中跳跃出来，足以让星际宇宙表明，它自身在运转着浪费物质。人类无法加以拖延；却被一股力量抓住了手腕扔来扔去，就好似他抓住了一根通电的电线或失控的汽车……如果卡尔·皮尔森关于宇宙的观念是对的，那么像伽利略、笛卡尔、莱布尼兹以及牛顿等人，如果他们笃信自己所说出来的宗教信条，那么，他们在1700年以前就本可以阻止科学的进程。1900年，他们明显被迫返回信仰一种未经证实的统一性，以及一种被他们自己已然证伪的秩序。他们将自己贬低为宇宙运动中的一种，并在各自的情形中带有令人眩晕的暴力而加速。”[1] 童贞女玛利亚已经不再能够激发信仰，发
362 动机或科学也已经失去了意义；眩晕却一直都在。

亚当斯有三篇论文在《民主信条的衰败》一书中得以发表；在这些论文中，亚当斯忧郁而清晰地将这些思考凝结为“对社会主义、集体主义、人道主义、民主及其他的科学基础的历史性考察”；它们分别是：“历史的趋势”（1894）、“应用于历史的阶段法则”（1909）、“一封致美国历史教师的信”（1910）。由于缺少亚当斯的支撑性证明，他的论点可以被简明地表达出来，那就是：由于能量消耗是所有自然物不可避免的状况；因此，社会能量必定会被消耗殆尽，现在已经开始不够了；我们弹冠相庆的很多种“进步”，不过是这种腐化的表现症状和苦痛。热力学法则是我们的宿命。根据耗散定律，我们无法增加能量的总量，而强度必定一直在损失。我们只能通过降低能量才得以做工，就像水只能往低处流淌。社会发展也要付出同样

[1] *The Education of Henry Adams*, pp. 494 – 495.

的代价，当科学家接受这一伤感的事实之后，他们就会被一种沉闷的悲观主义所压抑。所有的重要进程都会退化，不可避免地会伴随其运行，就像大脑的发育会使人的身体感到衰弱。一种超自然的意志或指示性力量，似乎能够解释能量的存在，但这种力量并不能重新补充能量。甚至人类意识的增长，也是一种重要力量的减弱阶段。人类行为强度，伴随着十字军东征和建设教堂，在中世纪时期达到了顶峰；自此之后，真正的活力便开始急剧减弱。1830 年标志着人类开始能够驾驭巨大的自然物理能量，同时也标志着人性的衰退；因为要获得力量，就得以牺牲活力为代价。工业化之后，我们离社会堕落和完全毁灭已经只有一步之遥了。“只有死人给我们能量”，勒庞曾经这样说道；我们这些现代人，在断绝了自己与历史的联系之后，就不再渴望这个世界。

未来的历史学家也必定会由物理学知识所引导，如果我们需要解
363 释能量衰退的困境，那就需要另一个牛顿。正如在十万年之前，类人猿昏暗地摸索着该族群的进一步发展，但以失败告终；与此类似，人类如今受困于能源问题和自然资源的枯竭——人类曾毫无节制地加以掠夺。就像 1843 年的彗星一样，人类进化已经越过了最高点；如今，我们被急剧地冲刷着远离我们的高贵时刻。亚当斯将平方定律应用到现代衰落的问题，并主张：现代历史的机械阶段开始于 1600 年、在 1870 年达到鼎盛；然后大约在 1900 年迅速转入电力阶段，这一阶段将一直持续到 1917 年，届时将进入超脱世俗的阶段——此处有更多的预言。亚当斯成功地预测到了第一次世界大战的爆发和延续，预言到了“分子、原子和电子占据奴役地位，使古老的土、气、火、水

等元素都还原成它们”的思想很可能会得以盛行；这些预言是阶段准则的副产品。可是，拓展这些资源也并不能防止能量最终完全消耗殆尽。

基督教信条相信永恒，这既是超人性的，也是超出地球的；真实的世界是精神的世界，人类的命运并不取决于这个星球的变迁兴衰，我们可以通过神圣的目的，将其引入一种远离当下时空的领域。在这种信念中，基督教从能量衰竭的问题中解脱出来；然而，无论亚当斯有多尊敬圣母、将其看作是理念的化身和永恒之美的典范，他都无法
364 相信天意的观念。他一心认定，历史必定是“科学的”；尽管他如此不依赖于思想，但也自愿遵循著名的形而上学和神学趋势、服从科学理论的引领。他发现自己不可能不相信汤姆森、皮尔森和开尔文。如果“科学会证明说，社会必须在特定时刻回归教会，并恢复其古老的宗教基础；那么，它就是在自杀”[1]。在亚当斯的心里，宗教阶段远比电力阶段要高尚得多；但他感到自己无法抗拒地被进步潮流往前推动。人们有可能会在电力阶段仍然尊敬圣母，但不可能真的敬拜。约翰·亚当斯那种直率的新教徒的虔诚，输给了约翰·昆西·亚当斯的那些疑虑以及亨利·亚当斯的绝望。对上帝旨意的信仰，长久地扎根于柏克的保守主义当中，却在新英格兰保守主义思想的兴衰变迁中丢失了。

亚当斯曾经在给亨利·奥斯本·泰勒的信中写道，只需一种道德支撑就已然足够了，斯多亚学派也可以（不过只是理论上的）。在亚

[1] *The Degradation of the Democratic Dogma*, p. 131.

当斯心里，马可·奥勒留达到了人类最高造诣，他与安东尼奥一起终结了道德上的转变过程。欧文·白璧德提到了“这位孤独可怜的马可·奥勒留”；事实上，这位国王的那种足以将人吞噬的孤独，在后来他的追随者亨利·亚当斯那里可怕地回归了。亚当斯曾说：“气体动力学理论宣告了一种终极性的混乱。”“用日常语言来说就是，混乱是自然法则，秩序却是人类的梦想……教会一直在孤独地反抗说，无政府并非秩序、撒旦并非上帝、泛神论比无神论更可怕、统一不会被证明是一种矛盾。”[1]卡尔·皮尔森似乎与教会达成了一致，亚当斯也是如此，并充满激情；但他那种压倒性的理性无法服从于他的内心。保罗·埃默尔·摩尔是下一代保守主义者，他曾这样描述亨利·亚当斯的那种受到挫败的保守主义忠诚：

> 作为一位非常自觉的、新英格兰后裔的杰出代表，亚当斯曾经为了宗教和政治（起初这二者本为一体）的信念来
> 365 到这个世界，以确定人们该否定生活中哪些其他的价值。为了随这种信念而来的自由，人们将要抛弃传统、权威、形式、象征以及一切用习惯将人们绑定在一起的日常纽带。可这种能够否定的自由本身，可能也会变成一种习惯。事实上，新英格兰的学术史，就是记录自由慢慢入侵的历史；这种自由随宗教和政治的信念而来，并在最开始的时候依赖后者作为保障。人们的信仰逐渐丧失了积极的部分，从加尔文

[1] *The Education of Henry Adams*, p. 451.

主义到功利主义，再从功利主义到思想自由；直到我们的知识分子亚当斯那里，已经不剩什么了，只能是大规模的否定。[1]

这里有一位胡克和劳德的继承者旁观静坐，评判着玛莎和科顿的后人。保守主义的本能被剥夺了宗教制裁之后，是不是就处于灭亡的边缘了？亚当斯家族的思想，由亨利·亚当斯继承，他在20世纪使这些思想达到了哲学巅峰；布鲁克斯·亚当斯则在一系列著作中，从政治角度总结了这些思想；他与哥哥一样着迷于决定论，虽然他痛恨决定论的结果。

五、 布鲁克斯·亚当斯和充满可怕能量的世界

我们无法判定，人类运动的加速会走多远；但我们能够确定的是，集中化迟早要达到极限，肯定会停下来。宇宙中没有什么是静止不动的。不进则退，如果一个高度集中的社会在经济竞争的高压之下分崩瓦解，那正是因为竞争能量消失殆尽。

——布鲁克斯·亚当斯，《文明法则及其衰落》前言

[1] More, *Shelburne Essays*, XI, p. 123.

布鲁克斯·亚当斯承认自己是一个古怪的人，他也的确是；但他属于古怪传统中的一员，他带着古老亚当斯家族的大无畏精神，发表了自己的小说和悲观学说。他是否应该被看作是一个保守主义者，这
366 是最具争议的。他厌恶他那个时代的美国社会，他的那些书本打算赢得银本位者和社会主义者的关注；在他看来，惰性就是社会性死亡，唯一的存活机会就在于接受进步，并根据变化有所调整；他几乎像马克思一样强烈谴责资本家和银行家——在很多具体的方面，尤其是他的经济决定论，与马克思非常接近。尽管如此，他憎恶改变的过程，虽然他呼吁社会要加以接受；他无助地渴望华盛顿和约翰·亚当斯的共和国、谴责民主是社会堕落的表征和诱因；直到生命的最后一刻，他都是沿袭祖训宣称自己的信念。布鲁克斯·亚当斯对资本主义的痛恨源自他对激烈竞争的反感；他似乎孤注一掷地渴求稳定和秩序，但根据他本人经济理论和历史理论的逻辑，永恒从未存在过。

作为一名律师、作为一个历史学和经济学的学生，生命中的危机（1893 年的恐慌）教会我，要像一个纯粹的机器人那样冷眼旁观，看着人们沿着阻力最小的道路前进（他本人无法掌控这种阻力）。简言之，我回归纯粹的加尔文主义哲学。正如我所认识到的，人类最强烈的激情就是恐惧与贪婪；我据此推断，我们能从纯粹的民主这里所期望的，可能跟从任何一个被这样驱动的机器人那里所期望的一样多。我预测，我们能期待的第一个重大社会运动，很可能是类似于放高利贷者天堂那样的事物到来；随之而来的是一些动

乱，就像每一个时代开端都会造成一些这样的状况。[1]

这就是他《文明法则及其衰落》《美国的经济霸权》《新帝国》以及《社会革命理论》这四本书的主题。这些书详细阐发了他的历史循环论和“人是经济动力的囚徒”这样一种观点。文明是中央集权的产物，并围绕着贸易中心而不断成熟；核心政治和经济组织的主体，征服了更简朴的田园经济劳作者——就像罗马征服了各省、中产
367 阶级完成了改革、大地主驱逐了自耕农、西班牙人碾压印度人——文明变得越来越丰富多彩。讽刺的是，这种文明的最高成就居然是放高利贷者；他消除了曾经占据主导地位的军事阶级。然而，放贷者和他那种粗俗的文化，使这个民族感染上了病态，就好像它扼杀了艺术的精神。社会活力退化了，大规模的中央集权式经济不再能够有效运转，腐败和坍塌随之而来，并开始去中心化；野蛮生活再次获胜——在接下来的几个世纪，不断重复这同样血腥和无目的的历史。

纵观历史，文明社会的经济中心（它决定着整个社会的平衡）逐步西移：从巴比伦到罗马、从罗马到君士坦丁堡、从君士坦丁堡到威尼斯，再从威尼斯到安特卫普。它在 1760 年前后的时候在荷兰得以繁荣发展，1815 年在伦敦兴盛起来；这种潮流一直奔向美国，如今这种经济和政治权力的转移几乎完成——布鲁克斯·亚当斯在 1990 年曾这样写道。西班牙—美国之战标志着美国在经济上的霸权地位。英国则面临着一个长期且可怕的衰落，美国必须高度谨慎以避

---

[1] *The Degradation of the Democratic Dogma*, pp. vii – viii.

免被裹进英国的这种终极衰落进程。在亚洲，各种权力之间的角逐也开始逐渐凸显，俄罗斯和美国权力可能占据主导地位，中国和韩国会裁决各种问题；在未来几年里，中国的矿产资源会产生一个新的经济阶段。要赢得这场竞争就需要高度集权："如果扩张和集中是必要的，因为最大多数人的政府机构是代价最小的，那么美国就必须要扩展和集中到极致；因为政府不过是竞争中的巨型团体，在该团体中，与其能量成正比的最经济的那个最终得以存活，而最浪费和迟钝的，就会被低价出售和消灭。"❶

生产和分配过程中的低成本，是经济活动，也是文明取得成功的

368 源泉。中央集权化很可能与速度成正比，变化最多的国家会胜过邻国。这些竞争在叙利亚、波斯、希腊、罗马、中亚、佛兰德、西班牙以及俄罗斯文明中一直存在。

尽管竞争和中央集权的直接效应带来了成功，但它的最终后果却是堕落。放贷者满眼都是经济利益，却曾经是文明的最完备的产物，也是最有限、最卑鄙的人。"现代资本家只将挣钱看作是品质，其他的方面都被牺牲掉了；而且他们在考虑钱的时候，比法国大革命之前法国贵族或律师考虑种姓的时候，还要更加排外。"❷ 他们太过愚蠢，以至于根本都不愿意考虑敬畏和服从法律的必要性，而这些法律曾经保护他免受社会革命的冲击；资本家没有足够的能力来管理他归为己有的这个社会。妇女、生产商以及思想家们，都被资本主义和国家社

---

❶Brooks Adams, *America's Economic Supremacy*, p. 133.

❷Brooks Adams, *The Theory of Social Revolutions*, p. 208.

会主义（这两者是一枚硬币的两面）贬低了；因而社会中已经没有活力能够阻止那种令人不齿的衰败。民主，自然地成为这种没有灵魂的、物质文明的同盟和受骗者；它无法完成牺牲和领导的责任；因此，整个社会的组织结构坍塌了；可怕的不断尝试的怪圈又开始了。

尽管布鲁克斯·亚当斯鄙视资本主义社会、尽管他沿袭了祖先对于中央集权的反感、尽管他痛恨新集体主义、尽管他全身心地反对将廉价当作是成就的真正标准；但他仍然接受认为合并是不可避免的。他呼吁处于这一进程中的那些企业，要成为贪得无厌的资本家的制约者，要顺从自我保护的本能。保守主义、社会惰性以及对传统的服从——这些态度都注定要被没有人情味的经济进程所摧毁。他曾这样写道："保守主义本能地、没有理智地抵制变革；正是这种保守主义，在极大程度上导致了那些被压抑的能量突然爆发——我们称之为革命……残杀成为大自然用保守主义者进行纠正的方式。"❶ 我们的教育
369 体制应当加以调整，以适应这种巨大的变化过程；它们也可以使自身的进步不那么暴力。我们应当摒弃那种维持事物原状的情感本能，应当不动感情地看待政府，就像我们如此这般地看待其他事业。同时也应该像接受其他变化一样接受道德上的变化；因为我们不能做任何事情来阻止这种终极性的、全方位的变化。"在美国工业中，资本与劳工之间必然会存在摩擦；保守主义会无限期地增加他们之间的那种必要的摩擦力。历史上充满了各种有关文明的案例，它们在布鲁特斯、法国特权阶层以及帕特里克·亨利那种不理智的惰性当中被摧毁。"❷

---

❶Brooks Adams, *The New Empire*, p. xiii.

❷*Ibid.*, p. xxxiv.

我们必须要不急于判断，等待新的证据。“上一辈人只能传给后代一个巨大的恩惠，那就是：缓解那种被传统奴役的状态——传统经常屈从于不可避免的趋势而停滞不前，直到为时已晚。”❶

这道禁令的麻烦在于，布鲁克斯·亚当斯既不服从于它，也不相信它。没有人会比他更不愿意默默忍受未来的中央集权制和令人作呕的粗鄙；也没有人比他更不想为了暂时搁置信念问题，而抛弃亚当斯家族的那种严苛精神。布鲁克斯·亚当斯的那些结论，错误地与他的每一种成见相抵触。如果他真的认为要顺从于即将到来的秩序，那么他肯定就不会写这些书。亚当斯家族——以亨利为首——都以一种冷嘲热讽、似是而非抑或夸张的方式，来表达自己的观点，这经常会导致他们被误读；但人们也无法坚持认为，布鲁克斯·亚当斯的整个哲学都是反讽。相反，它表现为变形的抗议式的咆哮：亚当斯曾经被决定论者所俘虏，并试着有尊严地戴上镣铐。事实上，他所遇到的可怕的一体化、他所谆谆告诫的顺从，形成了约翰·亚当斯眼中的恐惧；他所播下的种子，苦苦奋战了将近一个半世纪之久。扩展、集权以及不动情感地接纳改变，这是他假装给出的建议；他也真切地知道，这是戕害他所珍视的一切的毒药；这种半压抑的痛苦呻吟从他那里不断
370 流失，并驳倒了他自己的理论。

他曾经这样写道，由于竞争和集权的进程导致了 1914—1918 年的战争；该进程所带来的领导权的衰败，也使得人们无法确立一种明智的和平。更加令人恐怖的是，资本主义工业化运动使女性失去了性

---

❶Brooks Adams, *The New Empire*, p. 211.

别特征。性别本能在我们的思想中一直被压抑、在我们的教育中被忽视、在女性那里被转变为一种可耻的、羞愧的对男人的模仿。“女人，作为社会黏合剂、家庭之首和核心凝聚力，出于各种目的和意图，已不复存在。她变成了一个四处游荡的、孤独的单元，成为一种分散的力量而并非集合性的力量。”[1] 家庭原则也堕落了，以至于整个生活结构岌岌可危；我们的法律制度也被戕害；税收使社会多样性和财产继承变得微不足道。我们在工会那里看到的民主式向下看齐的倾向，与自然竞争体系相冲突，其结果必然是排山倒海式的爆炸。“社会战争或大屠杀，似乎是民主哲学的自然结果。”如果这就是我们屈从于不可抵抗的变革后最可能的结果，那么，为了稳健的调整而放弃传统的提议，似乎就会让人感到惊奇。布鲁克斯·亚当斯在论证当中从来不曾前后一致过，他那些博学而生动的著作中满是才华横溢的归纳和精妙的演绎，却没有有条理的断言。

他只对崩溃有把握。“民主所依赖的平均主义理论在开始拉平的时候，华盛顿还尚未去世……民主就是各种相互冲突的观念和利益的集合，由于现代的或竞争性的工业体系这种起瓦解作用的事物不断发挥作用，它在本质上分解成了水蒸气，与它的扩张成比例地消解于集体性的理论能量当中。”[2]因此，新的美帝国、即将到来的美国经济霸权，都必然要伴随着理论和自由的丧失，这会使华盛顿、亚当斯以
371 及杰斐逊的美国制度黯然失色。我们必须正视这种物质胜利而精神泯灭的前景；实际上，我们必须接受它：“前几代的美国人，都过着一

[1] *The Degradation of the Democratic Dogma*, p. 119.

[2] *Ibid.*, pp. 108 – 109.

种简朴的农业生活。可能这种生活比我们的要幸福许多。激烈的竞争很可能不是上帝的恩惠。我们无法改变环境；自然将美国扔进了激烈的旋涡当中，与一个未知的世界斗争。她成为这个时代经济体制的核心，必须要凭借智慧和力量维持霸权地位，否则就要沦为和那些被抛弃者一样的下场。”❶

这里回响着赫胥黎和斯宾塞、“竞争性进化”、强势实证主义的声音，布鲁克斯·亚当斯臣服于科学决定论时所戴上的锁链在这里隐隐作响。毕竟，在这样的竞争中，当牺牲者要超过赢家的时候，难道“沦为和被抛弃者一样的下场”不是不如“与胜利者同命运”吗？这就是没有得到罗斯福和张伯伦肯定的那种帝国主义，没有吉卜林的那种希望和献祭。在正统基督教看来，加入被抛弃者行列，比自愿进入下一个堕落阶段，要好得多；然而，布鲁克斯·亚当斯的宗教信念与他的哥哥一样，几乎没有退化。

这就是美国的保守主义精神，在这昂首阔步的半个世纪所积攒的财富。无限扩张是那个时代的激情，权力的增加推倒了成见和传统的残垣断壁。南方的毁灭，使这个国家不再受宗教保守主义的影响。它
372 为曾经做梦也无法想象的保护性关税、对空旷西部的掠夺、城市利益碾压农村人口，以及一种文化完全服从于经济欲望的生活方式，打开了道路。这个时代要求大规模移民，以满足迅猛发展的工业需求，而这改变了美国人口的特质；以至于洛威尔口中的“新爱尔兰”，很快就被意大利人、波兰人、葡萄牙人以及中欧人所取代，这些人的迷惘

---

❶*The New Empire*, p. xxxiv.

确保了城市中的老板能够掌控公共生活。风俗习惯比被打破了还要糟糕：被踩在了脚底。人们曾依赖美国的教育体制能够规训这段困难时期，并同化这些外来大众；但它本身也十分困惑并由于变革浪潮而保持低调。同时，欲望会激发新的欲望，这个国家随麦金莱误入了恬不知耻的贪婪之中、随罗斯福误入了激烈的战斗当中——亚当斯兄弟曾这样断言。真正的保守主义者根本就没有喘息的机会。

即便保守主义者曾经能够支配任何实质性的、有关公共意见的机构，他们几乎也不知道应该将这个国家引向何方。由于19世纪的科学主张，保守主义的首要原则受到扰乱，保守主义者开始怀疑他们古老的形而上学基本原理，他们在实证主义者、达尔文主义者以及天文学家面前开始退缩。洛威尔开始忽视新科学，布鲁克斯·亚当斯由于从虚无主义得出的结论而还原成了虚无主义者。直到第一次世界大战结束，真正的保守主义者在美国几乎灭绝了——只存在于教堂和大学里的一些固执的小圈子当中，他们拒绝被卷入那个时代的扩张性欲望、拒绝暧昧不清地抵抗那种在边远人口中仍然盛行的改变，也拒绝被裹进那种泥泞肮脏、缺乏热情的风尚当中。在其他任何地方，人们都是更喜欢不停变化，不喜欢延续性。

自1906年开始，汽车变成了现实；直到1918年，它一直继续瓦解并重塑着交流方式、行为习惯和美国的城市生活。不久，人们就看到，汽车和使之成为现实的大批量制造技术，比最独裁的暴君更能彻
373 底地改变国民品质和道德。作为一名机器人雅各宾，它可以与发电机相媲美。使汽车变得廉价的制造过程，仍然比汽油发动机本身更能颠

覆古老的方式。有着“速度中的迈达斯”❶ 之称的亨利·福特，将他童年时期有关简朴的记忆一扫而光；随着他慢慢长大，他在自己那座巨大的露天古董博物馆的砖墙之中，找到了避难所；一个物理意义上的人，为新发明的器物对观念的影响感到震惊。他是最杰出的大批量生产方法的开拓者，这些方法甚至比蒸汽机在改变人类本性方面做得更多，也消解了身份和家族的骄傲。“它摧毁了传统职业和技能的社会威望，随之也摧毁了个体在其传统职业中所获得的满意度。”皮特·德鲁克在谈论流水线和新型工业主义时曾这样说道：“它差不多将个体从他所赖以成长的社会土壤中连根拔起。它贬低自己的传统价值，并使自己的传统行为变得麻痹无力。”❷

政府尽了全力来使工业社会的速度平均化，联邦收入税宪法修正案，在1913年得以通过，它被人们当作紧急形势下一种痛楚的权宜之计而加以接受，就像它曾经在英格兰玉米法案被废除之后被人们接受一样；而且，与英格兰一样，在危急关头过去之后，没有任何政治党派能够废除收入税。作为一种审慎地进行社会变革的工具，收入税很快就会增补那种无意识的力量，亦即第二次工业革命。由于被各种变革及其他同样可怕的事物推来搡去，他们的首要原则已经分不清哪些是为“自由企业”所做的辩护、哪些是为白手起家的人所做的辩护；保守主义被打垮也就不足为奇了；令人惊讶的倒是他们并没有立刻投降。“自40年代以来，我们所经历的各种各样的景象，如今已经变得非常遥远，就好像我们曾经是生活在马可·奥勒留的那个时

❶希腊神话中一位点石成金的国王。——译者注

❷Drucker, *The New Society*, p. xvii.

代。”亨利·亚当斯在他生命的最后一个月写给朋友加斯克尔的信中这样说道，“而且事实上，我宁愿认为，与在未来的立法机关里所希望的相比较而言，我们应当在斯多葛学派那里感到更加自在”[1]。当时是1918年，美国是世界上最强大的国家；如果要保存古老的真理，那么美国就必须要接手这项事业。

[1] *Letters of Henry Adams*，II，p. 648.

第十一章　英国保守主义的随波逐流：20 世纪

有人说："你在这个国家的治理当中给了这些人发言权，却不允许他们在自己所从事的活动中分得一杯羹。"如果要前后一致有逻辑地解释这一点的话，"那么，就是你将自己手中的枪交给了迪克·图特平，你又反对他用手枪逼你交出钱包"，包里是有点什么的。作为反对交出枪这种愚蠢行为的理由，尽管来晚了，但最好是令人信服的；不然就只是晚了。

——乔治·森茨伯里，《第二本小书》

一、 贵族政治的终结：1906 年

1895 年以后，保守党在英国获得了最强有力、最全面的支持，以至于它在任何其他历史阶段，都能立于不败之地。在哈丁顿的带领下，老辉格党那些拥有大量土地的人，在 1886 年加入了托利党；自

由主义工会主义者与约瑟夫·张伯伦的帝国主义激进主义达成了联盟。上层阶级和中产阶级中的上层（他们的确在中产阶级中占据优势地位），当时并不是保守主义者：托利党在历史上第一次获得了富
375 人的普遍支持。

托利党还拥有更加珍贵的优势：大众接受了他们的新帝国主义政策。迪斯雷利预见了扩张的浪潮和帝国主义情结，并使保守主义政策与之相一致。不过他是出于多重动机而并不仅仅是权宜之计。他接受英国农业的衰退，这在一个由城镇人口占据主导地位的国家是不可避免的；他预见到德国、美国以及其他大国之间的激烈工业竞赛；也知道，保守主义政策在一个贫困的、人口过多并逐渐衰败的国家里，会受到冷落。帝国主义的资源和帝国主义市场，最能保证保守主义不面临这样的下场。因此，迪斯雷利的帝国主义与他的保守主义思想非常连贯，尽管一般而言帝国主义的扩张，对一个保守主义的社会而言，充满了各种风险。就像它可能的那样，托利党如今是英国帝国野心的获益者，索尔兹伯里勋爵在外交部所体现出的那些才能，使保守主义者获得了很好的声望，成为英国荣誉和海外利益的受托人。

索尔兹伯里用一种率直而灵巧的方式，仍然成功地主导着保守主义和自由主义工会主义者。他痛恨系统性的变革，并设法有效地对英国制度进行了修补与删减，以至于从表面上来看，古老的秩序似乎并没有被改变：1867 年和 1884 年革命并没有摧毁英国宪法和英国人的特质。他的侄子亚瑟·贝尔福是众议院的一员，是一位保守主义的领袖——一位哲学家、文学家，富有魅力，口才雄辩，极度聪明。年迈而有些行动不便的格莱德斯顿在 1894 年的 3 月退位了；自由党在 15

个月以后也下台了；在1895年6月的大选中，工党获得了152票的多数选票，超过了自由党和保守党票数的总和。张伯伦的那种激进热情，灌输进了殖民时期的政务当中。自从皮特之后，保守主义似乎就没有被牢牢守住。

自福克斯时代以来，保守主义的老对手自由主义，在精神上和所获得的支持方面都要更弱。他们注定在以后会走向分裂。他们唯一在立法中获得成功的是，1894年通过了哈考特的遗产税，这标志着他376们在集体主义浪潮中受到了洗礼。“我们现在都是社会主义者了。”❶自此以后，自由主义者不太了解他们所信仰的，公众也觉察到了他们的犹豫不决。他们在1906年又获胜了，但之后再也没有了。他们的那些哲学基本原理——曼彻斯特政治经济学和密尔式的伦理和社会学——在他们眼前逐渐消失。自由主义摧毁了英格兰那种古老的习惯性生活安排，将权力交到了人民大众的手中，从而造成自身被废弃。它不知道如何来面对20世纪。权力在某种程度上从政客的手中溜走了，索尔兹伯里勋爵曾这样说道，但“我很困惑的是，它到了什么人的手中”。如果那些重要的贵族不再试图驾驭社会，那么自由主义者当然不希望主宰新时代。G. M. 杨曾经这样写道，19世纪自由主义的准则变得出奇的陈旧：

> 他们的这些准则基于这样的前提，即在任何时候都会有大量（而且数目还会一直增长）的人，想要掌管公共事务；

❶然而，威廉姆·哈考特却回想不起来自己曾经说过这句话了，虽然这句话一直与他的名字绑定在一起。

> 也能通过阅读、讨论、为自身思考并与邻居商议的方式，来表达自身的利益：而且并不只是在选举期间表达出来，而是持续性的。这一前提反过来又依赖于这样一种假设，即政府的运作会永远获得清醒而勤勉进取的市民的理解，他们也会对此感兴趣，因为只有对公共意见有所贡献，他们才能感到自己可以为政府做点什么。自由主义没有预期，也无法预期的是，政府变得越来越复杂，掌管范围越来越狭隘，这会使政府超出自由主义的理解：政府所拥有的知识量，也使它的行为超越了公共意见的掌控（这是自由主义曾经以为的）。知识就是力量，正如我所提议的，现代政府可能通过契约而行使的物理权力和心理权力，再加上果断的少数人对它的目的了如指掌，这会超越任何一种我们能够想象的专制主义的
> 377 力量。[1]

人类本性中的某种品质在此显现出来并打败了自由主义，托利党人一直认为这种品质或多或少是持续性的，那就是：对大多数人而言，理性无法成为引导。“理性对大多数人来说作用甚微。”博林布鲁克早在三百年前就已经这样写道，“想象力的变化，经常像一阵疾风那样硬生生地、突然地决定着他们的行为。”20 世纪公共意见的迷茫，证明这位老托利党人的假设是正确的。不过，保守党在得胜后面临着一种令他们万念俱灰的抵抗，因而在十年之后也衰落了；自此再

---

[1] G. M. Young, *Last Essays*, pp. 60 - 61.

也没有崛起。在世纪之交，英国的保守主义怎么了？我们很容易就能列举出那些致使托利党在 1906 年失败的最直接的政治原因：张伯伦的关税改革运动失败了、不信奉国教者憎恨 1902 年的教育法案、将中国苦力输入南非以及塔甫河谷案的判决——它要求工会对自己成员的行为负责。然而，尽管各种各样的抱怨和牢骚甚是强烈，但都不足以毁掉一个伟大的党派。真正造成保守主义者灾难的原因藏得更深，那就是：维多利亚时代的自信丧失了，社会主义者的影响逐步增大。

1901 年，维多利亚女王驾崩，这也标志着维多利亚时代经济发展的结束。自 1880 年开始，人们的实际收入稳步增长（20 年内总共增长了三分之一），进入新世纪之后很快达到了一个顶峰，然后就一直维持不动了。英国工业对手的竞争，由于受到本国政府保护性关税的帮助，结合了强有力的英国工会的那些限制性措施，以及英国商人（以阿尔弗雷德·马歇尔以及后来的哈列维为代表）的那种让人难以理解的懈怠，使英国生存所依赖的海外市场岌岌可危。1873 年和 1883 年的大衰退预示了未来。这种威胁是极其危险的，但如果在 20 世纪的头十年，人们的实际收入没有大幅度增长，但也没有明显降低
378 的话，那么，此时的威胁看起来不过是经济停滞而已。然而，对于一个被进步观念冲昏头脑，又被边沁主义和自由主义以及诸多保守主义者教导说“他们有权憧憬物质财富和普遍幸福感逐步增加”的民族来说，稳定与衰落是很难区分的。自 19 世纪 40 年代以来，英国人民大众的物质生活水平得到了提高；如今，持续了 60 年的发展被一些力量逼停了，大多数时候，这些力量都超出了任何政治党派的掌控。但现代人受到低劣媒体的鼓动，试图期望政府要提供食物，并因为世

界范围的灾难（实际上是上帝行为）而谴责政府。在1906年保守主义溃败的背后，有着一种模糊的大众印象，那就是英国事务有些管理不当：大众曾被告知，进步是不可避免的；可现在却在某种程度上受到了阻碍。早一些时候，这种不安促使大众支持帝国主义，公众感觉到（就像乔治·奥威尔在半个世纪之后所写到的），如果英国人仅仅局限于岛国资源，“那我们都将非常贫困，并且都得非常努力地工作”。英国在制造业方面已经失去了大部分相对优势。在某种程度上，它正遭受自然优势方面的绝对衰落，而且没有哪个党派或政治哲学能够对此加以挽救。[1] 但那些普通人也拥有选举权的国家，并不像边沁所期望的那样贴心合理。

当巴尔弗政府在1905年奋力重新掌握政权时，他们当时就面临着这种困难，举步维艰。巴尔弗并不是最好的政治谋略家，然而，即便是迪斯雷利，在这种情况下也不太可能赢得选举。这种困难源自相应的物质条件，后者与动荡不安的选举相联系。对于工会政府而言，经过改造并具有攻击性的社会主义运动所带来的影响同样悲惨。这种
379 运动现在摆脱了早期乌托邦和异域情调，勇猛大胆地在自由主义者身后赫然现身。自1889年伦敦码头罢工成功以来，工业工会（与其他老的商业工会不同）和劳动联合会的政治活动，都急剧增加。费边主义者从“不可避免的渐进主义”转向了与这些实践集体主义者寻

[1] 工人阶级的实际收入，在20世纪事实上的确偶尔地有所增加，尤其是在二战以后；因此一些乐观的统计学家就计算说，实际工资在1900年到1950年间增长了百分之五十。然而，几乎这里的全部增长，都是由于受到实证法的强制要求而有意在经济上有所拉平；并非是由于社会财富的普遍增长。参见J. H. 弗伊兹格的文章，“The Bloodless Revolution”，*The Fortnightly*，April and May，1952。

求合作。

在阿斯奎斯和劳埃德·乔治的领导下，自由主义者看到了存活的最佳契机，相应地也倡导激进的社会变革。自由主义政治家的新生代急着采纳那种经济拉平的策略，就像约瑟夫·张伯伦早前随着激进变革浪潮而冉冉升起，也像威廉姆·哈考特借用这种冲动而确立了新的遗产税。然而，社会主义不会喜欢自由主义的中间道路：失败了的巴尔弗觉察到，1906 年那 53 位获得众议院席位的工党党员，比那 377 名自由主义者更有意义。令人敬畏的劳工集团，在历史上第一次进入议会。自此之后，保守主义者与社会主义者便在英国政治中展开了真正的厮杀。

二、 乔治·吉辛与《阴间》

要想清楚地理解索尔兹伯里和巴尔弗时期困扰英国社会的那种动荡的本质，最好的方式就是去阅读乔治·吉辛的书。这位不幸的人出生于肮脏的韦克菲尔德一家药店楼上的小房间，注定大半生都要寄居于伊斯灵顿、克莱肯维尔或托坦哈姆法院路上的阴暗住所里。他一开始就是一位政治上和道德上的激进主义者、实证主义者以及社会主义者。“我们肩负着破坏性的任务；我们必须要摧毁国教，并且尽最大努力去削弱它对大众心灵的掌控。”他在 1879 年写给哥哥的信中曾这样说道，“我们要在这里开垦一点，那里耕耘一些，用不了多久这片

土地就适合播种了。”❶吉辛像英格兰任何一个敏感的人一样，对现
380 代无产阶级和人性的阴暗面都了如指掌，这使他成为一名保守主义者。进步？他瞥见了进步所指引的方向。1892 年，他在给妹妹艾伦的信中写道：“由于正在进行的社会革命，我担心我们将要经历痛苦的折磨……我们无法加以抵抗，但我会试图影响那些相信智力有差别的人，以反对被那些只有四年级文化水平的乌合之众所统治。”❷《四季随笔》（出版于 1903 年，吉辛去世的同年）是一本天生托利党人写的书：“想想我曾经自称为社会主义者、共产主义者，任何一种你喜欢的革命性的那种！不久，可以肯定的是，当我咕哝这些事情的时候，内心都会油然升起一种嘲弄。为什么没有一个活着的人比我有更深刻的财产意识？从来没有人在哪个方面是比我更坚定的个人主义者。”❸就像疯子杰克在《阴间》里所尖叫的，现代社会就是地狱，而集权国家将会是它最隐秘的循环。

吉辛早年的那些庇护者如弗里德里克·哈里森和约翰·莫利，都曾短暂地使他转变为一位实证主义者；然而，吉辛的孤独本性很快就让他看出，剥离了各种目的的人类存在是多么可怕的孤独。他对现代生活的分析，无论是在他从中获得冷酷名声的贫民窟，还是在他短暂生涯中认识的时尚人物当中，都揭示了一种不可避免的社会趋势，就是社会丧失了对道德行为的制裁力。他从来都没能再次坚定信念，他对旧学派教士——《民众》中的威乌尔先生或《在流放中诞生》的

---

❶*The Letters of George Gissing to his Family*, p. 3.

❷*Ibid.*, pp. 326 – 327.

❸*The Private Papers of Henry Ryecroft*, p. 113.

教区长——的描述，都表明他痴迷于那些已经消失的信条。当他描述自己不可能屈尊被那些仅仅借助于情感的人所改变的时候，他已经丢弃了年轻时的那种不宽容的不可知论。“将你的信条建立在科学基础之上，与人类知识的等级明确相关，我们会慷慨地在学说中给他们留有一席之地。”❶ ——他在1880年曾这样对妹妹说。20年以后，他坦承自己很愚蠢，无论思辨科学还是应用科学，都是增加我们这个时代
381 痛苦的主要手段：“我痛恨和惧怕‘科学’，因为我认为，即便不是永远，它也会在很长一段时间内是人类无情的敌人。我看到它破坏了生活的质朴与高贵，破坏了这个世界上所有的美；我看到它带着文明的面具重塑着野蛮状态；我看见它使人们的思想更加阴暗，心灵更加冷酷刚硬；我也看见它带来了充满大量冲突的时代，这些冲突会使‘历史上成千上万次战争’都黯然失色，还会使人类所有辛辛苦苦取得的进步淹没在血淋淋的混乱之中。”❷

曾经写成《拂晓时的工人》（1880）的那个男孩，充满罗斯金式的社会主义思想，希望能成为“这个先进的激进党的喉舌”。然而，社会改革沿袭了实证主义的路线，正如吉辛长大成人并看到了肮脏街道上那些居民的样子。四年以后，小说《没有阶级地位的人》中的韦马克详细剖析了吉辛本人那种年轻气盛的社会主义思想，既伤感又自负。“我经常在分析以前的自己时开怀大笑。在充满暴力激进主义的时代，在工人阶级当中演讲等各种活动的日子里，我并非一位有意的伪君子；不过我的确有过错，那就是没有彻底地认清自己。当时那

---

❶*Letters of Gissing*, p. 71.

❷*Ryecroft*, pp. 268 - 269.

种代表受苦大众的热情，不过是伪装了的、我本人那种匮乏激情的代表而已。当时的我贫困交加，深陷绝望；我的生活没有快乐，未来也没有什么希望；我充满了各种强烈的欲望，我内心的每一根神经都渴望得到安抚。我使自己与穷人和无知者为伍；我并没有将他们的事业当作我的事业，而是将我的事业当作他们的。我热烈谈论着自由，因为我本人被束缚在没被满足的期望当中。”❶ 此后，吉辛放弃了各种版本的社会主义，宣称自己要投身于文学艺术；不过他日后的艺术深刻地揭示了社会苦难。

与韦马克一样，他并不是天生的激进主义者。他无法热爱穷人和无知的人；在他看来，这两类人都是令人讨厌的：来自工业的丑陋和城市的堕落将他们围裹了进来而使他们令人恶心。受苦受难的大众无法约束自己的激情：他们也不适合治理社会。这就是《民众》（*Demos*，1886）的主题。在这本小说中，劳工阶级的英雄人物理查德·
382 穆蒂默随着小说的一步步发展，最后变成一个劳工阶级的无赖，被野心和发展所腐蚀；而那位堕落的、扰乱穆蒂默慈善事业的年轻乡绅，却是一个更加善良且明智的人。《瑟扎》（*Thyrza*，1887）这部小说中的吉尔伯特·格莱尔的行为方式不同于劳工阶级，他谦卑而慷慨，但遭到贫民窟的压榨。吉辛描述英国无产阶级最好的小说是《阴间》（*The Nether World*，1889），是他早期小说中最令人信服的一部——“在某些方面肯定是他最有力的作品，‘若要学到，功夫得到’”。托马斯·赛科姆曾这样评论道：“这本小说强有力地描述了在相对安宁

❶*The Unclassed*, Chapter XXV.

的状态中被人们记住的那些血腥的痛苦泪滴。”[1] 吉辛放弃了社会主义，他之后所讨论的是义务而不是权利；唯一可能的变革就是改变自己的品格。

克莱肯维尔是《阴间》的核心，在这里，医院的拱门从一个被湮没时代的废墟中升起。“如果你在克莱肯维尔，那么你在任何一个地方都要艰辛地跋涉，都像噩梦一样无法忍受。”尊贵的品格与贫困的堕落之间的斗争是这本小说的主线，它将这本悲惨小说当中那些承受苦难的人物联系在一起。当这种斗争最终结束时，没有人感到快乐；不过在当时，人们几乎不会想到快乐。两个人将快乐搁置一边，在某种意义上联手战胜了贫困，因为他们顽固地坚守住了自己的责任，他们最大限度地忠实于自己的内心。《阴间》从一座坟墓开始，又在另一座坟墓那里结束。西德尼·柯克伍德和简·斯诺登丧失了希望，爱情也不被认可；死后三年，他们在一个乌云密布的春天的早晨相遇，隔着墓碑牵手道别，然后各自回归自己无聊的义务。吉辛在城市生活的堕落当中（最可怕的是在“枪手的花园”当中，甚至在体面无聊的“卑躬屈膝的结局”当中都是令人无法忍受的了无生趣），没有发现避难所，有的只是坚忍地接受和自我调整。对于柯克伍德的社会正义梦想、约翰·休伊特的那种追求普遍选举权的热情，他同情地付之一笑。在这种艰难的吉辛式的世界里，整个人类义务就是长期努力地与自己的品格保持一致。

吉辛后来的小说在很大程度上是对现代生活给各个阶级所带来的

---

[1] Seccombe, introduction to *The House of Cobwebs*, p. xxvi.

383 挫败感和孤独感的长期抗议。这是一个过分教育的世界，是《新寒士街》当中的世界，其中哈罗德·比芬在公园里服毒自尽；这是一个妇女感到自由却悲惨的世界，也是《被解放的人》《古怪的女人》《周年纪念》以及《漩涡》中所勾勒的世界；还是伪装和带来严重问题的以自我为中心的世界，是《丹齐尔·夸里尔》《在流放中诞生》以及《我们的骗子好友》等所描述的世界。吉辛的整个事业就是道德保守主义的工作。现代改革家们幻想式地决心要使劳工阶级不满意，这对我们所有人而言都是一种诅咒。《民众》里的威乌尔曾说："这是这个时代最大的谬误之一。不，这些改革家们对错误的人进行宣讲，他们从一开始的目的就是错的。如果我们感到有义务要去做的话，那么，就让我们放开嗓门，为古老而简朴的基督教规则大声疾呼，并尽全力让那些有学识的人相互争论。"❶ 这就是吉辛在他后来的小说中所描写的布道者，不过他对社会复兴不抱什么希望。

现代思想中那种傲慢自大的世俗主义，正在吞噬我们文学作品和哲学中一切美的事物。声音洪亮的牧师，让位于《在流放中诞生》中布鲁诺·奇尔弗斯教士这样的伪君子。这位伪君子曾私下说："科学的结果是我们这个时代的神谕；忽视它们、惧怕它们，就是仍然要服从于旧法，而新法同时又要求我们的忠诚，也就是要重复犹太人以往的过错。让我们少一些圣·保罗，多一些达尔文吧！少一些路德，多一些赫伯特·斯宾塞吧！"❷ 新集体主义，无论是被称为激进主义，还是掌握这个时代的那些凡夫俗子们更容易接受的什么名称，都是要

❶*Demos*, Chapter XXIX.

❷*Born in Exile*, Part V, Chapter I.

消除多样性和个体性，而多样性和个体性使肉体生活能够被我们所忍受。1887 年，吉辛写道："希望我们不要活得太久而看到民主获得它所渴望的一切权力！"❶ 1879 年的时候，他曾希望 1900 年能在很多方面都获得繁荣发展；然而，当世纪之交到来时，他却洞察到了可怕的社会衰落的迹象。"这个世界欢欣鼓舞地进行着野蛮化。毫无疑问，我们将会面临连续性的长时间的战争状态。我读报纸的时候会感到难受，因而尽可能多地去读读古诗……谁知道这个世界会面临什么样荒
384 诞可怕的事物呢？文明处在这样糟糕的状态中至少有一个半世纪那么久了。"❷ 哈维·罗尔夫在《漩涡》（1897）的最后一段中，半讽刺地抱怨那种对于新帝国主义的接受：这是一种对该死的道德困惑的摆脱。

1903 年吉辛出版了那本雅致朴素的小书《亨利·赖克罗夫特的私人札记》（又名《四季随笔》），表达了一种高贵的伊壁鸠鲁主义。当时刚刚四十出头的吉辛在圣让·德卢兹由于肺病而命悬一线。这本小书表明，这个人热爱英格兰一切庄重的事物，从明火到教堂大钟；作为一种保守主义的影响，它可能比本世纪英国议会议事录中所有托利党人的演讲，都更能提醒有头脑的人注意到古老方式中所存在的真和美。吉辛坚决摒弃任何异端邪说。他说，我们必须要像被悬在深渊上方的那个人那样，不屈不挠地紧紧抓住一个更好世界的残余。他不是人民的朋友。"我的每一个直觉都是反民主的，我不敢想象，我们的英格兰如果不可阻挡地要被民众统治的话，会变成什么模样。" 从

---

❶*Letters of Gissing*, p. 199.
❷*Ibid.*, pp. 47, 371.

人民大众中出来的人，会变得明目张胆，急于作恶。“民主对所有文明的细微期望都充满了威胁，自然地随之而来的，就是基于军国主义的君主权力的复兴，从而使繁荣发展变得无法期待。反而会不得不产生很多屠杀，国家之间将会相互撕扯。”❶ 英国的政治传统，是一种对抗这些大众观念和无政府冲动的主要保护方式：英国人不会受到政治理论的影响。

> 从政治上来看，他们的力量源自对权宜之计的认可，并由于对既定事实的尊重而得到补充。对他们来说，有一个事实尤为清晰明显，那就是一种政体适合于他们的思想、脾气、习惯；这种政体是数代人在这片海洋区域缓慢地确立起来的。他们与理念无关：他们从来不纠结于考虑人权问题。如果你（长时间地）跟他们讨论店员、农夫和喂猫人的权利的话，他们会侧耳倾听；当任何这样的事实获得了检验的
> 385 话，他们会找到一种方式来加以处理。他们称自己的这种特质为常识。对他们来说，把所有的事物都考虑进来的话，这就是一种广泛的服务；人们甚至可以说，这个世界的其他地方都大大地获益于此。虽然非常识可能不时地占据优势地位，但这无关紧要。英国人按照事物本来的样子加以处理，并且首先、最优先地接受自己。❷

❶*Ryecroft*, p. 56.
❷*Ibid.*, p. 131.

民主对于英国传统而言是舶来品，它植根于情感；英格兰的未来取决于将贵族式观念（以及白芝浩在40年前遗憾地见证消失的那种顺从精神）与众多灰领人的问题达成一致。“由于英国人的本性，他们的民主是一种极其复杂困难的情况；他们已经丧失了曾经被用来引导那些粗鲁、挥霍、专横跋扈的本能的理想。他们用出身卑贱的平民，取代了出身高贵的贵族；尽管他们不断地表明自信，却始终被各种疑惑萦绕。”❶

于是，柏克的信念在20世纪初西瑞丁乡村的一个“没有社会阶级的”小说家那里得到了回应。此时，保守党最受欢迎的领导人是一位激进的、来自伯明翰的制造商；他成功地为四千两百万英国人从南非掠夺了大量的黄金和钻石，从此维多利亚式的那种诚实逐渐消逝。当乔治·吉辛像约瑟夫·张伯伦或西德尼·韦伯那样展望英国的未来时，他感到极度厌恶。在这个笼罩在工厂阴影下并且去人格化的国家，说不定“‘家’这个词只具有某种特殊的意义，代指那些靠退休金生活的退休工人们的普通住所”。甚至连“舒适”这个英格兰的特质，似乎都在逐渐消失，被新的社会状况和政治状况所扼杀：“人们只要看看新的村庄，看看城镇里的那些工人阶级的住所，看看富人区不断增加的‘平房’，就不得不这样认为。这一天很快就会来到，此时尽管‘舒适’一词仍然被用于多种语言当中，但它所意指的事
386 物却无处可寻。”❷

阴间的这种灵性上的荒凉，将会扩散到整个社会。吉辛眼睁睁地

---

❶*Ryecroft*, pp. 136 – 137.

❷*Ibid.*, pp. 203, 256.

看着这股新集体主义地狱潮流的到来，与法利纳塔一样，他似乎高度蔑视地狱。这将是我们社会革命的高潮。只要我们还是人类，只要我们还有一口气，那么我们就会牢牢抓住那些摇摇欲坠的制度和逐渐消失的美好。

三、 亚瑟·贝尔福： 他的精神保守主义和社会主义浪潮

亚瑟·贝尔福是几百年来最有趣却最不成功的党派领袖之一。他毫无疑问地会接受吉辛的评论，认为实际政治是对宽厚有教养之人的背离。他是一个哲学家，却并非一位原创性的政治思想家：与他的叔叔索尔兹伯里勋爵一样，他既不信任政治普遍化，也对名气十分冷漠。这并不是在贬低他作为政治家的天赋：作为一个非常幸运的、走过初雪之野却不留印记的绅士，他精通暧昧和妥协；当他选择的时候，他曾经几乎能够取悦每一个人。（尽管他洞悉人的动机，尽管他在政治上十分灵敏）他和蔼可亲的本性，的确导致了一些重要的不一致和失败之处：1902 年教育法案，锡安主义，《贝尔福宣言》，以及他那种礼貌的、对任何切实的与关税改革相关的政策的逃避。作为一名保守主义者，他的行动原则与之前的索尔兹伯里勋爵一样，都是机敏的拖延和改善。索尔兹伯里和贝尔福的保守主义比韦伯和肖恩的社会主义要做得更多，它有权自称为费边主义。

这就是乔治·森茨伯里所赞许的保守主义；1867 年以后，它绝对是一种基于迪斯雷利与保守主义的盟约，而对托利式民主的一种审

慎的回应。保守主义者基于一种理由充分的警觉，否定了伦道夫·丘吉尔勋爵的托利主义所提倡的那种感人的拉平；贝尔福远离了丘吉尔、戈斯特、德拉蒙德等人的“第四党”。“尽管有些网是鸟儿们明
387 明能看见的，而且还有其他的鸟儿已经被网住了——整个撒网和猎捕的过程更是已经被文学作品揭示了一遍又一遍——但这些网仍然能够致命，这是再普通不过的常识。”森茨伯里曾这样写道，“所谓的托利式民主几乎是最为现代的东西。”❶

贝尔福一方面将保守主义从托利式民主的猎网中解救了出来，另一方面也可能是从对伯明翰新保守主义的无条件服从当中将保守主义解救了出来。约翰·戈斯特爵士在 1906 年托利党被打败数月之后仍然认为，在人们毫无疑虑的信念中，有着对托利主义的期望：“只要教会与国王、上议院与众议院以及所有其他公共制度能够促进人民大众的福利和幸福，那就都要加以维护。”丘吉尔和戈斯特动情地忠诚于一种抽象的“人民”，它在某种程度上远离各种阶级、经济利益以及个体性谬误；这不过是对迪斯雷利国民性观念的误用。迪斯雷利本人不久前否定了“人民”的观念。1891 年后，保守主义者在贝尔福的领导下，远离了这种“民意”中的信任；罗斯伯里曾经将其界定为披着托利主义羊皮的激进主义之狼。W. L. 波恩教授评论说：“戈斯特的意思是不是说，任何变革，只要是由托利政府或保守主义政府所领导的，那么，无论它是多么的革命性，都是值得赞美的？是不是达摩克利斯之剑什么时候坠下来都是可以的，只要是托利党人剪断的

---

❶Saintsbury, *A Second Scrapbook*, p. 318.

就行?”[1]索尔兹伯里觉察到迪斯雷利对党派的热爱超过了对原则的热爱，这令人感到不安。在一个充满急剧社会变革和经济变革的时代，仅仅信仰人民是永远不可能的。我们可以说，人民是一种同质化的有机体；然而一旦变革席卷了他们熟悉的地标，他们就不知道自己想要什么、立足于何处。索尔兹伯里和贝尔福，在大众行动的时代，努力提供一种老式的贵族式领导和谨慎。

388 保守主义刚刚摆脱20世纪的险境，又再入虎口，那就是约瑟夫·张伯伦的变异了的激进主义，以及他所代表的工业利益集团；虽然它还有民主性（但几乎是没有情感的，反而具有帝国主义特质的），但它不信奉国教或世俗的、对于耕地利益的蔑视，并可能通过家长式立法而倾向于物质变革。贝尔福的魅力和机智在于，他使这些哥特式盟军臣服于托利军团，使他们的目标与保守主义的原则相一致。这就是为什么在索尔兹伯里从政坛退出之后，张伯伦愿意在贝尔福的手下工作。1924年，森茨伯里写道：“我们不能总是帮助事物走向魔鬼，但我们可以使他们走得慢一点，有时候使他们脱离残忍的方式。”这就是索尔兹伯里和贝尔福对待工会新成员和英国事务的政策。森茨伯里还补充说，明智的保守主义斗士的重要原则是：“如果你能同时尽可能多地加以保留的话，那么就为之战斗吧；但在可能的时候，还是要避免战斗，代之以循序渐进的、无关痛痒的让步。”[2]贝尔福遵循类似的原则而有所作为，但这种策略并没有成功地避免自由党和工党分别于1906年和1924年取得胜利。

---

[1] W. L. Burn, “English Conservatism,” *The Nineteenth Century*, January, 1949, p. 11.
[2] Saintsbury, *A Last Scrapbook*, pp. 155 – 158.

1911 年，大多数保守主义者将责任归咎于亚瑟·贝尔福，甚至迫使他退位；然而这是对托利党所感受到的无力的一种错误回应：当维多利亚时代人们熟知的各种对抗都开始消失，新的经济阶级开始排挤掉那些自 1832 年以后便占据议会讨论主题的各种政治的、道德的争论，托利党的无力感油然而生。保守主义者感到，贝尔福要是在 19 世纪，那是一位高尚的、蔑视政治和经济的大师，但在钢铁时代却是一位业余的一知半解者。他们渴望安全和务实的思想，当他们在博纳·劳、斯坦利·鲍德温和内维尔·张伯伦那里得到之后，却发现自己需要一种完全不同的领导，因而转向了温斯顿·丘吉尔。于是，亚瑟·贝尔福不仅仅要与这个时代变化了的精神做斗争，还要与自己
389 党派的那种变更了的宪政做斗争。保守主义仍然是这位乡绅的信仰，但它已经不能再主导政务会了。1884 年和 1885 年的改革，尽管消除了地主阶级的影响，但也不过是反映出国家经济利益的早期衰败。当皮尔废除玉米法的时候，农业繁荣的大坝就已然决堤了；然而英格兰普遍的繁荣景象，使一代人没有看到这种破坏的程度。1877 年的农业大萧条，使英国所有农村陷入贫困并难以恢复。迪斯雷利自皮尔下台以后便开始确信，我们无法指望一个旨在为农业设立保护性税收的党派来掌管英格兰；他从来都不试着通过确立新的关税作为堤坝来保护地主和农村人口——尽管欧陆列强都已经开始采用此类措施来抑制农村人口的减少和城市人口的扩张。德国、法国以及欧洲其他国家都需要农民补充他们的征兵营；英国不需要。英国仍然可以从村庄招募足够的警员，在城市占据主导地位的各个阶级对此深感满意。直到 20 世纪中叶，英格兰在社会中很难找到警力，警员的人数几乎不超

过农业劳动力的百分之五。

亚瑟·贝尔福是旧时代英国土地贵族的一位杰出代表，这个阶级拥有闲暇、财富和农耕经历，它在很久以前就开始主导英格兰。因此，贝尔福并不是一位真正意义上的、20世纪的保守主义的代表。财富和人口，转移到了制造业的职位和地区；政治权力拒绝与金钱和强力分离开来。工会主义占据主导地位长达19年，最后于1906年终结。R. C. K. 恩索尔曾评论说："我们可以将其看作是统治家族的成功联盟，目的是维护自己的地位，并得到了张伯伦这位能干的新贵领袖的支持和改造。"[1] 即便贝尔福是一位更加能干的、实践型的政治家，英格兰的那些旧的统治阶级也不会推迟很多年才给城市民主让步——这种城市民主已然忘却了敬重。贝尔福除了他的命令失败了之外，他本人并没有失败；他也没有放弃自己的职责，而只是这些职责
390 不情愿地从他们双手中被夺走了。英国贵族是西方世界为人熟知的最有智慧且小心翼翼的上流阶级，他们从来都没有颓废，只不过是被淹没了，以至于在1906年以后，他们被迫眼睁睁地看着自己的财产随着政治影响力衰弱落入城市和工业人口的手中，无能为力。贝尔福在他们最后几年的上升期，当之无愧是他们的领袖——尽管不那么像政客，更多是一位伟大的、拥有多种才能的绅士。

"当人们赞扬我的时候，我多多少少有些高兴；在被辱骂的时候，我也没有那么不舒服；但当有人为我辩解时，我却时常感到不安。"贝尔福曾这样对自己说。我们这里将不去解释他敏感的本性，

---

[1] R. C. K. Ensor, *England*, *1870 – 1914*, p. 388.

也从不曾有人试着这样做过，因为迄今为止没有令人满意的、关于贝尔福勋爵的传记。在保守主义社会思想领域，贝尔福所说的、所做的都没有他这个人重要，也没有他所代表的文化和阶级重要。在日后看来，由于政治权威掌握在狂热者和统计学者的手中，贝尔福的懒散和超然态度倒似乎成了一种美德。D. C. 萨默维尔曾经将他和墨尔本勋爵进行了比较："看到他对所管辖人口的大多数问题这么不感兴趣或看起来这么不感兴趣，这是衡量他个性的一种方式，这样的人应当被选为首相……贝尔福也是秋日里的一朵玫瑰，是霜冻来临之际，花期将要结束时危险地盛开的一抹香。"❶ 相对于政治而言，他更加关心音乐和哲学；尽管他写的一点有关政治的东西至今仍然值得被人们诵读，但他在神学方面的深入研究却有着更为恒久的价值。如果说纽曼的成就是保守主义的，那他在这个意义上也是。

贝尔福哲学四卷本《为哲学疑惑一辩》（1879）、《信仰的基础》（1895）、《神学与人道主义》（1915）以及《神学与思想》（1923）的主题，近似于帕斯卡尔准则："心灵世界自有其道理，非理智所能
391 企及。"贝尔福像纽曼一样多疑：他敏锐地意识到现代科学的基本原理并不依赖于绝对的知识，而是从类似于宗教信条那样的源头推衍而来。如果思想者接受了物理研究和感官证据，那我们就必定会一直深陷于怀疑的痛苦当中苦苦挣扎。贝尔福在这一点上赞同弗朗西斯·培根的个人看法，认为一个人如果从怀疑入手，那么最终会获得确定性。高阶的怀疑是为智慧做准备——这里说的不是那种狭隘的、自我

❶D. C. Somervell, *British Politics since 1900*, p. 49.

中心主义的破坏性怀疑，而是理智上认可那种对确证的期望。怀疑主义并不会破坏信仰；相反，它能够有助于揭露不信者的那种不正当的自鸣得意。贝尔福希望借助于一种启蒙的怀疑主义——它将“确切”科学的主张延伸至怀疑主义的考量——在一些人当中重塑自信，这些人“缓慢且不太愿意地放弃自己认为是无法回答的主张，和一些他们几乎无法割舍的信念；他们为了真理，已经做好准备放弃自己曾经习惯地当作是生活向导的东西，放弃自己对来世的期望，并用后来所产生的某些怪异的奇技淫巧来代替宗教”❶。真正理性的怀疑论者会在这些怪异的替代品的前提当中，发现实证主义，因而怀疑主义是宗教虔诚的工具。这将贝尔福引向了神学，使他相信有一个存在，而这个存在不仅仅是一个模糊的统一体或身份，而是“一个人类所热爱的神，一个人们可以祈祷的神；他会有立场，会有目的和偏好；无论人们如何想象，他的各种特征都丝毫不影响他和自己所创造的这些人之间个人关系的可能性”❷。

贝尔福将科尔里奇所说的“理性”和纽曼所说的“推论意识”(Illative Sense)，跟自然主义的唯物主义和反基督教的理想主义进行了对比。要求超验事物需要具有物质的、可测量的证据的那些人，所询问的是什么不存在于自然之中；他们试图通过否认神秘之物的存在来解决神秘的问题。“他们寻求上帝存在的证明，就像他们寻求有关鬼魂和巫婆的确证。他们说：‘给我们看看他存在的印记；告诉我们，上帝存在能帮助我们解决神秘问题。’当这些问题得到满意的解

---

❶Balfour, *A Defense of Philosophic Doubt*, pp. 326 – 327.

❷Balfour, *Theism and Humanism*, p. 21.

392 答后，我们就会开心地将上帝放在那些前提原因当中；借助于这些原因，科学试图解释这个我们直接认知的、唯一的世界，我们日常体验的这个熟悉的世界。”可是，这么对待上帝似乎是将他看作一个实体，一个能与现实分开来的部分；此时“他本身是科学知识的条件”❶。知识、爱、美，在一个只承认自然的世界里是无法持久的；它们来源于上帝，并在上帝那里获得圆满。那些否认上帝的人，也必定丢失了对知识、爱和美的界定与欣赏。❷ 贝尔福与朱伯特一样，都曾暗示说，如果人们不试着去界定上帝的话，那么就会很难了解他。如果恰当地加以了解的话，宗教与科学既不相互抵触也不相互排斥，二者都必须要依赖于那些超越于简单感官证明的直觉和征兆。那些试图将宗教还原成道德事实，或试图将科学提高到教义的高度的人，都对智慧的来源视而不见；而正是智慧，将文明人与原始人区分开来。

类似的对于权威、训诫和道德直觉的信任，构成了亚瑟·贝尔福的政治学。这些曾经是柏克的原则，贝尔福与柏克一样，当他知道如何在实际政府治理中应用这些原则，就像他在担任爱尔兰国务卿时宣誓做出的那样。然而，对于一个如此博学并偶尔非常实际的人来说，他在更宏大的政治预言和期望方面却令人惊讶地相当短视。1902 年教育法案就是这种缺陷的一个例证。“我当时并没有意识到，该法案意味着更多的支出和繁文缛节。”他后来如此坦言道。另一个例证就是 1906 年他那种出于保守主义对自由主义政府的抵制，他利用上议院庞大的托利党多数，碾压了欢呼的自由主义者和劳工党党员们的那

❶Balfour, *Theism and Humanism*, pp. 273 – 274.

❷Balfour, *Theism and Thought*, pp. 32 – 33.

种革新性的立法——这导致了1911年的议会法案，并使上议院几乎变得虚弱无力。当错误只是涉及管理政策的时候，那就很容易修复；但如果这些错误涉及系统性变革时，那么它们的影响就会非常久远。在系统性变革本身几乎变成制度性变革的时候，贝尔福没能担任保守
393 主义的领袖，这是他的不幸。

贝尔福非常迟缓地觉察到这些可能性，他对经济学和金融也感到厌恶。这表明他代表着老式的保守主义利益、塞西尔和其他富豪的遗风。贝尔福是机敏而有教养的传统英国的代言人，他在20世纪的争夺中仍然非常勇敢。他在谈论张伯伦的时候曾这样说道："乔和我之间的差别，就是年轻人与老人之间的区别：我是那个老人。"❶ 这说得很对。张伯伦的国家社会主义和工业帝国主义是未来潮流，英格兰那些老的统治阶级所占据的优势则终结于贝尔福这里。亨利·亚当斯曾认为自己和弟兄们代表了正在消失的以前的美国，他认可这位远在英国的同行者。在贝尔福卸任保守党领导职务的时候，亚当斯在给哥哥查尔斯·弗朗西斯的信中写道：那些坚忍而有趣的人格正从世界上消失：

> 有关我们同辈人的生活传记占满了我们的书架，但没有一本能够给我们提供某种思想。我认为，自内战以来，我们没有产生一个能让人终生不忘的人物……更让人感到惊奇的是，我觉得这样的人从未存在过。他们还没有出生。如果他

---

❶Julian Amery, *The Life of Joseph Chamberlain*, IV, p. 464.

> 们存在过，我会使自己依附于他们，因为我迫切需要他们。然而正如生活将会表明的，我将独自死去，不会从什么枝丫上摔落。我可能也是一只土拨鼠，当冬天来临的时候隐居在老昆西山上。我们与世长辞的时候没有追随者，没有学派，没有传统……很有意思，我看到亚瑟·贝尔福也死于同样的状况。他无法强迫后辈；他也很充分地表达了这一点。❶

贝尔福的确没有留下政治上的继承者。他的继任者博纳·劳，代表的是经过改造的保守党，亦即代表工业和商业的党派。从 1906 年大选到 1922 年保守主义的复兴，激进立法的浪潮结束了贝尔福所生活的那个旧社会。政治权力真的从那些形成并引导公共意见的老政客手中溜走了；然而，正如斯蒂芬所说，国家所让出来的权力会被其他
394 组织和个人所攫取。边沁的理论认为，主权应当交给众多构成社会的个体，每个人都代表自己并在裁决公共事务时行使同等的权力。这种理论在 1913 年的多票选举法和 1918 年民众法中，得到了极致体现，但并没有太大的意义。自此之后，一人一票制得以畅通执行。后来的选民由一千八百万人构成，每个人在认真思考过这些问题之后，再明智地投出自己的选票。然而，不管议会法如何规定，政治权力不会分裂成原子状态。旧阶级和组织被剥夺的影响力，应当由新的组织（尤其是工会）和重组后的政治党派来承担，并受到严格的规范；它们接着将议会中那些独立成员排挤出去。边沁学说所期望的那种由普

---

❶*Letters of Henry Adams*, II, p. 576.

遍选举权产生的经济的和政治的个人主义，从来都没有存在过；相反，政治领袖急于讨好和满足大众对于实证法的渴求，以加速新集体主义。1906 年的争论法、1909—1910 年的金融法、1911 年的议会法、1913 年的工会法，以及巨额政府支出，都是保守主义溃败的直接后果。工人变得超级强大，开始有了养老金，福利国家的其他方面内容开始成形。乔治·劳埃德开始谋划要让富人支付赎金。政治上的平等得以实现，革命精神不可抵挡地被吸引到追求条件上的平等。

1906 年大灾难过去两年之后，贝尔福在纽翰学院（Newnham College）发表了一篇关于堕落的演讲。“国民性是微妙且难以描述的，”他说：“使实践道德学家和政客们满意的那些粗糙的方法，无法用数据来加以表达或测量。当一个古老但仍然强大的国家中弥漫着一种深深的挫败感，当对老毛病的反应越来越虚弱、船只借助于海浪浮力上升的幅度越来越小，当学问枯萎、事业放缓、活力衰退的时
395 候，那么，我想，这就体现出某种程度的社会堕落。我们必须要加以辨识，而且在经过深入分析之后，我们很容易就能用‘堕落’一词来辨识它。”没有哪一种现存的社会学，能够精准地判断一个国家是否达到了某种堕落的状态。似乎在共同体当中，堕落与进步一样正常。然而，在我们的社会中，“无论我们面临的危害是什么，迄今为止都还没有出现在前进过程中停滞或倒退的症状；上千年来，这种前进过程都是西方文明化的特征”❶。C. E. M. 约德教授曾经在 1948 年试图表达一种更加精确的有关堕落的定义：生命中某种对象的丧失。

---

❶Balfour, *Essays Speculative and Political*, pp. 32, 49.

保守主义领袖尽管受到迪斯雷利和斯蒂芬的影响，但并没有经常直接思考什么是社会的目的，甚至在 1906 年以后也没有过。

1914 年春，贝尔福在格拉斯哥大学发表了有关神学和人文主义的吉福德系列讲座，还自己花钱给他在惠廷哈姆的庄园买了一对熟铁的花园大门，并在卷轴处刻上了“1914”。在这一年，西方文明化的进程战战兢兢地停了下来；可怕的社会倦怠的病征早在十年前，就在贝尔福所生活的社会中弥漫开来。

四、 W. H. 马洛克的著作：保守主义的合成

我们该怎样总结 W. H. 马洛克的作品呢？他的作品多达 27 卷，还不包括那些短论。人们主要是因为一本书而记住了他，那就是《新共和国》，这是他还在牛津大学读书时写的作品——“这是迄今为止一个本科生写得最好的小说。”蒂洛森教授曾这样评价道，非常公正。[1]（它还是这类体裁中继托马斯·拉夫·皮考克的作品之后最富才华的小说，甚至很可能与皮考克旗鼓相当。）不过，马洛克其他的书——那些神学和哲学研究、说教性小说、热情洋溢的政治说教和
396 社会统计几卷本，甚至诗集——都值得我们细细研读。

“他有着惊人的敏锐性，极富论证力，他学富五车、文风独特。”森茨伯里曾经这样评价马洛克，“对于有些人来说，他可能似乎（我

[1] Tillotson, *Criticism and the Nineteenth Century*, p. 124.

相信肯定是)，体内住着一位阿里斯托芬或少许的斯威夫特……不过在《新共和国》获得令人震惊的成就之后，他再也没有表现得更好了。如果要将这归咎于他所倡导的各种原则，那就是在不喜欢这些原则的人身上强加他们自己最爱的对‘愚蠢党’的嘲弄。当我们看见聪明人的时候会知道他们，尽管他们属于敌对阵营。我不知道，确切的瑕疵、腐蚀点和毒液是什么——可能它们存在于品位和脾气的毛病当中。”❶ 在过去的二三十年中，人们对马洛克的兴趣在某种程度上有所复兴，这可能是受到了保守主义思想复兴的促动。这种复兴是马洛克所希望的，他还曾预测了这种复兴的路线。任何对保守主义思想感兴趣的人，都应该去读马洛克的《生活是值得过的吗?》《社会平等》《纯粹民主的局限》以及他那本引人入胜的自传。马洛克于1923年逝世，那时他已经被人们忘记得差不多了；然而，在英国保守主义思想界自此并未有人能与他比肩。他终其一生都在与道德上和政治上的激进主义做斗争：撇开马洛克的聪明才智和独特文风，单从数量和全面性而言，在任何一个国家的保守主义著作当中，都没有哪部著作能够超越他。

马洛克继承了家族传统中的乡绅气质，他更倾向于是一位诗人；他后来变成了一位有关边沁模式的宣传者和统计者，这一切都是为了他在《生活与文学回忆录》当中所生动描绘的古老英式生活：宏伟的房屋、有趣的对话、红酒与晚餐以及存在已久的安宁。这可能是保守主义的乐趣所在，但马洛克用理智的保守主义加以维护。为此马洛

---

❶Saintsbury, *A Second Scrapbook*, pp. 178 – 180.

克生活在收入税专员所写的各种蓝皮书和报告当中；他独自完成的工作，是如今保守主义政治中心一个研究部门所承担的任务。“在他大多数著作当中，我们可以注意到他对于真理的渴望，这赋予这个灵魂
397 更多的追求，而不只是满足于‘一个枯燥无味的答案’；这在他的作品中处处可见。”约翰·斯奎尔先生曾这样说道。[1] 为了追求真理，他批评了当时多位难对付的要人：赫胥黎、斯宾塞、乔伊特、基德、韦伯和肖恩等。这些人当中甚至包括伯纳德·肖恩，没有一个人在与马洛克交手的时候占据上风。

在童年时期，马洛克“就简要地、下意识地假定，任何反叛或抗议既定秩序的事物，实际上都是鲁莽的行为，而且并没有多大的重要性”[2]。作为一名保守主义者，他最初的期望是在诗歌领域再造经典品位。然而，随着他逐渐成长，他开始意识到：“经典诗歌所假定的事物的整个秩序——文学、宗教以及社会的秩序，都受到了某些力量的攻击，这些力量我们再也无法忽视。”于是他转而维护东正教，反对来自实证主义者和其他怀疑论科学的信奉者的攻击。尽管他终其一生都倾向于罗马天主教（“如果基督教意指某种确切的事物——指一切超越谨慎情感之心情的事物，那么，只有罗马大公教会代表了它的逻辑形式”），他也沾沾自喜地评论说，自己的那本《教义与教义之争》促动很多严肃的国教徒加入罗马教派，但他本人直到弥留之际才加入罗马教会。

---

[1] Squire, introduction to *The New Republic*, p. 10.

[2] Mallock, *Memoirs of Life and Literature*, pp. 251 - 252.

正是托利党激进分子拉斯金，在极端保守主义者马洛克这里激发起了敬畏和虔诚的情感；拉斯金（像“赫伯特”先生一样），在《新共和国》那座令人无法忘怀的豪宅中所临时搭建的讲坛上开始布道，当他说我们现代人无法回溯到希腊诸神时，他说出了马洛克整个事业的目标：

> 现代世界的无神论并不是古代的无神论：冬日的漫漫长夜并不是夏日里转瞬即逝的晴朗夜空。希腊哲学家不会让自己的生活变得黑暗，因为他知道，那照耀生活的光亮，并非来自于什么神秘之处。现代哲学家的确知道，他也知道，它叫作上帝；因此也知道他能即刻扑灭光源。那么，如果光源
> 398 被扑灭了，会给你留下什么呢？艺术、绘画、诗歌能够给你带来安慰吗？你曾经说这些都是魔镜，它们能够为你映照出过往的生活。如果它们空无一物，与你客厅里的玻璃镜子一样只映照出百无聊赖的狂欢，那么，它们会更好吗？这是最终为你存留的，而且，可能是给你存留的最好的东西。唯一的可替代之物，并不是少数人百无聊赖的狂欢，而是所有人意想不到的混乱状态。但是，我并不感到害怕。有些人会一直坚强，而有些人则一直虚弱。如果没有上帝，没有神圣的和父亲般秩序的来源，那么，相信我，也就没有了贵族；但仍然会有专制。仍然会有富人和穷人，这意味着会有快乐和痛苦；穷人会（有时候我认为他们已经是）成为一群呻吟着的机器，甚至都没有理性的外表；富人则只有这层外表，

实际上不过是一系列花哨俗气的、手舞足蹈的提线木偶；而正是这些机械的不断运动以使它们动起来。”❶

马洛克与拉斯金一样，是一名艺术家和道德家；对他而言，物质进步的观念是荒唐而可怕的。《新共和国》中的“桑德斯先生”（克利福德教授），将进步定义成“可以通过数据来加以证实的提升，就像教育是那种可以通过考试来加以检验的知识”。马洛克看到了统计学的妄念，是如何摧毁了《新共和国》当中那些不可思议的对话所反映出来的文明。60年以后，在整个英格兰的大地上，几乎没留下一座乡间别墅以便这种陪伴能舒适地相遇——事实上，这个社会也没留下多少东西能够这样谈论。他瞥见了这种前景，因此马洛克（像斯奎尔所描述的那样）作为“尘世中的人，一个诗人、学者、逻辑学家、文体家、严苛但并非无情的批评家、带有某程度神秘性的现实主义者”，与社会主义者和政治主义者斗争了半个世纪之久。《新共和国》使乔维特、赫胥黎、“廷德尔和克利福德等人畏缩了”；随后而来的是一部对实证主义的讽刺作品《新保罗和弗吉尼娅，或岛屿上的实证主义》。在这本书中，马洛克放逐了不幸的W. K. 克利福德教授（书中被称为保罗·达恩利教授）和圣·约翰·弗吉尼娅，她
399 有着活跃奔放的祖先，并“在30岁的时候发现自己除了一大笔财产以外，一无所有”。接着在1880年，马洛克出版了《生活是值得过的吗?》，这可能是实证主义精神所遭受到的、最严肃彻底的攻击。

❶Mallock, *The New Republic*, p. 281.

他向无神论和不可知论展示了一种累进的分析，以表明它们在道德领域的后果；他诉诸“知识分子、幽默感以及叫作‘关于世界的知识’”，而并非纯粹的宗教情感。

《生活是值得过的吗?》所传递的讯息，更加彻底地论述了作者关于信仰的断言：没有超自然的宗教作为基础，道德和幸福无法得以维系。实证主义者推崇“波段效应”，并认为它能够替代虔诚；但它永远都不可能构建一个上帝之城。“的确，我们能够期望社会状况会不断改善；我们也能够期望，社会机器会逐渐运转得更加流畅。然而，除非我们知道某些与此相反的积极的事物，否则这种进步的结果，很可能只是一种更加不受干扰的倦怠或更加没有灵魂的感受。我们可以将玫瑰花瓣铺放得更加平整，但躺在这花瓣之上的人，可能会更加虚弱或更加堕落。”

一旦人们看不到道德的目的，他们的堕落就开始了。自责、自我厌倦以及冷漠将接踵而至，没有获得救赎的可能。[1]实证主义思想家早期受到了宗教训练，他们对这个世界知之甚少，想象着自己那些枯燥乏味且狭隘的情感，都是人性应当加以规训的。如果他们能彻底改变大多数人的道德信念和品性，那么，他们就会知道，兽性离人性的外衣有多近。即便是那些仍然受到习惯性欲望促动去做正当之事的人，也被反宗教所带来的道德冷漠所腐蚀。“那紧紧包围他们的前景失去了道德上的光彩，他们觉察到，在他们对这个世界的态度中所没有的，有一天终将进入他们看待这个世界的态度。像这样的思想状态

---

[1] Mallock, *Is Life Worth Living*? p. 148

并不是做梦。它是现代社会的顽疾——是我们这一代人的顽疾，它逃不过我们观察的眼睛。它在我们的对话中、文学作品中以及立法中，
400 无时无刻不背叛着自身。”

要反对这种科学否定的逻辑，除了勇敢地直面以下严肃的问题以外别无他法：那就是，问问我们自己，东正教是真是假？丢失了的信念可以恢复吗？我们是要接受实证主义者的论点，即外在的证明一定能证明宗教的合法性吗？或者，教会传统和戒律能让我们相信无神论本身就是不科学的吗？一个尊敬自己祖先，并为子孙考虑的人，会坚定地站起来反对这些知识分子破坏者，他们将现代文明化为灰烬：

> 灾难最终还是降临到了这个帝国，就像降临到罗马一样。一群理论上的野蛮主义者突然闯入，用武力全方位占领了它。这种结果令人惊骇。如果入侵者只是野蛮人，那么，人们很容易驱逐他们；但他们是用‘文明’这个最强有力的武器武装起来的野蛮人。他们是历史上出现的一种新现象：他们用真正无知的双手，向我们展示了真正的知识；合并的工作是破产，而不是重组。很少有伟大的运动在一开始就很清醒地知道自己的真正方向，但也没有哪一场伟大的运动像现代实证主义这样错得离谱。它看得太清楚以至于无法掌握失明时的直觉；它病入膏肓因而无法恰当地用视力加以引导；它仅仅抓住思想世界，结果只是传达了自己的困惑。如今人们所面临的，就是要借助于病人冷静地运用理智，去减少这些干扰秩序的困惑。

在出版这本令人动容的著作之后，马洛克在接下来的几十年从哲学和道德，转向了政治经济学和社会学。社会民主联盟的兴起、乔治·亨利的观念广受欢迎，甚至老导师拉斯金的那些经济观念也强有力地警示着他——《社会平等》是他第一本有关政治和经济学的著作（共七本），于 1882 年问世。在马洛克出版最后一卷社会学著作《纯粹民主的局限》（1919）之前的那些年里，他的思想经历了某种改进，他那些统计表格作了某些修改；但他的原则和方法并没有改
401 变。马洛克的目标是以科学为基础，建立保守主义的思想体系。激进主义者为了自身提倡科学，他们编造或歪曲数据以满足自己的目的；蔑视政治经济的老托利党，试图阻止保守主义者用真实的数据来回应虚假的数据；马洛克没受到大多数保守主义领袖的激励，他力图矫正这种平衡。

保守党几乎是从一开始在掌握政治经济学方面就很弱。柏克在这方面的熟悉程度令人钦佩，皮特深谙金融学；然而（除了赫斯金森和赫里斯以外，他们都不是合适的领袖），从他们开始到索尔兹伯里执政后期，经济学家们都是自由主义者；这些自由主义者一再在这个领域打败保守主义者。“塑造一种真正科学的、大众都能够理解的保守主义非常困难，我无法忽视这种困难，”马洛克在 1920 年这样写道，“困难在于塑造真正一般性的原则，在于收集和证实那些数据性的、历史性的事实，而这些事实又必须要能够容纳一般性的原则；困难在于引入道德和社会情感，使之与情感无法永久改变的各种客观条件和谐一致；困难还在于借助于人类得以生存的光亮，将很多相关事

实的分析转变成道德和理性的合成体。慢慢地感受我的方式吧，我正在试着表明，这种合成体会是什么。在这样做的时候，我感到生活中的各种政治问题本身与我们通常所说的宗教问题联合在一起。在我年轻的时候，我自己的心灵也卷入这些宗教问题当中。”❶ 如今这些老自由主义者屈从了社会主义理论，对保守主义经济学的需求极为迫切。

马洛克写道，旧的保守主义争论已经过时了。因为训诫性的权利、传统性的影响、古老的对于财产权和秩序的尊重，自卢梭之后，都被政治和经济学思想的一波又一波浪潮冲击成了泡影。保守主义者再也无法依赖这些古老的真理：我们的传统现在需要的是被保护起
402 来，不是当作防御而加以利用。改革家们专门采用了意识形态和“科学”体系以及数据统计方法。“所有带着系统思想或学说外衣的东西，都属于进攻的一方，武力除外；除了一种过时的、无法解释自身的教条主义，没有什么能够满足它。”❷ 坚称激进派学说只会诉诸嫉妒是徒劳的；这是在回避问题的实质；因为如果平等学说是对的，“我们就必须要将嫉妒看作是政治中的一个合理的引导，就像宗教人士将敬畏看作是宗教中的合理引导一样”。那么，更高层面的需要被裁决的问题就是：社会平等学说到底是对是错？当激进分子说完美社会需要平等的时候，他们是对的吗？文明、穷人会从平等制度中获益吗？进步和平等是什么关系呢？在某种程度上，马洛克在《社会平等》一书中对所有的这些问题都给出了回应；但他在《劳动力与大

❶*Memoirs of Life and Literature*, p. 135.

❷Mallock, *Social Equality*, p. 22.

众福利》（1894）一书中又进一步强化了论证。

从科学角度来考虑的话（马洛克在所有政治著作中都是这样的方式），平等学说就是一个谬误，因为平等是进步的终结。在历史上，任何一种进步，无论是文化上的还是经济上的，都产生于人们追求不平等的欲望。没有了不平等的可能性，一个民族就会一直停留在可怕的、紧巴巴的维持生计的状态，就像爱尔兰的农民；一旦可以有不平等，少数有能力的人就会将野蛮转变成文明。平等对谁都没有好处，它会挫败有能力的人，也会使穷人堕入更加卑贱的境况。在一个人口密集的文明国家，平等对穷人而言几乎意味着饿死，因为不平等产生了各种文明共同体的财富：它产生了动机，促使具有更强的能力的人为了普遍福利而努力。在这一时期，大约十六分之一的英国人口，创造了三分之二的国民收入。[1]

新集体主义者没能认识到更强的能力所具有的巨大价值，这些更强的能力会被社会平等的学说所压制。他们最根本的错误就在于劳动
403 财富理论，而这种理论的基本原理又来自李嘉图。（不管马克思怎么说）劳动并不是产生财富的原因：在独立状态下，劳动所产生的不过是一些基本的维持生存的东西。人不是天生的劳动力动物：如果没有特别的动机，他就会尽可能少地劳作，仅仅维持生命而已。“劳动本身并不产生财富，就像莎士比亚手中的笔，并不能导致他创作《哈姆莱特》一样。原因在于动机，劳动不过是这种动机的外在指标。”首要的动机就是不平等；主要的财富制造者并非劳动，而是能

[1] Mallock, *Labour and the Popular Welfare*, p. 233.

力。马洛克反对麦考利和斯宾塞，他维护伟人的重要性。个体的天才是巨大的社会力量，伟人的才能可以挽救穷人不至于堕入野蛮状态。如果将伟人或具有能量和才能的人，贬低为平等的平庸之辈，那么就会大幅度地减少人口。

能力，作为首要生产力，是一种天然的垄断：它无法通过立法而加以分配，但它可以被压榨。"能力是个体所变现出来的一种努力，它能够自发地影响不确定数目的个体的劳动力，因而加快或完善不确定数目的任务的完成。"简言之，正是这种能力引导了劳动力。它产生各种创新，设计各种方法，提供想象力，组织生产、分配和保护，并维持秩序。在一个文明国家，能力和劳动无法独立存在，因此人们不可能精准地估算哪一部分产生了多少财富；不过，在 1894 年一亿三千万英镑的国民收入当中，由劳动所产生的不超过五千万英镑，而至少有八千万英镑是由能力产生。没有能力的劳动，不过是自然人维持生存的原始性劳作。社会认识到人类无法仅仅凭借劳动而获得繁荣，因而试图通过保护动机而鼓励能力。

资本，受到了新集体主义者的激烈抨击，它不过是整个社会的生产基金，它是知识分子对于劳动的掌控。进步党所憎恨的财产继承，
404 是最重要的促进能力的动机之一。它满足了给子孙遗赠的本能，并同时有所积蓄并积累资本。社会由于承认能力的要求，所以为劳动阶级获得了大量的收入，这是劳动本身在独立的情况下永远无法达到的。在 19 世纪的前 60 年当中，劳工阶层的人均收入得到大幅度提高，直到 1860 年已经相当于 1800 年所有阶层的收入总和——就好比，在 1800 年，英国的所有财富都是在劳工阶层当中加以分配了。这种进

步还在继续。1880 年，仅仅劳工阶层的收入，就达到了所有阶级在 1850 年的收入水平。“这代表了一种进步，是最疯狂的新集体主义者也从来都不曾梦想到的前景。”的确，不仅仅是劳工阶层的收入获得了绝对增加，它还呈现出一种成比例的增长。富人和中产阶级如今所获得的份额比以前要少一些，这是因为劳动不再只是没有技能的劳作，它获得了特殊的能力并因此分享了能力的成果。❶

如果这个过程再延续 40 年（马洛克在 1894 年写道），那么到那时候，劳动者的收入会翻番。不过穷人阶层的那种未受教育的贪婪，威胁到了进步。追求更大的繁荣是很自然的，哪怕是通过政府；然而，如果要通过掠夺社会其他要素来达到这种想象的繁荣，那就会扼杀能力，并很快导致普遍贫困，最终导致野蛮状态。基于一种假想的自然正义而要求社会绝对平等，是具有破坏性的，就像通过废除君主制以每年节省一百万英镑的开支（不过这均摊到每个人头上也不过就是六个半便士），而获得经济上的假象一样有害。“比起请护工维持女王健康的费用，为保留她所花费用，分摊到每个人头上更少。”❷新集体主义者急于废除英国的现存政府，以减轻那些支付六便士的劳动者的负担；他们是在做一件蠢事，跟废除能力的动机差不多。

405 《贵族与进化》（1898）一书将这些观念应用到事务管理上。马洛克开门见山地说，社会学家通常忽视了先天性不平等的这个事实。我们这个社会中的经济方向，前所未有地掌握在少数人的手中。我们

❶Mallock, *Social Reform* (1914), p. 331.
❷*Labour and the Popular Welfare*, p. 147.

用于支付工资的可变资本、我们整个生产体系，需要由少数代表能力的人来引导。这既是公正的，也是权宜之计。“进步党”愚蠢地贬低文明社会中那些强大且聪明的人的作用。他们是真正的社会精神，人民大众自发产生的那种公共意见从来都不曾真的存在；我们所说的公共意见都是围绕杰出的人而形成的。文明依赖于这些人的鼓励和认可；普通人应当学会粉饰自己的状况，而不是试图逃离。民主展现出一种有害的、否认领袖的趋势，而坚持认为那些掌管要务的人“只是在实践活动这类能力以及快速理解他人愿望的品质这些方面才是杰出的，这使他们能够去做民众主人所吩咐的事情。然而，他们不得拥有任何思想或原创性的力量，因为这可能会诱使他们的行为与主人当时的脾气不和谐一致；或是做出主人所不能理解的行为，即便这些行为很可能是为了主人将来能获得好处”❶。废除了这种受传统道德和政治制度约束的能力的真正领导，劳动者阶级会经历一波又一波的恐惧，他们在这样的恐惧中会像绵羊一样无助。此后，他们必定会屈从于新的主人，他们的统治会比旧的统治更加残暴、专横，更没有人性。

尽管我们的社会与所有文明的共同体一样，都需要贵族式的原则来有效地管理；然而，它仍然是一个自由集社和自愿努力的社会。它需要少数人来引导，但这并不会导致大多数处于服从状态。这是因为，充沛的收益能够保证能力的运用：当人们受动机促动时，就不需要强制了。费边主义者宣称自己已经准备好了要消除这种自愿合作；

---

❶Mallock, *Aristocracy and Evolution*, p. 180.

406 他们讨论“公民义务法”，这意味着要处罚那些懒惰的人。在遭到强迫的时候，能力下降到纯粹劳动力的水平；如果得不到回报的话，没有人会运用他的特殊才能。西德尼·韦伯以经济上的奴隶制作为解决办法（费边主义者认为他们借助于这个逃避了对匮乏的恐惧），这真的会导致所有人一直处于匮乏状态。马洛克在《批判性地考察社会主义》（1908）一书中解释了这些概念，它可能仍然是将集体主义的错误剖析得最为清晰明白的一本书。

在《纯粹民主的局限》（1919）一书中，马洛克对照俄国革命，总结了自己的社会观念。我们现代财富的主要创造者，自 19 世纪伊始得到了大幅度的增长，它就是指令性思维；不过指令性思维或能力所获得的收益不及这种财富增量的五分之一。人类不应当抱怨指令精神的回报，反而应当惊奇它们居然如此节制。在政治和生产领域，少数人的权威并非源自法律制裁，也不是源自任何有关神圣权利的理论，而是源自自然：现代的贵族制或寡头政治，是普遍利益的一种表象。“在任何一个伟大的文明国家，民主都只是通过与寡头政治合作，才能了解自身……多数人只有通过参与到收益中才能获得繁荣，这些收益表现为物质安慰、机会、文化、社会自由等，除非多数人服从于具有超能力的少数人的影响和权威，否则没人能够得到这些收益。”[1] 新集体主义首先否认这种领导地位的合法性，接着出于对自己的失败的反应，又要求一个独裁者。在俄国实行纯粹民主的过程中，将会产生大量卑劣的新寡头，由一位暴君主宰；而这位暴君会悄

[1] Mallock, *The Limits of Pure Democracy*, p. 392.

悄地否认他崛起时所依赖的那些观念，并继续告诫大众要“革命”和“民主”。与此同时，他本人继续消灭通往新专制主义的阻力，因为革命已经使每个人的生活变得无法忍受。

如果我们有勇气面对自己的使命，那么我们就能够从无神论和社
407 会衰退的双重威胁中解脱出来。一方面，我们必须在内心中复兴这些宗教信念，这些信念与现代知识并不是真正协调一致的，而是超越了现代知识；另一方面，我们必须要说服人民大众相信社会是为了他们的利益而运转的，以对抗新集体主义者对嫉妒的诉求。马洛克在他后来的小说当中，合并了宗教信仰和社会保守主义的问题，如今却没什么人去读了。不可知论为社会混乱铺平了道路；实证主义者及其同盟，误解了现代科学的经验，借助于私人性的道德资源来揭示人类：

> 就像他们所假定的，科学将上帝从自然中驱逐出去了，他们非常实际地看待这种变化，将这种后果比作是人类失去了一位天上的教育者。这位教育者的确为人做各种谋划，但在很多方面令人反感；这位教育者死了之后，他们就认为人类会处在一个自由（尽管有些孤立无助）的状态中，可以无视自然而为自己构建一个私密的宇宙，就像是一种摆脱了“斯奎尔斯”（Squeers）的多特男童学校，这里的孤儿们因而开始要进行自我教育和维持生计。然而，这些不可知论者实际上没有意识到那个在理论上即便对他们而言也是老生常谈的东西，那就是：那将他们从睿智的上帝那里解放出来的精准的推理训练，将他们贬低为大自然的木偶，而这正是他

们的启蒙谋划要加以反对的。[1]

马洛克在《信念的重塑》（1905）一书中这样写道：多特男童学校的那种新型民主，拒绝被纯粹理性的原则所引导；它的道德特质就是强烈的个人激情和蔑视文明。“进步党”的社会安排，强迫每个人都要利用个人理性的积累；否认人与人之间有着天然的不平等，否认领袖并错将没收当作财富的积累；这种社会安排是实证主义所导致的精神混乱状态在尘世间的对应。马洛克花了 50 多年的时间，试图通过坦率清晰的宣传来抵制这场理智革命。他相信“那些‘先进’思
408 想所造成的宗教上、社会上和政治上的灾难，慢慢会通过理性地发展保守主义思想而加以消除；真正的信仰会复兴，这是神圣性、稳定性以及社会秩序的文明所依赖的基石。”[2] 他并没有低估这种保守主义工作的困难程度，但他从未丧失希望，即便他生活在对很多人而言是解体了的英国文化当中。

本杰明·基德是马洛克在《贵族与进化》这本书里主要的批评对象，他在《社会进化》（1894）一书中推广了合理的民主乐观主义和进化论进步主义，这两种主义对公共意见所产生的直接影响，比马洛克的著作，甚至是斯宾塞的著作要更加强烈。马洛克深知这一点。基德及其学说，在追求“变化”（*becoming*）的同时放弃了“存在”（*being*）；为了未来不断进化的人类的那种自鸣得意的信仰，而放弃了过往。W. H. 马洛克深知，他的战斗并非是针对基德这样的人。但

---

[1] Mallock, *The Reconstruction of Belief*, p. 303.

[2] *Memoirs of Life and Literature*, p. 273.

在世纪之交之后，马洛克肯定是感觉自己是在精疲力竭地捍卫那些被放逐的少数人：社会达尔文主义者主导了英美思想，直到爱德华·格雷爵士才看到了那散射到整个欧洲上空的光亮。

“在进化论者看来，人类和社会都不具备确定的本性，因此不能这样加以研究，”罗斯·霍夫曼曾这样评论说：“因此，那种要考察制度的本性、试图去理解他们所赖以生存的各种原则、参照人类本性的各种永恒范式来判断这些原则，并发现各种手段以保存和发展良善观念的保守主义，似乎与这场讨论并不相干。这是为什么鲜有保守主义政治和社会哲学在本世纪早期留名的主要原因。”❶

从某种程度上来说，马洛克期望整个人口状况在物质上能够得到稳步改善，就像曾经在 1850 年到 1890 年间的经济发展过程中表现得那么明显；在此基础上，他建立起信任。不过在 1900 年以后，落后的英国工业和战争的打击，进一步推动穷人阶级倾向于一种激进的财
409 富分配观念，而非一种合作性地增长财富的观念。即便如此，马洛克也没有绝望，因为他知道，从长远来看，观念具有巨大的力量。如果保守主义精神的确能够终止西方文明的衰落，那么马洛克应当获得高度的赞扬，因为他是一位理性的保守主义的辩护者。在早期的激情冲动之后，他并没有指望能够搬动大山：

> 争论就像是种子，或是像心灵，就像保罗所想象的，他曾将争论比作种子。除非它们枯萎死亡了，否则不会被加速

---

❶Ross Hoffman, *The Spirit of Politics and the Future of Freedom*, p. 45.

发育。只要它们对我们来说仍然是争论的形式，那么它们就不会起作用。只有经过一段时间，它们悄悄地潜入记忆并存留在那里之后，才会发生作用；当人们看待它们时所带有的恶意和不信任逐渐消失之后，当它们不经意间融入心灵当中并成为人的一部分之后，才会引起思想上的转变。❶

马洛克的书促进了这种微妙的转变，它们的影响会继续渗透进社会和时代当时所有的风气。

五、 战争之际的那种阴沉的保守主义

除了那些努力生存、没有时间或欲望进行自欺的人，世界变成了一种表演和伪装，给每一种价值赋予虚假性，给每一件事加上不诚实的视角。当人类历史上的最大灾难降临时，每一个国家都感到同样震惊且毫无准备；尽管它们实际上在前半个世纪里除了有意无意地为此准备以外，并没有做任何别的事情。战争当然是这种学说的终极胜利。全世界的每一个人，都被迫去战斗以让这个世界对于民主而言是安全的，无论他们本人是否相信民主——尽管战争本身毫无疑问地归咎于人们被呼吁要为之战斗的特定形式的政府，以及那些在任何情况下都不能打

❶*Is Life Worth Living*? p. 241.

胜仗的人……每一个国家的人，都只允许最残忍、最虚伪的国民走到上层并统治他们，并因此证明他们从教育和制度给他们带来的其他恩惠当中，收获了多少。

410 ——奥斯伯特·西特韦尔爵士，《三重赋》

关于两次世界大战之间的英国保守主义，没什么可值得写的。斯坦利·鲍德温勇敢过人，他将自己的党派从与劳埃德·乔治的危险纠葛中解救了出来；但人们却无法从鲍德温那里得到一般性的观念。鲍德温在凯恩斯面前，将众议院的保守主义者描述为“一群麻木不仁的、自认为在战争之外做得很好”的人。这位首相合理地更加鄙视便士报的巨头，他们渴望主宰保守党。两次大战之间的保守主义如果能够坚守它所拥有的，那么就会深感幸运了，因为当时 1926 年的大罢工已经爆发，在那个经济形势越来越糟的时期，人们几乎没有想过积极的行动。内维尔·张伯伦沿着父亲所开辟的道路所进行的社会改革，其实也不过是对大众时代的生活进行一些改善而已，它与新集体主义者之类的谋划在程度上相去甚远；在大萧条时期，温斯顿·丘吉尔在财政部的那些工作并没有完成。30 年代的保守主义政治家们认为，波恩教授几乎没做任何事情以避免新利维坦的到来：

他们在抛弃旧的、贵族式政府观念之后，并没有做任何事情来创造新的贵族：他们自信地依赖于自己驾驭民主这群野马的技能；他们是一帮赌徒，会将赢来的钱放进腰包、开心地赔钱，从来不想着要改变游戏规则。他们做了什么来维持作为社会基本单元的家庭呢？可能会有一些答案，但这些答案回想起来都不甚明显……鲍德温和张伯伦分别代表了一定程度的宽容和效率，以及保护自己不受到社会上那些更加令人不愉快的冲击的影响的机会。无产阶级化进程得以继续进行，但如果一个人足够富有的话，那么就可以避免与之接触。如今主要的区别在于，无产阶级化进程得到了加速，而大多数豁免却被取消了。”❶

保守主义思想除了政治行为以外，都受到了同样的妨碍。切斯特
411 顿与贝洛克尽管不是真正地属于保守主义观念的序列，尽管他们在情感上是民主的、在经济上是空想的，但他们在这些黑暗时期却做了很多事情以滋养古老的保守主义的激情；他们所做的甚至超过了那些本该继承柏克传统的人所做的。无论分配主义如何与个人主义的幻想牵扯在一起，都比保守主义、自由主义和劳工党的那些养老金、失业救济金，要更能够回应现代社会的病症：《正统观念》在某种程度上回应了科尔里奇和纽曼的思想，《奴性的国家》反映出博林布鲁克和迪斯雷利的一些基本原则，但贝洛克和切斯特顿只不过是保守主义的辅助人员，正规军在哪里呢？

有些人，像乔治·温德姆早就被20世纪丑陋的政治生活所制服，没到盛年就夭亡了；另一些人，像F. E. 史密斯，从来就没有兑现他们早年的承诺。还有很多年轻人，他们的利益和遗产本应当成为保守

❶W. L. Burn, “English Conservatism,” *The Nineteenth Century*, February, 1949, p. 72.

主义事业的保证，但受到了这个时代英国人的普遍困惑和对俄罗斯的美好希望的诱导，同时也受到了集体主义思想家刻意关注的诱导。英奇教士对此进行了总结，并形成了他最好的一篇论文——“我们当前的不满”，收于《直言》第一卷。当时是费边知识分子进行支配的时期，社会激进主义终于开始进入牛津和剑桥。这些都是凯恩斯所描述的、聚集在 G. E. 摩尔身边的年轻人的理想主义思辨的成果：“我们否认各种形式的原罪学说，反对那些认为大多数人都有疯狂和不理性之恶的源头的学说。我们并没有意识到，文明化进程是一层薄薄的、不稳定的外壳，它由少数人的人格和意愿所构成，它的维系只能依赖于有技巧地使人接受并狡诈地保存各种规则和传统。我们对于传统智慧和习俗的约束没有任何尊重……作为我们普遍的思想状态，我们彻底误解了人类本性，包括我们自己的本性。”❶

有一些年轻人看穿了这种否定的态势，例如 T. E. 休姆，他在
412 战争中阵亡了。休姆认为，民主式的意识形态，实际上是源自 18 世纪中产阶级的思想，它与工人阶级运动并没有实在的关联。我们这个时代的革命冲动，受到 18 世纪的激情与无产者不满的联合煽动，并不能推进社会生活，它本身就已经年久衰退了。“自由主义的社会主义，仍然存活于上个世纪中产积极思想的残余当中。当今的粗俗思想是和平主义者、理性主义者、享乐主义者，并认为自身表达了受过教育的、被解放了的人的那些不可避免的信念；那么它就具有了一部戏剧中各种提线木偶的所有感染力，死去的事物在指手画脚，仿佛自己

❶J. M. Keynes, *Two Memoirs*, pp. 90 – 100.

还活着一样。我们年轻一代的小说家，就像那些罗马喷泉，水从一张人脸面具中喷出来，绵延不绝，就好像是自发地从它们内部深处喷发出来一样。一种污浊的浪漫主义，实际上来自于一根很长的管道。”[1]不过，费边信念会继续得到传播，稳定地洞察新的社会阶层。如今，它在左翼读书俱乐部和那位被忽视的或愤愤不平的教师那里得到了表达；这位教师本人太过频繁地代表了无产阶级知识分子，后者是现代经济和现代人文主义的独特产物。[2]

伯肯黑德勋爵（F. E. 史密斯）在离世那一年，出版了名为《公元2030年的世界》这本半异想天开的预言书。无论人们是否认真地看待它，它都是一本由托利党人写的奇怪小书。伯肯黑德勋爵想象公元2030年的世界，将会消灭疾病、战争、贫困——以及更为根本的是，消灭人类本性。它将是一个由心理学家和统计学家统治的世界，人类在体外进行繁殖，靠人工合成营养物维系生存，并且从任何神秘残余和旧个人主义网络当中解脱出来。它将是边沁的梦想，或对某些人来说，是但丁第四轮回中的那个贪婪的深渊；在所有消失的地狱生
413 物中，这些人是最可怕的，被剥夺了人性，永远没有名称：

> 那可耻的生活，
> 曾经使他们极为卑劣，
> 如今使他们看不见任何隐约的知识。

---

[1]T. E. Hulme, *Speculations*, p. 254.

[2]科尔姆·布罗根在此描述的这位教师，出自《晚餐桌上的民主党人》（*The Democrat at the Supper Table*）一书，相当于皮考克、霍尔莫斯或马洛克。

乔治·森茨伯里在同一座桥上超越了两个不知名的人，他吃惊地听到其中一个人对同伴说："刚才过去一位英格兰最重要的托利党人。"这种无名的批评非常精确：森茨伯里是20年代所有思想家当中最坦率地继承了托利主义的人。森茨伯里教授在论述边沁主义者，以及伯肯黑德所暗示的那个社会主义乌托邦社会时，发现它们既令人讨厌也令人沮丧：

> 抛开所有关于罪恶和痛苦不谈，这些可能是产生新集体主义乌托邦所要经历的；让它在某种程度上由优雅的小精灵来产生；即便是那时候，有没有什么东西能够比无产阶级的舒适所造成的巨大浪费更令人讨厌呢？人人都像总统一样好，每个人的受教育程度都一样良好，人人都由某种抽象的"国家"来进行安置、供养和管理——真的与猪圈里的猪一样平等、自由，即便冠之以人类之名也未见得好到哪里去；抑或是，人类的职位、财产、天赋、祖先以及所有这些，将我们与畜生区分开来了？[1]

此处是在召唤要替代保守主义的社会。上天可能会以可怕的战争来惩罚人类的冒昧，除此之外，保守主义思想成为唯一有效地阻止这种新生物取得胜利的障碍。

---

[1] Saintsbury, *A Scrap Book*, p. 48.

第十二章　批判性的保守主义：白璧德、摩尔、桑塔亚纳

倘若我们的公众自由应当被神奇般地往后推延或加以阻止，那么我们仍然会改变。随着财富的增加，会有越来越多的人选择一种文学休闲。文学上的好奇会成为这个国家的一种新的欲望；随着奢靡之风不断增进，没有什么欲望会被否定。多年之后，我们会有很多穷人和新贵，有很多粗鄙的无知者，有大量学富五车的人，也会有少数非常杰出的知识分子。自然从来不会浪费她的天赋，会产生一些天才被人们仰慕和模仿。

——费舍尔·埃姆斯，《美国文学》

一、实用主义：美国的失策

至第一次世界大战初期，美国在某种程度上实现了埃姆斯的预

言。它有着广泛而洋洋自得的民主，奢华而无趣，既展现出极度的贫困，也展现了巨额的财富，但很少有国父们所设计的那种适度的私人保障。在这里，几乎每个人都去学校但几乎没有人接受了教育，它成为这个世纪、有可能是多少年以来最强大的国家。作为一个民族，美
415 国人非常富有，但真正的休闲却一直较为罕见，少有为人称道的，甚至经常被人鄙视。因此，令人惊讶的是，这个时代由于一些哲学和文学批评而获得尊严；它们比美国历史上以前的相关批评都更有价值——实际上，它们相当于英国那些最好的思想与文学作品。一个成熟的国家，无论怎样蔑视理论上的成就，都不可能逃避那种容忍少数人思想的义务。

其中有三位伟人是保守主义的思想家，他们多年来一直逆哈丁、科尔里奇以及胡佛等人所领导的社会潮流而动。欧文·白璧德和保罗·埃尔默·摩尔这两位是新英格兰清教徒精神的继承者，即便他们超越了这种严格的传统；第三位乔治·桑塔亚纳是一位真正的世界主义者，他在天主教信仰的影响下长大，并为自己的西班牙血统倍感自豪，但仍然极大地受到新英格兰地区才俊们的影响。马萨诸塞州及其相邻地区，在美国版图上来说几乎是微不足道的；如今，他们的国会代表并没有更加突出，但他们仍然潜移默化地影响着一个国家，后者经常将文明只是看作一种物质构造。

这些年以来的粗俗和傲慢，也产生或激发了其他的保守主义思想家。要是写写拉尔夫·亚当斯·克拉姆这位伟大的建筑家和浪漫主义的后裔，可能会比较有意思，他大胆地为亨利·亚当斯的中世纪精神叫好；或者写写艾尔伯特·杰伊·诺克也不错，他尊敬四大古怪的思

想家——柏克、杰斐逊、赫伯特·斯宾塞和亨利·乔治，诺克还写了一本从容傲慢的自传《多余人的回忆》[1]，该自传极有可能对美国思想产生持久性的保守主义的影响；或者写写南方的那些重农派，他们当中有唐纳德·戴维德森和阿伦·塔特，他们试图让美国人重新想起旧时南方的那些美德。即便是 H. L. 门肯也具有保守主义的一面，尽管他在《民主笔记》一书中体现出反常的恶意。另外还有一些保守主义的出版社，它们比那些粗俗的保守主义日报和花言巧语的杂志（比如某些南方季刊、存活时间不长的《文人》（*Bookman*）以及同样短暂的《美国评论》），要好得多。如果我们这本书还要佯装成为
416 一部美国理论发展史，那么就还要写写那种在大学当中复兴的托马斯主义。不过，这本书不是要写一部这样的历史——相反，它只是描述某种保守主义观念的发展。我们在此选择白璧德、摩尔和桑塔亚纳作为 1918 年以后美国保守主义激情最重要的代表人物，是有点任意性的。

如果一个人被迫要在本世纪的各大党派中，选择一位认可一贯性保守主义学说或激进观念的美国政客，他会选谁呢？无论是老西奥多·罗斯福还是小西奥多·罗斯福，都像亨利·亚当斯所说的那样，主要支持扩张；泰德也是；克利夫兰真的是一位更好的保守主义者。

---

[1]“多余人”一词源自 19 世纪的俄罗斯文坛，是对当时一种文学典型的命名。他们属于贵族知识分子，但既不满足于自己的上流社会，又不能跳出这种生活的小圈子与人民结合，所以在他人看来就成了社会上“多余”的人。“多余人”具有一些共同的特征：多数出身于没落的名门望族，有着良好文化教养，不为官职钱财所利诱；也能看出现实生活中的某些弊病和缺陷，在反动专制和农奴制下深感窒息。他们虽有变革现实的抱负，但缺少实践。他们生活空虚，性格软弱，没有向贵族社会抗争的勇气，只是用忧郁、彷徨的态度对待生活，在社会上无所作为。——译者注

威廉·霍华德·塔夫脱在总统位子上干得还不错，也是一位杰出的大法官，但并不是一位哲学家。亨利·卡伯特·洛奇是亚当斯的学生，他是一位很有能力的作家，作为政治家也很精明，但也仅此而已。伍德罗·威尔逊阅读了柏克的书籍，但自相矛盾、一团糨糊。老一点的参议员罗伯特·塔夫脱，非常大胆地称自己为“自由主义的保守主义”，但近些年的党派领袖都躲避任何思想学说；比如富兰克林·罗斯福，他们带着那些迷恋名望的人所具有的完美机敏，逃离了原则。尽管政治哲学在政治家那里有所衰退，但在教授们那里却获得了发展：白璧德、摩尔和桑塔亚纳，他们当中没有人进入实际政治，他们观察着美国社会的混乱困惑，并记录着它的前进方向。摩尔和白璧德曾经希望能够帮助美国生活在精神上有所复兴；在他们这里，亨利·亚当斯感受到的那种气馁后的冷漠，被那种顽强的试图要完成保守主义道德改革的努力所替代。

当文人必须承担起老派哲学政客们所放弃的责任时，那么不难想象，这对于任何社会而言都是一种不祥的预兆——柏克大概会这样认为。无论这一点是否真实，当农村人口开始下降时，保守主义元素在这个国家肯定受到了威胁。这种意义深远的趋势始于 1916 年，那一年，美国农业人口（尽管相对于总人口而言，农业人口几乎从建国
417 起就一直在下降）上升到峰值，达到三千三百万；然后在数量上呈绝对的、不可避免的坡度下滑。乡村的那些美德与忠诚，与小城镇的影响和活力一起，都屈服于亚当斯兄弟所憎恨和预言的社会集中化趋势，也屈服于那种与民主一起发展而来的工业主义（如今它已经威胁到要掌控它的同志们）。杰斐逊和约翰·亚当斯的美国被抹去了，

汉密尔顿的计谋获得了胜利；尽管汉密尔顿可能被自己的作品所具有的那张沾沾自喜、粗鄙不堪、狭隘偏执的嘴脸而吓到。这是一个被朦胧的情感和真切的欲望所统治的社会，醒来后知道了自己所具有的可怕力量，并愿意去庇护或用它来管辖整个世界，同时害怕责任、毫无耐心接受告诫。人们有可能限制它摧毁自己的历史、破坏自己的宪法，并转向其他国家而将自己那种模糊的欲望强加给一种普遍的、世俗的、统一的、迷恋平庸而领导力没落的物质文明吗？20 世纪的美国，不可比拟地要比雅各宾时期的法国更加强大，而且在目标和结构上都有所不同；然而，如果保守主义者不能成功地引导或减缓这些社会力量的激流，那么，对文明产生的后果可能会比法国大革命所带来的后果更加严重。这个问题超越了政治家们的才智，如果可以理解的话，我们可以把它当作道德哲学和宗教信仰一样来加以理解。我们仍然比以前更加费劲地与之斗争；美国社会的最大争斗，就是道德和政治扩张的力量与道德和政治稳定的力量之间的角逐。

这个时代的那种挑衅性扩张和自然主义的趋势，都在约翰·杜威那里得到了辩护。没有哪一位哲学家的文风比他更加晦涩难懂了，但杜威的那些基本原理却比较简单明了、通俗易懂。他从一种彻底的自然主义开始，像狄德罗和霍尔巴赫那样，否认整个精神性的价值王国：除了感官，并不存在什么；生命除了感官的满足，并没有什么目
418 标。他接着进入功利主义，将边沁主义观念在逻辑上推到了极致，使物质生产成为人类事业的目标和标准；历史是垃圾，未来尚不可知，当下是道德家们的唯一关切。他提出了一种源自卢梭的教育理论，宣称孩子天生具有“一种自然的欲望去行动、付出和服务”，因而应当

鼓励他们遵从自己的倾向，教育只不过是敞开路径。他倡导一种以社会平等为目标的情感性的、平等主义的集体主义，并且用马克思主义经济学覆盖这种结构，期冀一个追求高效率的物质生产以满足大众需要的未来，亦即计划者的国家。自 1789 年以来的每一种激进主义都在约翰·杜威的学说里得到了体现，这种破坏性的理论合成，迅速地在人群中变得非常受欢迎，这些人要么是那些心烦意乱的、接受了部分教育的人，要么是那些更加自负、发现自己迷失在达尔文和法拉第从根基处切断的那个残缺社会之中的人。杜威的著作极度逢迎现代思想的傲慢，完全蔑视权威，它们是 20 世纪不满情绪的一面镜子；杜威领导新生代所面向的那种功利主义的阴霾前景，并不会顿时让一个民族反感，因为他们已经听从于感官的统治了。在杜威那里，敬畏早已销声匿迹；为不分青红皂白的解放而自鸣得意。这就是美国和 20 世纪的那种帝国主义的盼望，并带上了一张哲学的面具。白璧德、摩尔和桑塔亚纳他们分别以不同的方式，蔑视这种欲望的极致。

二、 欧文·白璧德的人道主义：民主中的更高意志

左翼作家们向欧文·白璧德展开了侮辱性的攻击，就好像他们在白璧德这里发现了自己最可怕的对手；当人们想起这种辱骂是针对一位爱思考的、哈佛大学比较文学系的教授时，这多多少少是有些让人震惊的。奥斯卡·卡吉尔在他的《美国的知识分子》一书中，愤怒
419 地喊道："我们知道，并不是白璧德所生长的 18 世纪的邪教宗派主

义，而是他在提到科学或民主时垂涎欲滴的样子，表明了他是一位乡村的赞颂者和布道记录者，而并非世界主义者。”哈罗德·拉斯基在《美国的民主》一书中断言，白璧德没有学生。欧内斯特·海明威非常生气白璧德居然信仰人类尊严，并声称自己想知道，当白璧德死的时候还能有多体面。事实上，白璧德是一个非常热心的俄亥俄人。他年轻的时候在西部牧场工作过，在哈佛和巴黎求学过，曾踏足游历过西班牙，与其他人借以获得成功的潮流抗争过，并在离世的时候异常刚毅坚忍。直到生命的最后一刻，他都在努力说服美国人相信：除非人类可以约束自己的欲望，否则很难超越自身。尽管他对宗教的态度十分友好，但他仍然对所有的教会都心存疑虑；尽管他厌恶美国各种原则的腐化，但他仍然是最彻底的美国本土作家。亚里士多德、柏克、约翰·亚当斯是他在社会思想方面的导师。他建立了美国哲学学派并称之为人文主义，他所产生的影响在拉斯基被伦敦经济学派几乎遗忘之后仍然存在。在他这里，美国的保守主义达到了成熟阶段。

白璧德的盟友保罗·埃尔默·摩尔曾说，他的第一本书《文学与美国大学》，是白璧德批评卢梭的作品在其中一个脚注当中，涵盖了白璧德理论体系的核心与本质：

> 在佛陀看来，最大的恶是那种服从于暴躁冲动的懒惰；最大的德性就是它的反面，即从懒惰和感官的懈怠中清醒过来，经常性地运用积极意志。佛陀在圆寂之前给弟子们的遗言，就是告诫他们要不断地练习这种德性。

人性（*humanitas*）的规训艺术——那种使人与兽区分开来的意志的运用——在这个时代由于被忽视而逐渐消亡了。佛陀和柏拉图等人所描述的精神领域，被现代人所蔑视，他们被粗鄙的自然主义腐蚀，将所有的事物都还原到感官层面。如果人们忘记存在的双重本
420 性，那么他就扼杀了更高的自我（这个更高的自我是由人的法则所支配的，与那种支配感官的、统治事物的法则相反），于是他就会自杀。人在消灭了更高的自我之后，他低级的自我注定会灭亡，因为一旦没有了引导性的意志力，他会重新回到兽一般的混乱状态当中。我们这个时代人文主义者的任务，就是要提醒社会认识到自己的精神性现实。白璧德及其同僚对人道主义毫不留情，因为它与人文主义大相径庭。培根和卢梭传统中的人道主义者是一些情感主义者，他们认为所有的人类问题都可以通过肉体的补偿来加以解决。人道主义者不加区分的功利主义方法，对价值等级形成冲击；这种价值等级在圣人与罪人、学者与野蛮人之间作了区分。人道主义者意图为社会构建一种平等的条件，它试图根除人的那些精神性本质，从而使真正的人类生活变得可能。

欧文·白璧德的敌人们立即给这种倡导精神性自律和服从感官的说法，贴上了“清教主义”的标签，好像这本身就是一种谴责。就柏拉图和奥古斯丁是禁欲者的意义上来说，人道主义的信条的确是清教徒式的。白璧德和摩尔非常憎恨地反对加尔文主义，认为它是一种具有腐蚀性决定论学说；他们的信念依赖于意志自由作为前提。然而，事实仍然是，古老的新英格兰式禁欲的某些方面，既在这些中西部的人当中继续存在，也给了他们坚定的决心来维护二元论，在一个

强调感官和感受性的时代维护精神生活。白璧德在他的第一本书当中写道，人文主义者“认为如今的人像以前的人一样，如果不背负上确定的信念或原则的轭，就必须至少要在内心顺从于某种比日常自我更高的自我，无论他是否将其称之为上帝，或像远东地区的人那样称之为更高的自我或法则。如果没有这种内在的约束原则，人就只能在各种对立的欲望之间激烈地摇摆，就像卢梭那样，他曾经坦言，对他来说‘在有无的两极之间，没有中间状态’”[1]。文明的挽救，依赖于
421 某些事物，比如原罪学说的复兴。

作为一名社会保守主义的学生，白璧德七卷本当中最重要的一本就是《民主与领袖》；而且（像摩尔所说的那样），白璧德是一位旋转式的作家，他在每一本书中都触及了自己的理论核心，但后来都没有进一步加以发展。如果我们仔细研读这篇大胆的论文，就会让我们更加宽容地看待他的整个人文主义学说。这本书出版于 1924 年，当时美国的百万富翁如雨后春笋般冒出来，由于白璧德是一位雅各宾派，因而对百万富翁嗤之以鼻。他早在 16 年前就写道：“再来一些哈里曼家族，我们就完蛋了。”因为他知道，洛克菲勒家族和哈里曼家族与约翰·杜威代表着同样的力量：他们坚守一种妄念，认为人类可以借助于功利主义的原则而得以提高。如果像劳埃德·乔治所说的那样，未来会比现在有更多的经济问题，那么，未来就会更加肤浅。至少早在文艺复兴就开始的自然主义被培根加以“科学化”了，然后被卢梭普及了，如今已经发展到危害社会生活结构的程度。在社会的

[1]Babbitt, *Literature and the American College*, p. 60.

方方面面所流行的自然主义观念，早已将成见和训诫的壁垒摧毁了；人道主义者只能通过使人接受另一种观念学说，才能驳斥这种激进主义。“自培根式运动兴起之后，与自然法相符的进步是如此迅速，以至于在很大程度上迷惑住了人的想象力，并刺激人类进一步追求集中化以及沿着自然主义的路线继续努力。‘进步’这个词所充满的魔力，似乎让人们看不见那种依据人类法则而言进步所具有的失败之处。”白璧德在 1919 年曾经这样写道。[1] 人道主义者如今必须要提醒世人，有两种法则分别对应于人和事；否则自身就会陷入灾难。如果没有思想，各种形式与规范并不会防止社会毁灭自身：“要试图反对精神自由的那些外在性的、机械性的障碍，长远地看，会导致某种窒息和自鸣得意，而且没有什么比自鸣得意更让人无法容忍了。正如白芝浩所说的，人类在法国大革命中被送上了断头台，就是因为他们或
422 他们的祖先骄傲自大。伴随着福斯特的那句呐喊：‘到外面自由的地方去！’，人们迟早会慢慢接受传统和常规。”[2] 可能没有哪一代人比白璧德那代人更加骄傲自大；他的拥护者当中的那些激进主义者，很有意思地意识不到自己的傲慢，并非常肯定革命性的无产阶级是一种恩典；他们说白璧德教授是愚民主义者，因为他预测混乱会到来。

卢梭是第一位激进的民主理论家，是最知名的谴责文明的人；他提出了对的问题却给出了错误的答案。他否认人类体验的双面性，并将感官王国当作是普遍幸福的手段。卢梭（以及惠特曼的）那种民主博爱的情感理想，与功利主义理论一样，是人道主义或自然主义运

---

[1] Babbitt, *Rousseau and Romanticism*, p. 374.

[2] *Ibid.*, p. 25.

动的一个特殊方面。人道主义省略了人性的基础，即意愿。“由于反对任何一种扩张主义者，我毫不犹豫地肯定说，人所具有的那种特殊人性的，并在终极意义上是神圣的东西，就是特定的意愿；当人处理与日常的自我关系时，就能感受到这种意愿，亦即约束的意愿。”[1]这种力量是人所特有的，它能够引发对感觉冲动的制约，甚至是对理性冲动的制约；正是这种力量使人成为人。卢梭屈从于欲望，功利主义屈从于贪婪，最终都使我们这个种族丧失人性。白璧德在《文学与美国大学》一书中，区分了人文主义者与人道主义者；在《现代法国批评的大师们》一书中，他分析了品位的衰落和相对主义的兴起；在《新的拉奥孔》一书中，他考察了那伴随着品位的下降而来的、文学和艺术当中的混乱；在《卢梭与浪漫主义》一书中，他论述道，想象力在高级的人和低级的人之间维持着平衡；卢梭那种田园般的想象力败坏了现代人的期望。现在，在《民主与领袖》一书中，他试图表明，“无论好坏，都会有一些领袖天才；当民主企图逃避真
423 理时，就会成为对文明的威胁……西方文明的维系依赖于出现这样一些领袖，他们在某些形式上恢复了内在生活的真理并否认自然主义的谬误。”《民主与领袖》可能是美国人写出的最富有洞见的、有关政治的著作——而这正是因为，它并非一篇恰当的政治论文，而是一部道德哲学的作品。白璧德在开篇第一段中写道：“当我们加以深入研究的话，就会发现，经济问题会卷入政治问题，政治问题会卷入哲学问题，而哲学问题本身几乎难舍难分地最终与宗教问题纠缠在一

---

[1] Babbitt, *Democracy and Leadership*, p. 6.

起。”很多政治学家不太关注这本书，但如果科学不只是数据的增加和分类，那么，白璧德关于政治的观点就是更高级的科学。

白璧德说，现代政治与一般性的现代文明一样，都长期受自然主义者那种分裂的影响。“自然主义者不再将人看作是法律的主体，该法是他自己所制定的法律，与那种物质秩序的法律有着显著的不同——接受了这种法律，会在宗教层面上、在基督徒和佛教徒当中产生世俗的奇迹；在这个世界上接受这种法律，会使日常性自我及其自发的冲动，顺从于儒家和亚里士多德主义者那里的权衡法。”在政治中，第一个对更高意愿（亦即道德体系，人们可以基于自己的低级本性而诉诸这种道德体系）进行现代性否定的人是马基雅维利，他具备自然主义者所展示的、所有二元论的恶；不允许人们拥有一种分裂的忠诚：即既忠诚于世俗国家，又忠诚于上帝之城。不过，马基雅维利及其追随者，都并不是真正的现实主义者：“天谴或上帝的审判，无论人们用什么样的术语来表达，迟早会降临到那些僭越道德的人身上。这并非一定要依靠希腊人或是希伯来人的权威才能理解，这需要敏锐的观察。”对道德的否定，随着霍布斯进入英国政治思想当中，
424 我们仍将继续受其毒害。“如果有人要反驳马基雅维利和霍布斯，那就必须要表明，有一种普遍性的原则会超越国界将人们联合起来。这个原则会继续发挥作用，即便人们自私自利的冲动不再受到特定国家的法律的约束，这些国家由它那种有组织的力量所指称。”洛克所鼓励的那种功利主义的坏脾气，进一步将值得尊敬的公职概念贬低为一种神圣的信任，而且“如果贵族式原则继续让步于平等主义对领袖的否认，那么议会制政府最终也是不可能的”。

马基雅维利及其追随者破坏了中世纪的政府观念。随后，卢梭树立了一种准宗教性质的政治发明，它因卢梭那种田园般的想象力而自带神秘性，并受到“同情心在所有人类情感中居于首位”这样的观念所激发。卢梭创立了情感性的公意学说，期望能用它将这种学说融合起来；但它从一开始就充满了危险。“借助于这种设定，卢梭舍弃了那个在英国传统当中主要困扰着政治思想家们的问题，即如何保障个体或少数人的自由不受那些获得胜利的、专制而暴虐的大多数人的侵犯?”卢梭那种错误的新二元论，即公民既有私人空间，也是共同体的一员，会给暴政提供借口，这种暴政的残暴程度可能会比卢梭本人所反对的要更加严重。

柏克和后来的白璧德都看到了这一点；柏克比任何人都更加清楚，唯一能够存活的保守主义就是一种想象性的保守主义。然而，强有力的时代趋势，让他无法诉诸传统保守主义当中那些想象力的元素：培根式关于新颖性和变革的热爱，一个又一个的发现，以及“我们正朝着某种‘遥远而神圣的事业’前进的”希望，都破坏了成见、训诫以及“高于反思的智慧”所形成的保护——柏克曾经依赖于这种智慧来挽救真正的自由主义。现代的保守主义者或自由主义
425 者，都必须找到自己的工具和方法。

保守主义的新工具，得是巧妙独特的，因为它们要被用来反对现代民主的那种可怕的帝国主义本能。（正如米拉波所说）如果我们假设民主与帝国主义是相抵触的，那就大错特错了；它们会在我们这个时代形成同盟，就像它们曾经在伯利克里时的雅典和法国大革命时期的状况一样。日本如果变成民主制的话，当它由一个保守主义的、满

足于既定安排的贵族来统治的时候，会变得更加危险。八年后，白璧德在《论创造性》一书中又回到了这个主题，并注意到了安德烈·齐格弗里德所惧怕的美国人的“人类‘责任’意识，要更加危险”[1]。帝国主义是人类古老的扩张性自负的一个方面，希腊人知道这会带来狂妄、盲目并最终遭到天谴。“人类从来没有像现在这样自信地向前奔去，有时候看起来他似乎是在深渊的边缘。”柏克在众多德性中首推的谦虚，是对这种先天性虚荣的有效抑制；但我们这个世界几乎忘记了谦虚的本质。以前，恩惠的信念，使人们乐于听从谦虚的指令；但这种复杂的学说被从卢梭和爱默生那里来的现代假设、自力更生等击垮了。“欧洲文明是否能够抵挡得住这种学说的坍塌，这一点并不是像人们所希望的那样清晰可见。”白璧德本人从来没有接受恩惠的观念，但他像帕斯卡和简森派一样，觉察到了这种超越所具有的重要性；而且他经常回到这一主题，这预示着近几十年基督教小说家和卫道士对恩惠说的着迷。

恩惠说逐渐衰落和神学上的困惑，引发了改革。一种有关工作的学说开始盛行——然而这里的工作概念，几乎完全脱离了古老神学中的工作概念。弗朗西斯·培根解释了这种高于虔诚和沉思的劳动的提升；洛克在《政府论》（下篇）中将这个概念推向了功利主义的极致；亚当·斯密回应了洛克，而李嘉图进一步拓展了这个概念，马克思则将“工作”还原成一种纯粹量化的观点。“那种在应用功利主义
426 —情感主义工作概念的同时消灭竞争的尝试，在俄国一方面导致了残

[1] Babbitt, *On Being Creative*, p. 232.

忍无情的专制，另一方面导致了贬低性的奴役。”我们该如何逃离这种虚假的、有关工作之本质的概念呢？人道主义错在参与了这种错误：“即便在他们没有堕入粗鲁的、量化式错误的时候，他们也是根据自然法、外在世界而非内在生活来理解工作。”

然而，工作真的是与此相差甚远，白璧德诉诸佛陀和柏拉图来加以界定。真正的工作、更高级的工作，是精神性的劳作，是自我革新，这会使我们达到正义的本质。“柏拉图式关于正义的界定，即‘各行其是、各司其职’，可能从来都没有被超越。”白璧德继续说道，唯一真正的自由，就是自由地工作。“一个人工作的质量，实际上应当决定他在等级序列中的位置，这种等级序列是每一个文明社会都需要的。”那些用脑力工作的人的位置，应当高于那些用体力工作的人；但那些从事真正意义上的伦理工作的人，应该获得更高的位置。任何真正的文明都必须要解放出某些人，使他们不需要凭借体力去工作；这样以便他们能够参与到休闲当中，这样的休闲是培养领袖必不可少的。

这些精神上和思想上的领袖，必须要学会能够超越物质性占有；而这只有通过真正的伦理的或人本主义的工作才能实现。“如果基于一些不需要这类工作的理由来声明平等，那么结果将会非常讽刺。比如这个国家在《独立宣言》中宣称自己认同自然平等学说。受到这种鼓舞的个人主义，导致了巨大的不平等；并随着传统标准的衰落，导致了那种不加掩饰的财阀统治的上升……弥补居于高位的那个人失败之处的方法，并不是像鼓动者希望我们所认为的那样，在于煽动人们内心深处的各种欲望，也不在于用千变万化的社会正义替代真正的正义。”这种替代一般都会导致对财产权本身的激烈攻击，现在也会攻击繁荣和工业。它会导致对竞争的压制，而竞争是将人从原生性懒427 惰唤醒的必要条件。美国一直都是颁布一种绝对的平等，而没有恰当的、能被人所理解的伦理基础：“我们尚不清楚，是否有可能将普遍选举权与财产权制度的安全程度结合起来，后者是真正的正义和真正的文明都需要的。”通货膨胀是这一危害最为常见、最为轻微的形式。

每个人都要在工作（work）中寻找快乐，否则就没有快乐可言。但在我们这个时代，大多数人都对自己的劳动（labor）感到厌烦——这部分地是由于人道主义者误解了工作的本质。他们没有能力界定爱和自由，这导致我们在这些重大问题上持有类似的疑惑。在本质上，人道主义之所以失败是因为他们没有认识到人的伦理意愿，或者忽视了这样一个事实，即人唯一真正的安宁是精神上的安宁。在我们向人道主义者学习时，我们就看不见标准了；而要保存我们文明的生活和人性，就要依赖于重塑这些标准。

“商业主义将它油腻腻的爪子伸向了各个领域（包括不负责任地追求刺激）；因此，无论民主在理论上是什么，人们都经常会倾向于在实际中将它界定为一种标准化的、商业化的闹剧……人们的确在某些情况下会问，这场席卷欧美几代人的运动，最终获得的结果会不会并不是一大群标准化的庸人；是不是在这个国家，我们在以民主的名义（这是世人所见到的人类最无聊的印记之一）进行生产的时候不会有危险？”是什么说服美国人接受所有事物中都要采用量化的测试，以至于“当美国人在星期天懒洋洋地读着报纸，可能最完美地象征着世人所见到的、量对于质的胜利”？领袖的缺失，既是我们缺少标准的原因，也是它的后果。“因此，为了民主本身，人们应当用‘对的人’（the right man）的理论来取代人的权利（the rights of man）
428 的理论。”民主经常被人们看作是一种消除量化的选择性原则，以支持抽象的公意理论的尝试。在美国，真假自由主义之间的斗争、质的民主与量的民主之间的斗争，在本质上就是华盛顿的自由与杰斐逊的自由之间的争夺。杰斐逊曾经希望要将人从外在的约束中解放出来；但正如柏克所了解的，他从来都不知道，有权与无权必须怎样保持在一定的比率上，以至于除非是对社会造成伤害，否则国家每一次权力的减少，都应当伴随着个体自控程度的增加。伊壁鸠鲁式爱思考的杰斐逊，不喜欢整个严格自律的观念，亚当斯家族则对此深感认同。杰斐逊的例子，鼓励了美国那种扩张性的、粗鲁的个人主义趋势。在杰斐逊看来，司法约束就其政治形式和伦理形式而言，都不适宜，它仍然是我们自由的主要保证；但它已经被我们那种帝国主义和量化评判的倾向严重损害了。

联邦宪法、最高法院以及其他对于大众冲动的约束之于国家的作用，就像是更高意志之于个人的作用。当我们的社会获得成功时，通常后来就会在我们的思想和政治结构中产生这种有限的影响力；当它失败时，通常就会产生情感性的人道主义。“我们不是要使十诫发挥作用，而是要使人道主义发挥作用——它现在没有起作用。如果我们的法庭在惩罚罪恶方面如此不力，那么其中一个主要原因就在于，它们没有获得公共意见的支持；而这又是由于公众大多由这样的人构成，他们用对受害者的同情来替代其他的德性。”功利主义的迷恋者，在他对于“外在工作”的强调下，一步步走向了一个丧失人性的社会：“我们的大商业家所追求的那种效率，需要剥除大众所具有的特殊人类属性，成为整个庞大机器中的一个齿轮。按目前这个速度，即便是一个边远城镇村庄里的杂货店老板，很快就没有什么主动
429 权来给黄油定价了。”

我们从哪里能发现这样的领袖将我们从这种状况中挽救出来呢？他们最伟大的德性应该是谦虚，别的没有用。因此，科学家是不合格的，因为我们都知道他们的设想；贵族式的能人同样也不行。那种相信普通人具有神圣性，同时抛弃领袖的大众观念，则更加愚蠢；公众浮躁易变，这甚至让激进的改革家对此丧失信念。不，在这个我们亟须领袖的时候，在我们的权力由于没有引导而无限扩张并盲目探索的时候，“在 H. L. 门肯的引导下进入尼采哲学的第二阶段”并不能拯救我们。我们只有通过缓慢而痛苦地发展道德重要性和理论严肃性、回归传统理论的力量——他们面对罪恶事实时所具有的诚实，才能重获领袖。我们只有通过再检查第一原则，才能克服精神上的惰性。正如我们所看见的，新伦理学所赖以建立的基础，是这样一种假定：善恶之间的重要争论并不在于个体，而在于社会当中。如果我们要妥善地建立，那么就必须要在某种程度上恢复“洞穴中的内战”这一观念。

我们需要考察我们关于工作的定义，这种定义取决于我们对本性的界定。我们所说的“自由”的含义，又反过来依赖于我们给“工作”所赋予的含义。那么，如果诉诸苏格拉底的方法，涉及关于“正义”与“和平”的定义的话，我们的恢复工作就是偶然性的。这

不仅仅是学派的问题。“这个时代如果现在还没来的话，那么它是会到来的；到时候，人们能够正当地维护真正的自由，即便可能会冒着生命危险来对抗物质主义国家那种可怕的蚕食。”我们要肃清这样一种观念，即绝对的平等与自由和谦虚是一致的。在我们这个时代需要重塑标准，这意味着我们得确立一些伦理核心。由于人性容易受到榜样的影响，因而伦理国家是可能的。不过，我们的伦理核心应当不仅仅是像现在这样称赞“服务”。真正的领袖不仅仅是人道主义者，他
430 的约束力来自于意愿和良心。

说完了这一切，我们就回到了意愿的问题。政治思想中的“理想主义者”和“现实主义者”，都根源于自然主义，他们在我们这个时代不会起什么作用。任何一个超越了自然主义的人，“都同样地不会再是一个人道主义的理想主义者，也不会再是一个马基雅维利式的现实主义者。他会意识到一种意愿，它将人与生理本性区分开来，但同时又是自然的，因为它是一种直接的觉察，而且不具有外在的权威”。有没有一种权力独立于我们的感官之外，甚至独立于我们的日常理性，我们可以借助于它来反对自我呢？完全就事实而言的话，人有灵魂吗？政治的基础依赖于这种问题的答案，因为如果人没有灵魂，但有更高的意志，那么人还是可能会被当作是机器的一部分——实际上不可能有其他的对待方式。白璧德看待政治的高度，对于很多人来说都有点过于眩晕而无法超越；但他的那些先决条件，让我们无法满意地在其他高度上来讨论政治。

白璧德在他那本散乱但高尚的书的结尾处写道：我们的平台仍然更高，而且这是恩惠的高度。“在传统中，基督徒会将自己的自由与

信仰，在更高层面上与上帝的恩惠联系在一起。”但白璧德无法做到让自己去攀爬这一悬崖，他实际上并不确定它是否存在；他试图用“工作术语”、更高本性的人的活动来表述自己的学说，以便和上帝的交流区分开来。因此，他止于柏克、胡克和那些学院派。保罗·埃尔默·摩尔开始相信，人们不敢在工作层面停下来，而必须要从宗教信仰中寻求保障。

我们这里对白璧德是有些不公正的：只是稍稍暗示了他的博学强记，这种简短的总结掩盖了他那些构思精密的思想。他使政治和道德之间那种已经断裂的关联，重新缝合了起来，这一工作是天才性的创举。他知道，如果保守主义要对抗自然主义及其政治后果，要保护我们所深爱的那些事物，就必须要基于最高秩序的那些有效观念。白璧
431 德有无数次精准的预测，其中一次他这样评论道：“现在的保守主义，只是为了自身而保护财产；而并不是像柏克那样，保护财产是因为它几乎是维护个人自由所不可或缺的，是一种真正精神性的东西。”白璧德的学说，在将美国保守主义思想家引导至更为合理的立场方面，产生了一定的影响。它的影响力可能还会增加，会引起人们关注工作和意志。这是那些在经济上发展较为成熟的国家的人必须要找到的，如果这个国家不仅仅是一架机器的话。

三、 保罗·埃尔默·摩尔论正义与信念

有一次在剑桥市的北大道上，白璧德突然紧握双手对保罗·埃尔

默·摩尔大声说道：“上帝啊，你是不是伪装起来的耶稣会的人?”白璧德终其一生都努力让自己对教会保持宽容；但摩尔正好相反，他对那些广泛的批评均付之一笑：“我从来都无法令人满意地回答这个问题。”[1]

尽管摩尔出生在密苏里，但他明显坚持了新英格兰的思想传统——因为我们现在所说的“中西部”，实际上就是新英格兰思想和特质的移植。摩尔具有同龄人少有的奉献精神，当他还很年轻的时候，他就回归到位于新罕布什尔一个叫谢尔本的小村庄，这样他就可以有闲暇和必要的隔离，以在理智上与现代社会的复杂性相抗争。他在理智上做好了防备之后，又回到了社会当中，像一个预言家一样，以讲道者、评论家和《国家》杂志编辑的身份，与詹姆斯的实用主义、杜威的自然主义、社会主义者的多愁善感，以及那些忘记了二元论真理的民族的自以为是做斗争。他训练自己掌握了英国的散文风格，作为一个观念评论家，在英国和美国，可能自科尔里奇之后再也没人能与他比肩。大主教曼宁曾经说：“所有意见的不同，归根结底都是神
432 学上的。”摩尔坚守这一原则，并使之成为他强有力的支撑。他一开始是一个彻底的无神论者，最终他成为美国历史上最杰出的圣公会思想家，也可能是美国各大神学联合会当中最有学识的一位。

1904年，摩尔出版了《谢尔本论文集》的第一卷（共十一卷）。这一系列激烈的批评性著作、他那五卷本的《希腊传统》，以及他去世前十年间陆续出版的《新谢尔本论文集》，都具有很强的连贯性：

---

[1] More, *On Being Human* (New Shelburne Essays, III), p. 27.

坚持认为，为了拯救我们和他人的世界，我们必须要寻求精神性的东西，接受人类本性的二元性，并提醒自己认识到，当下只是“存在”（being）这个神秘系统的一个微不足道的结果。如果我们与威廉·詹姆斯一样，都听从于实践和变革，那么就会导致内在的和外在的灾难。

> 有时候我暗自思忖，这种日常的假象，是如何斩断我们的精神生活与丰富的历史经验之间的联系，从而使我们的精神生活越来越迷惑、越来越贫瘠的呢？就好像我们坐船出海，海面上的雾气越来越浓厚，让我们的视线范围越来越窄，也挡住了海平面上远远射过来的灯光，遮住了天空，给我们周边的海浪蒙上了阴影。我们向前穿过这阴沉的迷雾，都没有注意到海面上其他的航行者。当警报穿过浓雾在耳边响起的时候才最终获救。[1]

摩尔阅读了大量柏克和缪曼的著作，他理解，当一代人在精神上与另一代人不再有连接的时候，文明和人类存在本身就必定会相继枯萎衰败。人们还会忽视历史和未来。他开始相信现实中有超验的事物，这并非是普遍性的信念。摩尔在《谢尔本论文集》第一卷的结尾处写道：人类一定要过一种双重的生活，在为人所设立的法则和为物所设立的法则之间取得平衡，永远不要丧失公共义务和私人性义务

[1] More, *Shelburne Essays*, VII, pp. 201 – 202.

之间的区别。从理论上来加以考虑的话，我们现代社会的这些困惑，就是混淆了私人道德领域和公共活动领域。这是人道主义所犯下的重
433 大错误。当宗教激情仅仅归于"弟兄"的时候，距离手足相残就不远了。在《新谢尔本论文集》第三卷（1936）的结尾处，摩尔又重申了这一主张："教会在与社会上那些不必要的恶做斗争时，她唯一有效的武器、能够用来引入某种程度的切实正义以区别于残忍的竞争法则和同样残忍的无产阶级的权力意志的工具，就是在人类灵魂中重新塑造一种超越生死的责任感。"[1]"贪婪"（*Pleonexia*），这种"永恒地、无止境地追求权力的欲望，至死方休"；在这个世界中没有什么力量能够加以约束——只能通过一种具有超自然根源的内在人类制衡，才能加以约束。

我们这个社会的宗教本能受到了压抑或迷惑，因而必须要找到回归永恒的路径，否则就会消亡。现代浪漫主义与现代科学尽管在表面上相互抵触，但同样都具有一种灾难性的印象主义，因为它们都接受了不断变化的理论，除了个体多变的快乐，没有评判的原则。这就是实用主义，是我们理论的癌症。在这样的时代，有良心的人必须要大胆地宣称自己是一位反动派，否则，哲学和文学中的无形式性，就会变成社会上的无形式性，无力接受变化，并导致科布登的个人主义——其用物质力量来扼杀文明；或者，这种堡垒反过来会坍塌，接着就是无政府状态。"'力量意味着乐于改变'和'质疑变革的人就是反动派和娘娘腔'的这种说法，已经传播到海外了。"难道反动派就

---

[1] *On Being Human*, p. 158.

是一个不敢变革的懦夫，就是历史的奴隶？“反动可能是、其真正意义是与这种徒劳美梦截然不同的东西。它在本质上是用行动来回应行动，是要反对歧视和选择所造成的环境上的杂乱，是要参照不变事实的并存法则来引导无目的的变革潮流，要将历史经验带入当下那些不同的冲动当中，并因此走向一种有秩序的进步。如果一个年轻人现在
434 内心充满了成就感，但由于柔弱而犹豫要不要被称为反动派（积极意义上的），那么，就让他拿出勇气吧。”[1]

《谢尔本论文集》第九卷（1915）《贵族与正义》一书，指导人们如何坦率而有智慧地回击“变化哲学”。人如何才能从自身获救呢？我们怎样将人从他们那种漂流不定的倦怠中拯救出来呢？这种倦怠由一种肤浅的进化论哲学产生，（如果没有被中止的话）它必定会导致一场灾难，1914 年的战争不过是一种预兆而已。在社会层面，人们需要贵族来引导他们行为端正。要接受这种贵族制，我们就必须要是坦率而高贵的反动派。“我们需要回答以下赤裸裸的问题：该如何引导一个刚刚摆脱伪装的财阀统治政体的社会，听从于自然的贵族（古老的训诫并没有赋予该贵族任何权威）？”[2] 要说服已经得胜的民主，让它必须重新启用贵族制：这是我们政治当中最可怕的实际问题。

“治愈民主的方法就是采用更多的民主”这句空话是在撒谎，真正的治愈良方必定不是更多的民主，而是更好的民主。进步从来都不

---

[1] *On Being Human*, pp. 268 – 269.

[2] *Shelburne Essays*, IX, p. 21.

可能来自于人民大众本身，它必定是自然贵族体制的功德。这一贵族体制“不要求恢复继承性的特权，也不要求退回到对财富的粗略掌控；它也不等同于寡头政治和财阀集团统治。相反，它提倡某些机制或某种社会意识，以保证既从共同体中遴选出‘最优秀的人’，又赋予他们‘权力’；这是真正的民主的成就。”我们创造或复兴自然贵族的第一步，应当是改革我们更高的知识体系。

我们这个社会就像一棵参天大树，已经开始从顶部逐渐死亡。受教育阶级很可能会背叛那维系他们的文明——他们受到了人道主义的迷惑，也可能是忽视了自己的本分。“在其他一些时候，人们的恐惧在于，秩序的合力可能不够强大，禁不住那些充满粗野的嫉妒和鲁莽
435 的欲望的人的袭击。如今，这种疑惑在于，那些自然的秩序的冠军本身，是否能够值得信赖。因为他们似乎已经不能清晰地记住戒律的话语，而正是这种戒律将他们团结在领袖周围。”

像G. 洛斯·狄更生这样的理想主义者，指望着“具有理论上和道德上的力量的现代社会领袖，缓慢地、半清醒地与他们所属阶层的利益和该阶层对其的积极支持脱钩”❶。（白璧德所谴责的哈里曼家族中，有一代人曾经不加掩饰地成为功利主义贪婪欲望的典范，下一代人则非常热心于福利国家。）在高等教育中，令人尊重的人文主义的理论准则开始衰落，艾略特校长在哈佛所进行的革新遭遇失败就表明了这一点，这是导致知识分子阶层迷惑或背叛的主要原因。我们已经忘记了教育的大宪章——托马斯·埃利奥特的《行政官之书》。“人

---

❶*Shelburne Essays*, VII, p. 191.

文主义者的计谋可以用这样的词语来加以描述：约束高级的想象力，最后使学生们好像在更高的视野上看到，在秩序和服从这种神圣的指令下，整个存在从低到高的辐射范围；同时还能看见所有发展的内核当中所含有的那种一成不变的真诚，这是‘德性唯一的褒奖和别称’。这并非是新的视角，也从来都没有被完全忘记。对于胡克而言，这是宗教的全部意义；自他开始，它最为深入而持久地渗透进圣公会教会最恒久的观念之中。如果更加温和一点地表达的话，它是布莱克斯通关于英国宪法和法律下的自由等观念的基础。它还是柏克那种治国之道的核心。它是崇高科学的灵感，这种科学接受了达尔文和斯宾塞所说的进化论假设，但在未知的、不对称的、在宇宙展开中作为一种神秘目的的各种力量面前心存敬畏。”[1] 缺少这种教育，人类就会丧失历史根基，任由各种学说摆布。

为了真正的自由——真实区分的自由，而非那种激烈的、充满嫉妒的向下拉平的自由，社会领袖需要一种自由主义的教育。有了这样
436 一种训练，他们就能够像真正的自然贵族那样供职，在财阀统治和平等主义的民主制之间斡旋。这种人文主义训练的灵魂，就是学习经典；它们教给人们时间的意义，并“肯定人们用更明智的判断反对短暂而庸俗的当下的诱惑”。当我们的大学、学院都专注于培养出各种专家、技术人员和商人时，它们就使这个社会丧失了智识上的贵族，并且不久就会破坏社会安宁，而现代社会的专业化和技术成就恰恰依赖于这种安宁。

---

[1] *Shelburne Essays*, IX, p. 56.

不过，维系一种自然贵族的确切方法，却并不是那么重要的一个问题；它不像那个真正贵族赖以管理人类事务的原则那样重要。这个原则就是正义，文明的存续依赖于它。然而，我们该如何界定正义呢？摩尔给出了一系列定义，试图推翻那个情感型术语“社会正义”，该术语是激进主义的得力工具。简言之，正义就是“正当的分配行为，给每个人他所应得的”；但是，这个定义要具有实际意义，就得进一步界定什么是正当和应得（*due*）。当我们更加严密地考察那种被称为正义的冲动时，就会发现，它是“灵魂的内在状态，当在意志的命令下追求正当时，理性就会引导而欲望则会服从”——或者，简单一点说，“正义就是幸福，幸福就是正义”。那么，什么是社会正义呢？摩尔公正地谴责了尼采的“权力意志”及其对立面：人道主义、社会主义关于绝对平等的理想。社会正义反而是“这样一种关于权力和特权的分配、关于财产的分配——财产是权力和特权的象征和工具，并立刻能够在处于高位的人当中达到理性的区分，同时不会让处于劣势的人感到愤怒”。没有什么绝对的规则能够打破这一平衡，同样也没有什么绝对的道德准则来约束个体行为。这个标准也适用于我们达到个体正义的手段：“社会正义和个人正义，都是由幸福来衡量的。”立法者必须要清晰地区分什么是优越、什么是以自
437 我为中心，区分特殊美德和公共满足。这是一种斡旋、妥协，我们必须要让自己接受这样一个事实：伴随着正义，总是必然有一些个体被剥夺或处于缺乏状况，我们太容易将这种情况称为“不正义”。我们并非是完美的，或是可以完美的生物；如果我们要与自然和谐共生，就必须不能谴责事物的本性（就像波森试图吹灭镜中的蜡烛火焰一

样），也不能要求世上本来就不存在的绝对正义。

没有财产权，文明就无法存续。它实际上是“放大了自然的不正义（人最初的不正义），以至于你可能会谴责它是一种不自然的不正义；但它却是一种致命的必需品。这就是事实，即便它对你而言就是可憎的；同时对于那些（至少不可避免地）真实的、无论是否幸运的人来说，又不是非常冷血”。除非我们认为文明是一种错误，否则任何忽视自然不平等和有财产的不平等的尝试，都必定会导致普遍性的不幸福。“保护财产是一个文明共同体首要的、全部的责任。”生活是原始性的，我们与野兽共同生活；但财产权是专属于人的标记，是文明的手段；因此，摩尔曾经大胆地说：“对于文明人而言，财产权远比生命权更重要！”这大大激怒了他那些人道主义的反对派。

不过他走得更远。财产权对真实的人类存在是如此重要，以至于人们甚至都要在法律约束之下进行抢夺（因为没有哪一种法律体系是完美无缺的）。“让合法的抢夺与法律同时存在，要好过以牺牲法律为代价来压制抢夺。”对于法律而言，最糟糕的就是过度延伸，延伸到它无法发挥作用的领域；接着人们就会普遍地不尊重法律的所有功能。如果你否认一项事实，那么该事实就会控制你。财产权就是如此。“你可以在某种程度上控制它，并使它有助于人类的完美本性；然而一旦你否定财产权，或要立法蔑视它，那么你就会暂时扰乱社会的根基，你最终也必定会让财产掌控你，而不是为你服务，并因此产生一种物质主义的、低下的文明。”

438

当财产权得不到保障时，物质主义的精神就会肆虐。在这种物欲横流的时代，智识上的闲适被广泛地公开指责为不正常的、反社会的，学者也会遭到厌恶。“在那些拥有财产的人的想象中，这既可笑又残暴。他们利用自己的闲暇时光来设想大量的体系，而这些体系会让他们自足的生涯不再可能。”私有权、生产和分配对于社会进步来说必不可少；我们需要让自己更加强大以“反对那种被误用的理想主义所具有的潜在魅力”。将古老的财产特权转移给创造财产的劳动工人，我们大多数值得尊敬的体制如教会和大学，就危如累卵了。“如果财产权得到了保障，它可能是达到某种目的的手段；如果它没有得到保障的话，它就会成为被追求的目的本身。”

在一个贵族式原则、经典正义观念和财产制度均受到威胁的时代，保守主义者能够采取什么有效的手段呢？激进主义者占据了巨大优势：谄媚的诱惑、满足直接物质需要以拒斥未来考虑的机会主义，以及人道主义同情所具有的力量，等等。“因此，自 1688 年光荣革命之后，英国历史总会不间断地出现胆怯的延误也就不足为奇了。这段历史记录了一种在机会主义持续攻击下逐渐败退的过程。”保守主义者能够诉诸人类的想象力，但他们必须要保证自己的想象力是清晰而真实的。保守主义者必须要确保自己在道德上是正直的；他们如今不得不反对新道德，这是一种模糊而又恶毒的社会激情，如果它意有所指的话，那就“意味着在阴沟里重塑生命”。人道主义篡夺了宗教的地位，试图忽视罪的存在，并使同情心进入一种社会理论当中，完全不考虑个体责任。同情与正义被混淆了。

保守主义者在面对这些令人沮丧的逆境时，必须要给自己留下些

许空间，这样他就会记住“他的本性并不是简单的、单一的，而是
439 双重性的，反映了各种伦理价值”。在他内心深处有一个更为真实的自我，这是一种内在的制约，“历经连续的变化维持不变，在时代价值变幻中具有持续性的正当性”。受这种知觉的引导，“他会知道，对社会的责任并不是根本法则，也不是个体诚信的来源，而是个体诚信的次生物。他也会相信，社会正义本身是值得追求的；但他也坚持认为，首先宣扬每个人对自己的品行负责，更加重要”。抛开空话不谈，他会找到勇气足以维护旧道德、反对集体主义的感情用事的人本主义；没有保守主义的对抗，这种旧道德就会不能自制地蚕食自身。

摩尔以结论的方式给正义下了一个最终的定义：“与所谓的飘忽不定的新道德相对应，是持久不变的各种特性和自我引导的道德。”贵族领袖和自发社会自然地结合在一起；主张变化的道德将人道主义一扫而光，变成了集体主义强迫的状况。政治通向道德。道德反过来又必定会走向宗教信仰。在《谢尔本论文集》的最后一卷，摩尔提议说，恐惧是人类行为中一项必不可少的因素；没有了宗教性恐惧，人类很快就会屈从于另一种更加直接、更难以缓解的恐惧：对战争的恐惧、对穷困的恐惧以及被机器碾压的恐惧。“当我们眼睁睁地看着这个世界变成巨大的机器、由工程师来操纵的时候，我们慢慢就会意识到它缺乏意义，会意识到它没有人类价值；灵魂在这种器械的高效率所带来的荣耀当中被扼杀了。接着我们就会感到这种信念在面对实际生活问题时，是多么疲软无力；我们会发现它无法约束人类激情，也不能支撑任何能够诉诸忠诚精神的政府。看到这些的时候，我们就会理解，恐惧正在蚕食着社会的核心要害。”人道主义者在消解了古

老的忠诚和训诫之后，发现自己在老板、工会领导、政治警察以及冷
440 酷无情的机械社会面前毫无抵抗之力，而这个社会是他们曾经期望的。恐惧，就像不正义和罪，不会从世界上根除；但对于现代文明的恐惧则是一种特别令人讨厌的恐慌。我们要做些什么呢？“似乎我们首先需要在某种程度上，将对上帝的恐惧引回到社会中来。”[1]

保罗·埃尔默·摩尔转向了对美国哲学和文学做出贡献的第二个伟大阶段，即研究柏拉图主义和基督教，他将这称为希腊传统。在《柏拉图主义》和《柏拉图的宗教》这两本书中，他分析了柏拉图式的二元论，区分了明显不同的理念王国和事实王国，认可在人当中存在着某种超越于自身的力量。摩尔在《希腊化时期的哲学》一书中，考察了斯多亚和伊壁鸠鲁式的一元论对于这种二元论的反抗。接着，他在《新约中的基督》一书中描述了美国最伟大的、对基督教的辩护，用尽他毕生所学和严肃的文风，对现代主义者展开了猛烈攻击。相信灵魂转世与理性并不冲突：超自然要被人们清晰明白地加以理解的话，就必须要以自然的方式让人们感受到它；基督权力的那些历史性证明，让人极为信服。摩尔后来在《天主教信仰》一书中写道：“无论我们能够怎么说其他形式的信仰，至少基督教有一点是可以肯定的，那就是它依赖启示；没有启示，基督教信仰就是一种没有根基的假设。”[2] 加上《基督一词》这本书一起，摩尔完成了对正统教会的维护。尽管我们无法充分地在此处讨论这些书，但它们对 20 世纪神学论的现代主义构成了沉重的打击，并强有力地确立了形而上学二

[1] *Shelburne Essays*, XI, p. 256.

[2] More, *The Catholic Faith*, p. 170.

元论的前提；在此前提基础之上，摩尔形成了批判性的和社会性的观念。作为一名清教徒思想的继承者，摩尔觉察到，清教主义尽管顽强有力，但仍然不过是一种勇敢的否定。于是他在20世纪大胆地进行肯定，就像7世纪那些清教徒大胆地提出异议一样。

沃尔特·李普曼曾经这样写道：“《谢尔本论文集》及其《希腊
441 传统》五卷本，不仅仅是意义深远的文学批评著作，它们还记录了当中宗教上连绵不绝的新洞见。其将一种比例精准、细致入微的感受性和那种头脑冷静的现实本能，结合在一起。人们是否同意他所有的判断并不重要；读他的东西，就是进入一种简朴的、经过提升的观念领域，并了解一个人伪装成批评家，但实际上关心的是人类经验最初的和最终的事情。”[1] 摩尔复杂精细地挫败了哲学中激进的自然主义和社会争论中那种激进的人道主义；如果从稳定性和执行力两个方面来看，在美国文学作品中，没有什么人能够与他相提并论。摩尔下决心要反抗约翰·杜威这样的人所产生的影响，实用主义者“怀揣治疗历史灾难的灵丹妙药”，迷恋新异词语，渴望改变；他们在摩尔旁边的时候就感到不开心。对摩尔来说，罪与救赎、正义与恩惠，才是现实；自然主义者要是无视它们，就只能导致一个没有人情味的社会。经过了80年的争论，潮流开始缓慢地朝着摩尔的方向流动。

摩尔知道，一种高贵的保守主义需要想象力；他也知道，它需要一些更加稀罕的、高贵的东西——神圣性。“正如宗教或宗教哲学的战友或敌人从一开始就看到的那样，它能够缓解不满并让革新放慢脚

---

[1] Quoted in Robert Shafer's *Paul Elmer More and American Criticism*, p. 271.

步；”摩尔在1921年说道，“它从非物质价值世界所提供的那种满足，是平衡自然人之间相互嫉妒和物质贪欲的必需品；它所极力主张的保守主义并不是行动迟缓的、掠夺性的特权同盟，而是主张有秩序地改进的同盟。”❶ 这些就是反动哲学家的情感，他们美化反动；提醒仓促的一代人认识到美国、英国、基督教以及希腊历史并未消亡，实用主义所掀起来的支流可能最终奔向死海。在亨利·亚当斯的悲观主义和摩尔坚定的信仰之间，有一道裂隙；这道裂隙的存在表明，亚当斯兄弟的那种决定论和实证主义，在“某种遥远的神圣事务”中
442 所具有那种自然主义的信心，在复兴了的神学面前都会往后撤退。美国保守主义思想，与白璧德和摩尔一起经历了重新振作的过程，证明了历史和上帝旨意所具有的相应姿态。

四、 乔治·桑塔亚纳埋葬了自由主义

“他怕我，”乔治·桑塔亚纳在写给朋友安德鲁·格林的信中说道，“我那时候是一个假装成保守主义者的恶魔。我维护历史是因为它曾经是得胜的，并呈现出一些美好的事物；但我并不明确地期待未来会有更好的事情发生。他在我背后看到了可怕的死神和真理的鬼怪隐约在逼近。”❷ 与格林一样，受过教育的美国民众，常常是既为不动情感而又博学多识的桑塔亚纳着迷，也因他感到烦躁不安——他尽

---

❶*On Being Human*, p. 143.

❷Santayana, *The Middle Span*, p. 149.

管对美国思想产生了巨大影响，但极少坦诚自己是个美国人；他与美国有40年的紧密联系，但都不足以消除他所珍视的西班牙裔出身和世界主义的立场——这是一种结合了美学天主教义和怀疑论的立场——从中他带着疑问性的文雅，看到了美国和英国的各种观念。在那本好笑、散漫而又忧郁的小说《最后的清教徒》中，人们可以看出来，他对英美人的性格、制度有多么深刻的洞察！而且他从来都不曾真正地被它们同化。作为一名保守主义的思想家，他给英国和美国社会投下了一束异域之光，尽管他受到的训练都来自于英国人和新英格兰人：比如柏克，他在桑塔亚纳的书中一再出现（《教条之风》这个书名就是从柏克和圣·保罗那里摘取来的）；甚至桑塔亚纳详细剖析的新英格兰文学中的优雅传统，都融入了他的教育当中。尽管并非美国社会的一分子，他也以托克维尔从来没有达到的程度，存在于那个社会的圈子内部。

继白璧德和摩尔的有神论人文主义之后，桑塔亚纳的唯物主义似乎是一股削弱保守主义的力量，是对亨利·亚当斯的一种补充。尽管桑塔亚纳的形而上学与二元论相冲突，但它否认常见的机械主义、暴
443 露了理想主义者的利己主义，并用一种善意的劝说把詹姆斯的实用主义打发走了。“我这个时代的理论界在理论上与我格格不入。它是一种由虚假原则和盲目苛求所建构的巴别塔，是思想的动物园，我无意成为一个野兽。”❶ 希腊化时期的某些东西浸染了桑塔亚纳的思想，他同意柏拉图所说的，只有理念知识是真实确切的，实践知识在形式

❶Santayana, *The Middle Span*, pp. 35 – 36.

上必须是虚构的；然而，与希腊化时期的道德家一样，他无法接受一种彻底的二元论。“把这个世界二分化会使精神领域世俗化，把真理二分化会使两种真理都变得迟钝和虚假。只有一个世界，那就是自然世界；也只有一种关于它的真理。不过，这个世界可能拥有一种精神生活，这并不是要寻求另一个世界，而只是期望这个世界所暗示、接近和错过的那些美好与圆满。”❶

精神只能借由物质而存在，我们在神话中描述的上帝旨意是真实的，但也只是以自然的方式显现；没有什么是不朽的，包括桑塔亚纳书中所探讨的那些美的形式。他认为自己的自然主义并不是反宗教的，宗教和神话诗歌并不仅仅是幼稚的科学，而是作为“希望、温存和无知的精妙创作”而能长久存在；在粗鄙而孤立的事实永远都无法达到的崇高意义上来说，它们是真实的。基督教产生了这么多的德性和美，因而对他来说不是敌人。但他并不能理性地赞同这些值得尊敬的教义。所有的事物都会消亡，最为古老的那些观念也是，哲学家会宽容地笑看进步和衰落，对各种各样的特征和现象感到满足。如果这种宇宙性的文雅削弱了桑塔亚纳的连贯性和意志，那么只有一个英雄式的思想家才能让自己快乐地沉思变化，这对赫拉克利特和恩培多克勒来说甚至都太过糟糕。有时候沉着冷静的桑塔亚纳，在波士顿、柏林、伦敦、阿维拉或罗马，都很像塞涅卡所描述的史迪博，在麦加拉洗劫的时候都能保持宁静，对灾难无动于衷，对征服德米特里厄斯毫无兴趣，后者尊奉哲学并为之惊叹。他失去了什么呢？财物、

❶Santayana, *The Realm of Spirit*, p. 219.

444 女儿、房子？这些本来什么都不是，只是“随运气而来的身外之物”；没有什么是永恒的，他坚守自我，以及所有来自自然美和神秘感的安慰。

这种了不起的平静给桑塔亚纳的社会思想增添了光彩。“对于我自己来说，即便我能活着看见，我也不会害怕未来的掌控，无论这种掌控是什么。人不得不生活在某个年代、某种风尚当中。我发现，在不同的时代和地方，自由主义的、天主教的以及德国的氛围尚且可以让人呼吸；我相信，如果共产主义没有思想自由和为众人所推崇的各种情感，就不会这么轻松。塔西佗说犹太人和基督徒都是狂热分子，他们被人类仇恨所吞噬和伤害；不过他们自己也是人类，他们内心的自然本性会进行报复，从他们的疯狂当中会冒出一些合理的、温和的泡泡来。”[1] 然而，在这种慷慨的宽容背后，桑塔亚纳坚守一些苛刻而自大的标准来评判各种统治和权力：好的社会是美好的，坏的社会是丑陋的。基于这一原则，他构建了自己的保守主义并谴责现代生活的发展方向。

桑塔亚纳在与洛克菲勒的一次谈话中，提到了西班牙的人口。这位百万富翁稍作停顿后，低声地抱怨说：“我必须要告诉办公室的人，他们卖给西班牙的油远远不够。”这里一句话就瞥见了现代社会的丑陋与贫瘠。桑塔亚纳接着说：“我的心灵看到了这位大资本家的理想。所有国家都必须要消费同样的东西，与他们的人口比例相称。于是所有人就会形成一种完美的民主，由单个行政中心来配给供应，

---

[1] Santayana, *Soliloquies in England*, p. 188.

因为这是为他们好；因为他们接下来就会以最低廉的价钱来确保任何分配给他们的事物。”❶ 这种功利主义的乌托邦，早就被亨利·亚当斯和布鲁克斯·亚当斯预言到了，最廉价的东西得胜了，精神领域和艺术领域被压缩殆尽，没有其他的统治能够做到。这是自由主义的顶点，是边沁和密尔期望的实现，是法国和美国民主代言人期望的实现，也是资本主义的完成。这种欲望残忍地伤害到人类个性，而人类
445 正是凭借这种自主性奋力推理和进行艺术创作。

整整半个世纪，从早期的《社会中的理性》到后来《掌控与权力》，桑塔亚纳一直都在蔑视革新，这种革新以效率和一体化的名义对社会进行掠夺；他还敏捷地维护保存社会和谐和传统。“革新者正在贴着树根猛砍，他永远不会知道自己砍了多少，”桑塔亚纳1905年的时候写道，“如果他所谴责的东西全部消失的话，那么，他自己的理想也会失去隐秘的支撑力量。”个人主义是唯一可能的理想，如果个体服从于政府，那也只是因为他们可以忠诚于理性的、非个人的事物——一种更高级的个人主义。有一段时间，民主和个人主义齐头并进，但当前民主式立法擅自要统管所有的事务；工业自由主义得到民主的支撑，则试图用高效率的标准化来替代个体性。因此，热爱美和多样性的人，就会（像《狱中对话》中的苏格拉底那样）试图刺破社会规划者所造出来的那些泡泡。这些规划者忘记了真正的社会目标，忘记了精神生活和艺术生活。

《最后的清教徒》中的彼得·奥尔登说：“生在这样的时代是非

---

❶*The Middle Span*, p. 134.

常不幸的，人类特质所具有的力量逐渐衰退；物质活动和知识的潮汐高涨，以至于淹没了所有的道德独立性。”桑塔亚纳写道，整个“自由主义”运动加速了这种真实人性的衰退，“舒适的自由主义世界就像一棵大树，它树干早已被锯断了，但仍岿然不动，树叶沙沙作响，我们在树荫下打盹儿。当它倒下并几乎要压死我们的时候，我们大为惊骇；有些人还在讨论怎么安全地把它安回切断的根部再竖起来。”❶然而，基督教世界的外壳已经被打碎了，一种具有解放了的、审美的以及国际性民主的新精神，正将我们拖曳至一个工业社会主义的未来。自由主义曾经声称要倡导自由，如今变成一种运动，要求控制财产权、贸易、工作、娱乐、教育和宗教；被现代化的自由主义者松绑的只有婚姻纽带。“慈善家现在正在准备让个体在灵魂上和身体上，都完全臣服于大多数人的本能，这些人是最残忍的、落后的主人；我不确定，‘最大多数人的最大幸福’这个自由主义准则，有没有丧失它在意图上的正当和慷慨，并开始意味着‘最大可能人口的最大闲散’。”

446

这并不是在歪曲自由主义，只是它自然的发展而已。自由主义（很幸运地）一直处于第二等级，就像是前一个时代留下的纸巾上的腐生物那样存活着，继承了它的遗迹、感觉以及社会等级。“自由主义并没有走得很深入，它就是一种偶然性的原则，不过是更古老的结构的一种松动而已。”❷很显然，在我们这个时代，它只是从基督教王国、贵族制、家族经济，转变为一种压倒一切的、功利主义的集体

❶Santayana, *Winds of Doctrine*, p. vi.

❷*Soliloquies in England*, p. 176.

主义。对竞争的恐惧和战争的审判，败坏了自由主义者的名声。桑塔亚纳那篇题为“自由主义的反讽”的论文，收录在《英格兰的独白》一书中。这篇论文是对边沁、科布登、J. S. 密尔等人的盖棺定论。现代自由主义（尽管古人更为了解），想要同时享受自由和繁荣。但繁荣就要服从于事物；以下一点很快就会显现出来，自由主义者真正热爱的不是自由，而是进步；“进步”在自由主义者那里意指扩张。“如果你拒绝走既定方向，那么就不仅仅是与众不同，而是停滞不前、有悖常情。野蛮人不会总是野蛮人，修女不会一直是修女，中国也不能总是保留着城墙。”自由主义者怀疑传统，坚持改革、修正和重述：“一个没有传统的人，如果在物质上极大丰富，那么会比他作为某种继承者要更加纯粹、理性，且更有德性。作为子孙，你真是不幸！孤儿们有福了，因为他们应当有子孙；上帝保佑美国！”然而，从逻辑上来看，如果自由主义学说在某个地方能够得以应用，那么就会导致一个尼采式的世界。没有哪一个尝试过自由主义学说的人会喜欢它，因为如果它压抑了尼采式的倾向，那就会令人沮丧地变得很空洞。
447 即便对于富人而言，自由主义学说也是一种充满了怀疑和犹豫的挣扎。“我在他们当中找不到道德安全感，他们没有幸福的自由，也不掌控任何东西。不过这就是自由主义生活精华，就是推翻基督教王国所要获得的成就，沉闷的农民晋升成为工人、商店老板和私人司机。”

当生活的目标就是模仿富人，“机会”又变得唾手可得；那么，结果就会是普遍性的气馁。这一点儿也不自相矛盾：普通人以前对自己的手艺或古老的简朴感到很满意，如今在财富竞争中完全没有获胜的希望，很早就筋疲力尽，只能无聊地四处徘徊。尽管有一些伪装，自由主义学说还是贬低了人民大众。庸人“于是变成了贫民窟的常客，生活在铁路大桥、啤酒厂、煤气厂等地方的阴影当中，朦胧的灯光从酒吧里透过雨滴照亮了每个角落，给他们带来生命中仅存的一点点快乐”。这种民众在名义上是有知识的，实际上受到媒体的操控，被灌输了各种异端邪说，被广告商和宣传者所胁迫。“自由主义不过是清理出了一块场地，其中每个灵魂和团体利益都能够相互争夺掌控权。任何一个在这场争夺中获胜的人，都会终结自由主义；那种相信自己会被挽救的新秩序，将不得不在接下来的时光里维护自身、反对一种新的反叛。”如今的自由主义者，已经变得开始维护国家各个领域中的专制，并辩解自己意在解放人们。“但是，把人们从哪里解放出来呢？从自由的后果中解放出来。”

在《掌控与权力》一书的前言中，桑塔亚纳从罗马修道院写起，“如果说有一种政治倾向点燃了我的怒火，那就是工业自由主义那种将所有文明都拉低到一种同样低贱和枯燥的水平”。即便是物质福利，从长远来看，也会被这种物质发展所戕害；我们最多只能期望经济发展的脚步逐渐放缓。一种空洞的、原子式的个体性，替代了真正的个人品质：“当所有事物都是统一的，那么单元内的个体性就只能
448 是数字而已。”于是，人真的变成了柏克所说的夏日里的蝇虫。在这种沉闷的、有组织的盲目当中，骑士风度（桑塔亚纳几乎是以柏克的口吻加以称赞）灭亡了，取而代之的是那种畏畏缩缩的对安全的渴望。新集体主义者夺走了自由主义者的旗帜，因为自由主义者在物质安慰和道德自由这两个方面的期望都破灭了。自由主义“使人类在数量上大幅度增加，在生活标准上也更为严格。它有很多种方式来

节省时间和劳动，但却自相矛盾地让生活变得比以前任何时候都更加匆忙，让劳动本身变得更加枯燥而且回报更少。人们在政治上获得了自由，在名义上被赋予了投票权，但在经济上却被奴役在一群匿名的雇主和自我强化的劳工领导之下。与此同时，那些自由主义的富人，他们曾经一直期望要变得更加富有，并且在个体性创业的时候的确是更有钱了；但作为一个阶级却变得更贫困、更懈怠了，并且明显从贵族式闲暇、运动，以及慈善事业的社会领导和智识领导当中退了出来，他们曾以为自己适合于这些领域。除了机械化大生产，自由主义体制并没有对任何别的事物进行合理化改革。与此同时，社会也被动摇了，变得绝望；政府要么是因为智识上不够而不能胜任，要么变成了党派专政”[1]。

出于这样一种幻想，即优雅地让步会保证总体的和平，自由主义者松懈了传统秩序。他们认为：“如果我们把人人都争吵着要得到的东西让出来的话，那么大家就都会满意了；如果还存在任何优美的传统秩序的残留，那我们就至少能够很安全地、问心无愧地享用它。”然而，自由主义的亲密友人和同盟——改革者——有自己要满足的意志，他们隐秘地、强烈地无法宽容旧秩序或任何与自己的新计谋有冲突的事物。由于任何对立面的存在都影响到自我的完满，因而他们不会让社会安宁。这种自我能够安宁吗？20 世纪前半叶表明，自由主义者和他们的财富、品位以及理论自由，都会在下一次变革中消失殆
449 尽。“肉体的淫欲、耳目的贪恋以及生活的骄傲，都会消耗和用尽它

[1] Santayana, *Dominations and Powers*, p. 348.

们所滋养出的甜头；如火山熔岩波般的原始性盲目和暴力，一定是从低处涨起来，成为不同于人的，并同样短暂的事物的基础。”

当代改革家所幻想的是统一性的“自由”，不管它是俄罗斯式的还是美国式的；在这种自由中，人们自我感觉良好，因为个人意见被消除了，而且他们并不知道外界其他的情况。无论是被教导“要像斯大林那样”，还是被教导要按照约翰·杜威的观念“适应群体”，这些大国的趋势都是要民众盲从，尽管在俄国是通过严酷的强迫而形成的，在美国是通过传播和吸引而形成的。激进地要求全体一致性，会让一个社会被统计心理学家所掌控，人类精神的心弦与思绪的牵线都掌握在他的手里，他代人操控这些牵线。他操控的对象是无产阶级——无产阶级是一大群被自己国家流放的人，除了都具有人的体力和生命力之外，他们之间毫无共同之处；无论他们当中有什么样的文明脉络，都会很快消失在他们这个平庸而多变的社会当中。他们没有艺术，没有宗教，没有朋友，没有希望；工作对他们来说就是一种恶，因此他们主要的努力就是消灭工作、增加工资。这种努力长远来看是失败的（因为他们的人数像野生动物一样成倍增加），无产阶级必定在一件事情上变得平等：他们苦难悲惨的境遇。一个由行政长官和统计学家组成的精英团体，他们本身就被那种非常贪婪放肆的教育磨掉了想象力，又能将这样的社会整合在一起多久呢？桑塔亚纳透露出一线希望，将这种管理者机构转变为一种荣誉政治；然而，由于他忽视了方法，所以很快就转到了另一个话题。

《最后的清教徒》一书中的那个教师塞勒斯·P. 惠特尔，是一类苛刻的改革狂热者，这样的改革者将这种无产阶级所设计的社会拉得更近。他的乐趣就在于诋毁所有杰出人士，但他也有着自己私密的忠诚、自己的宗教。“美国不仅仅是地球上最庞大的事物，它还很快就会将别的彻底摧毁；在这种精神错乱、令人炫目的极度快乐当中，他
450 忘记了去询问：后来会发生什么。他在进步的势头当中、在各种事情的上升中感到自豪，但心智和目的都不过是波峰的泡沫而已。他讽刺性地笑着展示，这所发生的，并归功于伟人和好人的一切，实际上都是违背他们的意愿和期望而发生的。”桑塔亚纳关于美国的分析当中交织混杂着喜爱与担忧，这尤其体现在《美国人的特质与观念》（1920）一书当中。新型的美国人与老扬基人的那种酸腐正直无关，他们显现了自身——“这个未经训练的、奋进的、世界主义的孤儿，行为上自以为是，道德上却不太自信。”美国人血液当中的那种社会激进主义，尽管由于个人主义和粗暴领导，“在美国推行骄纵的社会主义时，会遇到一些挫折”。美国人一心想着各种标准，坚持一致性，现在对未来有一种不祥之感。“美国就是一个大草原，被一场龙卷风肆掠而过。尽管它总是认为自己出类拔萃，是自由的乐土，甚至当这里还到处都是奴隶的时候也是这样自以为是；但是，没有哪一个国家像它这样，人民生活在如此压倒性的强迫当中。”是不是文明的确要由这样一个自负的国家来进行重塑呢？塞勒斯·P. 惠特尔所击倒的一切，难道并非毫无疑问地都是美国的？

英国和美国的自由传统（这里的自由与“绝对自由”相去甚远），如今正努力反对“一种国际性的、被剥夺了继承权的大多数人的民主，它又由被剥夺了继承权的少数人所领导”，它“会废除私人利益，后者是任何一家公司的要素；也会将每个人都贬低为普遍群体

中一个受到强迫的成员和服务人员，没有财产，没有家庭，没有国家，也没有宗教”❶。一个由“尼伯龙根（他在地下辛勤地挖掘永远都不会用到的金子）所领导的社会”，他们信奉自由主义者所认可的狭隘功利主义，并威胁着要将无产阶级性普遍化。欧美文明滥用了生产的概念，使生活变得更加复杂，同时并没有使心灵更加高贵；这在美国尤为真实。唯物主义与传统混淆在一起，被变成了一种宗教。美
451 国越来越朝着那种代表着机械化大生产和大众消费信念的运动前进。美国人很少能觉察到脚底的恐惧：“建立在盲目的冲动和野心基础上的野蛮文明，应当感到害怕，它能唤醒的憎根，要比历史上各种革命反对的那些更加光鲜的专制（无论是骑士制度的还是宗教的），所能唤醒的憎恶要更加深刻。”❷

还有什么希望能挽救理性生活和自由传统呢？桑塔亚纳倾向于认为，物质力量是历史变革的真正主题，他谴责我们“将各种事件都归咎于个体的意识观念和自由意志”❸。然而，违反时代是徒劳的：当查尔斯一世能选择是去抵抗臣民的表面意见并被判处叛国罪，还是选择去引导他们在道德上走向毁灭的时候，他的牺牲的确部分地达成了目标，保护了教会和君主的深层根基，也在英国人的生活和情感中保留了一丝优雅。❹

桑塔亚纳在1912年离开了美国，几年以后又抛弃了伦敦和牛津。

---

❶Santayana, *Character and Opinion in the United States*, p. 226.

❷Santayana, *Reason in Society*, p. 69.

❸*The Middle Span*, p. 169.

❹*Dominations and Powers*, p. 384.

这位年迈的老人从这个令人眩晕的世界撤回了最保守的地方：罗马。在这里，没有什么会死去，除非衰老到了极致；尼禄的魂魄化身为可怕的乌鸦，栖息在一棵千年古树的枝头，最后一个斯图亚特家族成员变成了卡诺瓦的雕像，置于圣彼得大教堂的穹顶之下。盲目社会所具有的痛苦，在熔炉当中不断燃烧，并缠绕着他。因而当他在给修道院写信的时候，圣·本尼迪克特在蒙托·卡西诺山顶上的修道院被砸成了废墟；纽伦堡曾经是重要的手工艺制作中心，后来也被现代技术消灭了。他这一代人大多迷乱，只有他高贵地保持着清醒并坚持写作；
452 这种拥有桑塔亚纳的文明，当然会有重生的机会。

五、 美国对思想的渴求

除了在某些重大事件的压力之下，在民主社会中，一般性的思想观念只会缓慢地渗透进人们的头脑和意识当中。白璧德、摩尔和桑塔亚纳等人的著作对美国处理事务方面所产生的直接影响是微乎其微的，他们对私人观念所产生的影响，在幅员辽阔的美国只是局限于小范围的、分散的人群当中。即便是第一次世界大战，也并没有动摇美国人认为事物会朝向强健趋势发展的信心。就其结果而言，它反而似乎是为自由主义、人道主义和实用主义冲动所做的辩护；而且从它所具有的可怕能量当中，极大地强化了批判性保守主义极为痛恨的三种社会冲动：将政治权力转换为追求平等的人本主义的目的；发展一种新型的、复杂的美国帝国主义；用一种粗鄙的享乐主义来感染所有社会领域。

第一种冲动所借用的手段就是逐渐增加税收，威尔逊，像那位令人好奇的极为相似的伟大的自由主义者格莱德斯顿一样，曾经都将这种手段当作权宜之计——然而，他还是与格莱德斯顿一样，在紧急状态解除之后，他无法将这种手段从社会机构中抽离出来。这种策略与遗产税一起，对于社会改革者具有不可抗拒的诱惑力，在日常政府的那种严格必需品范围内，几乎不可能加以约束。正如约翰·伦道夫所说的，财产权必须要跟随权力。如果一个长期拥有普遍选举权的民族，从一开始认同社会平等，现在开始对社会计划者表现出兴趣，那么这个民族就不可能会长久地被抑制住，它要用自己手中颤动着的新变革机器进行尝试。征税的权力也必定是摧毁的权力。人道主义者自信地认为，这也是创造的权力。财产权在一个国家不断被工业化，并且经历了具有异化来源的无产阶级的增长，它不可避免地会与人权形成反差。保罗·埃尔默·摩尔与柏克一样，曾经说这些权利不可分割，财产权是人类社会权利当中最高级别的权利；但这并没有成为一
453 个受欢迎的标语。唯一令人惊讶的是，考虑到美国那些有财产并且保守的人在理论上的混乱，通过实在法使财富从有财产的人向没有财产的人转移的做法，在 1918 年之后并没有进展得更快。

至于说帝国主义，这个国家那种吞并了刘易斯安那、西南地区、太平洋海岸线、夏威夷、波多黎各以及菲律宾群岛的胃口，现在变得更加贪婪了；而且，与以前一样，它仍然披着自由主义和命运交织而成的外衣。痛击墨西哥和尼加拉瓜是美国老派的帝国主义，如果再往远一些的地方扩张，就会被老派的反对力量所抵消；但是，一种更加

隐藏的、装腔作势的帝国主义，受到了人道主义的褒奖而非谴责，逐渐开始形成：决心要诱导全世界接受美国的各种原则和生活模式。这基于一种无边的假定：美国社会是人类智慧的最高产物。当豪斯上校建议威尔逊总统要用权力来剥削非洲时，就预示了这种野心；战后不久，这种野心就变得更加明显。预见性的灵感，促使伯特兰·罗素预料到，为了美国资本主义利益，美国的军事力量很快就占领了欧洲；促使乔治·杜哈美写成了《美国威胁》，也促使 C. E. M. 乔德描述了《俗人沃伦》。新帝国主义是经济的而非军事的，也可能更多的是文化的而非经济的，它这种冲动的源头要比美国债权人的要求更加深入。它更多的是威尔逊式的，而非罗斯福式的，它那种圣战式的民主式同情，在这样一个事实中得以体现，即民主党早前反对扩张，自威尔逊时期开始转向了要“积极参与”欧洲和亚洲事务。欧文·白璧德曾说，如果日本采用了民主制，那么她就一定会战栗着旁观；在美国，人民大众的同情心接受了使世界美国化的观念，并被贵族式的遗
454 留未加调和地加以抛弃。作为一种国家道德谴责的表达，二战前对德国和日本的敌意，具有老派新英格兰地区高尚原则的某种特质，却被强烈地标记为对反对派的极端不宽容和傲慢的一本正经，而这都是新英格兰改革家们所具有的典型特质。目前，也是这种民主式观念，迫不及待地渴望胜利，接受要复兴舍曼将军曾经引入美国战事的那些方法。美国的外交政策，越来越多地不受任何被充分了解的对象所引导，也没有任何连贯的基础（在此基础上人文主义者设定了内在制约），开始变得跟塞勒斯·P. 惠特尔所期望的一样。

在道德领域，宗教不断地朝着“服务”信条堕落，白璧德、摩

尔对此进行了分析；约翰·杜威的教育理念，否定所有的制约，无论是内在的还是外在的，在学校占据了掌控地位；蒂波特山丑闻是唯一一个凸显美国伦理困惑的泡泡。一个决心要满足欲望的国家，选择了徒有其表的哈丁、平庸的科尔里奇和彻底失败的胡佛当总统。从亚当斯的虔诚和杰斐逊的简朴，美国一路走得太远。真正的领导原则被忽视了，不朽的社会对象被忘却了，实际性的保守主义堕落成对“私人企业”的赞美，经济政策几乎全部服从于特殊利益——这样的一个国家会导致灾难，这些灾难会促使社会重新考察第一原则。

直接后果就是，代表人道主义义愤的富兰克林·罗斯福，登上了总统宝座。幸运的是，对于美国传统而言，罗斯福并不是一个真正的激进主义者——他比约瑟夫·张伯伦或劳埃德·乔治要更少地屈从于改革。不幸的是，对于美国保守主义而言，罗斯福并没有系统性的理念，而只是重复性地接受教条的社会改革家和修补匠的建议。然而，罗斯福的成功，促使具有保守主义倾向的美国人开始思考，这种觉醒
455 所带来的益处是无法估量的。温和地说，二战获胜的时候，美国的自由主义的人道主义感到惭愧——这次获胜是以牺牲广岛和长崎以及美国良知为代价的，是以消灭国内集中化、军队永久性在外常驻为代价的。美国的自由主义体现出桑塔亚纳所描述的所有弱点和动荡。然而，在新政和《公平交易法》之后，美国要走向何方呢？

得胜的美国比历史上任何一个时候都更需要一种真正的保守主义，以便将自己从不受支配的意愿和欲望当中解救出来。在白璧德那种人文主义自律中，在摩尔那种有神进化论的高度上，在桑塔亚纳那种温文尔雅的谦卑中，都体现了保守主义的精神。这些观念会传递到

那些不安的美国民众（他们投票、劳作并与美元抗争）那里吗？如果不会，那么桑塔亚纳所描绘的那种高压的、单调乏味的未来掌控——无论我们称之为“新集体主义”还是“美国的生活方式”——就近在眼前了。美国新的保守主义者，必须要完成比遏制俄国更加困难的任务：那就是必须要遏制自身。

第十三章 保守主义的未来

我，为人类的前景感到悲伤，
一个个麦垛，看上去就像是金子砌成的城堡，
远远望去金光闪闪，
牧师的讲道声与战士的喊叫声，
混在一起
造就了神话，保护着生命，
我能看出我们堕落了多少，
有多么沉闷压抑、麻木僵硬，如何被人们谴责——
过着没有了赌徒所希冀的赌徒生活，
在这样的生活里，
最高的奖赏就是在布特林度假营里过上一周，
而惩罚则是一颗星星的散落。

——奥斯伯特·西特韦尔爵士，《人民为帝》

一、 激进主义的病灶

保守主义者尽管没有被彻底征服，但一直被击败。他们的对手情况又如何呢？雅各宾派的希望被督政府破灭了；他们被拿破仑的战靴碾碎；他们的魂魄在 1848 年和 1871 年被彻底驱除了。边沁主义者被浪漫主义作家、自身的迂腐以及新集体主义有效地制约住了，以至于在 1870 年以后作为一种凝聚力而消融了。实证主义者死于自身的荒
457 谬；尽管实证主义在大众观念中仍然起作用，但它就像是一只缩头乌龟缓慢地爬行着。金斯利和莫里斯的学说所代表的感性新集体主义者，要么陷入了马克思主义，要么在 20 世纪工业主义的贫瘠氛围中断了气。

在说英语的这两个重要的国家，保守主义的信念作为一种政治的和理论的延续性，存活了两个世纪之久；而厌恶传统的激进党派则相继消亡，除了仇视一切既定事物，他们之间并不遵循共同的原则。英国的新集体主义虽然多次成功地掌控了权力，但一再使自己害病颓废，从而将政治领导权交给保守主义者。

在美国，没有哪一位政要承认自己是一个新集体主义者。曾经有一位杰出的政治家亨利·华莱士，他与集体主义学说之间纠缠不清，从而被他以前的追随者否定了。美国“新左派”在 20 世纪 60 年代曾经令人难以置信地忸怩作态，后来很快就与公众格格不入，接着在一些微不足道的孤立性的暴力行为中消亡了。自由主义、民粹主义、

法西斯主义、工团主义以及任何一个其他“进步党”有组织的意识形态，都在美国和英国丧失了信用。

自法国大革命爆发之后，保守主义者大大倒退了，他们一次又一次逃离；不过，当他们在战场上被打败之后倒并没有绝望。激进主义者能够在现代人当中激发起变革的欲望和嫉妒的激情；保守主义者则一直能够将自己置于惯性和人的传统当中加以防御，而这仍然是坚固的城墙。保守主义者的确一直被击败，从壕沟到栅栏都被迫撤回；但如今，当激进主义者阵营被大大削弱，并饱受内讧的残暴折磨时，保守主义者获得了一个重振雄风的机会——自从现代激进主义用长枪上的人头来装饰“市政厅的地狱门廊”，一次对训诫式社会发动攻击之
458 后，保守主义就再也没有见到过这样的机会。

这篇加长版的论文后面几章会讨论，保守主义者在 1789 年 7 月 14 号之后到底损失了多少。他们在英国和美国所获得的，仍然比他们所失去的要多得多。那些曾经参加了理性盛宴的人，如果能够看到 1972 年的英美文明，就会震惊地发现，基督教信仰仍然在大西洋两岸存活着。如果说英国教会的总体状况并不是太好，他们也只是比 1789 年的时候稍稍差一些而已。当年那些不拘泥于教条的教区牧师（柏克知道他们当中有很多人在法国陷入麻烦的初期，抱有革命性的同情），有一些更加勤勉，而不是更加保守的接班人。杰斐逊对一位北非伊斯兰教国家的总督将美国描述为“不是一个基督教国家”；它同时也是强健的新教的家园和罗马的坚强后盾。正如托克维尔所预测的，民主时代改变了宗教行为，但它们并没有造成宗教信念的毁灭。因此，任何保守主义秩序、宗教约束，都仍然比较安全。

至于政治制度，英国和美国的各种事务的外部形态稍稍有点改变；即便是根本性的宪法，也只是以一种有序的方式发生了些许变化，鲜有例外。英国宪法仍然依赖于议会通过。下议院仍然是有力的批评机构，上议院的权威则有些削弱，对时下的各种欲望有所抑制；主权和君主观念赢得了每一个重要政治派别的尊重。在美国，《联邦宪法》是政治史中最睿智的保守主义文件；无论怎样被新近中央集权化威胁，利益和权力的平衡都仍然发挥着作用；几乎没有一个被大众追随的人，会倡导要推翻美国的政治制度。

私人财产权在保守主义利益当中，被贵族和中产阶级都看作是有序社会所不可或缺的，它在美国和英国仍然是具有极大权力的制度，
459 很少有人建议要废除它。“国有化”在英国失去了吸引力；在美国，对具有长久价值的私有财产的普遍需求，从来不曾比现在更强烈。个人所得税和公司的成长，可能损害了私人所有权的基础，但整座宏伟的大厦巍然耸立，并没有即将要坍塌的危险。

在说英语的人群当中，对于既成习俗的尊重和对连续性的追求，也没有消亡。尽管大众传媒、便捷的交通、工业标准化、低俗出版业以及其他大众媒体，都具有扰乱性；尽管格雷欣法则在思想领域发挥作用；尽管大众化的科学推测和那种被弱化的道德，具有激进的后果；尽管家族经济和家族纽带衰落了，但 20 世纪的大多数人仍然对祖先所肯定和建构的东西感到敬重，他们也表达出一种令人动容的急迫心理，要在瞬息万变的时代当中找到稳定性。保守主义者可以诉诸一种不满足的支配情感。

在本书引言那一章所列举的保守主义六项前提当中，至少有四项仍然在促动着大多数美国人和英国人。在与领导权原则（有关秩序和阶级的观念）相关的地方，在将尊敬和自力更生的精神、道德与社会相融合的问题上，保守主义者被伤害得最为严重。在我们这个时代，保守主义最为显著的困难在于：保守主义领袖面临的是这样一个民族，他们开始将社会大致看作是由完全相同的个体所构成的同质性群体，这些个体的幸福可以通过上面的引导、通过立法或某种公共指令的策划而获得。保守主义者努力试着再次教导人类说，公众喜好的萌芽（柏克语），就是“去学着热爱我们在社会中所专属的那个小团体”。保守主义领袖的任务之一，就是使个人主义（它维系了19世纪的生活，即便它扼杀了19世纪的灵魂）与柏克和亚当斯强调的共同体意识达成一致。如果保守主义者无法将现代人民大众，从贫瘠的现代大众精神当中解救出来，那么，一种悲惨的、使身体和灵魂都更
460 加贫瘠的集体主义，就会威胁英国和美国——这种集体主义在东欧和亚非大部分地区都消失了；这种集体主义（像奥威尔所写的那样），是“一些流水线上的人，他们按照标语来思维，用子弹说话”。

这种集体主义的前景，甚至惊到了某些顽固不化的西方激进分子。它是英国和美国大众保守主义复兴背后的直接的推手。在英国，A. L. 罗西关于“进步”教育的描述，大体也适用于英国的集体主义：“看吧，它有某种极权主义的气息：它就是我们极权主义会采用的形式——友善、人道、挑剔、官僚做派、平滑、枯燥乏味，就像是一个小公务员的梦想，没有能量也没有权力，没有危害也没有进取心。那些不会写字的人设定了标准，他们没有诗歌、想象，也没有爱人，他

们没有爱恨的能力。这就是英国人，这就是下层中产阶级。我多么憎恨这种人生观——它与我们历史上各个伟大时代（伊丽莎白时代的盛况与色彩、热情与创造力、强烈的差异、丰富多彩的多样性、维多利亚时期激增的繁殖能力、莎士比亚的世界和狄更斯的世界），形成巨大的反差！”[1]

众所周知，美国人对实在法和规则的服从，不像英国人那样惯常；新集体主义很可能会成为一种放大了的禁令性痛苦——是一场蔑视、犯罪、腐败、逃避、压抑以及道德堕落的挣扎，其中只有残暴的人和邪恶的人才能成功。甚至所有现代国家所精心设计的各种装置，都不足以勉强治理一个人口如此之多、幅员如此辽阔、个人主义如此根深蒂固的美利坚合众国。

大西洋两岸的自由主义者和新集体主义者，当他们遇到现代国家的规模时，可能都差不多会对“那只像柏油桶那么大的可怕的乌鸦”感到警觉。但他们并没有更好地武装自己，以应对这种威胁。

461 要详细分析20世纪美国自由主义的失败，实在是有点小题大做。其实从20世纪一位夸夸其谈且更加独立的作家马尔科姆·马格里奇那里引用一段就足够了，他将自由主义称作死亡之愿：“从历史上来看，自由主义会被看作是我们这个时代一股巨大的破坏力，比法西斯主义、纳粹主义或任何其他造成直接动乱的极端主义，都更具破坏力……正是自由主义使加大拉的猪群变得这么闹腾，就像人类最终走向

[1] A. L. Rowse，“University Education for All?”，*The National Review*（London），November，1949.

被焚毁时，人们会听到自由主义者的呼喊，宣称对自由、对幸福的追求在生命尽头得到了实现。”❶

还有人会提到马修·阿诺德在《批评文集》中所描述的那个时代自由主义的困惑，他发出了自由主义者的呼喊：“‘让我们来一场社会运动吧，让我们组织、合并一个党派来追求真理和新思想，让我们称之为自由党，让我们聚集到一起，相互支撑……’在这种方式中，追求真理变成了真正的社会的、实际的、快乐的事情，几乎需要一个主席、秘书和投放广告了；还偶然有丑闻带来一些兴奋……然而，总的来说，多是喧闹，少有思想。正如歌德所言：行动何其容易，思考何其困难！”

美国的这种自由主义堕落至死——一部分信徒遭到诱惑成为政治异想者、同路人，或者是（像里莱昂内尔·特里林的小说《旅途之中》里所说的）跨越鸿沟的人；其他人陷入了冷漠，而另一些人则变成了保守主义者：这最后一场运动，类似于1793年以后各种天才在英格兰的上升。对于年轻人、激进的“少数人”以及那些感到不满的人而言，自由主义成了一种可怕的“学说”。“1968年，新左派在芝加哥民主党大会召开期间举行示威活动，在格兰特公园打出了巨型横幅——‘今日公园，明日世界’，创造了奇迹。”正是在反对自由主义者自命不凡的同时，产生了这些极端分子。尽管新左派并不能占领世界，就像他们无法占领公园一样；但他们的愤怒足以颠覆自由主义者那些不切实际的计划。

---

❶Malcolm Muggeridge, “Books,” *Esquire*, September, 1965.

462 英国自由主义的坍塌更具灾难性。自由主义者作为议会党几乎是灭绝了。在阿斯奎斯的领导下，自由主义试图紧挨着劳工党的右侧并立。刘易斯和莫德在《英国中产阶级》一书中总结了自由主义最终的希望：

> 简而言之，自由主义就是要接受政府的战利品，当作是委任他们在各阶级和大众之间再分配权力和财富时进行斡旋。工人被呼吁要暂时团结在一起："如果农民和商人受到一种阶级斗争的危险，他们肯定就会生气，变成彻底的托利党。"工人的政治问题被清楚地勾勒出来了——如何为新政赢得中产阶级的支持，而这种新政会对资产阶级的物质利益造成极大的损害。直到1945年，这个问题才似乎得以解决，当尘埃落定的时候，"斡旋者"也消亡了。❶

忧心忡忡的英国福利国家设计师贝弗里奇勋爵，在地位下降时，提出了某些自由主义者所具有的理论上的两难境地——这些自由主义者在自己政党垮台的时候仍然得以存活。贝弗里奇勋爵对民众的不道德和自私感到气馁，他们太容易假定自己如今只能通过集中性权威（无须多少个人努力），从用之不竭的公共基金里获得相应的份额。1951年，他在为《观察者》评论朗特瑞和赖维斯的《英式生活与休闲》时写道："如果一个国家的命运（至少部分地）掌握在人民的手

---

❶Lewis and Maude, *The English Middle Classes*, p. 64.

中，我们还能如此不负责任地、无知地希望它能够被很好地治理吗？”[1] 他建议可以根据是否通过某种智力测验来赋予选举权，从而放弃纯粹的民主观念。1951年12月31日，他在广播电台上说：“在某种程度上我们得在英国沿袭一种没有贵族的贵族传统。”但在如何具体解决这一悖论的问题上，他却含糊其辞。近期的人道主义的自由主义者，已经贬低到这种悲伤境地了。

463 在美国，几乎找不到一个公开声称自己是纯粹社会主义者的人——甚至诺曼·托马斯，在退出竞选阵营之后，开始承认私营经济企业在很多领域是可容忍的。由于缺少工会支持，美国的社会主义革命者找不到任何支撑；曾经在某些工会领袖当中存在的社会主义色彩，都几乎消失殆尽。

英国社会主义者则被撕成了碎片，即便是新城镇和公租房这样的社会观念，也取决于公共活力和一种活生生的信念；似乎近些年（英国的）社会主义越能接近实质性法规的时候，也是面临公共支持甚至是默许最少的时候：热情消失了。多愁善感的（英国的）社会主义者那种半宗教式的热情，转移到世俗事务上那种不信奉国教的精神，早在30年前就已经不再鼓舞这些革命者了。

（英国的）社会主义者认识到，大多数人似乎都缺乏履行社会义务的动机，对于日常诚信的一般性奖励消失了，他们为此感到气馁，并开始疑惑他们关于人类本性的理论是不是错了。G. D. H. 科尔总结

---

[1] Lord Beveridge, “English Life and Leisure,” *The Spectator*, June 8, 1951.

说："没有像其鼓吹者所给予它的那种新的社会动力，这种体制就是不切实际的。"他还朦朦胧胧地提议要更多地实现"民主化"，并分散福利国家的权利。P. C. 戈登·沃克曾经担任联邦关系部工会秘书，他坦诚地开始寄希望于制定一些新的义务："新国家也将直接运用惩罚和强制的权力，来扩大权威、增加社会压力。如果新国家要产生并服务于更好的社会，那么个人主义者和全能国家在理论上不仅不能消失，反而要制造出新的犯法者并加以惩罚。"[1] E. H. 卡尔则说得更为坦白："驴子既需要大棒也需要胡萝卜……我承认，我不像有些人那
464 样对前景感到那么震惊，它似乎是不可避免的，是所谓的基于某种社会武力（无论是国家的还是工会的），来引导工人的那种终极力量所带来的前景。"[2]

人们开始能听到奥威尔的英国社会主义的说法。1959 年，工人阶级在民意调查中被打败之后，安奈林·贝文对当时在任的下议院说，（英国的）社会主义者从来都没有办法能将社会主义的计划与民主结合起来；因而在某种程度上，令人困惑地让权力从自己的手中溜走了。阿道司·赫胥黎早在 1927 年就觉察到了英国社会主义所具有的那种准宗教性质，以及必定要对信念产生消磨的各种疑惑：

> 在这场运动的早期，它使整个西方变得民主化。当时只有一些不满和要对政府模式进行细微变革的欲求，以提高它的效率并使它服务于那些不满人群的利益。他们形成了一种

---

[1] Gordon Walker, *Restatement of Liberty*, p. 319.

[2] Carr, *The New Society*, pp. 57 – 58.

哲学来维护那些不满分子要进行变革的诉求。这种哲学得到了阐释，并不屈不挠地得出了相应的结论。人们也发现，如果同意这种哲学所赖以成立的各种假设，逻辑上就会要求对现有的各种制度进行变革，不是小的改变，而是大的变革，是彻底的、大范围的……一种信条一旦为人民所熟知，那也就变得正当了……民主理论变成了神学，这形成了一种欲望，要进一步在更多的人当中追求更多的民主；而正是由于他们要加以变革的这种现有的政府形式，这些人的物质利益一点儿也不会受到损害，反而会被极大地推进。社会主义在中产阶级当中传播开来，掌握权力的人自发地给予各种人道主义的改革以物质上的好处，他们将无情地使用自己的权力来追求自己的物质利益，丝毫不放弃——这些现象越来越被人们熟悉，以至于我们都不再加以评论了。[1]

在那里，有一两个段落是自 1789 年以来激进主义的历史。最终，俄国建立了一种毫无限制的平等主义的社会；任何一个独立政党以外的社会民主人士都觉察到，这是一种苦难面前的平等，这些信念被肢
465 解了。“如果没有像其鼓吹者所给予它的新的社会动力……”这一不吉利的说法，给 G. D. H. 科尔所持有的那种费边主义信念，宣判了死刑。

边沁主义那种理性自利的学说，和卢梭那种仁爱学说，都日渐式

---

[1] Huxley, *Proper Studies*, pp. 24 – 28.

微；像在俄国的那种警察和“破坏者”集中营仍然存在，或者保守主义一直信奉的古老的道德和义务的动机也仍然存在，比如：宗教惩罚、传统、习惯以及受到训诫性制度约束的私人利益。在这个世纪，保守主义者是否能够修复这些诚信的古老动机，仍然有待观察。这种修复的备选项似乎并不是自由主义，也不是社会主义，而是某种更加遥不可及的东西。

二、 新精英集团

> 那些人将自己的信仰置于尘世间的等级当中，不受上帝等级的掌控。他们大胆无知，却招致了混乱，使之加速、产生致命的疾病，并贬低他们所赞扬的。
>
> ——艾略特，《大教堂里的谋杀案》

麦考利曾经预言，美国城市中无产阶级会增长。一个世纪之后，阿诺德·汤因比所说的那种“内在的无产阶级”，开始像麦考利所期望的那样开始行动。与此同时，“外在的无产阶级”，也就是亚洲、非洲、东欧以及拉美大部分地区的那种愤怒且贫困的意识形态盲从者，开始威胁到华盛顿和伦敦的那些掌权者。

这种对“永恒事物”的挑战、对国内社会秩序所具有的那种伟大传统的挑战，变得像柏克时代那样激烈。各种全副武装的学说，如今武装得更加让人害怕。洋洋自得的自由主义时代走到了尽头，如果说需要道德想象力和判断力的话，那就是现在了。

无论自由主义和旧式社会主义的思想有多死气沉沉，永远都有人
466 渴望变革。在世界范围内，一种新的“平权”理论和学说似乎开始形成。秩序从来都是有两面的：共和国的外在秩序和灵魂的内部的秩序。因此，在我们这个时代，保守主义者面临着巨大的双重任务：既要重塑人内部的和谐，又要重建共和国的和谐。如果其中一个落下了，另一个也不会维持太久。

新革命理论和学说会先导致无政府状态，然后就是集体奴役。这两者的工具比其他任何时候都要更加有效。建立在废墟之上的新秩序，会成为托克维尔所说的“民主专制”，但远比他所预料的暴政要更加严苛。在某种意义上，它会使詹姆斯·伯纳姆所说的“管理革命”：超级官僚主义，擅自获取一些无法正当地归属于机构或内阁的职能。计划经济，不仅仅囊括经济方面，还包括整个人类活动的道德范畴和理论范畴；整个计划经济国家模式，是为了自己的利益而进行的国家计划，缺乏最初激励一些早期社会主义者的慷慨目标。

乔治·奥威尔稀里糊涂地混淆了某种神秘的精心密谋和自由，借助于《一九八四》这本小说，成功地唤起了英国和美国公众对于这种新支配的恐惧；就像阿道司·赫胥黎早前通过《美丽新世界》一书引起了模糊的警觉一样。（人们还可以补充说，这种新秩序与弗拉基米尔·索洛维约夫90年前写的寓言中那些反基督徒的体制极其相似：“你们会成为诸神”，新的豁免所带来的福音对不满的民众这样说道；但那些持异议者则最终被丢进了熔炉。）

效率的观念和为了社会主义目的而进行“计划”的善行，有助于为巨头公司清理道路；然而，对于旧式社会主义者来说，现实后果比他对旧式资本主义的最坏设想还要残酷。在新集体主义当中，权力
467 因其自身的惩罚性目的而受到钟爱；管制变成了一种目的而非手段，国家维护着工业准则。

乔治·奥威尔描述了各种阶级和职业，从他们当中为新的全能国家招募管理者和计划者，“（他们）构成了大部分的官僚、科学家、技术员、工会组织者、公共专家、社会学家、教师、记者以及职业政治家……他们源自领工资的中产阶级和上层工人阶级”，“这个贫瘠的、垄断工业和全能政府所构成的世界造就了他们，并将他们聚集到一起”，他们所受的教育超过了他们的理智能力，没有财产，没有宗教信仰，没有祖先，也没有期望要有后代，试图通过掌权来消除孤单和无名的焦虑。切斯拉夫·米沃什曾经体验过该阶级在智识上所受到的奴役，他在《被囚禁的心灵》一书中令人难忘地描述了这种奴役。人们还可以想象出更加灾难性的、对心灵秩序的系统性摧毁。新社会的主人自己处于被奴役的状态。他们并不是像莫里斯、坎宁安·格雷厄姆抑或海因德曼这样的社会主义者；他们也不像诺曼·托马斯或克莱门特·阿特利；他们是新精英，尽管他们并没有构成出身或自然的贵族。他们既是监狱看守，也是囚徒。

圣西门和孔德是这种彻底计划社会的祖先，安德鲁·哈克尔称之
468 为“可预测的人的幽灵”。在功利主义那里也能找到这种滥政的萌芽，尽管边沁的追随者发展出了个人主义。威尔海姆·罗普克与伯克哈特一样，看透了社会思想家，他将整个计划理想称为“永恒的圣

西门主义”，还将他们的梦想描述为“一种混合了自然科学家和设计师智力的心态，这些设计师将对‘庞大’的崇拜和自负结合起来肯定自己；他们会依照据说是科学的法则和蓝图来建设和组织经济、国家与社会，同时又为自己保留精神上的财富。因此我们评论这些集体主义的社会设计师是那种威尔斯或曼海姆式的，他们很公开地承认‘社会是一架机器’的观点，并因此很有可能看到那种名副其实的、文明地狱的噩梦会实现，这个噩梦是由彻底的人性工具化和功能化所引发的”❶。

这并不是资本主义，也不是社会主义；这是一个为了自身目的而构建的庞大国家。社会主义者可能会有助于建立这种结构，但他们无法忍受要管理它或享用它。新社会如果按照这种模式建构的话，乍看上去好像是一种有利于强化平等状况的安排，但它的结构——就好像是一种来自于阴曹地府的灵感激发构建了它——尤其是各种设施的结构都大不相同，这些新的主宰者精英们的兴趣在于满足对权力的欲望，摧毁所有古老的制度。这就是C. S. 刘易斯的《黑暗之劫》。

宏伟的计划需要能够将公众一直被迫维持非常类似于战争状态中的国民的那种情绪状态；如果不这样，服从和合作的精神就会衰退。因为古老的履行义务的动机在机械化社会消失殆尽。“工作、牺牲、完成目标，都必须要灌输给公众，不管他们睡觉还是醒着、吃饭还是喝水，都要如此。”约翰·朱克斯曾经这样指出说，“为达目的，政客必须要采用各种伎俩和方法，来造就理想的经济人。贪婪（黄金

---

❶Rôpke, *Civitas Humana*, p. 63.

时代就要来临)、狭隘爱国主义(我们的国家必须要独立自主)、恐惧(这是一场生死存亡之战)以及仇恨(必须要对懒散者穷追猛
469 打),这些都是如今计划经济常用的方法。”[1]

当日常生活中的人们没有了对超验道德秩序的信仰,没有了对家庭的责任和对进步的期望,也不再满足于自己的工作,老大哥(Big Brother)给这头驴的就是大棒而不是胡萝卜了。社会中有一种强有力的新元素希望能够扮演老大哥这个角色,来管理所有的人类事务。道格拉斯·杰罗尔德曾经这样说道:“各个党派当中都有很多人渴望这样一个时代:所有人都差不多要依赖于国家来提供所有的生活设施。这些人代表了当前最强大的阶级,他们就像之前的统治阶级,心照不宣地为了共同的目的而共同努力。这个阶级是新的写文章和坐办公桌的贵族,是专业的组织者和管理者。他们不仅仅掌控着政府行政(这本身就是一个越来越重要的领域),还掌控着有组织的工人和资本的运转;他们如今不仅仅想要设定我们所有伟大生产事业的方向,还要通过掌控教育和医疗,来掌控所有公民的私生活。”[2]

这样一个新型社会需要一种新道德——很像卢梭试图为他所设想的解放了的时代提供某种新道德一样。然而,设计社会的那些人,并不能及时地构建出道德体系。旧的宗教和伦理法则一旦被摧毁,如果循环的巨大齿轮还要继续运转的话,就需要用强迫来替代这些宗教和伦理法则。当灵魂的内在秩序被打破之后,外在的国家秩序就必定要

---

[1] Jewkes, *Ordeal by Planning*, p. 228.
[2] Jerrold, *England: Past, Present, and Future*, pp. 307 - 308.

通过无情苛刻的手段来加以维系，甚至还要延伸到最私人的关系当中。新秩序的某些狂热分子会毫不犹豫地接受这一前景。

由于感觉到反对的声音越来越大，激进的设计者表现出越来越强的好斗性。如果民主不能被说服，那么，民主就一定要受到恐吓。一470 些不那么暴力的政治人物的言辞，也表明他们被力比多所支配。有一位英国社会主义者叫 A. J. P. 泰勒，他曾希望这个国家“能够被一些从来没有戴过礼帽的人统治”。他对那些期望农产品卖得好价钱的农民感到生气，当社会计划全面实施之后，这些乡下人就学会找到自己的位置了。“农民不再尊重我们，我们最后的机会就是让他们怕我们。我们必须要在他们饿死我们之前，给他们带上枷锁。”

这就是新精英和新社会的思想和愿景。在 20 世纪余下的这段时间里，具有想象力的保守主义的主要任务，极有可能是通过恢复一种秩序，使全能政府变得不必要、不切实际，从而抵抗全能社会的观念。然而，仅仅是劝导和哀叹并不能阻挡计划经济的增长；保守主义派别经常犯这个错误。如果到了 2000 年，正义、自由和希望仍然是西方社会思想和共同体的一般性特征，那么，复兴私人领域和公共领域各种规则的功绩，就应当归于真正具有革命性和批判性的保守主义——这种保守主义在美国，甚至在英国的影响力都越来越大。

在这些国家当中，观念要激发公众果断地行动，一般要经过一代人的时间。J. M. 凯恩斯的格言“今天的课堂内容，明天就成为街头民众的标语”，是有些夸张了。在美国，保守主义观念在理论上的恢复，开始于 20 世纪 50 年代早期。因此，可能美国人正很好地沿着复兴私人秩序和公共秩序的方向前进。

他们在道德上的想象力会决定他们的命运。在其他的一些著作
471 中，这位作者触及了当前一些特定的不满，以及可能的补救措施。在当前这篇长文（主要是一部观念史）中，我们无法提出一种保守主义的谋划。但必须要指出的是，如今的保守主义思想家，都声称自己致力于解决现代公民社会秩序的主要难题。如果他失败了，很多东西都会随之坍塌。

在本质上，我们所说的“保守主义”信念，就是肯定社会中的常态。有一些我们可以修复的标准；人非完人，但他可能达到一种程度不错的秩序、正义和自由；“人类科学”和人文学科都是弄清楚公民社会秩序的手段，也是让政客和有反思能力的公众，了解各种社会方法的可能性及其限度。

首先，20 世纪的保守主义者关心的是恢复精神和品格——伴随着反复出现的灵魂内在秩序的问题，重建道德理解和宗教惩罚，值得过的生活就是建立在这二者基础之上的。这是最高级别的保守主义，但它并不能被当作一个深思熟虑的社会改革项目——“政治基督教”——来加以实现。正如克里斯托弗·道森所说的：“有一种倾向（尤其是在英语世界的清教徒当中），将宗教当作是一种补药，以便能从人们当中提取更高层次的道德努力。”[1] 如果保守主义者的努力仅仅局限于此，那么它就不会成功。重建道德理解并不能仅仅是社会

---

[1] Dawson, *Beyond Politics*, p. 21.

重建的一种手段：它必须是以自身为目的，尽管这会产生社会后果。

保守主义者在意领袖问题，这个问题包含两个方面：保存某种程度的敬畏、训诫、秩序和阶级；净化我们的教育体系，再次使学习变得自由，从而符合这个词的本原含义。只有领袖，才能将社会从卑劣
472 的精英掌控当中解救出来。

保守主义关心无产阶级现象，无产阶级这个词并不仅仅意味着穷人。现代大众必须要在社会当中找到自己的身份和希望：真正的家庭、与历史的联结、对未来的期盼、义务与权利、比大众娱乐和大众罪行都更加重要的各种资源。有了这些，现代无产阶级（他们可能很富有）试图忘记自己丧失了目标。家庭堕落为公共的房屋租赁，威胁到了可辨认的人类特征的本质。社会无聊所带来的困扰，几乎不断扩散到文明存在的每一个层面；它所带来的未来，可能会比衰落的罗马体系中的生活更加可怕。若要重新恢复劳动和家庭生活的目的，要把古老的希望、长久的观念以及子孙后代的想法重新还给人类，就需要大胆的想象力。

保守主义者还关心如何抵抗武力学说。他们试图重新恢复真正的政治哲学所具有的正当理性；他们宣称，当这种政治态势开始恢复时，我们必须要坚守阵地（经常是通过强硬的外交和军事裁决），反对秩序、正义和自由的敌人。

保守主义者还在意要恢复真正的共同体、地方性的能源与合作、奥雷斯蒂斯·布朗森所说的“区域性民主”、自愿努力，以及多样性和多元化为特征的社会秩序。自由的共同体是强迫性集体主义的替代

物。正是从共同体的衰落，尤其是“小团体层面”的衰落当中，涌现出罪恶和暴力。在这个领域，被误导的“自由主义”的方法造成了极大的危害，这可能是几十年或几代人都无法消除的，尤其是在美国。出于混合的人道主义和牟利的动机，在暧昧不清的联邦法令的保护之下，被人们误称的“城市更新”（实际上经常是制造了城市荒漠和丛林），在美国大多数城市的整个阶级和地方性共同体当中消除了；无节制的高速公路建设，也遭到了同样的下场。城市骚乱、重刑
473 犯的急剧增加，以及令人厌倦的促使麻醉成瘾的行为，都是这些愚蠢的项目的产物。用汉娜·阿伦特的术语来说，就是“无根的永远是暴力的”。因此，保守主义者谈论的是共同体需要根基，而不是更多的促进“大众福利”的手段。

当然，保守主义者还关心很多其他的重要问题，还有大量更为广泛的审慎问题，这些问题的答案必须随着环境和时间的变化而变化。20 世纪的保守主义者与伯克哈特一起，将自己与“可怕的简化者”区分开来。并没有一贴可以治愈所有疾病的良方；不过的确有普遍性的道德原则和政治原则，有思想的人可以参照它们。

“我们越是彻底地理解我们自己的政治传统，它的整个资源就越是能为我们所用，我们也就越不可能接受幻想，这些幻想专门等着无知和粗心大意的人上钩。”柏克的一位富有学识的追随者迈克尔·奥克肖特，在他接受伦敦政治经济学院讲席教授的就职演说上这样说道：这个席位曾经一直被激进的学者如格雷厄姆·华莱士、哈罗德·拉斯基等人占据。他接着说，这些谬论就是：“有这样一种错觉：在政治中，我们可以没有行为传统继续前进。还有这样一种错觉：在政

治中存在着某个避风港，有一个可以到达的目的地，甚至是一条可以觉察的进步之路。这个世界是所有可能世界里最好的，它当中的一切都是必要的恶。”[1]

这个世界与全能计划者的想法相去甚远。“作为一种否定性的冲动，保守主义基于特定的对人类本性的不信任，认为心灵的直接冲动和大脑的视觉，很有可能存在误导。”保罗·埃尔默·摩尔在1915年曾这样写道，“但另一种更加积极的保守主义又与这种对人类本性的不信任密切相关——它相信想象力是可控的。”在这同一篇论文当
474 中，评论迪斯雷利的时候，摩尔说：“一般来说，保守主义是天才的直觉，而自由主义是人才效率。”[2] 到了20世纪80年代，保守主义者再次运用更多的想象力和直觉。新精英们可能发现自己有必要考虑那些复活了的哲学家。

三、 学者与知识分子的对抗

> 美国社会经验中的成功与失败，都强化了经典的保守主义信念——实际上是正统的中世纪信仰——所有人类关心的东西，都很可能与一种价值序列相联系。某些生活方面是为了他人而存在，这些人更加重要。
>
> ——罗兰德·伯特霍夫，《不安分的民族》

---

[1] Oakeshott, *Political Education*, p. 28.

[2] More, *Aristocracy and Justice*, pp. 168, 186. See also A. H. Dakin, *Paul Elmer More*, p. 159.

随着集权政府权力的逐步增加，政治领袖沉浸在越来越复杂的行政义务中，并被绑定了很多礼仪性功能，因而很少有时间进行反思。最后一位进行独立思考的美国总统是赫伯特·胡佛；最后一位具有知识分子特征的英国首相是亚瑟·贝尔福。[1] 因此，当人们在最近几十年讨论社会思想时，他们很少会转向那些在政治上占据高位的人：这些人所表达出来的思想，是另一些人给他们灌输的，他们的话语通常都是来自于匿名的或半匿名的职员的打字机——这些职员反过来又经常会回应那些有影响力的宣传人员或学者。20 世纪的社会思想史学家，必须要从历史学家、社会学家、政治科学家、诗人（无论是什么样的政治信仰）那里去寻求影响深远的思想。这些作者和学者都具有一种保守主义的倾向，尤其是在美国，他们在过去的 30 年间有
475 力地重申了自己的信仰。

早在 1950 年，莱昂内尔·特里林就否定保守主义思想在美国仍然存活。他这样写道：“在美国这个时候，自由主义不仅仅是主导性的，甚至是唯一的理论传统。这是一个简单明了的事实，如今在普遍流传当中，没有保守主义观念和反动观念。当然，这并不意味着，没有保守主义或反动的冲动。这种冲动肯定非常强烈，可能甚至比我们大多数人所知道的还要更加强烈。但这种保守主义的冲动和反动冲动，带有某种与世隔绝的、与基督教会有关的期望，并没有以观念的形式表达出来，而只是以行动或（寻求类似观念的）应激性精神状

[1] 温斯顿·丘吉尔实际上是一位非常活跃的记者和大众历史学家；但 T. S. 艾略特对丘吉尔在修辞和政治智慧方面所进行的指摘，在后来的判断当中仍然会得到认可。

态表达出来。”[1]

特里林继续说，自由主义观念变得枯燥空洞，但他能够觉察到，并没有其他的替代性观念。在他这样写的时候，保守主义传统的确看起来是衰退了：它只是在后来的唐纳德·戴维德森、阿伦·塔特、克林斯·布鲁克斯以及理查德·韦弗等南方土地均分论者那里，抑或是像伯纳德·伊丁斯·贝尔等神职人员那里，仍然雄辩有力。不过，特里林所说的，并不是强有力的、为人熟知的“传统”和“训诫”的复兴——这些话语要么是一些自称为保守主义的人所写的，要么是一些偏爱那种不依附于各种政治标签的自由的人所写的。从1950年起，美国大概出版了两百多本关于保守主义思想的书籍，英国也出版了很多；出现了很多自称是保守主义的期刊；要是将有关保守主义的重要论文进行汇编的话，可能会有我们现在这本书这么厚。在这本书的前面几个版本当中，我曾经试图讨论或提到近期的一些保守主义思想家，但这些人太多了，所以我只能选取几位代表人物，但即便是只列举名字，也会是一长串而且还不完整。

大约在1950年的时候，“自由主义的知识分子”似乎牢牢地占据了支配地位。那些倾向于保守主义的人，并不急着被归为“知识分子”。因为这个术语本身，与世俗的理性启蒙的风靡相联系。1950
476 年之后发生的事情是这样的：保守主义思想家表明，“知识分子们”并不喜欢垄断理论的力量，理智主义和正当理性也并不是同义词。20世纪最重要的诗人，从未屈服于自由主义的理智主义的霸权：这里我

---

[1] Lionel Trilling, *The Liberal Imagination*, p. ix.

们只需提到艾略特、叶芝、弗罗斯特就足够了。但是 1950 年以后，也出现了一股保守主义信念的复兴，我们称之为“社会研究”或“人类科学”。

不仅仅只有保守主义者开始厌烦“知识分子”的那种自命不凡的傲慢。当这本书首次出版的时候，有人给伯特兰·罗素写信询问他如何定义“知识分子”，罗素坦率地回应说：

“我从来没有说自己是一个知识分子，也没有人敢当面这样称呼我。我认为知识分子可以被界定为：假装比真实的自己更聪明的人。我希望这个定义不适合我。”

罗素对语词的意义相当熟稔，他在“知识分子”一词的现代用法上颇具权威。这个词的历史非常有趣。在 17 世纪的时候，它被当作一个名词使用，主要用来形容那个拥有从纯粹理性得出的所有知识的人；这个概念更为普通的表达术语是“知性论者”。培根曾经尖酸刻薄地在《论学术的进展》一书中说，知识分子就是抽象的形而上学家：“这些知识分子，一般被奉为最崇高、最神圣的哲学家，但赫拉克利特却给出了一种正当的谴责。”休谟也很蔑视 18 世纪的知识分子，他们将理性用来指导全部的人性；在洛克的模式当中，他们先在于理性推理者。科尔里奇与休谟一样，并没有使用“知识分子”这个词，他批评这些人只是痴迷于理解力，或“反思能力”，以区别于
477 理性或超感觉的器官。

作为一个用来描述人的名词，“知识分子”一词在 19 世纪的字典中几乎没有出现过。当人们开始运用它的时候，它意指柏克所谴责

的那些“诡辩家和算计者”，亦即抽象的“智者”；浪漫主义者和功利主义者也对这个词表示鄙夷，尽管是出于不同的理由。他们的理由与一种缺乏想象力的世俗主义密切相关：纽曼曾经批评罗伯特·皮尔对这种世俗主义进行让步。总而言之，“知识分子”像培根所说的那样，指过高估计理解力的人。知识分子通过暗示忽视想象力，忽视洞见和想象的力量，也忽视超越私人理性认知的整个领域。

“知识分子”这个词在20世纪的运用，似乎来自于马克思主义的专门术语。它直接对应的是一些受过训练、高度理性、愤怒地反对既定社会制度的人——在某种意义上是被放逐的、走出阿杜拉姆洞穴的人，背井离乡，热心于革命。这个词暗含着思想生活与社会生活之间的对立，或至少是“高级社会思想家”和那些掌握财产和权力的人之间的相互敌意。根据20世纪的字典对知识分子的界定，它指“宣称或被认为掌握了启蒙判断的个人、阶层或团体，这些判断与公共问题或政治问题密切相关”。

直到20世纪20年代，伦敦和纽约很少有这些知识分子。在维也纳，“中央咖啡馆的那位托洛茨基先生”，能够走上街头、制造革命，但他没有盎格鲁－撒克逊的同盟。美国和英国的学者，一般来说都并没有异化。这到现在也是如此，正如罗素所评论的，很多接受了良好教育的英国人和美国人，都痛恨那种经过提纯的理性。只有当一种学说反对传统宗教、“资本主义”以及既定政治形式时，它才会被英国人和美国人注意到。随着马克思主义和其他欧洲意识形态在20世纪20年代的影响力越来越大，以及出于对大萧条的不满，一些受过教育的美国人和英国人才的确开始自称为知识分子。

478

一开始，美国知识分子被看作是一种政治和社会运动，它被不精确地称为“自由主义”——它在很多方面与它所效仿的英国自由主义大相径庭，而且囊括了一种温和的世俗主义，并公开对苏联表示同情。在哲学上，人们经常把它与实用主义以及各种教育和实践道德方面的各种实验性活动联系起来。它很快就会变成一种意识形态，有自己世俗性的准则和标语。莱昂内尔·特里林故意将“自由主义者”和“知识分子”当作同义词加以使用。

人们还可以补充说，很多受过教育的美国人之所以抛弃意识形态是有很多种理由的。国家当中那些反思性的人所具有的焦虑和不安，明显来自于获取和消费。在一种贪婪的氛围中，教授或教师们的薪资过低；美国人那种古老的对知识的尊敬开始衰落——这种衰落似乎实际上与获取高中文凭和大学学位的容易程度（这是由于“越便宜越没价值”这样的原则），而成比例地变得更加令人警觉——所有的这些，都会造成学者和作家脱离于既定的美国社会。当思想作品开始在公众当中逐渐丧失影响力的时候，“知识分子”在美国出现了。

“知识分子”一词曾经被当作是与“自由主义者”一样的，因此，一点也不奇怪，莱昂内尔·特里林没有发现保守主义的知识分子，就像没有人会找到肉食性的素食主义者。但实际上，拥有理论力量的人，并不需要脱离于自己的文化遗产和社会，他可以是科尔里奇所说的“知识阶层”的一员。有一个比莱昂内尔·特里林更早的范本：1843 年，奥雷斯蒂斯·布朗森在达特茅斯学院发表题为《学者的使命》的演讲，他说道：

> 我所理解的学者，不是一个书呆子、半吊子、文学享乐者或花花公子，而是严肃认真的、健壮的、完全成熟的人。479 他感到生活是一件严肃的事情，自己在这出重要的大戏当中扮演着重要的角色。因而必须要尽力演好这一角色，流芳百世。他可能是一个神学家、政治家、自然主义者、诗人、道德家或形而上学家；但无论他是什么，都是全心全意地带着尊贵而高尚的（简言之，宗教的）目的和期望。”

到了1950年，开始需要这样的学者了：特里林发现自由主义的想象力实际上破产了。“自由主义知识阶层”这个无根的、在理论上无比傲慢的人群，以欧洲为样本看来，傲慢明显没有能力给一个民族提供智识上的指导。他们要么蔑视这个民族，要么是居高临下地、不切实际地同情。布朗森说：“学者不是站在人民之上，轻视人民的人。他不藐视百姓，乃是深深地、长久地爱着他们。这指导他为了救赎人民而生活和劳动；如果需要的话，甚至掌控着他的生死。但他从来都不会忘记，自己是他们的导师、向导、首领，而不是他们的应声虫、奴隶或工具。”就像T. S. 艾略特所怀念的，具备这种特质的学者，曾经参与了传统（如果缺了这种传统他们就会变得微不足道），并开始挑战自由主义的知识分子，而这正是特里林怀疑他们是否存在的时候。

尽管大学里一般都是自由主义知识分子占据优势地位，但公众对于保守主义思想家的同情，仍然要多于对自由主义思想家的同情。在对外事务上，大约在1950年，美国和英国都反对“武装学说”。在对内政策方面，大社会的威胁、托克维尔那种“民主式专制主义”的威胁，进入了公众的意识当中。除了意识形态和盲目的中央集权，还有别的选择么？很多有文化的公众，以各种不同的方式提出了这个问题。这些保守主义思维的学者，如果拥有想象力，并能不错地进行书面表达的话，就会发现他们的基础已经打牢了。在美国，民意调查
480 显示，有越来越多的公众开始自称为“保守主义者”，无论一般人用这个词意指什么。随着保守主义观念的复兴取得进展，这些人的比例还在稳步上升。在我写这本书的时候，根据民意调查，自称“保守主义”的人构成了美国人口中最大的单个群体——实际上，如果再加上那些自称为“温和派”或“中间路线”的人，那么，美国公众当中有四分之三的人自称反对自由主义和激进主义。

让那些在很多有学识的团体当中长期占主导地位的人大为惊讶的是，在很多社会理论当中，保守主义的气息越来越明显。保守主义的社会科学家认为，他们的学说努力获得社会一致性和某种程度的稳定，因而会获得比人类曾经有过的改善主义阶段更大的成就。

他们宣称，人文科学领域的学者完全可以声称自己关心真正的（地方性的和自发性的）共同体，而不是为平等主义的集体主义清理路障。合并和中央集权的力量如今压制了一小部分，但它会复活。如果它消亡了，整个社会也就会变得沉闷和冷漠。

他们完全可以致力于审查那些自愿的、私人性的集会，而不是为中央集权制的国家策划新的行动。他们完全可以在自己的研究当中加入某种道德想象：去研究宗教信仰中更深层的意义，而不是玩破除

"这个种族童年迷信"的老把戏；要抛弃那种贫瘠的、有时不真诚的"无涉价值的科学"观念，并重新肯定道德秩序的存在。

他们完全可以更新关于正义的经典定义，"给每个人自己的份额"，接受多样性和多样化成为一个可容忍的社会的目标，而不是让生活标准化；要接受秩序和阶级所具有的德性，要鼓励发展有才能的领袖，而不是为普遍性平庸大唱赞歌。

481 人文科学领域的学者还完全可以谈论永恒，以反对原则上的变革。因为人类对延续性的追求，存在于他最深层的冲动当中；而这种渴望在 20 世纪时常受挫。如果说，18 世纪所需要的是解放，那么，20 世纪所需要的就是根基。当政治家和公众受这些学说的影响，能够理解共同体、意志的起源、社会伦理、对多样性的喜爱、文化和地区对根基的需要，那么，就有可能巧妙地应对这个时代的混乱，并给出巧妙的解决办法：人文科学领域的保守主义思想家就是这样推理的。但如果人文科学领域中那些形成观点的人，并没有给出比后来的人道主义的空洞假设，以及大众福利制度的单薄方案更好的策略，那么，为什么这个时代必须要等待诸神的回归呢？

从 1950 年开始，在这种革新后的社会科学领域，出版了大量著作，内容涉及历史、社会学、政治理论、经济学、心理学，甚至是纯粹哲学（如果它在这里可以被归类为人文科学的话）。为了近距离地考察，我们这里仅限于考察一本早期的这类研究著作，它至今仍然是一等的，那就是罗伯特·尼斯贝特于 1953 年出版的《追寻共同体》（在第二版改名为《共同体与权力》）。

尼斯贝特博士希望恢复“共同体”“自由主义”“个体性”以及“民主”等术语的真正含义。他要拯救共同体的概念和现实，要将社会学的思考从对边沁主义信条和方法的迷恋中解救出来。他的开场白坦率而自信：

> 人们可以将马克思的名言改写为：一个幽灵，不安定的幽灵在现代心灵中徘徊。有关人和社会的当代思想的突出特征，当然就是考虑人的异化和文化解体。19 世纪西欧保守主义者的恐惧，表现为反对不断激增的个人主义、世俗主义和社会混乱这样的背景，后来在很大程度上变成了对当代社
> 482 会中学者的洞见和假设。这种越来越宽泛的对不安全和解体的关注，伴随着一种深刻的，对身份、资格和共同体之价值的关注。[1]

在《追寻共同体》一书中，托克维尔显得非常突出，就像他在约翰·A. 卢卡奇的书中一样。卢卡奇是一位哲学历史学家，他的研究部分地与尼斯贝特的社会学研究非常相似。托克维尔害怕民主式专制，关心地方性的自由、集会和个体；他警示人们注意物质扩张和合并具有腐蚀性，而这正是尼斯贝特在他分析真正共同体的本质时，所关心的两个主要话题：

---

[1] Robert A. Nisbet, *The Quest for Community* (title of second edition, *Community and Power*), pp. 3, 25, 31, 37, 187, 245, 278 – 279.

> 保守主义者坚持认为，家庭、宗教协会以及地方性共同体，都不能被看作是人类思想和行为之外的产物；它们在本质上是先于个体的，并且是信仰和行为所不可或缺的支撑。如果将人从共同体的背景中抽离出来，那么，你所得到的就不是自由和权利，而只有无法忍受的孤独，并顺从于恶魔的恐吓和激情。柏克曾经在一段著名的话中写道：社会是死去的人、活着的人以及尚未出生的人之间的一种合作关系。切断社会和传统的根基，其结果必定是不可避免地使一代人与它的传承相脱离，使个体与同胞相脱离，并制造出杂乱无序的、缺乏个性的人民大众。

尼斯贝特推理说，我们这个时代最重大的道德问题，就是共同体的丧失和恢复。我们不顾一切地渴望我们的存在具有延续性和方向感，但由于家族衰落、行业协会被清除、地方性精神在中央全能政府面前的退缩以及宗教信仰被遗弃的状况，这些对我们大部分人来说都被否定了。革命性摧毁传统社会最显眼的后果——也是大众工业主义的后果——就是，产生了“孤独的人群”：一群没有真正共同体的个
483 体，意识到自己对任何人都不重要，并常常相信别的也都不重要。对制度性宗教、老派经济学方法、家庭权威、小政治共同体的攻击，让个体几乎真的从任何事物中解放了出来。然而，这种自由是可怕的，就像是一个被父母抛弃的婴儿，可以随意做任何事情。为了反抗这些消极自由，当前那些感到困惑的、心怀憎恨的公众，会倾向于任何能够缓解他们孤独感的狂热主义——法西斯、异议分子的那些疯狂的意

见，以及带着欺骗性质的全能政府。

> 个人越来越希望从非人格化的、世俗主义和个人主义的自由当中解脱出来。他们在婚姻中寻求共同体，因此经常会给那种在体制上已经非常脆弱的关系，增加无法忍受的压力。他们在安逸的宗教里寻求共同体，这经常会导致基督教世俗化成我们从来没有见过的那个样子。他们还会在心理医生的办公室、在异端邪说中、在没用的将历史仪式化的过程中，以及在所有其他缓解精神疲劳的业余爱好当中，寻求共同体。

诱导大众支持极权主义党派的并不是贫困，而是他们对确定性和资格的渴望。有没有一日三餐、有没有工作，都不是决定性的因素；决定性的是整个参照系统。“如果出于某种原因，与个体直接相关的社会似乎变得遥远，毫无目的，充满恶意；如果一个民族开始感到自己受到歧视和排外，那么，世上所有的美食和工作，都不会阻止他们寻求解脱，这种解脱来自于社会和道德秩序的资格，似乎直指他们的灵魂。”

一旦制度被剥夺了功能，那就会衰落。因此，家族在我们眼前瓦
484 解。这并不是因为“性生活不和谐”“家庭关系紧张”等某些社会学家惯用的术语，而是因为家庭被剥夺了古老的经济上和教育上的优势。贵族制、地方性政府、行业协会、教会以及其他联结人们的各种机构，也都是如此。新的志愿协会是不是能在很大程度上有助于提供各种制度所养成的共同体感，这令人怀疑。因此，那些曾经希望借助

于边沁主义的算计就能够轻易安排各种事务的社会计划者，“会经常发现自己不仅仅是在处理上层决定（他们的前辈认为这是计划社会唯一的要求），还要经常应对那些深入到人类个性深处的问题。”

所有的历史，尤其是现代史，在某种意义上就是记录共同体的衰落以及这种丧失所带来的毁灭性后果。在这个过程中，现代国家的获胜，是最强有力的因素。“对西方社会组织最具决定性影响的，就是中央集权制领土国家的兴起和发展。”我们有各种理由将历史中的国家看作是“一个永久的革命过程”，就像基尔克用一个术语来描述卢梭的公意学说那样。民族国家对每一种制约其权力的制度都抱有敌意，因而自中世纪秩序衰落以来，它就致力于一片片地剥落真正共同体（如贵族制、教会、行业协会、家族、地方性集会）所具有的各种功能和特权。国家所要追求的是一种平台，在这个平台上，众多个体团结在一起，以匿名的方式为了维护国家而劳作。普遍兵役和“劳动力流动”以及集中营，都只不过是这种体制的近代发展而已。梅特兰所发现的“现代历史的粉碎化和简易平铺化趋势”，经过了“政治国家和社会协会（它位于国家和个人的中间）之间那些重大的
485 司法冲突”。我们在希腊和罗马的历史当中，也可以追溯到同样的过程；长远来看，随之而来的是社会倦怠和政治消亡。多样性、对比性、竞争性、集体自豪感以及同情心等都是人类最具男子气概的特征，这些天赋由于现代全能国家的支配地位而受到威胁，它们为了自身的安全决心要夷平传统社会的堡垒。

从历史对现在影响当中摆脱出来，是那些迷恋浪漫主义解放和“人民意志”的人的目标。但由于那些无视历史的人注定要重蹈覆

辙，因此，这种摆脱训诫的期望，在 20 世纪变成了一种暴政，它比半个欧洲，乃至世界其他大部分地区已知的任何一个古老的专制制度都更加彻底，更加不可避免，更别说旧制度了。“永久革命”意味着永久性的不安和不正义。

尼斯贝特说，19 世纪发生了很多事情，但最重要的是，在这个世纪，由于新工业主义以及习俗和共同体的衰败，而出现了政治民众。“在国家和民众之间形成了一种纽带和亲密关系；无论我们怎么表达——是民族主义、一元论民主，还是马克思主义的社会主义——都使政治共同体成为最耀眼的想象。在这里，人们能从经济上的困苦和压迫当中获救；这里有一种新的自由、平等、博爱；这里有正当与
486 正义；还有共同体。”

因此，整个社会、全能国家，在新的焦躁不安的民众当中，发现了获胜的工具。这种全能国家意味着要有摧毁所有对手的力量，要使所有的人类关系都服从于自己的权威。各个全能国家的口号会有所不同，会每年都不一样；这并不重要，因为口号不过是一种托词，不过是用来号召团结公众以反对少数人和令人尊敬的团体而已。“它可以既是激进的平等，也是不平等；既神圣虔诚又是无神论的；既是工人又是资本；既是基督教弟兄又是辛劳的大众。”然而，现代全能主义的所有形式，都不是建设性的，而是破坏性的。纳粹党和法西斯是摧毁性的工具，那些歇斯底里的、孤独的民众疯狂地支持他们，使它们成为可能。尽管这些意识形态可能不时地用“家庭”“传统”这样的词语来伪装自己，但这不过是假冒而已：它们的本质和目标是反动的。极权主义并不像人们有时荒谬地认为的那样，是 19 世纪保守主

义的直接产物，实际上恰恰相反。极权主义的秩序用武力和恐惧摧毁了少数民族，但用谄媚和贿赂维持住了民众的支持。现代全能国家从来都不是不受欢迎的产物。

由于全能国家是在民众当中毫无根基地发展起来的，因而它憎恨历史知识，并试图加以清除。“历史感对于维持自由而言，要比期望未来更加根本……因此极权政府坚持不懈地要摧毁记忆，因此有了那些巧妙的、废除社会忠诚的方法，正是在这种忠诚当中个体记忆得以强大并具有抵抗力。”

往日自由主义的领袖认为，人是自足的。但这种设想是靠不住的，因为人无法脱离共同体而存在。个人主义和人民主权论是自由主义者的两大目标，它们都被公众和全能政府压倒了。然而，从来都不
487 曾抛弃共同体观念的保守主义者，仍然保持着活力，而且在他们当中还存有抑制政治极权主义的希望。“无论存在主义具有什么样的基础性理论意义，它在当前颇为流行，尤其是在西欧，这更加印证了道德原子论和唯我论对于那些被剥夺了继承权和异化了的人而言，具有怎样火焰般的吸引力。当人道主义的自由主义的各种观念，甚至都被知识分子打入堆满了资本主义和民族主义骸骨的停尸房时，他的解放完成了。他现在是自由的——处于自己孤独的悲苦当中。”卢梭和他的追随者曾经努力强迫人们获得自由。在这个世界的大部分地方，他们胜利了，人从家庭、教会、城镇、阶级、行业协会当中解脱了；然而，他们却戴上了国家的枷锁，在无聊和孤寂中死去：

如果假设说，19 世纪个人主义的那些花言巧语，能够

> 抵消当前那种朝向绝对政治共同体的趋势，那是非常荒谬的。异化、挫败、孤独感——如我们所见，这些是当前西方社会的主要心态。此时人的形象与密尔那个时期人的形象截然不同。如果向那些当前最急迫的问题来自于道德和社会解放的人，高举个人释放和解放所宣称的魔力，那是非常荒唐的。这样做不过是让大审判官的工作更加容易一些。这是对极权主义预言的呼吁——要将原子式个人构成的民众，从无法忍受的个人主义当中‘解救’出来。

不过，我们这个时代迫切需要真正的个性，需要真正的民主——不是杜尔哥和卢梭的那种一元论民主，而是意味着公民真正参与公共事务的那种民主；还需要自由——尽管不是上个世纪那个教条的“自由主义”。所有的这些都是极权的障碍。真正的个性、民主和自由精神，如何才能够成功地对抗利维坦呢？首先，要根据“意志自由”这个原则来行为。“这是不可避免的历史进程”这个设想所产生
488 的影响，比任何事物都更加促进了全能国家的发展。马克思的预言，与诺克斯的预言一样，也是按照自己的应验实现的。如果渐进主义必然性的信念在人们的脑海中流行得更久一些，“那么，从自由主义民主向极权主义的过渡就不会显得那么艰难和让人不愉快。除非有‘空想者’‘反动者’以及类似的古怪的人，否则几乎没有人注意到这一点。”

然而，中央集权和政治集体主义，并不是不可抗拒的命令，尽管如此，它仍然是知识分子中时髦的舆论潮流。时髦的知识分子在这种

设想中是彻彻底底地错了，因为它几乎在所有的事情上都错了。人是理性的存在，不完全是环境的产物。他们仍然有能力阻止这种极权主义的邪恶，这种邪恶只会成为绝望的颓废社会的必需品。

尼斯贝特继续说道，为了制约中央集权和防止夺权，我们需要一种新的放任主义。旧的放任主义基于一种对人性的错误理解，基于高度赞扬个体性（它在个人品质中经常是一种德性）对于政治信条而言所具有的重要性，这摧毁了共同体精神并将人贬低为诸多势均力敌的、具有人性的原子，没有同胞感和目的感。这种旧的放任主义，一旦遇到大众的暴力和错综复杂的集体主义机器，必定会坍塌，因为它背后没有共同的力量；个人毫无防御地站在政委面前。然而，我们的新放任主义，“会坚守自由意志的目的和自由选择”。它并不是从抽象的经济人或公民开始，而是从“人的个性开始，我们是在各种联合中真实地获得了这些个性”。新放任主义会努力去创造一些能够让“自治团体”获得发展的条件。它会将团体、家庭、地方性共同体、工会、教会、大学、行业看作是社会基本单元；它不会寻求统一、集
489 中以及超越人民大众的权力，而只会寻求文化多样性、协会的多元性以及责任的划分。它拒绝全能国家的错误，重新建立一种国家；就像柏克所说的那样，上帝在这个国家中设定了人应当追求他作为人的完满性。在这样的国家，伦理的至上性得到认可，真正的、存在于共同体之中的人的自由，会得到令人艳羡的保障。

在过去的20年当中，很多学者都以不同的方式表达出了尼斯贝特所写的。我们应当期待并欢迎这些不一样的表述：因为保守主义并不是一种意识形态，而是一种看待人类本性和社会的模式。事实上，

学者没有必要自称为“保守主义者”，来实质性地分享这种对工具的理解，以恢复人和共同体当中的秩序。仅仅提及近几十年与“人文科学”相关的美国作家的名字，都会使这一章的篇幅过长。不过，这些学者松散地联系在一起，肯定永恒事物、反对一种急切的意识形态的要求。他们当中有很多人，如历史学家、经济学家、政治理论家、社会学家，写得都很好，在学术界占据高位。长远来看，不难想象，他们对于新一代的记者、出版商、神职人员、教师、公共人物以及其他塑造大众意见的人，会产生极大的影响。没有新的激进的信仰学说与之相抗衡。然而，保守主义学者遭到了美国和英国民主在理论上的漠视——遭到这样一些人的抵制，他们模糊地意识到，他们所熟悉的秩序必须要加以更新，否则就必定消亡。如今的保守主义者要害怕的，不是在理论上被打败，而是否极泰来，那就是：在他们的论证能够影响群众的思想和行动之前，现代文明整个道德和社会的结构崩
490 溃了。他们知道，这可能是“坍塌前的最后一刻”。

这些学者并没有被那些意欲实现自己梦想的意识形态预言所触动。这些学者当中，会不断爆发出欢乐。保守主义的制度史学家罗兰德·伯特霍夫为他们作辩护，他肯定地说，尽管美国生活较为混乱，尽管共同体被忽视，但仍然有很多应当保存和更新的东西：

> 幸运的是，美国社会在其最初的360年里所走过的怪圈，让人们越来越感觉到，我们不能通过斩断个人与各种制度和结构之间的联系，而建立一个好的社会。往好了说，他得投入过多的精力和注意力，以维持这个社会运转……往坏

了说，被分离开来的个体，变得胆怯，充满怨恨，无法超越物质上的成功而看到更高的生活价值。对更高自由的追求——释放自己的能量和才能，以获得文化和精神上的自我实现——显然支撑着更稳定的、站得住脚的社会结构，它像对新经济制度进行制约一样必不可少。直到20世纪60年代后期，美国人可能比以往任何一个时候，至少是一个半世纪以来，都更加严密地给个体保证了一种积极的、多方面的自由。多年以来，如果他们一直渴望一个伟大的社会，这样他们能够在改革和秩序、经济流动性与社会稳定性之间维持一种合理的平衡，那么他们就可能带来自由的新生，在山顶上建造城市，给所有人类指引方向，会使长期受到困扰的美国梦获得新生。[1]

学者并没有对知识分子让步。如今他们的学识与武装起来的诗歌形成了联盟。

四、 作为诗人的保守主义者

我亲爱的，为什么要抛弃信仰呢
难道仅仅是因为它不再真实了？

---

[1] Rowland Berthoff, *An Unsettled People: Social Order and Disorder in American History*, pp. 478 – 479.

我们坚持了太久，从未疑惑
它会再次变得真实，因它就是这样。
我们在生活中所见的大多数变革
都是由于真理得到或失去了尊重。
491 当我坐在这里的时候，我时常希望
自己是一片荒漠的君主
希望自己可以永远献身于真理
我们在这些真理当中来回穿梭。

——罗伯特·弗罗斯特，“黑色小屋”

社会的复兴不能完全是一种政治事业。在丧失了奉献精神之后，现代民众已经不再期待任何比他们现在所拥有的更好的事物，只求更多。但丁说，天谴是一种糟糕的被剥夺了希望的单一状态——或者是像克里斯特在《约克迷云》中所说的：

你们这些被诅咒的胆小鬼，从我那里逃离，
居住在地狱里，毫无目的。
在这里，你们只能看到悲苦
围坐在恶魔的身边

如何让孤独的人重新恢复一种活生生的信念，如何提醒人们生活是有目的的——这是20世纪的保守主义者所面临的难题。除了信仰的安慰，可能还有其他三种充满激情的人类利害关系，会促动普通人履行义务，或给他们理由相信生活是值得过的，那就是：他们自己的灵魂在孩子的生命和幸福当中是永在的；由积累财富和遗赠财富而获得的那种真实的满足感；以及这样一种能够安慰人的确信，即延续性比变革更加可能——换言之，人们相信，他们在自然秩序和道德秩序当中所能期望的，比夏日蝇虫所能期望的要多得多。现代特征变得越来越残忍——先是在资本主义那里，后来是在国家社会主义那里——已经忽视了对人性的渴望。挫败感扭曲了社会面貌，也毁坏了个体的特性。当今现代社会的行为，体现了极端可怕的挫败所具有的特征。

492 “我认为要是使一个小男孩适应现代世界，是很恶毒的。”伊芙林·沃的小说《斯考特－金眼中的现代欧洲》当中的大文豪斯考特－金这样说道。实证主义的计划者心里所想的是，要调整自己或他人来适应事物的状况或当前的社会风尚；这是一种可怕的沉闷无聊。社会沉闷一旦占据优势，文明就会即刻灭亡。因此，保守主义者试图超越人道主义社会学。

很多保守主义者没有转向统计学家，而是转向了诗人，以获得洞见。如果说，20 世纪有一位非常重要的保守主义思想家，那就是 T. S. 艾略特，他所处的是人文主义文学的时代。艾略特的整个努力就是要指出一条走出荒芜之地的道路，达到心灵和社会的秩序。

“保守主义经常保守了错误的东西，”艾略特在《基督教社会的思想》一书当中写道，“自由主义使规训松散，而革命则否认了永恒事物。”艾略特的保守主义，并不是咆哮着“我要休息——我要睡在宝藏中”的巨龙法夫尼尔的那种心态。

在艾略特的心里，英国和美国保守主义者的体验会合在一起，因为他既在哈佛听过欧文·白璧德的课，也基本上大半辈子都是在伦敦度过的。他是一位非常和蔼可亲的人，不太情愿地被卷入政治争论当中；然而一旦进入斗争，他就会拿出十分的勇气。

在《基督教社会的思想》（1939）和《有关文化定义的笔记》（1948）这两本当时最具影响力的诗集和评论当中，这位毫不留情的、现代文化之荒原的旁观者，拿起那曾经滋养了文明的信仰和习俗作为防御，苦涩地意识到，我们正在“摧毁古老的大殿，为未来那帮野蛮的流浪汉夯实基础，他们将在这里扎下机械化的阵营”。这种威胁迫在眉睫，因为我们的机械化文明，已经使人民大众适应了“社会是一架机器”的观念。“无限工业主义的趋势，就是使（所有阶级的）人，都与传统分开，远离传统，并容易受大众意见影响。换言之，就是使他们变成乌合之众。而乌合之众即便吃得好，穿得
493 好，住得好，被管得好，也仍然还是乌合之众。”[1]

艾略特并不是直接民主的朋友，他相信阶级和秩序；正是由于这个原因，他不信任新的精英，这些精英是从这种精神上极度贫瘠的乌合之众当中选出来的。他们在统一的国立学校接受了世俗集体主义的新教条，非常傲慢地对待那些不受传统、敬畏以及家庭荣誉的约束而进行统治的人。这样的精英必定不过是一群做行政事务的人，他们无法像老贵族那样成为文化的守卫者。“这些精英最终只会是这样一些个体：他们唯一共同的纽带就是职业礼仪；没有社会凝聚力和延续

[1] Eliot, *The Idea of a Christian Society*, p. 21.

性。他们只会部分地（个性当中最清醒的部分）联合起来；他们会像理事会那样相见。更大的‘文化’部分，就只会是他们与本民族其他成员共享的部分。”❶

在这种枯燥的、官僚作风主导的社会当中，我们很难想象会有高尚的文明。尽管在本世纪遭受了重创，我们能否拯救仍然存活的文明？“我们必须进一步考虑，文化的这些条件在多大程度上，或者在特定时间特定状况下，能够与所有直接相关的、紧急状况所急需的相兼容。避免一种普遍化的计划是一回事；弄清楚可计划的界限，则是另一回事。”❷

在这样的章节中，艾略特深入到了问题的核心。他很早就自称是一名忠诚者，而不是保守主义者。他在这里所考虑的是，要将托利党和那些缺乏想象力的各个派别的融合区分开来，而这种融合在两次世界大战之间构成了英国的保守党。尽管如此，艾略特在政治原则方面是足够保守的——或像他自己所说的，反对政治变革。这一点在1956年他在保守主义政治中心所发表的关于“政治文学”的演讲中，表达得非常清楚。20世纪这位著名诗人——他有理由将自己与维吉尔和但丁归为一类——举世瞩目地维护文化和公民社会秩序当中的各
494 种规范，这并非偶然。

艾略特坦言，他自己综合了“天主教的精神气质、加尔文主义的遗产以及清教徒的性情”。如今，但丁和弥尔顿有了共同的理由反

---

❶Eliot, *Notes towards the Definition of Culture*, p. 47.
❷*Ibid.*, p. 109.

对一些人倡导 C. S. 刘易斯所说的“人类的毁灭”。艾略特早年之所以受欢迎可能是由于人们可笑地误解了他的意图，尤其是那些没有根基的、没有目标的人，感觉艾略特是在为现代社会的徒劳和愚蠢辩护，只有哀鸣没有重击——是英美某种仪式化的虚无主义。

尽管艾略特的作用在于保存和修复——像是荒漠之地一位充满忧郁的地形学者，但他真正的贡献是，引导人们恢复个人希望和公众诚信。艾略特披露了那个空心人，饱受没有原则的生活的折磨；他像类似时期的维吉尔一样，指明了回归永恒事物的道路。他在《朗伯斯后的沉思》（1931）一文中说：“当我写下《荒原》这首诗时，有些更加赞成性的批评说我表达出了‘一代人的幻灭’，这是胡说。我可能表达出了他们的幻灭，但这并不是我的本意。”

维护永恒事物的努力并没有停止。正如艾略特在论弗朗西斯·赫伯特·布拉德利的论文中所写的：“如果我们最宽泛且明智地看待事业的话，那么就会明白，没有所谓的丧失的事业，因为并没有得到的事业。我们之所以为丧失的事业而奋斗，是因为我们的失败和气馁，是后来者胜利的序言，尽管这种胜利本身也是暂时的；相反，我们不是在努力使某些事物存活，而是在期望它会获得胜利。”在每一个阶段，总有一些人会试着推翻永恒事物，另一些人则会勇敢地站出来加以维护。

除了政治家，伟大的诗人也会撼动一个民族，即便大多数人可能都不知道这个诗人的名字。当这个世纪的重要诗人和批评家都着手要“救赎时代：使信仰能够度过眼前的黑暗仍然存活；要复兴和重建文

495 明；并拯救这个世界免于自我消亡”，那么可以想象，他们可能会打败马克思和弗洛伊德，更别说首领和国王了。像他那个时期的很多人一样，艾略特预见到了秩序的损坏，并努力防止它被全部毁灭。在《岩石》（1934）剧本上演时，他的合唱团吟诵出了这种警告：

住在警察局旁边的人，
很难相信暴力会获胜。
你认为信仰征服了全世界、
狮子不再需要监护人了吗？

在《岩石》首演几个月之后，阿道夫·希特勒成为德国独裁者。艾略特知道，直到最后，狮子都需要监护者，信仰会找到殉道者。艾略特的所有作品当中，都体现了一种灵魂共同体的观念：爱的纽带和责任，将所有活着的人、那些故去的人以及那些即将到来的人，绑定到一起。这种觉察要比这个世纪的意识形态教条，存活得更久。

一直以来，好诗的一个首要目的就是重新解释和辩护人类的各种规范。一般而言，诗人知道，我们并不是昨天出生的。当然有些诗人比较激进，比如独特的愤世嫉俗的雪莱。不过，“浪漫主义的”和“无产阶级的”诗性分歧，并没有长时间主导文学领域。在浪漫主义革命性热情达到顶点之后，雪莱得到了科尔里奇、沃兹沃斯、索西、斯科特等人的回应；然而即便拜伦也认为雪莱的那些第一原则是荒谬的。欧洲文学从一开始到这个世纪，严肃题材的诗歌的经久不衰的主题，都是与秩序和永恒相关。在几十年的抗议和否定之后，20 世纪的诗歌回过头来肯定延续性和持续性的真理。

约翰·贝杰曼的《诗集》（1959）获得了自《哈罗德游记》和《国王之歌》之后少有的追捧。贝杰曼有着托利党人的机智，他是古老事物的爱好者、建筑师和保护主义的拥护者；他拥护那种被称为“保守主义的享乐”，拥护代与代之间的联结所带来的满足。在“策
496 划者的视野中”，贝杰曼比任何一个诡辩家都更加厉害，他唤起我们注意到，未来那个可能的、没有精神追求的庸人专制以及平等主义的、完全计划的社会，所可能具有的危害：

> 朋友，我看到了未来，
> 工人们的住所，在大豆地里，
> 像银色铅笔一样高高耸立，层层叠加：
> 无数人听到挑战之声从公共食堂的大喇叭中传出来
> “没有对错！一切都很完美，永远如此！”

贝杰曼只有这一首诗直截了当地是政治的。保守主义者无须是一个实际的政客；对此，保守主义诗人可以不用自称是保守主义者，甚至不知道自己最初的那些假设，与西塞罗或柏克的有着共同之处。后来有一些时候，具有保守主义倾向的诗人，转而开始写一些有关当时争论的诗句，比如坎宁、弗雷尔以及其他一些反雅各宾派评论圈的成员。不过，通常来说，这并不是他们长久的工作。他们的保守主义热情，很少会产生如此难忘的、像奥斯伯特·西特韦尔爵士所写的《人民为帝》那样带着阴郁华丽的序诗的长篇政治题材的诗歌。

诗人经常不会在对待严肃的、生存性的问题时，而常常会在有关灵魂、正义和秩序的假设当中，表露自己观点的政治背景。因此，早在“保守主义者”成为一个政治学名词之前，诗性的“保守主义者”就已经出现了。诗人贝杰曼不仅仅维护当时的既定制度，也忠诚于各种规范，但不忠诚于派系。因此，他与本·琼森一起，鞭笞那个时代的愚蠢。每个时代都是不协调的，在这个意义上，人和社会从来都不是他们应该的样子；诗人贝杰曼感到自己生来就是要矫正这个时代，只不过并不是通过带领军队去某个新耶路撒冷，而是将自己的艺术凝聚到永恒的事物当中。即便是好的诗人也经常被看作是激进的，比如威廉姆·莫里斯，他们经常并不是在寻求一个勇敢的新世界，而是寻
497 求恢复曾经的世界，并重新来过。

荷马，“那个能看见的盲人”，像埃里克·沃格林在他的《城邦世界》一书中所指出的，极为蔑视野蛮且不正义的“英雄时代”。他可能从一种更早、更好的文化当中存活了下来，诉诸诸神来评价这个败坏的时代。索福克勒斯，忠于曾经被诡辩术毁坏的规范性真理，规劝雅典人要服从于那比人间法令更高的神圣指令。维吉尔，在内战爆发一代人之后寻求恢复文明；他将高贵的古罗马德性和赋予生命的罗马虔诚，当作是自己的主题。但丁，眼看着中世纪的秩序被无知、自私、罪恶所毁坏，他在自己的想象中描述了两种对立的、有序和混乱的领域。

规范性和伦理性的信念，在英国文学中所占据的主导地位，比任何其他文学都要更强；保守主义的意见几乎无须提及。弥尔顿对于有序自由的强调、德赖登的政治学对柏克的期望、斯威夫特和波普的托

利党原则、授予与服从的学说，在约翰逊那里都非常重要；科尔里奇那种保守主义的基督教人文主义、叶芝对传统和延续性的强烈依恋等，都是这样的例证。然而，我们这里并不能历史性地考察，各位诗人对塞缪尔·约翰逊在《艾琳》当中所说的“革新欲望”的批评。但已经足以看出，20 世纪英国和美国那些最具影响力的诗人，都是永恒事物的保护者。

罗伯特·弗罗斯特大概表达出一些温和的、有关“保守主义者”一词的保留意见；但他自己的政治保守主义是无法否认的。某些激进的批评者喜欢引用弗罗斯特早年的评论说：他在年轻的时候不会是一个激进主义者，因为他害怕自己晚年会变成保守主义者。无论如何，弗罗斯特从来没有与激进主义暧昧不清；他晚年的保守主义特征，体现在《诗集》的序言“一首诗所创作的人物”当中。他在这里写道：“我们喋喋不休地谈论着自由；我们说学校是自由的，因为我们在 16 岁之前都不能自由地远离学校。我已经放弃了自己的民主式偏见，如
498 今愿意放开底层阶级，让他们完全由上层阶级来接管。政治自由于我而言什么都不是。我把它左右摆放……如果激进主义是新颖的，那我会不止一次把自己灵魂交给它，它被年轻的皈依者误解了。”

弗罗斯特对于那些创造新词者和教条主义的改革者，毫无同情。在《杰斐逊案》中，哈里森是弗洛伊德主义者和马克思主义者，尽管他是纯正的美国人出身：

> 他喜欢礼拜六的猪肉和大豆。
>
> 但他的思想几乎摆脱不了痛苦。

爱国对他来说意味着
把它全部击碎，
重新再造。

弗罗斯特之所以会广受欢迎，除了他极具天赋之外，还因为他亲近旧时的美国，亲近人性的观点和更为古老的艺术。他的力量从传统而来。

吉卜林这位托利党诗人，曾经预言那些带着火灾和屠杀的神灵会回来；如今他们再次来到了我们中间，越来越愤怒地猛击重打。遭到惩罚的一代人寻求秩序的原则。夜幕降临，严肃的劝告得到了聆听。正如切斯特顿在《白马之歌》当中所写的：

智者们知道，
天空上写下的是什么样的邪恶事物，
他们整理好悲伤的路灯，
抚摸悲伤的琴弦，
耳中听到沉重的紫色羽翼的声音，
被遗忘的六翼天使王者，
仍然在这里密谋如何让上帝死亡。

不过，像切斯特顿这样的正统学说的维护者，也是在黑暗中感到快乐。遭到惩罚的一代，既不能变为浪漫主义的自由主义的狂热者，也不能成为怒目而视的无产阶级的诗人，更不能成为吟诗作词的虚无

主义者。相反，他们必须寻求维护常态的诗人，尽管这样的诗人在一
499 段时间内被乌云遮蔽。正如吉卜林在《寓言家》（写于充满各种麻烦的第一次世界大战期间）中，表达出的这一点：

绝望的笨蛋，
每天都吃力地对付我们都有的困惑；
勤劳的斯洛斯要消灭自由，
各种恐惧都要葬送荣誉，
甚至是坠落前的那一刻，
除非人喜欢自己根本不被垂听。

寻求永恒的诗人，又开始高兴了。我们甚至可以想象，法夫纳的保守主义者都可能聆听他们。如果这要兴起的话，那么我们可以从安伯罗丝·比尔斯的《魔鬼词典》对“保守主义者”所做的定义当中，找到某种刺痛感：“保守主义者，名词，指迷恋现有罪恶的政治家，与自由主义者截然不同，后者希望用其他人来替代他们。”

当前，自由主义与新集体主义处于劣势，大部分得不到公众的支持。不过，有一种新的秩序正在努力上升：那就是《特洛伊勒与克莱西达》中所描述的那种来自于贵族暴政的秩序：

力量应当能成为愚蠢之主，
粗鲁的儿子应当打死父亲：
武力是正当的；

或者，

正是在这无止境的对错之间，正义才得以存在

如果没有了对错，正义也不复存在。

万事万物都是权力的一部分，

权力进入意志，意志进入欲望。

除了思想，没有什么能够使它成为这样。如果人们能够接受诗人的召唤，那么，文化和政治规范都会在荒唐的时代存活下来。个体是愚蠢的，但群体是明智的。因此，一直在思索的保守主义者，诉诸切斯特顿所说的“死者的民主”。具有想象力的保守主义者，反对残酷
500 无情的改革者的狂妄自大，他们发出了丘比特的诅咒：

他们要用新欢换旧爱，

上帝保佑他们换得更加糟糕。

参考文献选编

以下是前面各章所提到的书目，外加一些有用的参考文献。注释中引用的柏克著作的版本，来自于波恩权威文库（Bohn's Standard Library，伦敦，1854—1857，九卷本），这个很容易找到。当时柏克的学术性著作只有两卷得以出版（牛津大学出版社），它们分别是：《政党、议会和美国危机》（1766—1774），保罗·兰福德（Paul Langford）编，1981 年，第二卷；《印度：马德拉斯与孟加拉》（1774—1785），P. J. 马歇尔编，1981 年，第五卷。

Acton, John Emerich Edward Dalberg (first Baron Acton). *Lectures on Church and State.* Edited by Douglas Woodruff. London, 1952.

(Acton, Lord). *The Correspondence of Lord Acton and Richard Simpson*, Vol. I. Edited by Josef L. Altholz and Damian McElrath. Cambridge, England, 1971.

Acton, Lord. *Essays in the Liberal Interpretation of History.* Edited by William H. McNeill. Chicago, 1967.

Acton, Lord. *The History of Freedom and Other Essays.* Edited by John Neville Figgis and Reginald Vere Laurence. London, 1907.

Acton, Lord. *Lectures on the French Revolution.* Edited by Figgis and Laurence. London, 1916.

Acton, Lord. *Lectures on Modern History.* Edited by Figgis and Laurence. London, 1950.

(Acton, Lord). *Letters of Lord Acton to Mary Gladstone.* Edited by Herbert Paul. London, 1904.

Adams, Brooks. *America's Economic Supremacy.* Edited by Marquis Childs. New York, 1947.

Adams, Brooks, *The Law of Civilization and Decay.* Introduction by Charles

A. Beard. New York, 1943.
Adams, Brooks. *The New Empire*. New York, 1903.
Adams, Brooks. *The Theory of Social Revolutions*. New York, 1913.
Adams, Brooks and Henry. *The Degradation of the Democratic Dogma*. New York, 1920.
Adams, Henry. *The Education of Henry Adams*. Boston, 1918.
(Adams, Henry). *Henry Adams and His Friends: a Collection of His Unpublished Letters*. Edited by H. D. Cater. Boston, 1947.
Adams, Henry. *History of the United States during the Administrations of Jefferson and Madison*. 9 vols. New York, 1890 – 1998.
Adams, Henry. *John Randolph*. Boston, 1895.
(Adams, Henry). *Letters of Henry Adams*. Edited by W. C. Ford. 2 vols. Boston and New York, 1930 and 1938.
Adams, Henry. *The Life of Albert Gallatin*. Philadelphia, 1880.
Adams, Henry. *Mont-Saint-Michel and Chartres*. Boston, 1933.
(Adams, John). *Correspondence of John Adams and Thomas Jefferson*. Edited by Paul Wilstach. Indianapolis, 1925.
(Adams, John). *Diary and Correspondence of John Adams*. Edited by L. H. Butterfield. 4 vols. Cambridge, Mass., 1961.
(Adams, John). *Statesman and Friend: Correspondence of John Adams with Benjamin Waterhouse*. Edited by W. C. Ford. Boston, 1927.
Adams, John. *Works*. Edited by Charles Francis Adams. 10 vols. Boston, 1851.
(Adams, John Quincy). *Memoirs of John Quincy Adams*. Edited by C. F. Adams. 12 vols. Philadelphia, 1874 – 1877.
Adams, John Quincy. *Parties in the United States*. New edition. New York, 1941.
(Adams, John Quincy). *The Writings of John Quincy Adams*. Edited by W. C. Ford. 7 vols. New York, 1913 – 1917.
Ames, Fisher. *Works*. Boston, 1809. Also there is now available a two-volume new edition of Ames' writings, edited by W. B. Allen (Liberty Classics, Indianapolis, 1983).
Anderson, Theodore. *Brooks Adams, Constructive Conservative*. Ithaca, 1951.
Annan, Noel. *Leslie Stephen: His Thought and Character in Relation to His Time*. London, 1951.
Arendt, Hannah. *The Origins of Totalitarianism*. Second edition, Cleveland, 1958.
Arnold, Matthew. *Essays in Criticism*. Third edition, London, 1875.
Babbitt, Irving. *Democracy and Leadership*. Boston, 1924.
Babbitt, Irving. *Literature and the American College*. Boston, 1908.
Babbitt, Irving. *The Masters of Modern French Criticism*. Boston, 1912.
Babbitt, Irving. *The New Laokoon*. Boston, 1910.
Babbitt, Irving. *On Being Creative*. Boston, 1932.
Babbitt, Irving. *Rousseau and Romanticism*. Boston, 1919.
Babbitt, Irving. *Spanish Character, and Other Essays*. Boston, 1940.
(Bagehot, Walter). *The Works and Life of Walter Bagehot*. Edited by Mrs. Russell Barrington. 10 vols. London, 1915.
Bagot, Josceline (ed.). *George Canning and His Friends*. 2 vols. London, 1909.

Balfour, Arthur James (first Earl of Balfour). *Chapters of Autobiography*. London, 1930.
Balfour, Arthur James. *A Defense of Philosophic Doubt*. Second edition, London, 1920.
Balfour, Arthur James. *Essays Speculative and Political*. London, 1921.
Balfour, Arthur James. *The Foundations of Belief*. Second edition, London, 1895.
Balfour, Arthur James. *Theism and Humanism*. London, 1915.
Balfour, Arthur James. *Theism and Thought: a Study in Familiar Beliefs*. London, 1923.
Bantock, G. H. *Freedom and Authority in Education*. London, 1952.
Bantock, G. H. *T. S. Eliot and Education*. London, 1970.
Barker, Sir Ernest. *Church, State, and Study*. London, 1930.
Barker, Sir Ernest. *Political Thought in England from Spencer to the Present Day*. London, n. d.
Barker, Sir Ernest. *Reflections on Government*. Oxford, 1942.
Becker, Carl L. *The Heavenly City of the Eighteenth-Century Philosophers*. New Haven, 1932.
Bemis, Samuel Flagg. *John Quincy Adams*. 2 vols. New York, 1950 and 1956.
Beringause, Arthur F. *Brooks Adams*. New York, 1955.
Bernhard, Winfred E. A. *Fisher Ames, Federalist and Statesman*. Chapel Hill, 1965.
Berthoff, Rowland. *An Unsettled People: Social Order and Disorder in American History*. New York, 1971.
Beveridge, Albert J. *The Life of John Marshall*. 4 vols. Boston, 1916.
Biggs-Davison, John. *George Wyndham: a Study in Toryism*. London, 1951.
Birch, Nigel. *The Conservative Party*. London, 1949.
Blake, Robert. *Disraeli*. London, 1966.
Boorstin, Daniel. *America and the Image of Europe*. New York, 1960.
Boorstin, Daniel. *The Americans*. 3 vols. New York, 1958, 1965, and 1973.
Boorstin, Daniel. *The Decline of Radicalism: Reflections on America Today*. New York, 1969.
Boorstin, Daniel. *The Genius of American Politics*. Chicago, 1953.
Boorstin, Daniel. *The Image, or What Happened to the American Dream*. New York, 1962.
Boorstin, Daniel. *The Lost World of Thomas Jefferson*. Boston, 1948.
Boulton, James T. *The Language of Politics in the Age of Wilkes and Burke*. London, 1963.
Bredvold, Louis. *The Brave New World of the Enlightenment*. Ann Arbor, 1961.
Bredvold, Louis. *The Intellectual Milieu of john Dryden*. Ann Arbor, 1934.
Brightfield, Myron F. *John Wilson Croker*. Berkeley, 1940.
Brinton, Crane. *English Political Thought in the Nineteenth Century*. Cambridge, Mass., 1949.
Brinton, Crane. *The Political Ideas of the English Romanticists*. New York, 1926.
Brogan, Colm. *The Democrat at the Supper Table*. London, 1946.
Brogan, Denis W. *The Price of Revolution*. London, 1951.
Brownson, Orestes. *Selected Essays*. Edited by Russell Kirk. Chicago, 1955.

Brownson, Orestes. *Works*. 20 vols. Detroit, 1882 to 1887.
Bruce, William Cabell. *John Randolph of Roanoke*. 2 vols. New York, 1922.
Buckle, Henry Thomas. *History of Civilization in England*. 2 vols. London, 1857 and 1861.
(Bulwer Lytton). *Lord Lytton's Pamphlets and Sketches*. London, 1875.
Burke, Edmund. *Correspondence*. Edited by Thomas W. Copeland. 10 vols. Chicago, 1958 to 1970.
Burke, Edmund. *The Speeches of the Right Honourable Edmund Burke*. 4 vols. London, 1816.
Burke, Edmund. *Works*. 9 vols. Bohn edition, London, 1854 – 1857.
Calhoun, John C. *The Papers of John C. Calhoun*. Edited by Clyde N. Wilson, W. Edwin Hemphill, *et. al*. 16 vols. Columbia, S. C., 1949 – 1984.
Calhoun, John C. *Works*. Edited by R. K. Crallé. 6 vols. New York, 1851 – 1856.
Canavan, Francis. *The Political Reason of Edmund Burke*. Durham, N. C., 1960.
Canning, George. *Speeches, with a Memoir*. 6 vols. London, 1830.
Cargill, Oscar. *Intellectual America: Ideas on the March*. New York, 1948.
Carr, Edward Hallett. *The New Society*. London, 1951.
Cecil, Lady Gwendolyn. *The Life of Robert, Marquis of Salisbury*. 2 vols. London, 1921.
Cecil, Lord David. *The Young Melbourne*. London, 1939.
Cecil, Lord Hugh. *Conservatism*. London, 1912.
Chinard, Gilbert. *Honest John Adams*. Boston, 1933.
Churchill, Lord Randolph. *Speeches, 1880 – 1882*. 2 vols. London, 1889.
Churchill, Winston. *Lord Randolph Churchill*. 2 vols. London, 1906.
Cobban, Alfred. *Edmund Burke and the Revolt against the Eighteenth Century*. London, 1929.
Coit, Margaret L. *John C. Calhoun: American Portrait*. Boston, 1950.
Coleridge, Samuel Taylor. *Aids to Reflection*. Edited by Thomas Fenby. London, 1867.
Coleridge, Samuel Taylor. *The Constitution of Church and State, according to the Idea of Each*. Edited by H. N. Coleridge. London, 1852.
Coleridge, Samuel Taylor. *Lay Sermons*. Edited by Derwent Coleridge. Third edition, London, 1852.
Coleridge, Samuel Taylor. *Philosophical Lectures, 1818 – 1819*. Edited by Kathleen Coburn. London, 1949.
Coleridge, Samuel Taylor. *Table Talk and Omniana*. Edited by T. Ashe. London, 1884.
Cone, Carl B. *Burke and the Nature of Politics*. 2 vols. Lexington, Ky., 1957 and 1964.
Cooper, James Fenimore. *The American Democrat*. Edited by H. L. Mencken. New York, 1931.
Cooper, James Fenimore. *Works*. Mohawk edition, New York, n. d.
Copeland, Thomas W. *Our Eminent Friend, Edmund Burke*. New Haven, 1949.
Cram, Ralph Adams. *The End of Democracy*. Boston, 1937.
Cram, Ralph Adams. *The Nemesis of Mediocrity*. Boston, 1921.

Dakin, Arthur Hazard. *Paul Elmer More*. Princeton, 1960.
Davidson, Donald. *The Attack on Leviathan: Regionalism and Nationalism in the United States*. Chapel Hill, 1938.
Davidson, Donald. *Still Rebels, Still Yankees*. Baton Rouge, 1957.
Dicey, Albert V. *Lectures on the Relations between Law and Public Opinion in England in the Nineteenth Century*. London, 1905.
Disraeli, Benjamin. *Novels*. Introduction by Philip Guedalla. 12 vols. Bradenham edition, London, 1926 – 1927.
Disraeli, Benjamin. *Lord George Bentinck*. London, 1852.
Disraeli, Benjamin. *The Runnymede Letters*. Introduction by Francis Hitchman. London, 1895.
(Disraeli, Benjamin). *Selected Speeches of the Right Honourable the Earl of Beaconsfield*. Edited by T. E. Kebbel. 2 vols. London, 1882.
Disraeli, Benjamin. *Vindication of the English Constitution in a Letter to a Noble and Learned Lord*. London, 1855.
Drucker, Peter. *The New Society: The Anatomy of the Industrial Order*. New York, 1949.
Duff, Sir M. E. Grant. *Sir Henry Maine: a Brief Memoir of His Life with Some of His Indian Speeches and Minutes*. London, 1892.
Duggan, Francis X. *Paul Elmer More*. New York, 1966.
Eliot, Thomas Stearns. *After Strange Gods*. London, 1934.
Eliot, T. S. *Collected Plays*. London, 1962.
Eliot, T. S. *Collected Poems, 1909 – 1962*. London, 1963.
Eliot, T. S. *To Criticize the Critic*. London, 1965.
Eliot, T. S. *Essays Ancient and Modern*. London, 1943.
Eliot, T. S. *The Idea of a Christian Society*. London, 1939.
Eliot, T. S. *Notes towards the Definition of Culture*. London, 1948.
Eliot, T. S. *On Poetry and Poets*. London, 1957.
Eliot, T. S. *The Sacred Wood*. London, 1950.
Eliot, T. S. *Selected Essays, 1917 – 1932*. London, 1932.
Eliot, T. S. *The Use of Poetry and the Use of Criticism*. London, 1933.
Fay, C. R. *English Economic History, mainly since 1700*. London, 1940.
Fay, C. R. *Huskisson and His Age*. London, 1951.
Feiling, Keith. *The Second Tory Party, 1714 – 1832*. London, 1938.
Feiling, Keith. *Toryism, a Political Dialogue*. London, 1913.
Gabriel, Ralph Henry. *The Course of American Democratic Thought*. New York, 1940.
Garvin, J. L., and Amery, Julian. *The Life of Joseph Chamberlain*. 4 vols. London, 1932 – 1951.
Gissing, Algernon and Ellen (eds.). *Letters of George Gissing to Members of His Family*. London, 1927.
(Gissing, George). *The Letters of George Gissing to Eduard Bertz, 1887 – 1903*. Edited by Arthur C. Young. New Brunswick, N. J., 1961.
Gissing, George. *Born in Exile*. London, 1892.
Gissing, George. *Critical Studies of the Works of Charles Dickens*. Edited by Temple

Scott. New York, 1924.
Gissing, George. *The Crown of Life*. London, 1899.
Gissing, George. *Demos*. London, 1886.
Gissing, George. *The Emancipated*. London, 1890.
Gissing, George. *Eve's Ransom*. London, 1895.
Gissing, George. *The House of Cobwebs*. London, 1906.
Gissing, George. *In the Year of Jubilee*. London, 1894.
Gissing, George. *The Nether World*. London, 1889.
Gissing, George. *New Grub Street*. London, 1891.
Gissing, George. *The Odd Women*. London, 1893.
Gissing, George. *Our Friend the Charlatan*. London, 1901.
Gissing, George. *The Private Papers of Henry Ryecroft*. London, 1903.
Gissing, George. *Thyrza*. London, 1887.
Gissing, George. *The Unclassed*. London, 1884.
Gissing, George. *The Whirlpool*. London, 1897.
Gissing, George. *Will Warburton*. London, 1905.
Gissing, George. *Workers in the Dawn*. London, 1880.
Godkin, Edwin Lawrence. *Problems of Modern Democracy*. New York, 1898.
Godkin, E. L. *Reflections and Comments, 1865 – 1895*. New York, 1895.
Godkin, E. L. *Unforeseen Tendencies of Democracy*. Boston, 1893.
Gordon Walker, *P. C. Restatement of Liberty*. London, 1951.
Gray, Alexander. *The Socialist Tradition*. London, 1946.
Gray, John Chipman. *The Nature and Sources of the Law*. New York, 1916.
Grossman, James. *James Fenimore Cooper*. Stanford, 1967.
Habsburg, Otto von. *The Social Order of Tomorrow: State and Society in the Atomic Age*. London, 1959.
Halévy, Elie. *The Growth of Philosophic Radicalism*. New edition, London, 1934.
Halévy, Elie. *A History of the English People in the Nineteenth Century*. 6 vols. Revised edition, London, 1952.
Halévy, Elie. *Thomas Hodgskin*. London, 1956.
Hallowell, John H. *The Decline of Liberalism as an Ideology*. Berkeley, 1943.
Hallowell, John H. *The Moral Foundation of Democracy*. Chicago, 1954.
Hamilton, Alexander. *The Papers of Alexander Hamilton*. Edited by Harold C. Syrett. 10 vols. New York, 1961 – 1966.
Hamilton, Alexander. *Works*. Edited by Henry Cabot Lodge. 9 vols. New York, 1886.
Haraszti, Zoltán. *John Adams and the Prophets of Progress*. Cambridge, Mass., 1952.
Harrod, Roy F. *The Life of John Maynard Keynes*. London, 1951.
Hart, Jeffrey. *Viscount Bolingbroke, Tory Humanist*. London, 1965.
Hawthorne, Nathaniel. *Complete Works*. 12 vols. Riverside edition, Boston, 1883.
Hayek, F. A. *The Counter-Revolution of Science*. Glencoe, Ill., 1952.
Hearnshaw, F. J. C. *Conservatism in England*. London, 1933.
Hearnshaw, F. J. C. (ed.). *The Social and Political Ideas of Some Representative Figures of the Age of Reaction and Reconstruction*. London, 1932.
Hearnshaw, F. J. C. (ed.). *The Social and Political Ideas of Some Representative*

Figures of the Revolutionary Era. London, 1931.
Hearnshaw, F. J. C. (ed.). *The Social and Political Ideas of Some Representative Figures of the Victorian Age*. London, 1930.
Hicks, Granville. *Figures of Transition: a Study of British Literature at the End of the Nineteenth Century*. New York, 1939.
Himmelfarb, Gertrude. *Lord Acton: a Study in Conscience and Politics*. New York, 1952.
Hoffman, Ross J. S. *Edmund Burke, New York Agent*. Philadelphia, 1956.
Hoffman, Ross J. S. *The Spirit of Politics and the Future of Freedom*. Milwaukee, 1951.
Hoffman, Ross J. S., and Levack, Paul (eds.). *Burke's Politics*. New York, 1949.
Hogg, Quintin. *The Case for Conservatism*. London, 1947.
Hulme, T. E. *Speculations: Essays on Humanism and the Philosophy of Art*. Edited by Herbert Read. London, 1936.
Huxley, Aldous. *Proper Studies*. London, 1927.
Inge, William Ralph. *The End of an Era*. London, 1948.
Inge, W. R. *Our Present Discontents*. New York, 1939.
Inge, W. R. *Outspoken Essays*. First and Second Series, London, 1919 and 1923.
Jerrold, Douglas. *England: Past, Present, and Future*. London, 1950.
Jewkes, John. *Ordeal by Planning*. London, 1949.
Joad, C. E. M. *Decadence: a Philosophical Inquiry*. London, 1948.
Joubert, Joseph. *Pensées and Letters*. Edited by H. P. Collins. London, 1928.
Kenner, Hugh. *The Invisible Poet: T. S. Eliot*. New York, 1959.
Keynes, John Maynard. *Two Memoirs*. London, 1949.
Kirk, Russell. *Edmund Burke: a Genius Reconsidered*. La Salle, Ill., 1986.
Kirk, Russell. *Eliot and His Age: T. S. Eliot's Moral Imagination in the Twentieth Century*. New York, 1972.
Kirk, Russell. *Enemies of the Permanent Things: Observations of Abnormality in Literature and Politics*. La Salle, Ill., 1985.
Kirk, Russell. *John Randolph of Roanoke: a Study in American Politics*. Indianapolis, 1978.
Kirk, Russell, and McClellan, James. *The Political Principles of Robert A. Taft*. New York, 1967.
Kirk, Russell. *A Program for Conservatives*. Chicago, 1962.
Korg, Jacob. *George Gissing: a Critical Biography*. London, 1963.
Kuehnelt-Leddihn, Erik von. *Liberty or Equality: the Challenge of Our Time*. London, 1952.
Kurtz, Stephen G. *The Presidency of John Adams*. Philadelphia, 1957.
Labaree, Leonard W. *Conservatism in Early American History*. New York, 1948.
Laski, Harold. *The American Democracy*. New York, 1948.
Laski, Harold. *Political Thought in England from Locke to Bentham*. London, 1920.
Leavis, F. R. (ed.). *Mill on Bentham and Coleridge*. London, 1950.
Lecky, Elizabeth. *A Memoir of the Right Honourable William Hartpole Lecky*. London, 1909.
Lecky, William Hartpole. *Democracy and Liberty*. 2 vols. London, 1896.

Lecky, W. E. H. *Historical and Political Essays.* London, 1908.
Lecky, W. E. H. *A History of England in the Eighteenth Century.* 8 vols. London, 1878 – 1892.
Lecky, W. E. H. *History of European Morals from Augustus to Charlemagne.* 2 vols. London, 1869.
Lecky, W. E. H. *History of the Rise and Influence of the Spirit of Rationalism in Europe.* 2 vols. London, 1865.
Lecky, W. E. H. *Leaders of Public Opinion in Ireland.* 2 vols. London, 1912.
Lecky, W. E. H. *The Map of Life: Character and Conduct.* London, 1899.
(Lecky, W. E. H.). *A Victorian Statesman: Private Letters of W. E. H. Lecky, 1859 – 1878.* Edited by H. Montgomery Hyde. London, 1947.
Lewis, Roy, and Maude, Angus. *The English Middle Classes.* London, 1949.
Lindbom, Tage. *The Tares and the Good Grain.* Translated by Alvin Moore, Jr. Macon, Ga., 1983.
Lippincott, Benjamin. *Victorian Critics of Democracy.* Minneapolis, 1938.
Lipsky, George A. *John Quincy Adams: His Theory and Ideas.* New York, 1950.
Lockhart, J. G. *Memoirs of the Life of Sir Walter Scott.* 10 vols. Edinburgh, 1853.
(Lowell, James Russell). *Letters of James Russell Lowell.* Edited by Charles Eliot Norton. 2 vols. London, 1894.
Lowell, James Russell. *Writings.* Riverside edition, 10 vols., Boston, 1890.
Lowi, Theodore J. *The End of Liberalism: Ideology, Policy, and the Crisis of Public Authority.* New York, 1969.
Lukacs, John, *Historical Consciousness, or the Remembered Past.* New York, 1968.
Lukacs, John. *The Passing of the Modern Age.* New York, 1970.
Macaulay, Thomas Babington. *Miscellaneous Works.* Edited by Lady Trevelyan. 5 vols. New York, 1880.
MacCunn, John, *The Political Philosophy of Burke.* London, 1913.
Mackail, J. W., and Wyndham, Guy. *Life and Letters of George Wyndham.* 2 vols. London, n. d.
Mackintosh, Sir James. *Memoirs.* Second edition, 2 vols. London, 1836.
Mahoney, Thomas H. D. *Edmund Burke and Ireland.* Cambridge, Mass., 1960.
Maine, Henry Sumner. *Ancient Law.* London, 1906.
Maine, Henry Sumner. *Dissertations on Early Law and Custom.* London, 1883.
Maine, Henry Sumner. *The Early History of Institutions.* Fourth edition, London, 1890.
Maine, Henry Sumner. *Popular Government.* London, 1886.
Maine, Henry Sumner. *Village-Communities in the East and West.* Third edition, London, 1876.
Mallock, William Hurrell. *Aristocracy and Evolution.* London, 1898.
Mallock, W. H. *Atheism and the Value of Life.* London, 1884.
Mallock, W. H. *Classes and Masses.* London, 1896.
Mallock, W. H. *A Critical Examination of Socialism.* London, 1908.
Mallock, W. H. *The Heart of Life.* London, 1901.
Mallock, W. H. *A Human Document.* London, 1892.
Mallock, W. H. *The Individualist.* London, 1899.

Mallock, W. H. *Is Life Worth Living*? London, 1880.
Mallock, W. H. *Labour and the Popular Welfare*. London, 1895.
Mallock, W. H. *The Limits of Pure Democracy*. London, 1919.
Mallock, W. H. *Memoirs of Life and Letters*. Second edition, London, 1920.
Mallock, W. H. *The New Paul and Virginia, or Positivism on an Island*. London, 1879.
Mallock, W. H. *The New Republic*. Introduction by Sir John Squire. Rosemary Library edition, London, n. d.
Mallock, W. H. *The Reconstruction of Belief*. London, 1892.
Mallock, W. H. *Studies of Contemporary Superstition*. London, 1895.
Mallock, W. H. *The Veil of the Temple*. London, 1904.
Manchester, Frederick, and Shepard, Odell (eds.). *Irving Babbitt, Man and Teacher*. New York, 1941.
Mathew, David. *Acton: the Formative Years*. London, 1946.
Mayer, J. P. *Prophet of the Mass Age: a Study of Alexis de Tocqueville*. London, 1939.
McClellan, James. *Joseph Story and the American Constitution*. Norman, Oklahoma, 1971.
McDowell, R. B. *British Conservatism, 1832 – 1914*. London, 1959.
McGrath, Fergal. *Newman's University: Idea and Reality*. London, 1951.
Menczer, Béla (ed.). *Catholic Political Thought, 1789 – 1848*. London, 1952.
Minogue, Kenneth R. *The Liberal Mind*. New York, 1963.
Mises, Ludwig von. *Human Action*. London, 1949.
Molnar, Thomas. *The Counter-Revolution*. New York, 1969.
Molnar, Thomas. *The Decline of the Intellectual*. New York, 1961.
Molnar, Thomas. *The Future of Education*. Foreword by Russell Kirk. New York, 1970.
Montgomery, Marion. *T. S. Eliot: an Essay on the American Magus*. Athens, Georgia, 1970.
Monypenny, W. F., and Buckle, G. E. *The Life of Benjamin Disraeli, Earl of Beaconsfield*. 6 vols. London, 1910 – 1920.
More, Paul Elmer. *The Catholic Faith*. Princeton, 1931.
More, Paul Elmer. *Christ the Word*. Princeton, 1927.
More, Paul Elmer. *Hellenistic Philosophies*. Princeton, 1921.
More, Paul Elmer. *New Shelburne Essays*. 3 vols. Princeton, 1928 – 1936.
More, Paul Elmer. *Platonism*. Princeton, 1928.
More, Paul Elmer. *The Religion of Plato*. Princeton, 1921.
More, Paul Elmer. *Shelburne Essays*. 11 vols. Boston, 1904 – 1921.
Morison, J. Cotter. *Macaulay*. London, 1882.
Morley, John. *The Life of William Ewart Gladstone*. 2 vols. London, 1908.
Neill, Thomas P. *The Rise and Decline of Liberalism*. Milwaukee, 1953.
Newman, John Henry. *Apologia pro Vita Sua*. London, 1864.
Newman, John Henry. *Discussions and Arguments on Various Subjects*. London, 1872.
Newman, John Henry. *An Essay in Aid of a Grammar of Assent*. London, 1858.
Newman, John Henry. *An Essay on the Development of Christian Doctrine*. London,

1845.
Newman, John Henry. *Essays Critical and Historical.* 2 vols. London, 1871.
Newman, John Henry. *The Idea of a University Defined and Illustrated.* London, 1853.
Newman, John Henry. *Lectures and Essays on University Subjects.* London, 1859.
Newman, John Henry. *The Office and Work of Universities.* London, 1856.
Niemeyer, Gerhart. *Between Nothingness and Paradise.* Baton Rouge, 1971.
Nisbet, Robert A. *Conservatism: Dream and Reality.* Minneapolis, 1986.
Nisbet, Robert A. *The Quest for Community.* New York, 1953 (also published, 1962, under the title *Community and Power*).
Nisbet, R. A. *Social Change and History.* New York, 1969.
Nisbet, R. A. *The Sociological Tradition.* New York, 1966.
Oakeshott, Michael. *Rationalism in Politics, and Other Essays.* New York, 1962.
Oakeshott, Michael. *The Voice of Poetry in the Conversation of Mankind.* London, 1959.
Ogden, Rollo. *Life and Letters of Edwin Lawrence Godkin.* 2 vols. New York, 1907.
Parkin, Charles. *The Moral Basis of Burke's Political Thought.* Cambridge, England, 1956.
Parrington, Vernon L. *Main Currents in American Thought.* New York, 1930.
Peel, Sir Robert. *Speeches in the House of Commons, 1810 – 1840.* 4 vols. London, 1853.
Petrie, Sir Charles. *George Canning.* London, 1930.
Pound, Roscoe. *Interpretations of Legal History.* Cambridge, Mass., 1923.
Quincy, Josiah. *Memoir of the Life of John Quincy Adams.* Boston, 1858.
Röpke, Wilhelm. *Civitas Humana.* London, 1948.
Röpke, Wilhelm. *The Social Crisis of Our Time.* Chicago, 1950.
Rossiter, Clinton. *Conservatism in America.* New York, 1955.
Rossiter, Clinton. *Alexander Hamilton and the Constitution.* New York, 1964.
Rowntree, B. Seebohm, and Lavers, G. R. *English Life and Leisure: a Social Study.* London, 1951.
Saintsbury, George. *The Earl of Derby.* London, 1892.
Saintsbury, George. *Scrap Books.* 3 vols. London, 1922 – 1924.
Salomon, Albert. *The Tyranny of Progress: Reflections on the History of French Sociology.* New York, 1955.
Samuels, Ernest. *The Young Henry Adams.* Cambridge, Mass., 1948.
Santayana, George. *Character and Opinion in the United States.* New York, 1920.
Santayana, George. *Dialogues in Limbo.* New York, 1948.
Santayana, George. *Dominations and Powers.* New York, 1951.
Santayana, George. *The Last Puritan.* New York, 1935.
Santayana, George. *The Life of Reason.* 4 vols. New York, 1948.
(Santayana, George). *The Letters of George Santayana.* Edited by Daniel Cory. New York, 1955.
Santayana, George. *Persons and Places.* 3 vols. New York, 1944 – 1953.
Santayana, George. *The Realm of Spirit.* New York, 1940.
Santayana, George. *Soliloquies in England and Later Soliloquies.* New York, 1922.

Santayana, George. *Winds of Doctrine*. New York, 1926.
(Scott, Walter). *The Journal of Sir Walter Scott, 1829–1832*. Edinburgh, 1946.
Scruton, Roger. *The Meaning of Conservatism*. New York, 1980.
Shafer, Robert. *Paul Elmer More and American Criticism*. New Haven, 1935.
Sitwell, Sir Osbert. *Demos the Emperor*. London, 1949.
Sitwell, Osbert. *Triple Fugue*. London, 1924.
Smith, F. E. (first Earl of Birkenhead). *Law, Life, and Letters*. 2 vols. London, 1927.
Smith, F. E. *The World in 2030 A. D.* London, 1930.
Smith, Page. *John Adams*. 2 vols. New York, 1962.
Somervell, D. C. *English Politics since 1900*. London, 1950.
Somervell, D. C. *English Thought in the Nineteenth Century*. London, 1947.
Southey, Robert. *Essays Moral and Political*. 2 vols. London, 1832.
Southey, Robert. *Sir Thomas More; or Colloquies on the Progress and Prospects of Society*. 2 vols. London, 1829.
Stanlis, Peter. *Edmund Burke and the Natural Law*. Ann Arbor, 1958.
Starzinger, Vincent E. *Middlingness: Juste Milieu Political Theory in France and England, 1815–1948*. Charlottesville, Va., 1965.
Stephen, Sir James Fitzjames. *A History of the Criminal Law of England*. 3 vols. London, 1883.
Stephen, J. F. *Liberty, Equality, Fraternity*. London, 1873.
Stephen, Sir Leslie. *The English Utilitarians*. 3 vols. London, 1900.
Stephen, Leslie. *History of English Thought in the Eighteenth Century*. 3 vols. Third edition, London, 1902.
Stephen, Leslie. *Hours in a Library*. 3 vols. London, 1879.
Stephen, Leslie. *Life of Sir James Fitzjames Stephen*. London, 1895.
Strauss, Leo. *Liberalism, Ancient and Modern*. New York, 1968.
Talmon, J. L. *The Origins of Totalitarian Democracy*. London, 1952.
Talmon, J. L. *Political Messianism: the Romantic Phase*. New York, 1960.
Tate, Allen. *Reactionary Essays on Poetry and Ideas*. New York, 1936.
Taylor, A. J. P. *From Napoleon to Stalin: Comments on European History*. London, 1950.
Taylor, John, of Caroline. *Construction Construed, and Constitutions Vindicated*. Richmond, 1820.
Taylor, John, of Caroline. *An Inquiry into the Principles and Policy of the Government of the United States*. Edited by R. P. Nichols. New York, 1950.
Thomson, David. *Equality*. Cambridge, England, 1949.
Tillotson, Geoffrey. *Criticism and the Nineteenth Century*. London, 1951.
Tinder, Glenn. *The Crisis of Political Imagination*. New York, 1964.
Tocqueville, Alexis de. *Democracy in America*. Edited by Phillips Bradley. 2 vols. New York, 1948.
Tocqueville, Alexis de. *The European Revolution*; and *Correspondence with Gobineau*. Edited by John Lukacs. New York, 1960.
(Tocqueville). *Memoir, Letters, and Remains of Alexis de Tocqueville*. Edited by M. C. M. Simpson. 2 vols. London, 1861.

Tocqueville, Alexis de. *The Old Régime and the French Revolution.* Translated by Stuart Gilbert. New York, 1955.
Tocqueville, Alexis de. *Recollections.* Translated by George Lawrence; edited by J. P. Mayer and A. P. Kerr. New York, 1970.
Trevelyan, G. Otto. *The Life and Letters of Lord Macaulay.* 2 vols. New York, 1875.
Trevor, Meriol. *Newman.* 2 vols. New York, 1962.
Trilling, Lionel. *The Liberal Imagination: Essays on Literature and Society.* New York, 1950.
Utley, T. E. *Essays in Conservatism.* London, 1949.
Vaughan, C. E. *Studies in the History of Political Philosophy before and after Rousseau.* 2 vols. Manchester, 1925.
Vivas, Eliseo. *The Moral Life and the Ethical Life.* Chicago, 1950.
Voegelin, Eric. *The New Science of Politics: an Introductory Essay.* Chicago, 1952.
Voegelin, Eric. *Order and History.* 4 vols. Baton Rouge, 1956 – 1974.
Voegelin, Eric. *Science, Politics and Gnosticism.* Chicago, 1968.
Weaver, Richard. *Ideas Have Consequences.* Chicago, 1948.
Weaver, Richard. *Life without Prejudice.* Chicago, 1956.
Weaver, Richard. *The Southern Tradition at Bay.* New Rochelle, N. Y. , 1968.
Weaver, Richard. *Visions of Order.* Baton Rouge, 1964.
Whitehead, Alfred North. *Adventures of Ideas.* London, 1942.
Willey, Basil. *The Eighteenth Century Background.* London, 1940.
Willey, Basil. *Nineteenth Century Studies: Coleridge to Matthew Arnold.* London, 1949.
Williamson, René de Visme. *Independence and Involvement: a Christian Re-orientation in Political Science.* Baton Rouge, 1964.
Wilson, Francis Graham. *The Case for Conservatism.* Seattle, 1951.
Wiltse, Charles M. *John C. Calhoun.* 3 vols. Indianapolis, 1944 – 1951.
Winters, Yvor. *In Defense of Reason.* New York, 1947.
Woolf, Leonard. *After the Deluge: a Study of Communal Psychology.* London, 1931.
Wyndham, George. *Essays in Romantic Literature.* London, 1919.
(Wyndham). *George Wyndham Recognita.* Edited by Charles T. Gatty. London, 1917.
Young, G. M. (ed.). *Early Victorian England, 1830 – 1865.* 2 vols. London, 1934.
Young, G. M. *Last Essays.* London, 1950.

索　引

（索引页码为英文原版页码）

B

K

L

M

O

P

Q

R

S

译后记

近些年我陆续做了不少翻译工作,但从没写过译后记。然而这次,我却有一点想要记录的冲动。这不仅因为,当交出这本书的译稿之后,我翻译的作品已逾百万字,总想小小地纪念一下;更重要是因为,我在翻译过程中所经历的生活变化使得我对这本书的情感实在太过特殊而复杂了。

几年前我从陈德中老师的手里接过了这项翻译任务,至今仍然清晰地记得当时既感念他的信任与鼓励也不由得惊叹:“好胖的一本书!”之后不久,我的生活出现了接二连三的变故。在疲于应付各种考验时,还要翻译这本五十万言的皇皇巨著,对我来说真的是一种额外的不可承受之重。很多时候,我看到它会感到害怕,想起它会头皮发麻。在那段艰难的日子里,我甚至会在半夜因为译稿的未完成而惊醒。

但我也明白,对于那段时期的我来说,这本书又像一根救命稻草。至少,它在给我带来负担的同时也敦促我每天做点事情,不至于沉沦、荒废,从而与我所热爱的政治哲学研究脱节。所以,尽管在不堪重负的时候我曾后悔接下这本书的翻译任务,但时至今日,在最终完成之际,我却想对它说："谢谢你给我支撑和勇气！谢谢你伴我漂洋过海！谢谢你陪我走过了人生中颇为艰难的几年！"

用心的学术研究是对抗人生困难的良药。认真的学术翻译恰恰属于其中的必要一环。尤其是面对罗素·柯克(Russell Kirk)这样天才型学者的作品时，更会受益匪浅。在这本代表作中，柯克从美国的社会、政治、哲学、文学等领域入手，生动细致地梳理了美国保守主义思想的发展历程和辐射领域。整本书文笔精妙，旁征博引，也不乏嬉笑怒骂。这既让我感受到阅读时的享受，也让我体验到翻译时的崩溃。因此，为了完成好译稿，我在哈佛大学访学期间，不断穿梭于 Widener、Lamont 以及燕京学社图书馆，查阅了大量的社会历史和文学作品，借助其一流的馆藏资源，获得了诸多背景资料，解决了很多难题。

更让我深感幸运的是，我的合作导师迈克尔·桑德尔(Michael Sandel)教授及其夫人基库·阿达托(Kiku Adatto)非常支持我翻译此书。他们不仅给我很多学理上的指点，还甚至专门围绕本书中的很多问题，在哈佛大学人文研究院组织了一场小型的讨论会，让我从学术理论和社会文化等多个层面更加了解保守主义在美国思想史和实际生活中的展开。我还要感谢哈维·曼斯菲尔德(Harvey Mansfield)教授。这位可爱的、拥有各种颜色领带的老顽童特地腾出时间，给我讲解他对保守主义的看法，以及他本人与保守主义代表人物之间的互动往来。同样地，我要感谢瓦列里·因帕拉托(Valeri Imparato)的帮助，这位聪明伶俐，精通法语、英语、意大利语、海地语、西班牙语五种语言的哈佛法学院博士，帮我转译了这本书中所有的法语内容。此外，毕业于波士顿大学的劳伦·派斯(Lauren Pyes)和哈佛大学肯尼迪政府学院的谭琪，在英文的地道理解上也给了我很多的指点，在此一并致谢。

感谢冯克利老师的批评和指正,帮我对译稿作出了很多重要的改进。特别感谢江西人民出版社的资深编辑余晖老师。她一直非常耐心,给我支持和鼓励,编辑译稿也非常专业细致,让我从中获益良多。还要感谢一直给我关心的家人和师友。你们给我的每一份支持与感动,我都铭记于心,从未忘却。

最后需要说明的是,由于个人能力有限,本书的翻译仍然存在很多问题有待改进。恳请朋友们不吝赐教,多多批评。我将不胜感激。

朱慧玲

2020年3月20日于北京

图书在版编目(CIP)数据

保守主义的精神：从柏克到艾略特：全2册/(美)罗素·柯克著；朱慧玲译. —南昌：江西人民出版社,2020.5(2023.10重印)

(西方保守主义经典译丛/冯克利主编)

ISBN 978-7-210-12168-8

Ⅰ. ①保… Ⅱ. ①罗… ②朱… Ⅲ. ①保守主义-研究 Ⅳ. ①D09

中国版本图书馆CIP数据核字(2020)第053421号

保守主义的精神：从柏克到艾略特(上、下册)

(美)罗素·柯克著　朱慧玲译

江西人民出版社出版发行

长沙超峰印刷有限公司印刷　　新华书店经销

2020年5月第1版　2023年10月第3次印刷

开本:660毫米×960毫米　1/16　印张:43.25　字数:500千字

ISBN 978-7-210-12168-8　定价:149.00元

赣版权登字-01-2020-105

江西人民出版社　地址:南昌市三经路47号附1号

邮编:330006　电话:0791-86898815

网址:www.jxpph.com

E-mail:jxpph@tom.com　web@jxpph.com

(赣人版图书凡属印刷、装订错误,请随时与江西人民出版社联系调换)